Georg Wislicenus

Deutschlands Seemacht einst und jetzt

Mit einem Überblick über die Geschichte der Seefahrt aller Völker

Georg Wislicenus

Deutschlands Seemacht einst und jetzt

Mit einem Überblick über die Geschichte der Seefahrt aller Völker

ISBN/EAN: 9783954271207
Erscheinungsjahr: 2012
Erscheinungsort: Bremen, Deutschland

© maritimepress in Europäischer Hochschulverlag GmbH & Co. KG, Fahrenheitstr. 1, 28359 Bremen. Alle Rechte beim Verlag und bei den jeweiligen Lizenzgebern.

www.maritimepress.de | office@maritimepress.de

Bei diesem Titel handelt es sich um den Nachdruck eines historischen, lange vergriffenen Buches. Da elektronische Druckvorlagen für diese Titel nicht existieren, musste auf alte Vorlagen zurückgegriffen werden. Hieraus zwangsläufig resultierende Qualitätsverluste bitten wir zu entschuldigen.

Deutschlands Seemacht

sonst und jetzt

Nebst einem Überblick über die Geschichte der Seefahrt aller Völker

Von

Georg Wislicenus
Kapitänleutnant a. D.

Erläutert durch 65 Bilder vom Marinemaler

Willy Stöwer

Leipzig
Fr. Wilh. Grunow
1896

Erster Abschnitt

Seemacht entscheidet Völkergeschicke

Wikingerschiff unter Segel

Thatkräftige Völker streben dem Meere zu; das weite Wasser bietet natürliche Straßen zwischen allen Ländern der Erde und verbindet die entferntesten Küsten mit einander. Die Geschichte der Seefahrt ist die Geschichte der menschlichen Entwicklung. Gebirgsbewohner und Steppenvölker ändern ihre Lebensweise selten freiwillig und fügen sich auch äußern, selbst gewaltsamen Einwirkungen nur widerstrebend. Auch den seßhaften Ackerbauern fehlt der Trieb, die Lebens- und Arbeitsgewohnheiten zu ändern, solange ihr Grund und Boden ausreichende Nahrung spendet. Hat aber der Bauer viele Söhne, so wird das väterliche Erbe zu klein, die Nachkommen müssen andre Thätigkeit suchen, um ihr und ihrer Sippe Leben zu fristen. Handwerk und Handel entstehen nun, und damit erwacht der Wunsch nach Verkehr, um das Absatzfeld zu erweitern. Alsbald beginnt auch die Lage der Ansiedlung Einfluß auf die Entwicklung zu gewinnen. Wer an den Ufern eines Flusses oder eines Binnensees sitzt, kann auf Flößen und Booten zu den Nachbarsiedelungen fahren, und kann die Tragkraft des Wassers zum Schleppen von Lasten aller Art ausnutzen. Am lebhaftesten entwickelt sich der Verkehr auf den großen und tiefen Flüssen; die Ansiedlungen an den Ufern der Hauptströme wachsen am schnellsten zu ausgedehnten, blühenden Gemeinwesen, zu Städten an. So liegen die ältesten Kulturstätten aus der Kindheit des Menschengeschlechts im Gebiete der großen Ströme: das ägyptische Pharaonenreich hat den Nil zum Vater, am Euphrat und Tigris entstand das babylonische Reich; Indien und China verdanken ihre hohe Kultur in früher, für uns vorgeschichtlicher Zeit der Flußschiffahrt. Auch in allen andern Ländern mit thatkräftiger Bevölkerung findet man die wichtigsten ältesten Städte an den Ufern großer Flüsse.

Die Flußfahrten werden allmälich bis zu den Mündungen ausgedehnt, der Binnenschiffer entdeckt die große Wasserwüste und wird zum Küstenfahrer; dem Lande bleibt er an seinen Fahrten noch lange nahe, weil ihm noch die Mittel fehlen, den Pfad über das Meer nach unsichtbaren und unbekannten Ländern hin zu finden. Auch da, wo keine Flüsse münden, entwickelt sich an den bewohnten Küsten, die durch Buchtungen und vorgelagerte Bänke oder Inseln Schutz gegen den gefährlichen Seegang, den mächtigen Wellenschlag des offnen Meeres bieten, Schiffahrt; sie diente zuerst nur dem Fischfang, der dem Menschen zu jeder Jahreszeit das Nötigste zum Leben, kräftige Nahrung, spendet. Hier sind Fischerdörfer die ersten Gemeinwesen, aus denen sich bei günstiger Lage zur See und zum Hinterlande dann ebenfalls Handelsplätze entwickeln. Und diese Küstenfischer, die durch ihren Beruf von Jugend auf vertrauter mit den Gefahren der See sind als die Binnenschiffer, erringen, sobald sie ihre Fischzüge zu größeren Fahrten ausdehnen, auch schneller größere Erfolge zur See.

Die Fahrten längs der Küste des Meeres machen fremde Völker mit einander bekannt; Rohstoffe und Ackerbaufrüchte tauscht der Seemann von dem jüngern, unentwickeltern Volke gegen Erzeugnisse seiner geschicktern Landsleute ein, wie Gewebe, Kleider, Haus- und Ackergeräte, Waffen und Kunstwerke. Zu allen Zeiten haben die ältern, entwickeltern, geschicktern und fleißigern Völker den Handel betrieben; die Phönizier holten das Zinn, das sie für ihre Gewerbe brauchten, von den Zinninseln im Südwesten Englands, und heutzutage kommen nicht etwa die Brasilianer auf eignen Schiffen in deutsche Häfen, um ihren Kaffee zu verkaufen und Maschinen und andre fertige Waren von uns zu laufen, sondern die deutschen Schiffe fahren hinüber in die brasilianischen Häfen; dort findet der Warenaustausch statt. Das ist der natürliche Verlauf, und deshalb wird es auch für alle Zeiten so bleiben: die fortgeschrittnen Völker müssen die Schiffahrt betreiben, um die Erzeugnisse ihrer Arbeit gegen Rohstoffe und Früchte fremder Länder einzutauschen. Wer aber ein Gewerbe betreiben muß, um leben zu können, der muß sich gegen jede Störung in seinem Betriebe, so gut er kann, schützen und wehren.

Wer fern vom Weltverkehr einsam auf seinem Berge lebt oder in der Steppe umherstreift, ist fremden Gewaltstreichen und Angriffen auf seine geringe Habe nur selten ausgesetzt. Der angesessene Bauer, der gut wirtschaftet, dessen Scheuern und Ställe gefüllt sind, erregt schon leichter den Neid gieriger Nachbarn und muß daher kriegsfertig und wohlgerüstet sein, um jederzeit die Waffen zur Verteidigung seines Landbesitzes erfolgreich führen zu können; ist der Feind vertrieben, so ist die Gefahr für ihn vorüber. In viel schlimmerer Lage ist das Handelsvolk; bei ihm entsteht aus der Notwendigkeit, mit vielen Völkern zu verkehren, um die Waren an den Mann zu bringen, viel mehr Gelegenheit zu Streit und Kampf mit neidischen Handelsgenossen oder mit störrischen Käufern. Und nicht das allein: einem Handelsvolke kann das Leben sehr erschwert, ja sogar vernichtet werden, wenn ihm niemand mehr die Waren abkaufen will oder kann. Mit andern Worten: das handeltreibende Volk darf sich von niemand den Seeverkehr abschneiden lassen, wenn es lebensfähig bleiben will; und umgekehrt: je mächtiger ein Volk zur See ist, um so gesicherter ist sein Welthandel. Athener, Karthager, Venetianer, Hanseaten, Spanier, Holländer und Engländer haben ihre Erfolge im Seehandel nur dem zu danken, daß sie es verstanden, die Herrschaft auf ihren Seewegen zu behaupten. England, das kleine Inselvolk mit kaum drei Viertel der Einwohnerzahl Deutschlands, beherrscht die See und beherrscht mehr als 300 Millionen Menschen und die größten Ländergebiete der Erde, weil es seit drei Jahrhunderten sein Heil hinter schwimmenden Mauern sucht. Der Seeherrschaft, die seine thatkräftigen Admirale und seine tüchtigen Seeleute auf unzähligen Kriegsschiffen in jahrhundertelangen Kämpfen errangen und erhielten, dankt England seinen ungeheuern Reichtum. Geld macht nun freilich nicht glücklich; aber wenn ein einzelnes Volk allein riesige Reichtümer aufspeichert, so liegt darin eine schwere Gefahr für die andern aufstrebenden werkthätigen Völker. Geld schafft Macht und Übergewicht über andre, ärmere Völker; der Reiche kann den Handel des ärmern Wettbewerbers lähmen, ja erdrücken, und er kann seinen Willen, seinen Vorteil schließlich stets mit Gewalt erzwingen. Daß die Menschen trotz aller schönen Redensarten von Menschenrechten, Fortschritt der Gesittung und Verbrüderung genau wie vor Jahrtausenden von den mächtigern, reichern und thatkräftigern Völkern beherrscht werden, bleibt eine unabänderliche Thatsache. Solange Menschen leben, wird der Spruch gelten: Macht schafft Rechte. Nur die Form der Herrschaft ändert sich, weiter nichts. Wer das erkennt, der wird nicht lange über die Frage nachzudenken brauchen, ob es besser sei, Hammer oder Amboß zu sein. Das Joch fremder Gewalt mag für Asiaten und Afrikaner natürlich erscheinen; hochentwickelte Völker haben das moralische Recht, über andre zu herrschen, und werden das auch stets thun. Als Spaniens Weltmacht unter Philipp II. für England bedrohlich wurde, als dies fürchten mußte, bei der Teilung der Erde zu kurz zu kommen, da raffte es alle seine Kräfte zusammen, schlug im Bunde mit den wackern Holländern die große Armada zurück und trat den spanischen Gallionen in allen Meeren kühn und erfolgreich entgegen. Das war der Anfang von Englands Erfolgen. Der edle, tapfere und kluge Seemann Sir Walter Raleigh begründete die ersten englischen Kolonien in Amerika. Es geschah unter großen Schwierigkeiten, und der Erfolg war zunächst nicht groß; aber Raleigh lehrte doch seine Landsleute die Notwendigkeit des Kolonialbesitzes erkennen. Trotz seiner vielen Siege über die Spanier zu Wasser und zu Lande bleibt wohl sein größtes Verdienst, daß er seinem Vaterlande klar machte: Wer die See beherrscht, beherrscht den Handel; wer den Handel beherrscht, beherrscht den Reichtum der Welt und folglich die Welt selbst! England handelt nach diesem Spruche nun schon drei Jahrhunderte lang, und der Erfolg hat Raleigh Recht gegeben. Daß England jetzt thatsächlich die See beherrscht, wie nie irgend ein andres Volk in frühern Zeiten, und daß es seine Weltherrschaft von Jahr zu Jahr, ja fast von Tag zu Tag weiter ausdehnt, liegt klar vor aller Augen. Für uns ist es ein schlechter Trost, zu wissen, daß nicht die Tüchtigkeit und der Unternehmungsgeist der Engländer allein ihre Weltherrschaft begründet haben, sondern daß auch mancher glückliche Zufall, dazu die günstige Insellage Englands, die vielen Kriege zwischen den Festlandsvölkern, die Ablenkung der besten deutschen Kräfte von praktischen Aufgaben auf unpraktische Ideale und geistige Kämpfe durch Jahrhunderte hindurch dazu beigetragen haben, ihnen die Verfolgung ihres Ziels zu erleichtern: den Vorsprung haben sie! Am englischen Weltreiche lernen wir den Einfluß der Seemacht auf das Blühen und Wachsen der Volkskraft erkennen; aber die Engländer sind nicht das erste und werden hoffentlich auch nicht das letzte Volk sein, das die Lehren der Geschichte nutzt, um zur Macht zu gelangen, um Hammer zu werden.

Die Geschichte der Schiffahrt ist eine Geschichte der Kämpfe um die Seeherrschaft in den verschiednen Meeresteilen zwischen den verschiednen Handelsvölkern. Zwar zeigt sie auch Seeraubzüge und Seekriege, die von kühnen Eroberern geführt wurden, um dem eignen Volke mehr Raum, bessere Hafenstädte, oder nur allerlei beweglichen Besitz,

Gold und Reichtümer zu gewinnen; aber die Handelseifersucht hat immer die blutigsten und hartnäckigsten Kriege herbeigeführt.

Noch sind die Gelehrten nicht darüber einig, welches Volk als erstes die See mit Schiffen pflügte; man streitet darum, ob es die Babylonier oder die Ägypter gewesen sind. Wahrscheinlich werden wohl beide, und unabhängig von ihnen auch die Inder und Chinesen die ersten größeren Flußschiffe auf die See hinausgeführt und später, durch Erfahrung belehrt, den Schiffbau den neuen Anforderungen, die sich aus dem mächtigeren Wellenschlage der See ergaben, angepaßt haben. Von der Schiffahrt der Chaldäer, die lange den Babyloniern tributpflichtig waren, weiß man sehr wenig, nimmt aber an, daß sie bis ins fünfte Jahrtausend vor Christus zurückreicht. Von den babylonischen und assyrischen Schiffen weiß man aus Skulpturen, die besonders im alten Niniveh gefunden worden sind, daß es kurze bauchige Ruderschiffe waren; die meisten Schiffe zeigen einen Mast mit einem Rahsegel, also verstanden diese Seeleute schon die Triebkraft des Windes zu benutzen. Einzelne Schiffe, offenbar Kampfschiffe, hatten unten am Vorsteven (der vordern senkrechten oder schrägen Schiffskante) einen sehr langen und spitzen Sporn, der den Kiel nach vorn verlängerte; mit dem Sporn wurden feindliche Schiffe in der gewölbten Breitseite angerannt, sodaß durch ihren eingestoßenen oder aufgerissenen Bauch das Wasser eindringen und das Schiff zum Sinken bringen konnte. Diese einfache Waffe ist durch Jahrtausende benutzt worden und ist auch jetzt wieder zur gefährlichsten Waffe des Seekriegs geworden.

Die erste zuverlässige Kunde über eine Küstenfahrt im Roten Meere liefert eine Tempelinschrift in Theben; die ägyptische Königin Makara-Hatscho schickte im siebzehnten Jahrhundert vor unsrer Zeitrechnung eine Flotte an die arabische Küste des Roten Meeres, in das Land, wo damals die Phönizier wohnten, um, wie die Inschrift besagt, für den Götterfürsten Ammon die Kostbarkeiten des ganzen Landes in der ihm erwünschten Menge herbeizuführen.[1]) Dieser Seezug sollte friedlichem Handelsverkehr dienen, die Schiffe waren aber für alle Fälle mit Kriegern gut besetzt. Aus den Bildern kann man die Bauart dieser Schiffe sehr gut erkennen; sie waren lang und schmal, in der Form der Nilschiffe, aber größer und stärker gebaut. Der einzige kräftig getakelte Mast jedes Schiffs führte ein großes Rahsegel, das durch Brassen[2]) nach dem Winde gestellt wurde. Dreißig Ruderer trieben mit Riemen (so nennt der Seemann die „Ruder," die zur Fortbewegung dienen im Gegensatz zu dem nur zum Steuern dienenden Ruder) jedes Schiff bei Windstille. Vorn im Schiffe, im Bug, und hinten, im Heck, waren Aufbauten, Hütten, auf das Deck gesetzt, wie sie ähnlich noch heute überall auf Seeschiffen gebaut werden. Genug, diese Schiffe sehen schon recht seetüchtig aus und zeugen davon, daß den Ägyptern die Seefahrt schon damals nichts ungewohntes mehr war. Auch einige erfolgreiche Seeschlachten sollen die Ägypter schon mit ihren Kampfschiffen geliefert haben. Aber von Seeherrschaft kann man bei ihnen noch nicht sprechen, auch überseeische Kolonien fehlten. Religiöse Bedenken, die von kurzsichtigen Priestern genährt wurden, hielten die Ägypter davon ab, auf dem Mittelmeer, dem Verschlinger des lebenspendenden Nils, Seeschiffahrt zu treiben; sie suchten nur die Küsten des Roten Meeres auf, wo kein großer Seehandel entstehen konnte. Ramses II. (1348—1281 vor Christus) dagegen erkannte die Bedeutung der Seefahrt und suchte die Priester für das Seewesen günstig zu stimmen, indem er dem Tempel von Theben ein 280 Ellen langes Prachtschiff aus Cedernholz schenkte. Er baute mit phönizischen Schiffszimmerleuten eine große Flotte an der Küste des Roten Meeres. Auch Häfen baute er und plante die Verbindung des Nils mit dem Roten Meere durch einen Kanal; aber aus dem Kanal wurde nichts, und auch die ägyptische Seeschiffahrt verfiel nach seinem Tode wieder. Erst sieben Jahrhunderte später nahm Neko (609—595 vor Christus) den Kanalbau wieder auf, versuchte auch die Durchstechung der Landenge von Suez, führte aber beide Bauten nicht durch, weil die klugen Priester ihm weissagten, daß er mit diesen Werken den Barbaren vorarbeite.

Der semitische Stamm der Phönizier dehnte die Schiffahrt zuerst auf weite Entfernungen aus. Von Sidon, der Fischerstadt, begannen die ersten Küstenfahrten. Die Unfruchtbarkeit ihres kleinen Küstenlandes machte die kühnen Kanaaniter — so nennt sie das Alte Testament — zu einem Seevolke, das in seinen Bestrebungen und Erfolgen die Bewunderung aller Zeiten verdient. An Cedern zum Schiffbau war kein Mangel im Libanon. Für Kriegszwecke bauten die Phönizier lange, schmale, schnellsegelnde Schiffe, während kurze, vollbauchige, sogenannte „runde" Schiffe dem Frachtverkehr dienten; die Schiffe waren einmastig, führten ein großes Rahsegel wie die chaldäischen Schiffe und konnten auch mit Riemen fortbewegt werden. Wie zwei Jahrtausende später die streitbaren Nordmänner auf ihren Meerdrachen, die überhaupt merkwürdige Ähnlichkeit mit den phönizischen Schiffen hatten, ihre Schilde außen längs der Bordwand befestigten, so pflegten es auch schon die Phönizier zu thun, wie überlieferte Bilder beweisen. Um Sklaven zu jagen, die zur Holzarbeit und zum Rudern der Schiffe nötig waren, wurde bald neben dem Seehandel auch emsig Seeraub

---

1) Der berühmte Ägyptologe Dr. Joh. Dümichen hat in seinem großen Werke: „Die Flotte einer ägyptischen Königin u. s. w." (Leipzig, 1866) das ägyptische Seewesen genau geschildert und durch 135 altägyptische Schiffsbilder erläutert.

2) Taue an den Enden der Rahen, die nach hinten gerichtet, sozusagen die „Zügel" des Segels bilden.

an den Mittelländischen Küsten betrieben. Sidon, das um 3000 vor Chr. gegründet sein soll, wurde bald von der Tochterstadt Tyrus, die um 2750 vor Chr. entstand, überflügelt. Viele Jahrhunderte lang beherrschten die Phönizier ohne Nebenbuhler die See. Von den Schätzen, die sie erwarben, von der Pracht, in der sie lebten, schreibt der Prophet Hesekiel im 27. Kapitel. Das Aufblühen der vielen Ansiedlungen, die weiten Fahrten der thatkräftigen phönizischen Seeleute sind ziemlich genau bekannt. Besonders wichtig waren ihre Kolonien Aradus und Tripolis in Syrien, Karthago und Utika an der nordafrikanischen Küste, die auf den Inseln Cypern, Rhodos, Kreta, Malta, Sizilien (Palermo) und Sardinien und an der spanischen Küste (Cartagena und Malaga). Gades (Cadix) im Atlantischen Ozean soll um 1160 vor Chr. von ihnen gegründet sein; die Tarsisfahrer (Westfahrer) liefen den Guadalquivir hinauf, der damals bei Cadix mündete, und erbauten Sevilla. Die spanischen Häfen wurden für die Phönizier die Ausgangspunkte für die kühnen Fahrten nach den Zinninseln, den Scilly-Inseln an der Südwestspitze Englands, wo sie Bergwerke zur Erbeutung der Erze anlegten. Spaniens Berge lieferten ihnen Silber, Gold, Kupfer und Blei, seine Gewässer gaben Purpurschnecken zum Färben der Gewänder, und Fische, die getrocknet verfrachtet wurden. Bis an die mecklenburgische Küste drangen wahrscheinlich die großen seetüchtigen Tarsisschiffe vor, um Bernstein zu holen; die Ausgrabung eines phönizischen Opferwagens in der Nähe von Schwerin deutet auf ihre Besuche.[1]) Die phönizischen Ophirfahrer, die Südfahrer, hatten ihre Schiffe im Roten Meere; sie beherrschten die Küsten Arabiens, Persiens und wahrscheinlich auch die indische Küste bis nach Ceylon hin. Ums Jahr 1000 vor Chr. holten die Schiffe Hirams, des Königs von Tyrus, Bauholz, Gold und Silber von den Küsten des Indischen Ozeans für den Tempelbau Salomos.

Der Reichtum, den die Phönizier durch den Seehandel erwarben, schuf ihnen aber mit der Zeit Neider und Feinde. So drängten im achten Jahrhundert vor Chr. von Osten her die Assyrier an die Küsten des gepriesenen Mittelmeers und eroberten den größten Teil der phönizischen Kleinstaaten an der syrischen Küste, darunter die Häfen von Sidon, Beirut, Aradus und Byblus. Nur das mächtige Tyrus widerstand damals der Belagerung durch den König Salmanassar, weil es die See beherrschte. Die Stadt, die auf einer Insel nahe am Festlande lag und stark befestigt war, wurde von einer großen Flotte angegriffen, die Salmanassar aus Schiffen der schon unterjochten Festland-Phönizier gebildet hatte. In einer heißen Seeschlacht, in der die geübtere aber kleinere tyrische Flotte erfolgreich die scharfen Sporne der Schiffe zum Vernichten der feindlichen Schiffe benutzte, wurden die assyrischen Angriffe glänzend zurückgeschlagen. Da die Phönizier überall den Ruf der kühnsten Seefahrer genossen, so waren ihre Dienste auch im Auslande gesucht. Der unternehmungslustige ägyptische König Neko schickte um das Jahr 600 vor Chr. vom Roten Meere aus phönizische Schiffe in das Südmeer, um die afrikanische Küste zu erforschen. Herodot erzählt davon: „Als sie (vom Arabischen Meere) ausgesegelt waren, und der Spätherbst kam, gingen sie an Land, bestellten an dem Orte, wo sie sich befanden, das Feld, warteten die Ernte ab, und gingen dann wieder in See. So gelangten sie im dritten Jahre durch die Säulen des Herkules nach Ägypten zurück. Auch erzählten sie, was zu glauben ich andern überlasse, daß sie bei der Fahrt von Osten nach Westen um den Süden Afrikas die Sonne (zur Mittagszeit!) zur Rechten gehabt hätten." In dieser Beobachtung, die freilich für Herodot noch unerklärlich war, liegt gerade der Beweis für die Wahrheit dieser bewunderungswürdigsten Entdeckungsfahrt des Altertums; außerdem ist aber auch im Anfange unsers Jahrhunderts am Kap der guten Hoffnung beim Ausgraben eines Kellers der Rumpf eines großen phönizischen Ruderschiffs gefunden worden.[2])

Bei solcher Kühnheit ist es sehr wahrscheinlich, daß die Phönizier mit ihren großen Tarsisschiffen von Cadix aus die kanarischen Inseln regelmäßig besucht haben. Ihre Steuermannskunst entwickelte sich durch die beständige Übung; die seemännischen Erfahrungen wurden vom Vater auf den Sohn vererbt. Zu der ursprünglichen Küstenfahrt gehörte Ortskunde; an unbekannten Küsten fuhr man vorsichtig und nur bei Tage, nachts ankerte man[3]) oder zog die Schiffe auf den Strand, wenn man längere Zeit am Orte verweilen wollte. Während der Fahrten bediente man sich des ersten und wichtigsten nautischen Werkzeugs, des Lots, um das Aufstoßen auf Klippen und Sandbänke durch Messen der Wassertiefe zu vermeiden. Die griechischen Thalassometer und wahrscheinlich auch die phönizischen Lotgäste[4]) benutzten Stangen, die mit Bleigewichten beschwert waren und einen Maßstab trugen; genau solche Peilstangen werden heute noch auf Rheindampfern gebraucht. Das Lot ist noch heute die ultima ratio des Seemanns, wenn bei dichtem Nebel die Gefahren der Küste überwunden werden sollen. Von den sternkundigen Chaldäern sollen die Phönizier zuerst darauf hingewiesen worden sein, daß einzelne Sternbilder fast genau nach Norden zeigen; zuerst richteten sie sich nach dem Phalashad, dem großen Bären, entdeckten dann aber später, daß der Stern in der Schwanzspitze des kleinen Bären, der Polstern,

---

[1]) Rühlmann, Beiträge zur Geschichte, Kultur und Technik der Schiffahrt (Leipzig, 1891).
[2]) Dinglers Polytechnisches Journal 1820, Bd. 2 (nach Geleich, Studien über die Entwicklungsgeschichte der Schiffahrt u. s. w., Laibach, 1882).
[3]) Der Anker ist eine phönizische Erfindung.
[4]) So nennt man heute die mit dem Loten beauftragten Matrosen.

die Nordrichtung mit überraschender Genauigkeit angab. Nun merkte man sich die Richtungen zwischen vorspringenden Küstenpunkten und kürzte die Fahrten mehr und mehr ab, indem man allmählich Zwischenpunkte gar nicht mehr ansteuerte, sondern gerade auf den Bestimmungsort zu segelte. Auf diese Weise wurden einsame Inseln entdeckt. Große Gefahr konnte diese Überfahrt (διάπλους im Gegensatz zur Küstenfahrt: παράπλους) dann bringen, wenn bei trübem Wetter Sonne und Sterne unsichtbar wurden. Für kurze Zeit nach dem Verschwinden des Leitsterns gab noch die Richtung des Windes und des Seegangs den richtigen Kurs an; doch man kannte und fürchtete die Änderungen der Windrichtung. Deshalb achtete man genau auf die Witterung; längere Überfahrten wurden nur in der günstigsten Jahreszeit unternommen. Den Zauber, durch den Nebel zu segeln, verstanden nach Homer nur die Phäaken, die vielleicht phönizische Ansiedler auf Korfu waren; denn zur Zeit des trojanischen Kriegs stand die See- und Kolonialmacht der tyrischen Phönizier in hoher Blüte. Die andern, weniger erfahrnen Seeleute verloren bei trübem Wetter den Kurs und wurden, wenn sie nicht vorher durch Sturmesgewalt ums Leben kamen, an irgend eine Küste des geschlossenen Mittelmeerbeckens verschlagen.

Die Phönizier waren die Lehrmeister in der Seefahrtkunde für die übrigen Bewohner der Mittelmeerländer. Die Karthager Von den Kolonien blühte der Handelshafen von Karthago (im achten Jahrhundert vor Chr. gegründet) besonders schnell auf; seine günstige Lage im mittlern Teile des Mittelmeers machte ihn zum Schwerpunkt des damaligen Handelsverkehrs. An der syrischen Küste stauten sich die Völkerwellen aus dem Innern Asiens; auch das stolze Tyrus wurde schließlich nach dreizehnjähriger Belagerung von den Babyloniern unter Nebukadnezar im sechsten Jahrhundert vor Chr. unterworfen[1]). Schon vorher waren die reichsten und mächtigsten tyrischen Familien nach Karthago ausgewandert; Karthago übernahm schließlich noch die meisten tyrisch-phönizischen Kolonien im westlichen Teile der bekannten Welt und führte dort die Seeherrschaft mehrere Jahrhunderte unbestritten weiter. Die kleinasiatischen Phönizier selbst kamen später unter persische Herrschaft. Tyrus blieb aber noch bis zur Eroberung durch Alexander den Großen (um 322 vor Chr.) eine reiche Handelsstadt; nur mit Hilfe einer großen phönizisch-persischen Flotte und durch den Bau eines Dammes von der Küste zur Insel konnte der mächtige Fürst die Seestadt bezwingen.

Während also Karthago den Westen beherrschte, ging im östlichen Teile des Mittelmeers die Seeherrschaft von Die Griechen den Phöniziern auf die Griechen über. Im griechischen Inselmeer muß sich die Schiffahrt schon früh entwickelt haben, wie auch viele Sagen erkennen lassen; in der Sage vom Argonautenzuge sind schon besonders kühne Seefahrer, die wohl zugleich Seeräuber waren, verherrlicht. Der trojanische Krieg beweist, daß die griechischen Stämme im zwölften Jahrhundert vor Chr. die unbeschränkte Seeherrschaft in den nordöstlichen Gewässern des Mittelmeeres ausübten. Die altgriechischen Schiffe unterschieden sich fast gar nicht von den schon beschriebenen phönizischen langen und runden Schiffen. Trotz der einer kräftigen Entwicklung zur See ungünstigen Kleinstaaterei entstanden schon bald nach dem trojanischen Kriege viele, schnell erblühende griechische Ansiedlungen an der kleinasiatischen Küste, darunter Milet, Ephesos, Phokäa, Smyrna, Knidos, Halikarnassos, Abydos, Chalkedon. Der Aufschwung des griechischen Seewesens läßt sich nur durch ausführliche Einzelgeschichten darstellen; hier können nur die wichtigsten Ereignisse herausgegriffen werden. Die älteste Seeschlacht in griechischen Gewässern, von der Thukydides berichtet, fand 664 vor Chr. zwischen den Korinthern und Kerkyräern statt. Kerkyra (Korfu) war eine korinthische Kolonie, die sich damals von der Mutterstadt unabhängig machte. Neben den Kerkyräern waren die Syrakusaner (Kolonisten der Dorer) die seemächtigsten griechischen Staaten vor der Zeit der Perserkriege. Später unterhielten auch die Ionier und Polykrates, der Herrscher von Samos, große Kriegsflotten.

Athen hatte im sechsten Jahrhundert vor Chr. unter der Handelsmacht der benachbarten Insel Ägina zu leiden, die ihre blühende Schiffahrt den Phöniziern verdankte; nach einem unglücklichen Kriege mit ihren Nebenbuhlern, zu dem sie noch korinthische Schiffe gemietet hatten, fingen die Athener an einzusehen, daß Seehandel ohne Seemacht nicht denkbar sei. Themistokles schaffte Rat; er war von der Notwendigkeit einer starken Kriegsflotte überzeugt und verstand es, zäh an seinem Plane festhaltend, unter großen Kämpfen seine politischen Gegner, besonders Aristides, zu beseitigen und dadurch seine Überzeugung in Athen zur Geltung zu bringen. Der kluge, weitsichtige Mann hat durch seine Thatkraft sein Vaterland vor dem persischen Joche bewahrt. Er kräftigte die athenische Seemacht derart, daß man fast von einer Neuschöpfung sprechen kann. Zuerst schuf er die Grundlage, den sichern Kriegshafen, indem er den Seehafen Piräus anlegte und ihn durch lange Festungsmauern mit der Stadt Athen verband; früher hatten die Athener die offne Reede Phaleron benutzt, wo die Schiffe ungeschützt lagen. Trotz der Persergefahr, die durch die Schlacht von Marathon 490 vor Chr. nur verzögert war, wurde der Hafenbau durch die Gegner des Themistokles so erschwert, daß die Mauern erst nach der Schlacht

---

[1]) Wahrscheinlich nur durch Vertrag, nicht durch Eroberung.

bei Salamis vollendet wurden. Aristides, der vom Flottenbau nichts wissen wollte, da er wahrscheinlich als alter Soldat den Schwerpunkt der Kriegsmacht im Landheere sah, wurde 483 vor Chr. aus Athen verbannt; dadurch gelang es Themistokles endlich, ein Gesetz durchzubringen, wonach in den folgenden Jahren der Überschuß der Einkünfte aus den Silberbergwerken von Laurion zum Bau von Kriegsschiffen verwendet wurde. Die athenischen Bürger, an die bisher dieser Überschuß verteilt worden war, verzichteten zu gunsten des Flottenbaus auf ihre Sporteln. Die Flotte sollte zunächst auf zweihundert Trieren gebracht werden. Im Piräus wurden große Schiffbauwerften eingerichtet; der Bau der Schiffe und der größte Teil ihrer Ausrüstung wurde vom Staate übernommen. Der Flottenbauplan bestimmte die Zahl der jährlich zu bauenden Schiffe. Wohlhabenden Bürgern, deren Vermögen einen gewissen Betrag überstieg, auch solchen, die nicht Grundbesitzer waren, wurde als Staatsleistung die Sorge für je ein Schiff übertragen, dessen Oberbefehl sie dafür als Ehrenamt im Kriege führen durften. Diese Triarchen (d. h. Befehlshaber der Trieren) mußten die weitere Ausrüstung ihrer Schiffe aus eignen Mitteln beschaffen, auch die Ausbesserungen ausführen lassen und die Schiffsmannschaft während des Kriegs verpflegen. Natürlich suchte jeder reiche Athener eine Ehre darin, Triarch zu werden. Die Trieren muß man sich ähnlich den phönizischen großen und langen Schiffen vorstellen, sie hatten wahrscheinlich drei Reihen Ruderer. Ob mit allen Riemen gleichzeitig im Takte gerudert werden konnte, ist noch nicht überzeugend aufgeklärt worden, obgleich von Gelehrten, Schiffbaumeistern und Seeleuten schon sehr viel über die Trierenfrage geschrieben ist. Vorläufig behält Breusing Recht mit seinem Ausspruche, daß wir trotz aller Bemühungen über die Einrichtung der Ruderschiffe der Alten noch vollständig im Unklaren sind. Sicher ist, daß die attischen Trieren schnelle, gut manövrierende Kriegsschiffe waren, die im Kampfe mit den Riemen getrieben wurden. Wahrscheinlich hatten sie mehrere Decke[1]) und waren mit hundert bis vierhundert Ruderern, sowie einer Anzahl von „Seesoldaten" besetzt. Es gab später auch Penteren, die fünf Reihen von Ruderern auf Bänken übereinander gehabt haben müßten, wenn die Trieren drei Reihen wirklich übereinander hatten; daß solche Schiffe, bei denen die Riemen jeder Reihe von andrer Länge hätten sein müssen, geradezu seemännische Mißgeburten gewesen wären, beweisen am besten die Penterenentwürfe des genialen Schiffbaumeisters Sackow und des Archäologen Dr. Graser, der sich um die Erforschung des Seewesens im Altertum große Verdienste erworben hat. Auch die antike Triere von neununddreißig Meter Länge und hunderteinundzwanzig Tonnen Größe, die Napoleon III. von dem berühmten Schiffbaumeister Dupuy de Lôme erbauen ließ, war ganz verfehlt und manövrierte bei den Probefahrten jämmerlich.

Gutes Manövrieren, bequeme Bedienung und verhältnismäßig große Geschwindigkeit — das waren also neben genügender Seetüchtigkeit die besten Eigenschaften der Trieren, die Themistokles seinem Vaterlande schuf. Und es war die höchste Zeit, daß die Athener ihre Flotte kräftigten; denn drei Jahre nach dem Beginn der Rüstungen rückte Xerxes mit seiner ungeheuren Kriegsmacht teils zu Lande teils zu Wasser gegen Griechenland vor. Leonidas konnte mit seiner kleinen tapfern Schar das persische Heer nur kurze Zeit aufhalten. Da mit Vernunftgründen bei der buntscheckigen Volksmenge überall wenig zu erreichen ist, so nahm der kluge Themistokles Rücksicht auf die Vorurteile seiner Landsleute und ließ ihnen durch das delphische Orakel den trefflichen Rat geben, das Heil des Vaterlandes hinter hölzernen Mauern zu suchen. Diese Suggestion half. Fast alle griechischen Staaten, Athen voran, bemannten ihre Schiffe und versuchten zunächst bei der Nordspitze der Insel Euböa die feindliche Seemacht zu schlagen; nach mehrtägigen Gefechten beim Kap Artemision zog sich die griechische Flotte nach der Insel Salamis zurück, wo Themistokles mit großer Mühe die Geschwader der Einzelstaaten zusammenhielt, bis die Ankunft der persischen Flotte die Trennung der widerspenstigen Peloponnesier verhinderte. Mit gutem Vorbedacht hatte Themistokles den Entscheidungskampf über die Unabhängigkeit Griechenlands auf das Meer verlegt. Die Perser selbst waren schlechte Seeleute, ihre großen und plumpen Schiffe wurden meist von unterjochten Völkern, Phöniziern, Ägyptern und kleinasiatischen Griechen, besonders Joniern, bedient; die Griechen dagegen waren geborne Seeleute und konnten auch darauf rechnen, daß den jonischen Seeleuten auf der persischen Flotte sehr wenig am Siege ihrer eignen Gewalthaber lag. Bedenkt man schließlich, daß die Griechen, da sie in der Bucht von Salamis eingeschlossen waren, um ihr Leben kämpfen mußten, ohne der Übermacht weichen zu können, so wird es erklärlich, daß 380 griechische Schiffe mit etwa 70000 Mann gegen 800 oder mehr persische Schiffe mit etwa 150000 Mann siegen konnten. Themistokles, der listige Führer, hatte sie in die Lage gebracht, in der sie siegen mußten, wenn sie nicht untergehen wollten. Der nicht immer zuverlässige Herodot giebt die persische Seemacht sogar mit über 4000 Schiffen, darunter über 1200 großen Kriegsschiffen und mit 541000 Mann Besatzung an; das wird wohl übertrieben sein. In der ziemlich engen Bucht von Salamis konnte sich die persische Übermacht nur ungeschickt bewegen; daher gelang es den flinken griechischen Trieren, eine Menge feindlicher Schiffe mit dem Sporn zu rammen und zu versenken, während die Griechen selbst nur 40 Schiffe

---

[1]) Deck nennt der Seemann die den Schiffsraum wagerecht teilenden Böden (daher auch die Räume darüber), deren oberster das „Oberdeck," die nächsten „Batteriedecke" (wenn sie Geschütze tragen) und das unterste „Zwischendeck" heißen.

verloren. Die persische Flotte wurde so gründlich geschlagen, daß Xerxes mit seiner Hauptmacht nach Asien zurückging. Die Seeschlacht von Salamis entschied das Geschick Athens, Griechenlands, ja der ganzen südeuropäischen Kultur. Eduard Graf Wilczek sagt sehr treffend über die Schlacht von Salamis[1]): „Was wäre aus Europa, was aus der ganzen irdischen Welt geworden, wenn aus dem Kampfe der Schiffe nicht der belebende hellenische Geist, sondern asiatische Despotie, persische Satrapenwirtschaft, der Fanatismus und die Indolenz der Orientalen siegreich hervorgegangen wäre?"

Nach diesem Siege verstanden die Athener den Einfluß der Seemacht zu würdigen; die Reste der persischen Flotte wurden im nächsten Jahre 479 vor Chr. beim Vorgebirge Mykale in der Nähe von Milet vollständig zerstört und damit die Persergefahr beseitigt. Athen gewann nun für längere Zeit die Oberherrschaft zur See, schloß mit den östlichen griechischen Hafenstädten und Inseln einen Seebund und baute seine Flotte mächtig aus. Für die Bemannung der wachsenden Flotte wurde ebenfalls durch Gesetz gesorgt: die Thetes, der vierte Stand der athenischen Bürgerschaft, wurde zum Seedienst verpflichtet. Die attischen Epheben, die waffenfähigen Jünglinge von achtzehn bis zwanzig Jahren, wurden gründlich im Kriegsschiffsdienste geübt; sie mußten Schiffe seeklar machen und zu Wasser lassen, sie wieder ans Land ziehen und abtakeln. Alljährlich hielten sie bei dem in Salamis gefeierten Ajasfeste Ruder- und Segelwettfahrten ab und führten auch Seemanöver aus, die die Schlacht bei Salamis nachahmen sollten. So wurde das Gefühl für vaterländische Pflichten und zugleich die Muskelkraft bei den heranwachsenden Kämpfern gestärkt. Bei der feierlichen Belehnung mit Schild und Lanze schwuren sie[2]): „Die heiligen Waffen niemals zu schänden, das Vaterland nicht kleiner zu hinterlassen, sondern größer und stärker, als sie es überkommen hätten, der bestehenden Obrigkeit und den Gesetzen zu gehorchen, sich allen Umsturzversuchen zu widersetzen und die vaterländische Religion in Ehren zu halten."

Athen übertraf nun schnell seine Nebenbuhler Ägina und Korinth als See- und Handelsmacht; an der Spitze des Bundes drang seine Flotte unter Kimon in die kleinasiatischen Gewässer und Häfen vor und vernichtete auch dort die Seemacht der Perser für längere Zeit. Perikles nutzte die Seeherrschaft Athens dazu aus, seine Vaterstadt zur höchsten Blüte zu bringen; er war wie Themistokles ebenso tüchtig als Staatsmann wie als Flottenführer. Perikles erkämpfte mehrere Seesiege, vermehrte die Flotte auf 700 Trieren, wovon 300 stets kriegsbereit waren; eine Flotte von 60 Trieren kreuzte beständig im Ägeischen Meere, um den Handel zu schützen und Kriegsübungen zu machen. Die Eifersucht Spartas auf den Reichtum der Athener rief lange Bürgerkriege hervor, in denen sich das Seewesen und die Seekriegskunst der Athener unter den Flottenführern Phormio, Alkibiades, Nikias und Demosthenes zwar in den meisten Schlachten trefflich bewährte und viele Fortschritte machte, aber diese Zersplitterung der Kräfte hatte schließlich die Unterjochung ganz Griechenlands durch die Macedonier zur Folge. Erst in der festen Hand Alexanders des Großen von Macedonien erlangte die griechische Flotte wieder Bedeutung und dehnte sich seit dem berühmten indischen Seezug des Nearchos auch zu Handelszwecken auf dem Indischen Meere aus. Alexandrien wurde der Hauptstapelplatz des Seehandels im östlichen Mittelmeere und blieb auch nach Alexanders Tod noch lange seemächtig und blühend, während in Griechenland und Kleinasien wieder wilde innere Kämpfe das vorher mächtige Reich zersplitterten. Unter der Herrschaft der Ptolemäer wurde der Nil durch einen Kanal mit dem Roten Meere verbunden, indische Waren gelangten zu Wasser nach Alexandrien und von da nach Europa. Zu gleicher Zeit wuchs Rhodos, die günstig gelegne und gut befestigte Inselstadt, zu einem bedeutenden Seehafen auf; die rhodischen Seegesetze blieben im ganzen Mittelmeer bis ins Mittelalter hinein giltig.

Im westlichen Mittelmeere war Karthago, die tyrische Niederlassung, unbeschränkte Herrin der See bis ins vierte Jahrhundert vor Chr.; es besaß blühende Kolonien auf Sizilien, Sardinien, in Spanien und an der Westküste Afrikas und beherrschte fast die ganze Nordküste Afrikas von Ägypten bis an die Atlantische Küste nach Westen hin. Als Handelsstaat unterhielt es auch eine mächtige Flotte von Kriegsschiffen zum Schutze des Seehandels und zur Ausdehnung des Kolonialbesitzes. In den blutigen Kämpfen um die Herrschaft auf Sizilien wurde Roms Landmacht den Karthagern zunächst Bundesgenosse gegen den epirischen König Pyrrhus, der Unteritalien und Sizilien mit Nordgriechenland vereinigen wollte. Als aber Pyrrhus vertrieben war, und die Karthager durch ihre sizilischen Besitzungen Nachbarn der Römer wurden, die Unteritalien erobert hatten, begann bald zwischen den beiden neuen Nebenbuhlern der Kampf um Sizilien, der auf der Insel zu Lande, bald aber auch zur See geführt wurde. Karthago hatte eine große Flotte von etwa vierhundert hochbordigen Fünfruderern, Penteren,[3]) denen die Römer anfangs nur kleine Schiffe entgegenführen konnten;

Kämpfe der Karthager mit den Römern um die Seeherrschaft

---

1) In seinem vorzüglichen Werke: Das Mittelmeer, seine Stellung in der Weltgeschichte und seine historische Rolle im Seewesen (Wien, 1895).
2) Nach G. Benfeser in den Grenzboten 1895, Nr. 22.
3) Es wäre zu wünschen, daß die Philologen einmal die Penterenfrage daraufhin prüften, ob man nicht doch vielleicht darunter Schiffe mit nur einer Riemenreihe auf jeder Seite verstehen kann, bei denen jeder Riemen von fünf Ruderknechten besetzt war. Es wäre dabei nicht ausgeschlossen, daß die Knechte wegen der Länge der Riemen, die schräg ins Wasser tauchten, stufenweise übereinander, aber freilich seitwärts voneinander ihre Plätze hatten. Die Leute mußten beim Bewegen dieser großen Riemen wahrscheinlich stehen und ein Stück hin und her gehen.

trotz der römischen Erfolge auf dem Lande zerstörten deshalb die Karthager die Erwerbsquelle der sizilianischen und süditalienischen Häfen, den Seehandel, sperrten den Seeverkehr und konnten mit der Flotte die Unternehmungen ihres Heeres auf dem Lande unterstützen. Das überzeugte die Römer von der Notwendigkeit einer starken Kriegsflotte; wie heute die große Landmacht Rußland ihre Flotte ständig ausbaut, um den modernen Puniern, den Engländern, auf ihrem eignen Elemente entgegentreten zu können, so schufen sich die Römer schnell eine kräftige Seemacht. Sie hatten das Glück, von den Puniern[1]) eine Pentere zu erbeuten, die in der Straße von Messina gestrandet war; dies Schiff diente den römischen Baumeistern als Muster, wonach sie in kurzer Zeit hundert Quinqueremen (die römischen Penteren) und zwanzig Triremen (die römischen Trieren) bauten. Freilich fielen die Schiffe plump aus und erreichten das karthagische Modell nicht. Die Römer waren keine Seeleute; dennoch gelang es ihnen, die Besatzung leidlich für den Seedienst auszubilden, militärische Zucht und Tapferkeit ersetzten die seemännische Gewandtheit. Die Karthager unterschätzten ihre Gegner; im Gefühle ihrer alterprobten Macht glaubten sie mit den Römern spielend fertig zu werden und vernachlässigten es, besondre Übungen und Vorbereitungen für den Krieg anzustellen. Ähnlich sorglos trieb es die englische Flotte in unserm Jahrhundert, bis sie plötzlich durch den drohenden Krieg mit der damals noch kleinen Seemacht Rußland im Jahre 1887 aus ihrer Ruhe aufgeschreckt wurde und seitdem emsig und ununterbrochen rüstet und übt. Daß die ersten siebzehn seefertigen Quinqueremen der Römer auf ihrer ersten Seefahrt den Karthagern in die Hände fielen, steigerte deren Selbstbewußtsein noch. Um so größer war die Verwirrung der karthagischen Flotte, als die Römer mit Hilfe von Enterbrücken eine ganz neue Kampfesweise zur See einführten, indem sie mit ihren bewährten Kriegern ein feindliches Schiff nach dem andern stürmten und die Besatzungen im Handgemenge niedermachten. Bisher hatte man bei allen Seegefechten die alte Stoßtaktik beibehalten, alle Manöver waren darauf berechnet, den eignen Sporn in die Seite des feindlichen Schiffs zu bohren, um ihm mit einemmale den Todesstoß zu geben. Der Kampf Mann gegen Mann trat nur in besonderen Lagen ein, wenn der Rammstoß fehlgegangen war und die Gegner, ihre Ruderreihen zerknickend, manövrierunfähig dicht neben einander still lagen. Deshalb waren die Karthager besser auf geschickte Manöver als auf den Enterkampf eingeübt und wurden im ersten Ansturm besiegt. Rom verdankt seine ganze spätere Größe dem kühnen und erfinderischen Flottenführer und Konsul Cajus Duilius, der beim Vorgebirge Mylä 260 vor Chr. den ersten Seesieg über das seebeherrschende Karthago erfocht.

Rom erringt die Seeherrschaft

Durch diesen Sieg, der auch mit gebührendem Verständnisse gefeiert wurde, war Rom zu einer Seemacht geworden. Beim Berge Eknomos an der sizilianischen Westküste erkämpfte die römische Kriegsflotte, die inzwischen dreihundertunddreißig gedeckte Schiffe kriegsbereit hatte, den zweiten großen Seesieg (256 vor Chr.). Trotzdem daß ihnen im weiteren Kriegsverlaufe zweimal große Flotten durch Stürme zerstört wurden, sie auch ein paar Niederlagen erlitten, hielten die Römer zäh daran fest, den Karthagern vor allen Dingen die Seeherrschaft zu entreißen. Am Ende des ersten punischen Krieges nach dreiundzwanzigjährigem Ringen hatte Rom der alten Seemacht Karthago das Szepter Neptuns entwunden; erst zwanzig Jahre darauf war Karthago wieder genügend erstarkt, aufs neue den Kampf um die Vormacht mit Rom beginnen zu können. Aber jetzt war Karthago im Nachteile, denn Rom beherrschte mit einer Kriegsflotte von zweihundertundzwanzig Quinqueremen das Meer, und Hannibal mußte, weil er keine Flotte hatte, den kühnen Zug über die Alpen machen, der sein Heer so schwächte, daß es schließlich den Angriff auf Rom nicht wagen durfte. Hilfe konnte ihm weder von Karthago noch von Philipp von Macedonien, der seine Macht gern auf Italien ausgedehnt hätte, gebracht werden, denn — Rom beherrschte die See. „Der Mangel einer Kriegsflotte lähmte Philipp in allen seinen Bewegungen," schreibt Mommsen, und er erzählt, daß der König in seinem Vordringen auf dem Lande innehielt und nach Griechenland zurückkehrte, als das gänzlich unbegründete Gerücht entstand, daß eine römische Flotte in das Adriatische Meer steure. Der siegreiche Hannibal blieb nur deshalb erfolglos, weil die Römer die See beherrschten und die schwächere karthagische Flotte keine Seeschlacht mehr zu schlagen wagte. So gab der zweite punische Krieg, obgleich er ein Landkrieg war, auch für Roms Vormacht zur See den Ausschlag, und zwar fast ohne Seekampf, lediglich durch die Thatsache, daß es Kriegsschiffe in

---

etwa wie die Floßknechte mit dem Steuerriemen der großen Rheinflöße. Die karthagischen Penteren sollen nach Graf Wilczek mit 300 Ruderknechten und Matrosen sowie 120 Seesoldaten bemannt gewesen sein; je fünf Mann an einem Riemen giebt die Zahl von 30 Riemen auf jeder Schiffsseite. Es wäre also noch festzustellen, ob überhaupt deutliche Bilder von fünfreihigen Schiffen gefunden worden sind. Polybius spricht sogar davon, daß Pyrrhus einen Siebenruderer gehabt habe; wie soll man sich solch ein Ungeheuer vorstellen, wenn es sieben Ruderreihen gehabt hätte. Im Mittelalter hatten alle Galeeren, Galeassen und andern Ruderschiffe nur eine Reihe von Riemen, die je nach der Schiffsgröße mit verschiedner Zahl von Ruderknechten besetzt waren. Nach Furttenbach, der das älteste deutsche Buch über Schiffbau 1629 in Ulm herausgab (ein vortreffliches Werk!), hatten die großen Galeeren siebenundzwanzig Ruderbänke, worauf je zehn Ruderer, fünf für jeden Riemen, saßen; da die Galeeren niederbordige Schiffe waren, konnten die Leute sitzen. Diese Galeeren mit ihren zweihundertundsiebzig Ruderknechten werden vielleicht große Ähnlichkeit mit den von dreihundert Mann getriebnen Penteren gehabt haben. Wann sollten denn die Ruderreihen auf eine einzige zurückgegangen sein? Das müßte sich doch nachweisen lassen, und davon ist nirgends die Rede, man spricht nicht vom Übergang der Triere auf die Galeere.

1) So nannten die Römer die Karthager.

genügender Zahl kriegsbereit hatte. Das sollte auch bei uns mehr und mehr beachtet werden, daß schon das Dasein einer kräftigen Kriegsflotte die politisch-strategische Lage vollständig ändern kann; die Engländer verstehen diesen Umstand mitten im Frieden trefflich zu ihrem Vorteil auszunutzen.

Als wichtigste Friedensbedingung erzwangen die Römer, daß Karthago fortan nur zehn Penteren behalten durfte; die ganze karthagische Flotte von fast fünfhundert Schiffen wurde verbrannt. In dem kurzen dritten punischen Kriege zerstörten die Römer dann Karthago selbst, um seinen trotz aller Niederlagen wieder aufgeblühten Seehandel zu vernichten. Schnell bemächtigte sich dann Rom der Seeherrschaft über das ganze Mittelmeer; ebenbürtige Gegner waren nicht mehr da, und Cäsars Flotten eroberten Britannien. Spätere Vernachlässigung des römischen Seewesens erzeugte zwar eine Zeit lang kühne Seeräubermächte im Mittelmeer, sie wurden aber von Pompejus schnell wieder ausgerottet. Der große Bürgerkrieg des römischen Reichs nach Cäsars Tode wurde durch die Seeschlacht bei Actium im Jahre 31 vor Chr. entschieden; Antonius, der eine riesige Flotte von fünfhundert schweren phönizisch-griechischen und ägyptischen Schiffen gegen die zweihundertundfünfzig leichter und besser manövrierenden römischen Schiffe Oktavians führte, um Rom dem östlichen Mittelmeerreiche zu unterwerfen, wurde vollständig geschlagen. Dieser Seesieg stellte die Herrschaft der Westmacht Rom über die ganze bekannte Welt wieder her und begründete das fast vier Jahrhunderte blühende römische Kaiserreich; das Mittelmeer war in dieser langen Zeit ein römisches Binnenmeer!

Ein deutscher Stamm, die Vandalen, der gedrängt von andern Stämmen Schlesien während der Völkerwanderung *Die Vandalen* verließ und über Spanien mit römischer Hilfe im Jahre 429 nach Nordafrika kam, entriß dann den Römern wieder die Seeherrschaft im Mittelmeere. Ihr Königreich hatte Karthago zur Hauptstadt; der Seekönig Genserich ließ dort eine mächtige Flotte bauen, mit der er zum Schrecken aller Küstenstädte große Raubzüge ausführte, auch Rom vierzehn Tage lang plünderte. Die vereinigte west- und oströmische Flotte vernichtete er durch Brander¹) im Hafen von Karthago. Nach dem Tode Genserichs verweichlichten aber die Vandalen durch das südliche Klima und durch Wohlleben und wurden von Belisar besiegt, der ihnen zwar mit seiner schwachen Flotte zur See auswich, aber eine starke Landmacht in der Nähe von Karthago landete. Immerhin hat das Mittelmeer ein Jahrhundert lang unter deutscher Herrschaft gestanden; es wurde damals die Wendelsee genannt. Die kräftigen germanischen Ostgoten, die dann das weströmische Reich erobert hatten, konnten sich dort nicht lange halten. Graf Wilczek hebt mit Recht hervor, daß sie den großen politischen Fehler machten, sich keine Seemacht zu schaffen: nach hartem zwanzigjährigen Kampfe wurden sie von den Byzantinern, die auf dem Seewege immer Nachschub bekommen konnten, überwältigt.

Die Seeherrschaft blieb nun bis zur Mitte des siebenten Jahrhunderts den Byzantinern; dann begann der *Die Byzantiner* Einfluß der arabischen Seemacht im Orient. In den vielen Seekriegen zwischen den beiden Völkern behielten die Byzantiner mit wechselndem Glück die Oberhand, da sie ein neues, furchtbares Kampfmittel, das griechische Feuer, mit Erfolg gegen die arabischen Schiffe verwendeten.

Den arabischen Seeleuten dankt die Seefahrtkunde viele Fortschritte in der Ortsbestimmung zur See; die Frage *Die Araber* ob die Araber den Gebrauch der Magnetnadel als Kompaß aus dem Morgenlande nach dem Abendlande gebracht haben, oder umgekehrt, ist noch nicht gelöst. Sie dehnten ihre Seemacht von Syriens Küste besonders nach Süden und Westen aus, eroberten Ägypten, machten Alexandrien zu ihrem Hauptkriegshafen, drangen an der nordafrikanischen Küste bis an den Atlantischen Ozean vor, zerstörten dabei Karthago, legten die Seehäfen Algier und Tunis an und setzten sich auch mehrere Jahrhunderte in Spanien und Portugal fest. Merkwürdigerweise erlangte ihre Seemacht keine große Bedeutung, obgleich viele gute Seehäfen und auch viele der mittelländischen Inseln in ihrer Gewalt waren; das fällt auf bei einem Volke, dessen heilige Überlieferungen die Sprüche enthalten: „Wer zur See nur den Kopf umdreht, hat soviel Verdienst, als wer zu Lande sich in seinem Blute wälzt," und „eine glückliche Seeschlacht ist gleich zehn Siegen am Lande!" Zersplitterung des großen Chalifenreichs in viele Einzelstaaten ist wohl der Hauptgrund der mangelnden Seemacht gewesen; Handel, Schiffahrt und Seeraub betrieben die Araber aber mit gutem Erfolge im ganzen Mittelmeere, im Roten Meere und bis nach Indien hin.

Neben den Seestaaten der Byzantiner und der Araber begannen dann im achten und neunten Jahrhundert die Seehäfen Venedig, Genua und Pisa nach Seeherrschaft zu streben. Die Kämpfe zwischen diesen einzelnen Seestaaten und der Umstand, daß eine geschlossene große Seemacht fehlte, begünstigten damals das Eindringen kühner Seeleute aus dem hohen Norden durch die Straße von Gibraltar ins Mittelmeer hinein.

An den Küsten des deutschen Meeres waren seit Christi Geburt tüchtige Seefahrer thätig, die das Seewesen auf *Die Normannen* stürmischen Meeren an unwirtlichen Küsten selbständig entwickelt hatten. Von ihnen wird im nächsten Abschnitt die Rede

---

¹) Brander sind kleine, mit Teer und Pech gefüllte Fahrzeuge, die man in der Nähe feindlicher Schiffe versteckte und mit dem Strom oder Wind gegen sie treiben ließ.

Wislicenus, Deutschlands Seemacht 2

sein, soweit sie deutschen Stämmen angehörten. Eine wunderbare Bestätigung des alten Spruches „Wer das Meer hat, hat das Land" bieten die kühnen Eroberungs= und Raubzüge der Nordmänner oder Normannen. Diese Skandinavier und Dänen verließen teils freiwillig aus Kampflust, teils gezwungen als Überschüssige, Besitzlose, Geächtete die heimische Küste, machten die weite See zu ihrer Heimat und betrachteten alle Häfen und fremden Küsten, die sie anliefen, als ihre Beuteplätze. Im Vertrauen auf die eigne Kraft und auf das Walten ihrer Heldengötter steuerten diese Wikinger, d. h. See= streiter, auf offnen Fahrzeugen ohne Kompasse und Seekarten in das unbekannte Weltmeer hinein; ihre Nordfahrten führten sie über die Faröer nach Island und Grönland, ja sogar auch nach dem nordamerikanischen Festland, ihre Süd= fahrten berührten die angelsächsischen und fränkischen Küsten des Ärmelmeeres und gingen durch die Straße von Gibraltar bis ins Mittelmeer hinein. Die Macht ihrer Seekönige beruhte einzig auf der Größe ihrer Flotte und der Kühnheit ihrer Krieger; mit siebenhundert Meerdrachen fuhr Hastings im Jahre 853 die Seine bis Paris und noch höher hinauf bis nach Burgund und ließ seine Nordmänner Beute machen, so viel ihre Boote tragen konnten. Die Wikingerboote, auch Meerdrachen und schaumhalsige Wellenrosse genannt, waren etwa 25 m lang, 5 m breit, mit 1,5 m Tiefgang; vorn hatten sie ein kurzes Halbdeck, auf dem die Kämpfer in der Schlacht standen, hinten war eine Hütte für den Befehlshaber, sonst waren sie offen, ohne Deck. Die 6 m langen Riemen wurden von je zwei Ruderern, die aber nicht Knechte, sondern Krieger, freie Männer waren, getrieben; Boote von der angegebenen Größe, wie eins 1880 im Sandefjord in Norwegen ausgegraben wurde, hatten 28 Riemen, die aber nur in der Schlacht und bei Windstille benutzt wurden. Sonst segelten die Drachen mit einem großen viereckigen Rahsegel, das der einzige kurze Mast trug; bei stürmischem Wetter konnte das Segel verkleinert werden, ähnlich wie man heute noch auf Segelschiffen die Segel refft. Beide Steven ragten etwa 3 m hoch über das Boot empor; der Vordersteven war mit einem geschnitzten Drachenkopf geziert oder mit andern Tierbildern, der Hintersteven hatte seltsame Schnörkeleien, die wohl den Drachenschwanz darstellen sollten. Die Vorsteven der Führer= boote hatten allerlei Zierat und Vergoldung, Beschläge von Eisen und Kupfer. Auf dem Königsboot, das größer als die andern war, wurde ein goldner Schild hoch am Maste befestigt. Die Segel waren oft rot und blau gefärbt. Die Ruderer setzten beim Kampfe ihre Schilde auf die Bordwand, um Schutz gegen Speerwürfe und Pfeile zu haben. Wo die Normannen hinkamen, traten sie überraschend und überwältigend auf. Allmählich begannen sie seßhaft zu werden und gründeten mächtige Reiche; die Normandie, von deren Küste aus Wilhelm der Eroberer England überfiel und den Normannen gewann, trägt noch ihren Namen. In Unteritalien und auf Sizilien herrschten sie lange Zeit und förderten auch die Kultur dieser Länder. Der rücksichtslosen Anwendung der Seemacht danken die Normannen alle ihre Erfolge; die Seeherrschaft machte die besitzlosen Seekönige und ihre Völker zu Herren über große und reiche Länder. Daß ihre Herr= schaft nicht lange dauerte, hatte dieselben Gründe, wie das schnelle Verblühen des Vandalenreichs: die seßhaften Normannen vernachlässigten die Seefahrt und verweichlichten im südlichen Lande.

Genua, Pisa und Venedig. Die Erfolge der Nordmänner und der Schaden, den sie überall anrichteten, zwangen andre Küstenvölker, dem Seewesen stärkere Kräfte als vorher zuzuwenden. Im Norden Europas wuchs in harten Seekämpfen mit dem Mutter= lande der Wikinger, Dänemark, Englands Seemacht und später die Macht der Hansa heran; im Süden erstarkten die Seehandelsstädte Genua, Pisa und Venedig. Als das Bedürfnis nach Handelsaustausch zwischen dem Norden und dem Süden Europas größer wurde, gewannen auch die Häfen der spanischen und portugiesischen Küsten Bedeutung, besonders der günstig liegende Stapelplatz Lissabon. In der Levante hatten Byzanz und die arabischen Sarazenenstaaten Syriens und Ägyptens auch zur Zeit der Kreuzzüge noch tüchtige Seestreitkräfte. Trotzdem findet man im Zeitalter der Kreuzzüge keine großen Seekriege; die Christenheit benutzte die Schiffe der Friesen und Flamländer, der Engländer, Normannen und besonders die Handelsschiffe der italienischen Seeplätze als Transportschiffe, die allenfalls von venetianischen, genuesischen und pisanischen Kriegsgaleeren geleitet wurden. Die Araber versäumten es, gesammelte Seestreitkräfte gegen die Kreuz= fahrer kämpfen zu lassen, vergeudeten ihre Kräfte meist in einzelnen Schiffskämpfen und führten fast nur noch Kaperkrieg zur See. Einzelne Seeschlachten kamen vor, hatten aber keinen merklichen Einfluß auf den Verlauf der Kreuzzüge; bei der Eroberung von Konstantinopel im Jahre 1202 wirkten venetianische Galeeren thatkräftig mit, wofür Venedig große Küsten= striche des byzantinischen Reichs zugeteilt wurden. Dieser Kolonialbesitz, den die streitbaren Venetianer später noch ausdehnten, vergrößerte ihre Seemacht. Blutige Seekämpfe, die an den peloponnesischen Krieg erinnern, führten die drei blühenden italienischen Seestädte untereinander; 1284 vernichtete Genua in der zwölfstündigen, mörderischen Seeschlacht bei der Insel Meloria die Macht Pisas vollständig, sein Fürst Oberto Doria schlug mit achtundachtzig Galeeren die von Morosini geführte pisanische Flotte von zweiundsiebzig Galeeren, wobei achtundzwanzig Schiffe genommen und elftausend Pisaner zu Gefangenen gemacht, sieben Schiffe versenkt und fünftausend Pisaner erschlagen wurden. Nun wollte Genua auch den zweiten Nebenbuhler um den mittelländischen Seehandel, die blühende Republik Venedig, unterdrücken; das gelang aber nicht, obgleich die Genuesen 1298 mit fünfundsiebzig Galeeren unter Lamba Doria über fünfundneunzig venetianische

Galeeren unter Andrea Dandolo bei der Insel Curzola einen so vollständigen Sieg erkämpften, daß nur zwölf venetianische Schiffe entkamen, während fünfundsechzig verbrannt oder versenkt und achtzehn genommen wurden. Auch später wurde Venedig in dem mehr als ein Jahrhundert langen Kriege mehrmals dem Untergange nahe gebracht, erholte sich aber dank seinen tüchtigen Seeleuten immer wieder und zwang schließlich 1380 das erschöpfte Genua zum Frieden. Im fünfzehnten Jahrhundert beherrschte Venedig den Seehandel im Mittelmeer vollständig und schlug mit Erfolg die türkisch-arabischen Flottenangriffe zurück; seine Kriegsflotte zählte damals dreihundert Galeeren, seine Handelsflotte dreitausend Schiffe.

Das Seekriegswesen machte in den langen Kämpfen der Genuesen und Venetianer wenig Fortschritte; die Galeeren waren, wenn auch besser betakelt (zwei bis fünf Masten mit je einem großen lateinischen, dreieckigen Segel) und größer, doch im ganzen nicht sehr verschieden von den alten karthagischen Ruderschiffen (siehe Seite 7), aber durch die langjährige Kriegserfahrung wurde die Kampfweise, die Seetaktik mit diesen Schiffen zu großer Vollkommenheit gebracht. Um die Mitte des vierzehnten Jahrhunderts wurden Kanonen, die Steinkugeln schossen, auf den Flotten eingeführt; sie standen vorn auf der gedeckten Back der Galeere, drei bis sieben, verschiedenen Kalibers, nebeneinander, nach vorne gerichtet, also nur zum sogenannten Bugfeuer eingerichtet, was der Taktik der Galeeren am besten entsprach, weil diese stets ihre stärkste Seite, den Bug mit dem über Wasser liegenden langen Schiffsschnabel dem Feinde zukehren mußten. Die Galeeren waren etwa 40 m lang, 6 m breit und sehr niederbordig. Eine größere hochbordige Abart von 50 bis 60 m Länge nannte man Galeassen; sie führten die Riemen unter dem Oberdeck, hatten auf dem Oberdeck in der Breitseite und in Aufbauten auf der Back und am Heck Kanonen. Daneben gab es noch kleinere Ruderschiffe von etwa 30 m Länge und 4 m Breite, Galioten; sie wurden ihrer Schnelligkeit wegen als Kundschafter und Nachrichtenschiffe verwendet.

Auf der pyrenäischen Halbinsel hatten sich in vielen kleinen Kämpfen gegen die Mauren tüchtige Seekriegsleute herangebildet. Die Einnahme von Lissabon 1147, von Silves 1189 und andrer Plätze wurde von deutschen und flämischen Kreuzfahrerflotten unterstützt; diese freuten sich, als Dank für ihre portugiesischen Gastgeber, die ihnen Schutz gegen das stürmische Weltmeer in ihren Häfen gewährten, die Ungläubigen bekämpfen zu können. Da die Portugiesen, Aragonier und Castilianer zur See die Herrschaft über die Mauren errangen, konnten diese keinen Nachschub mehr aus Afrika heranziehen, sie wurden von der großen mosleminischen Staatengruppe abgeschnitten und konnten dank der Seeherrschaft auch auf dem Lande allmählich ganz ausgerottet werden. Lissabon wurde zu einem blühenden wichtigen Seehandelsplatz; die Schiffahrt wurde von den Herrschern in jeder Weise gefördert, wer Schiffe bauen wollte, durfte sich Holz frei aus den königlichen Wäldern fällen und Eisen, Pech und andre nötige Stoffe zollfrei einführen. In Portugal erstand der Bahnbrecher aller spätern Entdeckungsreisen, Prinz Heinrich der Seefahrer, der Sohn Johanns I. Sein Vater hatte 1419 durch die Eroberung Ceutas, bei der Heinrich durch große Tapferkeit glänzte, den Grund zur portugiesischen Kolonialmacht gelegt und die Seemacht seines Landes zur Herrin in den Gewässern im Westen der Straße von Gibraltar gemacht. Heinrich selbst lenkte dann die Thatkraft seiner Seeleute zuerst auf Entdeckungs- und Eroberungsfahrten ins Weltmeer hinaus.

Bisher war die Seefahrt trotz des Kompasses, der schon während der Kreuzzüge allgemein bekannt geworden war, wie im Altertum auf Küstenfahrt und kurze Überfahrten beschränkt geblieben. Abergläubische Furcht hielt alle Seeleute davon zurück, nach Westen oder Südwesten in das unbekannte Weltmeer hinauszusteuern. Klug wie Themistokles, erwirkte Prinz Heinrich für seine Seefahrer den Segen und die Absolution des Papstes für die Überwindung der Scheu vor der großen Wasserwüste. Das half; Cabral steuerte kühn hinaus nach Westen, entdeckte nach einem ersten vergeblichen Versuche die Azoreninsel Santa Maria und legte dabei schon zwei Fünftel des Wegs nach Amerika zurück. Schon 1434 umschiffte der wackere Junker Gil Eannes das viel gefürchtete Kap Bojador, und schnell mehrten sich nun die Länderentdeckungen; Kap Verde und Sierra Leone wurden erreicht. Unsterblich sind des Prinzen Verdienste um die Förderung der Seefahrtkunst; auf seiner hohen Seewarte in Sagres richtete er eine nautische Schule und eine Sternwarte ein, ließ von tüchtigen Gelehrten, die er von weither herberief, Seekarten und Berechnungen zum Besten der Seefahrer ausführen und sammelte die bei andern Völkern schon erprobten nautischen Hilfsmittel. Seine Kapitäne wurden die Lehrmeister der großen Entdeckungsfahrer. Auf portugiesischen Schiffen, unter Diego Cão, gelangte der junge ritterliche und gelehrte deutsche Seefahrer Martin Behaim bis zum Kongo, und auch Columbus war eine Zeit lang in portugiesischen Diensten. Des Prinzen Geist weckte die Unternehmungslust der spätern Entdecker und verlegte damit den Schwerpunkt des Handels auf das Weltmeer. Seit der phönizischen Rundfahrt um Afrika und den Raubschwärmereien der Wikinger nach Norden hatte niemand mehr Fahrten in fremde Gegenden unternommen; erst durch den Antrieb des einen Mannes wurden in kurzer Zeit nacheinander alle Meere der Erde dem Seeverkehr gewonnen. Wo etwas großes geschieht, da ist gewiß überall ein besonders thatkräftiger Mann die Triebfeder; die große menschliche Herde, die im alltäglichen Treiben und Getriebenwerden aufgeht, schafft keine neuen weltbewegenden Gedanken.

— 12 —

Columbus und Magelhaens So ist es durchaus kein Zufall, daß die beiden Seehäfen, von denen aus Columbus und Magelhaens ihre Fahrten begannen, nämlich Palos (bei Huelva) und San Lucar zusammen mit Sagres, dem alten Sitze des Prinzen Heinrich, in derselben Buchtung der iberischen Südwestküste liegen. Palos war für Columbus der brauchbarste Ausrüstungsplatz, da man hier wegen der Nachbarschaft mit Sagres schon wußte, daß das Westwärtssegeln ins Weltmeer hinein nichts unmögliches war; und Magelhaens wählte zum Ausgangspunkte für seine Erdumsegelung San Lucar, da dessen Seeleute nur eines geringen Ansporns dazu bedurften, ihre Vaterstadt ebenso berühmt zu machen, wie die nahen Städte Sagres und Palos.

Portugal als Weltmacht Als Prinz Heinrich 1460 starb, war sein kleines Vaterland eine blühende Kolonialmacht, und drei Jahrzehnte später war es eine Weltmacht. Bartolomeu Diaz hatte das Kap der Stürme erreicht, das König Johann II. Kap der guten Hoffnung (nämlich den Weg nach Indien zu finden) nannte, und Vasco da Gama war 1498 in Kalikut gelandet. Der geitige Beherrscher der Christenheit, Papst Alexander VI., teilte die Erde im Jahre 1494 durch einen großen Strich zwischen den beiden Weltreichen Portugal und Spanien; alle schon entdeckten und noch zu entdeckenden Länder im Osten dieser „Demarkationslinie," die von Pol zu Pol 370 Meilen[1]) westlich von den Azoren entlang lief, gehörten den Portugiesen, alle nach Westen gelegnen den Spaniern. Nun konnte sich Emanuel II. von Portugal „König und Herr der Schiffahrt von Afrika, Arabien, Persien und Indien" nennen; Cabral gewann Brasilien dem portugiesischen Reiche, Albuquerque der Große festigte das riesige Kolonialreich in Ostindien und knüpfte Handelsverkehr mit China an. Lissabon war der Mittelpunkt des Welthandels.

Das spanische Weltreich Nachdem der vielgefeierte und vielgeschmähte Genuese Cristoforo Colombo für das spanische Königspaar die neue Welt entdeckt hatte, schufen seine Conquistadoren das große Kolonialreich Neuspanien, das von Florida über Mittel- und Südamerika mit Ausschluß des portugiesischen Brasiliens bis zur Magelhaensstraße reichte und alle westindischen Inseln mit umfaßte. Vera Cruz war der Haupthafen des ganzen Gebiets; hier sammelten sich die Silberschiffe, um in großen Geschwadern vereint das kostbare Erz nach Spanien zu bringen. Für die Spanier waren die Kolonien fast nur des Gold- und Silberreichtums wegen da; der Boden blieb unbebaut, Seehandel gab es nur wenig. Regelmäßige Fahrten entstanden im Atlantischen Ozean zwischen Sevilla (Cadix) — Puertobello und Sevilla — Veracruz, sowie im Stillen Ozean zwischen Acapulco, dem guten Hafen an der mexikanischen Westküste, und den allerlei Gewürz liefernden Philippinen und Ladronen, die schon Magelhaens für Spanien besetzt hatte. Den Spaniern fehlte der überlegene ruhige Handelsgeist der Portugiesen, sie schickten nur goldsuchende Abenteurer übers Meer, also nicht die kräftigen Blüten, sondern den schmutzigen Schaum ihrer Bevölkerung. Deshalb blühten auch die Kolonien nicht auf, sondern sie wurden im Gegenteil nur ausgesogen und entkräftet. Ihre harte Unduldsamkeit verfeindete sie mit den unterworfenen Völkern, die sich teilweise kräftig gegen die Unterjochung wehrten, so die Araukaner im südlichen Chile. Die Wirren und Kriege auf dem europäischen Festlande, die der Reformation folgten, begünstigten die Sicherheit des auswärtigen Besitzes der Spanier und Portugiesen, verhinderten aber zugleich das Wachstum der Seemacht dieser Völker auf solche Höhe, wie sie den großen Kolonialreichen entsprochen hätte. Weltreiche ohne starke Flotten können nicht bestehen. Spaniens Macht brach zusammen und riß auch Portugal mit sich hinab, als die Engländer und Holländer die Seeherrschaft erstritten.

Anfänge der englischen Seemacht Unter den nordischen Seemächten war England schon während der Kreuzzüge kräftig herangewachsen. Richard Löwenherz unternahm seinen Zug nach dem heiligen Lande mit einer Flotte von etwa zweihundert Schiffen, worunter nur fünfzig Galeeren waren. Im Gegensatz zum Seewesen des Mittelmeeres hatte man in Nord- und Westeuropa seit der Normannenzeit nur Segelschiffe, meist hochbordige, die für die Schiffahrt in den stürmischen Gewässern der Nordsee, des Ärmelmeeres und des Biscayischen Meerbusens ungleich seetüchtiger waren als die niedrigen Ruderschiffe. Wo die See immer mehr oder weniger bewegt ist, wird für Ruderschiffe die Fortbewegung und das Manövrieren zu sehr erschwert. Die kurzen rundlichen Handelsschiffe nannte man in Portugal und Spanien Caravellen, in Frankreich Nefs, in England, in Holland und bei der Hansa Koggen; sie erinnern sämtlich in ihren von einander abweichenden Formen noch an die Meerdrachen der ersten Nordmänner, sind freilich größer, mit stärkerer Takelung (einem bis drei Masten) und meist vollständig gedeckt.

Für Englands anspruchsvolles Auftreten zur See ist es bezeichnend, daß schon im Jahre 1202 König Johann ein Edikt erlassen haben soll, wonach alle Befehlshaber englischer Schiffe, die auf hoher See mit fremden Schiffen zusammentrafen, das Streichen der fremden Flagge vor der englischen erzwingen mußten, wenn nötig mit Gewalt, und zwar auch dann, wenn es Verbündete oder Freunde waren. Das hat später mehrmals zu unangenehmen Auftritten und zu Seekämpfen mitten im Frieden geführt. England war durch seine Könige, die zugleich Herzöge der Normandie waren, allmählich in den Besitz der ganzen nord- und westeuropäischen Küste gekommen; daraus entstanden blutige fast zwei

---

1) Leguas zu wahrscheinlich je 5½ Kilometer.

— 13 —

Jahrhunderte lange Kriege mit Frankreich, die nur zeitweilig durch Kreuzzüge, während derer auf päpstliche Einwirkung alle andern Fehden ruhen mußten, unterbrochen wurden. In den vielen Seekämpfen dieser Zeit handelte es sich meist um den Angriff oder den Entsatz von Seehäfen, die für die Engländer als Landungsplätze wichtig waren, wie Calais, Cherbourg, Brest und la Rochelle und die damals ebenso wie die Binnenstädte befestigt waren; nur vorübergehend gelang es den zwar tapfer kämpfenden, aber an Schiffen ärmeren Franzosen, den Engländern die Seeherrschaft über den „englischen" Kanal streitig zu machen; sie mußten schon froh sein, daß es ihnen schließlich gelang, die Engländer aus ihrem eignen Lande hinauszuwerfen. Erst die Vertreibung der Engländer aus Bordeaux, aus Bayonne und aus der ganzen Herrschaft von Guyenne, die sie dreihundert Jahre lang besessen hatten, beendete 1453 den langen Kampf, dessen letzter Teil in der Geschichte der hundertjährige Krieg heißt. Die größte Seeschlacht dieser Zeit wurde 1340 vor dem holländischen Küstenstädtchen Sluis geschlagen; König Eduard III. hatte seine Flotte unter Segel selbst gegen die teilweise zu Anker kämpfende französische Übermacht geführt und vernichtete sie vollständig. Genuesische Galeerengeschwader, die von den Franzosen gemietet waren, unterstützten sie bei Sluis und auch bei allen spätern Seekämpfen. Die Engländer, deren eigne Schiffbaukunst noch sehr unentwickelt war, benutzten damals erbeutete genuesische Schiffe, unter denen auch hochbordige Caraccen (große Caravellen) und Galeassen waren, als Modelle für ihre großen Zweidecker, woraus Schiffe sehr zweifelhafter Seetüchtigkeit entstanden, wie der etwa 1500 Registertonnen große Henry Grace à Dieu, der 1514 fertig wurde. Gegen Ende des fünfzehnten Jahrhunderts entstanden fast gleichzeitig unter Heinrich VII. in England und Karl VIII. in Frankreich ständige Kriegsmarinen mit besondern Offizierkorps; bisher hatten die Seehafenstädte für jeden Krieg Schiffe nach Bedarf ausrüsten und ihren Königen stellen müssen; jetzt wurden die Marinen königlich, wodurch die Ausrüstung, die Schulung und die Leitung der Schiffe einheitlich wurde.

Im Anfange des sechzehnten Jahrhunderts suchten auch die Engländer und Franzosen die amerikanischen Küsten nördlich von den spanischen Besitzungen auf; für Frankreich nahm auf diesen Fahrten Verrazani 1524 Besitz von der kanadischen Küste, später (1535) lief Cartier in den Lorenzstrom hinein und legte den Hafen Sainte Croix an. Mehrere Kriege zwischen England und Frankreich lenkten aber zunächst die Aufmerksamkeit beider Mächte wieder vom Weltmeer ab. Es wurde in diesen Kriegen auch zur See mit wechselndem Glück gekämpft. Aber Frankreich wurde dann ähnlich wie Deutschland durch die längern Religionskriege der See fast entfremdet, und für überseeische Unternehmungen ging der Sinn verloren. Hartnäckiges Streben nach dem Reichtum der fernen Länder zeigten nur die Engländer und die Holländer. Da die Spanier und Portugiesen alle Stützpunkte, Inseln und guten Häfen auf beiden Wegen nach Indien, um das Kap der guten Hoffnung und durch die Magelhaensstraße besetzt und befestigt hatten, versuchten die Engländer und Holländer zunächst durch die Eismassen des Polargebiets ungestört vom Feinde nach dem fabelhaften Goldlande Katay (China) vorzudringen. So entstanden die vielen Versuche kühner Seefahrer, die nordwestliche Durchfahrt im Norden Amerikas oder die nordöstliche Durchfahrt um den Norden Europas und Asiens aufzufinden. Alle diese ersten Polarexpeditionen, die von berühmten Seefahrern, wie den beiden Cabot, Sir Hugh Willoughby, Richard Chancelor Frobisher, Pet, John Davis, Barentszoon und Jakob van Heemskerk im sechzehnten Jahrhundert, und von Hudson, Hall, Baffin und andern im Anfange des siebzehnten Jahrhunderts gemacht wurden, verfolgten nur das Ziel, Handelswege aufzufinden; die Polarfahrten im Dienste der Naturwissenschaft gehören erst unserm Jahrhundert an. Andre Erfolge, als die Anknüpfung eines schwachen Handelsverkehrs mit Rußland hatten aber diese Nordfahrten nicht. Da blieb nichts übrig, als die Spanier und Portugiesen in ihren Kolonien selbst aufzusuchen, wenn überhaupt Hochseefahrt betrieben werden sollte. Hochseefahrt war damals gleichbedeutend mit Seeraub oder Kaperei, die staatlich erlaubten und verbrieften Seeraube. Die ersten, die ins feindliche Weltmeer hinaussteuerten, um die Küsten Brasiliens und Westindiens zu plündern, waren die kühnen englischen Seehelden John Hawkins und Francis Drake. Der erste Zug, 1567, hatte wenig Erfolg, aber 1572 überfiel Drake allein den reichen Stapelplatz Nombre de Dios im Golfe von Darien, plünderte die aufgespeicherten Kolonialprodukte und verbrannte die Stadt.

Die Freibeuterei war ein ritterliches und höchst ehrbares Gewerbe, das sei hier bemerkt; wenigstens solange sie nur gegen die Feinde des eignen Landes geführt wurde. Sie war der Guerillakrieg zur See, neben der Bereicherung des einzelnen Freibenters nützte sie dem Staate durch Schwächung des Gegners und durch kostenfreie Stärkung der eignen Wehrkraft zur See. In den Seekriegen aller Zeiten hat die Kaperei eine große, wenn auch nie eine entscheidende Rolle gespielt, und sie wird auch trotz des Pariser Vertrags vom Jahre 1859 in zukünftigen Kriegen unter etwas veränderter Form wiedererscheinen, hiervon wird später noch die Rede sein. Damals, wo nur die großen Kriegsschiffe von den Handelsschiffen verschieden waren, wo in jeder Seeschlacht noch schnell bewaffnete Handelsschiffe mitkämpften, ja wo überhaupt alle Schiffe, die große Reisen machten, gegen Feinde und Seeräuber kräftig gerüstet sein mußten, damals wurde eigentlich von jedem Handelsschiff Freibeuterei betrieben, sobald sich Gelegenheit dazu bot.

Die Engländer und die Holländer suchen Seewege nach Katay

Die Freibeuterei zur See

Drakes Seezüge und ihre Wirkung auf Spaniens Weltmacht

Seit der Entdeckung der kurzen Landverbindung zwischen dem Atlantischen und dem Stillen Ozean benutzten die Spanier die durch Klippen und Stürme gefährliche Magelhaensstraße nur noch selten. Um andre von der Durchfahrt zurückzuhalten, verbreiteten sie in Europa die abschreckendsten Historien über die Gefahren der Straße. Francis Drake aber, der in seiner Unerschrockenheit selbst zur Hölle gesegelt sein würde, wenn er dort genügendes Fahrwasser und goldne Beute hätte finden können, reizten diese Schilderungen nur; er wollte der erste sein, der durch die seit sechzig Jahren fast unbenutzte Straße ins Herz der spanischen Besitzungen gelangte. Mit vier Schiffen, die ihm reiche englische Grundbesitzer und Kaufleute ausgerüstet hatten, natürlich um durch die kühnen Räubereien des berühmten Freibeuters gute „Dividenden" zu erlangen, segelte Drake am 13. Dezember 1577 aus Plymouth ab. Königin Elisabeth, die ebenso sparsam wie ihr Großvater war, hatte ihm nach der Zerstörung von Nombre de Dios nur ein Schwert geschenkt; Geldmittel hatte sie für so unsichre Unternehmungen nicht übrig. Mit allen vier Schiffen gelangte Drake am 6. September 1578 nach nur siebzehntägiger Durchfahrt durch die Straße in die Südsee (wie damals der ganze Stille Ozean hieß), verlor dann aber bald seine Begleitschiffe aus Sicht und segelte nun bekämpfend, plündernd und verbrennend, was ihm in die Hände fiel, allein längs der Küste Neucastiliens[1]) nach Norden hinauf. Seine reichste Beute war die mit Edelsteinen, geprägtem und ungeprägtem Silber und Gold beladne Galione Cacafuego, die ihre Schätze von Callao nach Panama bringen wollte; von Panama sollten sie über Land nach der Ostküste weiter und dann nach Spanien eingeschifft werden. Dieses Schiff, das erst durch harten Kampf überwältigt wurde, brachte 360000 Pesos oder etwa 2 ⅔ Millionen Mark ein, Drake taufte seinen „Pelikan" nun in „Golden Hind" (goldne Hirschkuh) um. Die spanischen Statthalter boten ganze Geschwader auf, ihn zurückzuschlagen, denn infolge der vielen überraschenden Angriffe glaubte man, eine ganze englische Flotte verwüste die Küsten. In Europa herrschte um diese Zeit tiefster Frieden zwischen England und Spanien! Um den ihn verfolgenden Spaniern zu entgehen, segelte Drake immer weiter nach Norden, wahrscheinlich bis zum achtundvierzigsten Grade nördlicher Breite; er suchte nach der fabelhaften Anianstraße, die dort oben durch Amerika hindurch in den Atlantischen Ozean führen sollte.[2]) Am 23. Juli 1579 gab er aber die Hoffnung auf, diese Straße zu finden, und segelte kühn westwärts weiter in die große Südsee hinein, erreichte in achtundsechzig Tagen die Ladronen, suchte die Philippinen freibeuternd heim, war am 12. Dezember bei den Molukken an, durchsegelte den Indischen Ozean, umschiffte am 15. Juni 1580 das Kap der guten Hoffnung und lief glücklich am 26. September, also nach sehr schneller Reise, in Plymouth wieder ein. Die Königin Elisabeth besuchte ihn an Bord seines Schiffes, ließ sich die kostbaren Schätze zeigen und schlug ihn zum Lohn für seinen erfolgreichen Seezug zum Ritter. Sir Francis Drake führte später noch manchen Freibeuterkrieg auf eigne Faust gegen die Spanier; gegen die Armada kämpfte er als Admiral auf einem aus eignen Mitteln ausgerüsteten Geschwader. Seine kühnen Raubzüge haben weltgeschichtliche Bedeutung; staunend sahen Freund und Feind, auf wie schwachem Grunde Spaniens Weltmacht ruhte, da es nicht einmal mehr Herr eines einzelnen Freibeuters werden konnte. Die Spanier mußten erkennen, daß die Stärke einer Weltmacht nicht auf den Küstenfestungen an den überseeischen und heimischen Küsten allein, sondern hauptsächlich auf der Kraft der schwimmenden Kampfmittel beruht. Nur eine tüchtige Flotte, nur gute Kriegsschiffe hätten die Gefahr eindämmen können, die Drakes Erfolge für Spaniens Weltmacht schufen. Denn wenn erst einer, wie Drake, angefangen hat, wenn das Eis erst gebrochen ist, dann folgen viele andre nach, weil sie die Erfolge des ersten gesehen haben. Der nächste Erdumsegler, Thomas Cavendish, war ein des Ackerbaues überdrüssiger Landwirt; er schloß sich zuerst mit einem eignen Schiffe einem Seezuge Sir Richard Grenvilles an, der 1584 im Auftrage Sir Walter Raleighs mit sieben Schiffen in Nordamerika, am Albemarlesund, die erste englische Niederlassung, Virginia, gründete. Neuer Landerwerb war aber nicht Cavendishs Wunsch, er suchte goldne Beute; deshalb verkaufte er seine Güter, rüstete mit dem Gelde drei Schiffe aus und segelte am 21. Juli 1586 von Plymouth nach Südwesten, der Magelhaensstraße zu; unterwegs verbrannte er eine portugiesische Niederlassung in Sierra Leone. In der Straße brachte er sieben Wochen zu, durch ungünstige Winde aufgehalten; dann begann das Sengen und Brennen an der Westküste von Südamerika nach Drakes Muster. Unterwegs nahm er neunzehn spanische Schiffe und versenkte sie mit aller Ladung, die nicht Gold und Silber war; am Südkap Kaliforniens, San Lucas, lauerte er den von den Philippinen kommenden Galionen auf und hatte das Glück, mit seinem inzwischen auf zwei Schiffe, Desire von 120 Tonnen und Content von nur 60 Tonnen Größe, zusammengeschmolzenen Geschwader die reichbeladne Santa Anna von 700 Tonnen Größe nach heißem Geschützkampfe zu nehmen. Cavendish lief nun durch den Stillen Ozean auf demselben Wege wie Drake zurück; er kam am Schlusse seiner Weltreise in die größte Gefahr, denn die Stürme des englischen Kanals, die für die spanische Armada verhängnisvoll werden sollten, brachten ihn in nächster

---

[1]) So hieß damals Peru, während Neuspanien im engern Sinne nur Mexiko umfaßte.
[2]) Corte Real hatte 1500 den St. Lorenzstrom für eine Durchfahrt nach der Südsee gehalten und ihn Anianstraße genannt.

— 15 —

Nähe des Heimathafens dem Untergange nahe. Aber das wackre Schiffchen, das kleiner als die kleinsten Kanonenboote unsrer Zeit war, hielt auch diese schärfste Probe noch aus, und am 9. September 1588 ankerte Cavendish in Plymouth. Die Königin schlug auch ihn zum Ritter; denn sie erkannte mit klarem Blick, wie wertvoll für Englands aufstrebende Seemacht die Freibeuterzüge solcher Männer waren. Eine einzige solche Weltfahrt hob den Unternehmungsgeist des englischen Volkes mehr als zehn Seesiege an den französischen Küsten. Das normännische Blut im englischen Volke verlangte, daß bei den kühnen Fahrten nicht nur Ruhm, sondern auch guter Lohn in klingender Münze zu erwerben sein mußte. Andre Völker führten Glaubenskriege aus reinem Eifer für die Ausbreitung ihres Bekenntnisses, nichtenglische Herrscher kämpften aus beleidigtem Stolz, aus Ruhmsucht oder aus Rache große Kriege, die keine Vermögensvorteile bringen konnten; in England wurden und werden seit dem Zeitalter der großen Elisabeth nur noch Kriege geführt zur Vergrößerung des Reichtums des Landes und seines Volks. Reichtum aber fordert Macht als Stütze, das erkannten die Engländer, als ihre Freibeuter erfolgreich die spanischen Besitzungen schädigten.

Unter Philipp II. von Spanien kam der Kampf um die Seeherrschaft zum Austrag; kurze Zeit lang, als Philipp 1554 die Königin Maria Tudor von England geheiratet hatte, waren die Rivalen um die Weltherrschaft, Spanien und England, unter einem Herrscher vereinigt. Dieser für beide Völker unnatürliche Bund dauerte nur vier Jahre, da Maria, zu Englands Glück muß man sagen, schon 1558 starb. Aus jener Zeit stammte der persönliche Haß Philipps gegen das aufstrebende Seevolk. Als Philipp, damals noch Kronprinz, mit einer Flotte von hundertsechzig spanischen Schiffen in die Nordsee einlief, um mit großem Pomp die Hochzeit mit der englischen Königin zu feiern, zwang ihn der zu seiner Bewillkommnung abgesandte Großadmiral von England, Lord William Howard, durch einen scharfen (!) Schuß, die Flagge zu streichen, um dadurch zunächst die der englischen Flagge gebührende Hochachtung zu erweisen.¹) Dieser persönlichen Demütigung fügten die rücksichtslosen Engländer später noch eine zweite hinzu. Im Jahre 1570 segelte ein spanisches Geschwader, das die letzte Gemahlin Philipps II., Anna, die Tochter Kaiser Maximilians II., nach Flandern führen sollte, an der englischen Küste zwischen dem Lande und einem englischen Geschwader hindurch, ohne die Flagge zu streichen. Der englische Kommodore Hawkins ließ sofort einen scharfen Schuß in die Takelung und den zweiten in den Rumpf des spanischen Flaggschiffs feuern und forderte vom spanischen Admiral, obgleich dieser das Streichen der Flagge nachholte, daß er binnen zwölf Stunden das englische Gebiet verlasse, widrigenfalls er ihn als Feind behandeln würde.

Englische Rücksichtslosigkeiten gegen Spanien

In den holländischen Seeleuten wuchsen den Engländern inzwischen kräftige Bundesgenossen für den Entscheidungskampf zur See heran. Die niederländischen Seefahrer hatten seit dem Niedergange der deutschen Hansa die Frachtfahrt zwischen den nordischen Plätzen und Lissabon an sich gerissen; ihre Heringsfischerei, die die Holländer seit Jahrhunderten emsig und erfolgreich mit großen Flottillen betrieben, brachte ihnen guten Erwerb, seit Willem Benkelszoon gegen Ende des fünfzehnten Jahrhunderts das Einpökeln so verbessert hatte, daß die holländischen Heringe seitdem bis zum heutigen Tage die wohlschmeckendsten und haltbarsten sind. Eine eigentliche Seekriegsmacht aber besaßen die Niederländer, die dem burgundischen Kreise des deutschen Reichs angehörten, nicht; in verschiedenen Seekämpfen mit Nachbarn hatten sie ihre Handelsschiffe bewaffnet. Durch den burgundischen Vertrag wurden nun am 26. Juni 1548 die Niederlande unter Kaiser Karl V. auf dem Reichstage zu Augsburg der deutschen Gerichtsbarkeit entzogen und zur Stärkung der habsburgischen Hausmacht enger an Burgund angeschlossen. Als Karl V. 1555 abdankte, fielen demnach die Niederlande mit Burgund an Philipp II. Dieser gewaltthätige Eiferer bedrückte die Niederländer, die damals schon mindestens auf gleicher, wenn nicht auf höherer Entwicklungsstufe wie die Spanier standen, ungefähr so, wie ein paar Jahrzehnte zuvor Pizarro die Indianer Perus behandelt hatte. Hilfesuchend wandten sich die Niederländer an ihre deutschen Stammesbrüder; aber die unklugen, rechthaberischen Deutschen vertrödelten ihre Zeit und ihre Kraft mit ebenso fruchtlosen wie gehässigen Zänkereien und blutigen Fehden wegen der richtigen Ausdeutung der Lehre von der christlichen Liebe. Geradezu jämmerlich war es, daß auch die lutherischen Deutschen nur rebellische Ketzer in den kalvinistischen Niederländern sahen²) und ihre „Bestrafung" fördern halfen, indem sie dem spanischen Henker, dem Herzog von Alba, den Philipp im Jahre 1567 in die Niederlande geschickt hatte, noch Söldner zur Niederwerfung der wackern Niederdeutschen schickten. Nur einige reformierte deutsche Fürsten, besonders Nassau, halfen, so gut sie konnten. So ist der unduldsamen Unbarmherzigkeit und der blöden Dummheit unsrer Vorfahren Deutschlands bestes Küstenland zum Opfer gefallen. Statt alle Kräfte daranzusetzen, das fremden Spaniern das deutsche Land zu entreißen und es seit am Reich anzuschließen, stieß man es von sich. Hätte der ewig grübelnde und spintisierende Deutsche damals die Augen aufgemacht, so hätte er den Nutzen guten Küstenlandes mit prächtigen Häfen, wie es dies Land an den Mündungen deutscher Ströme war, mit einer see-

Die Holländer

Warum Deutschland die Niederlande verlor

---
¹) Nach Vizeadmiral von Henk.
²) Auf dem Reichstage zu Speier 1570 wurde den hilfesuchenden Niederländern der Bescheid, die Spanier hätten ganz Recht, sie als Rebellen zu bestrafen, denn: cujus regio — ejus religio!

männlichen Bevölkerung, die nirgends ihresgleichen hatte, sehen müssen. Aber es fehlte ein kühner, thatkräftiger Mann, der die zersplitterten Kräfte sammeln und zu fruchtbarem Handeln anführen konnte.

Wie könnte Deutschland jetzt dastehen als echte wirkliche Weltmacht, wenn es die Niederlande redlich beschirmt und dem Reiche wieder eingefügt hätte! Wer sich dies Bild mit allen Folgen ausmalt, muß über die elende Nachlässigkeit jener Zeit empört sein. Bei der Teilung der Erde würden wir dann sicher nicht zu kurz gekommen sein; der Einfluß der Seemacht unter den niederdeutschen Seehelden würde Deutschlands Geschicke schon im siebzehnten Jahrhundert anders gestaltet haben. Nun, die Fehler sind gemacht und sind also nicht zu ändern; aber lernen können wir daran, wie es in Zukunft besser zu machen ist, daß wir nicht mehr unsre geistigen und körperlichen Kräfte alle Zeit mit nutzlosen und entkräftenden Parteizänkereien verloddern, sondern die Kräfte zusammenhalten und auf ein großes nützliches Ziel richten sollen, um endlich Deutschland zu einer echten und wirklichen Weltmacht zu machen, zu denen neben England, Rußland, Frankreich und den Vereinigten Staaten auch neuerdings Japan getreten ist.

Alba   Die spanische Schreckensherrschaft in den Niederlanden bezeichnet kurz und treffend der alte Spruch des Klosters Loffum:

>Gott befahl dem Kaiser (Karl V.) die Welt,
>Do stand die Welt oprecht,
>De Kaiser befahl dem König (Philipp II.) die Welt,
>Do begann die Welt tho sinken;
>De König befahl dem Duc d'Alba die Welt,
>Do begann die Welt tho hangen.

Die Meergeusen retten ihr Vaterland   Wie Xerxes die Athener, so drängte Alba mit seinem kriegskundigen Heere die Niederländer auf ihr Element, auf die See. Der alte Adel des Landes, an seiner Spitze Graf Wilhelm von der Mark, schuf mit den treuen Seeleuten und Seefischern eine Flotte, die sich durch Freibeuterzüge gegen die Handelsflotten der spanischen Niederlande und Flandern und durch kleine Seesiege über spanische Kriegsschiffe in wenigen Jahren soweit stärkte, daß sie am 1. April 1572 den befestigten Seehafen von Briel (Brielle) in der Maasmündung einnehmen konnte; die zur Wiedereroberung der Stadt ausgeschickten Spanier wurden zurückgeschlagen und ins Wasser geworfen. Nun faßten die Küstenprovinzen Holland und Seeland Mut, sangen das Spottlied:

>Op een April, op een April
>Ducdalf verlor zyn bril

und erschlugen die spanischen Besatzungen in ihren Städten; nur Middelburg blieb unter fremdem Joche. Da die Macht der Meergeusen[1]) vom Meere aus die ganzen Niederlande bedrohte, schickte Philipp II. den Admiral Don Juan de la Cerda, Herzog von Medina Celi mit 54 Schiffen und 2000 Mann Besatzung nach der Scheldemündung, um dem kühnen Seevolk das Handwerk zu legen. Harte Kämpfe, in denen die Not die größte Tapferkeit gebar, brachte den Meergeusen diese Flotte, die Middelburg mit Kriegsvolk und Vorräten frisch ausrüstete. Bei Terneuzen und später bei der Insel Walcheren in der Wester-Schelde kämpften die seeländischen Geusen glücklich gegen fünfzig spanische Schiffe unter dem Admiral d'Avila; in der Zuidersee hatten die westfriesischen Seestädte vierundzwanzig Schiffe ausgerüstet und schlugen damit dreißig starke Kriegsschiffe unter Albas Admiral Graf Bossu. Das Admiralschiff, die Inquisicion, ein hoher Zweidecker mit 32 Stück Geschütz, und sechs andre Schiffe wurden genommen, der Admiral gefangen. Diese Siege der Meergeusen bewirkten, daß Philipp II. die Schuld der spanischen Mißerfolge auf den grausamen Alba schob und ihn 1574 durch einen neuen Statthalter, Don Luis de Requesens ersetzte. Dieser rüstete in Antwerpen eine Flotte von hundert größern und kleinern Schiffen aus, um Middelburg beizustehen; bei Schaakerloo in der Schelde schlug aber der seeländische Admiral Louis von Boisot die spanische Flotte vollständig. Die Folge war die Einnahme Middelburgs durch die Meergeusen. Derselbe Seeheld drang dann mit hundertsechzig kleinen Fahrzeugen auf Kanälen und auf überschwemmtem Lande bis nach Leyden vor, brachte der hartbedrängten Stadt Lebensmittel und schlug die belagernden Spanier zurück. Den Meergeusen dankte Wilhelm von Oranien die Statthalterwürde, die ihm nun nach der Befreiung Leydens übertragen wurde, und seinen kühnen und zähen Seeleuten danken noch heute unsre Stammesgenossen die Begründung der Generalstaaten von Holland. Am 22. Januar 1579 schloß sich der berühmte Bund der „sieben Provinzen aus den freien Staaten" Holland, Seeland, Friesland, Gröningen, Geldern, Oberyssel und Zütphen; rührende Anhänglichkeit beweist die Erklärung in der zu Utrecht beschlossenen Verfassung, daß die Generalstaaten sich nach wie vor als zugehörig zum

---

[1]) Den Spottnamen „Geusen" d. h. Bettler, den der spanisch gesinnte Graf Barlaimont zuerst gebraucht hatte, legten sich alle Verteidiger der niederländischen Freiheit bei; die Meergeusen oder Wassergeusen kämpften zur See.

heiligen römischen Reiche deutscher Nation betrachteten. Die biedern Seeleute fühlten sich also noch immer als Deutsche und nannten sich noch selbst jahrzehntelang Niederdeutsche, bis sie schließlich einsehen mußten, daß die Angehörigkeit an ein Reich, das seine besten Söhne gänzlich mißachtete, ihrer unwürdig war. Der Kampf um die Unabhängigkeit hatte Holland zum Bewußtsein seiner Kraft gebracht. Die Meergeusen hatten die Seeherrschaft des Landes begründet; ihre Kühnheit und Klugheit ging dann so weit, daß einer der besten von ihnen, der Admiral Treslong schon 1587 vorschlug, die Spanier an ihren eignen Küsten anzugreifen. Das paßte aber dem Statthalter Moritz, dem Sohne Wilhelms von Oranien nicht; eifersüchtig auf die Erfolge und auf die Macht der Meergeusen ließ er unter nichtigem Vorwande den unbequemen Admiral verhaften.

Sobald aber die See frei war, konnte Amsterdam zum Mittelpunkte des Seehandels werden; die Hansastädte und Antwerpen, das unter den spätern Kämpfen der südlichen Niederlande und Flanderns noch lange zu leiden hatte, wurden zu schwächlichen Nebenbuhlern. Als unternehmungslustige Kaufleute, die selbst mit dem Teufel Geschäfte machen, wenn etwas dabei herauskommt, schossen die Amsterdamer den portugiesischen und spanischen Reedern Geld vor und zogen dadurch aus deren Seeverbindung mit Amerika und Indien den besten Gewinn; Philipp II. verbot allerdings diesen seltsamen Handel, sobald er Wind davon hatte, aber die Holländer bekamen dabei durch ihren Forschungsreisenden van Linschoten, der als Sekretär des portugiesischen Erzbischofs da Fonseca 1583 Goa besuchte, Kunde von dem Seewege nach Ostindien, dessen Geheimnisse seit Vasco da Gamas kühner Fahrt bisher vor Fremden sorgfältig behütet worden waren. Erst im Anfange des siebzehnten Jahrhunderts konnten Linschotens Reiseberichte ausgenutzt werden, denn sie erschienen erst 1599 im Druck. Ehe die Holländer nach der fernen Südsee hinausfuhren, halfen sie dann den Engländern, Spaniens Seemacht in den europäischen Gewässern zu zerstören.
<small>Aufblühen der holländischen Seemacht</small>

Philipp II. erkannte die Gefahr, die Englands und Hollands aufstrebende Seemacht seinem Weltreiche brachte, sehr gut und wußte auch, daß er seine Herrschaft nur dadurch sichern konnte, daß er diese Gegner von der See zurückdrängte; von seinem persönlichen Haß gegen England war schon die Rede. Mit einem mächtigen Schlage wollte er beide Staaten unschädlich machen; er ließ mit großen Geldopfern mehrere Jahre lang an der Ausrüstung einer großen Flotte arbeiten und sammelte gleichzeitig auch ein starkes Heer in Flandern. Den Engländern blieben diese großen Rüstungen natürlich nicht verborgen. Als Maria Stuarts Hinrichtung den äußern Anlaß zur spanischen Kriegserklärung abgab, noch ehe die „unüberwindliche" spanische Armada kriegsfertig war, schickte Elisabeth 1587 ihren kühnen Admiral Sir Francis Drake mit achtundzwanzig Schiffen aus, um in Cadix und Lissabon die Zurüstungen der spanischen Flotte zu stören; Drake, der inzwischen seit seiner Erdumsegelung den Spaniern in allen Kolonien des Atlantischen Ozeans viel Schaden zugefügt hatte, zerstörte und beschädigte durch überraschende Angriffe in beiden Häfen viele Schiffe. Im Mai 1588 aber war Philipps Flotte in Lissabon versammelt; die Angaben über ihre Größe werden verschieden gemacht, wahrscheinlich zählte sie hundertdreißig große Galionen, dreißig kleinere Galeassen und Galeeren, die zusammen 57 868 Tonnen Raumgehalt hatten. Alle Schiffe hatten Takelung zum Segeln, doch der größere Teil konnte auch mit Riemen nach Art der Galeeren fortbewegt werden. Zur Bestückung gehörten 2431 Kanonen, die Besatzung war etwa 30 000 Mann stark. Die ganze Flotte war in zehn Geschwader geteilt; den Oberbefehl führte Don Alfonso Perez de Gusman, Herzog von Medina-Sidonia. Elisabeth ließ gegen Ende 1587 mit den Rüstungen beginnen und forderte im folgenden Frühjahr das Land zur Stellung von Schiffen und Soldaten auf. Die Flotte zählte wahrscheinlich einhundertsiebzehn Schiffe, darunter nur 37 Kriegsschiffe, die viel kleiner, aber beweglicher als die spanischen waren und nur 11 200 Mann Besatzung hatten. Die englischen Kanonen sollen von schwererem Kaliber gewesen sein als die spanischen.
<small>Kampf Spaniens und Englands um die Seeherrschaft</small>

Am 28., 29. und 30. Mai lief die Armada aus Lissabon aus, bekam schon beim Kap Finisterre einen heftigen Sturm, der ihr viele Havereien zufügte und sie zwang, Corunna als Nothafen anzulaufen; von Corunna ging sie erst am 22. Juli wieder in See. In England hatte der Großadmiral Lord Howard Effingham die Hauptmacht seiner Flotte unter den Admiralen Drake, Hawkins und Frobisher bei Plymouth gesammelt, während die Admirale Seymour und Winter mit einigen englischen Geschwadern die in kürzester Zeit ausgerüstete holländische Flotte von etwa hundert meist kleinen Schiffen bei der Blockade der flandrischen Häfen unterstützten, um den Herzog von Parma zu verhindern, mit seinem für die Landung in England auf Handelsschiffen eingeschifften Heere auszulaufen.
<small>Die spanische Armada</small>

Die spanische Armada erreichte am 29. abends Kap Lizzard, die Südwestspitze Englands; an demselben Nachmittage wurde dem Admiral Howard der Feind gemeldet. Medina-Sidonia segelte mit der Armada mit östlichem Kurse in den Kanal hinein, um sich mit Parma zu vereinigen; die englische Flotte wechselte am 31. Juli die ersten Breitseiten mit den Spaniern und folgte in den nächsten Tagen unter ständigen kleinen Gefechten dem Kurse der spanischen Admirale. Am 4. August fand bei der Insel Wight ein heftiges Gefecht bei Windstille statt, wobei beide kommandierenden Admirale in die Gefahr kamen, von ihren Flotten abgeschnitten zu werden. Am 7. August ankerte die schon stark beschädigte Armada auf der Reede von Calais; der Herzog von Medina hatte am Tage vorher dem Herzog von Parma über Calais geschrieben, er solle seine Einschiffung betreiben und sich ihm schleunigst anschließen, worauf Parma am 7. meldete, er sei zwar bereit, würde aber von den Holländern in Dünkirchen festgehalten. Lord Howard hatte inzwischen seine ganze Flotte in der Nähe der spanischen gesammelt, auch die holländischen Blockadeschiffe waren zum Teil herbeigerufen; Windstille hatte beide Flotten zum Ankern gezwungen. In der Nacht vom 7. zum 8. aber, als Brise durchkam, schickte der englische Admiral acht Brander gegen die spanische Flotte, die die ganze Armada in heillose Verwirrung brachten; alle Schiffe kappten die Ankertaue und segelten auseinander, um die Brander zu meiden. Lord Howard griff nun die zerstreute Flotte am Morgen mit großem Erfolg an und zerstörte viele Schiffe; auch die Holländer beteiligten sich am Kampfe und nahmen drei große Galionen. Medina=Sidonia sammelte bei Gravelingen so viele Schiffe wie möglich und versuchte mit ihnen durch den Kanal zurückzusegeln, aber ein schwerer Nordweststurm, der auf Südwest drehte, zwang ihn, in die Nordsee hineinzusteuern und um die Nordspitze Großbritanniens herum zurückzulaufen. Unterwegs wurden durch einen zweiten Sturm am 2. September noch viele spanische Schiffe teils auf offner See, teils an den Küsten Englands, Irlands und Frankreichs zerstört. Mit nur fünfunddreißig meist noch schwer beschädigten Schiffen lief der unglückliche Medina Ende September in Santander ein; Spaniens Seemacht war gebrochen.

Kein Wunder, daß die wagemütigen Engländer und Holländer sich nun kräftig auf dem Weltmeer rührten und Spanien und Portugiesen in allen Kolonien Leben und Erwerb sauer machten. Im Jahre 1592 umsegelte das erste nichtportugiesische Geschwader das Kap der guten Hoffnung; drei englische Schiffe waren es, unter Raymond und Lancaster, von denen aber nur Lancaster mit einem Schiffe Indien erreichte und auch die Heimat wieder sah. Handelskompagnien entstanden in England und in Holland, die ganze Geschwader für große abenteuerliche Fahrten ausrüsteten; durch die Magelhaensstraße und um das Kap der guten Hoffnung drangen die freibeutenden Kauffahrer vor, begannen Handelsverbindungen mit ostindischen Fürsten anzuknüpfen und brachten ungeheure Reichtümer in ihre Heimat. Von Amsterdam lief zuerst 1595 Cornelius Houtman mit vier Schiffen nach Ostindien; er hatte auf Java viele Kämpfe zu bestehen, kam aber 1597 mit drei Schiffen wieder zurück.

Spanien hört auf, Weltmacht zu sein

Inzwischen hatte Philipp II. wieder Geld genug gesammelt, daß er einen zweiten Angriff auf Englands Seemacht mit einer neuen Armada wagen konnte; schon hatte er dazu auf der Reede von Cadix fünfundsechzig große und viele kleine Schiffe ausgerüstet, als Elisabeth ihm zuvorkam. Der Großadmiral Lord Howard segelte mit einer Flotte von sechsundfünfzig Kriegsschiffen und fünfzig Transportschiffen am 13. Juni 1596 nach Cadix; eine holländische Kriegsflotte von vierundzwanzig Schiffen unter dem Admiral van Duivenvoorde, Herrn von Warmond, vereinigte sich mit ihm. Die spanische Flotte wurde in der Bucht von Cadix zerstört und Cadix verbrannt. Nun war die spanische Vorherrschaft zur See endgiltig vernichtet, Spanien wurde in die Reihe der Seestaaten zweiter Ordnung zurückgedrängt und verlor allmählich einen Teil seiner Kolonien, weil ihm die Seemacht fehlte, die die Schiffahrt zwischen dem Mutterlande und den Kolonien hätte sichern können. Portugal, 1580 mit Spanien vereinigt, teilte sein Schicksal und verlor die besten Kolonien in Ostindien sehr bald an die Holländer.

Holland als Weltmacht

Trotz des ununterbrochenen Kriegs im eignen Lande blühten in Holland Schiffahrt und Seehandel schneller auf als in England. Im Jahre 1598 waren schon zweiundzwanzig holländische Schiffe auf dem Wege nach Indien; Philipp II. sah bei seinem Tode die holländische Flagge gefürchtet in der ganzen Südsee von Valparaiso und Lima bis nach Manilla. Die große vereinigte „ostindische Gesellschaft,"¹) die später das Insulindische Reich für Holland eroberte,

---

¹) In den gesammelten Schriften und Denkwürdigkeiten (zweiter Band, Seite 23) sagt der Feldmarschall Graf Moltke als Sekondeleutnant in seinem ersten veröffentlichten Aufsatz über Holland und Belgien: „Die Holländer beschlossen nun, trotz allen Feinden, auf demselben Wege, wie die Portugiesen, welche damals Spanien einverleibt waren, zu handeln. Neun Amsterdamer Kaufleute, welche vier Schiffe zu diesem Zweck ausrüsteten, das war der Anfang jener berühmten Ostindischen Kompagnie, welche schon wenig Jahre nach ihrem Bestehen über Flotten und Heere gebot, welche sich Königreiche unterwarf und über unermeßliche Länder herrschte. Solche Erfolge waren freilich nur möglich durch die entschiedne Präponderanz der Holländer zur See; aber eben diese ist eine der erstaunenswürdigsten Erscheinungen jener an außerordentlichen so reichen Epoche. Not und Verzweiflung hatten friedliche Fischer und Seeleute in Seeräuber, ihre Boote in Kaperschiffe umgewandelt, und diese Kaper verwandelten sich eines wieder binnen wenig Jahren in eine Marine, welche die spanische Flagge auf hohem Meere angriff, ihre stolzen Galionen zerstreute und sie in den spanischen Häfen selbst verbrannte, in welchen sie vergebens Sicherheit suchten. Der Name der Meergeusen wurde mit Schrecken genannt, und der Besieger der ottomanischen Flotte im Hafen von Lepanto sah von den Ufern der Schelde die Vernichtung seiner Schiffe durch die seeländischen Geschwader. Die Armada, eine Unternehmung, von der man bis auf Napoleons Rüstung im Hafen von Boulogne nichts ähnliches gesehen, scheiterte keineswegs bloß durch die Wut der Elemente, sondern hauptsächlich am Widerstand der batavisch=englischen Flotte; und selbst in den Meeren der andern Hemisphäre mußte die alte berühmte spanische Flagge der jungen kaufmännischen Seemacht weichen. Wenn die Gerechtigkeit erfordert, zu sagen, daß ein kaum erhörtes, unbeugsames Mißgeschick die Unternehmungen Spaniens zur See verfolgte, so muß man auf der andern Seite einräumen, daß keine Marine, die englische nicht ausgenommen, so eine schnelle und glänzende Entwicklung und eine solche Menge großer Waffenthaten mit so geringen Mitteln aufzuweisen hat, als die holländische jener Periode. Holland, eine Tochter des Meeres, war unüberwindlich, so lange man ihm sein Element nicht entreißen konnte. Es war sein Ursprung, die Bedingung seines Fortbestehens, sein Schutz, seine Plage und sein Ernährer."

bildete sich 1601; sie durfte im Namen der Generalstaaten Krieg führen, Bündnisse und Frieden abschließen! Schon 1608 schickte die Gesellschaft 100 Schiffe zum Salzholen nach den Kapverdischen Inseln und nach Westindien, 40 Schiffe nach Indien, je 20 nach Cuba und Hispaniola; die 180 Schiffe hatten 7700 Mann Besatzung. Die Erlasse der Direktoren der stolzen Gesellschaft begannen: „Wir, die wir die besten Kaufleute und die kühnsten Seefahrer der Welt sind" — und sie hatten Recht, die wackern Niederdeutschen. Später, 1621, entstand die große westindische Kompagnie, deren Flotte schon 1634 etwa 800 Kriegs- und Handelsschiffe im Werte von fünfundvierzig Millionen Gulden hatte; den Haupterwerb dieses großartigen Freibeterunternehmens bildete das Wegfangen der spanischen Silberflotten in den westindischen Gewässern. Diese Gesellschaft nahm den Spaniern 547 Schiffe weg. Ihre Admirale Jakob Willekens und Piet Hein eroberten 1624 Bahia, und später wurden noch alle brasilianischen Küstenprovinzen von den Holländern unter Moritz von Nassau unterworfen und blieben bis 1654 unter holländischer Macht. Piet Hein, der erste in der langen Reihe der großen holländischen Seehelden des siebzehnten Jahrhunderts, schlug 1627 in der Allerheiligenbai (Bahia de todos los Santos) mit zwölf Schiffen eine Flotte von dreißig spanischen Schiffen und nahm davon zweiundzwanzig, während er selbst nur zwei Schiffe verlor; im nächsten Jahre kreuzte er mit einunddreißig Schiffen und 4000 Mann gegen die spanischen Registerschiffe, die mit Silber beladen aus Mexiko nach der Havanna segelten, und erbeutete zwanzig Schiffe mit einer Ladung, die zwölf Millionen Gulden wert war. Seine Rückkehr wurde als Volksfest gefeiert, aber Piet Hein war ärgerlich, daß der leichte Sieg der großen Beute wegen höher geschätzt wurde als der im Jahre vorher. Auch die Heringsfischerei entwickelte sich zu solcher Blüte, daß sie eine wahre Goldgrube für das Land wurde; allein 3000 niederländische Heringsbüsen (kleine Fischerfahrzeuge) liefen jährlich zum Fange an die englische Küste. Der holländische Schiffbau war so berühmt, daß auch England, Frankreich, die Hansastädte und später der Große Kurfürst viele Schiffe in Holland bauen ließen. Sir Walther Raleigh giebt die Größe der holländischen Kauffahrteiflotte am Ende des sechzehnten Jahrhunderts auf etwa 20000 Schiffe an. Viele Hafenstädte hatten damals mehr Masten als Häuser; die Masten und Rahen der Schiffe, die stets vor Amsterdam zu Anker lagen, belemmerten[1]) het gezycht und machten die Luft düster, erzählt Witsen.

Das kleine Holland, dessen Landkrieg in Flandern erst 1648 endete, war während dieses Krieges zur ersten Weltmacht geworden. Kühne Seeleute auf tüchtigen Schiffen[2]) hatten das Land mächtig und reich gemacht, Handel, Kunst und Wissenschaft gelangten zur höchsten Blüte. Die Seeherrschaft machte die Niederländer zum glücklichsten Volke. Freilich, wo Glück ist, fehlen auch die Neider nicht. Zur Niederwerfung der spanischen Macht waren die Holländer den Engländern willkommne Bundesgenossen gewesen; aber ebensowenig wie Spanien wollte England andern die Herrschaft des Meeres überlassen. Die ersten kleinen Reibereien kamen beim Walfischfang in Ostgrönland, wie Spitzbergen damals noch hieß, vor; seit Hudson dort die reichen Wal- und Robbenfangplätze entdeckt hatte, gingen seit 1608 jeden Sommer englische Walfänger dorthin. Später, 1612, erschienen die ersten holländischen Schiffe bei Spitzbergen und gerieten mit den Engländern in Streit. Daraus entspann sich 1613 ein richtiger Seekampf in den arktischen Gewässern, wobei die Holländer ihres Fangs beraubt wurden. Nun gründeten die thatkräftigen Amsterdamer die Noordsche Maatschappij, die 1614 unter dem Konvoi von vier Kriegsschiffen zu 30 Kanonen 14 Walfangschiffe nach Spitzbergen schickte und da die berühmte Faktorei Smeerenburg mit Thransiedereien und Packhäusern auf einer kleinen Küsteninsel einrichtete. Seitdem wurden sie nicht mehr gestört. Dem eben erwähnten berühmten englischen Seefahrer Hudson, der kurze Zeit in ihrem Dienste stand, verdankten die Holländer auch die Kolonie Neu-Amsterdam, das jetzige New-York, die von 1609 bis 1674 in ihrem Besitze war.

In Ostindien entstanden die ersten heftigen Kämpfe zwischen Engländern und Holländern. Natürlich war Handelseifersucht der Engländer gegen die Holländer auch hier der Grund; der englisch-ostindischen Kompagnie, die 1600 gegründet war, wurde es sehr schwer, Frieden mit den Holländern zu halten, obgleich 1619 beide Kompagnien zu gemeinsamem Handelsbetrieb im indischen Archipel einen Vertrag in London geschlossen hatten; sie wurde bald ganz von den Holländern vom Handel mit den Molukken, mit Japan und mit den Sundainseln verdrängt und blieb auf ein paar vorderindische Häfen beschränkt. Die holländisch-ostindische Kompagnie besaß in ihrer Blütezeit alle ostindischen Inseln außer den Philippinen bis nach Neu-Guinea hin und machte auch Ansprüche auf das von ihr entdeckte Neu-Holland (Australien) mit mehreren seiner großen Inseln; als Stützpunkt für die weite Reise war 1651 die Kapkolonie entstanden, wohin später viele holländische Bauern auswanderten.

---

1) Belämmern = belästigen, noch heute ein beliebter seemännischer Ausdruck.
2) Die Schiffe dieser Zeit unterschieden sich nur wenig von denen der kurbrandenburgischen Flotte, die im nächsten Abschnitt beschrieben werden.

Cromwells Weltmachtpolitik

Die stetige Zunahme der holländischen Seemacht wurde durch die schlechte Politik der schwächlichen Könige begünstigt, die der männlichen „Heldenjungfrau" Elisabeth auf dem englischen Throne folgten; erst Oliver Cromwell, der fromme und harte Volksmann, nahm Elisabeths Weltpolitik wieder auf, sobald er als „Protektor" der Herrscher Englands wurde. Bei dem praktischen Sinne des englischen Volks haben überhaupt die führenden Geister der Opposition öfters schärfer für die Ausbreitung der nationalen Macht gewirkt, als die monarchische Partei. Was für ein Weltreich würde wohl aus Deutschland werden, wenn es je von unsern doktrinären Fortschrittlern beherrscht würde? Unter ihnen ist kein Cromwell: kein einziger Volksmann würde bei uns zum Wohle des eignen Vaterlands so rücksichtslos wie Cromwell auf die Kraft seiner Flotte vertrauend die Schiffahrt andrer Völker schädigen! Cromwell wagte es, den mächtigen Holländern den Fehdehandschuh hinzuwerfen, indem er durch das Parlament am 9. Oktober 1651 die berühmte Schiffahrtsakte erließ, wonach Kolonialwaren nur auf englischen, in England gebauten Schiffen, die zu drei Viertel englische Besatzung hatten, eingeführt werden durften; wonach ferner europäische Erzeugnisse nur von englischen Schiffen oder von solchen des Ursprungslandes der Waren in die englischen Häfen gebracht werden durften. Die Erzeugnisse der englischen Kolonien durften nur nach England verkauft werden, und gesalzene Fische, die von Ausländern zubereitet und auf ausländischen Schiffen dem englischen Markte zugeführt wurden, mußten doppelten Zoll zahlen. Da Holland das Schiffsfrachtgeschäft, also den Reedereibetrieb für das ganze nördliche Europa an sich gerissen hatte und außerdem die größte Heringsfischerei hatte, so traf dieser Schlag Holland mit furchtbarer Wucht, mit einer Wucht ungefähr der Art, wie uns der Schlag treffen würde, wenn im Laufe der nächsten Jahrzehnte England sein ganzes Weltreich mit einer hohen Schutzzollmauer umgäbe, um den immer lästiger werdenden Wettbewerb der deutschen Gewerbethätigkeit zu vernichten. England handelt nie nach Grundsätzen, sondern stets nach opportunity — nach Nützlichkeitsgründen. Der Freihandel war sehr schön, solange er England nützte; jetzt fängt er an, ihm zu schaden, denn Deutschlands Industrie hat die englische auf vielen Gebieten schon überflügelt und wird es hoffentlich noch mehr thun. Da nun die Engländer keine doktrinären Doktrinäre sind, die „aus Prinzip" handeln, so werfen sie sicherlich den Freihandelsrock fort, sobald er schäbig wird, und hüllen sich in den alle Blößen besser deckenden Mantel des Schutzzolls. Und wenn bis dahin das europäische Festland, insbesondre Rußland, Frankreich und Deutschland, nicht eingesehen haben, daß sie alle vorläufig keinen gefährlichern Feind als den weltbeherrschenden Handelsstaat England haben, nun dann verdienen sie es, daß ihnen das schlaue Albion die Butter vom Brote nimmt und dem, den es am härtesten trifft, das Fell über die Ohren zieht. An rücksichtslosen Engländern ist seit Cromwell noch nie Mangel gewesen; die Friedensschalmeien unsrer freisinnigen Manchesterleute werden wahrscheinlich die englische Rücksichtslosigkeit noch fördern, weil die Engländer darin ganz richtig das sehen, was sie sind: das Gefühl der Ohnmacht zur See und im Welthandel, das sich unter dem Deckmantel uneigennütziger Humanitätsduselei versteckt. Der Vergleich zwischen Cromwells kühnen Thaten und den jede nötige Stärkung von Deutschlands Seemacht bemäkelnden Reden unsrer sogenannten Volkspartei zeigt recht deutlich die Wirkung des alten jahrhundertelangen Fluchs des deutschen Volks: fremde Macht gelten zu lassen, eigne nicht zu ertragen — während die Engländer allezeit einig darin waren: eigne Macht zu schaffen und fremde zu unterdrücken!

Kämpfe der Engländer mit den Holländern um die Seeherrschaft

Cromwell wußte, was er wollte, und wußte auch, was er that: durch seine Akte machte er England zum reichsten Seehandelsstaat der Welt und schuf dem Lande eine Handelsflotte, die heute ungefähr ebenso groß ist wie sämtliche andern Handelsflotten der Erde zusammen. Ohne Kampf kein Sieg; daß sich Holland mit allen Kräften gegen diese „Boykottierung" seiner Schiffahrt wehren würde, sah Cromwell voraus; aber er sah dem Kampfe mit Ruhe entgegen, weil er gut gerüstet war und auf die schon erprobte Tüchtigkeit der englischen Kriegsflotte rechnete. Schwere, blutige Kriege entstanden nun zwischen den beiden Seemächten; leicht machte das kleine Holland den Engländern den Sieg wahrlich nicht, aber der Siegespreis war der vielen blutigen Opfer wert: was England heute ist, dankt es diesen Seekriegen. Zunächst entstand mitten im Frieden am 18. Mai 1652 eine Seeschlacht auf der Außenreede im Osten von Dover, die von den Seeleuten allgemein „Downs" genannt wird. Der holländische Admiral van Tromp griff mit 45 Schiffen die Flotte des englischen Admirals Blake an, die aus 20 großen Kriegsschiffen bestand, weil Blake durch mehrere Schüsse das Streichen der holländischen Flagge vor der englischen forderte; die Schlacht endete mit dem Verlust von zwei Schiffen für die Holländer und mit dem Rückzuge van Tromps. An der Spitze der Generalstaaten stand damals der thatkräftige Ratspensionär Jan de Witt, der die Rüstung der holländischen Flotte mit allen Mitteln emsig betreiben ließ. Dadurch konnten die Holländer für ihre großen Handelsflotten starke Konvoigeschwader stellen, die die Schiffahrt im englischen Kanal schützten. Noch in demselben Jahre erkämpfte der von den Ständen von Seeland zum Führer gewählte Michael de Ruiter einen Sieg über eine englische Flotte bei Plymouth, und van Tromp schlug am 10. Dezember 1652 Blakes Flotte bei Dover. Stolz auf die errungene Seeherrschaft befestigte Tromp einen Besen im Großtopp seines Flaggschiffs, zum Zeichen, daß er fremde Beherrscher von den Meeren fege. Im nächsten Jahre hatten die Engländer mit ihren größern Schiffen und geschulterm Seeleuten beßre Erfolge; die Holländer verloren mehrere Seeschlachten, in der Schlacht bei Texel am 10. August 1653 fiel ihr Oberbefehlshaber Martin van Tromp, und „stundenlang war die Luft von Trümmern in die Luft gesprengter Schiffe und Leichen verdunkelt, und das Meer mit dem Blute der Getöteten und Verwundeten rot gefärbt" nach dem Berichte Burchetts, des Sekretärs des englischen Admirals Monk. Diese Niederlagen und der Verlust vieler Handelsschiffe — mehr als 1500 Schiffe sollen in sechzehn Monaten den Engländern in die Hände gefallen sein — zwangen die Holländer zum Frieden; Cromwell forderte bei den Friedensbedingungen natürlich in erster Reihe die Ehrenbezeugung vor der englischen Flagge. Auch nach dem siegreichen Kriege sorgte er mit großem Nachdruck für die kräftige Stärkung der englischen Kriegsflotte; er wußte, daß auf der ganzen Erde die Erfüllung der englischen Ansprüche von der Flotte abhing, und kargte deshalb auch nicht mit der Bewilligung von Geldern für den Ausbau der Flotte. Die Holländer dagegen begingen, wenig vorausschauend, den schweren Fehler, die nötigen Kriegsrüstungen zu unterlassen; darüber schrieb ihr berühmter Staatsmann de Witt: „Niemals werden die Holländer aus Furcht, daß Krieg ausbrechen könnte, in Friedenszeiten Entschlüsse fassen, die sie von vornherein zu Geldopfern nötigen könnten. Der Charakter der Holländer ist ein derartiger, daß sie nicht gewillt sind, Geld für ihre eigne Verteidigung auszugeben, solange ihnen die Gefahr nicht ins Gesicht starrt." [1]) Holland, dessen Seehelden die größten Seesiege über seine Gegner erkämpft hatten, unterlag schließlich, weil seine Bürger nicht zur rechten Zeit genügende Mittel bewilligten, seine Seestreitkräfte schon im Frieden bereit zu halten. Damals blieb noch Zeit, in den ersten Monaten nach der Kriegserklärung zu rüsten, heute kann durch derartige Versäumnisse der Wohlstand eines Volkes, sein Seehandel und seine Schiffahrt in wenigen Wochen vernichtet werden. Jan de Witt gelang es bis zu seinem Tode (1672) den Krämergeist seiner Landsleute doch soweit zu überwinden, daß die Flotte leistungsfähig blieb; später, unter Wilhelm von Oranien, geschah nichts mehr für sie, alle Geldmittel wurden für den Landkrieg verwendet.

Handelseifersucht erzeugte auch den zweiten holländisch-englischen Krieg; englische Ostindienfahrer begannen im Frieden den Kampf an der afrikanischen Küste und besetzten dann 1664 die holländische Kolonie Neu-Amsterdam. Das englische Volk drängte zum Kriege. Der puritanische Admiral Monk soll gesagt haben: „Was kommt es auf diesen oder jenen Grund an? Was wir brauchen, ist ein Stück mehr von dem Handel, den die Holländer jetzt haben!" Nach beschleunigten Rüstungen auf beiden Seiten wurden in der ersten Seeschlacht bei Lowestoft am 14. Juni 1665 die Holländer mit 103 Schiffen unter Oberbefehl Opdams von der englischen, 114 Schiffe zählenden Flotte unter dem Prinzen von York und Monk geschlagen, ohne große Verluste zu erleiden. Der Admiralleutnant Opdam van Wassenaer aber war auf seinem Flaggschiffe in die Luft geflogen. Glücklicherweise kehrte im August der Ruiter von einer Reise nach Afrika und Westindien zurück und wurde sofort zum Oberbefehlshaber ernannt. Schon acht Wochen nach der Niederlage war die holländische Flotte wieder in See, legte sich auch eine Zeit lang vor die Themse, um die englischen Schiffe zu erwarten, aber die Pest hatte in London die Flottenbesatzung so geschwächt, daß die Engländer erst im nächsten Frühjahr wieder auslaufen konnten. Am 11., 12., 13. und 14. Juni 1666 kam es zu der größten Seeschlacht, die die Geschichte kennt; vier Tage lang wurde zwischen der englischen Küste bei North Foreland und den flämischen Bänken mit wechselndem Glücke gekämpft; schließlich siegte de Ruiter über Monk. Die Streitkräfte waren ziemlich gleich, 80 große englische Schiffe kämpften gegen 100 holländische, die meist viel kleiner waren; die Zahl der Geschütze und Mannschaften war auf beiden Seiten ziemlich gleich, ungefähr je 4500 Kanonen und 22000 Mann. Die Holländer verloren in der Schlacht 3 Vizeadmirale, 2000 Mann und 4 Schiffe, die Engländer 5000 Tote und 3000 Gefangne, außerdem 17 Schiffe, wovon die Holländer 9 wegführten. Trotz diesem Schlage war die englische Flotte sehr schnell wieder kampfbereit, schlug de Ruiters Flotte am 4. August 1666 vor der Themse und verfolgte die fliehenden Holländer bis in deren eigne Küstengewässer hinein. Der kurzsichtige König Karl II. von England stellte nach diesem Siege die großen Schiffe außer Dienst, da er glaubte, die Holländer seien genügend geschwächt; nur die englischen Fregatten blieben auf See, um den Kaperkrieg weiterzuführen. Jan de Witt aber nutzte diese Sorglosigkeit aus und schickte de Ruiter mit etwa 60 gut gerüsteten Linienschiffen in die Themse; am 14. Juni 1667 zerstörte er die Kriegswerft Chatham und die dort gegen ihn kämpfenden Schiffe, besetzte Sheerneß und war auf dem besten Wege nach London vorzudringen, als die eingeschüchterten Engländer im Juli 1667 den Frieden von Breda abschlossen. Der Kaperkrieg, den Karl II. führte, und der allerdings auch viel Schaden anrichtete, war doch eine falsche Politik gegen eine Seemacht, die mit Linienschiffen die englischen Gewässer beherrschen konnte; um die Seeherrschaft konnten damals nur Linienschiffe gegen Linienschiffe, und können heute nur Schlachtschiffe gegen Schlachtschiffe kämpfen. Mit Mahan [2]) kann man sagen, solange die Holländer die Not jener Zeit richtig verstanden und durch zwei erschöpfende Kriege hindurch

---

1) Nach A. T. Mahan, Der Einfluß der Seemacht auf die Geschichte (in Übersetzung herausgegeben von der Redaktion der Marinerundschau, Berlin, 1896).
2) A. a. O.

mächtige Schlachtflotten unterhielten, konnten sie den Kampf gegen das (später) vereinigte England und Frankreich ausfechten, trotzdem daß ihr Handel schwer litt.

Das Erblühen der französischen Seemacht unter Colbert Während der aufreibenden Kämpfe zwischen England und Holland war eine dritte Seemacht, Frankreich, kräftig emporgewachsen. Schon unter dem kraftvollen Heinrich IV. waren in Kanada Niederlassungen entstanden und die Schifffahrt gefördert worden; Richelieu erkannte später, daß Seemacht nur bei blühender Schiffahrt bestehen könnte, er beförderte deshalb die Begründung verschiedner Handelsgesellschaften, die neue Kolonien auf den westindischen Inseln Saint Christophe, Guadeloupe, Martinique und andern, in der Südsee in einigen vorderindischen Plätzen, auf Réunion und auf Madagaskar erwarben. Mazarin ließ Flotte, Seehäfen und Seehandel wieder verkommen, aber Colbert, der wie der jetzige französische Präsident Faure sich durch persönliche Tüchtigkeit, Umsicht und Thatkraft vom Kaufmann zum Minister emporgearbeitet hatte und sich lange Zeit das Vertrauen seines Herrn, Ludwigs XIV., zu erhalten verstand, machte Frankreich in kurzem zu einer Seemacht ersten Ranges. Wie Heinrich IV. und Richelieu, so begriff auch er, daß zur Belebung und zum Schutze des auswärtigen Handels eine starke Kriegsflotte nötig ist; er machte sein Vaterland zur Seehandels- und Seekriegsmacht. Es würde zu weit führen, alle Gesetze, mit denen er die französische Seeschiffahrt kräftigte, zu nennen, erwähnt sei nur, daß er mit seinen Maßregeln den seltenen Erfolg hatte, sowohl Handel und Gewerbe riesig zu heben, als auch die Landwirtschaft zu fördern. Als kluger Volkswirt verstand er es mit seinem alle Verhältnisse durchschauenden Geiste, den gemeinsamen Nutzen aller Landsleute zu fördern, und zwar dadurch, daß er Frankreich zur Weltmacht wachsen ließ. Er hatte dabei das seltene Glück, seine großen Pläne von einem klugen Monarchen gefördert zu sehen, ohne daß eine buntscheckige Menge von Parlamentariern seine Gedanken verstümmeln und hemmen konnte. Daß sein Lebenswerk später wieder verdorrte, war nicht seine Schuld, sondern die Ludwigs XIV., der infolge unkluger persönlicher Feindschaft gegen Holland die Engländer gegen diesen Staat unterstützte und dabei durch sein Streben nach militärischer Stärke Englands Seemacht einseitig hob, die holländische aber vernichten half, während er die französische verfallen ließ. Colbert war für Frankreich, was Alkibiades für Athen war; auch Kunst und Wissenschaft blühten unter ihm mächtig auf. Die Kriegsflotte übernahm er 1661 mit nur 30 meist kleinen Schiffen; 1666 waren schon 70 kriegsfertig, und 1671 zählte die Flotte 196 Schiffe; bei seinem Tode 1683 waren zusammen 276 Schiffe, und zwar außer vielen kleinen Fahrzeugen 107 Schiffe von 24 bis 150 Kanonen vorhanden, darunter 12 mit mehr als 76 Kanonen. Zur Bemannung der Flotte ließ Colbert die Seebevölkerung in die Seedienstrollen einschreiben und schuf damit genügende Kriegsreserve; 1680 waren schon 60000 Eingeschriebne da, jetzt dankt Frankreich ihm eine Flottenreserve von etwa 120000 Mann.

Ein deutscher Gelehrter unterstützte in seiner politischen Weise die Bestrebungen Colberts, indem er die überseeische Gebietserweiterung als die wichtigste Aufgabe Frankreichs bezeichnete; der große Leibniz schlug nämlich Ludwig XIV. vor, sich in Ägypten festzusetzen und von da weiter nach Osten vorzudringen. In seiner Denkschrift, dem 1672 verfaßten Concilium Aegyptiacum führte Leibniz aus: „Die Eroberung Ägyptens, des Hollands des Ostens, ist unendlich viel leichter als die der Vereinigten Provinzen. Ein Krieg mit Holland wird wahrscheinlich die neuen indischen Handelskompagnien, wie auch die erst kürzlich von Frankreich wieder ins Leben gerufenen Kolonien und seinen Handel zu Grunde richten, die Lasten des Volks vermehren und seine Hilfsquellen vermindern. Die Holländer werden sich in ihre Seestädte zurückziehen, wo sie sich in vollkommner Sicherheit auf die Verteidigung beschränken können, während sie auf der See mit großer Aussicht auf Erfolg angriffsweise vorgehen werden. — Die Eroberung Ägyptens öffnet den Weg zu Eroberungen, die eines Alexander würdig sind; die vollkommne Ohnmacht der Orientalen ist kein Geheimnis mehr. Wer Ägypten in Händen hat, hat auch die gesamten Küsten und Inseln des Indischen Ozeans. In Ägypten wird Holland selbst erobert; dort allein kann ihm das entrissen werden, was es blühend macht, nämlich die Schätze des Orients."[1]) Wenn Ludwig dem Plane gefolgt wäre, so wären Deutschland und Holland manche schlimmen Kämpfe erspart worden, und Frankreich wäre vielleicht jetzt die erste Seemacht der Erde, denn die Eroberung Ägyptens hätte die Vorherrschaft Frankreichs im Mittelmeer und im Roten Meere, also eine starke Flotte und Stützpunkte, wie sie England jetzt in Malta, Cypern, Aden hat, zur Bedingung gemacht.

Frankreich fördert Englands Seemacht Ludwig XIV. kümmerte sich aber nicht um Leibniz und erklärte im Bunde mit England im April 1672 den Generalstaaten den Krieg; schon vor der Kriegserklärung hatten die Engländer eine holländische Kauffahrteiflotte angegriffen. De Ruiter bekam den Befehl, die englische Flotte womöglich vor der Vereinigung mit der französischen zu schlagen. Dies gelang ihm nicht, er fand die Flotten schon beisammen, griff aber ihre 101 Linienschiffe mit seinen 91 bei günstigem Winde in der Solebay an der Nordseite der Themsemündung am 7. Juni überraschend und ungestüm an und fügte ihnen durch vortreffliche taktische Manöver große Verluste zu. Die Schlacht blieb zwar unentschieden, nötigte aber die verbündeten

---

[1]) Mahan, a. a. O. Seite 161.

Flotten, einen Monat lang in ihren Häfen die Schäden auszubessern; Amsterdam konnte sich währenddessen gegen die Landmacht Ludwigs halten, weil die Seeseite vom Feinde freiblieb. De Ruiter mußte ein Drittel seiner Schiffe abrüsten, um Mannschaften zur Landesverteidigung abzugeben; mit dem Reste der Flotte deckte er die Seeküste. Die verbündeten Flotten wagten ihn 1672 nicht mehr anzugreifen und beschränkten sich darauf, im Kanal zu kreuzen. Aber während des Winters wurden in England wie in Holland emsig die Flotten neu gerüstet; die Verbündeten wollten eine Landung an der holländischen Küste versuchen. De Ruiter erwartete mit seiner schwächern Flotte, die 52 Linienschiffe, 12 Fregatten, 25 Brander und 14 kleinere Fahrzeuge stark war, den Feind hinter den Sandbänken der seeländischen Küste. Am 2. Juni 1673 ankerte die englisch=französische Flotte von 140 Segeln, worunter allein 90 Linienschiffe waren, im Westen von Schouevedt und blockierte die holländischen Häfen. De Ruiter griff dreimal, am 7. und 14. Juni bei Schouevedt und am 21. August bei Texel, die überlegnen Feinde an. In diesen drei Schlachten errang er zwar keinen taktischen Sieg, sondern mußte jedesmal den Kampf zuerst abbrechen, aber trotzdem gewann er damit die größten Vorteile für die Holländer, weil er die Verbündeten zwang, die Landungspläne aufzugeben und zum Ausbessern der Schäden in ihre Häfen zurück= zulaufen. Damit war jedesmal die Blockade unterbrochen, ja nach der Schlacht bei Texel blieben die holländischen Häfen frei. Diese Schlacht änderte den Lauf des ganzen Krieges, denn die Engländer traten vom Kriege zurück.

Die französische Flotte hatte den Schlachten ziemlich unthätig zugesehen, was den alten Groll Englands gegen Frankreich wieder anfachte. Karl II. wurde vom Volke zum Frieden mit Holland gedrängt, der am 27. Februar 1674 vollzogen wurde. Die Holländer mußten freilich dabei die unbedingte (!) Herrschaft der englischen Flagge vom Kap Finisterre in Spanien bis nach Norwegen anerkennen. Inzwischen, neun Tage nach der Schlacht bei Texel, verbündete sich der deutsche Kaiser, Lothringen und Spanien mit Holland gegen Ludwig XIV.; der Krieg wurde auf dem Lande weiter geführt, da Ludwig seine schwächere Flotte ganz von der See zurückzog, und daraufhin auch die Holländer aus Geldnot ihre Flotte verminderten.

Der Aufstand der Sizilianer gegen die spanische Herrschaft zwang dann aber Ludwig XIV. wieder zur Thätigkeit zur See, weil die Unterstützung Siziliens Spanien schwächen konnte. Spaniens Marine war allein den Franzosen nicht gewachsen, deshalb wandte sich Spanien hilfesuchend an Holland, und die Generalstaaten schickten auch ihren bewährten Admiral de Ruiter zu Hilfe, doch nur mit 18 Linienschiffen, mehr konnte das erschöpfte Land nicht mehr ausrüsten. Im Mittelmeer kam es bei Stromboli und Agosta 1676 zu Kämpfen mit den Franzosen unter Duquesne, in denen die Verbündeten den Kürzern zogen, und bei Agosta wurde de Ruiter, der sein Vaterland durch seine Kühnheit und Zähigkeit mehrmals aus der höchsten Gefahr gerettet hatte, todeswund getroffen und starb bald darauf in Syrakus. Nach de Ruiters Tode schlugen die Franzosen die spanische und holländische Flotte vor Palermo und vernichteten sie fast ganz.

Diese Erfolge hoben das Selbstgefühl der französischen Seemacht, die kurz vor dem Frieden von Nymwegen 1678 wohl ebenso stark wie die englische Flotte war und dadurch sogar die Eifersucht der Engländer auf sich zog. Dieser Aufschwung der französischen Marine war Colberts kluger Verwaltung, mit der die überseeische Ausbreitung Hand in Hand ging, zu danken. Unter Colbert war Frankreich zur größten Kolonialmacht geworden.

Die Kolonie Neu=Frankreich umfaßte Kanada, Akadien (Neu=Braunschweig und Neu=Schottland), sowie die Die Franzosen Inseln Neu=Fundland, St. Pierre und Miquelon; in Asien hatte die von Colbert unterstützte französisch=ostindische kämpften erfolg= reich gegen Kompagnie Surate, Pondichery und Chandernagor besetzt; in Afrika hatte der Kapitän de la Salle Gorea den Holländern England, kön= genommen und die Ostküste von Madagaskar besetzt. Im Mississippithale war die Kolonie Louisiana entstanden. Cayenne nen aber die Seeherrschaft und viele westindische Inseln gehörten Frankreich schon seit längerer Zeit. Die Kriegsflotte war in trefflichem Stande, nicht behaupten sie erwarb sich Schulung und Kriegserfahrung durch die Kämpfe gegen die seeräuberischen Barbareskenstaaten, in denen die berühmten Admirale Duquesne und Tourville 1682 und 1683 Algier, 1688 Tripolis, Tunis und Algier beschossen. Nach Colberts Tode verfehlte sich Ludwig XIV. durch seine Ausdehnungspolitik auf dem Lande mit fast ganz Europa. Während er nun 1688 das deutsche Reich angriff, ließ er es zu, daß sein größter Gegner Wilhelm von Oranien Jakob II. von England vertrieb und sich damit zum Herrn über die englischen und holländischen Streitkräfte machte. Ludwig war kurzsichtig genug, weder Jakob alsbald beizustehen, noch mit der gerade sehr schlagfertigen Flotte sofort die schwächere Flotte der neuen Verbündeten anzugreifen. Erst nach einiger Zeit gelang es Jakob, sich mit französischer Hilfe in Irland festzusetzen; die Franzosen schlugen mit ihrer Flotte zwar die englische, die Landung verhindern wollte, 1689 in der Bantrybucht, nutzten aber ihre Seeherrschaft so schlecht aus, daß Wilhelm mit einem Heere nach Irland übersetzen und dort Jakob vertreiben konnte. Während Wilhelm so auf dem Lande siegte, gelang es Tourville, die verbündete englisch=holländische Flotte unter dem Admiral Herbert am 10. Juli 1690 bei Beachy Head vollständig zu schlagen, aber er versäumte, seinen Erfolg durch Schädigung des fliehenden Feindes auszunutzen, sodaß trotz dieser Niederlage im nächsten Jahre die ver= bündete Flotte der französischen wieder überlegen war. Aber Tourville lenkte durch geschicktes Kreuzen vor dem englischen

Kanal die feindliche Flotte weit in den Ozean hinaus, wodurch die französischen Kaper im Kanal ungestört mit größtem Erfolge den Seehandel der Verbündeten schädigen konnten. Unter den Seehelden Jan Bart, Duguay Trouin und Forbin war die Blütezeit der französischen Freibeuter; mit ganzen Geschwadern griffen sie auch feindliche Kriegsschiffe und Kolonialhäfen, wie 1697 Cartagena in Südamerika, an. Ludwig beschloß nun 1692 nochmals für Jakob eine Landung in Südengland zu versuchen; Tourville bekam Befehl, um die Seeherrschaft zu sichern, die verbündete Flotte anzugreifen, wurde aber von dieser, die doppelt so stark wie er war, bei la Hogue am 29. Mai geschlagen. Im nächsten Jahre machte er die erlittene Niederlage zwar durch die Zerstörung eines großen Handelskonvois von 27 Linienschiffen unter dem Admiral Rook beim Kap St. Vincent wieder gut, aber das hielt den Niedergang der französischen Flotte, für die Ludwig keine Geldmittel hatte, nun nicht mehr auf, und England beherrschte von da an unbeschränkt fast ein Jahrhundert lang die See. Im spanischen Erbfolgekrieg dehnte es seine Herrschaft auf das Mittelmeer aus, setzte sich in Gibraltar und Port Mahon fest und verdrängte nach der Seeschlacht bei Malaga am 24. August 1704 die französische Flotte auch von diesem Meere. Beim Friedensschluß mußte Frankreich Neu-Schottland und Neu-Braunschweig abtreten. Im Seehandel war England seitdem die erste Macht; schon während des Kriegs erwachte trotz der vielen französischen Freibeuter der Unternehmungsgeist der englischen Reeder so stark, wie er früher nie in Friedenszeiten gewesen war. Das ganze Volk fühlte, daß es eine Weltmacht ohne ebenbürtige Nebenbuhler geworden war. Während das Festland unter den Schulden litt, die der Krieg ihm geschaffen hatte, war England durch seine Seegewalt ein reiches und blühendes Land geworden.

Frankreichs neuer Regent nach Ludwigs XIV. Tode, Philipp von Orleans, war kurzsichtig genug, zur Stärkung der englischen Seemacht noch dadurch beizutragen, daß er 1717 im Bunde mit England Spaniens Flotte, die inzwischen etwas zu Kräften gekommen war, zerstören half. England begann seine Kraft überall fühlen zu lassen; als Peter der Große, der Rußland durch den Bau einer mächtigen Kriegsflotte zur Vormacht auf der Ostsee gemacht hatte, den Schweden zu sehr zusetzte und selbst zu mächtig zu werden begann, schickte England 1719 seine Flotte in die Ostsee, vereinigte sie mit der schwedischen und zwang den mächtigen Zaren zu einem für Schweden nicht allzu ungünstigen Frieden. Nicht aus Liebe zu Schweden geschah dies, sondern um den thatkräftigen russischen Herrscher, dessen Verständnis für das Seewesen durch seine Erfolge erwiesen war, nicht zu einem unbequemen Nebenbuhler auf der See werden zu lassen.

<small>England zerstört die französische und spanische Seemacht</small>

Die englische Anmaßung begann überall grenzenlos zu werden. In Westindien wurde von englischen Reedern ein sehr lohnender Schmuggelhandel mit den südamerikanischen Kolonien Spaniens betrieben, der so ausartete, daß die spanische Regierung die straffere Handhabung der Zollgesetze anordnete und die englischen Schiffe durch Zollkreuzer durchsuchen ließ. Bei der Untersuchung kamen einzelne Übergriffe vor, die von den geschädigten englischen Kaufleuten dazu ausgenutzt wurden, ihr Volk aufzureizen und die Regierung 1739 zum Krieg gegen Spanien zu drängen. Ansons berühmter aber von Mißgeschick verfolgter Seezug gegen die spanischen Kolonien an der Westküste Südamerikas fällt in diese Zeit. Auch Frankreich wurde in den Krieg verwickelt und errang nach der unentschiednen Seeschlacht vor Toulon im Jahre 1744 mehrere glänzende Erfolge zur See gegen England, besonders in der Südsee, die längere Zeit von den Flotten der französisch-ostindischen Kompagnie unter La Bourdonnais beherrscht wurde, und Madras 1745 und viele englische Plätze Ostindiens einnahm; aber 1747 wurde der größte Teil der französischen Seestreitkräfte im Atlantischen Meere von den Engländern Anson und Hawke vernichtet, und die großen Erfolge von La Bourdonnais konnten nicht ausgenutzt werden, weil in den heimischen Gewässern die französischen Schlachtflotten von der See verdrängt waren. Der glücklichste Kreuzerkrieg kann den Gegner nur schädigen, nicht vernichten! Im Atlantischen Meere und vor den französischen Küsten erzwang sich die englische Schlachtflotte die Herausgabe von Madras, die im Frieden zu Aachen 1748 erfolgte.

Auch der siebenjährige Krieg mit Frankreich (1756—1763) befestigte und förderte Englands Weltmachtstellung, obgleich die Franzosen auch hier anfangs einige Erfolge im Mittelmeer hatten. Soweit ging Englands Macht, daß es über alle französischen Häfen die Blockade erklärte und alle nach diesen Häfen bestimmten Handelsschiffe, gleichgiltig welcher Flagge, als Prisen behandelte. Wenn Holland oder Spanien noch Kraft gehabt hatten, würde England nie diese unerhörte Rücksichtslosigkeit gegen die Neutralen nicht erlaubt haben. In diese Zeit (1757) fällt auch die Eroberung Kanadas, die England nur ausführen konnte, weil es die See beherrschte und den tapfern Kanadiern jede Hilfe aus Frankreich abschneiden konnte.

<small>Die Franzosen versuchen in England zu landen</small>

Da die Franzosen den Engländern auf dem Weltmeere nicht entgegentreten konnten, versuchten sie einen entscheidenden Schlag gegen die englische Küste, um dort mit 50000 Mann zu landen. Dazu war es nötig, alle Seestreitkräfte zu vereinigen; aber den Engländern gelang es, die von Toulon kommende Mittelmeerflotte zu zerstreuen und auch die von Brest auslaufende große französische Flotte bei Quiberon zu schlagen und fast ganz zu zerstören, sodaß an einen Einfall in England nicht mehr zu denken war. Auch die Macht der französisch-ostindischen Kompagnie in

Indien brach zusammen, weil sich das französische Geschwader wegen Mangel an Ausrüstung vor dem englischen zurückziehen mußte. Zu seinem Nachteile hatte sich auch noch Spanien in den Krieg gemischt; es verlor dadurch alle seine Besitzungen in Nordamerika im Osten vom Mississippi an England.

Noch einmal machte Frankreich nach Tourvilles großer Zeit einen Anlauf, die englische Seegewalt zu brechen. Englands Seemacht wird hart bedrängt, aber nicht gebrochen Der Herzog von Choiseul, der Minister Ludwigs XV., hatte nach dem Frieden von 1763 mit großem Geschick die französische Marine wiederhergestellt, Ludwig XVI. setzte den Ausbau der Flotte, zugleich die Friedenspolitik auf dem Festlande und das Bündnis mit Spanien fort. Als die nordamerikanischen Kolonisten sich von ihrem Mutterlande frei gemacht hatten, schloß Frankreich mit den Vereinigten Staaten ein Schutz- und Handelsbündnis ab, das natürlich zum Kriege mit England führte. In der ersten Seeschlacht des Krieges, am 27. Juli 1778 bei der Insel Ouessant, errang die französische Flotte unter d'Orvilliers einige Vorteile über die englische unter dem Admiral Keppel; beide Flotten, je 30 Linienschiffe stark, zogen sich nach der Schlacht in ihre Häfen zurück. Auch Spanien schloß sich dem Kriege gegen England im folgenden Jahre an, und England erklärte 1780 noch Holland den Krieg, weil dieses damals schon sehr schwache Seemacht der bewaffneten Neutralität der Ostseemächte beigetreten war. Der Krieg breitete sich schnell über alle Meere der Erde aus; die Franzosen unterstützten Washington, indem sie durch manchen guten Erfolg ihrer Geschwader unter d'Estaing und de Grasse in Westindien und an der nordamerikanischen Küste den Engländern die Seeherrschaft in diesen Gewässern streitig machten. England geriet in die üble Lage, an vielen gefährdeten Punkten zugleich kämpfen zu müssen, es mußte seine Kräfte oft so zersplittern, daß es zeitweilig die Seeherrschaft nicht einmal im englischen Kanal hatte. In Europa drehte sich der Kampf lange um Gibraltar, das die Spanier um jeden Preis wieder haben wollten; aber Admiral Rodney entsetzte mit seiner Flotte 1780 die schon halb ausgehungerte Seefestung. Ein Jahr später, als Gibraltar wieder den größten Mangel litt, brachte Admiral Derby unbelästigt von der großen spanischen Flotte, die in Cadix lag, Vorräte auf 97 Transportschiffen in den Hafen. Dem harten Angriff der Verbündeten zu Lande und zu Wasser 1782 widerstand Gibraltar unter dem zähen General Elliot mit großem Geschick; und auch damals traf Lord Howe rechtzeitig mit einer Flotte ein, um die wiederum ganz erschöpfte Besatzung zu stärken. Hätte die verbündete französisch-spanische Flotte in den heimischen Gewässern thatkräftig gehandelt, so hätte sie der viel schwächern englischen Flotte Herr werden können.

England hatte während des Kriegs wieder einen neuen willkürlichen Grundsatz aufgestellt, nach dem es feindliches Schwäche der Neutralen zur See Gut in neutralen Handelsschiffen wegnahm. Das war aber natürlich den kleinen neutralen Seemächten nicht recht, die während des großen Kriegs gute Frachtgeschäfte mit ihren Handelsflotten hätten machen können; Rußland, Schweden und Dänemark vereinigten sich zu der sogenannten bewaffneten Neutralität der Ostseemächte, um England zu zwingen, den Grundsatz „frei Schiff — frei Gut" anzuerkennen, sowie einige andre Rechtssätze, darunter den, daß Blockaden für die Neutralen zu widersprechen, ließ England ihre Erklärungen unbeachtet, strafte aber Holland für seinen schon erwähnten Beitritt durch die Wegnahme mehrerer westindischen Kolonien und sehr vieler Handelsschiffe. Ein englisches Geschwader unter dem Kommodore Johnstone sollte auch die holländische Kapkolonie erobern, wurde aber von dem ausgezeichneten Englisch-französische Kämpfe im Indischen Ocean Admiral Suffren mit fünf Linienschiffen überraschend in Porto Praya auf den Kapverdischen Inseln angegriffen und schwer geschädigt; als es in Simonsbay, dem Hafen von Kapstadt, wieder auf Suffren traf, gab es den Angriff auf die Kapkolonie auf. Suffren leistete später großes in den ostindischen Gewässern; dort waren alle Besitzungen in englische Hände gefallen, aber es gelang ihm, Trinkomali zu nehmen und dadurch einen Stützpunkt für seine Flotte zu schaffen. Mit einem Geschwader, das in fünf Schlachten gegen die englische Übermacht meist siegreich blieb, hielt er die Seeherrschaft und verhinderte dadurch, daß die französische Stellung in Indien verloren ging. Von allen an diesem Kriege beteiligten erreichten nur die Amerikaner ihr Ziel, sie wurden frei von England; Frankreich und Spanien, die die allgewaltige britische Seeherrschaft brechen wollten, hatten wegen mangelnder Thatkraft keine Erfolge. England aber sicherte sich durch mehrere gute Erfolge seiner Flotte den Besitz von Gibraltar und von Jamaica, sowie andern westindischen Inseln; es gewann also in Westindien, unter dem Admiral Rodney, die anfangs verlorne Macht wieder.

Beim Ausbruche der französischen Revolution glaubte England Gelegenheit zu haben, die Seemacht Frankreichs Die Revolutionskriege zu schwächen, die sich im letzten Kriege stärker gezeigt hatte, als es den nach Raleighs Ratschlägen handelnden Briten in ihre Politik paßte; es schloß sich dem Bunde der monarchischen Staaten an, um den Ruf seiner Unüberwindlichkeit zur See wiederherzustellen. Die französischen Kriegsschiffe waren beim Ausbruche des Krieges in gutem Zustande, sogar in besserm als die englischen, aber es fehlten ihr thatkräftige Führer; denn alle tüchtigen Leute hatte der bestialische Konvent beseitigt, teils töten, teils einsperren lassen. Die erste Seeschlacht zwischen beiden Flotten, die in der Nähe von Brest am 1. Juni 1794 stattfand, wurde mit gleichen Kräften und fast mit gleichen Verlusten geschlagen, aber die französischen Schiffe wurden in vielen kleinen Einzelkämpfen allmählich aufgerieben; eine Unternehmung gegen Irland 1796 schlug fehl, und die Flotte des Admirals Morard de Galles wurde dabei zerstreut. Es half nichts, daß sich Spanien 1796 mit Frankreich verbündete; in der Schlacht beim Kap St. Vincent wurde am 14. Februar 1797 die stärkere, aber ungeübtere spanische Flotte vom Admiral Jervis geschlagen. Ebenso mußte Holland den Anschluß an Frankreich mit der Zerstörung seiner letzten Flotte büßen: bei Kamperduin in der Nähe von Texel fand am 11. Oktober 1797 die blutigste Seeschlacht des ganzen Krieges statt, in der die Holländer noch einmal mit dem früher oft bewiesenen Löwenmute kämpften, aber nach verzweifelter Gegenwehr den größten Teil der Flotte verloren. Die französische Flotte beschränkte sich auf den Kaperkrieg, weil sie sich trotz der Bundesgenossen zu schwach fühlte, gegen die englische Seemacht ernsthaft vorzugehen; bis zum Jahre 1796 sollen 1980 englische Handelsschiffe im Werte von 400 Millionen Franken gekapert worden sein. Dieser lange Kaperkrieg hatte trotz des entsittlichenden Einflusses[1]) auf die französische Marine doch den Vorteil, daß Englands blühender Seehandel ihm zum Teil verloren und in die Hände neutraler Seestaaten, besonders Dänemarks und Schwedens überging; auch Hamburg und Bremen machten gute Geschäfte während des langen Seekriegs. Im Auslande hatten die Franzosen nur in den indischen Gewässern einige schwache Erfolge, verloren aber Ceylon; die Engländer dagegen eroberten 1795 die Kapkolonie, mußten sie zwar 1802 beim Friedensschlusse an Holland zurückgeben, besetzten sie aber 1806 wieder von neuem und behielten sie dann im Pariser Frieden.

Napoleon und Nelson

Unter dem Direktorium führte Napoleon 1798 Leibnizens Idee aus; er eroberte Ägypten und wollte von da über Land nach Indien vordringen. Aber dazu war es zu spät; die Seeherrschaft der Engländer war ungleich stärker als zur Zeit Ludwigs XIV., auch das Genie eines Napoleons konnte das eroberte Land nicht halten, weil die Seemacht fehlte. Nelson, der vorher die französische Flotte, die Napoleon nach Ägypten brachte, entgangen war, zerstörte sie am 1. August auf dem Ankerplatze bei Abukir bis auf wenige Schiffe, die entfliehen konnten, weil auch Nelsons Schiffe so zerschossen waren, daß sie zur Verfolgung unfähig waren. Die Folge dieses Sieges Nelsons war, daß die Franzosen trotz der Erfolge am Lande Ägypten bald wieder verloren, nachdem Napoleon nach Europa zurückgekehrt war, weil die englische Flotte Truppen landen konnte und dem französischen Heere die Verbindung mit der Heimat abschnitt. Also auch hier entschied die Seemacht nach dem alten Spruche: wer die See hat, hat das Land!

England vergewaltigt Dänemark

Da England, wie immer, auch in diesem Kriege die Rechte der Neutralen nur da achtete, wo es ihm paßte, schlossen sich unter Rußlands Führung die nordischen Seemächte wieder zu einer bewaffneten Neutralität zusammen. Die Engländer schickten daraufhin eine Flotte nach Kopenhagen, um die dänischen Schiffe unschädlich zu machen, ehe sie sich mit den Russen vereinigen konnten. Die Dänen hatten ihre nur teilweise ausgerüstete Flotte vor Kopenhagen verankert; Nelson, der 1801 einen sehr kühnen Angriff (unter dem Oberbefehl des Admirals Parker) machte, wurde zwar selbst von den Dänen arg zugerichtet, zerstörte ihnen aber einen großen Teil ihrer Schiffe und überlistete sie dann durch Verhandlungen, während seine eigne Lage weit gefährlicher war, als die Dänen es übersehen konnten. Die Verhandlungen, die zum Frieden führten, kosteten den Dänen, die bessere Kriegshelden als Diplomaten waren, mehr Schiffe als der vorhergegangne Kampf.

Napoleon versucht in England zu landen, aber die Seeherrschaft fehlt ihm dazu

In demselben Jahre erschreckte Napoleon die Bevölkerung Englands damit, daß er bei Boulogne, an der schmalsten Stelle des englischen Kanals, ein Heer sammelte und Vorbereitungen traf, dieses nach England überzusetzen zu lassen. Gleichzeitig sollten alle Seestreitkräfte im Kanal gesammelt werden, um während der Überfahrt der Truppenflottille die englische Schlachtflotte zu beschäftigen. Nelson bekam den Befehl, die Vorbereitungen zu stören und Boulogne zu beschießen; er griff zweimal, am 4. und 15. August mit etwa 60 Galeassen, Kanonenschaluppen und kleinen Mörserbooten an, wurde aber beide male von den gut vorbereiteten Franzosen zurückgeworfen, ohne Schaden anzurichten. England wurde durch diese Mißerfolge so eingeschüchtert, daß es schon am 1. Oktober 1801 die Friedensverhandlungen begann. Der darauf geschlossene Frieden war aber nur eine Waffenruhe, die in beiden Lagern zu Rüstungen ausgenutzt wurde. Napoleon, der den Wert einer starken Flotte sehr genau kannte, benutzte die Zeit, soviele Kriegsschiffe wie möglich in Stand zu setzen. Um Geld zu bekommen, verkaufte er die Kolonie Louisiana an die Vereinigten Staaten. Schon 1803 begannen die Engländer die Feindseligkeiten wieder, indem sie den Franzosen 1200 Handelsschiffe in allen Meeren wegnahmen, um sie zu schwächen. Napoleon antwortete mit der Besetzung Hannovers und arbeitete aufs neue an dem Plane der Landung in England; aber dies hatte den spanischen und französischen Küsten mit 60 englischen Linienschiffen blockiert, und so konnte die Vereinigung der in ihren Ausrüstungshäfen eingeschlossenen französischen und spanischen Kriegsschiffe nicht gelingen. Der französischen Marine fehlten eben geschickte und kühne Admirale. Zwei Jahre verstrichen mit nutzlosen Anstrengungen; mehrfach wurden auch günstige Gelegenheiten — Schwäche der blockierenden Engländer — zur

---

[1]) „Auf die Dauer wird jeder Freibeuter zum Seeräuber," sagt der Admiral und Marinehistoriker Jurien de la Gravière.

Ausführung der Vereinigung verpaßt. Napoleon, der mit großer Spannung die Ankunft seiner Flotte erwartete, schickte endlich am 13. August 1805 an den höchstkommandierenden Admiral Villeneuve, der mit 29 Linienschiffen in Corunna lag, die dringende Depesche¹): „Fahren Sie ab; 150000 Mann und eine vollständige Bemannung befinden sich in Boulogne, Etaples, Vimereux und Ambleteuse auf den 2000 Fahrzeugen der Flottille, die trotz der englischen Kreuzer auf allen Reeden von Etaples bis zum Kap Grisnez eine ununterbrochne Schlachtlinie bilden. Ihre bloße Durchfahrt (durch den englischen Kanal!) bringt, ohne die Möglichkeit eines Mißlingens, England in unsre Gewalt." Aber Villeneuve war an demselben Tage, als die Depesche abging, aus Corunna ausgelaufen und ankerte am 20. August in Cadix; das zwang Napoleon, seinen Plan wieder aufzugeben, da sich die Flotte zu weit entfernt hatte; er befahl nun Villeneuve die englische Flotte anzugreifen, um der alle Kühnheit vernichtenden Verteidigungsstellung seiner Flotte ein Ende zu machen. Am 29. September 1805 traf Nelson mit seiner Flotte vor Cadix ein, Villeneuve rüstete sich zum Kampfe und entschloß sich am 20. Oktober zum Angriff; am 21. war seine Flotte, die aus 18 französischen und 15 spanischen Linien- schiffen von 74 bis 130 Kanonen und aus 4 Fregatten und 2 Briggen bestand, auf der Höhe vom Kap Trafalgar in *Trafalgar* doppelter Kiellinie kampfbereit. Die englische Flotte, 27 Linienschiffe und 4 Fregatten, steuerte in zwei Kolonnen rechtwinklig auf die feindliche Linie zu, an der Spitze Nelson und sein Vizeadmiral Collingwood. Die verbündete Flotte geriet sofort durch die kühne Angriffsweise in Verwirrung, die vorderen Schiffe wurden durch das geschickte Manöver zunächst vom Kampfe ausgeschlossen, da sie auf den Kampfplatz zurückkreuzen mußten. Nelsons Unerschrockenheit und die seemännische Überlegenheit seiner Schiffsbesatzungen über die Franzosen und Spanier errangen einen ruhmvollen Sieg; die schwierigen und gefährlichen Kreuzfahrten vor der blockierten Küste in jeder Jahreszeit hatten die Engländer kriegs- tüchtig und widerstandsfähig gemacht, während ihre Gegner, jahrelang zum Stilliegen in den Häfen verurteilt, die seemännische Kraft eingebüßt hatten. Nelsons berühmtes Signal: „England erwartet, daß jeder seine Pflicht thut" steigerte die todesverachtende Tapferkeit seiner Untergebenen aufs höchste. Dies Wort war sein Schwanengesang, kaum eine Stunde nach Beginn der heißen blutigen Schlacht traf ihn eine Musketenkugel, und wenige Stunden später, als der Sieg ihm schon sicher war, hauchte er beruhigt seinen Geist aus. Die Verbündeten verloren 18 Linienschiffe, die Engländer nicht eins. Die Verluste von Menschenleben waren auf beiden Seiten sehr groß, und alle Schiffe waren so zerschossen, daß sie meist eine Zeit lang kampfunfähig waren. Seitdem wagte sich die französische Flotte nicht mehr aus ihren Häfen heraus.

Der große Held hatte seine Pflicht gethan, er hatte sein Vaterland vor Napoleon gerettet, denn nun waren dessen Landungspläne für immer zerstört. Nächst de Ruiter war Nelson wohl der erfolgreichste und berühmteste Admiral aller Zeiten; der Admiral Henk urteilt über ihn: „Nelsons Genie bestand darin, daß er die Schwäche seiner Gegner erkannte; das Geheimnis seiner Siege beruhte darauf, daß er die Feinde angriff"; und der Admiral Jurien de la Gravière sagt: „Nelson war weit mehr dazu geschaffen, das Glück durch Kühnheit zu erobern, als es durch gründliche Pläne zu fesseln. Er nahm die französischen Geschwader gleichsam mit dem Bajonett und war also der Suwarow, aber nicht, wie behauptet worden ist, der Bonaparte des Meeres."

Napoleon konnte nun, wo der Kern seiner Flotte zerstört war, gegen England nichts mehr unternehmen, während *Auch die Kon-* diese Seemacht ihn überall schädigte, wo sie konnte, ihm die meisten Kolonien wegnahm und seine Küsten von Brest bis *tinentalsperre* Hamburg blockierte. Ein Riese wie Napoleon gab trotzdem den ungleichen Kampf noch nicht auf; er verhängte nun 1806 *lands See-* ohne Seemacht die Blockade über die englischen Inseln. Durch die sogenannte Kontinentalsperre sollte die Seemacht *macht nicht* gedemütigt werden; keins der ihm unterworfenen Länder Europas durfte mehr mit englischen Handel treiben, alle englischen *schwächen* Waren wurden mit Beschlag belegt, alle Engländer, die sich auf dem Festlande sehen ließen, wurden gefangen genommen, selbst Briefverkehr mit England wurde unterbrochen. England antwortete mit Verschärfungen der Gesetze, die den Seehandel der Neutralen mit den Kriegführenden erschwerten. Um Dänemark zu schwächen, das sich bisher neutral *Die Engländer* gehalten hatte und sich England trotz dessen Drängen nicht anschließen wollte, und um der Kontinentalsperre entgegen zu *überfallen* arbeiten, überfiel England mitten im Frieden im August 1807 Kopenhagen mit einem Landungsheer und einer Flotte unter *Kopenhagen* dem Admiral Gambier, beschoß die Stadt 3 Tage lang heftig, bis sie sich ergab und ihre im Hafen liegende Flotte von 18 Linienschiffen, 15 Fregatten, 6 Briggen und 25 Kanonenbooten nebst allem Kriegszubehör auslieferte. Auf den Raub der dänischen Flotte, die Napoleon vielleicht hätte nützen können, war dieser ganz Europa empörende Überfall angelegt, und er gelang. Gleichzeitig setzten sich die Engländer am 5. September 1807 auf Helgoland, das zum Herzogtum Schleswig gehörte, fest und machten die Insel, die sie auch nicht wieder herausgaben, zum Stapelplatz für den Schmuggel-

---

1) Ausführlicheres enthält der sehr interessante Aufsatz vom Leutnant zur See Varrentrapp in der Marine-Rundschau von 1896: „Die von Napoleon in den Jahren 1803 bis 1805 geplante Vereinigung der französischen Flotte im Kanal."

4*

handel mit Hamburg und Bremen. Napoleons Versuch, auch Rußland seiner Macht zu unterwerfen, um auch auf dessen Küsten die Kontinentalsperre auszudehnen, scheiterte, und damit auch endgiltig das Unternehmen, England, das bei Trafalgar zur See nicht hatte geschlagen werden können, auszuhungern. Nelsons Sieg trug seine Früchte: Napoleon verzehrte seine Kraft, und die Seemacht gewann!

Die Nordamerikaner wahren ihre Unabhängigkeit auch zur See

Die langjährigen Kriege hatten inzwischen das Aufblühen der Vereinigten Staaten von Nordamerika so gefördert, daß England eifersüchtig wurde und der amerikanischen Schiffahrt Schwierigkeiten machte. Im Jahre 1812 kam es zwischen beiden zum Kriege; die Vereinigten Staaten traten sofort als kühne Seemacht auf. Sechs von ihren vorzüglichen Fregatten kreuzten bis zum englischen Kanal und schädigten die Engländer durch Wegnahme mehrerer Kriegsschiffe und vieler Handelsschiffe. Auch an der amerikanischen Küste erkämpfte die junge Flotte in vielen kleinen Gefechten Siege über die Engländer, die wegen des großen europäischen Kriegs nur geringe Streitkräfte gegen diesen Gegner schicken konnten. Die Nordamerikaner, die dem Einflusse der Seemacht ihre Unabhängigkeit dankten, hatten sich sofort eine gute Flotte geschaffen, weil sie wußten, wie sehr ihr Wohl im Kriege davon abhing. Sie konnten mit ihrer Macht dem seebeherrschenden Albion die Zähne zeigen und den britischen Seehandel empfindlich stören; dank ihrer Erfolge zur See bewahrten sie ihre Unabhängigkeit.

Englands unbeschränkte Seemacht im neunzehnten Jahrhundert

Die Beendigung der napoleonischen Kriege brachte wieder der Seemacht England die größten Vorteile; es behielt von den eroberten Kolonien die Inseln St. Lucie, Isle de France, jetzt Mauritius genannt, Ceylon, Malta und Helgoland, sowie die Kapkolonie für sich und sorgte dafür, daß von den Festlandsmächten keine nennenswerten Zuwachs an Land erhielt, indem es namentlich die Zurückgabe Elsaß-Lothringens an Deutschland zu verhindern wußte. In der langen Friedenszeit des neunzehnten Jahrhunderts verstand England dank seiner Herrschaft über das Meer sein Kolonialreich ständig zu vermehren und seinen Seehandel zu riesiger Größe zu entfalten. Der Sklavenhandel, dem in England namentlich die Stadt Liverpool ihren Reichtum verdankt, war durch den Utrechter Frieden Privileg der Engländer geworden; als aber nach dem Abfall der Vereinigten Staaten dieser einträgliche Handel hauptsächlich an amerikanische Reeder überging und nur dazu beitrug, das Aufblühen der amerikanischen Südstaaten zu fördern, benutzte England geschickt die allgemeine durch kosmopolitisch empfindende Dichter und andre erzeugte Gefühlsbewegung, den Sklavenhandel zu verbieten und durch seine Kreuzer soviel wie möglich zu verhindern. In den englischen Kolonien selbst hörte die Sklaverei aber erst um 1840 auf. Die amerikanische Negersklaverei, eine Einrichtung des Priesters Las Casas, der damit die schwächlichen und auf höherer Entwicklungsstufe stehenden Indianer vor Frondiensten schützen wollte, ist gewiß ein hartes, oft grausames Mittel gewesen, die niedrigere Menschheit der höher entwickelten dienstbar zu machen; ihre Abschaffung wurde von den Engländern nicht aus christlicher Liebe betrieben. Englands herrschende Volksklasse war schon reich genug, als sie die Sklaverei abschaffte; ihr selbst konnte diese nicht mehr den Nutzen bringen, den sie andern Staaten noch brachte. Das wird hier erwähnt, weil es zeigt, daß England als echter Handelsstaat sein mächtiges Kolonialreich stets mehr als Absatzgebiet für sein hochentwickeltes Gewerbe, als als Ansiedlungsraum für den Überschuß seiner Bevölkerung angesehen hat.

Es würde zu weit führen, hier alle Landerwerbungen Englands zu erwähnen; Australien entwickelte sich seit dem Anfang des Jahrhunderts zu großem Wohlstande, wurde auch ebenso wie das Kapland und Kanada das Ziel vieler englischen Auswanderer. In China setzten sich die Engländer auf der Insel Hongkong fest, nachdem die Chinesen sich vergebens gegen die massenhafte Einfuhr des Opiums gesträubt hatten. Dieselben Engländer, die die Sklaverei abschafften, entkräftigen und vergiften seit fast einem Jahrhundert das chinesische Volk durch den sehr einträglichen Opiumhandel zwischen Indien und China! Es muß dem gegenüber geradezu lächerlich erscheinen, wenn dieselben scheinheiligen Engländer das größte Entrüstungsgeschrei erheben, wenn einmal ein paar deutsche Kaufleute gute Geschäfte mit der Schnapseinfuhr bei afrikanischen Wilden machen, was ja übrigens auch nicht gerade schön ist!

Ihrer unbeschränkten Seemacht, gegen die keine einzige Großmacht allein etwas ausrichten kann, verdanken die Engländer den Besitz Ägyptens, Cyperns, Zanzibars, der Walfisch-Bai und vieler andern Plätze. Heutzutage entscheidet die Seemacht Englands nicht allein sein eignes Geschick, sie hat auch mächtigen Einfluß auf die Geschicke der andern Völker, solange diese in kurzsichtiger Verblendung sich gegenseitig auf dem Lande zu schwächen suchen, statt vereint darnach zu streben, auf friedlichem oder gewaltsamem Wege die Seeherrschaft des einen Volkes über die ganze Erde zu brechen. Eine Flotte wie die englische von kaum 100 000 Mann Besatzung ist mächtiger als alle Heere des Festlandes, die vielleicht mit 10 Millionen Soldaten ins Feld ziehen können; denn diese Heere könnten Englands Flotte nicht hindern, alle Küsten zu blockieren, das übrige Europa vom Weltverkehr abzuschneiden und es dadurch auszuhungern, daß es seiner Gewerbearbeit den überseeischen Absatz unterbände.

Der berühmte General und Kriegshistoriker Jomini hat schon 1820 für die europäische Politik den Grundsatz aufgestellt, daß man einem Volke, das zu Lande nicht zu erreichen ist, keine unbegrenzte Ausdehnung der Seemacht gestatten dürfe. Der Fehler ist trotzdem begangen worden, weshalb — ist dabei gleichgiltig; Frankreich und Rußland streben in der letzten Zeit sehr thatkräftig darnach, soviel an ihnen liegt, die Sache zu bessern; sie haben, besonders Frankreich, kräftige Flotten kriegsbereit, um sich friedlich oder schiedlich ihren berechtigten Anteil an der Herrschaft der Welt zu sichern. Wie es mit Deutschlands Seemacht steht, das soll in den folgenden Abschnitten besprochen werden.

Englische und französische Linienschiffe im Kampf (Trafalgar)

Zweiter Abschnitt

Spuren deutscher Seemacht und deutscher Ohnmacht zur See

Hansische Koggen (im vierzehnten Jahrhundert)
Kampfgerüstet vor einem deutschen Hafen

Warum beginnt Deutschland so spät und so schüchtern seinen Anteil am Meere zu fordern, während das kleine englische Volk im Laufe der Zeiten die Seeherrschaft über die ganze Erde errungen hat? Man sucht diese beschämende Thatsache meist damit zu erklären und zu entschuldigen, daß Englands Insellage für die ungestörte Schiffahrt besonders von der Natur begünstigt sei, während Deutschland als Landmacht mitten zwischen feindlichen Völkern eingekeilt seine ganze Kraft der Abwehr nachbarlicher Angriffe widmen müsse. Das ist aber ein Trugschluß; denn das kleine Holland war in viel schwierigerer Lage und hatte weniger gute Häfen und mächtigere Feinde, als es aus eigner Kraft seine starke Seemacht schuf. An wackern Seeleuten, die den Holländern und Engländern nicht nachstehen, hat es nie bei uns gefehlt, aber der gute Wille und die Thatkraft des ganzen Volks fehlten bisher, wenn es galt, mit vereinten Kräften zur See mit andern Völkern zu wetteifern. Die Engländer und die Holländer wußten, was sie wollten, als sie nach der Seeherrschaft strebten; sie waren sich klar über ihr Ziel und waren einig im Handeln. Einigkeit über ein Ziel — das ist aber der wunde Punkt der Deutschen von jeher gewesen; wie viel Männer findet man bei uns, die dasselbe politische Ziel verfolgen? An Liebe zum Seewesen hat es dem Deutschen selten gefehlt; schon das Abenteuerliche, das auch jetzt noch die Seefahrt an sich hat, reizt die wagelustige Landsknechtsnatur, die gottlob bei uns heute in den meisten Deutschen steckt, wenn sie auch freilich oft nur tief verborgen ist und überwuchert von allerlei kränklichen modernen Empfindungen. Aber durch jahrhundertelange Landkriege ist der Deutsche meerfremd geblieben, er kennt Schiffahrt und Seehandel zu wenig aus eigner Anschauung und hat deshalb den Einfluß der Seemacht auf sein eignes Geschick und auf die Zukunft seines Landes noch nicht erwogen. Sir Walter Raleighs Spruch, der Englands Größe schuf, so klar und deutlich er auch ist, erschreckt den Deutschen; wenn man ihm sagt: wohlan, erringe auch du dir deinen Teil an der Seeherrschaft, damit du teil habest am Welthandel und an den Reichtümern der Welt, so zuckt er die Achseln, denn die Seeherrschaft ist ihm seit dem längst entschwundnen Glanze der alten Hansa ein gänzlich unbekannter Begriff geworden. Da erscheint es zweckmäßig, ja nötig, zu prüfen, wieviel in frühern Zeiten schon von Deutschen zur See erstrebt, und was schon erreicht wurde. Fehler, die gemacht worden sind, können in Zukunft nur vermieden werden, wenn man sie klar erkennt; und Bestrebungen, die früher bei der Uneinigkeit der deutschen Völker keinen Erfolg hatten, können vielleicht heute, wo trotz vielen häßlichen Parteihaders doch fast jeder Deutsche sich als Deutscher und seine Kraft zu fühlen beginnt, doch zu glücklichem Ziele führen. Der griechische Weisheitsspruch: „Erkenne dich selbst" gilt auch für Völker. Die eigne Geschichte giebt die Mittel, die Fehler zu erkennen; die Fehler der Vorfahren abzulegen, ist Pflicht des lebenden Geschlechts, weil es dadurch für die Zukunft der Nachkommen vorsorgt.

Anfänge deutscher Seefahrt

Als die alten Völker schon länger als ein Jahrtausend um die Herrschaft im Mittelmeere gestritten hatten, wagten sich die deutschen Küstenbewohner auf ihren Booten, teils ausgehöhlten Baumstämmen, teils Weidengeflechten mit Tierhäuten bespannt, noch kaum aus den Flußmündungen in die Küstengewässer hinaus. Freilich waren ihre Küsten nicht so von der Natur begünstigt wie die freundlichen Gestade des sonnigen Südens; die Nordsee ist nie sicher vor Stürmen und wildem Seegang, und auch in der Ostsee ist auf glattes, ruhiges Wasser nur während kurzer Sommerzeiten zu rechnen. Jeder Sturm erhebt an der flachen Nordseeküste, der breite Bänke, die Watten, vorgelagert sind, gefährlichen brandenden Seegang; die Schiffahrt in den engen und oft gewundnen Fahrrinnen zwischen den Watten wird durch die starken und nicht regelmäßigen Strömungen der Ebbe und Flut sehr gehindert und gefährdet. Während die steilen Küsten des Mittelmeers und der norwegischen und englischen Gewässer die Küstenfahrt leichter machen als die Fahrt auf reißenden Strömen, erschwerten die niedrige deutsche Nordseeküste und ihr Wattenmeer dem Seefahrer die Rückkehr in die Mündung seines Stroms, weil er, um die brandende See der flachen Bänke zu meiden, so weit in die See hineinsteuern mußte, daß er vom Lande nichts mehr sehen konnte. Günstiger, freilich von rauhem Wetter auch nicht verschont, sind die Gewässer der Ostsee für die Küstenfahrt. Mit Schiffen römischer Bauart war auf der wilden Nordsee nichts auszurichten, das mußte schon Drusus erfahren, als er im Jahre 9 vor Christus im Lande der Bataver an den Mündungen des Rheins eine Flotte gebaut hatte, die bald durch Stürme an der seichten Küste fest kam und nur mit Hilfe der willigen Friesen wieder abgebracht wurde. Der Sohn des Drusus, Germanicus, war vorsichtiger, er baute (16 nach Christus) seine Schiffe kürzer und vollbauchiger als die frühern Römerschiffe und erreichte auch mit seiner Flotte zweimal die Ems, doch bei der Rückfahrt wurden seine kleinen flachen Fahrzeuge fast alle durch einen echten Nordseesturm vernichtet oder auf den Strand geworfen.

Von den anglo-friesischen Stämmen wagten sich zuerst die Chauken, die an der Jahde und Weser saßen, mit ihren großen, vom ältern Plinius nach eigner Anschauung beschriebenen hohlen Baumstämmen, die bis zu dreißig Männer trugen, ins Meer hinaus, um Seeraub an den gallischen Küsten zu treiben. Im Osten von den Chauken entwickelten sich die Sachsen als kühne Seefahrer und drangen von Schleswig-Holstein im dritten und vierten Jahrhundert bis an die Weser vor. Gegen ihre Überfälle an den britischen und gallischen Küsten wehrten sich die Römer mit Aufbietung aller Kraft, so lange sie konnten; als sie aber Britannien freiließen, gelang es den kühnen Sachsen, sich im fünften Jahrhundert an Englands Südküste festzusetzen. Die Nordküste Galliens hatten sie wahrscheinlich schon früher erobert; bis an die Ufer der Charente und Garonne hin waren die sächsischen Seefahrer gefürchtet. Von ihrer seemännischen Furchtlosigkeit berichtet Sidonius Apollinaris, die Sachsen würden durch Schiffbrüche geübt, nicht geschreckt, und am liebsten griffen sie den Feind im Meersturm an, weil er es dann am wenigsten erwartete. In dem heißen Drange, sich besseres Küstenland zu erobern, schickten die Führer der Sachsen alljährlich die überzähligen Jünglinge, die durch feierliches Loswerfen bestimmt wurden, hinaus übers Meer. Hengist und Horsa gründeten das englische Reich; das sächsische Blut weckte auf dem Inselreiche die seemännische Tüchtigkeit, aber die deutschen Auswanderer wurden ihrem Vaterlande fremd, ihre Kraft ging für Deutschland nutzlos verloren, und leider erlahmte auch seit der Eroberung Britanniens die seemännische Wagelust im alten Sachsenlande.

Die Chauken und die Sachsen

Von der Vandalenherrschaft über das Mittelmeer war schon die Rede, auch von den Gotenreichen und den kühnen Seefahrten der Normannen. An unsern Nordküsten ist nach der Völkerwanderung nur die Küstenschiffahrt der Friesen bekannt; von Seemacht kann bei dem abgeschloßnen Küstenvolke kaum die Rede sein, und reger Seeverkehr konnte sich nur in den westfriesischen Häfen entwickeln, wo die fränkische Kultur größere Nachfrage nach fremden Waren schuf, als das anspruchslose Leben der ackerbautreibenden Sachsen. Karl der Große erkannte die Gefahr, die seinem großen Reiche von den immer kühner werdenden meerbeherrschenden Normannen drohte; er legte an den Mündungen der Ströme befestigte Hafenplätze an, in denen er Geschwader bereit hielt, um eindringende Eroberer zurückzuschlagen. Eins dieser Geschwader, das in dem später berühmten Hafen von Sluis vor der Scheldemündung ausgerüstet war, besichtigte der Kaiser selbst im Jahre 810; gern hätte er den Dänenkönig Gotrif, der die Obotriten und Friesen überfallen hatte, zur See gezüchtigt, aber er wußte, daß seine Flottenmacht zu schwach war gegen die nordischen Seefahrer, und zog deshalb zu Lande gegen die Dänen, die er hinter die Eider zurückdrängte. Als der mächtige Beherrscher der christlichen Welt bei einem Aufenthalt in der Seestadt Narbonne eine Flotte der kleinen normännischen Meerdrachen vorbeisegeln sah, da soll der starke Held geweint haben aus Schmerz, daß ihm die Macht fehlte, sie unschädlich zu machen, und aus Sorge vor den Gefahren, die seinen Nachfolgern von den kriegerischen Seefahrern drohte. Und er hatte richtig vorausgesehen; die Normannen wurden nach seinem Tode der Schrecken Europas. In Friesland fielen sie seit der Zeit Ludwigs des Deutschen mehrmals raubend und mordend ein, setzten sich auf Helgoland und im Rüstringerlande fest, liefen im Jahre 845 mit 600 Schiffen in die Elbe ein, verbrannten den Erzbischofssitz Hamburg und waren unter Karl dem Dicken sogar Lehnsherren der friesischen Küstenlande. Viele Friesen gingen in englische Dienste, statt ihre Heimat gegen die Fremdlinge zu schützen. König Alfred von England ließ sich (897) lange Schiffe, die sechzig und mehr Ruderer hatten, von ihnen bauen und kämpfte mit friesischer Hilfe erfolgreich gegen Hastings. Darüber sagt Barthold, der in der Mitte unsers Jahrhunderts den Mangel deutscher Seemacht schmerzlich empfand[1]): "Von jeher ist das beklagenswerte Schicksal der

Normännische Überfälle

---

1) „Geschichte der deutschen Seemacht" in Raumers historischem Taschenbuche von 1850.

Deutschen ihre gedankenlose Neigung gewesen, fremdem Bedürfnisse treu mit Aufopferung zu dienen, den Fremden Vorteile zu erringen, die ihnen kaum dankten, während das eigne Vaterland in offenkundiger Not ihrer Hingebung entbehren mußte. Solche Selbstentäußerung hat das deutsche Seewesen zumal bis auf die neuste Zeit erfahren; fremde Mächte sind auf Kosten der Deutschen groß und berühmt geworden, weil das zerrissene Vaterland thatkräftigen, fähigen Seelen nicht Impulse, nicht Beschäftigung gewährte." Nur in Flandern, dessen prächtiger Hafen Dünkirchen jahrhundertelang dem deutschen Reiche gehörte, wehrte sich Markgraf Balduin erfolgreich gegen die Normannen. Erst vom deutschen König Heinrich I. wurden die Dänen 934 wieder bis zur Schlei zurückgeworfen; aber die Ohnmacht der deutschen Küstenländer auf der See beweist der Einfall der räuberischen Aschmänner, schwedischer Seefahrer auf großen Booten, die Aschen hießen, um 994. Sie drangen auf der Elbe bis nach Stade hinauf, erstürmten die befestigte Hafenstadt und wurden erst von dem Landaufgebot der Stader Grafen wieder zurückgeschlagen, nachdem sie die Stadt geplündert hatten. Auch in der Weser landeten Scharen von ihnen, verwüsteten das Land Hadeln und konnten erst im Glinstermoor bei Bremervörde erschlagen werden.

<small>Friesische Seefahrten</small>

Nach Adam von Bremen, der allerdings einige sehr unwahrscheinlich klingende Seefahrten beschreibt, kann man annehmen, daß friesische Seeleute etwa in der Mitte des elften Jahrhunderts die ersten weiten Seefahrten bis nach Island und Grönland unternahmen; Küstenfahrten bis nach den slawischen Ostseeküsten, nach Schweden und England machten bremische und friesische Kauffahrer wohl schon seit dem Anfange des zehnten Jahrhunderts. Um den nordischen Seeräubern nicht in die Hände zu fallen, war die Mannschaft der Schiffe bewaffnet, und meist fuhren mehrere Schiffe zusammen; da der Verdienst, den der Tauschhandel brachte, groß war, so konnte man schon eher den Verlust einiger Schiffe dabei wagen. Neben Bremen und Hamburg wurden auch Köln und Schleswig wichtige Häfen für den Seehandel und bekamen das Stapelrecht; alle Waren, die das Gebiet des Hafens berührten, mußten in der Stadt zum Verkauf ausgeboten werden, ehe sie weitergeschafft werden durften. Am schnellsten blühte der flandrische Hafen Sluis an dem kleinen Meereseinschnitt Swyn vor der Westerschelde auf; die guten Wasserverbindungen mit den fleißigen Gewerbestädten Flanderns, namentlich mit Gent und Brügge, kamen dem Seehafen zu gute. Von der ersten kriegerischen Küstenfahrt unter Reichsbanner wird beim burgundischen Aufstand im Jahr 1045 berichtet; Kaiser Heinrich III. eroberte mit einer Flotte in den friesischen Gewässern die Städte Dortrecht, Vlaardingen und Rinesburg. In einem Reiche, wo Kaiser und Fürsten öfter gegen als mit einander kämpften, wollten auch die Küstenländer die Reichsgewalt nicht anerkennen.

<small>Die Kreuzfahrten der Friesen, Flamländer und Rheinländer</small>

Die Kreuzzüge, die bei allen christlichen Völkern das Seewesen förderten, hatten auch Einfluß auf die deutschen Seefahrer. Als das erste Kreuzheer 1097 Tarsus genommen hatte, schloß sich ihm eine Flotte friesischer und flandrischer Seeräuber an, die seit acht Jahren im Mittelmeer, besonders in Griechenland, die Küsten heimgesucht hatten, um aber als reuige Sünder mit zum heiligen Grabe zogen. Später, im Jahre 1147, half eine Pilgerflotte friesischer, flandrischer und kölnischer Seefahrer den Portugiesen Lissabon erobern, ehe sie sich dem großen Kreuzheere König Konrads III. anschloß. Durch die Kreuzfahrer wurden Handelsverbindungen mit England und Spanien angeknüpft, der Seehandel in den flandrischen Häfen und in Köln wuchs und befaßte sich mit Waren aus allen Ländern der Erde. Als Vorläufer der großen deutschen Hansa entstand um jene Zeit ein flandrischer Städtebund, der gemeinsamen Großhandel in England trieb, doch ohne politische Selbständigkeit zu gewinnen. Am glänzendsten zeigte sich die deutsche Seemacht im fünften Kreuzzuge im Anfange des dreizehnten Jahrhunderts; dem frommen und tapfern Domherrn Oliverius von Köln war es durch begeisternde Reden gelungen, ein großes Kreuzheer am Unterrhein, in Westfalen und Friesland aufzubieten; die Kölner stellten allein mehr als 300 Schiffe. Bei Vlaardingen an der Maas sammelte sich die mächtige deutsche Kreuzflotte; auch einige bremische Koggen schlossen sich dort an. Nachdem die Grafen Wilhelm von Holland und Georg von Wied zu Führern der Flotte gewählt worden waren, gingen die Kreuzfahrer am 29. Mai 1217 in See. Am 3. Juni wurde in Dartmouth geankert; dort wurden die Kriegsgesetze verlesen, ganz ebenso wie es heute noch geschieht, wenn unsre Kriegsschiffe die Grenzen der heimischen Gewässer verlassen. Unterwegs wurde an der galizischen Küste das Grab des heiligen Jakob von Compostela besucht. Nach vielen Mühseligkeiten lief die Flotte am 21. Juli im Hafen von Lissabon ein. Auf Bitten des portugiesischen Bischofs blieben die beiden Grafen mit ihrem Gefolge bis zum nächsten Frühjahr in Lissabon, um gemeinsam mit dem König Alfons II. die Maurenfeste Alcazar zu erobern. Die frommen Friesen aber wollten keine Zeit verlieren, sie setzten schon am 27. Juli ihre Fahrt nach dem heiligen Lande fort, eroberten unterwegs die maurischen Städte Cadix und Santa Maria, zerstörten und plünderten sie schonungslos, ohne sich aber viel dabei aufzuhalten, denn schon am 15. August liefen sie durch die Straße von Gibraltar ins Mittelmeer ein, nachdem sie vorher noch ein heftiges Unwetter zu bestehen gehabt hatten. Längs der spanischen, französischen und italienischen Küste segelnd erreichten die wackern Friesen im Oktober die päpstlichen Häfen Civita Vecchia und Corneto, wo ihnen wegen ihres frommen Mutes mit großer Gastfreundschaft ein behagliches Winterlager bereitet wurde. Ende

März 1218 segelten sie in das unbekannte Meer hinein, an den Inseln Lampeduja und Malta vorüber, feierten Ostern an der kretischen Küste und ankerten endlich am 24. April am Ziele ihrer Fahrt, im Hafen von Akkon, dem Stützpunkte der christlichen Unternehmungen gegen die Sarazenen. Hier, in Akkon sammelten sich gerade die geistlichen Ritterbrüder zu einem Angriff auf Damiette, um die Macht der Ungläubigen in Ägypten zu brechen. Die Friesen segelten also voll Kampfbegier nach Damiette. Dort trafen auch bald die in Lissabon zurückgebliebenen Niederdeutschen mit ihrer Flotte ein, die unterwegs verschiedne sarazenische Geschwader verbrannt, die Häfen von Barcelona, Marseille, Genua, Pisa und Messina aufgesucht und manche Verluste an Schiffen und Streitern erlitten hatten. Bei der Belagerung erbauten die Deutschen auf zwei Schiffen einen hohen hölzernen Turm mit Fallbrücke, um den mächtigen Kettenturm, der den Nil sperrte, zu bestürmen; nach heißem Kampfe erstiegen die Friesen von ihrer schwimmenden Feste aus den feindlichen Turm, warfen die Sarazenen hinaus und befreiten den Strom von den sperrenden Ketten. Später wurden mit derselben Belagerungsmaschine die Türme der Schiffbrücke von Damiette zerstört, sodaß endlich am 5. November 1219 die Stadt erstürmt werden konnte. Barthold sagt a. a. O., daß die ganze Christenheit das kriegerische Geschick und die Ausdauer der Niederdeutschen anerkannt hätte; der Domherr Oliverius, die Seele des deutschen Kreuzheers, schrieb nach der Heimat: „Freue dich, kölnisches Stiftsland, frohlocke und preise den Herrn, weil du durch Schiffe, Waffen, Kriegsgeräte und Kämpfer mehr geleistet hast als das ganze übrige deutsche Reich." Kaiser Friedrich II. bediente sich auf seiner Kreuzfahrt nur italienischer Galeeren, aber im Jahre 1269 segelte noch einmal eine Flotte friesischer Pilger nach dem heiligen Lande und schloß sich dem französischen König Ludwig dem Heiligen auf dessen Zug gegen Tunis an, obgleich die Franzosen kurz vorher den letzten Hohenstaufen schmählich enthauptet hatten; ein trauriges Bild deutscher Zerfahrenheit!

Die deutschen Ostseeküsten waren bis ins elfte Jahrhundert hinein in der Gewalt der heidnischen Wenden; *Die wendische Ostseemacht* unter denen waren namentlich die Ranen, die Bewohner Rügens, kühne Seefahrer. Rostock, Wolgast, Julin (Wollin), Jomsburg oder Jumne (wahrscheinlich in der Nähe Swinemündes), Kolberg und Gdansk (Danzig) waren die sagenhaften Handelshäfen dieses Volkes, das schon frühzeitig vom Fischfange lebte. Das „salzige" Kolberg war der Stapelplatz für den Heringsfang. Lübeck, auch von wendischen Kaufleuten begründet, beginnt erst mit dem zwölften Jahrhundert als erste deutsche Niederlassung an der Ostsee bekannt zu werden und war zur Zeit des flandrischen Hansabundes noch ein armseliges Nest, das etwa um 1139 von einer Kriegsflotte der Ranen zerstört und nur mit Hilfe des Grafen Adolf II. von Holstein an günstigerm Orte zwischen der Trave und der Wackenitz wiedererbaut wurde. Der Vater dieses Grafen aus dem Schauenburger Geschlecht, Adolf I., tilgte auch die Spuren der wendischen Zerstörungswut in Hamburg, erbaute dem Dom aufs neu, kräftigte die Stadt und machte sie zu seiner Hauptstadt. Um dieselbe Zeit (1135) verwüstete der christliche Wendenfürst von Pommern mit einer Flotte von 250 Schiffen, jedes Schiff mit 44 Mann und 2 Pferden besetzt, die norwegische Stadt Kongehelle.

Die Furcht vor den seebeherrschenden Ranen war so groß, daß ein christlicher Dänenkönig dem Tempel des *Lübeck kämpft um die See-* heidnischen Gottes Swantewit ein kostbares Trinkgefäß stiftete, um die Freundschaft der Ranen zu gewinnen; erst unter *herrschaft in* Waldemar dem Großen wurde von den Dänen nach zehnjährigem Kriege ihre Seeherrschaft gebrochen. Gleichzeitig *der Ostsee* rotteten die Grafen Heinrichs des Löwen die Wenden auf dem Lande, besonders in Mecklenburg, aus. Für Lübeck, das 1157 vollständig abgebrannt war, that Heinrich der Löwe sehr viel; er half die Stadt neu erbauen, gab ihr viele Gerechtsame und das berühmte Lübische Recht, machte sie auch zum Bischofssitze. Der Kaiser Friedrich Rotbart bestätigte der Stadt, die ihrem Herzoge noch treu geblieben, als alle von ihm abgefallen waren, alle Rechte und gab ihr später, 1188, die Vorrechte einer freien Reichsstadt. Durch die traurigen Kämpfe zwischen dem Kaiser und dem welfischen Herzog geriet das Küstenland der Ostsee zum Teil in dänische Gewalt, zum Schaden der Entwicklung des deutschen Seewesens: nur Lübecks Kraft nahm zu, als Heinrich der Löwe 1189 die alte berühmte Handelsstadt Bardowiek in der Nähe von Lüneburg vollständig zerstörte weil die Männer der Stadt seinen Feinden beigestanden und die Bardowiekerinnen ihm von den Wällen aus sehr unehrbar ihre Kehrseite gezeigt hatten. Lübeckische Schiffe fuhren damals schon bis nach der schwedischen Insel Gotland; im regen Verkehr mit der gotländischen Hauptstadt Wisby bildete sich dort um 1200 der erste Bund deutscher Kaufleute im Auslande, der russische und skandinavische Waren gegen deutsche aus Lübeck verhandelte und den deutschen Seehandel auf der ganzen Ostsee ins Leben rief. In Riga, wo Bremische Kaufleute um 1158 die erste Niederlassung begründet hatten, wurde durch niedersächsische Kreuzfahrer der Orden der Schwertbrüder zur Bekämpfung des heidnischen Slawentums geschaffen und dadurch Riga zum Kernpunkt der Ausbreitung des Deutschtums in den baltischen Ostseeprovinzen gemacht. Das ist wenigstens ein kleiner, der Erinnerung würdiger Erfolg des deutschen Seewesens; denn die Begründung Rigas, wie auch die Behauptung des Platzes ist deutscher Seemacht zu danken. Die Seefahrer Lübecks, Wisbys und Rigas, die sogenannten Osterlinge hielten treulich zusammen gegen die wendischen und

Wislicenus, Deutschlands Seemacht

dänischen Seeräuber, aber die Lübecker mußten sich dem kriegerischen Dänenkönig Waldemar II. im Anfange des dreizehnten Jahrhunderts unterwerfen, dem der Sohn Heinrichs des Löwen, Otto, der dem rechtmäßigen König Philipp die Krone entreißen wollte, zum Lohne für seinen Beistand Hamburg, Lübeck, Holstein, Mecklenburg und Pommern, also die ganze Küste, die er beherrschte, überließ. Die Macht der Hohenstaufen, deren Schwerpunkt weit im Süden Deutschlands lag, war schon im Niedergang und konnte den Norden des Reichs nicht schützen. Waldemars Herrschaft wurde später vom jungen Kaiser Friedrich II., dem „italienischen Hohenstaufen," bestätigt, der durch die Dänen den Einfluß der Welfen schwächen wollte. Die fortwährenden Kämpfe der Fürsten gegen den Kaiser hatten zu unnatürlichen Zuständen geführt, die schließlich nur dadurch beseitigt werden konnten, daß sich die thatkräftigen Niederdeutschen selber halfen. Die Lübecker benutzten die Gelegenheit, als 1223 Waldemar von dem Grafen von Schwerin gefangen genommen war, sich frei zu machen; dasselbe thaten die Holsteiner und Hamburger. Der Kaiser bestätigte 1226 Lübeck als freie Reichsstadt. Bei der Entscheidungsschlacht gegen Waldemar bei Bornhövde am 22. Juli 1227 halfen die Lübecker unter ihrem ritterlichen Bürgermeister Alexander von Soltwedel wacker mit, die Dänen zurückzuschlagen. König Waldemar II. griff dann mit großer Macht zu Wasser und zu Lande Lübeck allein an, im Jahre 1234. Seine Flotte sperrte den Hafen mit einer Kette; die Lübecker aber hatten eine tüchtige Flotte ausgerüstet, sprengten mit einem Schiffe die Sperrkette und zerstörten in einer heißen Seeschlacht, die vom Morgen bis zum Abend dauerte, vor der Mündung der Warnow die dänische Flotte; die meisten erbeuteten Schiffe verbrannten sie, nur das größte, das 400 Bewaffnete trug, führten sie mit sich in die Stadt. Zum erstenmale beherrschten Deutsche die See, und sie nutzten ihre Siege aus. Der wackere Bürgermeister und Kriegshauptmann Alexander von Soltwedel führte die lübischen Koggen gegen die dänische Küste, verheerte viele Hafenstädte, eroberte und verbrannte (1248) das Schloß Kopenhagen und zerstörte Stralsund, das die Dänen am engen Strela-Sund angelegt hatten. Detmars Chronik nennt den ersten deutschen Seehelden „de beddere vrome deghen, To torneye unde to zbynste ghar vornveghen. Alexander van Soltwedel, de mit siner manheit vordenede der eren sedel." Später, 1254, verloren die Lübecker zwar ein Seetreffen bei Skanoer gegen Christoph I., überwältigten aber die Städte auf Moen und Falster und zwangen den Dänenkönig zum Frieden.

Die dänischen Koggen Die lübischen Koggen, die ersten deutschen Kriegsschiffe auf der Ostsee, zeigten schon manche Fortschritte, die das nordische Seewesen durch Berührung mit dem mittelländischen in den Kreuzzügen gemacht hatte. Die Galeerenform wurde freilich nicht nachgeahmt, denn sie paßte nicht für die stürmischen nordischen Gewässer; die Koggen waren vollbauchige, hochbordige Segelschiffe, mit hohem gedeckten Vorder- und Hinterkastell. Sie waren selten größer als 100 Last zu 4000 Pfund oder 200 Tonnen und blieben in ihrer Form zwischen dem dreizehnten und fünfzehnten Jahrhundert fast unverändert. Die frühesten Schiffe hatten wohl nur zwei Masten mit je einem viereckigen Rahsegel, später wurde hinten noch ein kleinerer Mast mit einem lateinischen Segel angebracht, das dazu dienen sollte, dichter am Winde segeln zu können, also auch ungünstigere Windrichtungen besser auszunutzen. Die großen ganz gedeckten Koggen konnten 100 Bewaffnete und 20 Pferde tragen.[1]) Auf den Spitzen der vordern Masten waren Mastkörbe, hinter deren Schutzwand Scharfschützen brennende Pfeile oder Stink- oder Feuertöpfe auf das feindliche Deck warfen, oder auch mit eisernen Wurfankern das eigne Schiff an das feindliche anzuhaken suchten. Auch schon vor der Erfindung des Pulvers führten die Koggen allerhand schweres Geschütz, treibendes Werk genannt, worunter namentlich die Blyden oder Bleiden furchtbare Waffen waren, die wahrscheinlich von den Korsen oder Provenzalen zuerst angewendet wurden. Die Blyden waren den römischen Ballisten ähnliche Schleudermaschinen; sie und riesige Armbrüste, die schwere eisenbeschlagne Balken zum Durchbohren der Schiffswände schossen, standen auf dem Deck, während leichtere Armbrüste von den hohen Kastellen aus bedient wurden. Wie auf den normännischen Drachen, so wurden auch auf dem Bordrande der Koggen, namentlich auf den Kastellen die Schilde der Kämpfenden befestigt; auch der Vorsteven der Koggen, der Schiffsschnabel, trug noch oben ein seltsames Tierbild; darüber lag ein kurzes Bugspriet, das den vordersten Mast nach vorn stützte. Zuweilen waren die Bordränder und Segel bunt bemalt und mit Wappen geschmückt; große farbige Wimpel flatterten an den Mastkörben.

Der rheinische Friedensbund Auch auf dem schönen Rheinstrom entwickelte sich mit dem Aufschwung der deutschen Städte ein nicht unbeträchtliches Seewesen. Unter dem Schutze des Kaisers Friedrich des Rotbarts brachten die Kölner schon auf eignen Schiffen den Rheinwein nach London und hatten dort schon ihr Kaufhaus, das später mit dem berühmten Stahlhof der Hansen vereinigt wurde; in dieser Gildehalle am Themsestrande in der Nähe des Tower wurde ihnen von Richard Löwenherz Zollfreiheit für alle Waren, die sie dort aufstapelten und weiter verfrachteten, verliehen. Auch in Holland und Dänemark erfreuten sich die emsigen rheinischen Kaufleute besondrer Gerechtsame; besonders Graf Wilhelm II. von Holland, der als deutscher Gegenkaiser auftrat, aber von den hartnäckigen Westfriesen erschlagen wurde, begünstigte die Macht der rheinischen Städte

---

[1]) Nach Arenholds trefflichem Werke: Die historische Entwicklung der Schiffstypen (Kiel und Leipzig, 1891).

— 35 —

und bestätigte den sogenannten Friedensbund, den 70 Städte des Ober= und Niederrheins am 6. Oktober 1254 zu Worms geschlossen hatten, um dem Raubrittertum auf dem Flusse den Garaus zu machen. Nach den Satzungen des Bundes mußten die Städte von der Moselmündung bis nach Basel hinauf 100 Kriegsschiffe, und die abwärts am Strom 500 stellen; wenn auch jedes der wahrscheinlich kleinen niederrheinischen Schiffe nur 20 Armbrustschützen gehabt haben sollte, so stellte diese Flotte mit etwa 10 000 Kriegsleuten doch eine tüchtige Schiffsmacht dar, die auch gegen Seemächte hätte kämpfen können; denn zwischen ihren Schiffen und den nach England und Dänemark fahrenden kölnischen Seeschiffen war wahrscheinlich kein Unterschied in der Bauart.

Handelseifersucht mit dem flandrischen Hansabunde war wohl der Grund, daß die deutschen Seestädte Bremen, Stade, Hamburg, Lübeck, Elbing, Riga, Reval und andre sich den rheinischen Städtebund zum Muster nahmen und ihr gemeinsames Wohl und Recht gemeinsam für einander im Auslande zu fördern suchten. Zwar wird urkundlich der Name der deutschen Hansa erst 1343 erwähnt, aber schon 1252 schlossen die thatkräftigen Lübecker Verträge ab „im Namen des gemeinen Kaufmanns des römischen Reichs, der Gotland besucht"; neben der rheinischen Gildehalle in London entstand um dieselbe Zeit schon der Stahlhof der hansischen Kaufleute. Früh schlossen sich Hamburg und die wendischen Seestädte an Lübeck an, holländische und friesische Hafenplätze, die der Heringsfang nach Schonen in die Ostsee führte, folgten bald nach. Gemeinsame Feinde stärkten die Einheit der Städter; als der norwegische König Erich, genannt der Priesterfeind, in seinem von Deutschen vielbesuchten Handelshafen Bergen deutsche Schiffe mit Beschlag belegt hatte, um den deutschen Handel zu stören, da rüsteten die wendischen Städte Wismar, Rostock, Stralsund, Greifswald und Stettin, sowie Riga und Wisby unter Oberleitung Lübecks eine Flotte aus, verboten die Ausfuhr von Bier und Getreide nach Norwegen, blockierten dann die norwegischen Häfen, nahmen alle norwegischen Schiffe, verwüsteten verschiedne Plätze und nötigten 1285 im Frieden zu Kalmar den König, Buße zu zahlen und ihre alten Handelsfreiheiten nicht nur zu bestätigen, sondern auch auf friesische Seestädte auszudehnen. Das war wieder ein erfreuliches Zeichen wachsender deutscher Seemacht.

Die ersten Spuren deutscher Seemacht

Eine erwähnenswerte Seeschlacht wurde 1302 in den holländischen Gewässern geschlagen. Graf Wilhelm III. von Holland hatte französische Hilfe herbeigerufen, als er vom flandrischen Grafen Guido bedrängt wurde, und Philipp IV. von Frankreich, der zu Lande von den Flamländern manche harte Niederlage erfuhr, hatte eine Flotte genuesischer Galeeren angeworben, um die Flamländer zu Wasser zu bewältigen. Die flandrische Seemacht, die Graf Guido selbst führte, zählte 80 hochbordige Koggen, „nach Brauch jener Meere mit Kastellen ausgerüstet" (nach italienischen Berichten). Gegen diese kämpften vor Zirikfee bei der Insel Schouwen in dem engen Fahrwasser der Osterschelde 16 starke und große Galeeren unter dem Befehle des kühnen Admirals Rinieri de' Grimaldi nebst 20 französischen und einer Anzahl holländischer Koggen. Grimaldi verstand die leichte Manövrierfähigkeit seiner Galeeren sowie den starken Flutstrom so gut auszunutzen, daß er einen glänzenden Sieg errang, indem er die großen Koggen einzeln mit Übermacht anfiel, dabei auch den Grafen Guido gefangen nahm; aber der Admiral schrieb selbst seinen Sieg nur dem engen Fahrwasser zu, in dem die Koggen sich nur ungeschickt bewegen konnten.

Seeschlacht zwischen Galeeren und Koggen 1302

Über die Seetüchtigkeit der Deutschen im Anfange des vierzehnten Jahrhunderts ist ein sehr maßgebendes Urteil von dem berühmten Venetianer Marino Sanuto, der auch wahrscheinlich die ersten Seekarten für Seefahrer fertigte, überliefert; er bereiste ganz Europa, um die Mittel zu prüfen, wie das heilige Land den Ungläubigen wieder entrissen werden könnte, und verfaßte dann eine Denkschrift an den Papst Johannes XXII., worin er sagt[1]): „In Deutschlands Ländern wohnen viele Völker, die sehr nützlich sein könnten, Ägypten (von da dann erst Syrien) zu erobern, insbesondre die Dithmarschen, die in der äußersten Grenze des Erzbistums Bremen am Meere wohnen, und die Friesen, die abwärts von Westfalen am Meere wohnen, und die Völker von Holland und Seeland, die abwärts von der Grafschaft Geldern und Kleve an der See sitzen. Weil jene Völker auf Inseln und am Meeresufer und an großen Strömen wohnen, die durch ihr Gebiet ins Meer fließen, verstehen sie auf süßem und salzenem Wasser trefflich zu schiffen, und man könnte bei ihnen trefflichen Rat und die beste Hilfe finden. Es sind aber auch in Holsatien und Slawien, wo ich persönlich war, viele merkwürdige Landstriche, neben Flüssen und Seen, und angefüllt mit reichen Einwohnern, nämlich Hamburg, Lübeck, Wismar, Rostock, Stralsund, Grypswal und Stettin, aus denen eine große Menge guten Volks gezogen werden könnte, da in ihnen viele Orte sind, mit einer Menge starker und mutiger Seeleute." Man bedenke wohl, daß dieses Lob von einem Bewohner des meerbeherrschenden Venedigs stammt, dessen Seeleute im Mittelmeer die tüchtigsten waren. Zweierlei fand Marino Sanuto bedenklich, und gerade diese Einwände zeigen, wie genau er zu beobachten verstand: da die Deutschen gewaltige Esser seien, erwüchse Besorgnis für die Vorräte, falls sie in den heißen Himmelsstrich kämen. Ferner, weil sie aus großem Eifer zur Kreuzfahrt und dazu besonders befähigt, in so großer Zahl überschiffen könnten, daß in ihnen die Lust

Seetüchtigkeit der Deutschen im vierzehnten Jahrhundert

---
1) Nach Barthold a. a. O.

zur Herrschaft erwachte, möchte leicht nicht kleines Ärgernis entstehen, da ja die Venetianer nicht Herren, sondern Helfer begehrten. Doch würde ein tüchtiger und kluger Oberhauptmann wohl dieser Besorgnis zu begegnen wissen.

Der Hansabund Im vierzehnten Jahrhundert schmieden die schweren Kämpfe der deutschen Seestädte gegen Dänemark den festen Hansabund. Von Dänemarks Willkür, das die Belte und den Sund beherrschte, hing der Heringsfang an der Küste von Schonen, der südlichsten Spitze der skandinavischen Halbinsel ab, und der Verkehr zwischen den Osterlingen und ihren Freunden an der Westsee (wie damals die „Nordsee" hieß) konnte leicht von den Dänen gestört werden. Rostock und Lübeck fielen noch einmal auf kurze Zeit in dänische Gewalt, kamen aber bald wieder frei. Um die Mitte des Jahrhunderts bekam der Hansabund festes Gefüge; Lübeck war die Seele und das Haupt. Bremen, das allerlei Streitigkeiten hervorrief, war lange Zeit vom Bunde „verhanst," d. h. ausgestoßen und demütigte sich erst, als es sah, daß es alleinstehend verarmte; da verpflichtete es sich 1358, bei Aufgeboten der Osterlinge ein gutes Kriegsschiff mit 50 Bewaffneten und den Hamburgern im Notfalle ein Schiff mit 100 Bewaffneten zum Schutze der Elbe zu stellen. Als der Dänenkönig Waldemar IV. am 28. Juli 1361 in blutigem Kampfe den alten deutschen Handelsplatz Wisby auf Gotland erobert und geplündert hatte, ohne vorher Fehde anzusagen, entschlossen sich die wendischen Städte zu einmütigem Vorgehen gegen den vertragsbrüchigen Herrscher: der Handelsverkehr nach Dänemark und Schonen wurde bei Verlust der Güter und des Lebens untersagt und zugleich die Kriegsflotte gerüstet. Lübeck stellte 6 Koggen und 6 Schniggen (kleine Segelfahrzeuge) mit 600 Mann und mit Wurfgeschütz, ebensoviel rüsteten Rostock, Wismar, Stralsund, Greifswald, Kolberg, Stettin und Anklam aus; die Koggen von Kolberg und Stettin mußten jede eine Blyde und einen sachverständigen Blydenmeister haben. Bremen, Hamburg und Kiel stellten zusammen 2780 Bewaffnete. Es ist möglich, daß die Lübecker schon einige Rohrgeschütze auf ihren Schiffen hatten; Spandau hatte bereits 1344 eine Pulvermühle. Der Winter hemmte die Rüstungen, erst im Mai 1362 segelte die vereinigte Flotte unter Führung des lübischen Bürgermeisters Johann Wittenborg gegen Kopenhagen und eroberte und plünderte die Stadt. Um Helsingborg zu belagern, landeten die Hansen dann an der Küste von Schonen. Die Dänen benutzten die Gelegenheit, die nur schwach bemannte Flotte zu überfallen, eroberten 12 der größten Koggen, die mit Lebensmitteln reich beladen waren, und zwangen das gelandete Heer, den Kriegszug aufzugeben. Dem tapfern, aber unvorsichtigen Bürgermeister Wittenborg wurde vom Rate der Stadt Lübeck das Haupt vor die Füße gelegt. Ein Waffenstillstand wurde im November 1362 geschlossen, während dessen Dauer die eingeschüchterten Hanseaten nicht durch den Sund zu segeln wagten, aber neue Rüstungen bereiten. Schon am 6. Januar 1364 erlaubte der Hansabund kühnen Stralsunder Freibeutern, auf Abenteuer an die dänische Küste auszulaufen. Das scheint die erste Nachricht über deutsche Kaperei zu sein. Im Gürzenich zu Köln wurde auf dem Hansatag vom 11. bis 19. November 1367 gemeinsamer Krieg aller Seestädte des Hansabundes gegen Dänemark beschlossen, und die Größe des Aufgebots für die wendischen und livländischen Städte auf 10 Koggen mit je 100 Bewaffneten bestimmt, dazu je eine Schnigge und eine Schute für jede Kogge; die preußischen Städte mußten 5 Koggen, die holländischen teils eine Kogge und 2 Rheinschiffe mit 150 Mann, teils 2 Koggen mit 200 Mann, darunter je 20 gute Armbrustschützen stellen. Die Flotte befehligten die lübischen Ratsmänner Everhard von More und Gottschalk von Attendorn, das Landungsheer führte der Sohn des Bürgermeisters von Lübeck, Bruno von Warendorp. Als Waldemar IV. gegen Ostern 1368 den Fehdebrief der 77 deutschen Städte erhielt, soll er gespottet haben:

Seven und seventig Hänse,
un seven und seventig Gänse,
bieten mi nich be Gänse,
so frag ich een S .... na de Hänse.

Aber sein Spott hörte schnell auf, als sich die Flotten der Osterlinge und Westerlinge im Sunde vereinigten, Schonen besetzten, dann Kopenhagen und Helsingör eroberten und zerstörten, auch alle dänischen und norwegischen Küsten verwüsteten. Waldemar mußte flüchten und wurde zu dem schimpflichen Frieden von Stralsund (1370) gezwungen; die Hansen behielten auf fünfzehn Jahre die befestigten Hafenstädte von Schonen in ihrer Gewalt, und die Dänen mußten versprechen, weder einen König ohne Einwilligung der Hansa zu wählen, noch einen solchen anzuerkennen, ehe er die Gerechtsame der Hansa beschworen hatte. Damit hatte die Seemacht des deutschen Städtebundes ihre größte Kraft entfaltet; die deutschen Städter beherrschten die Ostsee ohne Nebenbuhler und beherrschten durch Schonens Seefesten auch die Durchfahrt durch den Sund nach der Westsee hin. Zum Schaden für die Entwicklung des seemännischen Sinns in unserm Volke sind die kühnen Seehelden der Hansa selbst von deutschen Dichtern und Geschichtenschreibern fast unbeachtet geblieben; die abenteuerliche Ritterlichkeit im westlichen Europa fand trotz — oder wohl oft auch wegen ihres oft unsittlichen Kerns mehr Verehrer als die Thaten der wackern, aber nüchternen streitbaren Kaufherren, die in der weiten Vorhalle ihrer Häuser Helm und Schild über Heringstonnen und Warenballen hängen hatten, wie Barthold bezeichnend sagt.

Deutschland war damals wie gewöhnlich durch innere Kämpfe zerrissen; nach den erfolgreichen Seekämpfen der Hanseaten gegen Dänemark aber suchte der deutsche Kaiser Karl IV. zum Wohle des Reichs den mächtigen Städtebund näher an sich zu schließen. Karl wünschte zum Haupt des Bundes erklärt zu werden; er soll schon ein Siegel bereit gehabt haben, worauf er mit dem böhmischen Löwen auf einem Schiffe dargestellt war. Die Lübecker empfingen ihn zwar sehr ehrerbietig, mauerten auch das Thor, das er durchschritten hatte, zu, weil niemand der Ehre würdig sei, dasselbe Thor noch zu benutzen, wo des Reichs Majestät hindurchgegangen war; aber seine großen Pläne begriffen sie nicht; sie wiesen seine Anträge zurück, weil sie kurzsichtig genug für ihre eigne Unabhängigkeit und für die Bedrohung ihres Handels fürchteten, in der Annahme, daß die Westerlinge dann mit den welschen Burgundern gemeinschaftlich gegen die Osterlinge auftreten würden. Wer weiß, wie kräftig sich Deutschlands Seemacht entwickelt hätte, wenn damals ein machtvoller Bund zwischen dem Kaiser und der Hansa zu stande gekommen wäre; statt dessen ging aber der kräftige Bund durch innere Reibungen allmählich zu Grunde.

Kaiser Karl IV. und die Hansa

Die Herrschaft über die Ostsee machte die Hansen lässig: bald nahm das Seeräuberwesen, das die vielen Kriege erzeugt hatten, so zu, daß der hansische Vogt auf den Seefesten von Schonen, Wulf Wulflamm von Stralsund, auf einem starken Schiffe, begleitet von mehreren Schniggen und ausgerüstet mit sechs Donnerbüchsen nebst sechs Tonnen „Kraut" (Pulver), sowie mit 32 Blyden von Ostern bis Martini 1385 gegen die Seeräuber kreuzen mußte. Als aber die thatkräftige Königin Margarethe die drei nordischen Königreiche unter ihre Gewalt gebracht hatte, und nur Stockholm noch mit Hilfe mecklenburgischer Seeleute für den Schwedenkönig Albrecht (den Mecklenburger) gehalten wurde, da förderten die wendischen Hansastädte Wismar und Rostock das Seeräuberwesen ganz gewaltig durch Ausstellung von „Stehlbriefen" (Kaperbriefen) gegen die nordische Königin. Allerlei kühnes, aber auch wildes und rohes Volk bemannte die Raubgeschwader, die unter dem Vorwande, Lebensmittel nach Stockholm zu bringen, zuerst nur die feindlichen Küsten brandschatzten und ihren Raub in den Häfen von Wismar und Rostock bergen und verkaufen durften; die erste Benennung dieser Leute als Vitalienbrüder (d. h. Viktualienbrüder) läßt noch den Zweck der Unternehmung erkennen; bald aber, als ihre Losung „Gottes Freund und aller Welt Feind!" wurde, nannten sie sich selbst Liekendeeler (Gleichteiler) und nisteten sich an einsamen Ankerplätzen auf Rügen und in Hinterpommern ein. Tapfere verarmte Edelleute waren die Führer der seemännischen Kommunisten, darunter einer der ersten ein Henning Manuteufel. Allmählich gewannen die Liekendeeler die Herrschaft in der Ostsee, und die Hansa mußte gegen sie rüsten, weil ihre eignen Kauffahrer von den Seeräubern in arge Not gebracht wurden; die Handelsschiffe fuhren nur noch in Geschwadern zusammen. Den Stralsundern gelang es 1391 in hartem Kampfe, angreifende Vitalienbrüder zu überwinden; sie packten die Gefangenen in leere Tonnen, sodaß nur die Köpfe heraustragten, und brachten sie in ihren Hafen, wo alle geköpft wurden. Die hansische Friedensflotte dagegen, die zum „Befrieden" der See 1394 ausgeschickt wurde, richtete trotz ihrer 35 Koggen mit 3000 Bewaffneten nicht viel aus; die Seeräuber setzten sich auf Gotland fest, fanden Unterstützung bei dem pommerschen Herzog Barnim und drangen bis in die Newa vor. Da rüstete der Hochmeister der preußischen Ordenslande, Ulrich von Jungingen, in Danzig eine starke Flotte aus, segelte nach Gotland und vertrieb die Liekendeeler von dort. Nun war auch der deutsche Orden, dessen Flagge ein schwarzes Kreuz in weißem Felde war, kurze Zeit zur See mächtig, aber er gab seine überseeische Besitzung Gotland bald wieder auf, da ihm zu Lande die Polen zu viel zu schaffen machten.

Die Vitalienbrüder in der Ostsee

Die Liekendeeler zogen sich nach ihrer Niederlage auf Gotland in die Westsee zurück und fanden gute Schlupfwinkel in den kleinen Häfen der ostfriesischen Küste, wo die Häuptlinge Keno ten Broot, Edo Wiemken und der Propst Histo gemeinsame Sache mit ihnen machten; auch die Grafen von Holland benutzten zuweilen die kriegerische Kraft der deutschen Seeräuber. Bremen und Hamburg, deren Seehandel am meisten von den Vitaliern geschädigt wurde, konnten erst nach langen blutigen Kämpfen ihrer Herr werden. Allgemeiner bekannt und auch durch Dichter verherrlicht ist die heiße, angeblich dreitägige Seeschlacht zwischen den hamburgischen Kriegsschiffen und einer Flotte der Liekendeeler unter ihrem berühmtesten Anführer Klaus Stortebeker, die 1402 bei Helgoland geschlagen wurde und mit der Gefangennahme von 70 Seeräubern, darunter Stortebeker selbst, endete. Von den hamburgischen Seeleuten erwarb sich dabei Simon von Utrecht, der das Schiff die „bunte Kuh aus Flandern" führte, großen Ruhm. Stortebeker wurde mit seinen Gefährten am 10. Juli auf dem Grasbrook in Hamburg hingerichtet; das gleiche Schicksal traf in demselben Jahre noch 80 Freibeuter, die mit ihrem Führer Godeke Michels und dessen Unterhauptmann Wigbold, einem Rostocker Magister der Philosophie, der das freie Seeleben dem Gelehrtenberufe vorgezogen hatte, ebenfalls, besonders durch die Tapferkeit des Simon von Utrecht, gefangen worden waren. Stortebeker soll die welschen Küsten bis nach Spanien hin geplündert haben. So schwächten sich in trauriger Weise deutsche Seefahrer gegenseitig; wäre die überschüssige deutsche Seemannskraft, die sich in jenen wirren Zeiten dem Seeraube ergab, auf ein bestimmtes politisches Ziel hin gelenkt worden, so hätten die kühnen, trotzigen Gesellen eine ganze Welt für das Vaterland erobern können.

Seeraub in der Nordsee

Der Sundzoll und allerlei Kämpfe der Hansen

Der hansische Handel litt gewaltig durch die Kämpfe, jahrelang waren die Heringe in ganz Deutschland sehr teuer, weil die Freibeuter die Fischerei bei Schonen störten; und schließlich begann auch das große nordische Reich die in blutigen Kriegen erworbnen Rechte der Hanseaten zu schmälern, als es sah, daß die Liekendeeler dem Bunde schwer zu schaffen machten. König Erich erhob 1425 den Sundzoll — d. h. er zwang jedes Schiff, das aus der Ostsee in die Westsee wollte, und umgekehrt, für die Benutzung der Straße eine Abgabe zu entrichten. Das war so gut wie eine Kriegserklärung, um so mehr als Erich so klug war, den Holländern, die nur noch lose mit dem Hansabunde zusammenhingen, die alte Zollfreiheit zu belassen, um deren Ostseehandel zu stärken. Der blühende Handel der Hanseaten beruhte darauf, daß sie überall im Auslande frei von Abgaben waren; eine Besteuerung ihres Reedereibetriebs in der Art des Sundzolls gefährdete also ihre ganze Zukunft und zwang sie endlich, ihre bisher gegen die Erstarkung des nordischen Reichs gezeigte Lässigkeit aufzugeben. Von den 77 Städten, die einst Waldemar angegriffen hatten, waren aber schon lange nicht mehr alle zum Kriege bereit; in vielen Städten waren gerade innere, oft sehr blutige Kämpfe zwischen den alten Geschlechtern und den Zünftlern an der Tagesordnung. Nur Lübeck und Hamburg rüsteten und die wendischen Städte, außer Greifswald und Stralsund, von ihren mit Dänemarks König verwandten pommerschen Fürsten zurückgehalten wurden. Im Frühjahr 1427 ging eine hansische Flotte von mehr als 100 Schiffen mit 6000 Mann Besatzung in See und verwüstete die kleinern dänischen Inseln, konnte aber beim Sturm auf Flensburg, bei dem Graf Heinrich von Holstein fiel, nichts ausrichten. Im Juni legten sich dann 36 große Kriegsschiffe unter Führung des lübischen Bürgermeisters Tidemann Steen in den Sund, um die hansische Kauffahrerflotte, die aus England und Frankreich erwartet wurde, durch die feindlichen Gewässer zu geleiten. Eine nordische Flotte von 33 kleinern Schiffen war gegen ihn ausgerüstet worden, und Steen griff sie, als sie in Sicht kam, an, obgleich er den Befehl hatte, nicht zu kämpfen, bevor die Handelsflotte in Sicherheit sei. Er errang einige Vorteile über sie, aber die hamburgischen Schiffe kamen teilweise fest auf dem Grunde und wurden trotz tapferer Gegenwehr von den Dänen überwältigt, weil die Lübecker, vielleicht aus Eifersucht, sie im Stiche ließen und den Dänen den Sund freigaben. Unmittelbar darauf kam von Norden her die hansische Kauffahrteiflotte und fiel nach hartem Kampfe zum größten Teile den Dänen in die Hände. Diese Verluste riefen in den Hansastädten blutige Aufstände hervor; das wütende Volk beschuldigte die reichen Kaufherren kleinlicher Eifersucht und besetzte alle vorhandnen Schiffe. Gegen Ostern 1428 ging eine frische hansische Flotte von 260 Schiffen mit 12000 Mann von Wismar aus gegen Kopenhagen in See; aber der König hatte den Hafen gut sperren lassen, sodaß die beabsichtigte Vernichtung der dänischen Schiffe und die Einnahme der Stadt mißlangen, obgleich die hansischen Donnerbüchsen von einem großen, aus Masten und Balken gefertigten Floße aus heftig den Hafen beschossen. Aber Seelands und Schonens Küsten wurden grimmig verwüstet. Im nächsten Jahre waren die Hanseaten dann klug genug, die Hilfe der Vitalienbrüder gegen die Feinde zu benutzen. Unter den hanseatischen Freibeuter zogen 600 der Seeräuber auf 7 Schiffen nach Bergen, eroberten und verwüsteten die reiche Handelsstadt, sollen dabei auch den Angriff von 100 norwegischen Fahrzeugen siegreich bestanden haben. In demselben Jahre machte eine dänische Flotte von 75 Schiffen einen kühnen Überfall gegen Stralsund, richtete dort auch allerlei Schaden im Hafen an, wurde aber später, als sie günstigen Wind abwarten mußte, von stralsundischen Schiffen, die der Bürgermeister Klaus von der Lippe in aller Eile hatte rüsten lassen, fast vollständig zerstört. Eine andre dänische Flotte, die Kriegsbeute von Schweden nach Kopenhagen bringen sollte, fiel den Rostockern und Wismarern in die Hände. Endlich, als der Seehandel der nördlichen Ostsee infolge des Krieges immer mehr den Holländern zufiel, schlossen die Hanseaten Frieden mit Erich, der ihnen die alten Rechte wieder zugestand, weil er selbst von Schweden aus bedrängt wurde.

Kaiser Sigismund und die Hansa

Eine sonderbare Stellung nahm der Kaiser Sigismund in diesen Kriegen ein; er mahnte die Lübecker sehr eindringlich vom Kriege gegen die Dänen ab, unterstützte sogar die dänische Politik, und dennoch schrieb er kurz vor seinem Tode dem Hansabunde: „Daz Haupt ist zu krank, die geistlichen und weltlichen häupter lassen fallen, was ihnen von Gott empfohlen ist, die feind nicht zu ermahnen, wann si haben das Unrecht inn mit gewalt. Darum ir edlen reichstädte, thut dazu, daß ir das oberst Glied seyt." Und gerade Kaiser Sigismund hatte das Fehlen einer Reichsseemacht schmerzlich empfinden müssen, als er eine Reise nach London machte, um Frieden zwischen Frankreich und England zu stiften. Der Wittelsbacher Graf Wilhelm von Holland war mit allen deutschen Schiffen abgefahren, als der Kaiser ihm das Lehn verweigerte, sodaß der Kaiser der Willkür des Königs von England ausgesetzt war und sogar aus London nach Canterbury flüchten mußte, um den Beleidigungen des Londoner Pöbels zu entgehen. Der englische König gab dem deutschen Kaiser erst Schiffe zur Abfahrt, als dieser ein Bündnis gegen Frankreich zugesagt hatte. Solcher schmachvollen Behandlung war ein deutscher Kaiser durch die seemächtigen Engländer ausgesetzt! Sigismund ahnte wohl ebenso wie sein Vater, Kaiser Karl IV., daß die deutschen Seestädte dem Reiche gute Dienste leisten könnten, wenn sie ihre partikularistische Stellung aufzugeben gezwungen würden; aber es fehlte ihm selbst die Macht und auch die Thatkraft, im Norden seines großen locker gefügten Reichs eine Seemacht ins Leben zu rufen, die das Ansehen von Kaiser und Reich auch bei dem anmaßenden Inselvolke und bei den feindlichen Nachbarstaaten hätte herstellen können.

Trotz der neuen Siege über die Dänen war die Blütezeit der Hansa vorüber; Streitigkeiten zwischen den Westerlingen, den Holländern, und den Osterlingen um den Handel im nordöstlichsten Teile der Ostsee schwächten das Ansehen des großen Städtebundes mehr und mehr. Schon 1438 kaperten die Holländer 22 Danziger und Livländer Schiffe und rüsteten auf Antrieb ihres welschen Herrn, Philipp von Burgund, der die rechtmäßige Herrin Jakobäa von Bayern aus Holland vertrieben hatte, eine Flotte gegen die Osterlinge aus; durch einen Vergleich gelang es zwar den Lübeckern, den Frieden zu erhalten — die Holländer mußten ihren Anteil am nordischen Handel durch eine Geldsumme erkaufen —, aber die alte Eintracht war verloren und damit auch die starke Seemacht, und die großen holländischen Städte gingen nun ihre eignen Wege. Auf die nordische Politik behielt Lübeck noch einige Zeit lang Einfluß, sodaß der berühmte Geschichtschreiber Äneas Sylvius Piccolomini, der spätere Papst Pius II., sagen konnte: „Jener Stadt Ansehen und Reichtum ist so groß, daß auf ihren Wink drei große Reiche gewöhnt sind, Könige anzunehmen oder abzusetzen." *Streitigkeiten im Hansabunde*

In England hatten die hansischen Kaufleute bisher, dank des Ansehens ihrer Seemacht, sich steter Förderung ihres Handels zu erfreuen gehabt, aber die Uneinigkeit der Osterlinge und Westerlinge blieb den Engländern nicht verborgen und wurde von ihnen dazu ausgenutzt, beide Parteien noch mehr gegen einander zu hetzen. Heinrich VI. begünstigte seine alten lieben Gäste, die Kölner, duldete dagegen, daß sein Statthalter von Calais, der Graf Richard von Warwick, 28 lübische Kauffahrer am 29. Mai 1458 mit fünf großen und sieben kleinen Kriegsschiffen überfiel; die Lübecker schlugen zwar den Grafen zurück, verloren aber selbst dabei sechs Schiffe und konnten keinen Ersatz für den Schaden erlangen. Auch in den langen innern Kämpfen Englands, in den Kriegen der weißen und roten Rose, wurden die Hansen oft durch Freibeuter geschädigt, und schließlich unter der Regierung Eduards IV. wurden sogar die deutschen Stahlhofkaufleute in London geplündert und erwürgt, während die Kölner ihre Gildehalle behielten. Der innere Grund dieses Gewaltstreichs war die Handelseifersucht des englischen Volks, als Vorwand diente die Wegnahme einiger englischen Schiffe durch den dänischen König, der sich für den Überfall englischer Freibeuter auf Island schadlos halten wollte; die Hansen sollten den Dänenkönig dazu angetrieben haben. Im Unmute über die englischen Gewaltthaten erstarkte die Hansa und raffte sich zu thatkräftigem Handeln auf; die abtrünnigen Kölner wurden verhanst, über England wurde eine allgemeine Handelssperre verhängt, und den Raubschiffern der Nordsee, den unvertilgbaren Vitalienbrüdern, wurde volle Freiheit gegen Englands Häfen und Schiffe gewährt. Die hansische Kriegsflotte, namentlich bremische, hamburgische, lübische und Danziger Schiffe unter Führung des tapfern seebefahrnen Freibeuters Paul Beneke verwüsteten 1472 die englische Küste, kaperten viele englische Schiffe und hängten alle Kriegsgefangnen an die Masten auf oder warfen sie über Bord. Paul Beneke eroberte mehrere besonders große feindliche Schiffe und nahm auch rücksichtslos die Schiffe, die zum Schutze der für England bestimmten Waren burgundische Flagge angenommen hatten. Im Oktober 1470 wäre beinahe der fliehende Eduard IV. den Osterlingen in die Hände gefallen; ihre tiefgehenden Schiffe konnten leider den drei englischen Fahrzeugen des Königs an der Küste von Nordholland des niedrigen Wasserstandes wegen nicht folgen. Da auch Richard von Gloecester bei dem Könige war, hätte der Fang oder gar die Vernichtung dieser Schiffe weltgeschichtliche Bedeutung gehabt. Die Hansen ahnten gar nicht, welche Beute ihnen entschlüpft war. Wahrscheinlich weil Heinrich VI. während seines kurzen, letzten Regierungsabschnitts die Kölner nochmals begünstigte, halfen die Osterlinge Eduard IV. wieder zur blutigen englischen Krone; dieser schloß 1474 Frieden mit der Hansa, nachdem Paul Beneke die Macht der Hansen den Engländern deutlich gezeigt hatte, wie schon gesagt wurde. Die Osterlinge behielten ihre alten Gerechtsame; der Stahlhof wurde mit der kölnischen Gildehalle vereinigt, und die Engländer zahlten 10 000 Pfund Sterling[1]) Schadenersatz für die geraubten Schiffe. *England und die Hansa*

Gute Aussichten für die Begründung einer deutschen Reichsseemacht bot die Heirat des ritterlichen Erzherzogs Maximilian mit Maria von Burgund, der Tochter Karls des Kühnen. Max, der ein umsichtiger Kriegsherr war, richtete 1487 in den Niederlanden eine Reichsadmiralität ein, die die Ausrüstung der Kriegsschiffe überwachen mußte, that auch sonst viel zur Hebung des niederdeutschen Seewesens und kämpfte selbst mehrmals gegen die von Franz von Brederode geführten aufständischen Flamländer. Aber die Niederlande wurden Maximilian fremd, als er Kaiser geworden war, besonders weil seine Gemahlin früh starb. Als nun gar 1496 sein Sohn Philipp der Schöne von Burgund Johanna, die Tochter der spanischen Herrscher, Ferdinands und Isabellas, heiratete, da schwand die Aussicht auf eine deutsche Seemacht in den Niederlanden vollends wieder, denn durch diese Ehe wurden die Niederlande später spanisch und dann durch eigne Kraft unabhängig. *Kaiser Maximilian und die Niederlande*

---

1) Die Benennung „Sterling," abgekürzt von „Osterling," zeigt noch den Einfluß des hansischen Handels.

<small>Deutschlands geringer Anteil an den überseeischen Landerwerbungen</small>

Verhängnisvoll für Deutschlands Zukunft fiel das Zeitalter der großen Länderentdeckungen mit den harten, langen und blutigen Glaubenskämpfen zusammen. Wohl hatten die Flamländer schon in der Mitte des fünfzehnten Jahrhunderts die ersten niederdeutschen Ansiedelungen auf den Azoreninseln Fayal und Pico gegründet und unter dem edeln Ritter Jobst von Hurtter, dem Schwiegervater Martin Behaims zu solcher Blüte gebracht, daß diese Inseln noch heute zuweilen die „flämischen" genannt werden, aber ohne seemächtige Verbindung mit dem Mutterlande wurden die Nachkommen der Ansiedler in kaum einem Jahrhundert zu Portugiesen; und auch Behaim, der kühne Seefahrer, den Kaiser Max lobend den weitestgereisten Deutschen nannte, mußte seine Fahrten auf portugiesischen Schiffen machen. Am Handel in den neuentdeckten Ländern durfte niemand teilnehmen, das beschloß der deutsche Reichstag im Jahre 1512, der zugleich die deutschen Handelsgesellschaften auflöste, die von Antwerpen aus Seehandel betreiben wollten! Die starke Hand fehlte im Reiche, keiner gönnte dem andern Vorteile, die kleinen Fürsten, die den Ausschlag auf dem Reichstage gaben, wollten die Macht der Seestädte nicht wachsen sehen. Zwar bekamen die Fugger 1506 auf Verwendung des Kaisers Maximilian vom portugiesischen König Emanuel die Erlaubnis, mit drei genuesischen Schiffen eine portugiesische Handelsflotte nach Kalikut zu begleiten, eine Fahrt, die den reichen Kaufherren 175 Prozent Gewinn brachte; auch besiedelten eine kurze Zeit lang die fürstlichen Welser von Augsburg die Küste von Venezuela, die ihnen Kaiser Karl V. 1528 als Erblehn für große Anleihen verpfändete, aber diese Unternehmungen waren von der Willkür der beiden großen Weltmächte Portugal und Spanien abhängig und nicht lebensfähig, weil sie von keiner deutschen Seemacht geschützt werden konnten.

<small>Der Niedergang der hansischen Seemacht</small>

Und die seemächtigen Hansen? Die zehrten ihre letzte Kraft im Kampfe mit Dänemark auf und merkten dabei kaum, daß Amerika und der Seeweg nach Ostindien entdeckt waren. Dazu kam die Zwietracht, die Wurzel alles Übels; als es galt, dem Dänenkönig Hans entgegenzutreten, der den kaiserlichen Schutzbrief für den hanseatischen Handel mit Schweden, das von der nordischen Union abgefallen war, nicht anerkennen wollte, kämpften mit Lübeck zusammen nur noch Rostock, Wismar und Stralsund. Trotzdem wurde wacker gekämpft; die lübische Flotte verheerte 1510 wie früher die dänischen Inseln, während die Travemündung gegen die dänischen Schiffe durch ein starkes flaches Fahrzeug, der Eiserne Heinrich, geschützt wurde, das mit vielen Kanonen gut bewaffnet war. Als schottische Freibeuter die Dänen unterstützten, wurden sie von einer kolbergischen Flotte unter Hans Schliesen mit gutem Erfolg bekämpft, während die Lübecker der dänischen Schiffahrt großen Schaden zufügten und auch den Holländern, die in ihrer Handelseifersucht wieder den Feind des Hansabundes unterstützten, eine große Kauffahrteiflotte in der Nähe von Danzig teils zerstörten und wegnahmen, teils zur Flucht zwangen. Beim Frieden 1512 erlangten die Lübecker und ihre Genossen zwar die alten Gerechtsame wieder, mußten aber 30 000 rheinische Gulden Kriegskosten zahlen.

Noch einmal flackerte die Seemacht Lübecks mächtig auf, ehe sie ganz erlosch. Im Bunde mit Danzig, Rostock, Wismar und Stralsund unterstützten die Lübecker mit ihrer Flotte Gustav I. Wasa, der das Königreich Schweden nur der Thatkraft und Zähigkeit der Hansen verdankte; zugleich wurde der dänische König Christian II. abgesetzt, sein Oheim Friedrich I. auf den Thron erhoben. Die Insel Bornholm wurde den Lübeckern auf fünfzig Jahre als Kriegslohn verpfändet. Aber leider mischten sich in die gerechten lübischen Kämpfe um die Seeherrschaft der Ostsee allerlei fürstliche, soziale und religiöse Sonderbestrebungen; der wackre Bürgermeister Jürgen Wullenweber, der mit seinem tapfern Admiral Marx Meier ganz Dänemark eroberte und durch seine Schiffe den dänischen, schwedischen und holländischen Seehandel lähmte, wurde in kleinlicher Eifersucht von seinen Mitbürgern schnöde verstoßen und unter Mithilfe des lübischen Rats in Braunschweig zum Tode verurteilt und am 29. September 1537 enthauptet. Der kühne, klarblickende und edle Mann, der kein andres Ziel kannte, als seiner Vaterstadt und dem Hansabunde die Vorherrschaft auf der Ostsee zu sichern, wurde von der kurzsichtigen, eigennützigen und gedankenlosen Menge auf das niederträchtigste verleumdet, weil er der Übermacht seiner deutschen Feinde unterlag, während er seine besten Kräfte im Kampfe gegen Deutschlands Feinde verbrauchte. Um dieselbe Zeit kaperten die Feinde lübische Schiffe, ohne daß Schadenersatz gefordert wurde. Die Seemacht der deutschen Hansa erlosch mit Wullenweber zugleich. In der lübischen Chronik singt Hans Regkmann, der tapfre Bergenfahrer aus Lübeck:

<blockquote>Die von Lübeck mögen in allen Tagen
Den Tod Herrn Jörg Wullenwebers beklagen.</blockquote>

Kaiser Karl V. hatte kein Herz für Deutschland; er begünstigte den Verfall der norddeutschen Seemacht. Zu seinen eignen Seekriegen im Mittelmeer gegen Algier und Tunis mietete er genuesische Schiffe, besetzte sie aber mit den überall gefürchteten deutschen Landsknechten. Daß dieser Kaiser die Niederlande Spanien zuteilte, ist schon früher erwähnt worden. Auch in der berühmten Seeschlacht von Lepanto am 7. Oktober 1571 kämpften deutsche Ordensritter und deutsche Landsknechte auf venetianischen und päpstlichen Galeeren; die Inschrift eines Ritterbildes der Sparrschen Familiengruft zu St. Marien in Berlin besagt, daß der „Gestrenge Joachim Sparr, des St. Johannisordens Ritter, Großballei von Deutschland, Comptur zu Mainz, in der heißen siegreichen Meerschlacht gegen den Türken, durch einen Schuß in Gott selig verblieben und in der Insel Malta begraben sei." Also an wagemutigen Kriegern, die für Deutschland manch fremdes Land hätten erobern können, fehlte es nicht. Aber freilich, „während andre Mächte neue Weltteile aufsuchten, fanden unsre Fürsten ihren Beruf darin, schulmeisterlich, wie zu Naumburg (Februar 1561), über der Vergleichung des lateinischen und deutschen Textes der Augsburger Bekenntnisschrift zu schwitzen, und verloren über solcher Arbeit eine hochwichtige, alte Errungenschaft des deutschen Volks (nämlich Livland)!"[1]) Und Lübeck kämpfte an Dänemarks Seite zur See gegen Schweden (1563—1570); seine Erfolge wie auch seine Mißerfolge kamen nur den Feinden Deutschlands zu gute, Dänemark beraubte die Lübecker bald nach dem Kriege ihrer Gerechtsame und der verpfändeten Insel Bornholm.

Die Ohnmacht des Hansabundes benutzte auch das rührige englische Handelsvolk, um von seinen Herrschern die Freibriefe der deutschen Kaufleute für nichtig erklären zu lassen. Als gar die Hansen die Ausrüstung der spanischen Armada durch Lieferung von Kriegsmitteln unterstützten, trotz der Warnung Elisabeths, da rächte sich die seebeherrschende Königin dadurch, daß sie von ihren Kriegsschiffen am 30. Juni 1589 eine ganze Flotte beladner hansischer Kauffahrer in der Mündung des Tajo nehmen ließ; zwar schrieen die Städte, und der Kaiser Rudolf II. schrieb, aber Elisabeth lachte über die ohnmächtigen Drohungen und warf die Deutschen aus dem Londoner Stahlhofe hinaus, als ein Reichstagsbeschluß alle Engländer aus Deutschland vertrieb. Den Schiffen der Hansen aber blieb nichts übrig, als sich in sichere Häfen zu verkriechen, solange dieser Kriegszustand andauerte. Von dieser Zeit an waren die hansischen Kaufleute darauf angewiesen, von den Seemächten als geduldete wehrlose Schwächlinge ihren Anteil am Seehandel zu erkaufen, zu erschleichen, zu erbitten oder gar zu erbetteln. Schon 1568, als Lübeck noch wacker gegen Dänemark kämpfte, hatten die übrigen Seestädte den Sendboten der Lübecker erklärt, Bitten und Betteln richte mehr aus als Kriegführen. Derselbe unselige Krämergeist, der später Hollands wunderbare Seemacht zerstörte, und dessen Wirkung der republikanische Seeoffizier Mahan mit den Worten schildert: „Obgleich das (holländische) Volk sehr patriotisch und fähig war, für seine Freiheit die äußersten Opfer zu bringen, so durchdrang doch sein Krämergeist die Regierung, die man in der That eine Handelsaristokratie nennen kann, und machte sie dem Krieg und den Ausgaben abgeneigt, die zur Vorbereitung des Kriegs notwendig sind" — derselbe Krämergeist beherrschte die Hansen damals und steckt auch leider jetzt noch im deutschen Volke. Denn die kurzsichtige Zuversicht unsrer Freihandelsdoktrinäre, die sich einbilden, jederzeit auch ohne Seemacht ungestört Welthandel treiben zu können, ist doch nichts andres; Fürst Bismarck, der stolze und gewaltige Kämpe, hat es oft genug ausgesprochen, daß die Bambergsche Nasenstüberpolitik, die den deutschen Seehandel der Willkür der Weltmächte überlassen möchte, nicht nur unwürdig, sondern auch gefährlich für uns sei. Diese sonderbaren Schwärmer wollen es noch heute nicht sehen, daß Welthandel ohne Seemacht keine Dauer haben kann, trotzdem daß die kümmerliche Lebensfristung der Holländer und der Hansen nach dem Verluste ihrer Seemacht geradezu himmelschreiende Beispiele sind für die Notwendigkeit einer starken Kriegsflotte für Völker, die Seehandel treiben müssen, um leben zu können. Freilich haben sich die Zeiten geändert, aber die menschliche Natur zeigt nur geringe Fortschritte; noch immer, und noch lange muß das gute Recht des einzelnen wie das des Volkes durch eine kräftige Macht geschützt werden. Überseeische Rechte sind aber nur durch Kriegsflotten zu schützen, das wissen die Engländer seit Sir Raleighs Zeit; sie sind stets weitsichtige Kaufleute gewesen, haben ihre Flotte nie vernachlässigt und danken ihr die Weltherrschaft. Zäh und tapfer waren die Hansen auch, aber nur einzelne unter ihnen, wie Wullenweber, erkannten das große Ziel, nach dem sie streben mußten, um ihre Kraft zu behalten: die Seeherrschaft.

Während Holland und England den Kampf gegen die spanische Seemacht begannen, brachte das große deutsche Reich nicht so viele Schiffe zusammen, daß es das Seeräuberwesen in der Nordsee hätte ausrotten können. Aber es wurden doch wenigstens einige lobenswerte Bemühungen gemacht, eine Flotte zu erbauen und für sie einen obersten Admiral des heiligen römischen Reichs deutscher Nation nebst einem Unteradmiral einzusetzen. Auf dem Reichstag zu Speier 1570 wurde diese Angelegenheit zuerst dem Kaiser vorgetragen. Im Fürstenrat sah man das „Admiralwerk" für ein höchst notwendiges und dem ganzen Reiche sehr heilsames Unternehmen an. Doch der Kurfürstenrat trug Bedenken, beizutreten, und so wurde die Sache nach manchem Hin- und Herberaten verschoben. Zur Förderung der Frage erteilte der Kaiser (Maximilian II.) dem Erzbischof von Bremen, dem Bischof von Münster und dem Herzog von Jülich den Auftrag, die Häfen und Seeküsten, besonders in Rücksicht auf die Seeräuber, zu besichtigen. Eine zweite kaiserliche Kommission, aus dem Statthalter der Niederlande, Herzog Alba, ferner dem Herzog Adolf zu Holstein und dem Obrist des niedersächsischen und westfälischen Kreises gebildet, hatte das gesamte Seewesen zu untersuchen. Diese Kommission tagte 1571

---

1) Barthold a. a. O.

— 42 —

zu Gröningen, am Samstag nach Bartholomäi; nach ihrem Gutachten sollten weder die Seestädte noch andre Reichs=
unterthanen den Seeräubern irgendwelche Unterstützung leisten, auch keinen Aufenthalt gewähren; auch Frankreich, England,
Schottland und Dänemark sollten ersucht werden, in demselben Sinne zu handeln. Dann wären beständige Reichskommissare
zu Lübeck, Rostock, Stralsund, Hamburg und Emden anzustellen, die auf richtige Innehaltung der Seegesetze achten und
jede Übertretung dem kaiserlichen Kammerfiskal „denunzieren" sollten. Albas Subdelegierte (die ihn vertraten) schlugen
ferner vor, daß die 13 burgundischen Orlogschiffe noch mit 7 andern vom Reich vermehrt würden, die die Seestädte
bauen und ausrüsten sollten, wofür ihnen jedoch die Kosten vom Reich zu erstatten seien. Diese Seemacht von 20 Schiffen
sollte dann ein oberster Admiral kommandieren. Der Obrist des niedersächsischen Kreises beantragte hierzu, man solle es
dem Kaiser anheimstellen: „eine gelegene person fürstlichen oder Herren Standes, deren gebiett die Ost= und West=See
beruret, die des Obersten Admirals befelich von wegen Ihrer Kayserl. Maj. vnd des Heil. Reichs auf sich nemen, was
zu Beforderung der Ost= vnd West=See vnd des Heil. Reichs bis anhero gebrauchten schiffung vnd Kaufmansgewerben
nuz vnd notig furnemen vnd handhaben solte. Jedoch daß demselben Obersten Admirale etliche von den andern Ost= vnd
West=See angesessenen Fürsten vnd Standen solten werden zugeordnet u. s. w. — Was aber eine geschickte taugliche
person für einen Vnteradmiral anzunemen, vnd zu gebrauchen, belangen mag, Solchs hatte die Kayserl. Maj. dem
Obersten Admiral allergnedigst zu befehlen, darinne geburlich vnd dem Heil. Reich gelegen vnd nutzbare bescheidenheit zu
halten." — Auch über die Beschaffung der Geldmittel macht die Kommission Vorschläge: „damit man dasselbig beihendig
haben, vnd im fall der nottdurft darzugreiffen konte, vnd werden Ire Kayserl. Maj. zu sambt den Churfursten vnd
deputirten Fursten vnd Standen nach nottdurft zu bedencken wissen, daß one Vorrath an Gelde nichts furgenomen noch
verrichtet werden möge."

Da der Kaiser die Entscheidung treffen sollte, so ließ man die Sache bis zum nächsten Reichstag ruhen. Dieser
wurde 1576 nach Regensburg ausgeschrieben; hier wurde das Admiralwerk dem Reich unter folgender Begründung
angeraten: wegen des von den „Moskowitern" gemachten Einbruchs und wegen der gefährlichen Unternehmungen der
Polen; wegen der überhand nehmenden und deshalb zu verjagenden Seeräuber und sogenannten Freibeuter oder Vitalien=
brüder; wegen der bedrängten Hansestädte und des dadurch gestörten Handels und der Teurung aller Waren; wegen der
überhaupt in Verfall geratenen Hoheit des heiligen römischen Reichs zur See. Auch hätten alle fremden Seemächte ihre
Admirale, und die geplante Einrichtung würde dem Reich nur geringe Kosten machen.

Einige hierüber mißvergnügte Reichsstände aber wandten dagegen ein: es sei etwas neues und nie in Deutschland
Gebrauch gewesen, einen Reichsadmiral zu haben; dessen Unterhaltung samt der Flotte würde gewiß beträchtliche Unkosten
erfordern. Dadurch aber entständen neue Auslagen; während man doch die neuerdings höher denn je gesteigerte und doch
bewilligte Türkensteuer[1]) kaum aufbringen könne. Sehr bedenklich sei es auch, einem obersten Admiral nebst dem ihm
zugegebnen Unteradmiral so viel Gewalt auf der See in die Hand zu geben, wodurch er leicht veranlaßt werden könnte,
dem Reich bei auswärtigen Potentaten allerhand Ungelegenheit zuzuziehen. Schließlich lag die berechtigte Furcht vor,
der Kaiser würde wegen der nahen Verwandtschaft der Häuser Österreich und Spanien den Herzog Alba zum Reichs=
admiral machen; so würden die Niederländer, zwar nicht mit Willen, aber auf Unkosten des Reichs unterjocht
worden sein. Diese verschiednen Einwendungen werden in einer Schrift des Pfalzgrafen Georg Hans zu Veldenz größtenteils
widerlegt. Sehr gut ist seine Äußerung über die Admiralgewalt: „Dieweil ein Admiral nichts thun durffte, one was
durch die Stende beratschlaget, vnd für gut geachtet worden, Auch in seinen Eydes=Pflichten wol einzubinden, vnd sonsten
einzureden, was einem Redlichen Man gebuhre, selbst sich zu erinnern hatte, Auch in löblichen nützlichen Sachen nichts
dahinten zuelassen." Leider starb der gute Kaiser Maximilian II. während der Reichstagsverhandlungen mitten in den
Bemühungen, die deutsche Seemacht zu heben. Sein Sohn Rudolf II. wurde Kaiser. Er hatte nichts von der Gewissen=
haftigkeit seines Vaters geerbt; ihm fehlte es an der persönlichen Überzeugung, die dazu nötig gewesen wäre, mit Nachdruck
die Angelegenheit des Reichsadmirals zu fördern. So kam es zu keinem endgiltigen Reichsschluß, und das ganze
Admiralwerk wurde zu Wasser.

Der Hansa=
bund läßt den
Kaiser Ferdi=
nand II. im
Stich

Im Anfange des siebzehnten Jahrhunderts hatten die Hansen das unverdiente Glück, ein Schutz= und Trutz=
bündnis mit der holländischen Seemacht schließen zu können, gewannen damit auch einige Vorteile gegen Dänemark,
dessen Könige den Sundzoll beständig erhöht hatten, aber die hansische Schwäche zeigte sich, als die Holländer dann selbst
Hilfe forderten und keine fanden. Im dreißigjährigen Kriege bot sich wieder eine Gelegenheit, eine deutsche Seemacht zu
schaffen, und wieder waren die Seestädte die Kurzsichtigen, die ihren Kaiser im Stiche ließen, aus Furcht vor den Dänen
und aus Vorurteil für die Schweden. Als Tilly den Dänenkönig bei Lutter am Barenberge geschlagen und auf seine
Inseln zurückgedrängt hatte, und Wallenstein mit seinem Heere die Ostseeküste besetzte, da forderte der deutsche Kaiser

---

[1]) Der „Militäretat" jener Zeit.

Ferdinand II. vergeblich von dem schwächlichen Hansabunde, die gemeinsamen Reichsfeinde auch auf dem deutschen Meere überwältigen zu helfen. Durch seinen Gesandten, den Grafen Georg Ludwig von Schwarzenberg, ließ er den Lübeckern 1627 sagen: „Es sei weltkundig, wie die ehrbaren deutschen Hansestädte durch die Ausländer seit geraumer Zeit nicht allein merklich unterdrückt, sondern ihnen auch von fremden Potentaten die freie Schiffahrt gesperrt, ihre Schiffe überfallen, geplündert oder in den Grund geschossen und zum Hohn und Spott deutscher Nation von ausländischen monopolischen Gesellschaften das Brot gleichsam vor der Faust abgeschnitten sei. Damit nun die ehrbaren Städte verspürten, daß Kaiserliche Majestät die Gelegenheit nicht versäume, sie wieder zum alten Flor, Ansehen und Hoheit herzustellen, und bekannt sei, daß die spanische Schiffahrt (d. h. die Schiffahrt nach Spanien!) das vornehmste Mittel gedeihlicher Nahrung gewesen, und die königliche Würde zu Spanien ihm, dem Kaiser, eine Konjunktur angetragen habe, damit alle aus den spanischen Königreichen ausgeführten Waren zwischen deutscher Nation und den spanischen Unterthanen allein verblieben, so habe die Kaiserliche Majestät sie, die gegenwärtigen Gesandten, an die löbliche Stadt Lübeck als Haupt des uralten Hansabundes abgeordnet, solches ins Werk zu richten, und begehrten deshalb, sie sollten den Vorschlag nicht allein mit den nächsten Anverwandten beraten, sondern auch andern, an der Seekante belegnen Städten, insonderheit der Stadt Danzig, eröffnen."

Trotz des verheißenen Handelsmonopols mit Spanien zögerten die Lübecker, beraumten aber auf das nächste Jahr, 1628, einen Hansetag an; hier fügte der kaiserliche Gesandte noch die schöne kaiserliche Botschaft hinzu: „Nachdem der Allmächtige dem Kaiser wunderbaren Sieg über alle seine Feinde verliehen und ihm Ruhe verschafft, daß er an Wiederherstellung dessen, was hin und wieder im Reiche in Unordnung geraten, denken könne, wolle er auch die notwendige Wiederbringung dessen, was zur Beeinträchtigung der Reichsrechte von benachbarten Nationen gehandelt worden, nicht länger feiern lassen, sondern die geeigneten Mittel mit Nachdruck ergreifen. Denn was könne einer so ansehnlichen, volkreichen, streitbaren, mächtigen Nation, als die deutsche ist, verkleinlicher, schimpflicher, spöttlicher sein, als daß sie sich von andern, mit ihr nicht zu vergleichenden Völkern (!) auf ihren eignen Meeren und Flüssen Recht und Gesetze vorschreiben lassen und demselben gehorchen müsse? Was sei der Zoll in den Sunde anders als ein schädlicher und schändlicher Tribut über ganz Germanien, sodaß sich wohl Leute öffentlich verlauten ließen, es sei dies ein rechter Zaum, womit man die deutschen Hansestädte zum Zoll bringen und, es sei ihnen lieb oder leid, behalten könne. England habe die Hansestädte ihrer uralten, mit Gut und Blut teuer erworbenen Privilegien ohne weiteres beraubt und obendrein deutsche Redlichkeit und Ehre durch den dafür gebrauchten Vorwand höchlich beschimpft."

Nie hatte ein Habsburger bisher so kühne Pläne für Deutschlands Macht gefaßt; aber das unselige kirchliche Vorurteil, an dem Deutschland damals fast verblutete, und die engherzige Furcht, der Kaiser könnte zu mächtig werden, hielt die Hansen zurück, unter dem Schutze des Reichsoberhauptes ihre Seemacht wieder zu gewinnen. Der Kaiser handelte auch ohne die Hansestädte thatkräftig; Wallenstein, der Herzog von Mecklenburg geworden war, rüstete in Wismar eine Reichsflotte aus und erhielt vom Kaiser am 21. April 1628 das Patent als „General des Ozeanischen und Baltischen Meeres und Generalkapitän der zu errichtenden Armada." Nur Stralsund leistete hartnäckigen Widerstand und wurde durch seine heldenmütige Verteidigung zum Verhängnis für Deutschlands Seemacht; um dem rechtmäßigen Herrn, dem deutschen Kaiser zu entgehen, schloß sich die Reichsstadt dem Schwedenkönige an, der sie zum Danke nicht als Bundesgenossin, sondern als schwedisches Besitztum aufnahm. Bisher hatte der eifrige Gustav Adolf mit seiner seebeherrschenden Flotte nur die deutsche Ostseeküste von Preußen bis nach Lübeck blockieren können; jetzt bekam er mit Stralsund eine feste Ostseebastion, konnte Pommern und Mecklenburg besetzen und Kaiser und Reich mit Krieg überziehen. Man mag Gustav Adolf als tapfern Kriegshelden verehren, aber man muß doch zugeben, daß seine Einmischung in Deutschlands Geschick ein schweres Unheil für unser Vaterland war. Der katholische Kaiser wollte die Seemacht der protestantischen Norddeutschen stärken, Gustav Adolf gewann für sein Land, für Schweden die Vorherrschaft auf der Ostsee, entriß dem deutschen Volke die Bistümer Verden und Bremen, die Städte Wismar und Stralsund, die Insel Rügen, ganz Vorpommern und einen Teil von Hinterpommern, und seine Nachfolger ließen sich zu all der Beute, die das räuberische Schwedenheer gemacht hatte, noch Kriegskosten[1]) zahlen. Das war doch wahrhaftig nicht zum Vorteile Deutschlands! Rücksichtslos, wie die Engländer in ihren Meeren, maßte sich der nordische König die Seeherrschaft in der Ostsee an und rechtfertigte seinen Kriegszug unter anderm damit, daß er sagte: „Der Kaiser habe sich zum Herrn der Ostsee machen wollen, zu diesem

Gustav Adolfs Seeherrschaft in der Ostsee

---

1) Der edle Friedrich von Logau, ein Zeitgenosse des unseligen Kriegs, der Deutschland um mehr als die Hälfte seiner Einwohner brachte, urteilte:

> Deutschland gab fünf Millionen,
> Schweden reichlich zu belohnen,
> Daß sie uns zu Bettlern machten.

Zwecke viele Häfen in Niedersachsen und Pommern besetzt, eine beträchtliche Anzahl Schiffe gerüstet und die Admiralitätswürde auf jenem Meere vergeben; dies seien ebenso viel Eingriffe in die Rechte der Schweden, denen von alters her (!) die Herrschaft über die Baltische See in Gemeinschaft mit den Dänen gebühre." Solche Sprache ließen sich die schwächlichen Nachkommen der alten Hansen gefallen, ohne ihrem Kaiser beizustehen, um Deutschlands Küsten von den fremden Eroberern zu befreien! Noch ehe Gustav Adolf Stralsund besetzt hatte, erklärten die kleinmütigen Sendboten der hansischen Städte zu Lübeck auf dem Hansetag von 1630 ihre Ohnmacht, den Bund noch weiter zu erhalten; ohne Beschluß löste sich der einst so stolze Städtebund auf, nur Lübeck, Bremen und Hamburg beschlossen einander auch weiterhin beizustehen, so gut es ihre Kräfte vermöchten. Die Folge war, daß die Schweden die junge kaiserliche Flotte zerstörten, und daß fast gleichzeitig die Dänen über die Hamburger herfielen. Die kleine Reichsflotte wurde ein Jahr lang tapfer in Wismar gegen die schwedische Flotte verteidigt; das Reichsadmiralschiff, König David, mit 40 Kanonen machte sogar eine Kreuzfahrt gegen die Schweden, mußte aber vor deren Übermacht in die Trave flüchten und wurde da von den Lübeckern festgenommen, doch die Besatzung wurde mit den Geschützen freigelassen. Die Angst vor den Schweden war größer als die Liebe zum Reiche. Auf der Elbe forderten die Dänen bei Glückstadt hohen Zoll von den Hamburgern. Die wollten sich das nicht gefallen lassen, versuchten Glückstadt zu erobern, ihre Flotte wurde aber von der dänischen in der Elbe gründlich geschlagen. Kaiser Ferdinand vermittelte den Frieden und zwang die Dänen, den Elbzoll aufzugeben. Später, 1643, brandschatzte die dänische Flotte, die im Kriege mit Schweden war, die Stadt Hamburg ungestraft; Bremen konnte gegen die Schweden, die das bremische Landgebiet besetzten, 1654 auch nichts ausrichten und wurde schließlich nur durch den Kaiser Ferdinand III. davor bewahrt, in Schwedens Besitz zu geraten.

Des Großen Kurfürsten Bestreben, Deutschland seemächtig zu machen

Große Pläne und kühne Thaten gehen immer nur von einzelnen bedeutenden Männern aus, die die Bedürfnisse ihres Volkes stets schneller erkennen als die gedankenlose und meist kleinmütige Masse. Das Grundübel der Hansa war die Vielköpfigkeit ihrer Leitung, da jeder kleine Kaufmann mitregieren wollte. Unter der festen Hand eines seemächtigen Kaisers hätte die Seetüchtigkeit den Hansen ganz andre Erfolge errungen. Statt dessen war Deutschland am Ende des dreißigjährigen Kriegs ganz ohnmächtig zur See, während England, Holland, Frankreich, Spanien, Schweden und Dänemark unter dem Schutze ihrer Kriegsflotten blühenden Seehandel treiben und die Reichtümer der Erde in ihren Häfen aufspeichern konnten. Schlimm sah es an den deutschen Küsten aus: Dänemark beherrschte durch den Besitz von Schleswig-Holstein und Oldenburg die Zugänge zu den besten deutschen Häfen, Bremen, Hamburg und Lübeck. Die Schweden saßen im Herzogtum Bremen zwischen der Elbe und der Weser und an der mecklenburgischen und pommerschen Küste, sowie in dem früher deutschen Livland; nur Rostock hatte seine Unabhängigkeit bewahrt. Das Herzogtum Preußen mit Ausnahme der freien Stadt Danzig stand unter polnischer Herrschaft. Der Große Kurfürst, Friedrich Wilhelm von Brandenburg, besaß beim Beginn seiner Regierung nur eine kurze pommersche Küstenstrecke, mit dem einzigen Hafen Kolberg und den ungeschützten, offnen Reeden von Stolp und Rügenwalde, sowie den kleinen Hafen von Pillau als polnisches Lehn; sein Ländchen war also eigentlich ein Binnenstaat. Daß dieser kluge, weitsichtige Fürst es wagte, in jener für Deutschland so traurigen Zeit eine brandenburgische Seemacht zu begründen und mit ihrer Hilfe die erste deutsche Niederlassung im fernen Afrika zu erwerben, ist eine männliche That, die die Bewunderung aller Zeiten verdient. Sein scharfer Hohenzollernblick wurde schon auf das Meer gelenkt, als er sich als junger Kurfürst im Haag aufhielt, um die Tochter eines oranischen Prinzen zu freien. In Holland, das damals mehr Schiffe als Häuser in seinen Häfen zählte, erkannte der edle Brandenburger den Einfluß des Seehandels auf das Wohl des ganzen Volks und sah zugleich, daß Seehandel ohne Kriegsflotte nicht bestehen könne; hier bildete sich sein wirtschaftlicher Grundsatz: „Seefahrt und Handlung (d. h. Handel) sind die fürnehmsten Säulen eines Estats, wodurch die Unterthanen beides zu Wasser, als auch durch die Manufacturen zu Lande ihre Nahrung und Unterhalt erlangen."

„Als ein getreuer Churfürst des Reichs" dachte er zuerst daran, „zu Wiederaufrichtung der verfallenen Commercien im Heil. Röm. Reiche" eine ostindische Handelskompagnie zu begründen; doch vergebens, es kam kein Geld zusammen, um das von Dänemark angebotne Tranquebar kaufen zu können. Kriegerische Verwicklungen verhinderten dann den Großen Kurfürsten zunächst, sich mit dem Seewesen zu befassen; auch den Plan des früheren holländischen Admirals und ostindischen Rats Gijsels, „daß von wegen des Römischen Reichs aus dem Churfürsten ein Admiral-General (und zwar der Kurfürst von Brandenburg) geautorisiret und, um alles wiederum in gute Ordre zu bringen,"[1]) konnte der Kurfürst damals nicht beachten, solange er nicht mehr Küstenland und Seehäfen hatte. Endlich bestätigte der Frieden von Oliva 1660 die unabhängige Herrschaft des Großen Kurfürsten über die preußischen Küstenlande. Nun suchte der that-

---

[1]) Diese, sowie mehrere andre Angaben über die Seepolitik des Großen Kurfürsten sind dem trefflichen Werke von Dr. Richard Schück: „Brandenburg-Preußens Kolonialpolitik" (Leipzig, 1889) entnommen.

kräftige Kurfürst eine „Deutsche Fürsten-Kompagnie" unter der Oberaufsicht von Österreich und Brandenburg ins Leben zu rufen, mit der eine kräftige Flotte verbunden sein sollte, die auch als Reichsmarine jederzeit dem Reiche gegen Schweden, Türken und sonstige Feinde zur Verfügung stehen könnte; aber während der langen Unterhandlungen über die Sache änderten sich die politischen Verhältnisse so, daß nichts daraus wurde.

Die brandenburgische Flagge, der rote Adler auf weißem Felde, wehte zum erstenmale auf Kaperkreuzern, die Brandenburgische Kaperkreuzer den schwedischen Seehandel schädigen sollten. Als die Schweden in Brandenburg eingefallen waren, erbot sich der holländische Kaufmann und Rat der Stadt Middelburg, Benjamin Raule, zehn Fregatten unter brandenburgischer Flagge gegen die Schweden kreuzen zu lassen und dem Kurfürsten sechs Prozent von dem erbeuteten Gut abzugeben, wenn er für die Schiffe 20 Kommissionspatente (Kaperbriefe) bekäme und ihm der Schutz dieser Schiffe und seiner Person in den Häfen und dem Lande des Kurfürsten zugesichert würde. Der Kurfürst willigte in den Vertrag ein, der in jener Zeit etwas alltägliches war, da viele selbständige holländische Reeder, die von den Privilegien der ostindischen Gesellschaft ausgeschlossen waren, durch derartige Geschäfte mit kriegführenden Parteien ihren Reichtum gewannen. Die Kaperei war in jener Zeit oft genug einträglicher als der friedliche, aber von Seeräubern und Freibeutern bedrohte Handel. Die „Liebhaber," d. h. die Teilnehmer Raules machten dabei gute Geschäfte, denn in kurzer Zeit wurden 21 vollbeladene schwedische Schiffe genommen, und nach vier Wochen war die schwedische Flagge von der Nordsee verschwunden. Doch nun machten die Bundesgenossen des Großen Kurfürsten, besonders die Generalstaaten, Schwierigkeiten, weil ihr Seehandel mit Schweden geschädigt würde; da Raule die Prisen nicht mehr in Holland verkaufen durfte und dadurch in schwierige Lage kam, schloß der Kurfürst einen Mietsvertrag mit ihm ab, wonach Raule am 1. August 1675 für drei Monate drei Fregatten zu sechzehn, zwölf und sechs Stück Geschützen und eine Pinasse[1]) zu stellen hatte. Gleichzeitig heuerte der brandenburgische Gesandte im Haag drei holländische Kriegsschiffe unter dem Befehle des Kapitäns von Zeyl. Dieses ganze „Schiffsarmament" sollte die schwedische Küstenfestung Karlstadt an der Wesermündung nehmen, hatte aber keinen Erfolg, da der Feind von Stade her verstärkt wurde. Der Winter unterbrach weitere Unternehmungen dieses Geschwaders in der Ostsee. Für den Sommer 1676 schloß der Kurfürst mit dem von ihm zum Schiffsdirektor ernannten Raule einen neuen Vertrag über die Ausrüstung von fünf Fregatten und sechs Schaluppen auf vier Monate gegen 40 400 Thaler Heuer, wobei die Kriegsgefahr aber aller Prisengewinn den Kurfürsten, die Seegefahr dagegen Raule treffen sollte; die Schiffe sollten Pommerns Seeverbindung mit Schweden hindern. Raule führte sein Geschwader nach Kopenhagen, vereinigte sich dort im Mai mit der dänischen Flotte, die noch von einer holländischen Hilfsflotte unter dem Admiral Cornelis van Tromp verstärkt wurde; in der Seeschlacht bei Bornholm am 5. Juni, wo die Schweden gründlich geschlagen wurden, sodaß sie in ihre Häfen fliehen mußten, eroberte Raule das schwedische Kriegsschiff Leopard mit 22 Kanonen und einen Brander mit acht Kanonen und brachte diese erste kriegerische Beute, auf der die brandenburgische Flagge über der schwedischen geheißt war, mit großem Stolz in den Kolberger Hafen ein. In Kolberg war das brandenburgische Seegericht, das über die Prisen zu befinden hatte. Später leistete das Geschwader gute Dienste bei der Blockade der pommerschen Küste und brachte noch verschiedene Schiffe mit wertvollen Ladungen auf, darunter auch ein englisches Schiff mit Pariser Schmucksachen, denn feindliches Gut verfiel auch unter neutraler Flagge dem Kriegsrecht, und der Kurfürst war mit Frankreich im Kriege. Nach Ablauf des Vertrags kehrten die Rauleschen Schiffe wieder nach Seeland zurück, ließen aber fünfzig tüchtige Matrosen als ersten Mannschaftsstamm in Kolberg zurück. 1677 wurde in einem neuen Vertrage Raule zur Stellung von drei Fregatten, zwei Galioten und einer Jacht mit zusammen 76 Kanonen und 350 Mann verpflichtet, und zwar gegen 27 000 Thaler und die Hälfte des Prisengewinns. Raule rüstete dazu auf eigne Kosten noch sechs Schiffe mit 111 Matrosen, 73 Soldaten und 26 Kanonen aus; schließlich ließ auch der Kurfürst noch einige Schiffe auf seine Kosten bemannen. Die Matrosen für die Flotte warb der Admiral Cornelis Claes van Beveren in Amsterdam an. Die Flotte unterstützte sehr wirksam die Belagerung Stettins, blockierte die Stadt und die Küste, und einige Schiffe kreuzten auch zugleich gegen schwedische Handelsschiffe. Einen Ausfall, den acht schwedische Schiffe nebst mehreren großen Kähnen von Stettin auf einem Oderarm machten, wurde von drei kleineren brandenburgischen Schiffen siegreich zurückgeschlagen; bei der Insel Gotland wurde auch wieder ein schwedisches Kriegsschiff, die Galiote Eichhorn mit zwölf Kanonen gewonnen.

Im nächsten Jahre mußte Raule für die Bereitschaft der Transportflotte sorgen, die die brandenburgischen Truppen nach Rügen übersetzen sollte; er brachte 210 größere und 140 kleinere Handelsschiffe hierfür zusammen, zum Teil mit Gewalt. Die Transportflotte wurde von der vereinigten holländisch-dänischen Flotte unter der Führung der Admirale van Tromp und Juel geleitet. Nach der Eroberung von Rügen blockierten die Rauleschen Kriegsschiffe die Binnen-

---

1) ein großes offnes Boot.

gewässer von Rügen, um Stralsund den Seeverkehr abzuschneiden, wodurch die Eroberung dieser Stadt und auch Greifswalds für den Großen Kurfürsten sehr erleichtert wurde. Endlich waren mit Hilfe der kleinen Seemacht die Schweden aus ganz Pommern vertrieben; schon plante der Große Kurfürst die Errichtung eines Marinekollegiums, dessen Aufgabe die Hebung der Schiffahrt und des Seehandels, sowie die Gründung einer diesen und die Küsten schützenden Marine sein sollte, als der Frieden von St. Germain ihm Vorpommern wieder entriß.

Inzwischen wurde im Frühjahr 1679 Claes van Beveren auf die Elbe geschickt, um gegen die Hamburger zu kapern, die dem Kurfürsten 100000 Thaler Subsidien schuldig geblieben waren; im Herbst 1677 war schon eine brandenburgische Flotte dagewesen, da hatten die Hamburger durch Vermittlung der Generalstaaten noch Aufschub erhalten. Jetzt aber machten die sieben Kaperschiffe Ernst und nahmen mehrere Hamburgische Kauffahrer, sodaß die Versicherungsprämien in Hamburg von 3½ auf 25 Prozent stiegen, und die Hamburger nunmehr willig 125000 Thaler zahlten.

Der Große Kurfürst, der die Dienste der Kriegsflotte wohl zu schätzen wußte, schloß im Januar 1679 mit Raule wieder einen Vertrag auf sechs Jahre ab, wonach er acht Kriegsschiffe mit 400 Matrosen nebst Offizieren jederzeit kriegsbereit hatte. Pillau, der einzige größere und gut zu verteidigende Platz, wurde Kriegshafen; dahin ließ Friedrich Wilhelm mehrere holländische Schiffszimmerleute und Schmiede, auch Equipagenmeister (Beaufsichtiger der Schiffsausrüstung), berufen, um eine eigne Schiffbauwerft anzulegen. Die preußischen Wälder hatten gutes Eichenholz in Fülle zum Bau, aber mit dem Gelde war's knapp, und so konnte der bescheidne Bauplan von zwölf Kriegsschiffen nebst zwei Brennern nur sehr langsam ausgeführt werden. Es galt also Geld zu schaffen, und dazu verwendete der thatkräftige Fürst das kriegsbereite Geschwader, das auch dem Friedensschlusse keine Beschäftigung mehr hatte.

Spanien schuldete dem Großen Kurfürsten noch vom Jahre 1674 her 1800000 Thaler Subsidien, deren Zahlung grundlos verweigert wurde; man dachte in Madrid, der kleine Marquis von Brandenburg habe keine Macht, sein gutes Recht zu erkämpfen. Aber die spanischen Minister rechneten nicht mit der für jene Zeit ganz unerhörten Kühnheit des brandenburgischen Herrschers. Zu Lande konnte er freilich den Spaniern nichts anhaben, da hätte er mit seinem kleinen Heere einen gar zu weiten Weg durch fremder Herren Länder machen müssen; aber er hatte ja seine kleine Flotte, die konnte den Spaniern auf dem weiten Meere überall zu Leibe gehen — und sie that es auch!

<small>Brandenburgs Seekrieg mit der spanischen Seemacht</small>

Am 14. August 1680 lief von Pillau ein stattliches Kreuzergeschwader von sechs Kriegsschiffen und einem Brenner mit 165 Stücken Geschütz, 38 Seeoffizieren und 481 Matrosen, sowie 174 Soldaten nebst 6 Offizieren unter dem Befehle des Admirals Cornelius Claes van Beveren in See, um gegen spanische Schiffe zu kreuzen. Vom König von Dänemark war vorher die Erlaubnis zum Passieren des Sundes eingeholt; die Ostsee war ein Binnensee geworden, dessen Einfahrt Dänemark bewachte. Schweden suchte die Durchfahrt zu verhindern, aus Furcht, „des Kurfürsten Armatur in der Ostsee möchte mit der Zeit so zunehmen, daß denen nordischen Kronen ein Praejudicium daraus entstehen dürfte"; der schwedische König fragte sogar in Kopenhagen an, „was bei der Sache zu thun sei, weil bisher niemand als die nordischen Kronen das dominium maris Baltici (die Seeherrschaft in der Ostsee) gehabt und solches ihnen allein zukäme." Der dänische Großkanzler Alefeld antwortete aber, daß man wegen der sechs Fregatten, die jetzt den Sund passiert, kein Aufhebens machen wolle, daß es aber wohl Händel setzen dürfte, wenn Brandenburg mit dem Baue großer Kriegsschiffe begönne (!). Das waren die ersten, aber nicht die größten Schwierigkeiten, die der brandenburgischen Seefahrt entgegentraten. Um den Schiffen für den Notfall einige Schutzhäfen zu sichern, hatte sich der Große Kurfürst an Frankreichs König sowie an den Papst, an den Malteserorden und an den Großherzog von Toskana gewendet, daß sie seinen Kriegsschiffen freie Einfahrt in deren Seehäfen gewährten; das geschah überall freundlich, und Frankreich erklärte ausdrücklich, den kurfürstlichen Schiffen „alle Sicherheit, Retraite, Freundschaft und Faveur zu erweisen und zu verstatten."

Claes van Beveren hatte Glück; er traf am 18. September im englischen Kanal ein großes spanisches Schiff, den Carolus Secundus mit 28 Kanonen, und eroberte es nach kurzem Kampfe; gegen seine Instruktion begleitete er aber die Prise mit seinem eignen Schiffe, dem Friedrich Wilhelm, und der Fregatte Dorothea nach Pillau, wo die reiche Ladung des Spaniers, meist Brabanter Spitzen und feine Leinwand, für 100000 Thaler versteigert wurde. Mit den andern drei Schiffen kreuzte der Vize-Kommandeur Cornelis Raes weiter bis nach Westindien, um spanische Silberschiffe abzufangen. Er hatte aber wenig Erfolg, nur eine mit Kanarisekt und Branntwein beladne Prise brachte er Ende Mai 1681 nach Pillau zurück. Inzwischen waren im Frühjahr 1681 wieder drei Fregatten, Prinzeß Marie, Wasserhund und Eichhorn, unter dem Kapitän Johann Lacher in den Kanal geschickt worden, um den spanischen Handel zu stören; später wurden noch drei große Fregatten, der Rote Löwe, der Fuchs und als Flaggschiff des Kapitäns Thomas Alders der zum Markgrafen von Brandenburg umgetaufte Carolus Secundus ausgerüstet, um Lacher zu verstärken. Diesmal machte Dänemark Schwierigkeiten, die Schiffe durch den Sund zu lassen, und gab die Fahrt erst frei,

— 47 —

als der Kurfürst dem dänischen Könige seine beständige Freundschaft versichert und erklärt hatte, daß es ihm nie in den Sinn gekommen sei, die Seeherrschaft in der Ostsee anzustreben.

Thomas Alders vereinigte sich mit den Lacherschen Schiffen in der Straße von Dover und führte das ganze Geschwader in den Atlantischen Ozean; beim Kap San Vincent kreuzte er, um die aus Westindien erwartete spanische Silberflotte aufzubringen. Soviel Kühnheit lockte endlich auch die Spanier auf die See hinaus; sie rüsteten in ihren galizischen Häfen zwölf Kriegsschiffe und zwei Brander aus. Als diese spanische Flotte unter der Führung des Marquis de Villafiel am 30. September sich der brandenburgischen Flotte näherte, glaubte Alders, es wäre die erwartete Silberflotte und griff mit seinen sechs kleinern Schiffen die zwölf großen spanischen Schiffe an; nach zweistündigem tapfern Kampfe mußten die Brandenburger der Übermacht weichen und zogen sich ohne andern Verlust, als zehn Tote und dreißig Verwundete, in den portugiesischen Hafen von Lagos zurück. Inzwischen konnte die Silberflotte ungefährdet nach Cadix einlaufen. Die Prisen, die später noch gemacht wurden, deckten wenigstens die Kosten der Kreuzfahrt. Für den Großen Kurfürsten war der geringe Ertrag des Seezugs natürlich nicht angenehm; für uns dagegen ist diese kühne Kreuzfahrt trotz der schwachen Erfolge der größte und leider fast der einzige Lichtblick in der trüben, ja dunkeln Geschichte der deutschen Seemacht seit dem Tode Wullenwebers bis über die Mitte unsers Jahrhunderts hinaus. Spanien war damals immer noch eine Weltmacht; wenn auch seine Kriegsflotte für seemächtige Gegner, wie Holland und Frankreich, wenig zu bedeuten hatte, so konnte sie doch den brandenburgischen Fregatten überall die doppelte und dreifache Zahl von Linienschiffen entgegenstellen. Bei allen Seemächten erregte deshalb das Vorgehen der brandenburgischen Kreuzer Staunen und war allen fast ohne Ausnahme unbequem, weil man befürchtete, daß sich deutsche Kraft auf dem Meere mit der Zeit wieder ebenso entwickeln könnte, wie die vor Jahrhunderten gefürchtete Hansa.

Trotz des geringen Ertrags, den der Seezug gegen Spanien einbrachte, reifte nun beim Großen Kurfürsten der Entschluß, an der Stelle der Mietsflotte eine eigne Kriegsflotte zu halten. Dazu kam, daß die wieder aufgenommenen Kolonialpläne ohne eine Flotte nicht durchzuführen waren; denn 1681 war zum erstenmal ohne Hilfe fremder Handelsvermittler Gold und Elfenbein von der Guineaküste nach Brandenburg gekommen, von den Rauleschen Fregatte Morian (das zweite Schiff, das Wappen von Brandenburg, hatten die Holländer aus Handelseifersucht an der afrikanischen Küste mit Beschlag belegt, und sie behielten es auch, auf ihre Seemacht trotzend; die brandenburgische Fregatte Fuchs sollte dafür gegen die holländisch-westindische Kompagnie kapern, strandete aber bei der Insel Anholt, worauf der Kurfürst die Sache später diplomatisch regelte). Im Jahre 1682 wurde von den brandenburgischen Schiffen Churprinz und Morian eine besonders denkwürdige Reise gemacht, um eine Niederlassung in Afrika zu begründen. Im Auftrage des Kurfürsten nahm der bevollmächtigte Major Otto Friedrich von der Gröben am Neujahrstage 1683 Besitz von einem Küstenstrich beim Kap der drei Spitzen, indem er dort feierlich die brandenburgische Flagge hissen ließ und die Faktorei und Festung, die dort angelegt werden sollte, Groß-Friedrichsburg taufte. Das war die erste überseeische Entfaltung deutschen Unternehmungsgeistes! Zwar wurden später noch an einigen andern Stellen der Goldküste Faktoreien und Forts angelegt, so in Accada, Taccarary, Taccrama und außerdem auf der Insel Arguin, aber trotz vieler Mühen und Opfer kamen diese Kolonien nie zu großer Blüte, weil die brandenburgische Seemacht zu schwach war, den bösen neidischen Nachbarn an der Goldküste, den Kaufleuten der holländisch-westindischen Kompagnie, ihre Ränke und Übergriffe vergelten zu können. Es würde hier zu weit führen, die Kolonialpolitik des Großen Kurfürsten in allen Einzelheiten zu schildern; es sei deshalb nochmals auf das vortreffliche Werk von Dr. Schück verwiesen, das alles erschöpfend behandelt und durchaus geeignet ist, Kolonialfreunden Mut, Kolonialgegnern aber Hochachtung und Geduld einzuflößen.

Brandenburgische Kolonialpolitik

Die Besetzung des „Hauses Greetsiel" im Oktober 1682 und der Erwerb von Emden beförderten die Seepolitik des Großen Kurfürsten; jetzt war ein guter Hafen an der Nordsee da, der den freien Seeverkehr ohne Zahlung des Sundzolls zuließ. Die brandenburgisch-afrikanische Kompagnie machte nun Emden zu ihrem Haupthafen. Die Zunahme des Seeverkehrs forderte immer dringender eine eigne Marine. Bisher hatte sich Friedrich Wilhelm aus Rücksicht auf die Geldmittel seines Landes von Fall zu Fall mit der Anheuerung Raulescher Schiffe beholfen, nur das Fünfzig-Kanonenschiff Markgraf von Brandenburg war Staatseigentum; jetzt schloß er am 1. Oktober 1684 einen Schiffskaufvertrag mit seinem inzwischen zum General Directeur de Marine (mit dem Rang eines Obristen vor dem General-Auditeur) ernannten Marinefaktotum Raule; der erste Artikel des Vertrags lautet:

Die brandenburgische Marine

„Es verkauft Uns derselbe die nachfolgende specificirte neun Kriegs-Schiffe ohne einigen Mangel mit deren laufenden und stehenden Gewand, Tauen, Ankern, Segeln, Canonen, in summa allen anderen Zubehören nach Inhalt eines jeden Schiffs-Inventarij, als nämlich:

    das Schiff Friderich Wilhelm zu Pferde . . . . . mit 50 Canons
    das Schiff Dorothea . . . . „ 40 „

das Schiff der Chur Prinz	mit 36	Canons
die Fregatte der Fuchs	„ 20	„
die Fleute der Friede	„ 10	„
die Schnaue der Littauer Bauer	„ 8	„
die Schnaue der Rummelpot	„ 8	„
der Boyer Prinz Philip	„ —	„
die Galliot Marie	„ 4	„

Welche Schiffe insgesamt Einhalts der Besichtigung und Attestati Unsrer Preußischen Admiralität Bedienten nun und nimmer in See gewesen, außer die Dorothea, so einmal aus der Pillau nacher Ostende und das Galliot Marie, welches etliche mal gebrauchet und dannenhero vom Verkäufer so gut als neu auf seine Kosten soll geliefert werden."

Die „Schiffe" Friedrich Wilhelm zu Pferde, Dorothea und Churprinz waren ein Mittelding zwischen großen Fregatten und kleinen Linienschiffen; denn Friedrich Wilhelm zu Pferde hatte seine Geschütze in zwei vollen Reihen übereinander, wobei die obere Batterie aber wahrscheinlich in ihrer Mitte nach oben offen, also nur halbgedeckt war. Linienschiffe haben als Zweidecker mindestens zwei vollständig gedeckte Batterien, Dreidecker deren drei u. s. w. außer der Batterie auf dem Oberdeck. Fregatten dagegen haben ihre Geschütze nur in einem Batteriedeck und auf dem Oberdeck darüber stehen. Die äußeren Formen der nach holländischem Schnitt gebauten Schiffe waren noch ziemlich plump und vollbauchig, der Bug war rund und voll, wie ihn heute noch die niederdeutschen Küstenfahrer, Kuffen und Tjalken zeigen, das Heck meist platt, aber sehr hoch und durch Holzschnitzereien mit Figuren und Gallerien reich verziert. Der Spiegel, die hintere Fläche des Hecks, zeigte gewöhnlich ein farbiges Bild der Namensfigur des Schiffes sowie das kurfürstliche Wappen und darüber die große, das Kriegsschiff kenntlich machende Hecklaterne. Vor dem Vorsteven saß noch eine schnabelförmige Verzierung, das Gallion, die vorn ein Wappentier oder eine Figur trug; das feste Holzgerüst des Gallions diente als Halt des Bugspriets. Die „Schiffe" und Fregatten hatten außer dem Bugspriete je drei vollgetakelte Masten; jeder Mast hatte nämlich Rahen mit viereckigen Segeln, und zwar der Fockmast (der vorderste) und der Großmast je drei Segel: Untersegel, Marssegel und Bramsegel; der Kreuzmast aber nur ein Marssegel und ein Bramsegel und darunter den Besahn, dessen lange Rahe vom Maste fast ebenso weit nach vorn wie nach hinten reichte.[1]) Sehr groß waren die „Schiffe" nicht; denn z. B. das Fünfzig-Kanonenschiff Markgraf von Brandenburg führte 150 Matrosen und 60 Seesoldaten, immerhin aber doppelt so viel wie die Fregatte Fuchs (mit 75 Matrosen und 25 Soldaten). Die Form und die Takelung der Fregatten war ebenso wie bei den „Schiffen," nur kleiner. Auf dem Ende des Bugspriets war bei den Schiffen jener Zeit eine Stänge senkrecht aufgesetzt, die ebenfalls ein Rahsegel, die Oberblinde führte; darunter am Bugspriet war ein zweites Rahsegel, Blinde oder Wassersegel genannt. Der Gebrauch des Klüvers und Stagsegels war noch unbekannt. Die Fünfzig-Kanonenschiffe waren etwa 120 Fuß im Kiel und 145 Fuß über dem Oberdeck lang und 40 Fuß breit. De Ruyters berühmtes Flaggschiff, die sieben Provinzen, war nur 163 Fuß lang zwischen den Steven, 43 Fuß breit, hatte 16½ Fuß Tiefgang, führte 80 Kanonen und 475 Mann Besatzung;[2]) dagegen ist die 1874 in Danzig erbaute Korvette Freya 230 Fuß lang, 35 Fuß breit, hat 19 Fuß Tiefgang, führt 13 Geschütze und 248 Mann. Die größten kurbrandenburgischen Schiffe werden also an Tragfähigkeit ungefähr den modernen Kreuzern vierter Klasse, wie Geier, nahegekommen sein, während die Fregatten ungefähr die Größe des Kanonenboots Habicht gehabt haben werden. Eins der schönsten und größten Linienschiffe jener Zeit, der französische Dreidecker Royal Louis war 186 Fuß lang, 51 Fuß breit, führte 108 Geschütze und hatte 900 Mann Besatzung; das stolze Schiff war nur 10 Fuß länger als unser Kanonenbot Habicht und noch 74 Fuß kürzer als die kleine Korvette Freya, erreichte aber wegen seiner großen Breite und Völligkeit wohl die Raumgröße der kleinen Fregatten von der Art der alten Elisabeth (von 2508 Tonnen Größe, 216 Fuß Länge und 43 Fuß Breite). Die jetzigen Linienschiffe, die gepanzerten Schlachtschiffe, sind also etwa vier bis sechs mal größer, z. B. unser Panzerschiff I. Klasse Kaiser Friedrich III. ist 11000 Tonnen groß, das englische Ungeheuer Majestic sogar nahe an 15000 Tonnen, bei 390 Fuß Länge und 75 Fuß Breite! Wie schon früher gesagt wurde, die Geschichte des Seewesens ist die Geschichte der menschlichen Entwicklung!

Die Fleuten der brandenburgischen Flotte waren besonders plumpe, hauptsächlich für Frachtfahrt bestimmte, ebenfalls dreimastige Segelschiffe mit sehr flachem Boden und breitem Bug und Heck. Die Schnauen waren kleine zweimastige Schiffe, ganz ähnlich wie die heutigen Briggen getakelt. Boyer, auch Bujer genannt, waren sehr kleine schnellsegelnde Fahrzeuge holländischer Art, entweder nur mit einem Mast oder mit Kuttertakelung, d. h. einem Großmast

---

[1]) In späterer Zeit schnitt man den vorderen Teil der Rahe und des Segels weg, und der Besahn wurde ein „Gaffelsegel".
[2]) Nach Arenhold a. a. O.

und einem kleinen Besahnmast (sie sind jetzt als „Schmacken" noch gebräuchlich)). Die Gallioten oder Galjoten waren besonders in der Ostsee, bei den Dänen und Schweden beliebt, sie hatten zwei oder drei Masten mit Gaffelsegeln und gefällige Formen. Sie müssen gute Segler gewesen sein, denn sie wurden auch als Advisjachten (Avisos, Meldeschiffe) benutzt. Je nach der Größe trugen die Gallioten vier bis acht leichte Geschütze, hatten etwa fünfzehn bis dreißig Mann Besatzung und konnten bei Windstille mit Riemen fortbewegt werden. Die von Raule gekauften Schiffe kosteten insgesamt 109340 Thaler, also alle neun weniger als ein Drittel der Herstellungskosten eines modernen Torpedodivisionsbootes; freilich hatte das Geld damals viel höhern Wert als jetzt, sodaß die Ausgabe für das arme kleine Brandenburg viel schwieriger war, als wenn jetzt das große deutsche Reich ebenso viele Panzerschiffe auf einmal beschaffen würde. Damals bekam der „Marinekapitän" Lacher dreißig Thaler, und jeder Leutnant achtzehn Thaler monatlichen Gehalt.

Die Aufsicht über die gesamte Marine führte die Oberadmiralität in Berlin, zu der außer Raule noch die Wirklichen Geheimen Räte Freiherr von Knyphausen und Eberhard von Danckelmann gehörten; unter ihnen standen die Admiralitätskollegien in Pillau und Emden, die für die Ausrüstung und Bemannung der ihnen zugeteilten Schiffe zu sorgen hatten und zugleich Prisengerichte waren, auch Seepässe ausstellten und die Rechtspflege ausübten.

Um das aus vieler Herren Länder angeworbne Schiffsvolk in Zucht und Ordnung zu halten, hatte der Große Kurfürst schon im Jahre 1682 ein kurbrandenburgisches Seekriegsrecht erlassen, wovon hier einige Artikel angeführt seien, um den Schiffsdienst jener Zeit zu skizzieren.

Artikel 1 lautet: „Erstlich soll der Admiral, Vice-Admiral, Capitain, Lieutenant oder wer das Commando haben wird, alle Morgen und Abend Gott den Herrn auf seinem Schiffe oder Schiffen anrufen lassen, wozu sich dann ein jedweder um die bestimmte Zeit fertig halten soll, bei 4 Stüvers (2 grosch.) Strafe zum erstenmal, zum andernmal gedoppelt so viel, und zum drittenmal acht Tage in Banden auf Wasser und Brod zu sitzen.

Artikel 11: Wer den Eid abgelegt, Handgeld empfangen oder sich anzeichnen lassen und sonder Abschied verliefe, der soll am Leibe gestraft und zum Schelme gemacht werden.

Artikel 21: Niemand soll sich unterstehen, nachdem die Wacht aufgeschlagen und besetzt ist, einige fremde Sprache zu reden oder zu gebrauchen, noch Feuerzeichen oder einig Geschrei oder Alarm zu machen, es sei dann, daß Unrecht von dem Feinde vernommen werde, bei Leibesstrafe.

Artikel 24: Niemand soll sich unterfangen, einige Briefe anzunehmen, abzugeben oder fortzusenden, ohne in Gegenwart des Capitains, der sie erst visitiren und bei dem Admiral oder Vice-Admiral angeben soll, bei Vermeidung des Galgens.

Artikel 27: Es soll sich auch niemand unterfangen, von der Wacht zu gehen, ehe ihn ein andrer abgelöset, bei Strafe dreimal unter dem Kiel hindurchgezogen und von allem Schiffsvolk gepeitscht zu werden.

Artikel 34: Wird jemand von seinem Obern an Land oder andere Schiffe abgefertigt, der soll nicht länger außen bleiben, als ihm befohlen, er sei dann verhindert von Wind und Wetter, bei Strafe dreimal von der Ree (von der Großrahe ins Wasser) zu fallen und von einem Quartier Volks gepeitscht zu werden.

Artikel 37: Auch soll sich alle Gelegenheit zu Uneinigkeit durch Doppeln oder Spielen zu verhüten niemand unterstehen Würfel und Kartenspiele oder andere Werkzeuge der Teuscherei zu Schiffe zu bringen, bei willkürlicher Bestrafung.

Artikel 39: Wer zu Schiff in bösen Mut auf jemand sein Messer zieht, der soll mit dem Messer durch die Hand an den Mastbaum gestochen werden und solange dran stehen bleiben, bis er dasselbe hindurch zeucht.

Artikel 42: Wer den andern ersticht oder erschlägt, der soll lebendig mit dem Todten Rücken an Rücken zusammengebunden und über Bord geworfen werden.

Artikel 45: Es soll sich auch niemand unterstehen Taback zu trinken oder bei Abend mit Licht oder Lunten in die Cabel-Kammer zu gehen. Die Verbrecher sollen von dem Kriegs-Rath darüber nach Gebühr zur Strafe gezogen werden. Und soll man nirgends Taback trinken, als zwischen den großen Mast und der Focke oder wo es sonst verordnet wird, bei erstgemelter Strafe."

Viele dieser Strafen stammten noch aus dem zwölften Jahrhundert, aus Bestimmungen, die Richard Löwenherz erlassen hatte, und die bei den meisten Kriegsmarinen bis in unser Jahrhundert hinein giltig blieben.

Die Handelseifersucht der Holländer hat das Aufblühen der brandenburgischen Kolonien verhindert; nach allerlei kleinen Scheerereien überfiel schließlich sogar der holländische General de Smeers im Oktober 1687 die befestigten brandenburgischen Plätze Accada und Taccarary, führte die Besatzung gefangen nach Elmina und behielt alle Waren und Munition. Als der Große Kurfürst im März 1688 die Kunde von diesem Rechtsbruch erhielt, forderte er von den Generalstaaten sehr bestimmt die Herausgabe der Plätze und Entschädigung, mit dem Bemerken, „daß die (holländisch-)westindische

Feindseligkeiten der Holländer gegen die brandenburgische Kolonialpolitik

Kompagnie gegen die (brandenburgisch-)afrikanische Kompagnie auf der afrikanischen Küste solche harte und barbarische Dinge vorgenommen habe, welche auch in den härtesten Kriegen mit keiner größern Animosität und Grausamkeit attentiert und verübt werden könnten." Trotz seiner kleinen Kriegsflotte war der Große Kurfürst entschlossen, sein gutes Recht wenn nötig mit Gewalt gegen seine alten undankbaren Bundesgenossen zu verfechten, als der Tod am 9. Mai 1688 seinem Streben ein Ziel setzte. Kurz vorher erfreute ihn noch die Nachricht, daß die Stadt Amsterdam seine Ansprüche befriedigen wolle: im Gedenken an die Zukunft seiner überseeischen Politik war sein letztes Wort „Amsterdam."

Niedergang des brandenburgischen Seewesens

Nach dem Tode ihres kühnen Schöpfers verschwand die junge brandenburgische Seemacht bald wieder vom Weltmeer; der Nachfolger Friedrich Wilhelms hatte nicht die außergewöhnliche Thatkraft seines Vaters, förderte aber die begonnene Kolonialpolitik nach besten Kräften. Er begnügte sich zunächst mit einem Schiedsgerichte, das endlich 1694 die holländisch-westindische Kompagnie zur Herausgabe von Accada und zu Zahlung von 42000 Gulden verurteilte; Taccaran blieb verloren. Im Kriege gegen Frankreich wurden aus Mangel an Geld von der ganzen Marine nur die Fregatte Fuchs und die Schnaue Rummelpot in See geschickt, die auch mehrere Schiffe kaperten, darunter unvorsichtigerweise einige hamburgische, die mit dänischen Seepässen ausgerüstet waren; das gab Verwicklungen mit Dänemark, das nun seinerseits Emdener Schiffe aufbrachte. Um den Frieden herzustellen, wurden die gegenseitigen Prisen zwischen Dänemark und Brandenburg wieder ausgetauscht. Aus andern geplanten Kreuzfahrten wurde nichts. Inzwischen entstanden auch auf St. Thomas Schwierigkeiten, und die brandenburgische Kompagnie versuchte infolgedessen sich auf der herrenlosen Krabbeninsel bei Portorico festzusetzen. Aber die Dänen behaupteten sofort, sie hätten ältere Anrechte, und als Kurfürst Friedrich III. die besten Besitztitel für die halbe Insel Tobago vom Herzog von Kurland erworben hatte, machte England das Recht des Stärkern geltend und verweigerte es, seine „Ansprüche" auf die Insel aufzugeben. Selbst die ganz kleine Insel St. Eustache gönnte England dem Brandenburger nicht. Inzwischen erlitt die brandenburgisch-afrikanische Kompagnie schlimme Verluste; französische Kaper nahmen ihr verschiedne Schiffe mit wertvollen Ladungen. Die Kompagnie stand vor dem Zusammenbruch, wurde aber durch neue Geldeinlagen wieder gestärkt, schloß einen sehr günstigen Sklavenlieferungsvertrag mit Spanien und konnte auf der alten Schiffsbauwerft der Kompagnie in Havelberg drei große und vier kleine neue Schiffe bauen. Trotz fortwährender Unfälle — französische Seeräuber hatten 1694 die Niederlage auf St. Thomas geplündert, ein brandenburgischer Kapitän ging im nächsten Jahre mit samt Besatzung und Schiff auf eigne Faust unter die Seeräuber und machte die amerikanischen Gewässer unsicher, in Arguin wurde der Handel durch holländische Schmuggler geschädigt, in Groß-Friedrichsburg reiste der Gouverneur, ein Holländer, ohne Abrechnung zu machen, in seine Heimat — gingen die Geschäfte erträglich, und im Jahre 1696 überstiegen die Aktiva die Passiva um 136154 Thaler. Mit dem Sturze des Freiherrn von Danckelmann, des Oberpräsidenten der Kompagnie, begannen dann aber unerquickliche Streitigkeiten zwischen den Teilhabern, die den Verfall der Gesellschaft zur Folge hatten. Außerdem gingen mehrere Schiffe verloren. Während des spanischen Erbfolgekriegs sollte 1702 noch einmal ein Geschwader ausgerüstet werden, um gegen die Franzosen zu kapern oder eine spanisch-westindische Insel zu erobern; aber der König wollte kein Geld dafür aufs Spiel setzen. Statt dessen wurden wieder mehrere Kompagnieschiffe von den Franzosen gekapert, sodaß der König 1707 gezwungen war, mit holländischen Schiffen Ablösung nach Afrika zu schicken. Um die drückendsten Schulden der Kompagnie zu bezahlen, mußten mehrere Schiffe verkauft werden. In Groß-Friedrichsburg stifteten die Engländer einen Negerkrieg an und zeigten sich noch sehr rücksichtslos, als der preußische Gesandte Bonet deswegen Vorstellungen machte; der Gesandte fügt seinem Berichte ausdrücklich hinzu, daß, wie Dr. Schück sagt, lediglich Handelseifersucht die Engländer das Recht außer Augen setzen lasse; deren Quelle sei in einem mit Spanien abgeschlossenen Sklavenlieferungsvertrage zu suchen.

Der nächste König, Friedrich Wilhelm I., wollte von der Seefahrt und der afrikanischen Kompagnie nichts wissen; die Schiffe verdarben durch Stillliegen, und die Kolonien wurden im Jahre 1720 für 6000 Dukaten an die Holländer verkauft.

Rußlands Seemacht und Deutschlands Ohnmacht zur See im achtzehnten Jahrhundert

Inzwischen war an den Küsten der Ostsee neben Dänemark und Schweden eine dritte Seemacht mächtig herangewachsen; der Zar Peter der Große hatte mit großer Thatkraft, unterstützt von der Macht und den Geldmitteln seines großen Landes, in sehr kurzer Zeit eine kräftige Kriegsflotte geschaffen, die Häfen und Werften von Petersburg und Kronstadt angelegt und hatte dann mit seiner jungen Flotte in der Schlacht bei den Alands-Inseln am 15. Juli 1714 die Seeherrschaft der Schweden gebrochen. Seit der Zeit hat sich die russische Seemacht schnell entwickelt und ist jetzt die erste in der Ostsee. Als schließlich im achtzehnten Jahrhundert Deutschland auf dem Meere gar keine Kriegsschiffe mehr hatte — denn die wenigen hamburgischen Konvoifregatten, die die wenigen Kauffahrer gegen Seeräuber schützten, stellten ihre Fahrten 1747 ein —, da schrieb der um den gänzlichen Verfall von Deutschlands Seewesen bekümmerte Giovannini von Memmingen im Jahre 1754: „Wer hätte es zu den Zeiten, als man in Teutschland die Moscowiten noch unter die Barbaren rechnete und Unchristen schalt, geglaubt, daß eben diese Nation dereinst so mächtig und zwar ungleich mächtiger zur See werden sollte, als die Teutschen selbst. Und gleichwohl zeugen die Rußischen Flotten heutzutage von dem Gegenteil, und von der Russen vorzüglichen Gewalt auf dem Meere. Dieser einzige Umstand dürfte vielleicht hinlänglich und der Mühe wert seyn, daß das gesammte Reich die auf der See wieder herzustellende Hoheit des teutschen Reichs auf allgemeinem Reichstage in nähere Betrachtung zöge, Ihro kayserl. Majest. hierunter geziemende Vorstellung thäte, und zu gedeylicher Ausführung dieses wichtigen Projects alle dienliche Mittel an die Hand gäbe. Der patriotisch gesinnte König von England und Churfürst zu Braunschweig, der Nestor unserer Zeiten, würde sich vollends unsterblich verdient um das gemeine Wesen machen, wenn es ihm gefällig wäre seiner Nation sowohl wie den Holländern dieses Vorhaben anzupreisen und zu zeigen, wie nicht weniger zu Unterstützung der letzteren bey ihrer gegenwärtigen geringern Macht, als zu Beförderung der allgemeinen Sache, und zu Erhaltung des Gleichgewichts in Europa überhaupt nichts dienlicher sein würde, als dem teutschen Reich zu würksamer Behauptung seiner alten Hoheit zu Wasser mit allem Eyfer beförderlich zu seyn." Was Deutschland fehlte, hatte Memmingen richtig erkannt, besser als es heute leider noch so mancher Deutsche zu erkennen vermag; aber ein harmlos kindliches Gemüt verraten seine Erwartungen, England und Holland könnten geneigt sein, die alte deutsche „Hoheit zu Wasser" herstellen zu helfen. Nein, im Völkerleben heißt es noch viel mehr als im Leben des Einzelnen: Hilf dir selber, oder du bist nicht wert zu leben. Nur eigne Kraft kann Deutschland Seemacht schaffen! Selbst wenn die Engländer unsre treuesten Bundesgenossen wären, so würden wir doch immer von ihrer Seemacht abhängig sein und unsern Seeverkehr nur so weit und so lange ausdehnen dürfen, wie es ihnen beliebte. Nicht oft genug kann man die Deutschen an das Wort des klugen Aeneas Sylvius erinnern: Wie furchtbar wären die Deutschen, wenn sie einig wären! Auch in unsrer Zeit kann nur die Einigkeit des gesamten Volks die Hoheit des deutschen Reichs auf der See wiederherstellen.

Friedrich dem Großen darf man nicht den Vorwurf machen, daß er die Seemacht vernachlässigt habe; der große Preußenkönig hatte alle seine Kräfte mit übermenschlicher Thatkraft anzuspannen, um des feindlichen Europas auf dem Lande Herr zu werden, und trotzdem suchte er auch den Seehandel seines Landes zu heben. Unter großen Schwierigkeiten rief er eine „asiatische" und eine „bengalische" Handlungskompagnie in Emden ins Leben, die aber wenig Glück hatten, und zwar wiederum wegen der Handelseifersucht der „befreundeten" seemächtigen Engländer und Holländer. Schon bei der ersten Nachricht von der Gründung drohte man in England und Holland, keine erfahrnen Matrosen aus dem Lande zu lassen und die ostindischen Waren etliche Jahre hindurch zu sehr geringem Preise zu halten.[1]) Die Engländer erklärten amtlich, sie würden alle Emder Schiffe durchsuchen, um etwa darauf angeworbene Engländer gefangen zu nehmen; unter diesem Vorwande raubte auch ein englisches Kriegsschiff, die Surprise, dem ersten preußischen Kompagnieschiffe, König von Preußen[2]) genannt, sieben Matrosen, die aber wahrscheinlich gar keine Engländer waren. Trotzdem begannen die Unternehmungen gut; der „König von Preußen" lief glücklich in Kanton ein, als erstes Schiff mit der preußischen Flagge, dem schwarzen Adler auf weißem Felde. Ein chinesischer Mandarin, der die Flagge betrachtete, soll nach dem Schiffsbericht gesagt haben: „Wir haben dergleichen großen Vogel schon ehmals hier gesehen, aber ihm keine Dauer zugetraut, weil er zwei Köpfe hatte. Dieser große Vogel, der nur einen Kopf hat, wird es länger aushalten!" Thee, Seide und Porzellan wurden als Rückfracht im Juli 1753 nach Emden gebracht. Ein von der Emder bengalischen Kompagnie ausgerüstetes Schiff wurde bald darauf aber in Gravesend von der englischen Regierung mit Beschlag belegt; ein englischer Beamter erklärte dabei mit echter britischer Rücksichtslosigkeit, sie wollten den Fortschritt dieser neuen (Emder) Kompagnie hindern. Mannschaft und Offiziere des Schiffs, teils Belgier, teils Engländer, wurden in den Tower gesetzt, und das Schiff selbst soll dann noch von den Matrosen der englischen Kriegsschiffe geplündert worden sein. Die frechen Engländer bemäntelten ihre Handlungsweise mit dem Vorgeben, sie wüßten nichts von einer Königlich Preußisch-Bengalischen Kompagnie! Der große König mußte gute Miene zum bösen Spiel machen, denn ihm fehlte die Seemacht, gegen die empörende Anmaßung einschreiten zu können. Wie Napoleon der Große so war auch der alte Fritz trotz seines prächtigen Heeres, trotz seiner vortrefflichen Generale und trotz seines eignen herrlichen Feldherrngenies ohnmächtig gegen das seebeherrschende Albion! Der alte Strabo hat schon vor nun bald zwei Jahrtausenden den Einfluß der Seemacht erkannt, er sagt in seiner historischen Erdkunde (Buch I, Kap. I): „Denn der Schauplatz der Thaten ist das Meer und die Erde, die wir bewohnen. Die größten aber unter den Heerführern sind die, die über Land und Meer (!) zu herrschen vermögen." Der Seehandel des fridericianischen Preußens verkümmerte, weil sein Herrscher ihn nicht durch eine Kriegsflotte schützen konnte! Wieder eine Lehre für uns, beizeiten mit allen „diensamen Mitteln" für die Kräftigung unsrer Seemacht zu sorgen!

---

1) Nach dem interessanten Werk von P. Ring: „Asiatische Handlungskompagnien Friedrichs des Großen" (Berlin, 1890).
2) Der „König von Preußen" war 150 Fuß lang, 38 Fuß breit, ging 19 Fuß tief, führte 36 Kanonen und hatte als Besatzung 120 Matrosen und 12 Grenadiere.

Das preußische „Schiffsarmament" im Stettiner Haff 1758—61.

Als die Schweden im Mai 1758 Stettin bedrohten, ließ Friedrich der Große eine kleine bewaffnete Flottille von Haffschiffen schleunig ausrüsten. Diese schwache Seemacht erfüllte den Zweck, den Feind am Eindringen in die pommerschen Binnengewässer zu verhindern. Der Rapport der Stettiner Garnison vom 31. Dezember 1758 besagt: „Das Schiffsarmament besteht in vier Galleothschiffen, jedes von vierzehn Kanons, vier Galleyen, davon zwei 11 und zwei 10 Kanons führen, und zwei Espinger oder Barkassen jede à sechs Kanons; item zweihundert Mann, so unter denen Kapitains von Koeller und Warnshagen auf dem Schiffsarmament emplazirt werden." Der Schluß des Rapports lautet: „Zu mehrerer Deckung des Haffs, der Dammschen See und der Ströme würden noch zwei Galleothschiffe und einige Mortiers darauf zu gebrauchen und etwa acht Espinger nicht undienlich sein." Die kleinen Gallioten führten die stolzen Namen König von Preußen, Prinz von Preußen, Prinz Heinrich und Prinz Wilhelm; die Galleyen (= Galeeren): Jupiter, Mars, Neptunus, Merkurius. Die seemännische Besatzung zählte 436 Steuerleute und Matrosen.

Mit dieser Flottille fand am 10. September 1759 gegen eine übermächtige schwedische Flotte von vier Galeeren,[1] vier halben (d. h. kleinen) Galeeren, vier Schaluppen, zwei Bombardiergaliothen, vierzehn Espingern und vier Barkassen mit zusammen 2283 Mann Besatzung ein Seetreffen im Stettiner Haff statt. Trotz tapferer Angriffe mußten die Preußen der dreifachen Übermacht weichen, aber die Schweden verloren drei Schiffe und 120 Mann, und der Rest der preußischen Fahrzeuge verhinderte in günstiger Stellung bei Ziegenort am Eingange der Oder in das Haff das Vordringen der feindlichen Schiffe nach Stettin. Erwähnenswert ist ein tapferer Streich gefangner preußischer Soldaten und Matrosen, die auf einer schwedischen Galliote, die Schildpadde genannt, nach Karlskrona geführt werden sollten, sich unterwegs aber befreiten und nun das Schiff mit der schwedischen Besatzung als gute Prise nach Kolberg brachten.

In den nächsten beiden Jahren bestand das preußische „Schiffsarmament" aus den Fregatten Preußen und Schlesien, den Galeeren Pallas und Juno, den Prähmen Pluto und Proserpina und aus sechs Espingern (das waren große offne Boote). Die feindliche Flotte lag bis gegen Ende des Jahres 1761 im Kriser Haff und hatte mitten im Haff eine Galeere als Wachtschiff und mehrere Espinger liegen. Gegen das Wachtschiff machten in der Nacht des 5. September 1761 siebzig preußische Matrosen unter Führung von zwei Schiffskommandeuren einen kühnen Angriff in fünf Schaluppen, enterten die Galeere und nahmen die Espinger und brachten sämtliche Fahrzeuge mit zwanzig Kanonen und der Besatzung kriegsgefangen nach Stettin. An guten Seeleuten, die dem tapfern Landheere nacheiferten, fehlte es also dem Könige nicht. Nach dem Friedensschlusse wurden die schlecht ausgerüsteten Schiffe wieder der Handelsfahrt übergeben.

Die Handelskompagnien waren inzwischen eingegangen; der Hafen von Emden versandete mehr und mehr, und Preußen hatte nur wenige günstige Häfen, und so mag es wahr sein, daß Friedrich der Große ausgerufen haben soll: „Gebt mir Danzig, und Ich baue euch eine Flotte!"

Rauchs Flottillenplan von 1811.

In unserm Jahrhundert findet man schon früh Spuren davon, daß in Preußen der Gedanke des Großen Kurfürsten, eine kriegsbereite Flotte zu halten, nicht gänzlich vergessen war. Freilich handelte es sich dabei zunächst nur um sehr bescheidne Unternehmungen innerhalb der Küstengewässer. Schon im Jahre 1807 war es einer vom General von Rüchel in großer Eile ausgerüsteten Flottille von zwei größern Segelschiffen, einem Kutter und zwei Bordingen (Leichterfahrzeugen) mit zusammen achtzehn Kanonen und 160 Mann Besatzung gelungen, die Franzosen in Elbing zu blockieren und das Frische Haff vom Feinde frei zu halten. Auf Grund dieses guten Erfolgs verfaßte der Oberstleutnant im Kriegsdepartement, der spätere Kriegsminister von Rauch am 5. September 1811 eine Denkschrift: „Über die Notwendigkeit, eine kleine armierte Flottille im Frischen Haff auszurüsten und selbige beständig zu unterhalten." Rauch schlug vor, drei große Korvetten, acht große und vier kleine Kanonenboote, sowie etwa vier schnellsegelnde Boote mit insgesamt vierundvierzig Kanonen und vierhundert Mann Besatzung auf dem Frischen Haff zu halten; Pillau sollte Ausrüstungsplatz sein, die Leitung des Technischen sollte der Lotsenkommandeur in Elbing übernehmen, während ein russischer Seeoffizier die Flottille befehligen sollte. Das war der erste, übrigens in allen Einzelheiten ausgearbeitete preußische Flottengründungsplan; leider wurde er nicht ausgeführt. Beim Ausbruche des Kriegs im Jahre 1813 wurden von Preußen, wie früher, in aller Hast einige Zollkreuzer und Kauffahrteischiffe ausgerüstet; z. B. wurden in Pillau das Zollwachtschiff Habicht, das bremische Handelsschiff der Indianer und zwei früher französische Zollkreuzer bewaffnet, um Danzig zu blockieren. Die Kolberger Wachtschiffe Spekulant und Schwalbe blockierten die Festungen Stettin und Damm, die von den Franzosen verteidigt wurden. Als die Franzosen vertrieben waren, wünschte der Staatskanzler von Hardenberg zu wissen, „ob die Küstenlage eines großen Teils der Monarchie die Beibehaltung eines (!) solchen Schiffs" ratsam machte. In einem neuen Gutachten vom 31. Oktober 1814 belehrte darauf Rauch den Kanzler: „Die Würde des Staats, der ein

---

[1] von je 44 Ruderern.

so bedeutendes Küstenland als das unsrige besitzt, und die Sicherheit der Festungen in vorkommenden Fällen erheischen es, daß armierte Wachtschiffe beständig unterhalten werden, da besonders auf der Ostsee fast immer russische, schwedische, dänische und englische Kriegsschiffe kreuzen und die preußischen Küsten und Häfen besuchen. Ich bin daher der Meinung, daß successive für die Beschaffung solider und zweckmäßig gebauter Schiffe gesorgt werden müßte." Der Landoffizier Rauch denkt dabei immer nur an eine ganz bescheidne Flottille zur Küstenverteidigung, zur Unterstützung der Festungen; dem Soldaten war das Meer nur der große Festungsgraben, der die Länder trennt, — während der Seemann seit der Zeit der phönizischen Meerfahrten die Länder verbindende Kraft des Meeres schätzt. Der General von Rauch war verständig genug, die Heranziehung eines fremden Seeoffiziers zu beantragen, da er selbst von der Sache nichts verstände. Darin lag zu jener Zeit, wie Admiral Batsch in seinem herrlichen Werke „Admiral Prinz Adalbert von Preußen" hervorhebt, die unausfüllbare Lücke: die seemännischen Sachverständigen fehlten, um die Flottengründung gleich von der richtigen Seite anzufassen. Noch unter der Ägide des Prinzen Adalbert begann die Denkschrift eines Generals über Marineangelegenheiten mit den Worten: „Da das Wasser bekanntlich nicht unser Element ist."

Auch der Große Kurfürst hatte sehr bescheiden angefangen, mit wenig Schiffen — aber mit Seeschiffen, die sofort auf hoher See gegen feindliche Geschwader kreuzten und nicht an der Küste und in den Binnengewässern klebten, wie die Anfänge der preußischen Flotte in unserm Jahrhundert. Das Schlagwort von der Küstenverteidigung — daß diese der Zweck der Marine sei — stammt aus jenen ersten Gutachten des sonst sehr verdienstvollen Generals von Rauch; dieses Schlagwort hat dem gesunden Wachstum der Flotte seitdem riesigen Schaden gethan. Noch heute spukt es in allen Reichstagsverhandlungen, weil es der kurzsichtigen und nicht sachverständigen Opposition die Handhabe bietet, die Mittel zu einer echten Seemacht zu verweigern.

Seemacht und Küstenverteidigung

Ein einziger deutscher General jener Zeit, und zwar einer von den besten, hatte den Einfluß der Seemacht richtig erkannt; wahrscheinlich kamen ihm die Gedanken darüber, als er mit dem wackern alten Seemann Nettelbeck zusammen die Seestadt Kolberg tapfer und zäh verteidigte, oder schon früher, bei seinen Kämpfen im amerikanischen Unabhängigkeitskriege. Der kühne und klare Denker Gneisenau schrieb damals: „Besitzt man die Herrschaft des Meeres, so vermag man einen Angriffskrieg auf alle Küsten seines Feindes zu führen, und indem man diese Angriffe vervielfältigt, zwingt man ihn, seine Truppen von einem Ende seines Reichs nach dem andern laufen zu lassen. Das scheint mir der wahre Gebrauch des Dreizacks zu sein, und das macht die Natur seiner Übermacht aus." Seine Pläne, die diese Gedanken mit Hilfe der seemächtigen englischen Flotte zur That machen sollten, scheiterten an der Weigerung Englands, in Frankreich oder Holland im Rücken des französischen Heeres zu landen.

Der Friedensschluß brachte 1815 dem preußischen Lande mit Neuvorpommern und Rügen auch sechs Kanonenschaluppen zur Küstenverteidigung, die Schweden abtreten mußte. Mit diesen seetüchtigen Fahrzeugen kam der schwedische Marinelieutenant Longé in preußische Dienste; er war lange Zeit der einzige Seeoffizier in Preußen. Dieser tüchtige Fachmann empfahl den Bau von schnellsegelnden Kriegsschonern, „wenn man die preußische Marine ausschließlich auf die Küstenverteidigung beschränken wolle (!), und da es dem Staate zu kostspielig wäre, eine Flotte in Friedenszeiten in Bereitschaft zu halten." Im Kriege sollten außerdem Kauffahrer mit ausgebildeten Mannschaften besetzt und bewaffnet werden. Aber trotz dieser Einschränkung wurde nur für einen einzigen armseligen Schuner Geld bewilligt. Im Jahre 1816 lief dieses älteste kleine preußische Kriegsschiff, Stralsund genannt, vom Stapel; es war 71 Fuß lang, 21³/₄ Fuß breit, hatte 6³/₄ Fuß Tiefgang, trug vorn und hinten einen 24=Pfünder und auf jeder Seite vier 12=Pfünder. Bei Windstille konnte dieser Segelschuner mit Riemen fortbewegt werden. Sein Bau, den der erste Marineschiffbaumeister Gäbe leitete, kostete 10400 Thaler. Gleichzeitig wurde durch Kabinettsordre die Gestalt der preußischen Kriegsflagge festgesetzt; sie hatte weißes Grundtuch, war dreieckig ausgezackt und trug in ihrer Mitte den schwarzen preußischen Adler und in der obern Ecke beim Flaggenstock das eiserne Kreuz. Die Bemannung an Steuerleuten und Matrosen wurde in den ersten Jahren nur für die Zeit der Indienststellung des Schuners angemustert. Auf Longés Antrieb suchte der Kommandant von Stralsund, von Engelbrechten, die Marineangelegenheiten durch einen sehr verständigen Bericht zu fördern, worin der „von dem Nutzen einer Marine für den preußischen Staat innigst überzeugte" General vorschlug, vorläufig jährlich vier neue Schiffe zu bauen, in Stralsund eine Kronwerft anzulegen und einen neuen geräumigen Seehafen zu ermitteln, der auch größere Kriegsschiffe, als z. B. Kutter und Fregatten aufnehmen könnte. Obgleich auch dieser marinefreundliche General hauptsächlich an den Schutz der eignen Küsten denkt, war er doch viel weitsichtiger als der Kriegsminister von Rauch, denn sein Bericht schließt mit den auch heute noch lange nicht jedem Deutschen geläufigen Wahrheiten: „Mag es mir erlaubt sein, diesen gehorsamsten Vorschlägen noch die Bemerkungen hinzufügen zu dürfen, daß Handel und Schiffahrt überall die Hauptquellen des Nationalreichtums sind, daß der Handel und die Schiffahrt aber nur unter dem Schutze einer Marine gedeihen und blühen können; wie unangenehm und nachteilig es ist, wenn

Anfänge der preußischen Marine

ein Nachbarstaat mit einer oder zwei Fregatten unsre Häfen in Blockadezustand versetzen und den Lauf unsers gewiß bedeutenden Handels unterbrechen und hemmen kann, hingegen die Erreichung dieses Zwecks der feindlichen Macht unmöglich oder dieselbe zu großen Aufopferungen führt, wenn wir eine Marine ihr entgegenstellen können; daß endlich im Laufe eines Kriegs mit einer der Seemächte unsre Kriegsschiffe die Kauffahrteischiffe konvoyieren und somit im Kriege selbst dem Handel Sicherheit gewähren würden, und schließlich, wie empörend es ist, daß Piraten selbst in der Nordsee es wagen dürfen, die Sicherheit der preußischen Flagge zu gefährden und unsern Handel zu beunruhigen." Da ist doch schon der Gedanke ausgesprochen, daß der überseeische Handel ohne Kriegsflotte nicht gedeihen kann; das ist um so anerkennenswerter, als heute noch die Freihändler sich einbilden, eine Störung des Seehandels könnte nur von exotischen kleinen Staaten herbeigeführt werden und sei leicht durch wenige Stationskreuzer zu verhindern. Sie sehen nicht, daß die größte Gefahr für unsre blühende Schiffahrt in einem Kriege mit irgend einer europäischen Seemacht liegt. Damals war man noch gegen Seeräuber ohnmächtig; 1817 wurden zwei hamburgische, ein lübisches und ein oldenburgisches Schiff von den Korsaren nahe bei der deutschen Küste gekapert und nur durch Englands „Großmut" (wahrscheinlich gegen gute Belohnung) befreit. Engelbrechtens Schlußsatz bezieht sich darauf, daß man den kleinen Schuner Stralsund von zehn Kanonen als Konvoischiff für einen Seetransport von Artilleriematerial hatte benutzen wollen. Nach Zeitungsberichten machte nämlich die tunesische Freibeuterkorvette Jabura, die 26 Kanonen und 200 Mann Besatzung hatte, die Nordsee unsicher, gerade als die Transportschiffe von Rotterdam nach Stettin laufen sollten. Die Stralsund wurde bereit gemacht, obgleich sie dem Freibeuter durchaus nicht gewachsen war, brauchte aber nicht in die Nordsee zu segeln, weil er inzwischen bei Gibraltar gesehen worden war, sodaß man die Transportschiffe allein fahren lassen konnte, nachdem sie gegen Kriegsgefahr versichert worden waren; sie erreichten auch ohne Unfall den Bestimmungshafen. Aber für die preußische Ohnmacht zur See in jener Zeit ist die Sache sehr bezeichnend. Trotz verschiedner Anträge zum Bau von Schiffen und Ruderkanonenbooten geschah nur sehr wenig. Im Mai 1825 lief das Kanonenboot Danzig vom Stapel; sein Plan war von Longé entworfen, es konnte mit Segeln oder mit Riemen fortbewegt werden und trug zwei 24pfündige Kanonen, zwei 12pfündige Karronaden und einen 25pfündigen Mörser.

<small>Eine Flotte nur für den Küstenschutz ist zwecklos</small> Gebaut wurden nur noch ein paar Schaluppen, aber desto eifriger wurde über das zu begründende „Marineinstitut," nämlich über den Bau von Küstenverteidigungsschiffen, beraten; dabei erklärte 1836 der Chef der Verwaltung für Handel u. s. w., daß es für den preußischen Seehandel ganz gleichgiltig sei, „ob wir diese Marine (von Küstenfahrzeugen!), sei es mit der größern oder geringern Zahl der Schiffe, herstellen werden oder nicht. Im Falle eines Kriegs mit einer Seemacht — und für solche Fälle ist die Maßregel berechnet — werden unsre Schiffe nach wie vor, soweit es ihnen nicht selbst gelingt, sich in Sicherheit zu bringen, eine Beute des Feindes werden, und die Häfen werden blockiert sein, wie dies in solchen Fällen früher der Fall war." Dieser Verwaltungsbeamte, Rother hieß er, traf den Nagel auf den Kopf; eine Marine, die den Seehandel nicht schützen und die Blockade der Häfen nicht verhindern kann, hat keinen Zweck, denn der Schutz der Küsten und der Flußmündungen und Hafeneinfahrten kann auch vom Lande aus durch Befestigungswerke ausgeführt werden, obgleich es freilich je nach der Küstenbeschaffenheit und Küstenausdehnung im militärischen Sinne bequemer, auch billiger und leichter ausführbar sein kann, den großen Wassergraben, das Meer, durch bewegliche Werke, also Küstenverteidigungsschiffe, statt durch festliegende Landforts zu schützen. Aber die Herren, deren Element das Wasser nicht war, dachten immer an das Schiffsarmament Friedrichs des Großen und nicht an die zwar ebenfalls kleine, aber seefahrende kurbrandenburgische Flotte; so blieb man dabei, dem Könige nur „den Bau bewaffneter Fahrzeuge zur Verteidigung der preußischen Küste," aber keinen Flottenbau vorzuschlagen.

<small>Prinz Adalberts Verständnis für Seemacht</small> Nur der damals erst 25 Jahre alte Prinz Adalbert von Preußen, der an den Sitzungen teil nahm, ohne Mitglied der Kommission zu sein, sah weiter; er hatte den klaren seemännischen Blick des Großen Kurfürsten und dasselbe hohe Verständnis für das Seewesen, das gottlob auch jetzt noch im Hohenzollerngeschlechte weiterlebt. Schon als Knabe war der wagemutige Prinz vom Feldmarschall Gneisenau in dem Vorsatz bestärkt worden, sich mit voller Kraft der Förderung des deutschen Seewesens zu widmen; auf seinen lehrreichen Reisen in England und Holland hatte er erkannt, „daß Wehrhaftigkeit zur See eine Lebensbedingung für den Staat ist, der gedeihen und nicht bloß ein geduldetes Dasein fristen will." Der junge Prinz hielt seine eigne Meinung bescheiden zurück, obwohl er sicherlich schon mehr von den Aufgaben einer Kriegsflotte verstand als sämtliche Kommissionsmitglieder zusammen, höchstens Rother ausgenommen; aber er legte ein Gutachten des englischen Kapitäns Mingaye vor, eines erfahrenen Seeoffiziers von 33jähriger Seedienstzeit. Das Gutachten gipfelte darin, daß der damalige Zeitpunkt des unbestreitbaren Siegs des Dampfs über die Segel- und Ruderkraft am günstigsten sei, eine von vornherein gewaltige Seemacht für Preußen zu bilden. Wenn nur drei große und schnelle Dampfschiffe schleunig beschafft würden! Die Schiffe sollten nicht unter 1000 Tonnen groß und mit den besten Maschinen (von 300 Pferdekraft ausgerüstet, sowie mit zwei 84pfündigen Pivotgeschützen, vier 32pfündigen

langen Kanonen und zwei 68pfündigen Karronaden bestückt sein. „Wenn Preußen nur drei solcher Dampfböte besäße, so würden Se. Majestät erstaunen über die ehrfurchtgebietende und kräftige Stellung, die sie in jedem Hafen einnehmen würden, in dem sie die preußische Flagge zeigten."¹) Doch jeder dieser Dampfer sollte etwa 300 000 Thaler kosten; an diesem Punkte scheiterte der vorzügliche Plan.

Lediglich als „lokale Armierungsmaßregel" wurden 1840 zwei Kanonenjollen gebaut, um als Muster zu dienen für den Fall, daß es notwendig würde, schnell eine größere Zahl solcher Boote zu erbauen. Der von Longé erbaute Schuner war inzwischen aus Mangel an Bewegung verfault und verkauft worden; Ersatz wurde nicht gebaut. Das erste preußische Kriegsschiff jener Zeit wurde vom Finanzministerium erbaut; es war die Segelkorvette Amazone, die ursprünglich nur Übungsschiff für die Schüler der preußischen Navigationsschulen der Handelsmarine war, aber die Berechtigung hatte, die Kriegsflagge zu führen. Die Amazone lief am 24. Juni 1843 vom Stapel, wurde bis 1848 vom Direktor der Danziger Navigationsschule befehligt und dann mit diesem und mit verschiednen auf dem Schiffe ausgebildeten jüngern Seeoffizieren 1848 vom Kriegsministerium übernommen. Ein „Marineetablissement zur Aufbewahrung der Fahrzeuge und ihrer Ausrüstung" war schon 1827 auf der Insel Dänholm bei Stralsund eingerichtet worden. *Lokale Armierungsmaßregeln*

Als Prinz Adalbert zur Erweiterung seiner Kenntnisse im Jahre 1842 eine größere Seereise machen sollte, da war in Deutschland kein Kriegsschiff, das ihm dazu hätte dienen können; es galt damals noch, was Treitschke für den Anfang unsers Jahrhunderts ausspricht²): „Wie viele Weltumsegler und Entdecker hatten bei den Staatsgewalten Englands, Frankreichs, ja selbst Rußlands freigebige Unterstützung gefunden. In Deutschland, dem Lande ohne Kolonien und fast ohne Welthandel geschah nichts dergleichen. Die Nation und ihre Regierungen blickten noch kaum hinaus über die armselige Beschränktheit ihres binnenländischen Stilllebens." Es war der König Karl Albert von Sardinien, der mit großer Liebenswürdigkeit dem Prinzen seine Fregatte San Michele für eine einjährige Reise nach Brasilien zur Verfügung stellte. Aus dieser Zeit stammt die Freundschaft zwischen den italienischen und den deutschen Seeoffizieren.

Neben manchen andern höchst sonderbaren, erhebenden und traurigen Ereignissen brachte das Jahr 1848 dem deutschen Bunde Krieg mit der kleinsten europäischen Seemacht, mit Dänemark. Der unbedeutende Feind blockierte die deutschen Seehäfen, nahm viele Handelsschiffe weg und lähmte den Seehandel aller deutschen Küstenstaaten. Da endlich erkannten alle Deutschen ihre jämmerliche Ohnmacht zur See; überall ertönte der Aufschrei nach einer deutschen Flotte und einer deutschen Flagge, die auf dem Meere gezeigt werden könnte. Während bisher nur einzelne Stimmen laut geworden waren, die auf die „Notwendigkeit großer deutscher Kolonien und Kriegsflotten" hingewiesen hatten, um die „maritime Erhebung Deutschlands" zu fördern, erschien im Jahre 1848 eine ganze Menge von Broschüren, die den Bau einer „achtunggebietenden" deutschen Flotte forderten. Eine seltne, rührende Einmütigkeit herrschte im ganzen Vaterlande, alle Deutschen ohne Unterschied der Partei, die Demokraten fast noch eifriger als die Aristokraten, wollten schleunigst eine starke Flotte gebaut sehen; wer gegen den Flottenbau sprach, galt für einen Schwachkopf, und die deutsche National=versammlung bildete einen Marineausschuß, der unter der Leitung des Generals von Radowitz anerkennenswerte Thätigkeit entfaltete. Das Reich bewilligte 6 Millionen Thaler, außerdem wurden noch durch freiwillige Schenkungen Mittel zum Bau von Schiffen aufgebracht, und der Reichsverweser Erzherzog Johann berief den seeerfahrenen Prinzen Adalbert zum Vorsitzenden einer technischen Marinekommission, die für den Ankauf und die Ausrüstung der Schiffe thätig war. *Des deutschen Bundes Ohnmacht zur See gegen die Dänen 1848*

Prinz Adalbert bewies seine seemännische Einsicht von dem, was uns not that, in der Denkschrift über die Bildung einer deutschen Flotte. Da diese Schrift vieles enthält, was auch heute noch lehrreich ist, so seien einige Stellen daraus wiedergegeben: *Die Denkschrift des Prinzen Adalbert*

„Und das (nämlich die Blockierung durch das seemächtige Dänemark und die Störung des blühenden Handels) muß sich Deutschland — das einige Deutschland — ruhig gefallen lassen, gerade in dem großen Augenblick, wo es nach langer Zeit sich zum erstenmal wieder als ein Ganzes, als eine Macht von 40 Millionen fühlt! Doch das Vaterland erkennt das Drückende seiner Lage, es begehrt um so mehr schleunige Abhilfe, als es nach diesen Vorgängen sicher ahnt, wie viel peinlicher dereinst seine Stellung leicht einer der großen Seemächte gegenüber werden könnte, einer Macht, vor der die deutschen Schiffe selbst in den eignen Häfen nicht einmal sicher sein würden, einer Flotte, die unsre Küsten mit Landungen in einem weit großartigern Stile bedrohen könnten, als dies unser gegenwärtiger Feind im stande sein möchte. . . . Das einige Deutschland will aber die Integrität seiner Länder kräftig geschützt, seine Flagge geachtet, seinen Handel wieder blühend sehen und künftighin auch auf dem Meere etwas gelten. . . . Die gesamte Nation

---

¹) Diese und verschiedne Angaben vorher nach den Aufsätzen des Geheimen Admiralitätsrats Wandel „Aus alten Akten" in den Beiheften Nr. 15 und Nr. 17 zum Marine=Verordnungsblatt.
²) Nach Batsch: „Admiral Prinz Adalbert von Preußen."

begehrt daher einstimmig eine deutsche Kriegsmarine; denn deutsch, ganz deutsch muß sie sein — eine echte Repräsentation der wiedergeborenen Einheit des Vaterlands — das fühlt wohl jeder von uns, der es mit der neuen Schöpfung redlich meint; und das ist mithin als leitender Grundsatz obenan zu stellen. . . . Weniger Übereinstimmung der Ansichten dürften wir dagegen antreffen, wo es sich um die auf die Seemacht zu verwendenden Geldmittel und um die Zusammensetzung der Seestreitkräfte handelt. Beides richtet sich natürlich vor allem nach dem Zweck, den man zu erreichen denkt."

Dann setzt der Prinz ausführlich auseinander, was 1. zur rein defensiven Küstenverteidigung für eine Flottille, und 2. welche Seestreitkräfte zur offensiven Verteidigung und zum notwendigsten Schutze des Handels nötig seien, und behandelt schließlich als dritten wichtigsten Vorschlag den einer selbständigen Seemacht für Deutschland, wobei er fortfährt:

"So lange Deutschland auf der eben bezeichneten Bahn wandelt, so lange es fern von allem Ehrgeiz, fast ohne die Aufmerksamkeit, geschweige die Eifersucht seiner weit mächtigern Nachbarn zu erregen, nur Fregatten und Dampfschiffe (in Korvettengröße) baut, und es sich begnügt, eine bescheidne Stelle unter den kleineren Marinen einzunehmen; so lange jedermann einsieht, daß es weder nach großer Geltung zur See strebt, noch daran denkt, Schlachten zu liefern, wird niemand es einer Halbheit in seinen Maßregeln zeihen. Sobald es aber durch den Bau von Linienschiffen, von Schlachtschiffen aus diesem anspruchslosen Kreise heraustritt, werden alle Augen sich darauf richten, eine scharfe Kritik anheben, und wehe dem Vaterlande, wenn es sich bei diesem entscheidenden Schritte einer halben Maßregel schuldig machen sollte!"

Indem Prinz Adalbert dann zeigt, daß mindestens 12 Linienschiffe nötig seien, um Übergewicht gegen Dänemark oder Schweden zu haben, und die hohe Stellung Nordamerikas unter den Seemächten mit nur 11 Linienschiffen sehr richtig auf die günstige geographische Lage dieses Landes zurückführt, fährt er fort:

"Wie ganz anders ist die Lage Deutschlands! Eng eingekeilt zwischen den drei großen Seemächten England, Frankreich und Rußland, berührt es nur halb oder ganz eingeschlossene Meerbusen, in denen seine Geschwader kaum einer entscheidenden Schlacht würden ausweichen können. Deutschlands Macht muß mithin einem solchen ersten Zusammenstoß gewachsen sein, wenn sie sich nicht von Hause aus in ihren Häfen will einschließen lassen. Würde aber dazu wohl ein Geschwader von 12 Linienschiffen ausreichen? Wir sagen nein! Denn es würde unserm nächsten und gefährlichsten Nachbar — der russischen Ostflotte — gegenüber zu schwach sein."

Deshalb fordert der Prinz für eine selbständige deutsche Seemacht 20 Linienschiffe, 10 Fregatten, 30 Dampfer, 40 Gaffelkanonenboote und 80 Kanonenschaluppen, bejaht dazu die Frage, daß Deutschland diese Flotte mit insgesamt etwa 18000 Matrosen und Seefischern besetzen könne, weil allein die preußische Handelsschiffahrt 1847 schon über 8000 Matrosen beschäftigte, und glaubt, daß die Gesamtausgabe für die Marine, wenn die Baukosten der Schiffe und Häfen auf zehn Jahre verteilt würden, jährlich etwa der dritte Teil des preußischen Militäretats der letzten Jahre sein würde. Zu einer solchen Flotte waren natürlich keine Mittel aufzutreiben; man beschloß in der Kommission den Bau von 15 schweren Fregatten von je 60 Kanonen, bei denen der Dampf nur als Hilfskraft dienen sollte, und von etwa 30 Schaufelraddampfern. Jährlich sollten dafür 6 Millionen Thaler aufgewendet werden, in zehn Jahren sollte die Flotte fertig sein. Als Prinz Adalbert diesen Beschluß dem König Friedrich Wilhelm IV. mitteilte, der persönlich sehr lebhaft an der Schaffung einer deutschen Flotte Anteil nahm, antwortete der König in seiner sarkastischen Weise: "Ich sehne mich vor allem nach den 60 Millionen Thaler, die dazu nötig sind. Sie müssen dekretiert und so der Kapazität unfähiger Ständekammern entzogen werden."

Flottenbegeisterung 1848 Am guten Willen fehlte es bei der Flottengründung nicht, denn das ganze Volk war mit Herz und Sinn daran beteiligt. Arm und reich opferten Schmucksachen, Silbergeschirr und Geldspenden für die Flotte; 236 Matrosen und Schiffszimmerleute an der Unterweser boten 630 Thaler für den „sofortigen Bau von Kriegsschiffen," und die Murgschiffer von Gernsbach in Baden wollten unentgeltlich Holz für den Kriegsschiffbau an die See schaffen.¹) Begeistert sang Freiligrath:

Sprach irgendwo in Deutschland eine Tanne:
O, könnt ich hoch als deutscher Kriegsmast ragen!
O, könnt ich stolz die junge Flagge tragen
Des einigen Deutschlands in der Nordsee Bannen!

Dann lehnte wohl, die Brust von Stahl gekerbt,
Ein Held an mir in des Gefechtes Gluten,
An meinem Stamme schweigend zu verbluten —

Dann wär ich Fähndrich, ha! wo Mann an Manne,
Blutrünstige Krieger deutsche Seeschlacht schlagen,
Wo deutsche Segler, grimm und ohne Zagen,
Den fremden Enterer hauen in die Pfanne.

Indes mich jetzt das Blut des Wilddiebs färbt,
Des armen Wilddiebs, hinterrücks erschossen,
Der mir zu Füßen hinsinkt in die Sprossen.

¹) Nach Batsch, „Deutsch Seegras. Ein Stück Reichsgeschichte" (Berlin, 1892).

Große Verdienste um die Ausrüstung der Schiffe erwarb sich namentlich der Reichshandelsminister und bremische **Die achtund-** Senator Duckwitz. In ziemlich kurzer Zeit gelang es, ein kleines Geschwader, das man stolz „die deutsche Reichsflotte" **vierziger** nannte, in Bremen zu vereinigen. Leider hatte man aber nur schwachgebaute Handelsschiffe auftreiben können. Das **Reichsflotte** hamburgische Segelschiff Cesar Godeffroy war in die Fregatte Deutschland umgewandelt worden; ferner hatte man drei Postdampfer, Hamburg, Lübeck und Bremen genannt, notdürftig bewaffnet. In England kaufte man dazu noch zwei Dampfer, die die Namen Erzherzog Johann und Barbarossa erhielten; der Erzherzog Johann strandete bei der Überfahrt bei Terschelling, kam aber schließlich mit einiger Haverei auch noch in Bremerhaven an. Ein in Newyork gekaufter Dampfer Hansa wurde dort als Kriegskontrebande zurückgehalten, und dazu wurden einige Kanonenboote auf deutschen Werften erbaut, so das Kanonenboot St. Pauli auf eigne Kosten dieser hamburgischen Vorstadt. Aber die Reichsflotte verfolgte seit ihrem Entstehen vielfältiges Mißgeschick; vor allem fehlte es ihr an seetüchtigen Seeoffizieren. Man hatte den Seekapitän Bromme zum Seezeugmeister für die Nordseeküste ernannt und ihm den Auftrag erteilt, die blockierenden Dänen anzugreifen; Bromme, der sich in den griechischen Freiheitskämpfen als Seeoffizier ausgezeichnet hatte, gab sich alle beste Mühe, die Reichsflotte kampfbereit zu machen, doch gelang ihm dies nur mit wenigen Schiffen. Am 4. Juni 1849 unternahm er mit einem Teil der Reichsflotte, den drei Dampfern Barbarossa, Hamburg und Lübeck von Bremerhaven aus die erste und einzige Seefahrt unter der schwarz-rot-goldnen Flagge, zur Rekognoszierung der Gewässer bei Helgoland. Unweit von der Insel lag in Windstille die dänische Segelkorvette Valkyrien, mit der einige Schüsse gewechselt wurden, doch ohne Treffer. Als die Engländer auf Helgoland einen Signalschuß feuerten, zum Zeichen, daß die Neutralitätsgrenze der Insel erreicht sei, mußte das Gefecht abgebrochen werden, weil das bedeutend stärkere dänische Blockadegeschwader inzwischen herangesegelt war.

Daß den Engländern die Gründung einer noch so kleinen deutschen Kriegsflotte nicht paßte, geht daraus hervor, **Englische** daß nach dem Erscheinen der Reichsflotte vor Helgoland der britische Geschäftsträger in Hamburg dem Senate schrieb: **Ränke und eng-** „Ich bin beauftragt, der Regierung von Hamburg anzuzeigen, daß, wenn keine vorhandene Regierung jene (deutsche Reichs- **lischer Spott** flaggen führende) Dampfschiffe als unter ihrer Botmäßigkeit fahrend anerkennt, dieselben ausgesetzt sind, als Piraten **gegen die** behandelt zu werden." Mit höchstem Befremden über diese Anmaßung forderte der Erzherzog-Reichsverweser die Abberufung **Bundesflotte** des englischen Geschäftsträgers aus Deutschland und drohte sogar, im Falle der Weigerung dem englischen Gesandten die Pässe zuzustellen. Aber vergebens schrieb man der Königin von England: „Der Erzherzog-Reichsverweser ist der legitime Träger der alten Bundesgewalt, seine Stellung als solcher und als Berufener zur obersten Reichsgewalt ist feierlich anerkannt von allen Fürsten und Regierungen Deutschlands. Die Reichsfarben flaggen am Belte und an der Nordsee und wehten im sardinischen Kriege an den Hochmarken Italiens und auf den Wällen von Triest." Vergebens war jede Forderung, denn die ohnmächtige deutsche Bundesgewalt konnte dem seemächtigen England nicht das Geringste anhaben; nur Macht schafft Rechte.

Im englischen Sonntagsblatte „Examiner" spottete man 1849: „Es war einmal im vorigen Jahre eine gewisse Macht ersten Ranges, die sich das »Deutsche Reich« nannte, aber die, gleich jenen Inseln in gewissen Meeren, die nur auftauchen, um bald wieder zu verschwinden, seitdem wieder hinabgesunken und in den Erschütterungen Mitteleuropas verloren gegangen ist. Diese politische Atlantis versuchte eine Zeit lang gar viele Dinge... Unter andern Grillen hielt das deutsche Reich von 1848 es für würdevoll und groß, eine deutsche Flotte auf die Beine zu bringen. Diese Flotte existierte freilich nur dem Namen nach. In der That, wie das Reich nur das Gespenst eines Reichs war, so war die Flotte nur das Gespenst einer Flotte." — Aber der kluge Engländer ahnt dabei doch, daß es einmal anders werden konnte, denn er sagt noch: „Allein, wer weiß, wer weiß? Es sind wenig mehr als 300 Jahre her, da war die englische Krone in schnödem Versatz bei der Kaufmannsgilde zu Köln am Rhein. Die Zeit kann kommen, wo der Geist des deutschen Reichs wieder frisch rüstig im Leibe lebt, während der britische Dreizack mit allem, was daran hängt, dem lachenden Erben jenseits des Ozeans zufällt."[1]) Möge diese Zeit recht bald kommen!

Freilich war der englische Spott berechtigt, die Reichsflotte war wirklich nur das Gespenst einer Flotte, denn **Das traurige** die bewilligten Mittel kamen nur so spärlich zusammen, daß die wenigen Schiffe nur kurze Zeit lang kriegsfertig **Ende der** gehalten werden konnten. Im Binnenlande schwand die Begeisterung für das Seewesen fast eben so schnell, wie sie **Flottenträume** gekommen war, als man erkannte, daß der Wunsch, mit einem Schlage eine Flotte zu schaffen, die der dänischen mindestens ebenbürtig wäre, ein frommer Wunsch bleiben müßte. Man wußte eben damals noch nicht, was man heute leider auch noch nicht überall weiß, daß sich Heere zur Not aus der Erde stampfen lassen, daß aber die Bereitstellung

---

1) Nach dem Aufsatze des Wirklichen Admiralitätsrats Koch: „Zeitungsausschnitte aus den Gefionakten" in der Marine-Rundschau von 1893.

einer tüchtigen Kriegsflotte neben dem flüssigen Gelde auch viel Zeit erfordert. Fertige Kriegsschiffe sind nirgends zum Verkauf auf Lager; nur Handelsschiffe, und meist auch nicht die neuesten und besten, sind jederzeit zu haben. Der Bau eines Kriegsschiffes fordert lange Zeit; noch jetzt, wo der Stahlbau schnellere Herstellung erlaubt, vergehen etwa fünf Jahre, ehe ein großes Schiff wirklich kriegsbrauchbar ist. Genug, es stellte sich bald heraus, daß die in der Hast geschaffene Reichsflotte weder kriegstüchtig noch lebensfähig war; der Bundestag mußte ihre Auflösung beschließen. Einige Schiffe fanden Käufer; Preußen übernahm den Raddampfer Barbarossa sowie die Fregatte Gefion. Zur Schmach Deutschlands mußte der Rest der Schiffe öffentlich versteigert werden, trotzdem daß der mit diesem unseligen Geschäfte beauftragte Staatsrat Hannibal Fischer alle deutschen Staatsmänner aufforderte,[1]) doch bei der Hand aufs Herz zu legen und sich zu fragen, ob sie bezweifeln könnten, daß irgend eine Maßregel einen gehässigern Eindruck, einen zurückstoßendern Widerwillen in der öffentlichen Meinung finden könnte, als das — wie man sich wohl auszudrücken beliebte — öffentliche Vermäkeln und unter den Hammer bringen der deutschen Flotte, dieses vermeintlichen Restes eines sichtbaren Symbols der Lieblingsidee der jüngst vergangenen Tage — der deutschen Einheit.

Die Kämpfe der schleswig-holsteinischen Marine gegen Dänemark Größere Thätigkeit in den Kämpfen gegen Dänemark entfaltete die von dem schleswig-holsteinischen Marine-ausschuß ins Leben gerufene Marine. Unter Berücksichtigung der geringen verfügbaren Mittel verdienen die Leistungen dieser Marine, die nur während der Jahre 1848 bis 1851 bestand, volle Anerkennung. Durch freiwillige Sammlungen unterstützt hatte man seit Beginn der Erhebung der Herzogtümer in allen Häfen Schleswig-Holsteins so wacker gebaut, daß im Frühjahr 1849 eine Küstenverteidigungsflottille von 14 kriegsbereiten und von seegewohnten Männern besetzten Fahrzeugen fertig werden konnte. Sie bestand aus einem Dampfkanonenboot, von der Tann genannt, elf Kanonenbooten, die durch Riemen fortbewegt wurden, und deren jedes zwei 60pfündige Bombenkanonen trug, ferner aus dem armierten Packetdampfer Bonin mit vier Kanonen und dem Schleppdampfer Löwe. Später trat dazu noch der zur Ausbildung von Seekadetten bestimmte Schuner Elbe mit acht Kanonen.

Durch den Heldenmut zweier schleswig-holsteinischen Strandbatterien von zehn Geschützen wurde in der Bucht von Eckernförde am 5. April 1849 im Gefecht gegen das Linienschiff Christian VIII. und die Fregatte Gefion, die zusammen mit 132 schweren Geschützen bewaffnet waren, der Christian VIII. in Brand geschossen, sodaß er in die Luft flog, und die Gefion zur Übergabe gezwungen wurde. Der tapfere Befehlshaber der südlichen Strandbatterie, Unteroffizier Preußer, starb, als er die Dänen vom brennenden Christian VIII. rettete. Leider mußte die arg zerschossene Gefion größere Reparaturen durchmachen und konnte deshalb bis zur Beendigung des Kriegs nicht verwendet werden; nach der Schlacht von Idstedt bewahrte Preußen das Schiff davor, daß es wieder in dänische Gewalt fiel. Eine Abteilung des Königs-grenadierregiments besetzte unter dem Befehle des Hauptmanns von Szymborski das Schiff, hißte die preußische Flagge und brachte es nach vielen Fährlichkeiten schließlich glücklich nach Travemünde. Später kam Gefion unter dem Namen Eckernförde zur deutschen Bundesflotte und wurde 1852 von Preußen angekauft und wieder Gefion genannt.

Ein Teil der Marine der Herzogtümer erhielt den Auftrag, die Westküste gegen Landungen zu schützen. Am 19. April ging deshalb der Leutnant Kier mit fünf Kanonenbooten durch den Eiderkanal und ankerte auf der Reede von Husum, und schon das Erscheinen dieser Flottille genügte, die Dänen aus Sylt und Föhr ohne Gefecht zu vertreiben. Die Ostseedivision hatte zwei Kanonenboote nach der Schlei geschickt, um den Einlauf in dieses Gewässer zu schützen. In Kiel lagen vier Kanonenboote und der Dampfer Bonin, und die Kieler Abteilung hatte am 11. Mai 1849 bei Bülk ein dreistündiges Gefecht gegen den dänischen Dampfer Hekla, eine Fregatte und eine Kutterbrigg vor der Einfahrt in die Kieler Föhrde zu bestehen. Außer kleinen Scharmützeln fand dann am 17. Juni wieder ein Angriff auf das Linienschiff Skjold und einen armierten Dampfer statt. Das überlegne Geschützfeuer der Dänen nötigte jedoch die Kanonenbootsflottille nach heftigem Geschützfeuer zum Rückzuge. Im folgenden Jahre, am 17. September 1850, kämpften drei Kanonenboote unter Kommando des Marinelieutnants Hensen bei Amrum gegen den dänischen Dampfer Geyser; dieser wurde nach lebhaftem Feuer und starkem Schaden zum Rückzuge gezwungen. Die Schleswig-Holsteiner verloren hierbei vier Tote und sechs Verwundete, die Dänen einen Toten und vierzehn Verwundete. In der Ostsee fand am 19. Juli 1850 vor Heiligenhafen im Fehmarnsunde ein Gefecht zweier Kanonenboote gegen vier dänische Kanonen-boote statt; als von diesen eins stark zerschossen war, zogen sich die Dänen nach anderthalbstündigem Gefechte zurück. Das Neustadt deckende Dampfkanonenboot von der Tann wurde am 21. Juli von Hekla und Valkyrien angegriffen, geriet beim Rückzug auf Grund und mußte von dem Kommandanten in Brand gesteckt werden, daß es den Dänen nicht in die Hände fiele. Vor dem Kieler Hafen wurden in der Nacht des 21. Juli und am 16. August Angriffe, jedoch ohne besondern Erfolg, gegen das dänische Blockadegeschwader ausgeführt. Auch an der Beschießung von Friedrichsstadt, Anfang Oktober 1850, nahm eine Kanonenbootsflottille, unter dem Oberleutnant Kier, regen Anteil; die vier Boote gaben

---

[1]) Nach dem Aufsatze des Wirklichen Admiralitätsrats Koch: "Der Flottenverkauf durch Hannibal Fischer" in der Marine-Rundschau von 1893.

1124 Bombenschüsse ab. Bei allen diesen Gefechten war es der schleswig-holsteinischen Marine gelungen, den zur See übermächtigen Feind von den Haupthafenplätzen fernzuhalten; überdies hatte sie ihren Kampfesmut durch zahlreiche Angriffe bewiesen. Aber da Deutschland die Herzogtümer im Stiche ließ, verschwand die kleine Marine nach der Zurückgabe Schleswig-Holsteins an Dänemark schneller, als sie entstanden war.

Als man in Preußen sah, daß die Bundesflotte nicht so schnell geschaffen wie gefordert werden konnte, beauftragte der König Friedrich Wilhelm IV. den Prinzen Adalbert und eine Kommission, Mittel zu finden, wie die preußische Ostseeküste zu verteidigen wäre. Es wurde beschlossen, neben den Beiträgen für die Reichsflotte eine preußische Küstenflottille aus besondern Mitteln zu bilden, die aber im Kriege auch der Verteidigung des ganzen Reichs zu gute kommen sollte. Seit diesem Beschluß wuchs die preußische Marine langsam aber stetig, dank der ausdauernden Fürsorge des Prinzen Adalbert an.

Preußens Küstenflottille

Zu Anfang des Jahres 1848 waren außer der Segelkorvette Amazone nur zwei Ruderkanonenschaluppen vorhanden; dazu wurde in Eile der eiserne Postdampfer Adler mit zwei 25pfündigen Bombenkanonen und zwei kurzen 32-Pfündern armiert. Außerdem wurde nach dem Vorschlage des Prinzen Adalbert der Bau von achtzehn Ruderkanonenschaluppen angeordnet. Das erste dieser Fahrzeuge lief schon am 10. August in Stralsund vom Stapel; bei der Taufe gab ihm der Prinz den Namen Strela-Sund. Um einen tüchtigen Fachmann für die Bildung der preußischen Marine zu haben, wurde der Kapitänleutnant Schröder aus der holländischen Marine übernommen. Dieser hielt schon im November 1848 die erste Flottillenübung im Greifswalder Bodden ab. Am 1. März 1849 wurde dann Prinz Adalbert zum Oberbefehlshaber aller preußischen Kriegsfahrzeuge ernannt. Nach Beendigung des Waffenstillstandes, im Frühjahr 1849, waren auf preußischer Seite schlagfertig: 1 Segelkorvette, 2 Dampfschiffe, die Postdampfer Preußischer Adler und Elisabeth, 21 Schaluppen und 6 Jollen, die mit 67 Geschützen armiert und von 37 Offizieren und 1521 Mann besetzt waren. Der Kommodore Schröder befehligte diese Küstenflottille. Ihr Vorhandensein bewirkte, daß die Dänen die Blockade der preußischen Häfen nicht mehr mit gleicher Strenge wie früher aufrecht hielten, und daß ihre Schiffe in größerer Entfernung von den Häfen kreuzten.

Die Feuertaufe der jungen Marine fand in dem Gefecht bei Brüsterort am 27. Juni 1849 statt. Dort griff der Raddampfer Preußischer Adler die dänische Segelbrigg St. Croix von vierzehn Kanonen an; erst das Herankommen einer dänischen Korvette machte dem fünfstündigen Geschützkampf ein Ende. Während der Preußische Adler seine Schäden in Swinemünde ausbesserte, nahm ein dänischer Kriegsdampfer angesichts der Kanonenbootsflottille unmittelbar vor dem Hafen mehrere Handelsfahrzeuge weg. Die kleinen Kanonenboote waren zu schwerfällig, solche Überfälle zu verhindern. Preußen blieb zur See überhaupt noch längere Zeit ohnmächtig; man mußte zufrieden sein, daß man mit den geringen Kräften die Häfen verteidigen konnte.

Weitere Ereignisse brachte der Krieg nicht; um so eifriger wurde aber an der Entwicklung des Marinewesens weiter gearbeitet. In Stettin wurde ein Marinedepot, in Danzig eine Kriegsschiffswerft errichtet. Ein Matrosen- und ein Marinier (Seesoldaten)-Korps, sowie eine Maschinistenabteilung wurde gebildet; Offiziersaspiranten schickte man zur Ausbildung auf nordamerikanische Kriegsschiffe. Das Seehandlungsschiff Merkur wurde angekauft und als Schiffsjungenschulschiff in Dienst gestellt. Die Korvette Amazone nahm die heranzubildenden Kadetten an Bord. Im Jahre 1851 wurden zwei schwerbewaffnete, flachgehende, eiserne Dampfer, Nix und Salamander, in England angekauft; beide Schiffe wurden später gegen die englische Segelfregatte Thetis umgetauscht. Ende des Jahres 1852 lief der große, hölzerne, starke Raddampfer Danzig in der gleichnamigen Stadt vom Stapel; er war mit zwölf schweren Bombenkanonen bewaffnet und entsprach ganz den Vorschlägen des Kapitäns Mingaye. Wie schon erwähnt, ging die Segelfregatte Gesion und die Dampfkorvette Barbarossa bei der Auflösung der Reichsflotte in Preußens Besitz über. In den Jahren 1852 und 1853 machte zum erstenmal ein preußisches Geschwader, aus den Schiffen Gesion, Amazone und Merkur bestehend, einen Seezug durch den Atlantischen Ozean, nach Madeira, nach den la Plata-Staaten und nach Westindien. Die preußische Flagge sollte dem Auslande gezeigt werden, und dabei konnte man gleichzeitig seemännische Erfahrungen sammeln. Zum Geschwaderchef war der Kommodore Schröder ernannt. Später wurde noch das Mittelmeer besucht. Der Prinz Adalbert war seiner Zeit und dem Kriegsministerium, das damals die Geschäfte der Küstenflottille noch leitete, weit voraus; er hatte für Preußen wie für Deutschland stets eine „selbständige" Flotte im Auge, die wir freilich leider bis heute noch nicht haben. Deshalb schickte er das Geschwader, sobald er seefähige Schiffe hatte, hinaus über See, um den deutschen Binnenlande wie dem Auslande zu zeigen, daß Preußen auch endlich seinen Teil an der Seeherrschaft fordern wollte. Und wie der Große Kurfürst Greetsiel erworben hatte und Emden zum Kriegshafen machte, um von der Willkür der nordischen Mächte in der Ostsee, besonders Dänemarks, das jederzeit die Ausgänge nach dem freien Meere sperren konnte, unabhängig zu sein, so begründete der Prinz Adalbert unsern Kriegshafen im Jahdebusen. Freilich war inzwischen

Prinz Adalbert schafft die Grundlage für eine selbständige Flotte

Ostfriesland durch englische Ränke auf dem Wiener Kongreß an Hannover gefallen,[1]) aber Oldenburgs gut deutsch gesinnter Großherzog Peter trat mit Freuden im Jahre 1853 eine günstige Ecke seines Landes für den preußischen Hafenbau ab. Hannover dagegen erschwerte die Arbeiten, indem es die Durchführung einer Eisenbahn durch sein Land nach der Jahde hin verweigerte. Der Prinz wußte recht gut, warum er selbst die Anlage des Nordseehafens als seine liebste Schöpfung betrachtete; denn die Nordsee ist im Gegensatz zu der abgeschlossenen Ostsee ein offnes Meer, ein Teil des großen Weltmeers. Die Seeherrschaft in der Ostsee hat nur „militärischen" Wert für die Küstenverteidigung; die Seeherrschaft in der Nordsee sichert die Teilnahme am Weltverkehr, am Welthandel! Konnte auch der thatkräftige Prinz noch keine selbständige Flotte, so wie er sie für das Wohl des Vaterlandes als nötig erkannt hatte, schaffen, so bereitete er dieser doch die Grundlage, indem er ihr den Kriegshafen im freien Meere schuf. Unsrer Zeit ist es vorbehalten, seine Schöpfung zu krönen durch eine starke selbständige Flotte!

Der König lohnte die Verdienste des Prinzen mit seiner Ernennung zum „Admiral der preußischen Küsten" (am 30. März 1854). Der Prinz bekümmerte sich trotz dieses seltsamen Titels auch um die Vorgänge in fremden Gewässern. Als 1853 ein preußisches Handelsschiff an der Küste von Marokko geplündert worden war, hatte er vergebens die Entsendung eines Geschwaders durchzusetzen versucht, um zwei marokkanische Häfen zu blockieren und dadurch den Sultan zur Bestrafung der Küstenräuber zu zwingen; Bedenken des Kriegsministers, und dann die Wirren des Krimkriegs hatten die Sache begraben. Aber der Prinz vergaß sie nicht und benutzte die erste Gelegenheit, um zu zeigen, daß die Marine auch Pflichten außerhalb der Küstengewässer zu erfüllen habe.

Der Prinzadmiral im Gefecht bei Tresforcas

Er schiffte sich im Juni 1856 auf der Dampfkorvette Danzig ein, die als Flaggschiff eines Geschwaders mit den Segelschiffen Thetis, Amazone, Merkur und Frauenlob zunächst eine Übungsfahrt nach Madeira machte. Dort trennten sich die Schiffe, um verschiedne handelspolitische Aufgaben zu erfüllen. Der Prinz lief mit der Danzig an die marokkanische Küste El Rif, um deren Bewohner, die vom Seeraube lebten und das preußische Handelsschiff geplündert hatten, zu züchtigen. Beim Kap Tresforcas wurde am 7. August auf das rekognoszierende Boot des Prinzen vom Lande her gefeuert. Der unbezähmbare Thatendrang des Prinzen wurde dadurch wach gerufen. Er ließ alle Schiffsboote bemannen und übernahm selbst die Führung des Landungskorps. Todesmutig wurde von der kleinen Schar das steile Felsenufer erklommen und dabei den hinter Felsen gedeckten Riffpiraten nicht geringer Verlust beigebracht. Auf der Höhe sammelte sich inzwischen eine zehnfache Übermacht kampfgewohnter Mauren; der Rückzug mußte angetreten werden. Unterwegs wurde der Prinz verwundet, sein Adjutant erschossen; der Verlust der Danzigmannschaften belief sich auf sechs Tote und achtzehn Verwundete. Die Kühnheit dieses Angriffs, die von fremden Admiralen bewundert wurde, trug dazu bei, das Selbstgefühl in der jungen Marine zu wecken und zu beleben. Die Diplomatie ganz Europas aber geriet in Staunen, daß ein deutscher Prinz es wagte, zur See ebenso thatkräftig aufzutreten, wie die Schiffskommandanten der alten Seemächte.

Entwicklung der preußischen Marine

Zur Vergrößerung des Schiffsbestandes wurde emsig auf den preußischen Kriegs- und Privatwerften gebaut. 1859 wurden die ersten gedeckten Dampfkorvetten Arkona und Gazelle fertig, 1863 Vineta; bis zum Jahre 1865 waren diese Schiffe mit je 27 glatten Geschützen bewaffnet. Ferner wurden in der Heimat die Dampfkorvette Nymphe, und die Dampfkanonenboote Delphin, Blitz, Basilisk, sowie die Segelbrigg Hela gebaut. Die treffliche Jacht Grille wurde 1858 in Frankreich gekauft; der zweite Aviso war die Loreley. Da im November 1861, infolge eines Orkans, die Segelkorvette Amazone an der holländischen Küste unterging, wobei 6 Offiziere, 19 Seekadetten und 120 Mann den Tod in den Wellen fanden, wurden als neue Schulfahrzeuge die Segelfregatte Niobe und die Briggs Rover und Musquito in England angekauft. Ferner wurde eine ganze Reihe von Schraubenkanonenbooten zweiter Klasse gebaut.

Das erste Geschwader in Ostasien

Um Handelsverträge mit Japan, China und Siam abzuschließen, wurde in den Jahren 1859 bis 1862 der erste große Seezug ausgeführt; das Geschwader, das der Kapitän zur See Sundewall befehligte, bestand aus der großen Dampfkorvette Arkona (als Flaggschiff), der Segelfregatte Thetis und dem Schuner Frauenlob, der aus freiwilligen Gaben deutscher Frauen 1854 erbaut worden war. Diese kleine Seemacht, die zum erstenmale die preußische Kriegsflagge auf den Stillen Ozean führte, zählte sechsundsechzig Kanonen und 693 Mann Besatzung. Später schloß sich dem Geschwader noch als Proviantschiff der Klipper Elbe an. In der Nähe der japanischen Inseln überfiel das Geschwader ein schwerer Taifun, dem der kleine Schuner Frauenlob mit Mann und Maus zum Opfer fiel. Das Geschwader erfüllte seine Aufgaben aufs beste, willfährig öffneten die Ostasiaten der jungen, doch schon staatlichen Seemacht ihre Häfen.

---

[1]) Auf diesem Kongreß (1815) thaten die Feinde Deutschlands, nämlich seine Bundesgenossen, namentlich England, alles, um Preußen nicht festen Fuß an der Nordsee gewinnen zu lassen. Deswegen fiel Ostfriesland an das von England abhängige Hannover, deshalb wurde das Königreich der Niederlande begründet, in dem auch gegen die Hansestädte ein seemächtiges Gegengewicht entstehen sollte. Die Federn der Diplomaten verdarben, was die Schwerter der Heere gewonnen hatten, trotz Blüchers Warnung.

Das war der erste große Friedensdienst, den die Marine dem deutschen Seehandel und damit auch dem Wohle des ganzen Vaterlands leistete.

Beim Ausbruch des dänischen Krieges 1864 befand sich ein Teil der preußischen Flotte im Auslande; die gedeckte Korvette Gazelle war in Ostasien, die beiden Kanonenboote Basilisk und Blitz, sowie der Aviso Preußischer Adler waren im Mittelmeer. Die Korvette Vineta konnte wegen Schwierigkeiten bei der Ausrüstung ebenfalls erst gegen Ende des Krieges kampfbereit gemacht werden. So hatte die an sich kleinere Flotte den 18 dänischen Hochseekriegsdampfern mit 363 Geschützen nur 3 preußische größere Schiffe und eine Anzahl nur für die Küstenverteidigung brauchbarer Kanonenboote entgegenzustellen, die etwa 70 Geschütze führten. Hauptflottenstation wurde Swinemünde; hier vereinigte sich ein Geschwader, aus den Schiffen Arkona (Kommandant und Geschwaderchef Kapitän zur See Jachmann), Nymphe und Grille bestehend. In Stralsund lag der Aviso Loreley als Flaggschiff der Kanonenbootsflottille, die aus 4 Booten erster und 14 Booten zweiter Klasse, sowie aus 18 Kanonenschaluppen und 4 Kanonenjollen bestand.

<small>Ohnmacht Preußens zur See im dänischen Kriege 1864</small>

Die dänische Flotte blockierte die preußischen Ostseeküsten, ihr Hauptgeschwader sammelte sich am 1. März beim Dornbusch an der Nordwestseite von Rügen; dort lagen unter dem Befehl des Kontreadmirals van Dockum das Schraubenlinienschiff Skjold, die Schraubenfregatten Själland und Tordenskjold, sowie die Schraubenkorvetten Heimdal und Thor. Jachmann hatte die Aufgabe, die Blockade zu erschweren, die Küsten vor Landungen zu schützen und womöglich zu verhindern, daß die dänische Flotte ihr eignes Landheer bei der Verteidigung der Küste unterstützte. Die preußischen Dampfkanonenboote sollten womöglich die Unternehmungen des Heeres an der holsteinischen Küste fördern. Aber die Seestreitkräfte waren viel zu schwach, um selbst diesen bescheidnen Anforderungen genügen zu können. An tapfern Versuchen, die Aufgaben zu erfüllen, fehlte es nicht. Am 17. März lief der Kapitän zur See Jachmann mit Arkona und Nymphe aus Swinemünde in See. Gegen Mittag kam etwa 8 Seemeilen nordostwärts von Stubbenkammer das feindliche Geschwader in Sicht; gleichzeitig vereinigte sich die Loreley, die von Westen mit der ersten Kanonenbootsdivision aus den Rügenschen Gewässern herauskam, mit den beiden preußischen Schiffen, während die langsamen Kanonenboote das Gefecht aus weiterer Entfernung, von dem Inselchen Greifswalder Oie aus unterstützen wollten. Jachmann befahl trotz der großen Überlegenheit des Feindes den Angriff, da er sich bei dem ruhigen Wetter von der Mitwirkung der Kanonenboote und der größern Geschwindigkeit seiner Schiffe gutes versprach. Beide Geschwader dampften auf etwa 1000 Meter aneinander heran, drehten dann, um sich gegenseitig ihre Breitseiten zuzuwenden. Nach kurzem Gefecht zwang das heftige feindliche Feuer unsre Schiffe zum Rückzug; aus 179 dänischen Kanonen waren ungefähr 1200 Schuß gefeuert, während gleichzeitig die 43 preußischen Kanonen nur 282 hatten abgeben können. Die Kräfte waren gar zu ungleich; die Kanonenboote hatten zudem nur wenige Schüsse abgeben können.

Am 27. März schiffte sich der Prinzadmiral in Swinemünde an Bord der Jacht Grille ein und sammelte bei Stralsund eine Flottille von 29 Dampfern — man hatte inzwischen noch sieben Handelsdampfer bewaffnet —, um mit diesen um die Insel Alsen herum zu laufen und den Truppenübergang bei Ballegaard zu decken; denn die Dänen hatten in den schleswig-holsteinischen Küstengewässern eine Flottille kleiner Kanonenboote und drei Panzerfahrzeuge, darunter den bekannten Rolf Krake. Stürmische Witterung vereitelte das rechtzeitige Auslaufen der Flottille, und später wurden die dänischen Seestreitkräfte im westlichen Teile der Ostsee so verstärkt, daß der Plan aufgegeben wurde, die kleine preußische Flottille zur Unterstützung des Heeres heranzuziehen. Die Thätigkeit der Marine blieb auf kleine Gefechte beschränkt. Prinz Adalbert unternahm selbst am 14. April mit der Grille eine Erkundungsfahrt nach Jasmund zu; dort kamen ihm die Schiffe Skjold und Själland entgegen und führten mit ihm ein mehrstündiges Feuergefecht, wobei die Grille 30 Schuß abgab, während die Dänen mehrere Breitseiten feuerten. Mit dem sehr schnellen und trefflich manövrierenden Aviso war der Prinzadmiral instande, die Entfernung von den feindlichen Schiffen beliebig zu wählen und dabei die Wirkung seiner gezognen Geschütze gegen die glatten Kanonen des Feinds zu erproben; unbeschädigt lief die Grille abends wieder in Swinemünde ein. Eine Woche später, am 20., führte der Prinz ein ähnliches Feuergefecht gegen die Fregatte Tordenskjold in den Rügenschen Gewässern. Am 30. April war ein kurzes, erfolgloses Gefecht zwischen dem Schraubenlinienschiff Skjold und der gedeckten Korvette Vineta vor Swinemünde.

In der Nordsee hatten sich die aus dem Mittelmeer zurückgekehrten drei preußischen Fahrzeuge Preußischer Adler, Blitz und Basilisk mit zwei österreichischen Schraubenfregatten, Schwarzenberg und Radetzky, unter dem Kommodore Tegetthoff zu einem Geschwader vereinigt, das am 9. Mai bei Helgoland gegen ein dänisches Geschwader, bestehend aus der Fregatte Niels Juel und den Korvetten Heimdal und Dagmar, kämpfte. Auf Seite der Verbündeten waren 98 Kanonen gegen 104 dänische. Tegetthoff kämpfte mit außerordentlicher Kühnheit und gutem Erfolge, mußte aber das Gefecht abbrechen, weil sein Flaggschiff gefährlich in Brand geschossen war. Über den Ausgang der Seeschlacht sagt

<small>Tegetthoff bei Helgoland</small>

Admiral Batsch[1]): „Der dänische Kommodore (Svenson hieß er) hatte bei Helgoland über Tegetthoff nicht gesiegt; er war aber auch nicht geschlagen worden, und doch verließ das dänische Geschwader die Nordsee, weil die Österreicher Zuzug bekamen, und es vorteilhafter schien, sich in der Ostsee auf die sechsmal schwächern preußischen Seestreitkräfte zu werfen." Erwähnenswert ist die sonderbare Neutralitätsstellung Englands in jenem Kriege; daß das Parlament den Kampf bei Helgoland als einen dänischen Sieg begrüßte, zeigt nur die Stimmung der Bevölkerung, aber daß ein englisches Kriegsschiff, die Aurora, sich von der Fregatte Schwarzenberg bei einer Erkundungsfahrt drei Stunden lang jagen ließ, und dann erst die englische Flagge hißte, und daß ein zweites englisches Schiff, der Black Eagle, die verbündete Flotte in Cuxhaven aufsuchte, dann in See durch fünf Schüsse den Dänen von der Schiffszahl der Verbündeten Kunde gab, sind Beweise, wie wenig es den Engländern darauf ankam, wirklich neutral, d. h. unparteiisch zu sein. Im Gefühle ihrer Seeherrschaft konnten sie die Dänen begünstigen, ohne Strafe fürchten zu müssen; Macht schafft eben Rechte. Was hätten auch die beiden Großmächte Österreich und Preußen, die gegen das kleine Dänemark zur See ohnmächtig waren, gegen England thun können? Gegen Ende des Kriegs halfen die preußischen Kanonenboote bei der Gefangennahme der Flottille des dänischen Kapitäns Hammer, die bei der Insel Föhr lag.

Englische Neutralität

Noch während des Kriegs waren im Auslande die Panzerfahrzeuge Arminius und Prinz Adalbert, sowie die Glattdeckskorvetten Augusta und Viktoria erworben worden, konnten aber erst nach dem Friedensschluß von den neutralen Erbauern abgeliefert werden; auf der Danziger Marinewerft wurde 1865 die Korvette Medusa fertig.[2]

In den Jahren 1865 bis 1868 machte die gedeckte Korvette Vineta als erstes deutsches Kriegsschiff eine Reise um die Erde, wobei sie etwa zwei Jahre in den ostasiatischen Gewässern zur Förderung der deutschen Handelsbeziehungen zubrachte. Der kurze Krieg von 1866 war nur ein Landkrieg; einige Schiffe der preußischen Marine besetzten die hannöverschen Weserforts und Emsbatterien und unterstützten die Truppenübergänge über die Elbe.

Die Marine des norddeutschen Bundes

Die neue Verfassung vom 1. Juli 1867 schuf eine norddeutsche Bundes-Kriegsmarine unter dem Oberbefehl des Königs von Preußen; am 1. Oktober desselben Jahres wurde an Stelle der alten preußischen Flagge die neue, jetzt noch giltige Kriegsflagge gehißt, die in ihrer Anordnung der englischen sehr ähnlich ist. Die Flagge zeigt auf weißem Grunde ein schwarzes Kreuz, in dessen Mitte der preußische Adler steht; das obere innere Viertelfeld der Flagge hat die deutschen Reichsfarben schwarz, weiß, rot mit dem eisernen Kreuz. Die Handelsschiffe aller norddeutschen Küstenstaaten bekamen gleichzeitig die schöne stolze Trikolore schwarz-weiß-rot.

Auf die Marine konnten jetzt größere Geldmittel verwendet werden; die ersten Panzerschiffe Friedrich Karl und Kronprinz liefen im Jahre 1867 auf ausländischen Werften vom Stapel, in Deutschland war der Eisenschiffbau noch nicht aus den ersten Anfängen heraus. Dann wurde 1868 die große stattliche Panzerfregatte König Wilhelm in London angekauft; sie war von der Türkei bestellt worden, konnte aber von ihr nicht bezahlt werden. In Deutschland, in Danzig, lief 1868 die schönste hölzerne Schraubenkorvette, die Elisabeth vom Stapel; sie war ein Meisterstück deutschen Schiffsbaus. Die Elisabeth machte ihre erste Reise zur Einweihungsfeier des Suezkanals nach dem Mittelmeer und vereinigte sich in Port Said mit dem Geschwader, dessen Flaggschiff, die Korvette Hertha, den Kronprinzen Friedrich Wilhelm von Preußen an Bord hatte; außerdem gehörten Arkona, die Jacht Grille und das Kanonenboot Delphin zu dem Geschwader. Der Kronprinz machte auf der Grille die Durchfahrt durch den eröffneten Kanal und kehrte auf der Elisabeth nach Neapel zurück, während Hertha durch den Kanal nach Ostasien segelte und Arkona nach Westindien ging, um die Deutschen in La Guayra während der venezolanischen Aufstände zu schützen. Das wichtigste Ereignis in den heimischen Gewässern war die Eröffnung des Kriegshafens an der Jahde, der nach fleißiger zäher Arbeit unter größten Schwierigkeiten endlich fertig geworden war; König Wilhelm taufte den Platz am 17. Juni 1869 Wilhelmshaven. Im Frühjahr 1870 wurde das alte Dampflinienschiff Renown von England gekauft und diente als Artillerieschulschiff bis zum Jahre 1881; später wurde es als Kasernenschiff aufgebraucht und ist jetzt längst abgewrackt (d. h. als unbrauchbar abgebrochen). Unsre drei Panzerschiffe machten ihre ersten Geschwaderübungen unter dem Befehle des Vizeadmirals Jachmann im Sommer 1869 in den heimischen Gewässern. Im Sommer 1870 sollte dasselbe Geschwader seine Fahrten unter der Leitung des Prinzadmirals Adalbert bis zu den Azoren ausdehnen. Kurz nach dem Auslaufen aus Plymouth aber traf die Kriegserklärung ein und zwang das Geschwader, schleunigst nach dem Jahdbusen zurückzulaufen.

Deutsche Ohnmacht zur See 1870/71

Beim Ausbruche des großen Kriegs hatte die norddeutsche Bundesflotte 3 Panzerfregatten, 2 Panzerfahrzeuge, 1 Linienschiff, 3 gedeckte Korvetten, 5 Glattdeckskorvetten, 1 Jacht, 8 Kanonenboote erster und 14 zweiter Klasse; an nicht kampffähigen Schiffen waren 3 Raddampfer und 7 Segelschiffe da. Die Besatzung zählte 162 Seeoffiziere,

---

[1] „Nautische Rückblicke" (Berlin, 1892).
[2] Die Schiffe der preußischen und spätern norddeutschen Marine werden in den folgenden Abschnitten noch beschrieben werden.

3655 Unteroffiziere, Matrosen und Heizer; das Seebataillon hatte 22 Offiziere und 680 Soldaten, die Seeartillerie, die die Küstenwerke der Seehäfen verteidigte, hatte 14 Offiziere und 453 Kanoniere. Die besten deutschen Seestreitkräfte, das Panzergeschwader mit den Fregatten König Wilhelm, Friedrich Karl und Kronprinz, sowie dem Panzerfahrzeug Arminius sollte die Nordseehäfen schützen; ihm waren Kanonenboote und schnelle Handelsdampfer als Vorpostenschiffe beigegeben. Das Geschwader lag auf der Reede von Schilig im Jahdebusen; auf der Unterelbe war das Panzerfahrzeug Prinz Adalbert mit mehreren Kanonenbooten, für die Unterweser waren nur einige Kanonenboote verfügbar. Den Oberbefehl an der Nordseeküste führte der Vizeadmiral Jachmann, den an der Ostseeküste der Kontreadmiral Heldt; der Prinzadmiral folgte dem König auf den Kriegsschauplatz, weil die Seestreitkräfte zu der völlig passiven Rolle der Hafenverteidigung verurteilt waren. An der Ostseeküste lagen in Kiel das Linienschiff Renown und die Korvette Elisabeth, in der Weichselmündung die Glattdecksforvette Nymphe; in Swinemünde und in den Rügenschen Gewässern war die Kanonenbootsflottille aufgestellt. In Ostasien waren Hertha und Medusa, bei den Azoren lag die Korvette Arkona, und in den westindischen Gewässern kreuzte das Kanonenboot Meteor. Die deutschen Häfen und Flußmündungen wurden so schnell wie möglich durch Seeminensperren, durch versenkte mit Steinen beladene Handelsschiffe, auch durch Balken und Ketten gesperrt und die Küstenwerke bewaffnet. Man konnte an nichts andres als an Küstenverteidigung denken, denn die französische Flotte war damals schon wieder die größte nächst der englischen.

Das erste feindliche Geschwader unter dem Befehle des Vizeadmirals Bouet-Willaumez verließ Cherbourg am 24. Juli 1870; es war für die Ostsee bestimmt und bestand aus den Panzerfregatten Surveillante, Gauloise, Guienne, Flandre, Océan, den Panzerkorvetten Thetis und Jeanne d'Arc und dem Aviso Cassard, denen später noch der Aviso Hermite und die Jacht Jerome Napoleon folgten, das Geschwader war mit 70 schweren und vielen leichten Geschützen bewaffnet, und seine Besatzung zählte rund 4000 Mann. Ihm standen in der Ostsee nur hölzerne deutsche Schiffe mit 40 leichten Kanonen und 700 Mann gegenüber. Das Geschwader machte keinen Angriff auf Kiel, sondern begnügte sich damit, die Küste und besonders die Haupthäfen zu blockieren. Nur um diesen mächtigen Feind zu beunruhigen, wechselten am 17. August die Jacht Grille und die Kanonenboote Drache, Blitz und Salamander in den Rügenschen Gewässern bei Hiddensee einige Schüsse mit dem französischen Geschwader. Ferner machte in der Nacht des 21. zum 22. August die Glattdecksforvette Nymphe eine Erkundungsfahrt gegen drei im Putziger Wieck verankerte französische Panzerfregatten, wobei mehrere Breitseiten, ohne Schaden anzurichten, abgegeben wurden.

Zur Blockierung der Nordseeküste wurde unter dem Befehle des Vizeadmirals Fourichon ein französisches Nordseegeschwader ausgeschickt, das am 9. August bei Helgoland eintraf. Es bestand aus der Panzerfregatte Magnanime (Flaggschiff), Héroine, Valeureuse, Revanche, Couronne, Provence, und Invincible, aus der Panzerfregatte Atalante, aus den Holzkorvetten Chateau Renaud und Cosmao und aus den Avisos Renard und Décrès. Diese Schiffe waren mit 87 schweren und mit vielen leichten Geschützen bewaffnet; ihre Besatzung betrug rund 4600 Mann. Dieser großen Übermacht standen auf deutscher Seite drei Panzerfregatten und zwei Panzerfahrzeuge mit 59 schweren und nur wenigen leichten Geschützen, sowie mit einer Besatzung von rund 1900 Mann gegenüber. Die Durchführung der Blockade wurde den Franzosen dadurch sehr erleichtert, daß Helgoland in neutralem Besitz war. Während alle Leuchtfeuer an den deutschen Küsten gelöscht waren, bildete das sehr weit sichtbare Feuer von Helgoland für die französische Flotte bei Nacht eine zuverlässige Landmarke zur Ortsbestimmung; auch gewährte die Insel Schutz bei stürmischem Wetter. Unserm Panzergeschwader fiel eine „undankbare, zu echtem Heldentum keinen Raum bietende Rolle" zu. Hart am Feinde liegend, durfte es die übermächtige Panzerflotte, die unsre Nordseehäfen blockierte, nicht angreifen, um die Küste nicht ganz preiszugeben. Nur im Notfalle, wenn die französische Flotte die Elb- oder Wesermündung angegriffen hätte, würde unser kleines Geschwader zum Vorgehen berechtigt gewesen sein, um unter eigner Aufopferung dem Feinde soviel wie möglich Schaden zu thun, ihm den wahrscheinlichen Sieg also so teuer wie möglich zu machen. Daß die feindliche Flotte unsre Küste nicht angriff, kann am besten damit erklärt werden, daß der Landkrieg schon kurz nach der Kriegserklärung eine für uns erstaunlich günstige Wendung nahm. Ohne diese wunderbare Entwicklung würde uns die französische Flotte sicherlich in der Ostsee und in der Nordsee ganz anders mitgespielt haben. Die Blockade unsrer Küste zu hindern, daran war damals gar nicht zu denken. Der Seeverkehr war völlig abgeschnitten, unsre Handelsflotte war gelähmt, und viele Handelsschiffe wurden von feindlichen Kreuzern als Prisen aufgebracht. Aus den Erfahrungen in diesem siegreichen Kriege kann auch der Laie, der nichts von Strategie versteht, schließen, wie nötig wir heute eine Angriffsflotte brauchen, die den Feind von der Küste vertreiben könnte, besonders wenn unser Heer gegen zwei Fronten kämpfen müßte und heftigen Widerstand vor dem Gürtel von Sperrfestungen jenseits unsrer Westgrenze finden sollte.

Am 12. September lief Admiral Fourichon nach Cherbourg zurück, da ihm aus Frankreich keine Nachrichten mehr zugingen. Bald darauf, am 25. September erschien Admiral Bouet-Willaumez mit dem zurückkehrenden Ostseegeschwader vor der Jahde und dampfte am nächsten Tage nach Cherbourg weiter. Nachdem beide Geschwader sich neu ausgerüstet hatten, traf der inzwischen zum Marineminister ernannte Admiral Fourichon die Anordnung, daß abwechselnd das eine der Geschwader in der Nordsee kreuzen sollte, während das andre in Dünkirchen oder Cherbourg seine Vorräte ergänzte. Der Befehl dieser Geschwader ging auf die Admirale de Gueydon und Penhoet über.

Seegefecht des Meteor vor Havanna

Im Auslande kam es nur vor dem Hafen von Havanna zu einem Gefechte, am 9. November 1870, zwischen dem Kanonenboot Meteor (Kommandant Kapitänleutnant, jetzt Admiral, Knorr) und dem französischen Aviso Bouvet; Meteor hatte drei Geschütze und 64 Mann Besatzung, Bouvet fünf Geschütze von ziemlich gleicher Größe (nur ein schwereres als Meteor) und 85 Mann Besatzung. Auch an Schiffsgröße und Maschinenkraft war der Bouvet seinem Gegner überlegen. Als beide Fahrzeuge auf einander zu dampften, machte der größere Bouvet einen Versuch, den Meteor durch einen Rammstoß über den Haufen zu rennen. Kapitänleutnant Knorr vereitelte diese Absicht durch ein geschicktes Rudermanöver. Während die Schiffe dicht aneinander vorbeischoren, wurde dem Meteor der Großmast geknickt; im Fallen riß dieser noch den Besahnmast mit sich über Bord. Außerdem waren zwei Geschütze des Meteor bei dem Zusammenstoß aus den Pivotbolzen gehoben worden und dadurch zeitweilig gefechtsunfähig gemacht worden. Mit dem dritten Geschütz wurde glücklicherweise unmittelbar darauf durch eine Granate ein Dampfkessel des Bouvet getroffen. Der Feind, hierdurch kampfunfähig gemacht, setzte alle Segel und zog sich nach dem Hafen von Havanna zurück. Meteor konnte die Verfolgung nicht sofort aufnehmen, da die Takelung der über Bord gefallenen Masten seine Schraube unklar gemacht hatte; die Maschine mußte deshalb gestoppt werden, bis die Schraube wieder vom Tauwerk befreit war. In der Zwischenzeit hatte sich der Bouvet innerhalb der Neutralitätsgrenze der spanischen Gewässer in Sicherheit bringen können.

Im Kreuzerkrieg war nur Augusta thätig

Die Schiffe Hertha, Medusa und Arkona, die sich, wie schon erwähnt, gleichfalls im Auslande befanden, kamen nicht ins Gefecht. Sie wurden, besonders Arkona, mehrfach von weit überlegnen feindlichen Seestreitkräften in neutralen Häfen eingeschlossen. Während die französische Flotte also alle Meere beherrschte, gelang es nur einem schnellen deutschen Kreuzer, überraschend vor der französischen Küste zu kapern; das war die Glattdeckskorvette Augusta, die wegen eines Umbaues erst im Oktober 1870 in Danzig in Dienst gestellt werden konnte. Kommandant wurde derselbe Korvettenkapitän Weickhmann, der schon mit der Nymphe die kühnen Angriffe gegen die französische Blockadeflotte gemacht hatte. Um die Waffeneinfuhr zu verhindern, die von England und Amerika nach Frankreich ungestört betrieben wurde, sollte die Augusta im Atlantischen Ozean kreuzen. Vor der Gironde machte sie drei Prisen; es waren zwei mit Mehl und Brot beladne Segelschiffe und ein Proviantdampfer. Die Segelschiffe wurden unter dem Befehl von Seekadetten nach der Heimat geschickt, eins strandete aber unterwegs, wobei die Besatzung gerettet wurde, der Dampfer mußte aber verbrannt werden, weil er nicht geborgen werden konnte. Als dann die Augusta den spanischen Hafen Vigo anlaufen mußte, um ihren Kohlenvorrat zu ergänzen, blockierten die Franzosen diese Hafeneinfahrt mit drei Panzerschiffen und einem Aviso. Dadurch war auch sie gelähmt.

Einfluß der Seemacht auf den deutschfranzösischen Krieg

Auch in diesem großen siegreichen Landkriege hatte Deutschland schwer darunter zu leiden, daß seine Flotte nicht die See beherrschte; denn viel Blut tapfrer Landsoldaten wäre gespart worden, wenn unsre Flotte die Waffeneinfuhr nach Frankreich hätte verhüten können. Dann wäre es Gambetta unmöglich gewesen, seine riesigen Volksheere, die unsern Truppen manch blutige Schlacht lieferten, ehe sie bezwungen waren, so schnell „aus der Erde zu stampfen." Der französische Admiral Réveillière sagt darüber: „Man darf ja nicht vergessen, daß Frankreich 1871 nur dank seiner freien Bewegung auf dem Meere seinen Widerstand verlängern und durch die Verlängerung des Kampfs zwar nicht sein Gebiet, aber doch seine Ehre retten konnte. Da es durch seine Küsten mit der ganzen Erde in Verbindung stand, fand es im Meere eine unerschöpfliche Lebensquelle. In der schwierigen Lage eines Menschen, dessen eine Lunge nicht arbeitet, atmete es mit der andern. So konnte es leben bis zu dem Tage, wo der Deutsche ihm das Herz erdrückte. Wenn die Deutschen Herren des Meeres gewesen wären, so würde Frankreich wie in einem Schraubstock eingeschlossen, schon im Anfang an Erstarrung umgekommen sein." Das war die Folge unsrer Ohnmacht zur See in einem glücklichen Kriege! Daraus kann jeder schließen, wie verhängnisvoll für uns eine zu schwache Kriegsflotte bei einem minder glücklichen Kriege werden könnte.

Englische Neutralität

Die Waffenzufuhr dankten die Franzosen besonders den englischen Kaufleuten; da gute Geschäfte zu machen waren, kümmerte sich das seemächtige England natürlich nicht um den politischen Anstand, den die Neutralität eigentlich gefordert hätte. Als man in Deutschland Klage über die Verletzung der Neutralität erhob, da fragte die Times sehr unverfroren: „Wo ist die deutsche Flotte?" Da unsre eingeschlossene Flotte nicht die Macht hatte, gegen die Kriegskontrebande führenden englischen Schiffe einzuschreiten, so hatten wir eben auch kein Recht zu klagen. Anders lag die Sache, wie Admiral Batsch erzählt, während des Krimkriegs; da ging ein flotter Waffenhandel von Amerika über die

Hansestädte und über unsre Grenze nach Rußland. Als die Engländer sich darüber beklagten, mußten wir schleunigst die russische Grenze für die Waffenausfuhr sperren, denn sonst hätte die englische Flotte unsre Seehäfen gesperrt.

Die Geschichte der deutschen Seemacht spiegelt die Geschicke des deutschen Volks im ganzen. Seetüchtig sind die Völker deutschen Bluts von jeher gewesen, aber wegen der Zersplitterung der Kräfte, wegen der Zerrissenheit der deutschen Stämme hat in frühern Zeiten auch zur See nie eine dauernde Herrschaft errungen werden können. Erst als die Hohenzollern zu Deutschlands Ruhm und Segen ihre Schutzherrschaft vom Fels zum Meere ausdehnen konnten, schufen sie die Grundlage, auf der sich jetzt nach der Gründung des Reichs die deutsche Marine aufbaut. Die Einigung ist da, und damit die Möglichkeit, daß uns eine feste Hand auch auf der See dem zuführt, was wir auf dem Lande schon erreicht haben. Schüchtern und allmählich faßt im deutschen Lande die Einsicht Wurzel, warum ein starkes Reich, dessen Volk das Zeug zum Seevolke wie kein andres der Erde hat, der Seegeltung, ja der Seegewalt bedarf, um in der Reihe der Großmächte zu bleiben.

Kurbrandenburgische Fregatten im Kampfe mit spanischen Linienschiffen

Dritter Abschnitt
Die Thätigkeit der deutschen Kriegsflotte seit der Wiederherstellung des Reichs

Die Kaiserstandarte wird gehißt

Nach dem großen Kriege, der das deutsche Reich mächtiger als je erstehen ließ, war es erklärlich, daß man den Einfluß des Heeres überschätzte und den der Seemacht zu gering achtete. Die glänzenden, beispiellosen Erfolge, die die Landmacht errungen hatte, ließen den Gedanken gar nicht aufkommen, daß eine kräftige Kriegsflotte denselben Krieg kürzer und weniger blutig hätte machen können. Durch die herrlichen Siege auf dem festen Lande wurde die deutsche Landsknechtsnatur fast noch meerfremder, als sie es seit Jahrhunderten schon war. Es war ja alles ohne die Flotte so gut gegangen; den Schaden, den die feindliche Flotte unserm Seehandel zugefügt hatte, mußte das französische Volk durch die Kriegsentschädigung wieder gut machen. Das Schlagwort von der Verteidigungsflotte (gewöhnlich Defensivflotte genannt), von dessen Entstehung schon die Rede war, gewann nun erst recht festen Boden.

In der amtlichen Denkschrift über die Entwicklung der kaiserlichen Marine von 1873 tritt diese Ansicht deutlich zu Tage, denn darin heißt es: „Die Offensivkraft in einem großen Kriege kann und muß Deutschland seiner Landarmee überlassen. Denn einen Punkt darf man nicht beim Vergleich des Land- und Seekriegs vergessen, jedes feindliche Dorf, welches in Besitz genommen wird, ist ein faktischer Erfolg, ein erobertes Schiff kommt erst in Anschlag, wenn das Fazit des Kriegs gezogen wird. Eine eroberte Festung sichert die Eroberung einer Provinz. Die Wegnahme einer ganzen feindlichen Kriegsflotte gewährt höchstens das Mittel, eine Eroberung zu beginnen." Es giebt ein Sprichwort: man soll den Stier bei den Hörnern packen; hier verdient es angewendet zu werden, hoffentlich gelingt es dann, das unselige Schlagwort von der Verteidigungsflotte zu beseitigen. Zunächst verraten die angeführten Sätze der Denkschrift einen Verfasser, der niemals über den Einfluß der Seemacht auf die Geschichte nachgedacht hat; denn das beweist

Der Flottengründungsplan von 1873 und seine Fehler der kurzsichtige Schlußsatz: „Die Wegnahme einer ganzen feindlichen Kriegsflotte gewährt höchstens das Mittel, eine Eroberung zu beginnen." Die Geschichte lehrt, daß die „Wegnahme" (oder Vernichtung) einer feindlichen Flotte die Seeherrschaft gewährt. Die Seeherrschaft giebt das Mittel, Feldherrn wie Hannibal, Alba, Napoleon in ihrem Siegeslaufe zu stören! Aber um dem Gedankengange der Denkschrift näher zu bleiben, so wird man mit demselben Recht sagen können: Die Wegnahme einer feindlichen Kriegsflotte sichert die Eroberung der feindlichen Gewässer — wie in der Denkschrift steht: Eine eroberte Festung sichert die Eroberung einer Provinz. Wer die feindlichen Gewässer beherrscht, lähmt den Seeverkehr des Gegners und wird in den meisten Fällen dem ganzen Feindeslande dadurch mehr Schaden zufügen, oder doch ebensoviel, als wenn er einige feindliche Festungen und Provinzen besetzt. Und wenn man dem zweiten Satze der Denkschrift folgende Fassung giebt: jedes feindliche Schiff, das in Besitz genommen wird, ist ein faktischer Erfolg, ein erobertes Dorf kommt erst in Anschlag, wenn das Fazit des Krieges gezogen wird — so stimmt das ebenso gut, woraus wohl jedermann das Unlogische der Denkschrift begreifen wird. Denn ein erobertes Dorf kann im Laufe des Krieges gerade so wie ein Schiff öfters den Besitzer wechseln, bei allen Einzelerfolgen ist aber schließlich nur die Summe, das Endergebnis maßgebend. Die Eroberung eines einzelnen Schiffes kann unter Umständen für den Feind viel nachteiliger sein, als die Besetzung eines Dorfes; mit dem Dorfe geht keine Streitkraft verloren, wohl aber mit dem Schiffe. Am gefährlichsten und irrigsten ist der erste angeführte Satz der Denkschrift; darin handelt es sich um zweierlei. Erstens: kann wirklich Deutschland in einem großen Kriege die Offensivkraft stets seiner Landarmee überlassen? Gegen unsre gefährlichsten Wettbewerber im Welthandel, mit denen also am leichtesten Streitigkeiten entstehen können, nämlich gegen England und gegen die Vereinigten Staaten ist die Landmacht, solange sie nicht von einer kräftigen Flotte unterstützt werden kann, ohnmächtig; und ob unsre Landmacht genügende Offensivkraft hat, gleichzeitig gegen Feinde im Westen und im Osten des Vaterlandes angreifend vorgehen zu können, das ist noch nicht erprobt. Zweitens: warum muß Deutschland die Offensivkraft in einem großen Kriege seinem Landheere überlassen? Da guckt ja die altbekannte Landsknechtsnatur sogar aus der amtlichen Denkschrift heraus; sie hält es freilich für Ketzerei, daß jemand so etwas bezweifeln könne, aber trotzdem soll hier die ketzerische Frage aufgeworfen werden: warum muß denn gerade das Landheer in einem große Kriege die Offensive übernehmen, und warum darf das die Flotte nicht thun? Zum Beispiel sei ein Krieg gegen Rußland und Frankreich angenommen. Da wir gewiß weder französisches noch russisches Gebiet als Fazit des Kriegs würden erwerben wollen, so könnte es genügen, wenn das Heer unsre Grenzen vor feindlichen Einfällen behütet, ohne selbst „offensiv" vorzugehen. Wenn aber in einem solchen Kriege die Flotte nicht genug „Offensivkraft" hätte, um unsre heimischen Meere zu beherrschen und unsern Seeverkehr freizuhalten und die überseeische Schiffahrt zu schützen, dann würden auch Gebietseroberungen auf dem Lande uns nicht vor großer Not schützen; denn dann würde die „Offensivkraft" der feindlichen Flotte die Seeherrschaft gewinnen und würde unsre Schiffahrt in den Häfen festlegen, und das Land würde wie eine belagerte Festung langsam ausgehungert werden. Das deutsche Land kann ja schon lange nicht mehr alle seine Bewohner selbst nähren; Deutschland ist längst zum größern Teile Gewerbestaat, nur zum kleinern Ackerbaustaat, und ein Feind, der die See beherrscht, könnte die Zufuhr des nötigen Getreides auch auf dem Wege von den Niederlanden, von Italien und Österreich her verhüten, indem er auch den Seehandel dieser Länder lähmte. Die Seemacht kann aber schon mit viel geringerer Menschenkraft erkämpft werden als Schlachtenerfolg auf dem Lande; das beweist das kleine England, dessen mächtige Flotte kaum 90000 Mann Besatzung fordert. Seekriege kosten zwar mehr Geld, aber weniger Blut als Landkriege.

Der Vorteil der strategischen Offensive für den Landkrieg ist jedem Deutschen bekannt, und er ist nicht zu bestreiten; trotzdem aber muß hier gesagt werden (selbst auf die Gefahr hin, als Ketzer verdammt oder als „Flottenenthusiast" des „Größenwahns" angeklagt zu werden), daß die Flottenoffensive noch viel größere Vorteile hat wie die des Heeres. Der offensive Landkrieg geht nur allmählich in Feindesland über und kann oft lange Zeit mit wechselndem Glück an gut verteidigten Grenzen spielen. Beim Seekriege sucht die offensive Flotte sofort die feindliche Küste auf, überträgt damit in kürzester Zeit den Krieg auf fremdes Gebiet und schützt ihre eignen Küsten dadurch, daß sie die feindliche Flotte an der feindlichen Küste bekämpft. Noch klarer tritt der Vorteil der Offensivflotte in der Gefechtsweise zu Tage. Am Lande ist zwar die strategische Offensive, die den Krieg auf Feindesland überträgt, der strategischen Defensive vorzuziehen, aber diese Offensive verlangt eine Kampfweise (eine taktische Offensive), die große Nachteile hat. Denn es ist offenbar immer schwerer und mit größern Verlusten verknüpft, einen Feind aus irgend einer Verteidigungsstellung herauszuwerfen, als selbst in gedeckter Stellung (in taktischer Defensive) den Anlauf des Feindes aufzuhalten und abzuschlagen. Im Seekriege giebt es keine taktische Defensive im Kampfe zwischen Schiffen; Geschwader, die den Feind von der Küste vertreiben wollen, müssen ihn aufsuchen, ihm entgegengehen und ihn angreifen (also taktische Offensive!); ein Beispiel ist das schon beschriebene Gefecht bei Jasmund am 17. März 1864. Schiffe, die stillliegend den Feind erwarten wollten, würden sich nicht manövrierfähig sein, wären also so fremden Waffen, besonders dem Torpedo und Sporn, von vornherein auf Gnade und Ungnade ausgeliefert. Deshalb ist von vielen Fachleuten auch längst nachgewiesen, daß Schiffe kein gutes Mittel sind, um Küstenwerke bei der Verteidigung zu unterstützen; denn sie müssen ja dabei ihre besten Eigenschaften, die Beweglichkeit und Schnelligkeit aufopfern. Da thut man besser, wenn man wirklich nur die Küste verteidigen will, die Küstenwerke am Lande zu vermehren; denn die sind doch den feindlichen Torpedo= und Rammangriffen nicht ausgesetzt. Aber die Wirkung der Küstenwerke reicht freilich nicht über den Feuerbereich ihrer Geschütze hinaus, das ist ihr großer Fehler; nur die bewegliche Streitkraft, die Flotte, kann den feindlichen Blockadegeschwadern zu Leibe gehen, um sie zurückzutreiben und die heimischen Gewässer frei zu machen. Bei Jasmund gelang das nicht, weil unser Angriffsgeschwader zu schwach war. Was folgt daraus? Doch offenbar, daß eine Kriegsflotte überhaupt nur dann Zweck hat, wenn sie stark ist, wenn sie selbständig ist, wie der Prinzadmiral es ausdrückte.

Vergebens mahnte Prinz Adalbert: „das deutsche Reich darf keine Flotte haben, die zum Leben zu klein und zum Sterben zu groß ist"; das militärische Deutschland jener großen Zeit konnte es nicht begreifen, daß das gewaltige neue Reich der Offensivkraft ebenso wie auf dem Lande auch auf der See bedarf, um gegen alle Feinde gerüstet zu sein. Jetzt, nach mehr als zwei Jahrzehnten ist es leichter, die großen Irrtümer, die die angeführte Denkschrift enthält, zu

Nutzen einer Angriffsflotte

erkennen, als damals; jetzt spürt jeder am eignen Leibe, daß das Land zu eng geworden ist, daß wir Welthandel treiben müssen, um leben zu können; und viele wissen auch schon die Bedeutung guter Kolonien zu würdigen. Welthandel und Kolonien sind aber ohne Seemacht nicht selbständig, sondern beständig durch Neider gefährdet. Da wäre es eine gefährliche, halbe Maßregel, die Flotte wie bisher nur für die Defensive zu bestimmen. Nein, die Entwicklung der Flotte muß auf die Offensive begründet werden, weil die Flotte die Aufgabe hat, die deutschen Seeinteressen zu vertreten, weil sie Deutschlands Macht da fühlbar machen soll, wo das Landheer nicht hinkommen kann. Übermächtigen Gegnern gegenüber, wie z. B. England es jetzt ist, werden wir freilich in der Defensive verbleiben, aber sie wird von einer kräftigen Flotte natürlich besser durchgeführt werden, als von einer schwachen, nur auf die Küstenverteidigung zugeschnittenen. Und dann darf man nie vergessen, daß eine Defensivflotte für einen Bundesgenossen gar keinen Wert hat; im Kriege zwischen Seemächten wird unsre Hilfe um so begehrter sein, je kräftiger wir zur See auftreten können. Der gefährlichste Feind Europas, die selbstsüchtige englische Seemacht, kann nur in Schranken gehalten werden, wenn die Großmächte des Festlandes, jede nach ihrer Kraft, Kriegsflotten halten; sonst wächst die britische Weltmacht allen derart über den Kopf, daß jede einzelne den Schaden davon hat, und wir den größten, weil wir am meisten vom Welthandel abhängig sind.

Als das deutsche Reich begründet wurde, dachte wohl niemand — außer vielleicht dem gewaltigen und weitblickenden Kanzler, der nie in seinem Leben mit dem „perfiden Albion" sympathisiert hat — daran, daß Deutschland einmal in einen Krieg mit England verwickelt werden könnte; heute, wo das englische Volk mit der bekannten Brutalität gegen uns gehetzt hat, weil sich Deutschland mit gutem Recht dem bedrängten Transvaal freundlich gezeigt hat, heute wird niemand mehr bezweifeln können, daß kriegerische Verwicklungen mit England durchaus nicht unmöglich sind. Wer weiter blickt, muß erkennen, daß die Gelegenheit, mit England zusammenzustoßen, wächst, je mehr unser Welthandel, unser Seeverkehr zunimmt. De- und wehmütig diesen Handel einschränken, um dem bösen Vetter allen Verdienst allein zu lassen, können wir nicht, weil wir Welthandel treiben müssen, um unsern Lebensunterhalt zu fristen. Also müssen wir es darauf ankommen lassen, irgendwo in der Welt seine Handelseifersucht, seinen Neid, seine Niedertracht hervorzurufen. Bekanntlich kann aber auch der Beste nicht im Frieden leben, wenn es dem bösen Nachbar nicht gefällt. Über Nacht kann der Fall eintreten, daß England uns den Krieg erklärt. Das Benehmen des englischen Volks zeigt deutlich, daß auch für England gilt, was die Denkschrift von 1873 über die Entwicklung des eignen Offensivvermögens offenbar nur auf exotische Staaten gemünzt hat: „Wir müssen die Mittel haben, schützend auftreten zu können, wo unsre deutschen Interessen unmotiviert (?) verletzt worden sind, wie dies in denjenigen Staaten so leicht geschieht, wo die Leidenschaften der einzelnen größer sind als die Macht und die Vernunft des Staats." Nun, solange z. B. ein ähnlicher Minister wie Chamberlain die auswärtigen Angelegenheiten Englands führt, ist diese Gefahr durchaus nicht ausgeschlossen. Wer aber diese Gefahr zugiebt, der muß auch einsehen, daß unsre Flotte der Offensivkraft nicht entbehren kann. Das wäre allerdings Größenwahn, mit einem Schlage oder selbst in ein paar Jahrzehnten eine Flotte schaffen zu wollen, die der englischen gewachsen wäre; das überschreitet leider unsre Mittel. Aber da England wenig Freunde hat, ist es auch nicht nötig; wer weiß, ob nicht Frankreich im Laufe der Jahre klug genug wird einzusehen, daß es von uns ebensowenig zu fürchten hat, wie es etwas bei uns zu holen hat, daß vielmehr England auch ihm der gefährlichste Feind ist; stößt es doch schon überall auf britischen Dünkel, in Ägypten, in Hinterindien und an andern Stellen, wo englischer und französischer Einfluß mit einander ringen. Rußland kennt schon längst kein andres Ziel als die Vernichtung der englischen Weltherrschaft, die es am Vordringen in Asien hindert. Wer kann heute verneinen, daß beide Mächte einmal bereit sein könnten, gemeinschaftlich mit uns Englands Weltherrschaft zu brechen? Für Freund und Feind aber ist es wichtig, wenn Deutschland imstande ist, seine Macht zur See mitsprechen zu lassen; denn heute entscheidet Seemacht und nicht Landmacht über das politische Gleichgewicht auf unserm kleinen Planeten. Nur zur See können wir in dem Falle, daß es sein muß, unsre Feinde gefährlich treffen: Frankreichs Landesgrenze ist durch starke Festungen gesperrt, das russische Reich deckt seine Größe und seine unwirtlichen Gelände an der Westgrenze, dazu auch viele Festungen, England, Nordamerika, Japan sind nur zur See angreifbar.

Der Grundsatz der alten Denkschrift ist also irrig, das kann bei einigem guten Willen heute jeder erkennen; das deutsche Reich muß eine Flotte haben, die groß genug ist zum Leben, und das ist nur eine Flotte, die stark genug zum Angriff ist. Seine Flotte muß selbständig sein, das heißt, sie muß Schlachtschiffe genug haben, um auf hoher See feindliche Schlachtflotten ebenbürtiger Stärke mit Erfolg bekämpfen zu können. Über die andern mannichfachen Aufgaben der Kriegsflotte, die besonders den Kreuzern zufallen, wird später Gelegenheit sein zu sprechen.

Auch die Denkschrift von 1873 fordert schon „eine Zahl starker und guter seegehender Schlachtschiffe," aber nur zu „Angriffen gegen Flottillen und gegen Küstenforts in mehr oder minder entfernten Gewässern"; was für Flottillen gemeint sind, ist nicht zu erkennen. Weiter sagt die Denkschrift: „Die Frage, wie wir im Falle eines europäischen Kriegs unsre Handelsmarine schützen, ist nicht beantwortet, weil im Falle eines Kriegs mit den großen Seemächten die deutsche Kriegsmarine nicht (!) imstande ist, dieser Aufgabe zu genügen, sondern dies nur (?) indirekt durch unsre Landmacht geschehen kann. Der deutschen Kriegsmarine wird dann nur die Aufgabe zufallen, die in ihr liegende Kraft voll auszunutzen, um ihr Scherflein zur Entscheidung beizutragen." Da liegt der Hase im Pfeffer, wie man so sagt; also den Schutz des Seehandels kann eine Defensivflotte gar nicht übernehmen, denn sie kann sich auf der See in einem europäischen Kriege nicht sehen lassen. Nun, jedes Handelsschiff kann auch die mächtige englische Flotte nicht schützen, auch Englands Seehandel kann von schwächern Seemächten sehr empfindlich geschädigt werden durch Kaperung von Handelsschiffen, aber solange die Flotte die See frei hält, und die Häfen nicht blockiert sind, solange ist der Seeverkehr gesichert. Wer darauf verzichtet, den Seehandel zu schützen, denn den vermittelt ja die Handelsmarine, der giebt seine überseeischen Interessen auf. Der Verlust einiger Handelsschiffe, oder auch vieler, kann freilich indirekt mit der Landmacht ausgeglichen werden, aber doch nur im Kriege gegen Festlandmächte, indem das siegreiche Heer die Bezahlung des Schadens erzwingt. Aber ein wirksamer Schutz für die Handelsflotte wäre das nicht: der seebeherrschende Feind wird stets in der Lage sein, dem Gegner den Seeverkehr ganz zu lähmen, besonders bei längerm Kriege, ihm die Handelsverbindungen über See zu rauben und den Welthandel in andre Bahnen zu lenken, wenn der von der See verdrängte Gegner keine Offensivflotte hat. Der Seemächtige schneidet dem Gegner die Adern des Seehandels auf, sodaß er verbluten muß, das ist die Gefahr! Für die Weltinteressen giebt es also keinen sichern „indirekten" Schutz durch die Landmacht: werden sie zerstört, gehen die überseeischen Handelsverbindungen durch Lähmung des Seehandels verloren, so werden sie vielleicht nie, wie bei Holland, sicher aber nur sehr langsam wieder erworben werden können. Den wichtigsten, ja eigentlich den einzigen Zweck der Kriegsflotte kennt die Denkschrift gar nicht: den des Kampfs um die Seeherrschaft, der schon so oft, wie in den beiden ersten Abschnitten hier gezeigt wurde, aber Völkergeschicke entschieden hat, und bei dem auch in Zukunft noch oft die Entscheidung liegen wird, weil alle Großmächte außer Deutschland zugleich auch wirkliche Seemächte sind. Es ist schon gezeigt worden, daß unsre Kriege von 1864 wie von 1870/71 schneller und mit geringerm Verluste an Menschenleben hätten durchgeführt werden können, wenn wir damals mit einer kräftigen Angriffsflotte die See hätten beherrschen und dem Feinde den Seeverkehr abschneiden können. Ebenso beweist der nordamerikanische Bruderkrieg in den Jahren 1861 bis 1864 überzeugend den Einfluß der Seemacht auf den ganzen Ausgang des Kriegs. Ohne kräftige Schlachtflotte ist aber natürlich keine Seeherrschaft zu gewinnen, und ohne kräftige Kreuzerflotte sind unser Welthandel und die Ausbreitung unsrer heimischen Gewerbethätigkeit stets in der Gefahr, schon in einem Kriege mit Seemächten zweiten Ranges, wie Nordamerika, Rußland, Spanien und Japan, vernichtet zu werden.

Es war also ein verhängnisvoller Fehler, daß unsrer Kriegsflotte vor allem die Aufgabe der Küstenverteidigung zugeteilt wurde, und daß sie sich dabei nur schüchtern aufs Meer hinaus wagen konnte. Der Große Kurfürst hatte das eigentliche Wesen der Kriegsflotte richtig erfaßt; er benutzte seine Flotte nur auf hoher See, und zwar zum Kaperkrieg weil für den Kampf um die Seeherrschaft nicht stark genug war, und zum Erwerb von überseeischem Landbesitz. Zum Küstenschutz konnte er Landbefestigungen und Landsoldaten verwenden, dazu war die Flotte nicht nötig.

Der Bestand der Flotte sollte im Jahre 1882 gebracht sein auf:

	davon schon vorhanden	davon schon im Bau	unbrauchbar werden davon bis 1882	neu zu bauen
8 Panzerfregatten	3	5	—	—
6 Panzerkorvetten	—	1	—	5
7 Monitors, gepanzert	2	—	1	6
2 Panzerbatterien	—	—	—	2
20 Korvetten	10	2	8	16
6 Avisos	2	—	1	5
18 Kanonenboote	18	—	15	15
2 Artillerieschulschiffe	1	—	—	1
3 Segelbriggs	3	—	—	—
28 Torpedofahrzeuge	6	—	—	22

Die Denkschrift von 1873 aber forderte von der Kriegsmarine: „1. Schutz und Vertretung des Seehandels auf allen Meeren; 2. Verteidigung der vaterländischen Küsten; 3. Entwicklung des eignen Offensivvermögens," und das sollte ohne „Offensivkraft" zur See erreicht werden! Damit bekam die ganze Entwicklung der Flotte eine „grundsätzlich falsche Richtung"[1]: denn die Seeinteressen der Nation forderten die Schöpfung einer Angriffsflotte, die um so einseitiger als solche hätte entwickelt werden müssen, je weniger Mittel der Staat oder die Volksvertreter dafür verwenden wollten. Statt dessen wurde außer einer bescheidnen Kreuzerflotte eine kräftige Küstenverteidigungsflottille und eine sehr schwache Schlachtflotte gebaut. Der Flottengründungsplan sollte bis zum Jahre 1882 fertig durchgeführt sein und forderte dazu eine einmalige Ausgabe von 218½ Millionen Mark neben den laufenden Unterhaltungskosten.

Die 8 Panzerfregatten sollten „zur lebendigen (!) Küstenverteidigung in der Nordsee dienen," und zwar „zur Beherrschung der Jahde-, Weser- und Elbmündungen," gleichzeitig sollten aber von diesen 8 Schlachtschiffen immer nicht weniger als 6 zur Verstärkung des Kreuzergeschwaders „behufs offensiver Zwecke" bereit sein, also offenbar für den überseeischen Dienst: dann wären zur lebendigen Küstenverteidigung aber nur 2, sage und schreibe zwei Panzerfregatten übrig geblieben. Das war auch eine für jene Zeit ganz unverständlich geringe Forderung, aber sie ist deutlich genug auf Seite 9 und 10 der Denkschrift zu lesen; leider steht nicht dabei, wie man sich damals eigentlich diese lebendige Verteidigung vorgestellt hat. Das mächtige deutsche Reich begnügte sich mit dem Stande der wichtigsten Schiffe, der „Linienschiffe" der alten Flotte, den im Jahre 1867 der Flottenplan für den bedeutend kleineren norddeutschen Bund festgesetzt hatte! Vollends jetzt aber nach drei Jahrzehnten, wo alle fremden Flotten ungeheuer gewachsen sind, kann diese Stärke unmöglich mehr genügen. Und doch haben wir heute, wenn man die beiden Neubauten, Kaiser Friedrich III. (Ersatz für Preußen) und Ersatz Friedrich der Große mitzählt, nur 6 vollwertige Panzerschiffe erster Klasse, die den Panzerfregatten jener Zeit entsprechen; denn die sehr alten, längst von der Technik überholten Schiffe König Wilhelm, Kaiser und Deutschland können wegen ihres verminderten Gefechtswertes höchstens noch als Panzerkorvetten gelten. Statt der 6 Panzerkorvetten kann man jetzt mit den eben genannten 3 Schiffen 8 zählen, worunter freilich König Wilhelm und Oldenburg nur noch ganz geringen Gefechtswert gegen moderne Schiffe, die den Panzerkorvetten jener Zeit dem Range und der Größe nach entsprechen, haben. Statt der 7 Monitors und 2 Panzerbatterien kann man als gleichwertig die 8 Küstenverteidiger der Siegfriedklasse rechnen, die aber zu dem besondern Zwecke gebaut sind, den Kaiser Wilhelm-Kanal zu schützen. Die Monitors und die Panzerbatterien sind überhaupt nicht gebaut worden; statt der 7 Monitors sind 13 kleine Panzerkanonenboote der Wespeklasse (für dasselbe Geld) erbaut, während man auf die beiden schwimmenden Batterien verzichtete, „mit Rücksicht auf die inzwischen gewonnenen Erfahrungen über die Wirksamkeit der Angriffstorpedos." Mit den 20 Korvetten, die der veraltete Flottengründungsplan forderte, sieht es heute besonders schlimm aus; modernen Anforderungen des Seekriegs entsprechen zur Zeit nur 4 Kreuzer zweiter und dritter Klasse, nämlich Kaiserin Augusta, Irene, Prinzeß Wilhelm und Gefion, und erst sechs weitere sind im Bau begriffen, und so ist jetzt, wo in der ganzen Welt, oft genug an vielen weit von einander entfernten Stellen gleichzeitig die deutsche Macht zum Schutze deutscher Weltinteressen eintreten muß, nur der fünfte Teil der Korvetten kriegsbereit, und eine weitere Anzahl, die vor 23 Jahren gefordert wurde, in Angriff genommen! Denn die außerdem vorläufig noch als Kreuzer dritter Klasse geführten Korvetten alter Art, Freya, Sophie, Marie, Olga, Alexandrine und Arkona, entsprechen den Anforderungen, die man heute an einen kriegsbrauchbaren Kreuzer stellen muß, schon lange nicht mehr. Also 10 Kreuzer erster bis dritter Klasse fehlen noch heute nach dem alten Flottengründungsplan! Von den 6 geforderten Avisos sind nur 4 vorhanden, nämlich Hohenzollern, Kaiseradler, Greif und Hela; die übrigen 7, die die amtliche „Liste Sr. Majestät Kriegsschiffe" aufzählt, sind weiter nichts als große Torpedofahrzeuge, von denen der alte Plan aber 10 forderte. Es fehlen demnach noch 2 Avisos und 3 große Torpedofahrzeuge, nämlich Schiffe (von mehr als 1000 Tonnen Größe), die man in andern Marinen als Torpedokreuzer oder auch als Torpedokanonenboote bezeichnet. Von kleinen Torpedofahrzeugen, heute Torpedodivisionsboote und Torpedobootszerstörer genannt (von etwa 300 Tonnen Größe), forderte der Plan 18 Stück; jetzt werden vielleicht 10 vorhanden sein. Die Torpedoboote sind eine neuere Erfindung und stehen deswegen ganz außerhalb des Plans von 1873. Kanonenboote sollten einschließlich der Vermessungsfahrzeuge 18 vorhanden sein, es sind aber nur 16 da, wobei die 9 Kreuzer vierter Klasse als Kanonenboote gerechnet werden müssen, weil sie heute denselben Zweck zu erfüllen haben, wie damals die großen Kanonenboote erster Klasse. Eins dieser 9 neuen Stationsfahrzeuge ist noch im Bau. Alte Kanonenboote sind nur noch 4 vorhanden, Vermessungsschiffe 3, zusammen mit den 9 Kreuzern vierter Klasse also 16 „Kanonenboote" — statt 18. Schulschiffe sind natürlich wesentlich mehr als früher vorhanden, weil die Besatzung der Flotte in allen einzelnen Zweigen der Seekriegswaffen eine viel sorgfältigere Schulung braucht, seit die Technik in der Artillerie und im Torpedowesen durch ihre Entwicklung und Verfeinerung auch für die richtige Ausnutzung dieser Waffen höhere Geschicklichkeit und vielseitigere Kenntnisse als früher an den einzelnen Mann stellt; ähnlich ist es beim Betriebe der Schiffs-

---

[1] Vergleiche den Aufsatz: „Die Bestimmung einer Kriegsflotte" in den Grenzboten von 1895, Nr. 16.

maschinen, der auch viel schwieriger geworden ist und daher besser geschulte Bedienungsmannschaft fordert als noch vor zehn Jahren. Schließlich werden noch einige alte Panzerschiffe, die nach modernen Anforderungen keinen oder nur ganz beschränkten Gefechtswert haben, als Hafenschiffe weitergeführt und zu einzelnen Versuchen und Verbesserungen der Waffen, z. B. zum Einschießen von Torpedos und dergl. benutzt. Um Irrtümer zu vermeiden, seien hier die Namen der wirklichen Kriegsschiffe angegeben:

Der Flottengründungs-plan von 1873 fordert	davon sind zur Zeit fertig	im Bau sind	Bemerkungen
8 Panzerfregatten (jetzt Panzerschiffe erster Klasse)	5: Kurfürst Friedrich Wilhelm; Brandenburg; Weißenburg; Wörth; Kaiser Friedrich III.	„Ersatz Friedrich der Große"	2 fehlen
6 Panzerkorvetten (jetzt Panzerschiffe zweiter und dritter Klasse)	8: König Wilhelm*; Kaiser*; Deutschland*; Baden; Bayern; Sachsen; Württemberg; Oldenburg*	keine	* haben nur geringen Gefechtswert
7 Monitors (Panzerschiffe vierter Klasse) 2 schwimmende Batterien	8 Panzerschiffe vierter Klasse der Siegfried-Art 13 Panzerkanonenboote der Wespeklasse	keine	Die Schiffe der Siegfriedklasse sind besonders gefordert für den Schutz des Kaiser Wilhelm-Kanals
20 Korvetten (jetzt Kreuzer erster bis dritter Klasse)	3 Kreuzer zweiter Klasse: Kaiserin Augusta, Irene, Prinzeß Wilhelm; 1 Kreuzer dritter Klasse: Gefion	1 Kreuzer erster Klasse: „Ersatz Leipzig," 5 Kreuzer zweiter Klasse: „Ersatz Freya," K, L, M und N	10 fehlen
6 Avisos	4: Hohenzollern, Kaiseradler, Greif und Hela	keine	2 fehlen
18 Kanonenboote einschließlich Vermessungsfahrzeuge	15: 8 Kreuzer vierter Klasse nach der Art des Bussard; und vier Kanonenboote: Habicht*, Wolf*, Hyäne* und Loreley; 3 Vermessungsfahrzeuge: Möwe*, Nautilus*, Albatroß*	1 Kreuzer vierter Klasse, G	2 fehlen * haben nur ganz geringen Gefechtswert
2 Artillerieschiffe	2: Mars und Carola	keine	
3 Segelbriggs	an deren Stelle die Schulschiffe: Charlotte, Stosch, Stein, Moltke, Gneisenau, Nixe	keine	
10 große Torpedofahrzeuge	7 Avisos (Torpedokreuzer): Blitz, Pfeil, Wacht, Jagd, Meteor, Komet, Zieten*	keine	* hat nur geringen Gefechtswert
18 kleine Torpedofahrzeuge	10: Torpedodivisionsboote D1 bis D10	1 oder 2	

Außerdem sind jetzt noch fünf alte Kreuzer dritter Klasse: Arkona, Alexandrine, Olga, Marie und Sophie mit ganz geringem Gefechtswert, ferner etwa 120 Torpedoboote, ein Torpedoschulschiff, sowie mehrere Hafenschiffe und Tender (kleine Dampfer) für die Schulschiffe vorhanden.

Da die Schulschiffe nicht für den Krieg bestimmt sind, auch die alten fünf Kreuzer dritter Klasse den modernen Kreuzern gleicher Größe derartig an Gefechtswert nachstehen, daß sie nur im äußersten Notfalle zum Kampf benutzt werden könnten, da man ferner die Panzerschiffe der Siegfriedklasse abrechnen muß, weil sie nur für den Schutz des neu entstandenen Kaiser Wilhelm-Kanals bestimmt sind, so ergiebt sich, daß heute, wo die deutschen Seeinteressen gegen die Zeit der Aufstellung des Flottengründungsplans ganz außerordentlich gewachsen sind, wo neben dem blühenden Welthandel und neben der großen Handelsflotte noch Kolonien erworben und zu schützen sind, der Bestand an kampffähigen Schlachtschiffen und Kreuzern noch weit hinter den schon so niedrigen Forderungen des ersten Plans zurückgeblieben ist. Das ist gewiß sehr betrübend und fordert dringende Abhilfe.

Es ist vollständig müßig, zu untersuchen, ob an diesem niedrigen Bestand an kampffähigen Schiffen zu hartnäckige Befangenheit unsrer Volksvertretung oder zu große Zurückhaltung unsrer Regierung die Schuld trägt; es kommt jetzt nur darauf an, einzusehen, daß viel nachzuholen ist, um Deutschland eine wirklich „achtunggebietende" Seemacht zu schaffen. Rückblicke auf die Vergangenheit sollen dazu dienen, Fehler, die gemacht worden sind, zu erkennen und in der Zukunft zu vermeiden. Für die Stärke jeder Kriegsmacht, zu Lande wie zu Wasser, geben die Kräfte der wahrscheinlichen oder möglichen Gegner, sowie die Leistungsfähigkeit der die Unkosten zahlenden Bevölkerung den Ausschlag; im letzten Abschnitte dieses Werks soll aber gezeigt werden, daß Deutschland heute wohlhabend genug ist, sowohl seinem Heere wie auch seiner Flotte Offensivkraft zu geben, und ferner, daß bei den jetzigen und zukünftigen Weltinteressen Deutschlands und bei der Seemächtigkeit seiner möglichen Gegner unsre Kriegsflotte Offensivkraft bekommen muß, wenn das Vaterland nicht schwächer und ärmer werden soll, als doch für Deutscher wünschen kann.

Daß trotz der Hindernisse, die der Flottengründungsplan selbst der gesunden Entwicklung der deutschen Flotte für ihren Hauptzweck, den Seekrieg, in den Weg gelegt hat, doch viel tüchtiges in fleißiger Friedensarbeit geschaffen und geleistet worden ist, gereicht allen denen zur Ehre, die sich nach dem begeisternden Beispiele des Prinzen Adalbert mühten, dem Aschenbrödel des Reichs, unsrer Kriegsflotte, aus seiner untergeordneten Stellung emporzuhelfen. Diese Thätigkeit soll im folgenden kurz betrachtet werden.

Glückverheißend für die junge Flotte war es, daß sie durch die Verfassungsurkunde ausschließliche Reichsangelegenheit wurde, während unser Heer noch heute vielerlei Kokarden trägt, und auch die Reichspost nicht ganz Deutschland umfaßt. Man hätte denken können, so hätte die Kriegsflotte nicht nur am schnellsten zum Lieblingskinde aller deutschen Gaue werden müssen, sondern wäre auch immer mit besonderer Sorgfalt von allen gepflegt und gekräftigt worden. Nun, Teilnahme hat das ganze Volk der Flotte zwar jederzeit bewiesen, aber es hat sich bisher nie ernsthaft mit der Frage beschäftigt, wie die Fähigkeiten dieses Kindes entwickelt werden müßten, daß es dereinst den Eltern Ehre und Gewinn bringen möchte. Das kann und muß in Zukunft besser werden; diese wichtige Reichsangelegenheit muß von allen richtig verstanden und dann auch gefördert werden.

Der Artikel 53 der Reichsverfassung vom 16. April 1871 lautet: „Die Kriegsmarine des Reichs ist eine einheitliche, unter dem Oberbefehle des Kaisers. Die Organisation und Zusammensetzung derselben liegt dem Kaiser ob, welcher die Offiziere und Beamten der Marine ernennt, und für welchen dieselben,[1]) nebst den Mannschaften, eidlich in Pflicht zu nehmen sind. Der Kieler Hafen und der Jahdehafen sind Reichskriegshäfen. Der zur Gründung und Erhaltung der Kriegsflotte und der damit zusammenhängenden Anstalten erforderliche Aufwand wird aus der Reichskasse bestritten." Die Flagge der norddeutschen Bundesflotte wurde Reichskriegsflagge; die Kokarde der Offiziere und Mannschaften behielt die schwarz-weiß-roten Farben.

Stosch und der Prinzadmiral

Da der Oberbefehlshaber der Marine, Prinz Adalbert, am Feldzuge beim Heere teil nahm, so waren schon vor dem Kriege die Geschäfte des Oberkommandos der Marine an das Kriegsministerium abgegeben worden; auch nach dem Kriege führte der preußische Kriegsminister Graf von Roon vorläufig die Geschäfte als Marineminister und Oberbefehlshaber der Marine weiter. Erst durch die Kabinettsordre vom 1. Januar 1872 wurde die Marine vom Kriegsministerium getrennt, freilich ohne einen selbständigen Marineminister zu bekommen; die oberste Marinebehörde wurde die kaiserliche Admiralität. Der Chef der Admiralität sollte den Oberbefehl nach den Anordnungen des Kaisers führen und die Verwaltung der Marine unter der Verantwortung des Reichskanzlers leiten. Der Generalleutnant von Stosch, dessen organisatorisches Talent sich im Kriege, wo er den Posten eines Generalintendanten des Feldheeres bekleidete, trefflich bewährt hatte, und der das besondre Vertrauen des Kronprinzen gewonnen hatte, wurde Chef der Admiralität. Dadurch behielt die Marine eine Art Verbindung mit dem Heere, was natürlich dem in der Denkschrift ausgesprochenen Grundsatze von der Verteidigungsflotte zum Siege verhalf. Denn die seemännischen Fachleute, und deren gab es damals schon recht tüchtige Kräfte, waren wohl alle eines Sinnes mit dem weitblickenden und darum von den Kennern des Seewesens begeistert verehrten Prinzadmiral darin, daß nur eine selbständige Flotte dem Reiche genügen könnte, aber in militärischen Kreisen, denen die See damals viel mehr als jetzt ein fremdes Element war, hielt man den Pflichteifer des Prinzen, mit dem er für die Kräftigung der Flotte eintrat, für Liebhaberei, und wenn der Prinz gar für überseeische Ausbreitung eintrat, so klagte man ihn der blinden Schwärmerei an und erwiderte ihm, daß unsre Flotte dem noch nicht gewachsen sei.[2]) Da der Prinz dem herrschenden Zeitgeiste gegenüber in der Minderheit war, gewann der militärische Einfluß in der Flotte auf lange Zeit festen Boden und verhinderte, trotz vieler unbestreitbaren Einzelverdienste um das Wohl der Marine, ihr Heranwachsen zur Selbständigkeit. Für den Prinzen wurde die Stelle eines Generalinspekteurs der Marine geschaffen: „in dieser Stellung war es dem Prinzen nicht mehr vergönnt, unmittelbar das Leben der Marine zu bestimmen,

---

[1]) Die Schönheit der deutschen Sprache ist leider in der Reichsverfassung wenig zur Geltung gekommen, wie diese Probe zeigt.
[2]) Basen, „Admiral Prinz Adalbert von Preußen" (Berlin, 1890).

aber es zu fördern und es mit seinem reichen Wissensschatz zu beeinflussen, konnte er sich nicht versagen."[1]) Mit regem Eifer und mit unermüdlichem Fleiße verfolgte er die Verbesserungen des Kriegsschiffbaues aller Seestaaten, um sie der deutschen Flotte nutzbar zu machen; auch wirkte er segensreich auf die seemännische, artilleristische und technische Ausbildung der Flottenbemannung ein. Von jeher hatte er, unbeirrt von mancherlei Widerständen, das Hauptgewicht darauf gelegt, den Matrosen an Bord, in der Takelung und am Geschütz kriegstüchtig zu machen, um echte Kriegsschiffsmatrosen, wie sie die alten Seemächte hatten, zu erziehen. Militärischen Drill haßte er, weil damit das Seemannshandwerk geschädigt würde; sein Grundsatz, daß Meer und Schiff die beste Kriegsschule für den Seemann sei, zeitigte die besten Erfolge. Leider starb er am 6. Juni 1873, viel zu früh für die Marine. Sein Standbild in Wilhelmshaven mahnt Deutschland daran, seine Lehren nicht zu vergessen und endlich eine selbständige Flotte zu schaffen, die groß genug ist, daß sie leben kann.

Nach dem Kriege wurde zunächst fleißig an den Schiffen weitergebaut, deren Bau schon zur Zeit des norddeutschen Bundes begonnen war. Die Kriegswerften in Danzig, Wilhelmshaven und Kiel wurden vergrößert und ihre Einrichtungen für den Schiffbau erweitert. Auch Privatwerften, namentlich die größte deutsche Bauwerft Vulkan in Bredow bei Stettin bekamen Aufträge. Wie der frühere Marineminister Roon, so verfolgte auch Stosch das Ziel, das heimische, deutsche Schiffbangewerbe so zu heben, daß bald alle Kriegsschiffe in Deutschland gebaut werden konnten. Nur zwei Panzerfregatten, Kaiser und Deutschland, die 1874 vom Stapel liefen, wurden noch in Poplar bei London von der Samuda-Werft gebaut. Nach dem guten Beispiele der Kriegsmarine entschlossen sich allmählich auch die deutschen Reeder, immer mehr Handelsdampfer, die anfangs fast nur aus England beschafft wurden, in der Heimat bauen zu lassen. Die Anregung Roons und Stoschs förderte also das ganze deutsche Schiffbaugewerbe und schuf damit auch für die deutschen Stahl- und Eisenwerke neue Thätigkeit.

Auf der Danziger Marinewerft, wo schon früher die gedeckten Korvetten Arkona (Stapellauf 1858), Gazelle (1859), Vineta (1863), Hertha (1864), Elisabeth (1868), sowie die Glattdeckskorvetten Nymphe (1863), Medusa (1864), ferner der erste Aviso Loreley (1859), die Segelbrigg Undine (1869), die Schraubenkanonenboote erster Klasse Meteor (1860) Cyklop (1860), Delphin (1860), Basilisk (1862), Blitz (1862), Drache (1855) und Meteor (1865) erbaut worden waren, liefen im Jahre 1871 die großen Kanonenboote Albatroß und Nautilus, sowie die Glattdeckskorvette Ariadne vom Stapel, und im nächsten Jahre die Glattdeckskorvette Luise, sowie die schon sechs Jahre im Bau begriffene Panzerkorvette Hansa. Die Bauart dieser und aller hier noch erwähnten Schiffe wird später skizziert werden. Auch das letzte und schönste hölzerne Schiff, die Glattdeckskorvette Freya, die 1874 vom Stapel lief, wurde in Danzig gebaut. Mit der Zunahme des Eisenschiffbaues verlor die Werft, die von den Eisenwerken Deutschlands gar zu weit entfernt liegt, ihre Bedeutung, die sie wegen der Nähe der preußischen Wälder für den Holzschiffbau gehabt hatte; statt dessen wurden Kiel und Wilhelmshaven die ersten Marinewerften, die im Jahre 1874 je eine Panzerfregatte, Friedrich der Große und Großer Kurfürst genannt, als Meisterstück lieferten. Ein gleiches Panzerschiff, die Preußen, war schon 1873 auf der Werft des Vulkan bei Stettin vom Stapel gelaufen. Da gleichzeitig 1874 in London noch zwei Panzerfregatten, Kaiser und Deutschland, vom Stapel liefen, so waren die allzu geringen Forderungen des Flottengründungsplans von 1873 schon im ersten Jahre nach seiner Festsetzung gerade für die wichtigsten und mächtigsten Schiffe erfüllt; denn damit waren die acht Panzerfregatten beisammen, deren Bau schon 1867 durch den Bauplan für die Marine des norddeutschen Bundes bewilligt worden war. Nach dem Stapellaufe dieser Schiffe wurde auf den Werften mit dem Bau der Panzerkorvetten der Sachsenklasse, sowie mit dem mehrerer gedeckter Korvetten, Avisos und der kleinen Panzerkanonenboote begonnen. Während 1875 mit die große gedeckte Korvette Leipzig auf dem Vulkan vom Stapel lief, verließen 1876 auf derselben Werft die ebenso wie Leipzig gebaute Korvette Prinz Adalbert, sowie das Torpedofahrzeug Ulan den Stapel; in Kiel auf der Germaniawerft lief 1876 die kaiserliche Jacht Hohenzollern (später Kaiseradler genannt) vom Stapel, in London das Torpedofahrzeug Zieten, und in Bremen ebenfalls auf einer Privatwerft kamen die drei ersten Panzerkanonenboote Wespe, Viper, Biene zu Wasser. Das alte aus Holz gebaute Panzerfahrzeug Prinz Adalbert hatte im Jahre 1875 aus der Liste der Kriegsschiffe gestrichen werden müssen, weil es nicht mehr seetüchtig war.

Nach der Beendigung des Kriegs begann die Friedensthätigkeit der Flotte; diese Thätigkeit, die besonders darin besteht, daß die schwimmende Kriegsmacht des deutschen Reichs mit mehr oder minder starken Drohmitteln in ausländischen Hafenplätzen deutsche Gesandte oder Konsuln bei der Erfüllung politischer Aufgaben, wozu auch der Schutz deutscher Reichsbürger gehört, unterstützt, ist durchaus nicht immer „friedlich," denn sie ist namentlich bei halbrohen und rohen Völkern sehr oft mit Gewaltmaßregeln verknüpft. Große Seemächte, wie England und Frankreich, unterhalten zur Erfüllung

---
[1]) Aus dem Nekrologe im Marine-Verordnungs-Blatt vom 15. Juni 1873.

dieser Friedensthätigkeit in vielen Teilen des Weltmeeres ganze Kreuzergeschwader; die kleinern Seemächte müssen sich damit begnügen, überall, wo ihre Handelsinteressen besonders rege sind, einzelne Kreuzer zu stationieren und nur dahin Kreuzergeschwader zu schicken, wo sie von den Konsuln dringend verlangt werden. Da solche „Requisitionen" aber gleichzeitig an sehr verschiednen Punkten der immerhin leidlich großen Erdkugel die Anwesenheit von Kreuzergeschwadern fordern können, um die Weltinteressen einer Handelsgroßmacht, wie Deutschland, zu schützen, so ist es durchaus ungenügend, wenn zu diesen Zwecken nur ein einziges Kreuzergeschwader, wie bisher, bereit gehalten werden kann. Das Bedürfnis, die Kreuzerflotte zu vermehren, wird der erkennen können, der darauf achtet, wie sich fast von Jahr zu Jahr die Anforderungen an die überseeische Friedensthätigkeit unsrer Kriegsflotte gesteigert haben, ohne daß die Zahl der Kreuzerkorvetten gewachsen ist, ja sogar ohne daß schließlich der vom Flottengründungsplan geforderte Bestand an kampffähigen Korvetten erreicht worden ist. Es können hier nicht alle Ereignisse angeführt werden, die das mehr oder weniger gewaltsame Eingreifen deutscher Kriegsschiffe im Auslande zur Folge hatten, das würde ein besondres Werk fordern; aber schon die wichtigern Fälle, die hier betrachtet werden, werden vollständig für den Beweis genügen, wie segensreich und notwendig eine starke Flotte für unser Vaterland ist.

<small>Gewaltmaß-regeln gegen Haiti</small>

Die erste Gewaltmaßregel wurde gegen die Negerrepublik Haiti nötig, deren Regierung einem deutschen Kaufmann die Zahlung seiner Forderung von 20 000 Thalern seit 1868 hartnäckig verweigerte. Um das gute Recht dieses Reichsangehörigen zu erzwingen, wurde 1872 ein Kreuzergeschwader, aus den gedeckten Korvetten Vineta und Gazelle bestehend, nach Port-au-Prince gesandt. Da gütliche Verhandlungen nichts fruchteten, ließ der Geschwaderchef Kapitän zur See Batsch mit bewaffneten Booten unter der Führung des Kapitänleutnants Hollmann die beiden haitischen Kriegskorvetten Union und Mont organisé besetzen. Die Überrumpelung wurde so geschickt ausgeführt, daß die Negerbesatzungen schon gefangen waren, ehe sie an Widerstand dachten. Die Gefangnen wurden an Land geschickt, und auf beiden Korvetten wurde die deutsche Kriegsflagge gehißt. Nach einigen stürmischen Vorgängen am Hafen, wo ein einzelnes deutsches Schiffsboot mit Flintenschüssen angegriffen wurde, bequemte sich die haitische Regierung sofort, die Schuldsumme zu zahlen, worauf die beiden „gepfändeten" Korvetten wieder ausgeliefert wurden.

<small>Kommodore Reinhold Werners Schneidigkeit gegen die spanischen Insurgenten</small>

Drei Monate später, im Oktober 1872, wurde das Geschwader bedeutend verstärkt; das Panzerschiff Friedrich Karl, die gedeckte Korvette Elisabeth und der Kreuzer Albatroß vereinigten sich mit Gazelle und Vineta. Solch stattliches Geschwader hatte noch nie die deutsche Flagge im Auslande gezeigt; es besuchte mehrere wichtige westindische Häfen und mehrere Plätze an der südamerikanischen Nordküste, um den Deutschen und den Ausländern ein sichtbares Zeichen von der aufstrebenden Seemacht des Reichs zu geben. Anfang 1873 mußte es nach der Heimat zurückkehren; nach kurzem Aufenthalte wurde aber Friedrich Karl unter demselben Geschwaderchef, dem Kommodore Reinhold Werner, mit der Elisabeth zusammen an die spanische Mittelmeerküste geschickt, um während des spanischen Aufstandes die Deutschen zu schützen. Gleichzeitig wurde auch das Kanonenboot Delphin dahin geschickt, das später vom Meteor abgelöst wurde. Die Insurgenten hatten den wichtigen Kriegshafen Cartagena besetzt und dabei die beiden spanischen Panzerschiffe in ihre Hände bekommen; bei der Ohnmacht der rechtmäßigen Regierung fiel den mit Spanien befreundeten Mächten die Aufgabe zu, mit ihren Seestreitkräften die Kriegsschiffe der Aufständischen unschädlich zu machen, da ihre Flagge nicht anerkannt war. Nach allgemeinem Seebrauch hatte die spanische Regierung die von Insurgenten besetzten Kriegsschiffe für Piraten erklärt, ihre Verfolgung allen fremden Seemächten freigegeben und sich nur das Eigentumsrecht an den Schiffen vorbehalten. Das kleine deutsche Geschwader wurde noch durch das englische Panzerschiff Swiftsure verstärkt, dessen jüngerer Kommandant sich unter den Befehl des Kommodores Werner stellte. Unter den Kanonen der aufständischen Festung Cartagena nahm Friedrich Karl am 23. Juli 1873 zunächst den Aviso Vigilante, der mit der roten Flagge unter der spanischen in den Hafen einlaufen wollte; seine Besatzung wurde nach Cartagena freigegeben, unter der Bedingung, daß die Deutschen in Cartagena nicht bedrückt würden; das Schiff wurde in Gibraltar der spanischen Regierung ausgeliefert. Am 1. August zwang Werner vor Malaga die aufständischen Schiffe Vitoria und Almansa zur Übergabe; die Besatzungen, 1400 Mann, wurden bei Cartagena an Land gesetzt, die beiden Fregatten aber dem englischen Geschwader übergeben, nach Gibraltar gebracht und später an Spanien ausgeliefert. In England nannte man Werners schneidiges Vorgehen eine kühne That, die den glänzendsten Kriegsleistungen zur See ebenbürtig sei; aber den deutschen Politikern war die tapfere Handlungsweise Werners nicht genehm; er wurde abgelöst, erhielt jedoch den ehrenvollen Posten des Oberwerftdirektors in Wilhelmshaven. Da inzwischen die Insurgenten in Cartagena, vielleicht ermutigt durch die Entfernung des thatkräftigen und gefürchteten Kommodore, das Eigentum der Deutschen schädigten, wurde die deutsche Regierung selbst zu schärferm Vorgehen gezwungen; Friedrich Karl, Elisabeth und Meteor mußten drohen, den Hafen von Cartagena zu beschießen, um die Zahlung eines geforderten Schadenersatzes zu erlangen. Die Panzerfregatte Kronprinz und die Glattdeckskorvette Augusta lagen in Wilhelmshaven seeklar, um nötigenfalls die Forderungen zu unterstützen. Im nächsten Jahre erzwangen während

— 75 —

des Karlistenkrieges die beiden Kreuzer Albatroß und Nautilus an der nordspanischen Küste die Achtung vor deutschem Rechte. Dort war ein deutscher Berichterstatter standrechtlich erschossen worden, unter dem Vorwande, er wäre ein Spion; für dessen Tod scheint freilich keine Sühne erwirkbar gewesen zu sein, weil seine Hinrichtung dem Kriegsgesetze entsprach. Indessen sorgte Don Karlos später während der Anwesenheit der deutschen Kriegsschiffe für den Schutz der Deutschen am Lande besser, weil er fürchtete, die deutsche Regierung würde ernstlich gegen ihn einschreiten. Trotzdem beschossen einigemale seine zügellosen Banden die beiden Kriegsschiffe von der gebirgigen Küste aus, wurden dabei aber von einigen guten Granaten unsrer Schiffe schleunig zur Flucht in die Berge gejagt und ließen es seitdem nicht an der nötigen Achtung fehlen.

Wie groß schon damals das Bedürfnis nach der Entfaltung überseeischer Kraft war, geht daraus hervor, daß 1875 schon 10 deutsche Kriegsschiffe im Auslande waren, und zwar in Ostasien die gedeckten Korvetten Hertha und Arkona, die Glattdeckskorvette Ariadne und das Kanonenboot Cyklop, in Westindien die Glattdeckskorvetten Augusta und Medusa, sowie der Kreuzer Nautilus, in Südamerika die Segelbrigg Undine, in der Südsee die gedeckte Korvette Gazelle und im Mittelmeer das Kanonenboot Meteor. Im Jahre 1876 aber hatte Deutschland nicht weniger als 19 Schiffe mit 188 Geschützen und 5451 Mann Besatzung in allen Meeren! Darunter war ein Geschwader von 6 Schiffen unter dem Oberbefehl des Kapitäns zur See, Grafen von Monts, nämlich die gedeckten Korvetten Hertha und Vineta, die Glattdeckskorvetten Ariadne und Luise, der Kreuzer Nautilus und das Kanonenboot Cyklop auf der ostasiatischen Station bei Hongkong versammelt, um die chinesische Regierung im Verein mit den übrigen Großmächten zu zwingen, mit dem Seeräuberwesen auf den großen chinesischen Flüssen aufzuräumen. Gestützt auf die Macht der achtunggebietenden Breitseiten konnte unser Gesandter von Brandt seine Forderungen bei der saumseligen chinesischen Regierung durchsetzen. Im Herbst 1876 waren außerdem auf der Ausreise nach Ostasien die Schiffe Elisabeth, Augusta und Freya. Auf der westindischen Station war nur die Glattdeckskorvette Viktoria, die besonders auf Haiti zu thun hatte, obgleich die Neger dort seit dem Jahre 1872 schon viel gefügiger geworden waren. *Deutschlands Seemacht im Auslande 1876*

Ernstere Verwicklungen drohten im Orient auszubrechen; in Saloniki waren am 6. Mai 1876 der deutsche und der französische Konsul vom Pöbel ermordet worden, und die Pforte konnte erst durch sehr starke Drohungen gezwungen werden, die Mörder und die Anstifter der Morde zu strafen. Unter dem Befehle des Kontreadmirals Batsch wurde deshalb das sogenannte Übungsgeschwader der vier Panzerfregatten Kaiser, Deutschland, Friedrich Karl und Kronprinz mit dem Aviso Pommerania ins Mittelmeer geschickt. Dort schlossen sich dem Geschwader noch die Glattdeckskorvette Medusa und die Kanonenboote Meteor und Komet an. Trotz der zweideutigen Haltung Englands, das sein Mittelmeergeschwader in die Besikabucht legte, um den Eingang in die Dardanellen zu überwachen und nötigenfalls zu sperren, hatte das Erscheinen der deutschen Seemacht die Pforte doch dazu gebracht, die volle geforderte Genugthuung zu gewähren. Bei allen den vielen und wichtigen politischen Aufgaben wurde auch die Schulung des Offiziersersatzes aufs beste gefördert; in jedem Sommer waren die Segelfregatte Niobe für Kadetten und die Segelbriggs Rover, Undine und Musquito für Schiffsjungen in Dienst, während die Seekadetten auf die gedeckten Korvetten kommandiert wurden, um eine fast programmmäßige Reise um die Erde zu machen, die gewöhnlich zwei Jahre dauerte. *Orientalische Wirren 1876*

Auch im Dienste der Wissenschaften sollte die junge deutsche Kriegsflotte den ältern Seemächten nicht nachstehen. Die größte wissenschaftliche Reise eines deutschen Kriegsschiffs war die Erdumseglung der gedeckten Korvette Gazelle unter dem Kommando des Kapitäns zur See, Freiherrn von Schleinitz in den Jahren 1874 bis 1876. Das Schiff war mit Meßwerkzeugen aller Art zur Bestimmung der größten Meerestiefen, der Wasserwärme in verschiednen Tiefen des Meeres, der Luftwärme, des Luftdrucks, der Regenmenge, des Salzgehalts des Meerwassers, ferner mit Geräten und Fischen der Lebewesen in großen Meerestiefen und mit seinen astronomischen und magnetischen Instrumenten zu verschiednen physikalischen Forschungen ausgerüstet. Auf den Kerguelen-Inseln setzte die Gazelle mehrere Gelehrte und Seeoffiziere ab, die mit günstigem Erfolge den Venusdurchgang beobachteten. Dieselbe Aufgabe führten gleichzeitig Kriegsschiffe mit Astronomen aller Seestaaten an den verschiedensten Punkten der Erdkugel aus, um die Entfernung der Erde von der Sonne genauer zu bestimmen. Gazelle ging dann südwärts bis zur großen Eismauer des Südpolargebiets und durchsegelte darauf den Indischen und Stillen Ozean. Überall wurden neben der Tiefseeforschung auch zoologische, botanische, geologische und ethnographische Studien vorgenommen, namentlich auf mehreren noch wenig bekannten Südseeinseln, von denen auch eine Anzahl vermessen wurde. Die reiche Ausbeute an Beobachtungen aller Art ist in dem großartigen Werke „Die Forschungsreise S. M. S. Gazelle" (5 Bände, Berlin, 1888) niedergelegt. *Die Forschungsreise von S. M. S. Gazelle*

Unter glücklichern Verhältnissen, als sie die Anfänge der preußischen Kriegsflotte dem Prinzen Adalbert boten, konnte im Jahre 1877 ein zweiter Hohenzollernprinz seine Kräfte dem Dienste der deutschen Seemacht weihen. Prinz Adalbert hatte seine militärische Ausbildung im Heere erhalten müssen und diente lange Zeit der Artilleriewaffe, ehe er *Prinz Heinrich von Preußen widmet sich (1877) dem Flottendienste* die Flotte, der sein Herz gehörte, schaffen konnte; Prinz Heinrich von Preußen war es vergönnt, in dem auch von ihm heiß geliebten und ersehnten Berufe wie jeder andre Fachmann ausgebildet zu werden, weil zu seiner Zeit das Reich schon eine Flotte hatte, groß genug, um einem Hohenzollernprinzen ein ernstes Lebensziel voller anstrengender aber auch dem Vaterlande nützender Thätigkeit zu bieten. Im Sommer 1877 machte Prinz Heinrich als Kadett die erste seemännische Ausbildung auf der Segelfregatte Niobe durch, wurde dann wie alle seine Altersgenossen auf der Marineschule für das Seekadettenexamen vorbereitet; wie jeder andre mußte er alle vorgeschriebnen Prüfungen bestehen, um in seinem Berufe Stufe für Stufe emporzusteigen. Seekadettendienste that er in den Jahren 1878 bis 1880 auf seiner Erdumsegelung an Bord der gedeckten Korvette Prinz Adalbert. Fürwahr ein sinniges Zusammentreffen, daß der erste um die Erde segelnde deutsche Prinz, der zugleich die Zukunft der jungen Flotte verkörperte, seine Reise auf einem Schiffe machen konnte, das den Namen seines Großoheims, des geistigen Schöpfers der Flotte, trug. Daß der Prinz von allen Deutschen im Auslande gebührend gefeiert wurde, und daß alle alten Seemächte diese Reise als ein Zeichen auffaßten, Deutschland sei nun endlich auch willens, seinen Teil an der Seeherrschaft zu fordern, braucht kaum erwähnt zu werden. Aber unsre heutige, leider vielfach allzu verwöhnte und thatkräftigem Ringen und Wagen schon frühzeitig abgeneigte Jugend sei ausdrücklich hier daran erinnert, daß der Hohenzollernprinz kühn und waghalsig wie alle seine Kameraden alle Gefahren und Entbehrungen, an denen der herrliche Seemannsberuf freilich nicht arm ist, durchgemacht hat als einer der ersten und ausdauerndsten; wie mancher, der jetzt durch frühzeitige Übersättigung mit den Genüssen des bequemen binnenländischen Lebens zum Schwächling wird, könnte durch eine ähnliche spartanische Erziehung, wie sie der strebsame und pflichttreue hohenzollernsche Seefahrer genossen hat, zum ernsten, nützlichen Mann werden.

Nach seiner Weltreise studierte der Prinz ein Jahr auf der Marineschule in Kiel und bestand dann die vielseitige theoretische und praktische Kenntnisse fordernde Seeoffizier-Berufsprüfung aufs beste. Sein mustergiltiges Beispiel hat gute Früchte getragen und trägt sie noch; denn alljährlich drängt sich seitdem der wageluftigste Teil der kräftigen und gebildeten deutschen Jugend darnach, ihm nachzueifern im gründlichen Erfassen des schweren, aber reizvollen Berufs.

Ein Geschwader zwingt 1878 die Republik Nicaragua zur Nachgiebigkeit.
Mit dem Aufblühen des deutschen Reichs nahm der Seehandel schneller und schneller zu; mit jedem Jahre stieg auch die Zahl der Kriegsschiffe, die zum Schutze deutscher Interessen in alle Erdgegenden geschickt werden mußten. Im Jahre 1878 entstanden kriegerische Verwicklungen mit der mittelamerikanischen Republik Nicaragua; dort wurde der deutsche Konsul, der zugleich Kaufmann war, gemißhandelt, weil er auf seinem guten Rechte, einer Geldforderung an die Regierung, bestand. Die Republik hat nur an der Westküste, am Stillen Ozean einen leidlichen Hafen, Corinto. Dorthin dampfte im Frühjahr 1878 ein deutsches Geschwader, das sich in Panama gesammelt hatte; es bestand aus den Schiffen Elisabeth, Leipzig und Ariadne. Der Kommandant der Elisabeth, Kapitän zur See von Wickede, befehligte das Geschwader, das im März in Corinto ankerte und dort alle Vorbereitungen traf, eine Landungstruppe durch den Urwald in das Innere des Landes gegen die Hauptstadt Managua marschieren zu lassen. Gleichzeitig kreuzte an der Ostküste Nicaraguas im Atlantischen Meere die Korvette Medusa unter dem Befehle des Korvettenkapitäns Hollmann, um auf jener Seite nötigenfalls die Zufuhr von Waffen ins Land zu verhindern. Am 23. März wurde der Regierung in Managua ein Ultimatum des Geschwaderchefs überreicht, wonach die Feindseligkeiten binnen 24 Stunden beginnen sollten, wenn die Nicaraguaner nicht die Forderungen annähmen: die deutsche Flagge, deren Ehre verletzt worden war, in Corinto feierlich zu salutieren, die Schuldsumme (30000 Dollars) zu zahlen und den Beamten zu bestrafen, der sich gegen den Konsul vergangen hatte. In der letzten Stunde nahm die saumselige Regierung die Forderungen an und führte sie am 31. März aus. Ohne das kriegsfertige Geschwader wäre die Ehre der deutschen Flagge nicht wiederhergestellt worden, und der deutsche Konsul wäre wohl nie zu seinem Rechte gekommen. Eine andre, wohl etwas verzwickte Frage ist es, ob man damals nicht klug gethan hätte, der unehrerbietigen Republik auch die „Gerichtskosten" des Verfahrens aufzuerlegen. Es mag sein, daß das nur die großen Seemächte thun können, die sich gegen den Einspruch andrer nicht zu scheuen brauchen.

Verlust der Panzerfregatte Großer Kurfürst.
In demselben Jahre traf die deutsche Marine einer der schweren Verluste, gegen die keine Kriegsflotte gefeit ist; hat doch allein die englische Marine im Laufe der Zeit auf ähnliche Weise drei mächtige Panzerschiffe, den Captain, den Vanguard und die Victoria verloren. Auch Kriegsschiffe, diese großartigen Kunstbauten, sind eben nur Menschenwerk und werden von sterblichen Menschen geleitet. Als am 31. Mai 1878 ein deutsches Panzergeschwader unter dem Befehle des Kontreadmirals Batsch, nämlich die Fregatten König Wilhelm, Preußen und Großer Kurfürst durch den englischen Kanal dampfte, wurde in der Nähe von Folkstone der Große Kurfürst von einem Rammstoß des König Wilhelm getroffen, als dieses Schiff einem Gegensegler ausgewichen war und auf seinen alten Kurs zurückgehen wollte. Der Rudersmann auf dem König Wilhelm hatte das Ruderkommando seines Wachtoffiziers mißverstanden, das Schiff drehte einige Zeit nach der Seite des Großen Kurfürsten hin, alle sofort von beiden Schiffen versuchten Gegenmanöver konnten den Zusammenstoß

nicht mehr verhüten, der Große Kurfürst erhielt vom Sporn des König Wilhelm ein klaffendes Leck unter der Wasserlinie und sank in so kurzer Zeit, daß kaum die Hälfte seiner Besatzung gerettet werden konnte, weil es den Bemühungen des Kommandanten nicht mehr gelang, das lecke und schon dem Kentern nahe Schiff auf den Strand auflaufen zu lassen. Die spätern Versuche, den Großen Kurfürsten wieder zu heben, schlugen fehl, weil das Schiff in zu großer Tiefe auf dem Meeresboden liegt; den getreuen deutschen Seeleuten, die mit ihm da unten ruhen, gilt der alte, ewig schöne Spruch: dulce et decorum est, pro patria mori!

Neben berechtigtem Schmerze wurde im Binnenlande auch mancher ungerechte Vorwurf, manche schiefe Ansicht über Flottenangelegenheiten laut; so schädigte dieses Unglück gerade die Entwicklung der Flotte, weil es ein ganz unberechtigtes Mißtrauen gegen die großen Schlachtschiffe im Volk hervorrief. Aber denkt denn jemand daran, das Reiten zu verbieten, weil schon viele Menschen dabei den Hals gebrochen haben? Schlachtschiffe sind unentbehrlich, das wissen die Fachleute seit der Schlacht bei Lissa im Jahre 1866, und das hat die Schlacht am Yalufluße im Jahre 1894 eindringlich bestätigt. Die Zeit ist nahe, wo auch im Auslande Deutschlands Macht nur mit Panzerschiffen thatkräftig wird auftreten können.

Das erste für den überseeischen Dienst bestimmte deutsche Panzerschiff, die Korvette Hansa, erfüllte im Jahre 1879 aufs beste die Aufgabe, während des chilenisch-peruanischen Kriegs die deutschen Reichsangehörigen in jenen Ländern vor den Ausschreitungen der Kriegführenden zu schützen; gleichzeitig mit der Hansa, die der Kapitän zur See Heusner führte, war die Glattdeckskorvette Freya an die südamerikanische Westküste geschickt worden. Beide Schiffe erzwangen die Herausgabe des widerrechtlich mit Beschlag belegten deutschen Dampfers Luxor; Kapitän zur See Heusner rettete außerdem durch sein ebenso thatkräftiges wie geschicktes Auftreten den Hafenplatz Callao, wo viele deutsche Interessen auf dem Spiele standen, vor der Beschießung durch die chilenische Flotte. Um das Konsulat und andre deutsche Besitzungen vor der Zerstörungswut der peruanischen Freischärler zu schützen, wurden damals öfters bewaffnete Mannschaften von den Schiffen nach Callao und Lima geschickt.

Die Panzerkorvette Hansa an der südamerikanischen Westküste

Mit dem Berliner Kongreß von 1878 begann das Jahrzehnt der sogenannten Flottenkonzerte oder Flottendemonstrationen der europäischen Großmächte, die England einen Krieg mit Rußland ersparten, im übrigen für Deutschland wenig Bedeutung hatten. Als 1880 die albanesische Liga Dulcigno nicht an Montenegro ausliefern wollte, sammelte sich in dem kleinen Hafen eine mächtige europäische Flotte, darunter auch die deutsche Glattdeckskorvette Viktoria, und drohte mit Beschießung; aber vergeblich, denn die Bergfestung lag für die Schiffsgeschütze zu hoch, die Albanesen kümmerten sich nicht um das großmächtige Konzert und mußten von den Türken zu Lande überwältigt werden. Für die Witzblätter gab diese seltsame Niederlage der Seemächte gegen ein Häufchen Gebirgsbewohner dankbaren Stoff; unsre kleine Korvette war wohl nur pro forma hingeschickt worden, damit die deutsche Piccoloflöte in dem Konzert der Seemächte nicht fehle.

Flottenkonzerte

Später hatte die Viktoria ernstere Thätigkeit; sie führte zum erstenmal seit zwei Jahrhunderten wieder Kämpfe auf afrikanischem Boden in der Nähe der alten kurbrandenburgischen Niederlassungen, an der Küste von Liberia. Um die Neger des Dorfes Nanakru für die Plünderung des gestrandeten deutschen Handelsdampfers Carlos zu strafen, wurde der Ort am 8. März 1881 zunächst mit den Schiffsgeschützen der Viktoria beschossen; dann trieb das Landungskorps der Korvette die Neger in den Busch und steckte ihr Dorf in Brand, weil darin viel geraubtes Gut von dem Dampfer gefunden wurde. Im nächsten Jahre verhandelte die gedeckte Korvette Hertha erfolgreich zu Gunsten deutscher Händler im Landungsplatz Cotonu des kriegerischen Königreichs Dahomey.

S. M. S. Viktoria straft 1881 die Neger von Nanakru

Mit dem himmlischen Reiche der Mitte hatte die deutsche Seemacht 1882 zu thun. Vom Li-tin-Yamen, der chinesischen Zollbehörde in Amoy, waren Zuckersiedepfannen einbehalten worden, mit denen ein deutscher Kaufmann auf der Insel Formosa eine Siederei anlegen wollte; man gab vor, ein Chinese hätte dort das Monopol für den Bau der Siedereien. Trotzdem, daß von Peking die Auslieferung schon befohlen war, geschah nichts in der Sache, bis die deutsche Seemacht dafür eintrat. Das deutsche ostasiatische Geschwader, die gedeckten Korvetten Stosch (Kommandant und zugleich Geschwaderchef Kapitän zur See von Blanc) und Elisabeth (Kommandant Kapitän zur See Hollmann), sowie das Kanonenboot Iltis wurden nach Amoy geschickt; der Geschwaderchef forderte die Herausgabe der Pfannen und ließ, als sie verweigert wurde, mit einem starken, mit scharfer Munition ausgerüsteten Landungskorps die Straßen der großen chinesischen Stadt vom Landungsplatze bis zum Zollgebäude hin absperren, das Thor des Zollhauses gewaltsam öffnen und die Pfannen auf die Insel Kulangsu bei Amoy ins deutsche Konsulat bringen. Alles vollzog sich ohne Widerstand in einer stark befestigten und von Militär besetzten Hafenstadt von mehr als 100 000 Einwohnern, deren Reede durch vier Küstenforts und mehrere Kanonenboote und Kriegsdschunken verteidigt werden konnte. Bei größerer Hartnäckigkeit

Das deutsche ostasiatische Geschwader zwingt 1882 China zur Nachgiebigkeit

der chinesischen Diplomaten hätte daraus ein richtiger Pfannenkrieg entstehen können. Andre Streitigkeiten mit chinesischen Ortsbehörden regelte Elisabeth in demselben Jahre in Swatow und Iltis 1883 auf einer der Pescadores-Inseln.

S. M. S. Moltke unternimmt 1882 die internationale Polarforschung

Wiederum im Dienste der Wissenschaft wurde im Jahre 1882 die gedeckte Korvette Moltke verwendet. Sie brachte mehrere Gelehrte und einige Handwerker auf die öden und einsamen Inseln von Süd-Georgien, wo astronomische, magnetische und meteorologische Beobachtungen gemacht werden sollten. Dies geschah wieder im Bunde mit allen größern Staaten der Erde. Auf etwa zwanzig Punkten in der Nähe der Pole waren gleichzeitig wissenschaftliche Beobachter vorgedrungen und hatten sich für ein Jahr an geschützten Stellen niedergelassen; so war bie der unsrigen nächste Beobachtungsstation beim Kap Hoorn von französischen Gelehrten und Seeoffizieren besetzt. Überall war man bemüht, den zweiten Venusdurchgang zu beobachten und eine große Zahl gleichartiger magnetischer Untersuchungen zu machen. Deutschland hatte noch eine zweite Station zu demselben Zwecke im Kingua-Fjord oben im Baffinsland eingerichtet; Österreich hatte Jan Mayen besetzt, Schweden Spitzbergen u. s. w.

Die Moltke sichtete die Inseln von Süd-Georgien zuerst am 12. August 1882, nachdem schon seit fünf Tagen große tafelförmige Eisberge von 35 m Höhe über Wasser passiert waren. Mehrere Buchten der Inseln waren von gestrandeten Gletschern gesperrt; häufig unterbrachen heftige Schneeböen das Suchen nach einem Landungsplatze. Am 20. August fand man endlich eine Bucht, die geschützten Ankerplatz bot. Schnell wurden die Beobachtungshäuser gebaut, und dann die Gelehrten mit ihren Leuten und Instrumenten, mit Vorräten an lebendem Vieh und Konserven ausgeschifft. Am 3. September konnte die Moltke aus der unwirtlichen Gegend abdampfen; am 19. September traf sie auf den Falklandsinseln ein. Die Mitglieder der wissenschaftlichen Expedition wurden im nächsten Jahre, am 1. September 1883, von der Korvette Marie wieder abgeholt und in Montevideo gelandet. Beide Fahrten wurden mit großem Geschick ausgeführt.

Deutscher Schutz bei der Beschießung von Alexandrien 1882

Als die Engländer ihr eigennütziges Eingreifen in den ägyptischen Aufstand mit der Beschießung der fast wehrlosen Stadt Alexandrien am 8. Juli 1882 begannen, entstand dort natürlich starke Erbitterung gegen alle Europäer, sodaß Deutschland gezwungen war, die Kanonenboote Habicht und Möwe mit der Rettung der deutschen und österreichischen Flüchtlinge zu beauftragen; um die Ordnung in der Stadt wenigstens an den Stellen, wo die Flüchtlinge gesammelt wurden, zu erhalten, waren auch deutsche Mannschaften gelandet, auf die von einer englischen Matrosenabteilung gefeuert wurde, allerdings nur „aus Versehen"; ein verhängnisvolles Blutvergießen, das fast dabei entstanden wäre, wurde durch die Kaltblütigkeit des deutschen Seeoffiziers, der unsre Leute führte, verhütet, und die Engländer entschuldigten sich. Als die Engländer weiter in Ägypten vordrangen, führte die Möwe etwa 150 deutsche Flüchtlinge von Ismailia nach Port Said.

Bestrafungen von Südseeinsulanern

In der Südsee machten allerlei Frevelthaten australischer Insulaner die Aussendung deutscher Kriegsschiffe nötig; 1882 war der deutsche Führer eines kleinen Dampfers auf den Hermit-Inseln ermordet, und der Agent einer deutschen Handelsstation war lebendig begraben worden. Deshalb wurde die Korvette Carola und das Kanonenboot Hyäne mit der Bestrafung der Eingebornen beauftragt; da die Hermiten in die Berge entflohen, konnten nur ihre Wohnstätten und Boote zerstört werden, um durch den heilsamen Schrecken zukünftigen Ausschreitungen vorzubeugen.

Schiffbauten bis 1886

Inzwischen erreichte die Flotte ungefähr den Bestand, den der Gründungsplan festgesetzt hatte. Nicht weniger als vier gedeckte Korvetten einer neuen ganz aus Eisen erbauten Art, Bismarck, Moltke, Blücher und Stosch, liefen im Jahre 1877 vom Stapel, außerdem die erste der gepanzerten Ausfallkorvetten, Sachsen, sowie die Panzerkanonenboote Mücke und Skorpion, und das kleine Kanonenboot Iltis. Die Panzerkorvetten Bayern und Württemberg, die Panzerkanonenboote Basilisk und Camäleon, die Kanonenboote Wolf und Hyäne folgten im Jahre 1878. Im nächsten Jahre war der Stapellauf der gedeckten Korvetten Stein und Gneisenau, des Panzerkanonenbootes Crocodil, des Artillerieschulschiffs Mars und der Kanonenboote Habicht und Möwe. Die letzte Panzerkorvette der Sachsenklasse, die Baden, lief 1880 ab; in demselben Jahre kamen die Panzerkanonenboote Natter und Salamander zu Wasser, sowie die ersten beiden eisernen Glattdeckskorvetten Olga und Carola, 1881 folgten die Korvette Marie, das Panzerkanonenboot Hummel und der Tender Hay des Artillerieschulschiffs. Von nun an nahm die Bauthätigkeit sehr stark ab; es liefen vom Stapel 1882: die Korvette Sophie und die Avisos Pfeil und Blitz; 1883: das Panzerkanonenboot Brummer und das Kanonenboot Adler; 1884: die Panzerkorvette Oldenburg und das Panzerkanonenboot Bremse; 1885: die Korvetten Alexandrine und Arkona, sowie die Schulschiffe Charlotte und Nixe; 1886: nur der Aviso Greif. Alle diese Schiffe wurden auf deutschen Werften erbaut, und zwar teils auf den Marinewerften in Kiel, Wilhelmshaven und Danzig, teils auf Privatwerften in Stettin, Bremen, Hamburg und Kiel. Etwa im Jahre 1883 hatte die Kriegsflotte fast genau die zehn Jahre früher festgesetzte Zahl von Schiffen erreicht; die Marine hatte also den ersten Entwicklungsabschnitt hinter sich und konnte nun auf weitere Stärkung ihrer Kraft rechnen. Aber daraus wurde zunächst nicht viel.

Im Frühjahr 1883 trat ziemlich überraschend und plötzlich der General von Stosch von seinem Posten als Chef der Admiralität zurück, wahrscheinlich wegen Meinungsverschiedenheit mit dem Reichskanzler. Ebenso überraschend wurde ein jüngerer, aber sehr bewährter General, von Caprivi, an seine Stelle gesetzt; die aufstrebende Flotte wurde um eine Enttäuschung reicher, denn der allgemeine Wunsch nach einem Seeoffizier als Leiter der Flotte blieb unerfüllt. Es ist müßig, nach Gründen dafür zu forschen; man wird damit warten müssen, bis einmal eine erschöpfende, auf gutem Material gegründete Geschichte unsrer Zeit und insbesondre unsrer Flottenentwicklung geschrieben sein wird. Thatsache war, ein tüchtiger Soldat ging, und ein zweiter tüchtiger Soldat übernahm den Oberbefehl und die Verwaltung der Kriegsflotte. Hatte bisher der große Organisator Stosch den Schwerpunkt seiner Thätigkeit in die feste einheitliche Gliederung der jungen Marine, in die gründliche praktische und theoretische Schulung der Offiziere und Mannschaften und in die Schaffung einer sehr tüchtigen, den schwierigen Verhältnissen gewachsenen Verwaltung gelegt, so lenkte Caprivi nun sein Hauptaugenmerk auf die Kriegsbereitschaft der Flotte, freilich fast lediglich für die Küstenverteidigung zum Zwecke der Entlastung des Heers von dieser Aufgabe und fügte sich nur notgedrungen den Forderungen der neuen Zeit auf die überseeische Ausbreitung deutscher Macht. Caprivi, der militärisch klarblickende Fachmann, war doch zu sehr Soldat, als daß er das ihm fremde Element hätte lieben lernen können; tiefes Verständnis für eine Sache und festes Vertrauen auf sie ist aber überall nur durch echte Liebe zu gewinnen. Caprivi ist der Ritter Frundsberg; in ihm ist die meerfremde deutsche Landsknechtsnatur bester Art verkörpert. Mit um so größerer Hochachtung verdient daher die rege Thätigkeit dieses Generals betrachtet zu werden, dem die Marine ebenso wie seinem Vorgänger große Förderung ihres Betriebs zu danken hat; daß die Flotte aus der grundsätzlich falschen Richtung, die das Schlagwort der Küstenverteidigung angegeben hatte, immer noch nicht herauskam, darf man dem Soldaten nicht zum Vorwurf machen.

Die Denkschrift über die weitere Entwicklung der Marine, die am 1. Juli 1883 erschien, war Caprivis Werk. Sehr zutreffend wird in ihrem Vorwort gesagt, daß bei den sprungweisen Fortschritten der Technik einem für längere Zeit giltigen Flottengründungsplan nur theoretischer Wert innewohnen könne; merkwürdig ist dagegen die Einteilung der Schiffe in der Reihenfolge: 1. Schulschiffe, 2. Schiffe für den politischen Dienst, 3. Schlachtschiffe, 4. Schiffe für die Küstenverteidigung, die die Denkschrift enthält. Damals galt der Grundsatz, die Ausbildung der Mannschaften auf Schiffen vorzunehmen, die womöglich besonders für diesen Zweck gebaut waren. Für technische Ausbildung von Geschützführern und Torpedomannschaften wird das wohl stets nötig bleiben, umsomehr, als diese technischen Schulschiffe gleichzeitig die Aufgabe haben, neue Erfindungen ihrer Waffe zu erproben. Unvermeidlich mögen auch Schulschiffe für die ersten Jahrgänge der Kadetten und der Schiffsjungen sein, obwohl schon darüber die Ansichten auseinander gehen können; geradezu Ballast für die Kriegsbereitschaft einer kleinen Flotte wie der unsrigen sind aber die Seekadettenschulschiffe und die Freiwilligenschulschiffe verschiedner Art, da sie für den Krieg untaugliche Schiffe sind. Sparsamkeitsrücksichten zwingen ja leider auch heute dazu, noch mehrere alte gedeckte Korvetten als Schulschiffe aufzubrauchen, obgleich inzwischen bei den Fachleuten längst die Überzeugung durchgedrungen ist, daß jedes Schiff, das neu gebaut wird, ein echtes rechtes Kriegsschiff sein muß, und daß jedes Kriegsschiff im Frieden eben ein Schulschiff ist. Wie der Rekrut in der Armee in dem Verbande, worin er vor den Feind gehen soll, ausgebildet wird, so muß auch das Personal der Marine, sobald es die erste Vorbereitung empfangen hat, da ausgebildet werden, wo es im Kriege tüchtiges leisten soll, also auf Schlachtschiffen. Aus diesem Grunde wird man im Laufe der Jahre die jetzigen alten Schulschiffe Stosch, Stein, Moltke und Gneisenau durch Panzerschiffe ersetzen müssen, die freilich mehr Geld kosten, aber die Kampfkraft der Flotte erhöhen, während die alten Schulschiffe eine gefährliche Schwächung der Marine wären, wenn sie bei einem Kriegsausbruche im Auslande wären; in solchem Falle würde mit diesen langsamen und selbst kleinen, modernen Waffen nicht gewachsenen Schiffen eine große wertvolle Personalkraft von besser gerüsteten Gegnern gelähmt werden können. Je eher diese Schulschiffe durch Panzerschiffe ersetzt werden, desto besser ist es. Will man zur Förderung der Personalausbildung diese neuen Schiffe ins Ausland schicken, dann wird man gut thun, sie als Panzerkreuzer zu bauen, weil sie dann zugleich am besten imstande sind, den politischen Dienst zu versehen.

Für die Erfüllung der Aufgaben des diplomatischen und handelspolitischen Dienstes waren 1883, wie die amtliche Denkschrift nachweist, nicht weniger als 20 Korvetten, 10 Kanonenboote und 4 Avisos bestimmt; man bedenke dabei, daß die Kolonialpolitik noch nicht begonnen hatte. Jetzt, wo in unsern Schutzgebieten viel zu thun ist, sind nur 4 moderne Kreuzer fertig und 6 im Bau, die den alten Korvetten entsprechen, während die Zahl der kleinen, den Kanonenbooten vergleichbaren Schiffe 12 beträgt, worunter eins noch im Bau ist.

Da die Bezeichnung der Schiffe der Kreuzerflotte mehrmals gewechselt hat, während die Schiffe dieselben blieben, man also dasselbe Schiff mit verschiedner Bezeichnung nennen hören kann, so sei hier nebeneinander gestellt, was gleiche Bedeutung hat:

Marginalia: General von Stosch. Caprivi wird Chef der Admiralität. — Caprivis Denkschrift von 1883.

Schiffsbenennung 1871	dafür seit 1884	dafür seit 1893
Gedeckte Korvette	Kreuzerfregatte	Kreuzer erster Klasse, zugleich Panzerkreuzer
Glattdeckskorvette	Kreuzerkorvette	Kreuzer zweiter Klasse / Kreuzer dritter Klasse } zugleich geschützte Kreuzer
Kanonenboot der Albatroß-Klasse	Kreuzer	Kreuzer vierter Klasse
Kanonenboot erster und zweiter Klasse	Kanonenboot	Kanonenboot

Daß die gedeckten Korvetten den Namen von Kreuzerfregatten bekamen, hörte sich freilich stolzer an, aber die alten Schiffe wurden darum natürlich nicht kriegstüchtiger. Hatte doch schon die Denkschrift des durchaus nicht für Flottenvermehrung begeisterten neuen Chefs der Admiralität bekennen müssen: „soll unsre Marine nicht entweder geschwächt oder zum technischen Stillstande genötigt werden, so dürfen Ersatzbauten für die ältesten Korvetten, Kanonenboote und Avisos nicht länger aufgeschoben werden." Thatsächlich wurde aber kein gehöriger Nachdruck auf die Forderung der genügenden Zahl von solchen Ersatzbauten gelegt, sei es wegen der allgemeinen Finanzlage des Reichs, sei es aus Rücksicht auf die Forderungen für das Heer oder aus andern Gründen; entwickelt hat sich daraus die jetzige Kreuzernot, die kaum die Besetzung der nötigsten überseeischen Stationen möglich macht. Mit jedem Jahre, in dem Deutschland keine neuen Kreuzer baute, verschlechterte sich das Machtverhältnis im Vergleich mit den andern Seemächten; jetzt sind die Kreuzerflotten Japans, Spaniens, Rußlands, Italiens und der Vereinigten Staaten, ganz abgesehen von der englischen und französischen, der unsrigen bedeutend überlegen, wie die Tabellen des achten Abschnitts deutlich beweisen. Daß aus diesem Grunde größere Anstrengungen gemacht werden müssen, daß wir wenigstens die alte Stelle unter den sogenannten Flotten zweiten Ranges wieder einnehmen, dürfte wohl jedem verständlich sein.

Schon Caprivi betont Deutschlands Weltstellung

Auch den Wert der Panzerschiffe setzt die Denkschrift in das richtige Licht: „ohne den Hintergrund von gepanzerten Schlachtschiffen, ohne die Sicherheit in einer gesammelten, kampfbereiten Hochseeflotte nötigenfalls ausgiebige Unterstützung finden zu können, würde ein der Weltstellung (!) des deutschen Kaiserreichs angemessenes Auftreten jener Schiffe des politischen Dienstes auf die Dauer nicht gewährleistet sein." Im freisinnigen Lager wird heute über Abenteuerpolitik gejammert und geklagt, wenn von der Weltmachtstellung des Reichs die Rede ist; damals aber hat gerade Caprivi, der von dieser Partei später gefeierte Staatsmann und Soldat, von der Weltstellung des Reichs als einer notwendigen Sache gesprochen, und hat trotz geringer Begeisterung für das Seewesen vor einem Zurückziehen von der See gewarnt, wie die folgenden Stellen der Denkschrift beweisen, die allen denen nicht eindringlich genug vorgehalten werden können, die sich erkühnen, die ganz unbegründete Behauptung aufzustellen, daß der Wunsch nach einer Verstärkung der Seemacht erst in den letzten Jahren entstanden sei. Die Denkschrift von 1883 sagt nämlich: „Immer mehr hören die Meere auf, Nationen zu trennen, und immer mehr scheint der Gang der Geschichte darauf hinzuweisen, daß sich ein Staat von der See nicht zurückziehen darf, wenn er auch über die nächste Zukunft hinaus seine Stellung in der Welt (!) zu erhalten trachtet." Damals konnte man noch nicht das bequeme Schlagwort vom „rabiaten Fachmanne" anwenden, als der General in der Denkschrift auch von der Erkämpfung der Seeherrschaft sprach: „Das die Seeschlacht entscheidende Kampfmittel bleibt in erster Linie immer die Artillerie ... man kann gepanzerte Schiffe und schwere Artillerie da nicht entbehren, wo um die Beherrschung eines Meeresteils gekämpft werden soll. Solchen Kampf muß indes jede europäische Flotte im Auge haben, für ihn muß sie einen Teil ihrer Streitmittel zurichten, wenn sie überhaupt eine Flotte bleiben will. Eine Marine, die ihren Schwerpunkt auf oder am Lande suchte, verdiente den Namen nicht mehr."

Er verkennt aber den Einfluß der Seemacht

Freilich verleugnete der Chef der Admiralität seine Frundsbergnatur auch in dieser Denkschrift nicht: „Es ist wahr, Seeschlachten allein entscheiden nur selten über das Schicksal von Staaten, und in absehbaren Zeiten hinaus liegt die Entscheidung eines Kriegs für Deutschland in seinem Landheere." Daß dies nicht richtig, im ersten Abschnitt dieses Werks wurde schon gezeigt, wie oft im Laufe der Zeiten Seeschlachten das Schicksal von Staaten entschieden haben. Für Deutschland liegt die Entscheidung eines Krieges mit folgenden Staaten ganz allein bei der Kriegsflotte: mit Spanien, Portugal, (Schweden und Norwegen), Türkei, (Italien), mit den Vereinigten Staaten, mit allen südamerikanischen und mittelamerikanischen Staaten, mit Marokko und Ägypten, mit Persien, China, Japan und last not least mit England. Wer will nun behaupten, daß auf absehbare Zeiten hinaus mit der einen oder der andern der angeführten größern Seemächte kriegerische Verwicklungen nicht eintreten könnten? Thatsache ist, daß seit der Wiederherstellung des deutschen Reichs bis heute der Ausbruch eines Kriegs mit der Türkei (1876), mit Brasilien (1878 und 1893), mit China (1882), mit Spanien (1885), mit Marokko (1895), mit Japan (1895) und mit England (1896) am seidnen Faden hing, wie man so zu sagen pflegt. Daß die Seemacht auch im Kriege gegen Staaten, die auf dem Lande Grenznachbarn von uns sind, sehr wohl zur Entscheidung des Kriegs führen kann, wenn sie nur stark genug ist, wird im fünften Abschnitte erläutert werden.

Abgesehen von dieser grundsätzlichen Unterschätzung des Einflusses der Seemacht auf kriegerische Erfolge zeigt diese Denkschrift aber doch genau dieselben Ansichten über die Notwendigkeit einer Schlachtflotte zum Zurückschlagen des Gegners auf offner See, die man heute als uferlose Pläne zu verfehmen sucht: „Aber wenn die deutsche Flotte auch nur befähigt sein soll, einer noch unfertigen Staatenbildung jenseits des Ozeans Respekt einzuflößen, oder wenn sie in einem europäischen Kriege auch nur gegen eine der kleinsten Seemächte mit Erfolg auftreten soll, wenn sie befähigt sein soll, ein dürftiges Küstenfort anzugreifen, bedarf sie der Panzerschiffe. Und wenn in einem größeren Kriege gegen zur See überlegne Mächte die deutsche Flagge allein sich auf dem Meere nicht behaupten könnte, so würde sie ohne Panzerschiffe für maritime Bundesgenossen keinen Wert haben." Also auch darüber bestand schon damals Klarheit, daß unsre Bündnisfähigkeit, nämlich der Wert unsrer Bundesgenossenschaft, durchaus nicht allein von der Stärke unsers Landheeres abhängt. Aber trotzdem daß weiterhin in der Denkschrift erwähnt wird, daß mehrere Panzerschiffe, besonders Kronprinz und Friedrich Karl nicht mehr für voll zählen könnten, und daß für den gesunknen Großen Kurfürsten und für das unbrauchbar gewordne Panzerfahrzeug Prinz Adalbert noch kein Ersatz geschaffen sei — trotzdem wurden fast nur für die Küstenverteidigung neue Mittel gefordert.

Freilich lagen damals die Aussichten für eine gesunde Weiterbildung der Schlachtflotte besonders ungünstig, weil die neue Torpedowaffe, die gerade den Höhepunkt ihrer Entwicklung erreicht hatte, die teuern Panzerschiffe überflüssig zu machen schien. Mit kleinen schnellen Fahrzeugen, den Torpedobooten, wollte man bei Nacht und Nebel die Panzerriesen bekämpfen und sie durch einzelne Torpedotreffer aus kurzer Entfernung (von 400—500 m) vernichten. Besonders die kleinen Seemächte, also auch die deutsche, griffen eifrig nach dieser Waffe des Schwächern, die gegen die größten Flotten gute Erfolge versprach; gute Erfahrungen, die in friedlichen Flottenmanövern gewonnen wurden, führten zu einer Überschätzung der neuen Waffe. Denn während alle andern Kriegsschiffe selbständige Wehrkräfte sind, die zu jeder Zeit und an jedem Orte, wo ihr Tiefgang es erlaubt, kämpfen können, ist die Verwendung der Torpedoboote von besondern Bedingungen abhängig; sie können wegen ihrer beschränkten Seetüchtigkeit nur in der Nähe der eignen Küste unter dem Schutze der Nacht oder eingehüllt in Nebel oder in den Pulverdampf der Schlachtschiffe, oder aus einem günstigen Versteck aus der Küste hervor auftreten und können nur aus kleinen Entfernungen und bei stiller oder nur sehr mäßig bewegter See das feindliche Ziel treffen. Zwar sind sie auch heute noch geeignet, die Blokade einer Küste auf kurze Zeit zu stören, aber sie können ihrer Unselbständigkeit wegen Seeherrschaft in einem Meeresteile weder erringen noch erhalten. Daß die kühnen Angriffe der russischen Torpedoboote die türkische Panzerflotte 1878 im Schwarzen Meere an der Entfaltung ihrer Kraft verhinderte, ist sicherlich mehr der seemännischen Untüchtigkeit der Türken, als den paar Treffern der russischen Torpedos zuzuschreiben. Seitdem ist die Artillerie durch die Einführung der Schnellfeuergeschütze derart verbessert worden, daß sie für längere Zeit, wahrscheinlich für immer die wichtigste Waffe des Seekriegs sein wird; die Luft leistet Geschossen viel geringern Widerstand als das Wasser, deshalb muß der Torpedo, der ja weiter nichts als ein Unterwassergeschoß ist, stets unvollkommen bleiben. Bestechend war für die Einführung der Torpedowaffe ihre Billigkeit; Torpedoboote, die durchschnittlich $1/4$ Million Mark kosteten, konnten bei einigem Glück Schlachtschiffe vom achtzigfachen Werte vernichten. Das gab den Ausschlag, wohlgemerkt zu einer Zeit, als die Artillerie nur über sehr kleine und sehr unvollkommne Schnellfeuergeschütze verfügte. Die Denkschrift forderte etwa 150 Torpedoboote für den Küstenkrieg und für die Begleitung der Schlachtschiffe; 35 waren schon fertig, 115 sollten neu gebaut werden. Dadurch mußte für die „unscheinbaren Aufgaben des Küstenkriegs" (wie die Denkschrift sagt) damals so viel Geld ausgegeben werden, daß für den eigentlichen Zweck der Kriegsflotte, den Seekrieg, fast nichts bewilligt werden konnte. Kein Wunder also, wenn in den letzten Jahren, seitdem immer mehr Panzerschiffe und Kreuzer veraltet und gefechtsschwach geworden sind, mit größerm Nachdruck auf den Ersatz dieser Schiffe gedrungen werden muß, um die deutsche Seemacht zu kräftigen. Als Caprivi Chef der Admiralität wurde, im Jahre 1883, war der Kampfwert der Schlachtflotte und der Kreuzerflotte in Verhältnis zu dem wahrscheinlichen Gegner jener Zeit (Frankreich stand damals allein gegen die Dreibundmächte, Verwicklungen mit England und Rußland waren so gut wie ausgeschlossen) viel größer als heute, wo die Kriegsflotten der mit uns im Welthandel wetteifernden Seemächte schnell und stetig angewachsen sind, während unsre Flotte noch darunter leidet, daß während der Ära Caprivis überhaupt gar kein Schlachtschiff und nur ganz wenige Kreuzer als Ersatz veralteter Schiffe gebaut wurden. Darum gebietet die nüchterne Vernunft, die freilich mit Liebe und Verständnis für die Flotte gepaart sein muß, das Versäumte nachzuholen.

Die deutsche Kreuzerflotte hatte im Jahre 1883 zwar nur einen einzigen Panzerkreuzer, die Korvette Hansa, während gleichzeitig die englische Flotte schon 11, die französische 13, die russische 10 Schiffe dieser unentbehrlichen Gattung teils fertig, teils im Bau hatte, aber die ungepanzerten Kreuzer reichten doch in ihrer Zahl für den überseeischen Dienst aus, obgleich ihr Gefechtswert schon damals den Anforderungen der Zeit nicht voll entsprach; teilweise waren die Schiffe schon sehr alt, teilweise lehnten sie sich zu sehr an englische Vorbilder an, waren deshalb zwar sehr seetüchtig, aber langsamer und schwächer bewaffnet, als die Kreuzer gleicher Größe bei andern Flotten, worüber im sechsten Abschnitt noch gesprochen werden soll. Zum auswärtigen politischen Dienst waren nämlich 1883 kriegsfertig die Panzerkorvette Hansa, die gedeckten Korvetten Bismarck, Moltke, Stosch, Gneisenau, Stein, Leipzig, Prinz Adalbert, Elisabeth und Hertha, die Glattdeckskorvetten Carola, Olga, Marie, Sophie, Freya, Luise, Ariadne, Augusta, Viktoria und Nymphe, die Kanonenboote der Albatroßklasse Adler, Möwe, Habicht, Albatroß und Nautilus, und schließlich die Kanonenboote Wolf, Hyäne, Iltis, Cyklop und Drache.

Beginn der deutschen Kolonialpolitik — Deutschlands Seemacht war endlich kräftig genug, die Kolonialpolitik, die seit zwei Jahrhunderten geruht hatte, wieder aufzunehmen. Freilich waren nun alle begehrenswerten Länder und Küstenstriche schon längst zwischen den alten Seemächten geteilt. Aber selbst dem nimmersatten und von Verdauungsschwäche nicht angekränkelten England waren einige ganz leidliche Gebiete auf dem schwärzesten Erdteile und in dem bunten Inselmeere der Südsee unbemerkt geblieben; der Geschicklichkeit unsrer Diplomaten gelang es im Bunde mit der eifrigen Thätigkeit unsrer Kreuzerflotte eine ganze Reihe brauchbarer Plätze zu besetzen. Der einsichtigere Teil des deutschen Volks hatte endlich begriffen, daß für unser stetig wachsendes Volk Ausbreitung nötig ist. Da Ackerbaukolonien nicht ohne Verwicklungen mit andern Seemächten zu erwerben waren, mußten wir uns vorläufig mit Handelskolonien begnügen und mit solchen Landgebieten, die wenigstens Plantagenbau durch Eingeborene erlauben. Immerhin sind auch diese Erwerbungen schon für ganz Deutschland zu schätzen, weil sie verschiedne Rohstoffe billig liefern, und weil sie sichere Kunden für unsre Gewerbethätigkeit sind; einige Kolonialländer, namentlich Südwestafrika, werden mit der Zeit auch deutschen Ansiedlern neues, bebauungsfähiges Land geben. Der Prinz Adalbert erlebte diese Erfüllung seines sehnlichen Wunschs nicht mehr; aber daß Deutschland endlich überseeische Ansiedlungen erwarb, ist sicherlich zu einem großen Teile den beharrlichen Anregungen dieses thatkräftigen Hohenzollern zu danken.

Hissen der deutschen Flagge im Togolande — Die erste Kolonie wurde im Golf von Guinea, in der Nähe der Goldküste, also nicht weit von den Trümmern des kurbrandenburgischen Forts Groß-Friedrichsburg, erworben; in Bageida im Togolande ankerte am 4. Juli 1884 das Kanonenboot Möwe, Kommandant Korvettenkapitän Hoffmann, und setzte den Reichskommissar Dr. Nachtigal an Land, der nach kurzem Palawer mit den Negerhäuptlingen feierlich unter Geschützsalut und Hurraruf die deutsche Flagge hißte und dadurch den Küstenstrich zum deutschen Schutzgebiet machte. Dieser herzhaften Anknüpfung an die Kolonialpolitik des ersten seemächtigen Hohenzollernfürsten war im Februar desselben Jahres als sinniges Zeichen der Besuch der Korvette Sophie bei den Ruinen von Groß-Friedrichsburg vorausgegangen. Der Kommandant der Sophie, Korvettenkapitän Stubenrauch, besichtigte das alte Fort, ließ es genau zeichnen und nahm von den sechs alten Geschützen, die in der Südostbastei der zum Teil noch recht gut erhaltenen steinernen Feste lagen, eins mit nach Deutschland zurück. Als dieses alte Geschützrohr auf Befehl des Kaisers in der Ruhmeshalle aufgestellt wurde, begann Deutschland wieder eine Kolonialmacht zu werden; unser erster Hohenzollernkaiser soll damals gesagt haben: „Jetzt erst kann ich wieder dem Standbilde des Großen Kurfürsten gerade ins Gesicht sehen."

Kamerun 1884 — In Kamerun, wo der hamburgische Kaufmann Woermann seit 1868 eine Handelsniederlassung betrieb, war die Besitznahme schon vorbereitet, als die Möwe am 12. Juli eintraf, um in den folgenden Tagen an verschiednen Plätzen unsrer größten westafrikanischen Kolonie trotz englischer Quertreiberein die Flagge zu hissen. Wenige Tage später, am 17. Juli, erschien das englische Kanonenboot Flirt im Kamerunflusse, das den Auftrag hatte, für England davon Besitz zu ergreifen, nun aber zu spät kam. Die Engländer, die noch niemals aufrichtige Freundschaft für Deutschland bekundet haben, verfolgen die deutsche Kolonialpolitik mit derselben Mißgunst, wie früher die Holländer die kurbrandenburgische.

Lüderitzland 1884 — Wegen des südwestafrikanischen Gebiets, das der bremische Kaufmann Lüderitz schon 1883 erworben hatte, entstand ein nicht ungefährlicher Zeitungskrieg zwischen England und Deutschland, der noch dadurch geschürt wurde, daß in Angra Pequena der Kommandant der deutschen Korvette Carola, Kapitän zur See Karcher, dem Befehlshaber der englischen Fregatte Boadicea höflich aber bestimmt erklärt hatte, daß er sich in deutschen Gewässern befinde, wo England keinerlei Machtbefugnisse hätte.[1]) Das war schon 1883; dann besuchten noch das Kanonenboot Nautilus und später die Korvette Leipzig dieselbe Küste, doch ohne amtlich von dem Gebiet Besitz zu nehmen, weil das englische Kabinett erst am 21. Juni 1884 die deutsche Schutzherrschaft über Angra Pequena anerkannte. Endlich, am 6. August 1884, vereinigte sich die Korvette Elisabeth mit der Leipzig, beide landeten in der Bucht von Angra Pequena je 100 Matrosen und die Mitglieder einer Expedition zur Erforschung des Landes; Kapitän zur See Schering, der Kommandant der Elisabeth, erklärte am 7. bei

---

1) Tesdorpf, Geschichte der Kaiserlich Deutschen Kriegsmarine in Denkwürdigkeiten von allgemeinem Interesse (Kiel und Leipzig, 1889).

der feierlichen Besitznahme das ganze Land vom Nordufer des Oranjeflusses bis zum 26. Grad Südbreite zum deutschen Schutzgebiet unter der Oberherrlichkeit des Kaisers. Kurz darauf traf das Kanonenboot Wolf in Sandwichshafen ein und machte am 12. August auch die ganze Küste nördlich von Lüderitzland bis zur portugiesischen Grenze beim Kap Frio, mit Ausschluß der Walfischbai, dem besten Hafen der ganzen Küste, den sich die Engländer für sich beanspruchten, zum deutschen Schutzgebiet. Später hißte Wolf die Flagge noch an verschiednen Punkten der neuen deutschen Küste.

In der Südsee erwarb ebenfalls der Kapitän zur See Schering die ersten Kolonien für uns; er traf mit der Elisabeth und mit dem Kanonenboot Hyäne am 3. November in Matupi, dem Hauptplatze des Bismarck-Archipels ein und ließ sofort von dem ausgeschifften Landungskorps die Flagge hissen. Am nächsten Tage wurde vom Miokohafen Besitz ergriffen und später von vielen andern Plätzen. Dann dampfte die Elisabeth an die Küste von Neu-Guinea und nahm das jetzt Kaiser Wilhelms Land genannte Gebiet unter deutsche Herrschaft; am 27. November wurde die Flagge in dem wichtigen Finschhafen gehißt. Natürlich blieben auch hier Schwierigkeiten mit den Engländern, besonders mit den Regierungen der australischen Kolonien nicht aus, die aber gütlich beigelegt wurden. *Kolonialerwerbungen in der Südsee*

In Kamerun hatten inzwischen die Streitigkeiten verschiedner Negerstämme untereinander und die Hetzereien englischer Händler die deutschen Kaufleute stark gefährdet. Deshalb segelte am 30. Oktober 1884 ein westafrikanisches Geschwader, aus den Schiffen Bismarck, Gneisenau, Olga und Ariadne zusammengesetzt, unter dem Befehle des Kontreadmirals Knorr aus Wilhelmshaven ab, um in den neuen Besitzungen den Negern Deutschlands Macht deutlich vor Augen zu bringen. Als Bismarck und Olga am 18. Dezember vor dem Kamerunflusse ankerten, waren mehrere Stämme in offnem Aufruhr gegen den deutschfreundlichen Negerkönig Bell; seine Stadt war niedergebrannt worden, und überdies hatte der Rebellenhäuptling Manga Aqua der deutsche Flagge besudelt. Admiral Knorr ließ am nächsten Tage ein Landungskorps von 330 Mann und 4 Geschützen unter dem Befehle des Kapitäns zur See Karcher ausschiffen. Nach längern heftigen Gefechten mit den gut bewaffneten Hikory- und Joß-Negern wurden deren Städte erstürmt und verbrannt; der deutsche Verlust betrug einen Toten und sieben Verwundete. Ohne Blut und Eisen ist überseeische Ausbreitung nicht möglich; wo aber ein einziger Deutscher sein Blut zum Wohle des Vaterlandes vergossen hat, da hat die Gesamtheit die heilige Pflicht, an dem so erworbnen Besitze festzuhalten, und jeder einzelne muß bereit sein, mit aller Kraft dafür zu kämpfen. *Kämpfe in Kamerun 1884*

Im nächsten Jahre, im Monat Juni 1885 traf die Marine ein schwerer Verlust in einem Kampfe mit den Gewalten der See; in einem ungewöhnlich heftigen Wirbelsturme im Golfe von Aden, der gleichzeitig den französischen Aviso Renard und zwei größere Handelsdampfer vernichtete, ging die Glattdeckskorvette Augusta mit der vollen Besatzung von 9 Offizieren und 214 Mann verloren. Im Nachrufe um die Verschollenen heißt es: „Nicht einmal der Trost ist den Hinterbliebnen gewährt, daß die braven Mannschaften unsrer Kriegsmarine im Kampf ruhmvoll gefallen. Aber doch fürs Vaterland sind sie gefallen, diese wackern, blühenden Söhne Deutschlands, denn den Ruhm und Ruf des Reichs zu verkünden und in fernen Gewässern zu bewähren, das Vaterland auch in Friedenszeiten wehrhaft zu erhalten auf hoher See, sind sie ausgezogen. Auch ihre Namen wird die Ruhmesgeschichte in ihren Annalen verzeichnen. Ehre ihrem Angedenken!" Keine Spur hat man je von ihnen gefunden; an unbekannter Stelle ruht das Schiff im großen Grabe des Meeresbodens. *Verlust der Augusta*

Jedes neue Jahr forderte größere Anstrengungen und mehr Opfer von der Kreuzerflotte. In Zanzibar hatte seit 1870 der hamburgische Kaufherr O'Swald eine wichtige Handelsniederlassung, die den Handel aller andern Europäer ganz bedeutend übertraf; wäre ein englischer Kaufmann in solcher Stellung gewesen, so hätte das England ohne weiteres genügt, das ganze Gebiet des sogenannten Sultans für sich zu beanspruchen. Deutschland mußte bescheidner sein, weil ihm die Seemacht fehlte, den englischen Gelüsten entgegentreten zu können, die sofort erwachten, als die Engländer erkannten, daß unsre Liebe für Zanzibar nicht ganz platonisch zu bleiben versprach. Nur das Festlandsgebiet des Sultans konnte nach einigen Schwierigkeiten erworben werden; dort hatte schon im Jahre 1884 die ostafrikanische Gesellschaft 2500 Quadratmeilen gutes Hinterland von unabhängigen Negerhäuptlingen erhandelt, für das noch Küstenland beschafft werden mußte, um die Kolonie lebensfähig zu machen. Der Sultan, den die Engländer mißtrauisch gemacht hatten, wollte die deutsche Ansiedlung unter allerlei unbegründeten Ansprüchen auf das schon erworbne Hinterland verhindern und drohte sogar mit Gewalt. Nun mußte Deutschland ein ostafrikanisches Geschwader zusammenziehen; aus Sydney wurde das stattliche Kreuzergeschwader der Korvetten Prinz Adalbert, Stosch, Elisabeth und Gneisenau unter dem Befehle des Kommodore Paschen nach Zanzibar geschickt und ankerte am 7. August 1885 dort vor dem Palaste des Sultans. Der Kommodore begann sofort die diplomatischen Verhandlungen, die nun unter dem unmittelbaren Schutze deutscher Kanonen nachdrücklicher als bisher betrieben werden konnten. Am 17. August stießen noch die Korvette Bismarck, die die Flagge des Kontreadmirals Knorr führte, zu dem Geschwader, und einige Tage später das Kanonenboot Möwe, die beide von der westafrikanischen Küste her kamen. Fast gleichzeitig brachten zwei für die Marine gemietete Handelsdampfer, Ehrenfels und *Der Streit um Zanzibar*

11*

Adler, für das Geschwader Kohlen, Munition und Proviant nach Zanzibar. Admiral Knorr schloß am 20. Dezember den wichtigen Vertrag über die Abtretung der Festlandsküste mit dem Sultan ab.

Ereignisse in der Südsee

In der Südsee hatte das Kanonenboot Iltis die deutsche Flagge auf Yap und auf mehreren andern Karolineninseln gehißt. Darüber erregten sich die heißblütigen Spanier, die ältere Anrechte geltend machten, derart, daß fast ein Krieg mit Spanien ausgebrochen wäre, der allein von unsrer Flotte hätte geführt werden müssen, und dessen Entscheidung allein von der Stärke der Flotte abhängig gewesen wäre. Doch dem Reichskanzler gelang es, den Streit friedlich beizulegen, indem er vom Papste einen Schiedsrichterspruch auswirkte. Nach dem päpstlichen Urteile erhielt Spanien wegen der ältern Ansprüche die Herrschaft über die Inseln, und für Deutschland wurde Handelsfreiheit und das Recht, eine Schiffsstation auf einer Insel anzulegen, gesichert. Kurze Zeit später, am 13. Oktober 1885, nahm das Kanonenboot Nautilus Besitz von der Hauptinsel Jaluit der Ralickgruppe und hißte dann die Flagge auf allen Marschall-Inseln.

Die Kämpfe in den deutschen Besitzungen mehrten sich; 1886 mußte das Kanonenboot Albatroß mehrere Gefechte mit den Bewohnern der Inseln Neu-Pommern und Neu-Mecklenburg führen, um sie für verschiedne Verbrechen zu bestrafen. Besonders hitzig war ein Gefecht gegen eine berüchtigte Mörderbande in Kabakadar an der Nordküste von Neu-Pommern; acht Matrosen wurden dabei verwundet, 3 von Kugeln, 5 von Speerwürfen. Das Kanonenboot Adler bestrafte die Bewohner des Dorfes Capsu an der Nordküste von Neu-Mecklenburg für die Ermordung eines deutschen Händlers und die Beraubung seiner Handelsniederlage; das Dorf wurde beschossen, ein Landungskorps von 60 Matrosen durchstreifte unter Führung des Kapitänleutnants Meuß vierzehn Tage lang die Insel und züchtigte in vielen Einzelgefechten die gut bewaffneten Wilden. Vorher hatte der Adler auf den Salomonsinseln die Flagge gehißt.

Die gesetzlosen Zustände auf Samoa, wo amerikanische und englische Einflüsse die Ausbreitung deutscher Schutzherrschaft zu verhindern gewußt hatten, obgleich der Handelsverkehr der ganzen Inselgruppe fast allein in deutschen Händen war, forderten häufig das Eingreifen deutscher Seemacht zum Schutze berechtigter Interessen. Außer dem Adler mußte auch das Kreuzergeschwader, aus den Korvetten Bismarck, Carola, Olga und Sophie bestehend, im Jahre 1887 längere Zeit in Samoa verweilen, um die deutschen Ansiedler zu schützen; eine Sicherheitswache wurde nach Apia gelegt, an Stelle des gewaltthätigen „Königs" Malietoa wurde dem Häuptling Tamasese die Herrschaft übertragen, und Malietoa wurde vom Adler in die Verbannung gebracht.

Auf der westafrikanischen Station mußten die Mannschaften des Kanonenboots Habicht auf kleinen Dampfern und Booten den Kamerunfluß hinauffahren, um die kriegerischen Duallas, die eine Handelskarawane geplündert hatten, niederzuwerfen.

Grundsteinlegung des Kaiser Wilhelm-Kanals

Mit gebührender Feierlichkeit beteiligte sich unsre Kriegsflotte an der Feier zur Grundsteinlegung des Kaiser Wilhelm-Kanals, am 3. Juni 1887. Der Kanal, von dem nach den Worten des Reichstagspräsidenten „das Reich eine mächtige Stütze seiner Kriegs- und Handelsflotte erhofft," soll den Seeweg zwischen der Ostsee und der südlichen Nordsee abkürzen und sichern, und soll im Kriege die Bewegungen der deutschen Schlachtflotte unabhängig vom Feinde machen. Seine große strategische Bedeutung wird also niemand verkennen; trotzdem war ein Stratege, der Erfolge wie kein andrer aufzuweisen hat, anfangs gegen den Kanalbau. Moltke erklärte am 23. Juni 1873 im Reichstage: „Wenn wir geneigt sind, für maritim-militärische Zwecke eine Summe von 40 bis 50 Millionen Thalern auszugeben, dann würde ich Ihnen vorschlagen, statt eines Kanals für die Flotte eine zweite Flotte zu bauen." Natürlich wollte der klardenkende Feldmarschall damit nicht etwa sagen, daß der Kanal keine Bedeutung hätte, wie einige es ihm auslegten, sondern er wollte die Wichtigkeit der Seekriegswaffen hervorheben; Kriegsschiffe hielt er für nötiger als den auch nötigen Kanal. Moltke wurde aber überstimmt, und der Kanal wurde gebaut.

Der Kanalbau giebt der Flottenentwicklung eine neue Richtung

Darüber werden damals vielleicht nur wenige im Klaren gewesen sein, daß der Kanalbau die Kriegsflotte der Bereitschaft zu ihrem eigentlichen Zwecke, dem Seekriege, näher führte. Der Kanal hat nur geringe Bedeutung für die Küstenverteidigung im eigentlichen, engern Sinne des Worts; denn die Schiffe und Torpedoboote, denen diese Aufgabe zufällt, sind einem bestimmten Bezirke zugeteilt, den sie für gewöhnlich nicht verlassen können, um ihn nicht großen Gefahren auszusetzen. Im Seekriege sind Überraschungen häufiger und leichter auszuführen als im Landkriege; die Küstenverteidiger müssen also ständig auf ihrem bestimmten Posten, z. B. in Memel, in Neufahrwasser, in Swinemünde, in Kiel, in Cuxhaven, in Bremerhaven u. s. w. bleiben, denn man darf doch z. B. nicht die Ostseeküste schutzlos lassen, um mit verstärkter Kraft die Nordseeküste zu schützen, während man auch Angriffe gegen die Ostseeküste zu erwarten hat. Der Kaiser Wilhelm-Kanal hat lediglich für eine selbständige Angriffsflotte Wert, die von der Küstenverteidigung ganz unabhängig ist, und die Seekrieg muß führen können, ohne daß die Verteidigung der deutschen Küsten dadurch unmöglich gemacht werden würde. Von den Vorzügen einer selbständigen Flotte, die den Zweck hat, die Seeherrschaft zu errungen und den Krieg an die Küsten des Feinds zu tragen, wird noch gesprochen werden. Hier soll nur betont werden, daß unsre Volksvertretung durch die Bewilligung des Kanalbaues unsrer Flottenentwicklung eine ganz neue Richtung gegeben hat; ob das bewußt oder unbewußt geschah, ändert an der Thatsache nichts, daß der schöne teure Kanal zum Wohle des Vaterlands nur durch eine kräftige selbständige Angriffsflotte genügend ausgenutzt werden kann. Durch den Bau einer kräftigen Flotte genügen wir dann auch dem, was der große Stratege für wichtiger hielt als den Bau des Kanals.

Die junge Flotte fühlte die Bedeutung des Tags, als der alte Heldenkaiser in Holtenau die drei Hammerschläge that: „Zu Ehren des geeinigten Deutschlands! Zu seinem fortschreitenden Wohle! Zum Zeichen seiner Macht und Stärke!" 21 deutsche Kriegsschiffe, darunter 9 Panzerschiffe, waren in dem geräumigen Hafen von Kiel versammelt, um den hohen Kriegsherrn, der bei dieser Gelegenheit zum letztenmale die Flotte besichtigte, mit krachendem Geschützsalut zu begrüßen und dadurch der ganzen Feier die richtige Weihe zu geben, denn der geplante Bau galt der Zukunft der deutschen Seemacht.

Mit dem Bau großer Kriegsschiffe sah es in jener Zeit traurig genug aus; zwar sollten 10 neue Korvetten für den Schutz unsrer Handelsflotte in den überseeischen Gewässern gebaut werden, aber vorläufig waren davon nur zwei bewilligt worden, die beide 1887 und 1888 vom Stapel liefen, nämlich die ersten größeren modernen Kreuzer zweiter Klasse, Prinzeß Wilhelm und Irene. Für den Friedensdienst in den überseeischen Schutzgebieten mußten außerdem, da die alten Kanonenboote nicht mehr ausreichten, 9 Kreuzer kleiner Art gefordert werden, von denen die meisten als Ersatzbauten für die großen Kanonenboote zu betrachten sind. Von ihnen liefen zuerst Schwalbe 1887 und Sperber 1889 vom Stapel. Ebenfalls Ersatzbauten für alte Schiffe waren die Avisos Wacht und Jagd, die beide 1888 zu Wasser kamen. Schließlich wurde noch unter Caprivi als Chef der Admiralität mit dem Bau des ersten der kleinen Panzerschiffe der Siegfriedklasse begonnen, die für den Schutz des neuen Kanals bestimmt sind. Die Elbmündung hat nämlich durch den Kanal größere Anziehungskraft für feindliche Angriffe bekommen, ihre strategischen Wichtigkeit wegen, und es muß also für Verstärkung ihrer Küstenverteidigung gesorgt werden, um so mehr, als die Elbmündung vom Lande aus schwer zu schützen ist; man kann die ziemlich breite Einfahrt nicht unter Kreuzfeuer nehmen, wenn man nicht Schiffe zur Verteidigung heranzieht. Sechs dieser kleinen Panzerschiffe sollten die Elbmündung decken, vier den Kieler Hafen; acht von ihnen sind allmählich im Laufe von sechs Jahren gebaut worden, für zwei ist das Geld noch nicht bewilligt. Siegfried, das erste dieser Panzerschiffe vierter Klasse, lief 1889 vom Stapel. Für den Bau großer Schlachtschiffe war seit dem Stapellauf der Panzerkorvette Baden im Jahre 1880 gar nichts mehr geschehen, und ebenso wenig wurde für den Bau von Panzerkreuzern gethan, die inzwischen alle größern Marinen auf ihren überseeischen Stationen hatten; die russische Flotte hatte 1888 schon 10 Panzerkreuzer fertig und 2 im Bau.

Erst vierzig Jahre nach der Begründung der preußischen Marine wurde die deutsche Kriegsflotte „mündig"; bis zum Jahre 1888 war sie von Landoffizieren befehligt worden. Im Juli 1888 ernannte Kaiser Wilhelm II. den Vizeadmiral Grafen von Monts zum Chef der Admiralität; der Generalleutnant von Caprivi trat zum Heere zurück, hatte aber später als Reichskanzler wieder mit der Flotte zu thun. Leider starb Graf Monts schon am 19. Januar 1889; der Vizeadmiral Freiherr von der Goltz wurde sein Nachfolger. Während seiner Amtsführung wurde die Admiralität am 30. März 1889 in zwei Behörden geteilt: die eine, das Oberkommando der Marine, leitet die Verwendung der Kriegsschiffe und die Ausbildung der Offiziere und Mannschaften und bereitet die Flotte für den Krieg vor; die andre, das Reichs-Marineamt, leitet die Einrichtung, Erhaltung und Entwicklung der Marine, sowie den Bau und die Ausrüstung der Kriegsschiffe, führt die Verwaltung über alle Ausgaben für die Flotte, für die Kriegshäfen mit ihren Werften und für die Küstenbefestigungen in der Jahde, in der Weser, in der Elbe und in Kiel.[1]) An die Spitze des Oberkommandos der Marine wurde als kommandierender Admiral der Vizeadmiral von der Goltz gestellt; wie die kommandierenden Generale der einzelnen Armeekorps steht dieser Admiral unmittelbar unter dem Befehle des obersten Kriegsherrn, des Kaisers. Zum Vorstand der zweiten Behörde wurde als Staatssekretär des Reichs-Marineamts der Kontreadmiral Heusner ernannt; er hatte sein Amt unter der Verantwortlichkeit des Reichskanzlers zu führen, wobei ihm zugleich die Aufgabe zufiel, die Marine im Bundesrate und im Reichstage zu vertreten. Die Thätigkeit des kommandierenden Admirals und des Staatssekretärs des Reichs-Marineamts ergänzen sich gegenseitig, greifen auch vielfach in einander über, da eine scharfe Trennung ohne Schaden für die frische und gesunde Beweglichkeit des sehr schwierigen, über die ganze Erde ausgedehnten Flottenbetriebes nicht denkbar wäre. Beide Behörden haben ihren Sitz in der Reichshauptstadt. Der Admiral Heusner konnte nur ein Jahr seines Amts walten; ein Herzleiden, dem er kurze Zeit später erlag, zwang ihn im Frühjahr 1890 zurückzutreten. Beständigere Verhältnisse, die die Entwicklung der Flotte begünstigen konnten,

Zu wenig Schiffsbauten bis 1889

Endlich wird Seeoffizieren 1888 der Oberbefehl über die Flotte übertragen; Oberkommando und Reichs-Marineamt

---

1) Die Küstenbefestigungen in Swinemünde, Neufahrwasser, Memel, Pillau u. s. w. gehören noch zum Heere.

traten erst ein, als der Vizeadmiral Hollmann zum Staatssekretär des Reichs-Marineamts berufen wurde. Später fand nur noch ein Wechsel im Oberkommando statt, das von dem erkrankten Freiherrn von der Goltz 1895 auf den Admiral Knorr überging.

Wachstum der Flotte unter der Leitung der Fachleute

Den Fachleuten, die so spät zur Leitung der Kriegsflotte berufen wurden, fiel die schwierige Aufgabe zu, die grundsätzlich falsche Richtung, in die die Entwicklung der Flotte durch die allgemeine Unkenntnis über die Aufgaben des Seekriegs und der Kriegsflotten gedrängt worden war, zu ändern, so gut sie konnten, indem sie vor allem, freilich in sehr schonender Form auf die Vernachlässigung im Bau der großen Schlachtschiffe hinwiesen. Die Mehrheit der Volksvertretung war einsichtig genug, die schreiende Notwendigkeit der Verstärkung der Flotte anzuerkennen, und bewilligte zunächst 1889 vier große Panzerschiffe als Ersatzbauten für die Panzerfregatten Kronprinz, Friedrich Karl und Großer Kurfürst, sowie für die Panzerfregatte Hansa. Da auch mehrere Panzerschiffe der Siegfriedklasse, mehrere Avisos, ein großer und mehrere kleine Kreuzer bewilligt wurden, so konnten in den Jahren 1890 bis 1892 bei regem Baubetrieb der deutschen Reichs- und Privatwerften 18 neue Kriegsschiffe vom Stapel laufen, und zwar 1890: das Panzerschiff vierter Klasse Beowulf, der Aviso Meteor, der Kreuzer vierter Klasse Bussard und das Transportschiff Pelikan; 1891: die Panzerschiffe erster Klasse Brandenburg, Weißenburg und Kurfürst Friedrich Wilhelm, das Panzerschiff vierter Klasse Frithjof und der Kreuzer vierter Klasse Falke; 1892: das Panzerschiff erster Klasse Wörth, die Panzerschiffe vierter Klasse Hildebrand und Heimdall, die Kaiseryacht Hohenzollern (zugleich als Kommando-Aviso bestimmt), die Kreuzer zweiter Klasse Kaiserin Augusta, die Kreuzer vierter Klasse Seeadler, Condor und Cormoran, sowie der Aviso Komet. Bedeutend weniger wurde in den letzten Jahren gebaut; vom Stapel liefen nämlich 1893: das Panzerschiff vierter Klasse Hagen und der Kreuzer dritter Klasse Gefion; 1894: das Panzerschiff vierter Klasse Odin und der Kreuzer vierter Klasse Geier; 1895: das Panzerschiff vierter Klasse Ägir und der Aviso Hela; 1896: das Panzerschiff erster Klasse Kaiser Friedrich III. als Ersatz für die veraltete Panzerfregatte Preußen. Natürlich war von den leitenden Fachleuten das dringendste zuerst gefordert worden; inzwischen, während besonders Panzerschiffe gebaut wurden, veralteten die Kreuzerkorvetten immer mehr, sodaß ihr Ersatz durch moderne Schiffe nicht mehr aufzuschieben war, obgleich die Schlachtflotte noch nicht einmal der russischen, geschweige denn den in einem Kriege des Dreibunds mit Frankreich und Rußland als Angreifer in der Nordsee und in der Ostsee zu erwartenden vereinigten Geschwadern der französischen und russischen Flotte gewachsen ist. Als deshalb für die Jahre 1895 und 1896 der Bau von einem Panzerkreuzer, fünf Kreuzern zweiter Klasse und einem Kreuzer vierter Klasse neben dem Ersatzbau eines Schlachtschiffs erster Klasse für die veraltete Panzerfregatte Friedrich der Große von dem leitenden Fachmann, dem Staatssekretär Hollmann, sowie vom Staatssekretär des Auswärtigen, Freiherrn von Marschall als bringend nötig warm befürwortet wurde, war der Reichstag mit großer Mehrheit wieder so einsichtsvoll, diese Forderungen zu bewilligen. Was Caprivi, der General, dem niemand Marineschwärmerei vorwerfen konnte, schon 1883 ausgesprochen hatte: „daß sich ein Staat von der See nicht zurückziehen darf, wenn er auch über die nächste Zukunft hinaus sich eine Stellung in der Welt zu erhalten trachtet" — das begann allmählich allen den Volksvertretern klar zu werden, die aufrichtigen Herzens und nach besten Kräften bestrebt waren, das Wohl des Vaterlandes zu fördern.

Notwendigkeit der Flottenvermehrung

Neben dem guten Willen, der als Grundlage für jede ersprießliche Thätigkeit da sein muß, gehört freilich auch gründliches Verständnis für den Nutzen der Kriegsflotte dazu, einzusehen, daß mit den bisher bewilligten Schiffen nur die allerdringendsten Bedürfnisse gedeckt sind, um der Flotte einen mittlern Platz zwischen den Marinen Rußlands, Nordamerikas, Italiens, Spaniens und Österreichs zu sichern; noch manches Schlachtschiff und mancher Kreuzer wird im Laufe der Zeiten gebaut werden müssen, ehe unsre Flotte selbständig genug ist, z. B. dem vereinigten Angriffe französischer und russischer Geschwader gewachsen zu sein, oder bei Zwistigkeiten mit den Vereinigten Staaten, mit Japan oder mit Spanien, die ja doch nicht undenkbar sind, mit kräftiger Seemacht auftreten zu können, um zu Hause sozusagen Thür und Thor offen zu lassen, d. h. ohne die heimischen Gewässer von den dort nötigen Streitkräften zu entblößen. Daß wir gegen Englands ungeheure Seemacht nichts andres ausrichten können, als durch Stärkung der Flotte unsre Bündnisfähigkeit zu erhöhen, wurde schon auf Seite 68 besprochen. Vergleiche mit den andern Kriegsflotten werden im letzten Abschnitte dieses Werks gemacht werden; es gehört wirklich keine Flottenschwärmerei dazu, aus diesen nüchternen Zahlen zu erkennen, wie klein im Verhältnis zu unsrer Volkskraft, zu unserm Wohlstand und zu unserm überseeischen Handelsverkehr unsre Kriegsflotte noch ist, trotzdem daß sie schon eine Reihe stattlicher Schiffe aufweist. Auch wird aus der Beschreibung der Schiffe in den nächsten Abschnitten zu sehen sein, daß die größere Zahl unsrer Schlachtschiffe, die doch den Kern der ganzen Kriegsflotte bilden, zu den ältern Schiffen mit geringerm Gefechtswerte gehört. Darunter leiden wir heute noch, daß ein volles Jahrzehnt lang, von 1880 bis 1891 kein einziges großes Schlachtschiff gebaut worden ist; die sehr kleine Panzerkorvette Oldenburg, die 1884 vom Stapel lief, war das einzige neue Panzerschiff dritter Klasse in dieser Zeit. Da alle Flotten von einiger Bedeutung, nämlich außer der englischen und französischen auch die russische, die japanische, die nordamerikanische und die italienische ihre Schlachtschiffe etwa seit der Mitte des vorigen Jahrzehnts als Panzerschiffe ersten Ranges oder erster Klasse, d. h. 10 bis 15000 Tonnen groß bauen, so sind wir gezwungen, mit Rücksicht auf unsre möglichen Gegner, dasselbe zu thun. Ähnliches gilt für die Kreuzerflotte; auch bei ihr nehmen die Schiffe jeder Klasse in der Größe zu, um allen modernen Anforderungen an Geschwindigkeit, an den Schutz der Schwimmfähigkeit und Größe des Kohlenvorrats zu entsprechen. Deshalb darf man sich nicht wundern, daß der Gesamt=Tonnengehalt der Flotte und auch ihre gesamte Maschinenstärke wegen der notwendigen Vergrößerung der einzelnen Schiffsarten heute wesentlich größer ist als vor etwa zehn Jahren, während die Schiffszahl in geringerm Maße zugenommen hat. Daß die Schiffszahl der neuern Anforderungen entsprechenden Schlachtschiffe und Kreuzer erster bis dritter Klasse dabei vorläufig immer noch hinter dem längst veralteten Flottengründungsplan von 1873 zurückgeblieben ist, wurde schon auf Seite 70 und 71 gezeigt. Gewiß sind die einzelnen Schiffe stärker geworden, aber das war auch bitter nötig, weil in derselben Zeit die Schiffe der andern Seemächte sowohl ihrer Zahl wie ihrer Güte nach stark zugenommen haben. Wie die Verhältnisse liegen, wird es für die Flotte und für die Reichsfinanzen am günstigsten sein, wenn die Neubauten nicht allzusehr auf einzelne Jahre gehäuft werden, sodaß weder Überbürdung noch Unthätigkeit auf den verschiedenen Werften eintreten kann. Das ist bisher auch von den leitenden Fachleuten angestrebt worden, und es liegt nicht der geringste Grund vor, daß sie je eine überhastete Vergrößerung der Flotte beantragen werden. Was allerdings unter „überhastet" oder unter „ruhig" im Bau der Schiffe zu verstehen ist, das muß der Laie dem verantwortlichen Urteile dieser leitenden Fachleute überlassen; denn so gut sich die bescheiden müssen, die eine schnellere Vermehrung der Flotte für möglich halten, denen die Forderungen der Marineverwaltung in den letzten Jahren zu klein waren, werden auch die, die aus ehrlicher Überzeugung Bedenken gegen die gesteigerten Ausgaben für die Kriegsflotte haben, ihre Wünsche den dringenden Anforderungen unterordnen müssen. Das wird ihnen um so leichter werden, je mehr Verständnis sie für die Aufgaben der Flotte bekommen.

Schon die Friedensaufgaben unsrer Kreuzerflotte sind im Laufe des letzten Jahrzehnts so gewachsen, daß eine Vermehrung der Kreuzer unvermeidlich ist; die Betrachtung der wichtigsten Ereignisse, die seit dem Rücktritte des letzten militärischen Chefs der Admiralität die Entfaltung unsrer Seemacht im Auslande forderten, wird das erkennen lassen.

Die Blockade der ostafrikanischen Küste, die vom November 1888 bis zum Herbst 1889 dem Kreuzergeschwader einen Küstenkrieg mit vielen Gefechten brachte, wurde im Bunde mit England unternommen, um die Herrschaft der Araber in Ostafrika zu brechen; durch die Sperrung der Küste sollte der Sklavenhandel, das Hauptgewerbe der Araber, ausgerottet werden. Die Schiffe des deutschen Geschwaders, nämlich die Kreuzerfregatte Leipzig, Flaggschiff des Kontreadmirals Deinhard, die Kreuzerkorvetten Carola und Sophie, die Kreuzer Möwe und Schwalbe, sowie der Aviso Pfeil blockierten die Küstenstrecke zwischen dem vierten und neunten Grad südlicher Breite, während ungefähr sechs englische Kriegsschiffe im Norden und Süden davon denselben Dienst thaten. Unserm Geschwader fiel außerdem die Aufgabe zu, den Aufstand der Araber in dem deutsch=ostafrikanischen Schutzgebiet zusammen mit der Schutztruppe Wißmanns niederzuwerfen. Schon am 22. September 1888 hatte das Landungskorps der Leipzig Bagamoyo erstürmt. Die Blockade begann am 2. Dezember desselben Jahres. Aus Dar es Salaam vertrieb der Kapitänleutnant Laudsermann am 25. Januar 1889 mit dem Landungskorps der Sophie die Araber; leider erlag der wackre Seeoffizier nach dem siegreichen Gefechte einem Hitzschlage. Die Hauptplätze Dar es Salaam und Bagamoyo wurden von Marine=Detachements besetzt, deren Verbindung mit den Blockadeschiffen durch bewaffnete Boote unterhalten wurde; außerdem waren alle Schiffe an der Küste verteilt, um kleine Buchten, Landungsplätze und Verstecke für arabische Dhau (kleine Segelschiffe mit dreieckigen, lateinischen Segeln) zu überwachen. Der Bootsdienst war der anstrengendste Teil der Blockadethätigkeit, da die offnen Boote meist wochenlang ohne Ablösung abwechselnd in tropischer Hitze und tropischen Platzregen kreuzen mußten; ein „frischer, fröhlicher Krieg" wäre jedem lieber gewesen, als das ermüdende Verfolgen und Untersuchen jeder Dhau, die sich sehen ließ. Wie der Schiffsdienst, das Leben und Treiben an Bord und in den Booten sich abspielte, das schildert in klarer, treuer und schlichter Weise das treffliche Buch „Neunzehn Monate Kommandant Seiner Majestät Kreuzer Schwalbe während der militärischen Aktion 1889/90 in Deutsch=Ostafrika; aus den hinterlassnen Papieren des Korvettenkapitäns Hirschberg" (herausgegeben von seiner Witwe). Eine prächtige Probe von Geistesgegenwart legte dabei der Leutnant zur See von Bredow ab, der mit einer Jolle von fünf Mann nachts eine große Dhau untersuchte, dabei plötzlich 28 schußfertige Araber vor sich fand, diese aber durch sein kühnes Auftreten und durch den Dolmetscher so einschüchterte, daß sie die Waffen streckten und von andern durch Signale herbeigerufenen Booten gefangen genommen werden konnten. Am 27. März 1889 erstürmten die Landungsabteilungen der Schiffe Leipzig, Carola und Schwalbe unter der Führung des Korvettenkapitäns Hirschberg den Küstenort Konduitschi und zerstörten ihn, weil er ein berüchtigter Schlupfwinkel der Araber war; dieselben Mannschaften erstürmten am 8. Mai 1889 unter demselben Führer im Verein mit der Wißmann=Truppe das

Ostafrikanische Kämpfe

befestigte Lager Buschiris bei Bagamoyo. Der junge Unterleutnant zur See Schelle, der allen voran über die Pallisaden des Lagers kletterte und durch sein Beispiel die Matrosen begeisterte, fiel im spätern Teile des Gefechts, als er die fliehenden Araber verfolgte; außerdem war noch ein Matrose getötet und zwei waren verwundet worden. Der Feind ließ 80 Tote auf dem Kampfplatze; die Wißmann-Truppe hatte auch nur wenig Verlust. Den Erfolg des Tags hatte die Marine erkämpft, denn die Kolonialtruppe war noch zu ungeübt. Am 6. Juni war bei Saadani ein Landungsgefecht, während gleichzeitig die Schiffe den Ort beschossen; Pangani, ein andrer Küstenplatz, wurde am 8. Juli von den Landungsabteilungen des deutschen Geschwaders unter dem Befehle des Kapitäns zur See Plüddemann erstürmt. Zwei Tage später wurde nach kurzem Kampf, wobei auf deutscher Seite nur ein Mann verwundet wurde, Tanga genommen. Ende September 1889 wurde die Blockade aufgehoben, aber mit den Kämpfen gegen die Araber war es noch nicht vorbei. Im Oktober, während Wißmann mit seiner Truppe etwa zwölf Tagereisen weit im Innern des Landes war, bedrohte Buschiri aufs neue die Küstenstationen. Da bekam die Marine wieder zu thun; Bagamoyo, Dar es Salaam und Bueni mußten von den Schiffen und ihren Landungsabteilungen geschützt werden. Inzwischen trieb der Premierleutnant von Gravenreuth die von Buschiri herangeführten Mafitis in zwei Gefechten, am 19. und 20. Oktober, in die Flucht, während sich der Rebellenführer Bana Heri in Saadani festsetzte. Nach kurzem Gefecht wurde am 8. November von den Landungsabteilungen der Carola, der Schwalbe und des neu auf der ostafrikanischen Station eingetroffenen Kreuzers Sperber im Verein mit 200 Mann der Schutztruppe Saadani wieder erobert. Dann mußten die Schiffe wieder einen Teil der Küste blockieren, um Bana Heri die Waffenzufuhr abzuschneiden. Im Mai 1890 waren Schwalbe und Carola auch noch bei der Einnahme von Kilwa, Lindi und Mikindani thätig. Damit war der Araberaufstand völlig niedergeworfen; seine schnelle Beendigung war besonders dem Eingreifen der deutschen Kriegsschiffe und ihrer tapfern Besatzungen zu danken. Durch ihre Kämpfe in Ostafrika gewann die Marine auch Helgoland für Deutschland; denn diese Insel wurde am 1. Juli 1890 gegen Witu und gegen die Aufgabe des Protektorats über Zanzibar eingetauscht.

Kämpfe und Verluste auf der australischen Station. Größere Opfer bei geringern Erfolgen forderte um dieselbe Zeit die australische Station. Nicht in Kamerun und auch nicht in Ostafrika ist schon so viel deutsches Seemannsblut geflossen, wie auf den samoanischen Inseln. Die eignen Schutzgebiete in Neu-Guinea und auf den Inseln der Bismarck-Gruppe haben nicht so hartnäckige Kämpfe nötig gemacht, wie der Schutz des deutschen Einflusses auf den Samoainseln. Dort brach 1888 ein Aufstand gegen die deutschen Ansiedler und Händler aus, zu dessen Dämpfung die Kreuzerfregatte Olga, sowie das Kanonenboot Eber entsandt wurden. Später kam noch der Kreuzer Adler hinzu. Die Aufständischen waren von Amerikanern gut mit Waffen versehen und führten den Krieg aus guten Verstecken, die das waldige und bergige Innere der Inseln reichlich bot. Am 18. Dezember 1888 wurden die Landungstruppen der Olga und des Ebers in der Nähe von Apia an einer sehr ungünstigen Stelle einer Schlucht von den völlig unsichtbaren Insulanern heftig beschossen; in diesem unglücklichen Gefechte wurden auf deutscher Seite 2 Offiziere und 14 Mann getötet, sowie 37 Mann verwundet. Wenn mit diesem Opfer wenigstens die Inseln für uns erkauft worden wären! Aber sie sind noch immer unabhängig, und Onkel Sam und John Bull gönnen sie dem deutschen Michel nicht, trotzdem daß auf ihnen wenig zu holen ist. Auch die gewaltigen Mächte des Sturms und der empörten See haben in Apia schwere Opfer von unsrer Flotte gefordert. In einem ungewöhnlich heftigen Wirbelsturm, der das Geschwader im Hafen von Apia am 15. März 1889 überraschte, entstand hoher brandender Seegang, sodaß die Anker nicht hielten, Adler und Eber gegen die Korallenriffe der Küste geschleudert wurden und zertrümmerten, wobei 85 brave Seeleute den Tod fanden; vom Eber ertrank fast die ganze Besatzung, vom Adler, der hoch aufs Riff hinaufgeworfen wurde, konnte der größte Teil der Mannschaft mit Mühe gerettet werden. Die Kreuzerfregatte Olga, die weiter vom Strande verankert lag, konnte von ihrem Kommandanten auf eine günstige sandige Stelle des Strandes hinaufgefahren werden; so entging sie dem Zerschlagen, war aber noch mehrere Tage während des heftigen und ausdauernden Orkans in großer Gefahr. Später konnte das Schiff, ohne erhebliche Beschädigungen erlitten zu haben, vom Strande wieder abgebracht und flott gemacht werden. In demselben Orkan strandeten auch zwei amerikanische Kriegsschiffe, Trenton und Nipsic, sowie mehrere Handelsschiffe in dem engen Hafen von Apia. Nur der englischen Korvette Calliope gelang es, dank ihrer günstigen Lage und ihrer kräftigen Maschine, aus dem gefährlichen Küstenbereich heraus in die offene See zu dampfen, wo sie dem Sturme trotzen konnte. Wenn es sich vermeiden läßt, verlassen jetzt unsre Schiffe meistens die Samoainseln während der Orkanzeit und dampfen nach Neu-Guinea oder nach Australien. Zu thun haben die Stationskreuzer im australischen Schutzgebiet ununterbrochen; besonders müssen Streitigkeiten zwischen Händlern und Eingebornen geschlichtet und die verhängten Strafen eingetrieben werden. So beförderte der Kreuzer vierter Klasse Sperber 1892 den Richter der Neu-Guineakompagnie zur Untersuchung eines Mords auf die Insel, wo dieser Mord geschehen war; einige Eingeborne der Insel Taputenea strafte der Kommandant des Kreuzers mit der Zahlung von 12000 Kokosnüssen, weil sie einen Weißen angegriffen hatten. In demselben Jahre strafte der Kreuzer Bussard andre

Insulaner für den Mord zweier Missionare und unterstützte 1893 die Streifzüge der deutschen Polizeitruppe an der Küste von Neu-Mecklenburg. Später, 1894, halfen die beiden Stationskreuzer Bussard und Falke der samoanischen Regierungspartei den Aufstand der Atuas niederwerfen; Bussard und ein englischer Kreuzer beschossen am 11. August von See aus die Befestigungswerke der Aufständischen, während Falke gleichzeitig den östlichen Teil der Insel blockierte. Nach der Zerstörung der Besitzungen schlossen die Atuas Frieden. Bisher konnten nur zwei kleine Kreuzer beständig auf der australischen Station unterhalten werden; da aber die unruhigen politischen Zustände auf Samoa allein die Bereitschaft von mindestens einem Schiffe fordern, so bleibt für den sehr ausgedehnten deutschen Bezirk von Neu-Guinea bis nach den Marschall-Inseln hin nur ein Kreuzer verfügbar, was den Anforderungen, die der Schutz der deutschen Interessen an die Seemacht stellt, durchaus nicht genügt. Drei Kreuzer sind längst für die australische Station bestimmt, aber der Mangel an Schiffen verhinderte bisher die Station voll zu besetzen.

Auch auf der ostasiatischen Station wurde der Mangel an Kreuzern in den letzten Jahren sehr empfunden. Lange Zeit war das mächtige deutsche Reich dort nur durch zwei kleine Kanonenboote, Wolf und Iltis, vertreten, die eigentlich nur für den Dienst auf den großen chinesischen Flüssen bestimmt sind, wo dort die christlichen Missionen und den deutschen Handel zu schützen. Weil aber große Kreuzer nicht da waren, mußten die kleinen Schiffe in dem großen Bezirke, der bei Singapore beginnt und bis zum Beringsmeer reicht, viel hin und her gehetzt werden. Im August 1890 besuchte der Iltis Tschimulpo, um mit Korea Handelsverbindungen anzuknüpfen, dann schützte er 1891 im Verein mit einem französischen Kreuzer die französische Jesuitenmission des Pater Twedys in Nyankin am Yangtse-Kiang und übernahm bald darauf den Schutz der vom chinesischen Pöbel bedrohten Deutschen in Shanghai; im September desselben Jahres besichtigte das Kanonenboot die neuen chinesischen Kriegshäfen Port Arthur und Wei-hai-wei und schützte dann später wieder Missionare am Yangtse-Kiang. Von der vielseitigen Thätigkeit des Kanonenboots Wolf sei nur erwähnt, daß er im September 1890 an der japanischen Küste 65 schiffbrüchige Türken rettete, deren Fregatte Ertogrul gesunken war, weil die Kessel zerplatzt waren.

Ungenügender Kreuzerschutz in China

Um dieselbe Zeit traf auch ein Kreuzergeschwader, aus den Schiffen Leipzig, Sophie und Alexandrine zusammengesetzt, in Japan ein, mußte aber die Station sehr schnell wieder verlassen und in beschleunigter Fahrt durch den Stillen Ozean nach Valparaiso dampfen, um dort das Leben der vielen Reichsangehörigen während des blutigen chilenischen Bürgerkriegs zu schützen. Für diese westamerikanische Station waren andre Kriegsschiffe in Deutschland nicht verfügbar. Zum Glück kamen die Schiffe noch früh genug, ihre Aufgabe erfüllen zu können; ehe vollständige Anarchie in der Stadt herrschte, besetzten 300 Mann des Geschwaders zwei Hügel der Stadt, wo die meisten Deutschen wohnten, und wohin alle Schutzbedürftigen gebracht wurden. Während alle andern Stadtteile geplündert und zerstört wurden, wurden auf diese Weise Leben und Gut der Deutschen vor den Räubereien der zügellosen Soldateska bewahrt. Erst als die Führer der siegreichen Opposition der Ordnung in der Stadt wiederhergestellt hatten und sich für die Sicherheit der Deutschen verbürgten, wurde das Landungskorps am 30. August 1891 wieder eingeschifft.

Das deutsche Kreuzergeschwader in Chile 1891

In Westafrika verlief das Jahr 1891 auch unruhig; dort waren zwei Schiffe stationiert, die Kanonenboote Habicht und Hyäne. Im April des Jahres rettete die Hyäne einige Deutsche aus dem portugiesischen Hafen Bissao, der von Eingebornen bestürmt wurde. In Kamerun mußte im Juli ein Landungstrupp des Habicht in der Stärke von 58 Mann unter der Führung des Kapitänleutnants Krause den Njongefluß hinauffahren, um die Bakokolente zu strafen; dabei wurden ohne Blutvergießen zwei Häuptlinge gefangen nach dem Hauptorte Kamerun geführt. Derselbe Seeoffizier führte am 18. Oktober 1891 die Landungsabteilung von Habicht und Hyäne, 103 Mann stark, im Verein mit dem vom Hauptmann von Gravenreuth befehligten drei Negerkompagnien, von etwa 300 Mann gegen die aufständischen Abolente, deren stark befestigter Ort Miang von etwa 1000 mit Gewehren bewaffneten Kriegern besetzt war. Beim Sturm auf Miang zeichneten sich die Marinemannschaften durch Eifer, Entschlossenheit und Tapferkeit, wie bei allen frühern Kämpfen aus. In den amtlichen Berichten wird unter anderm hervorgehoben, welche Thatkraft ein Unteroffizier, der Bootsmannsmaat Lack von der Hyäne bewies. Während er den gestürzten Hauptmann von Gravenreuth aus einer Wolfsgrube herauszog, erhielt Lack zwei Schüsse in den Oberschenkel, stürmte aber trotzdem weiter; ein Schuß in den Arm warf ihm dann das Gewehr aus der Hand. Nun zog Lack sein Seitengewehr und drang noch bis dicht vor die Pallisaden vor, wo ihn mehrere Schüsse niederwarfen; als der Hornist Noe den Gefallnen verbinden wollte, wurde ihm sein Horn zweimal durchschossen. Wie heftig das Feuergefecht war, beweist, daß Lack nicht weniger als achtzehn Schußwunden hatte. Im ganzen wurden sieben Mann von den Schiffsbesatzungen bei dem Gefecht verwundet.

Westafrikanische Kämpfe

In Ostafrika waren inzwischen geregeltere Zustände hergestellt. Das Kreuzergeschwader, das 1892 die verschiedenen Häfen besuchte, fand die Küstenbevölkerung ruhig; in den Häfen, die durch Besatzungen gegen Aufstände gesichert sind, entwickelte sich friedlicher Handelsverkehr. Das Vermessungsschiff Möwe konnte die erste große deutsche Triangulation

Küstenvermessung von Deutsch-Ostafrika

an ausländischen Küsten vornehmen; es führte 1892 die Küstenvermessung zwischen Dar es Salaam und Bagamoyo aus. Freilich mußten die Arbeiten einigemale unterbrochen werden, denn Möwe mußte mit Schwalbe zusammen Teile der Schutztruppe nach Tanga bringen, wo Unruhen auszubrechen drohten. Im nächsten Jahre konnte die Strecke Tanga-Pangani aufgenommen werden.

<small>Bedenklich schwacher Schutz des deutschen Seehandels während des brasilianischen Aufstands 1893</small> Als sich in Brasilien 1893 die Flotte gegen die republikanische Regierung empörte, wahrscheinlich, um die alte Monarchie wieder einzusetzen, mußten zwei Schiffe des Kreuzergeschwaders, Arkona und Alexandrine, nach Rio de Janeiro geschickt werden, um den deutschen Seehandel während des Aufstands zu schützen. Mehrere deutsche Handelsschiffe und ihre Ladungen, die von den Aufständischen belästigt und sogar beraubt wurden, konnten nur durch Drohung mit Gewaltmaßregeln gegen Räubereien geschützt werden. Glücklicherweise brauchte keine Gewalt angewendet zu werden; denn die Seemacht, die das Reich zur Vertretung seiner Interessen abgesandt hatte, war thatsächlich den Aufständischen nicht gewachsen. Die brasilianische Flotte hatte mehrere Panzerschiffe und einige moderne Kreuzer, deren Waffen unsern beiden veralteten Kreuzern sehr überlegen waren. Daß in diesem Falle die Drohung allein genügte, ist Zufall; die Möglichkeit war da, daß unsre alten schwachen Kreuzer für deutsches Recht und für deutsche Interessen zu einem sehr ungleichen Kampf hätten gezwungen werden können. Daraus folgt die Richtigkeit der schon von Caprivi ausgesprochenen Lehre, daß ein Staat sich nicht von der See zurückziehen darf, oder mit etwas andern Worten, daß er eine kräftige Kriegsflotte haben muß, „wenn er auch über die nächste Zukunft hinaus sich eine Stellung in der Welt zu erhalten trachtet." Ja, wenn Alexandrine und Arkona zwei große moderne Panzerkreuzer gewesen wären, dann wäre die Gefahr nicht groß gewesen, oder noch besser, wenn außer diesen alten Kreuzern ein mächtiges Geschwader von Panzerkreuzern in der Heimat zum Auslaufen bereit gelegen hätte, dann hätte das deutsche Reich seine Interessen in jedem Falle nachdrücklich gegen die aufständischen Brasilianer vertreten können. Der Seehandel Brasiliens wird zu einem sehr großen Teile von deutschen Schiffen vermittelt, nordamerikanische Handelsschiffe haben nur sehr wenig dort zu thun, und doch hatten die Vereinigten Staaten nicht weniger als fünf moderne Kreuzer, darunter einen Panzerkreuzer von 8150 Tonnen Größe in Rio liegen, die zusammen 22 356 Tonnen groß waren, während unsre beiden alten Kreuzer mit zusammen 4746 Tonnen neben dieser Seemacht sozusagen „verschwanden." Also obgleich unsre wirtschaftlichen Interessen ungeheuer viel größer waren als die nordamerikanischen, so war doch die Vertretung dieser Interessen durch die Seemacht bei uns unverhältnismäßig viel kleiner. Sagt da nicht der Verstand auch dem Flottengegner, daß es in solchen Fragen nur ein Entweder — Oder giebt? Entweder die überseeischen Interessen ganz aufgeben, oder die Seemacht so stärken, daß sie allen Verwicklungen, wenigstens mit den Seemächten mittlerer Größe, die bei der Vertretung berechtigter Forderungen entstehen können, gewachsen ist. Dazu gehört aber eine stärkere Kreuzerflotte, als wir sie bis jetzt haben; namentlich Panzerkreuzer, die den exotischen Panzerschiffen gewachsen sind, fehlen uns.

<small>Deutsche Kreuzernot in Ostasien</small> Inzwischen wurde der Kreuzermangel in Ostasien besonders fühlbar. Dort mußte der kleine Wolf seinem eigentlichen Zweck in China entzogen und im August 1893 nach Bangkok geschickt werden, um während der französisch-siamesischen Streitigkeiten die Deutschen gegen Ausschreitungen der Siamesen zu schützen. Im Sommer 1894 bedrohten Unruhen in China beim Ausbruche der Pest an vielen Stellen Missionare und deutsche Kaufleute, ohne daß Deutschland mehr als die zwei kleinen Kanonenboote zur Hilfe schicken konnte. Beim Ausbruche des japanisch-chinesischen Kriegs mußte Iltis nach Korea, um den Konsul in Seoul zu schützen; dabei rettete das Schiff 220 schiffbrüchige Chinesen, deren Transportdampfer Kow Shing von einem japanischen Kriegsschiffe zum Sinken gebracht war, und die sich auf der Insel Tai Shan notdürftig geborgen hatten. Nun wurde auch die deutsche Kreuzerdivision, nämlich die Schiffe Arkona, Alexandrine und Marie von Brasilien nach Ostasien geschickt; die alten Korvetten dampften dorthin durch den Stillen Ozean, während aus der Heimat noch der Kreuzer zweiter Klasse Irene und der Kreuzer vierter Klasse Cormoran durch den Suezkanal nach China liefen und sich im Winter 1894 in Hongkong mit den andern Schiffen unter dem Befehle des Kontreadmirals Hoffmann vereinigten. Irene wurde vorher einige Zeit in Marokko aufgehalten, wo Unruhen <small>Iltis beschießt ein Fort in Tamsui 1895</small> ausgebrochen waren, die den Schutz der Deutschen nötig machten. Im April 1895 mußte Iltis im Hafen von Tamsui auf Formosa gewaltsam eingreifen, um den deutschen Dampfer Arthur zu schützen, der Gelder der chinesischen Regierung an Bord hatte; als rebellische chinesische Soldaten den Dampfer vom Küstenfort Tamsuis aus beschossen, um ihn zum Ausliefern des Gelds zu zwingen, warf Iltis einige gut gezielte Granaten in das sehr stark bewaffnete Fort, aus dem nun die Chinesen Hals über Kopf entflohen. In dem Berichte, den die Marine-Rundschau über den Vorfall veröffentlicht (Jahrgang 1895), heißt es: Die Chinesen sollen sehr verwundert gewesen sein, daß ein so kleines Schiff wie der Iltis mit seinen Geschützen so weit und so hoch schießen und auch treffen konnte. In den nächsten Tagen hatten die meisten chinesischen Dschunken in Tamsui eine deutsche Flagge am Mast gehißt, aus Angst und Hochachtung vor dem kleinen Kriegsschiff, das mit seinem zweiten Schusse allein 13 Chinesen teils getötet, teils verwundet hatte.

Nach dem Friedensschlusse zwischen Japan und China mußte die deutsche Kreuzerdivision noch durch das Panzerschiff Kaiser verstärkt werden, das am 4. Mai 1895 unter dem Kommando des Kapitäns zur See Jaeschke aus Wilhelmshaven ausklief und schon am 25. Juni in Hongkong eintraf; etwas früher wurde auch der einzige verfügbare Kreuzer zweiter Klasse, die Prinzeß Wilhelm, dahin geschickt. Wie groß die Kreuzernot war, beweist der Umstand, daß ein Panzerschiff der Schlachtflotte, die doch für den Kampf um die Seeherrschaft in den heimischen Gewässern bestimmt ist, genommen und damit also die heimische Seestreitkraft geschwächt werden mußte. Aber da die Ostasiaten längst so klug geworden sind, daß sie die Seemacht der europäischen Staaten nur nach den Kriegsschiffen beurteilen, die in den ostasiatischen Gewässern auftreten, und da es galt, im Bunde mit Rußland und Frankreich zu verhindern, daß sich die japanische Macht zum Schaden der Handelsinteressen dieser drei europäischen Staaten auf dem asiatischen Festlande, in Korea und Port Arthur festsetzte, so mußte Deutschland genügende Streitmittel nach dem fernen Osten schicken. Gerade um unsre eignen Interessen genügend wahren zu können, mußten wir uns an dem russisch-französischen Vorgehen gegen Japan beteiligen. Von den deutschen Kriegsschiffen auf der ostasiatischen Station ging leider am 23. Juli 1896 das Kanonenboot Iltis beim Vorgebirge Shantung in der Nähe des chinesischen Hafens Tschifu in einem schweren Sturm unter, wobei die ganze Besatzung bis auf zehn Mann ertrank; das Mitgefühl über das traurige Geschick war überall groß, eine französische Zeitung, der Temps, schreibt darüber: „Der Tod der Besatzung des Iltis trägt einen erhabnen menschlichen Charakter und bewegt uns tiefer, als der Untergang der namenlosen Masse (von Chinesen in Haichau), die der Springflut zum Opfer fiel. Dieser Kommandant und diese Mannschaft des deutschen Kanonenbootes, die im Augenblicke des Versinkens drei Hurras auf ihren Kaiser ausbringen — ein Schauer ergreift uns, indem wir daran denken, wie sie gestorben sind, weil sie im letzten, höchsten Augenblicke eine Thatkraft, eine Verleugnung des eignen Ichs und eine Treue gezeigt haben, die der menschlichen Natur zur Ehre gereicht."

Während die ostasiatische Station einigermaßen genügend, obgleich mit sehr verschiedenartigen Schiffen, besetzt war, mußten auch gegen Marokko größere Seestreitkräfte geschickt werden, um die marokkanische Regierung zur Bestrafung der Mörder eines Deutschen zu zwingen; vor Tanger wurde im Juli 1895 ein Geschwader, aus dem Panzerschiffe vierter Klasse Hagen, dem Kreuzer zweiter Klasse Kaiserin Augusta, dem Schulschiffe Stosch und der alten, aus Japan zurückkehrenden Korvette Marie bestehend, gesammelt, während gleichzeitig das Panzergeschwader der vier Schiffe der Brandenburgklasse bis nach dem spanischen Hafen Vigo (im Süden des Kaps Finisterre) hin kreuzte, um bei der Hand zu sein, wenn größere Machtentfaltung nötig geworden wäre. Hagen ist ein Küstenverteidiger; er mußte genommen werden, weil in den heimischen Gewässern damals nur noch ein einziger kriegstüchtiger Kreuzer, die Gefion, vorhanden war, dessen Probefahrten aber noch nicht beendet waren. So knapp waren die Kreuzer, daß mit Hagen bereits das zweite Schiff der Verteidigung der heimischen Gewässer entzogen werden mußte! Wäre nun gleichzeitig noch ein Aufstand in Ostafrika oder ein Bürgerkrieg in einer südamerikanischen Republik ausgebrochen, oder sonst irgend eine kleine ausländische Verwicklung eingetreten, dann hätte Deutschland entweder auf die Wahrung seiner Interessen verzichten oder noch mehr Küstenverteidiger und Schlachtschiffe ihrer eigentlichen Bestimmung entziehen müssen.

Auch in Ostafrika trat fast gleichzeitig große Kreuzernot ein; schon 1894 mußte der eine der beiden Stationskreuzer, der Seeadler, nach der Delagoabai dampfen, um dort während des Aufstandes, der den Haupthafenplatz Lorenzo Marquez bedrohte, Leben und Gut der Deutschen zu schützen. Gleichzeitig war Kilwa in unserm Schutzgebiet durch Unruhen bedroht; dort konnte nur der Condor helfen. Im Frühjahr 1895 mußten sogar zwei Kreuzer, Condor und Cormoran, nach Lorenzo Marquez geschickt werden, um bei der Eröffnungsfeier der Bahn nach dem Transvaal Deutschland zu vertreten; die Feierlichkeiten boten die Gelegenheit, den wackern Buren vom Transvaal Deutschlands freundschaftliche Gesinnung zu zeigen, deshalb zwang die Politik uns daran teilzunehmen, obgleich die ostafrikanischen Schutzgebiete dabei wieder zum Teil ihres Schutzes beraubt werden mußten. Noch bedeutend wichtiger wurde natürlich das Auftreten deutscher Kriegsschiffe in der Delagoabai gegen Ende des Jahres 1895, als Unruhen im Transvaal die Selbständigkeit dieser Republik bedrohten; denn erstens leben viele Reichsangehörige im Lande, zweitens unterhält Deutschland sehr lebhaften Handelsverkehr mit dem Transvaal, und drittens würde die Ausbreitung des englischen Einflusses über das Land auch unsre afrikanischen Kolonien bedrohen. Zu allen diesen „realpolitischen" Gründen kam aber auch eine aufrichtige Zuneigung zu dem tapfern niederdeutschen Volksstamme hinzu, der bereit war, sich der selbstsüchtigen Großmacht England aufs äußerste zu erwehren. Als der englische Flibustier Jameson im Transvaal einfiel, war unser Kreuzer vierter Klasse Seeadler bereits in Lorenzo Marquez; trotzdem wurde im Anfange des Januar 1896 auch noch der zweite Kreuzer, Condor, aus unsrer ostafrikanischen Kolonie nach der Delagoabai geschickt, um dort Deutschlands Seemacht, so gut wie es ging, neben dem großen englischen Kreuzergeschwader, das schleunigst aus Kapstadt herbeidampfte, zu vertreten. Die beiden kleinen Kreuzer konnten thatsächlich der transvaalschen Republik wenig oder nichts helfen, einmal, weil die Portugiesen leicht den

Durchmarsch von Landungsabteilungen durch ihr Gebiet hätten verhindern können, und zum andern, weil das kleine Häuschen dem auf dem Lande recht mächtigen Burenstaate nur wenig hätte nützen können, während unsre beiden Schiffe selbst unnötig geschwächt worden wären. In Wahrheit dachte die deutsche Regierung nur daran, das deutsche Konsulat in Johannisburg vor dem aufrührerischen Pöbel zu schützen. Und von einer nachdrücklichen Einschüchterung der englischen Seemacht, die damals sehr erwünscht gewesen wäre, konnte dabei gar nicht die Rede sein; die beiden Kreuzer konnten eben nur symbolisch wirken. Durch ihre Entsendung nach der Delagoabai mußte die ganze ostafrikanische Kolonialküste von der Seemacht entblößt werden.

Seemacht steigert die Bündnisfähigkeit
Wenn Deutschland nicht immer die Rolle des Aschenbrödels unter den Seemächten spielen will, dann muß es mit der Zeit seine Flotte stärken. Wenn Deutschland erst eine starke Flotte haben wird, wird es im Notfalle auch gute Bundesgenossen gegen feindliche Weltmächte finden. Warum sucht denn Rußland so emsig die französische Freundschaft zu erhalten? Doch nur, weil Frankreich eine schöne, tüchtige Flotte hat, die den Russen wertvolle Dienste gegen gemeinsame Gegner leisten kann, sei es gegen den Dreibund, sei es gegen England. Dem Flibustier Jameson muß man fast danken, daß er unserm Volke die eindringliche Lehre gegeben hat: Baut euch Schiffe, damit ihr im Kampfe ums Dasein zwischen den seemächtigen Völkern nicht auf eurer Scholle erstickt werdet! Unser Verhältnis zu Frankreich kann auch nur besser werden, wenn wir zeigen, daß wir auch zur See thatkräftig, furchtlos und gerüstet sind. Für unsre Bundesgenossen, namentlich für Italien, ist unsre Seemacht von so großer Bedeutung, daß sie einmal den Ausschlag für die Erhaltung des Bündnisses geben könnte. Seit Jahr und Tag versuchen die Engländer die Italiener auf ihre Seite zu ziehen, um auch deren stattliche Flotte der britischen Weltpolitik dienstbar zu machen; vor kurzem war in England schon von einem Dreibunde zwischen England, Italien und den Vereinigten Staaten die Rede; das mag freilich ein Hirngespinst gewesen sein, zeigt aber doch, was die Engländer anstreben.

Der Wert unsrer Bundesgenossenschaft ist also durchaus nicht allein von der Stärke unsers Heeres abhängig, sondern auch von der Zahl und von der Güte unsrer Schlachtschiffe, die einen gemeinsamen Gegner angreifen könnten. Als kürzlich, im September 1896, wieder ein Zeitungskrieg zwischen England und Deutschland geführt wurde wegen der Berechtigung Englands, Zanzibar als Kronkolonie an sich zu reißen, da sagte der Londoner Globe sehr treffend und sehr trocken: „Der Weg von Europa dahin (nach Zanzibar) geht unsers Erachtens über die See, und die deutschen Publizisten thäten wohl daran, zu überlegen, was das bedeutet." Der Mann hat recht; wollten doch alle deutschen Journalisten diese nüchterne Thatsache und ihre Folgen recht gründlich überlegen, dann würde das Verständnis für die dringende Notwendigkeit einer starken Flotte schneller zunehmen, und das unüberlegte kurzsichtige Geschrei von nserloser Flottenschwärmerei müßte ganz verstummen. Aber freilich, die heillose, unselige Verquickung der binnenländischen Partei- und Interessenpolitik mit den großen Fragen, die die Macht und den Reichtum des gemeinsamen Vaterlands heben könnten, trübt vielen den Blick und bindet auch vielen die Hände; so versäumen noch viele die Pflicht, daran mitzuarbeiten, daß die gemeinsame Reichssache, unsre Kriegsflotte, durch die Fürsorge aller guten Deutschen stetig und kräftig gefördert werde.

Deutsche Kreuzernot in den letzten Jahren
Da unser einziges Kreuzergeschwader auch im Jahre 1896 noch in Ostasien bleiben mußte, wo die unruhigen Zustände wohl noch längere Zeit die Bereitschaft größerer deutscher Seestreitkräfte fordern werden, so war die westamerikanische Station in den letzten beiden Jahren ganz ohne Schutz, obgleich wegen der lebhaften Handelsverbindung Chiles und Perus mit Deutschland von deutschen Reedern dringend der Wunsch nach einem Stationsschiff für jene Gewässer ausgesprochen wurde. Es war eben gar kein Schiff mehr frei. Auch auf der ostamerikanischen Station, wo namentlich in Venezuela seit dem Bau der Bahn mit deutschem Gelde vielfache deutsche Ansprüche des Schutzes bedürfen, ist der ständige Aufenthalt eines Kreuzers längst als nötig erkannt worden, aber vorläufig konnte die Station nur vorübergehend von Schulschiffen besucht werden, sodaß dort wenigstens die deutsche Flagge, die früher viel häufiger gezeigt worden war, nicht ganz vergessen werden konnte. Ebenso schwach mußte die deutsche Seemacht in den letzten Jahren im Mittelmeer erscheinen; während die Amerikaner im November 1895, als sich etwa 40 Kriegsschiffe aller Seemächte vor den Dardanellen sammelten, ein sehr kräftiges Kreuzergeschwader ganz moderner Schiffe, darunter die beiden Kreuzer erster und zweiter Klasse Minneapolis (von 7387 Tonnen Größe) und San Francisco (4083 Tonnen), als sichtbares Zeichen ihrer Seemacht schicken konnten, war Deutschland anfangs nur durch sein kleines Stationsfahrzeug Loreley (398 Tonnen), das gar keinen Gefechtswert hat, vertreten. Später konnte nur noch das Schulschiff Moltke (2856 Tonnen) geschickt werden, dessen kriegerische Kraft gegenüber den modernen Schiffen der andern Seemächte so gut wie ohne Bedeutung war; also ebenso wie in der Delagoabai konnte Deutschland auch in der Besikabai, wo die englische Flotte lag, nur symbolisch seine Anwesenheit andeuten. Später war die kleine Loreley und ihr Ersatzschiff, das überhaupt gar kein Kriegsschiff ist, allein; schließlich, als die armenischen Wirren auf den nahen Zusammenbruch des osmanischen Reichs hinwiesen und wieder alle

Seemächte, auch die Vereinigten Staaten, die nur ein paar Missionen in Kleinasien und Syrien zu schützen haben, mächtige Geschwader für alle Fälle in den türkischen Gewässern versammelten, da konnten von der deutschen Flotte nur die vier veralteten Schulschiffe Moltke, Stosch, Stein und Gneisenau ins Mittelmeer geschickt werden, um für unsre Interessen einzutreten. In der Türkei sind nicht nur deutsche Kolonien an der Küste von Palästina, deutsche Missionen in Kleinasien, deutsche Reichsangehörige, besonders Techniker, Gelehrte und Kaufleute in dem ganzen Reiche zu schützen, sondern wir haben noch größere Interessen zu vertreten. Bei der vielleicht einmal sehr schnell eintretenden Teilung des Türkenreichs unter die europäischen Großmächte würde Deutschland geradezu seine Pflicht gegen seine Nachkommen versäumen, wenn es ruhig zusähe, wie sich andre das schöne Land nähmen, ohne sich selbst einen gebührenden Teil zu sichern. Die Teilung der Türkei ist nur eine Frage der Zeit, sowohl aus menschlichen wie aus politischen Rücksichten; wenn Deutschland die friedliche oder gewaltsame Lösung dieser Frage den andern Großmächten überließe, ohne sein Wort energisch mitzusprechen, würde es nicht nur seine wirtschaftlichen Interessen und die Möglichkeit zukünftiger Ausbreitung schädigen, sondern es würde auch an Bündniskraft verlieren, denn unsre beiden Bundesgenossen sind Mittelmeerstaaten, die mit Fug und Recht unsern Beistand fordern können, damit ihnen in dem jetzt noch türkischen Gebiete nicht andre Großmächte über den Kopf wachsen.

Der auswärtige Dienst, der im Jahre 1876 von 19 deutschen Kriegsschiffen in allen Meeren versehen wurde (siehe Seite 75), konnte im Sommer 1896 nur 12 Schiffe beschäftigen, obgleich sich im Laufe der beiden Jahrzehnte Deutschlands Welthandel, nämlich der Wert seiner Aus- und Einfuhr, verdoppelt hat, und obgleich das Reich inzwischen Kolonien erworben hat, deren Flächenraum ungefähr fünfmal so groß wie der unsers Vaterlands ist! Fügt man noch hinzu, daß inzwischen die deutsche Bevölkerung von 41 auf 52 Millionen gewachsen ist, und daß sich die Leistungsfähigkeit der deutschen Handelsflotte seit dem Jahre 1871 verdreifacht hat, so wird jeder Deutsche zugeben müssen, daß es geradezu einem Rückschritte der deutschen Seemacht gleichkommt, wenn das Reich nicht mindestens doppelt so viele Kreuzer im Auslande hat als im Jahre 1876. Die 12 Schiffe, die im August 1896 Deutschlands Macht auf überseeischen Stationen vertraten, waren: in Ostasien eine Kreuzerdivision aus dem Panzerschiff zweiter Klasse Kaiser, den Kreuzern zweiter Klasse Irene und Prinzeß Wilhelm, dem alten Kreuzer dritter Klasse Arkona und dem Kreuzer vierter Klasse Cormoran bestehend; in den australischen Gewässern die Kreuzer vierter Klasse Bussard und Falke und zur Vermessung der Küste von Neu-Guinea das Kanonenboot Möwe; in Ostafrika die Kreuzer vierter Klasse Seeadler und Condor; in Westafrika der Kreuzer vierter Klasse Sperber und das Kanonenboot Hyäne. In Konstantinopel war außerdem das Stationsfahrzeug Loreley. Vergleicht man diese Übersicht mit den Anforderungen, die soeben erläutert wurden, so erkennt man die Notwendigkeit der Vermehrung unsrer Kreuzerflotte ohne weiteres schon wegen der Friedensthätigkeit der Marine. Außerdem sind aber auch Kreuzer zum Aufklärungsdienst bei der Schlachtflotte nötig, wie noch gezeigt werden soll.

In den heimischen Gewässern hat die Flotte alljährlich fleißige Übungen durchgemacht, um sich für ihre wichtigste Flottenfragen Aufgabe, den Seekrieg zur Freihaltung der heimischen Meere von den Angriffen feindlicher Geschwader, vorzubereiten. Durch die Eröffnung des Kaiser Wilhelm-Kanals ist die Entwicklung der Flotte in eine neue gesunde Richtung gekommen; die strategische Basis für die Offensivkraft der deutschen Flotte ist geschaffen. Soll aber nicht der ganze Bau für die Wehrkraft des Lands nutzlos sein, so muß nun allmählich eine kräftige Schlachtflotte geschaffen werden. Vorläufig, wo der größere Teil unsrer Panzerschiffe noch nicht die Gefechtskraft hat, die man von einem kriegstüchtigen Schlachtschiffe verlangt, kommt es darauf an, die veraltenden Schiffe durch neue zu ersetzen, ohne ihre Zahl zu erhöhen. Nur darf man dabei nicht bedenken, daß etwa fünf Jahre Zeit vergehen, bis der bewilligte Neubau fertig, erprobt und seine Mannschaft kriegstüchtig eingeübt ist.

Wem es vergönnt war, die große Flottenschau am 20. Juni 1895 im schönen Hafen von Kiel zu sehen, der hat für sein ganzes Leben einen unvergänglichen Eindruck erhalten; und noch mehr, der hat, auch wenn er noch so sehr Laie im Seewesen sein mag, doch eine Ahnung vom Begriffe und vom Werte der Seemacht bekommen. Welche gewaltige Streitkraft lag da beisammen! Und wie beweglich! Dieselbe Macht, die heute im Hafen von Kiel lag, konnte in wenigen Tagen vor den Dardanellen sein und bedurfte zur Fahrt bis nach Ostasien nur einiger Wochen! Das Heer hat einen kleinen Wirkungskreis, der nicht über die europäischen Nachbarstaaten hinausreicht, die Kriegsflotte trägt die Macht des Landes über alle Meere und kann jeden Gegner empfindlich schädigen, indem es ihn vom Meere verdrängt. So hängt von der Seemacht die Zukunft jedes Landes ab, das auf den Seeverkehr angewiesen ist. Um den Zustand von Deutschlands Seemacht richtig zu beurteilen und daraus zu erlernen, was uns noch fehlt, sollen in den folgenden Abschnitten die einzelnen Schiffsarten nach ihrem Zwecke betrachtet und nach ihrem Gefechtswerte beschrieben werden.

Was die deutsche Kriegsflotte bisher in stiller, eifriger Friedensarbeit geleistet hat, gilt der Zukunft. Auch das Blut, das in Afrika und in Australien von der Marine fürs Vaterland vergossen worden ist, und manch frisches junges

Leben, das dem schweren Kampfe mit den Gefahren der Seefahrt erliegen mußte, sind nicht umsonst vergossen und verloren, denn sie dienten der Seemacht des Vaterlands. Trotz der schwierigen und sehr allmählichen Entwicklung der Flotte, die gesunder Kraftentfaltung nicht günstig war, kann jeder Deutsche mit Stolz auf die Friedensthätigkeit unsrer Seemacht zurückblicken.

Die deutsche Flagge wird im Togolande gehißt
(Bageida, am 4. Juli 1884)

Vierter Abschnitt
Die Schlachtflotte

Gefechtsmast eines Schlachtschiffes

Für eine Kriegsflotte, die den Seeverkehr freihalten, die Beschießung und Brandschatzung der Seestädte und die Landung feindlicher Heeresteile an jeder Stelle der eignen Küste verhindern soll, sind Angriffsgeschwader nötig, die aus mächtigen Schlachtschiffen zusammengesetzt sein müssen. Je weiter von der eignen Küste unsre Hochseeflotte den Feind zu vertreiben, je eher sie den Krieg an die feindliche Küste zu tragen vermag, desto besser für unsre Küste und für unsern Seehandel, also auch fürs ganze Vaterland. Denn der Seehandel dient der Gewerbthätigkeit im Binnenlande durch die nötige Zufuhr und Ausfuhr. Das Schlagwort von der „Defensivflotte" hat im Lande vielfach zu falscher Auffassung geführt und hat der guten Sache geschadet, weil man dabei strategische und taktische Begriffe miteinander verwechselt. Handelte es sich nur darum, den Feind zu verhindern, Küstenland zu besetzen, so würden dagegen wahrscheinlich eine dichte Reihe Sperrforts und einige Korps unsers Heeres genügenden Schutz gewähren. Das wäre freilich keine billige Küstenverteidigung, denn unsre Küsten sind ungefähr fünfmal so lang wie die deutsch-französische Grenzlinie; ferner würde dabei unser Seehandel durch die Blockadeflotte des Feindes vollständig gelähmt werden, und schließlich würden Landungen feindlicher Heere auf der jütischen Halbinsel und an geschwächten Stellen der eignen Küste nicht verhindert werden können. Auch die Fahrzeuge, die man als die eigentlichen Küstenverteidiger bezeichnet, nämlich die Panzerkanonenboote und die Torpedoboote, genügen dem nicht, was die Angriffsflotte zu leisten vermag. Die Panzerkanonenboote sind kleine schwimmende Forts, die zur Verteidigung der Flußeinfahrten trefflich geeignet sind, aber die Sperrung der Gewässer durch eine feindliche Panzerflotte nicht zu verhindern vermögen. Die Torpedoboote, von denen hunderte billig gebaut werden können, sind recht gut zu gebrauchen, um bei Nacht und Nebel die Panzerriesen zu beunruhigen und zu schädigen. Aber bei Tage, und wenn gar noch bewegte See herrscht, dann sind die kleinen Mücken allein machtlos gegen die schweren Schlachtschiffe; sie sind machtlos, weil eine frische Brise für sie schon Sturm bedeutet, und weil ihre Waffe, der Torpedo, nur aus kurzer Entfernung wirkt, während die großen Schiffe bei Tage ihre Schnellfeuergeschütze auch bei bewegter See und gegen weit entfernte Ziele mit gutem Erfolge gebrauchen können. Bei Nacht haben die Panzerschiffe allerlei Schutzmittel, um sich der kleinen Angreifer zu erwehren, wenn diese ihr Ziel überhaupt finden, was nicht leicht ist.

Zweck der Schlachtschiffe

Mit diesen kleinen Waffen kann man weder die Blockade verhüten noch hindern, daß feindliche Panzergeschwader unsre Seestädte in der Ostsee beschießen und verwüsten. Die Küstenfestungen, die Seeminen im Fahrwasser, die Panzerkanonenboote und die Torpedoboote sind nötig, um als innere Verteidigungslinie den Feind von der Eroberung einzelner wichtiger Küstenpunkte, besonders der großen Flußmündungen abzuhalten; mehr kann und darf man von ihnen gegen die großen Panzerflotten der Feinde nicht verlangen. Um aber wenigstens das Meer vor der eignen Küste, die heimischen Gewässer zu beherrschen, dazu ist eine schlagfertige, kräftige Schlachtflotte nötig. Legt sich der Feind mit einer mächtigen Panzerflotte vor die Mündungen der Elbe und der Weser, so sind alle Festungsgeschütze von Cuxhaven, Geestemünde und Helgoland und auch die Panzerkanonenboote und Torpedoboote nicht imstande, diese Fahrstraßen für unsre Handelsschiffe freizuhalten. Was bleibt da übrig? Entweder die deutsche Flagge während der Kriegszeit vom Meere verschwinden zu lassen, wie es 1848 und 1870 geschah, oder den Feind von den Thoren der eignen Seeplätze zu verjagen. Das zweite läßt sich nur mit einer kräftigen Hochseepanzerflotte ausführen; denn andre Kriegsschiffe sind gegen diese Kolosse, die die stärksten Schutz- und Trutzwaffen führen, fast ohnmächtig, besonders bei Tageskämpfen, wie es jüngst der Seekrieg in Ostasien bewiesen hat.

Einfluß der Schlachtflotte

Wer die See hat, hat das Land; nur ein Nelson konnte Napoleons Übermacht brechen. Blüchers und Wellingtons Erfolge waren erst nach der Schlacht bei Trafalgar denkbar. Wie schnell ging Spaniens Weltmacht zu Grunde, als die kühnen Nachkommen niedersächsischen Stammes, die Holländer und Engländer, die reichbeladnen Gallionen in allen Meeren kaperten und zerstörten und die stolzen spanischen Kriegsgeschwader vom Meere verdrängten! Selbst Rußland, dieses Riesenland, wie drängt es nach allen Meeren hin! Bedeutung, das heißt Macht, erlangte es erst, als Peter der Große die Flotte schuf. Nur durch die kräftige Mitwirkung der Flotte haben die Nordstaaten im amerikanischen Bürgerkriege den tapfern Süden so gründlich lähmen und überwinden können. Im chilenisch-peruanischen Kriege wie in dem um Korea hat die Seeherrschaft den Sieg vorbereitet. Kann unsre Flotte auch noch auf Jahrzehnte hinaus nicht die Herrschaft über die europäischen Meere, geschweige denn über die Weltmeere ausüben, so muß sie doch unbedingt so stark sein, wenigstens die deutschen Meeresteile in der Gewalt zu behalten, wenn uns der Feind mit mächtigerer Flotte bedrängen sollte. Nur die Schlachtflotte, die genügende Offensivkraft hat, kann diese Seeherrschaft erringen; man braucht nur die Geschichte des Seewesens zu prüfen, so wird man finden, daß überall die Schlachtflotten, die Geschwader der mächtigen Linienschiffe in frühern Zeiten die Entscheidung herbeiführten, an deren Stelle jetzt die Panzerschiffe den Kern jeder Seemacht bilden. Deshalb bestimmt für den Seekrieg mit andern Seemächten die Stärke der Schlachtflotte den Wert der ganzen Kriegsflotte.

Für die Stärke der Panzerflotte ist offenbar die Stärke des Angreifers maßgebend. Uns Deutschen hat es nun an Gegnern nie gefehlt! „Viel Feind — viel Ehr," heißt es im Sprichwort; starke Wehr gehört allerdings dazu. Ohne um Zahlen zu feilschen, kann man sagen: je mehr Schlachtschiffe, desto besser für unser Land. Die starke Flotte entlastet das Heer, kann unvergleichlich schneller den Krieg auf Feindesland übertragen als das Heer und braucht zur Bedienung ihrer Waffen unvergleichlich weniger Menschenkraft als dieses. Was der Ausbau einer kräftigen Kriegsflotte also an Geld kostet, das wird im Kriege mit Zinseszins am Blute gespart. Deutsches Blut ist aber der beste Saft auf Erden, das mögen die nicht vergessen, die jahraus jahrein im eignen Lande die Machtentfaltung deutscher Kraft zu hemmen suchen.

Die Anfänge des Panzerschiffbaues

Um den Wert der heutigen Seekriegswaffen würdigen zu können, ist es nötig, ihre historische Entwicklung kurz zu betrachten. Die zweite Hälfte unsers Jahrhunderts hat die gewaltigsten Umwälzungen im Kriegsschiffbau hervorgerufen, die die Geschichte kennt. Der Dampf, der Eisenschiffbau, die Panzerung, die gezogenen Geschütze mit ihren Sprenggeschossen, die Torpedowaffe, der Stahlschiffbau, die Compoundmaschinen und die Schnellfeuergeschütze bezeichnen die wichtigsten Stufen der Entwicklungsreihe, die der Kriegsschiffbau seit der Zeit der alten Gesion durchgemacht hat. So lange man noch mit Vollkugeln schoß, hatten den hölzernen Schraubenfregatten und Schraubenlinienschiffe volle Berechtigung; als aber der Oberst Paixhans die gefährlichen Sprenggeschosse, die Granaten erfunden hatte, sahen sich die Schiffbaumeister trotz langen Sträubens durch kriegerische Erfahrungen doch gezwungen, die Bordwände der Schlachtschiffe gegen die verheerende Wirkung dieser neuen Waffe zu schützen. Paixhans hatte schon ums Jahr 1825 vorausgesagt, daß man seiner Erfindung wegen die Kriegsschiffe mit Eisenplatten panzern müsse; man hatte ihn damals einen Utopisten gescholten, aber Napoleon III. setzte 1854 den Bau von fünf schwimmenden Panzerbatterien durch, die sich im Krimkriege vor Kinburn trefflich bewährten. Den Anstoß zum beschleunigten Bau dieser ersten Panzerschiffe hatte der Erfolg der russischen Flotte am 30. November 1853 in der Seeschlacht bei Sinope gegeben; auf russischer Seite schoß man mit Granaten und vernichtete mit diesen in weniger als drei Stunden sieben Fregatten und fünf Korvetten der Türken. Die Türken hatten dabei mit ihren armseligen Vollgeschossen den russischen Schiffen nur ganz unbedeutende Verluste beibringen können. Die Erfolge der schwimmenden Batterien riefen zunächst in der französischen Flotte gewaltige Umwälzungen hervor. Der Schiffbaumeister Dupuy de Lôme, schon berühmt durch sein treffliches Schraubenlinienschiff Napoleon, baute die erste Panzerfregatte, die Gloire, die 1859 vom Stapel lief; sie war aus Holz gebaut und verdrängte 5700 Tonnen Wasser. Ein 10 cm dicker Eisenpanzer deckte das ganze obere Schiff, das sogenannte „tote Werk," und reichte bis 2,1 m unter die Wasserlinie hinab. Der Bug bei dieser und den ungefähr nach ihrem Vorbilde gebauten Fregatten Normandie, Invincible und Couronne war steil, fast senkrecht, bei den nächsten, 7000 Tonnen großen Panzerschiffen Magenta und Solferino erscheint zum erstenmal der für französische Panzerschiffe besonders charakteristische Sporn, der sich mit starker Einbuchtung weit nach vorn erstreckt und dem Schiffe die größte Länge unter der Wasserlinie giebt. Die genannten sechs ältesten französischen Panzerschiffe machten im Herbst 1863 zusammen mit zwei Schraubenlinienschiffen, darunter Napoleon, die ersten Geschwaderübungen, die stark zu Gunsten der Panzerschiffe ausfielen, sodaß seitdem in allen Flotten nur noch gepanzerte Schlachtschiffe gebaut wurden, deren Panzerung aber allmählich andre Formen annahm. Magenta, das fünfte der französischen Panzerschiffe, zeigte schon eine Beschränkung der Panzerung auf den Gürtel und auf die Schiffsmitte, wo die schweren Geschütze aufgestellt waren; dafür war sein Panzer aber 15 cm dick.

England ließ bei diesem Eifer der Franzosen nicht lange mit Panzerbauten auf sich warten: schon ein Jahr nach dem Stapellaufe der Gloire wurde der ganz aus Eisen gebaute Warrior fertig, der aber nur in seiner Batterie gepanzert war, während Bug und Heck ungeschützt blieben. Nach dem Warrior lief 1861 dessen Schwesterschiff Black Prince (9120 Tonnen groß) vom Stapel, 1863 folgte der 9820 Tonnen große Achilles, der wie die beiden ersten nur 11,4 cm Panzerstärke hatte. Die ersten sehr großen englischen Schlachtschiffe wurden 1864—66 fertig, nämlich Minotaur, Agincourt und Northumberland; sie waren 122 m lang und 10600 bis 10780 Tonnen groß, also schon größer als unsre Brandenburg. Die beiden ersten dieser Riesen waren vollgepanzert; bei Northumberland war der obere Teil vom Bug und Heck freigelassen, um Gewicht zu sparen. Alle drei waren mit 14 cm starken Eisenplatten gepanzert, die Geschütze standen noch genau wie auf Nelsons Linienschiffen in Breitseitpforten, hatten also nur einen sehr kleinen Bestreichungswinkel.

Die großen Seemächte konnten bis jetzt die Panzerschiffe noch nicht erproben; aber schon im nordamerikanischen Bürgerkriege und in der Seeschlacht bei Lissa erhielten sie die Feuertaufe und bewährten sich. Da diese neuen Schlachtschiffe anfangs fast unverwundbar stark waren, kam mit ihnen eine neue oder vielmehr längst veraltete Taktik wieder zu Ehren: Rammangriff mit dem Sporn. In der Technik begann der bekannte Wettstreit zwischen Panzerung und Schiffsgeschütz, der bis vor kurzem die Panzerdicke immer größer, die Panzerfläche immer kleiner, das Geschützkaliber immer größer und die Geschützzahl immer kleiner machte. Sonderbare Mißbildungen sind aus diesem Kampfe hervorgegangen; Schiffe, bei denen kaum die Hälfte der Wasserlinie und nur die schweren Geschütze Panzerschutz, freilich besonders schweren, bekommen haben. Nur die Franzosen hielten streng daran fest, wenigstens die ganze Wasserlinie mit einem Gürtelpanzer zu schützen, als dieser technische Kampf mit den wachsenden Panzerstärken und Geschützkaliber die Panzerung des ganzen toten Werkes hinderte. Die meisten schlecht geschützten Panzerschiffe hat England gebaut; darüber urteilte ein sehr sachkundiger Fachmann, der frühere Leiter des Schiffbaus der englischen Admiralität, Sir Edward Reed, wie folgt: „Aber der vereinigte Erfolg ungerechtfertigter Sparsamkeit und irriger Pläne — beides gefördert durch ein wütendes Streben der britischen Admiralität, die Schiffe ihres Panzers zu berauben, die Geschwindigkeit herabzusetzen, und den Bau aufzuhalten, und auch sonst den Marinedienst zu lähmen, offenbar ohne Verständnis für die Sache — brachte die englische Flotte in einen Zustand, den nur die möglichen Feinde des Landes ohne Besorgnis betrachten können." Das wurde im Jahre 1888 geschrieben; seitdem ist in England vieles besser geworden; nur einen vollen Gürtelpanzer, wie ihn Reed empfahl und auch den von ihm gebauten Schiffen gab, halten die leitenden Fachleute seit dem Rücktritte Reeds nicht mehr für nötig. Reed verdient unser Interesse deshalb, weil er der Erbauer unsrer ältesten großen Panzerschiffe ist; es sind dies die in England gebauten Panzerschiffe König Wilhelm, Kaiser und Deutschland, sowie die in Deutschland (nach dem von Reed stammenden Plane des englischen Monarch) gebauten Turmschiffe Preußen, Friedrich der Große, der verunglückte Große Kurfürst und die Panzerkorvette Hansa. Natürlich verurteilt Reed auch den beschränkten Kasemattpanzer der Schiffe unsrer Sachsenklasse. Diese Panzerschiffe sind die einzigen unsrer Kriegsflotte, die keinen vollen Gürtelpanzer haben; schon die kleine Panzerkorvette Oldenburg, die sieben Jahre später als Sachsen vom Stapel lief, zeigt wieder wie Kaiser und Preußen den vollen Panzergürtel, den natürlich auch unsre modernen Schlachtschiffe des Brandenburggeschwaders und die Küstenpanzerschiffe der Siegfriedklasse haben.

Reeds abfälliges Urteil über die Schiffe, deren Wasserlinie nicht genügend geschützt ist, hat der ostasiatische Seekrieg vollkommen bestätigt. Ein Küstenpanzerschiff, King-Yuen, dessen Wasserlinie nur zur Hälfte ihrer Länge gepanzert war, während Heck und Bug nur Korkdämme und Panzerdeck hatten, und ein Panzerdeckskreuzer (ohne senkrechten Gürtel, nur mit wagerechtem Panzerdeck und mit Korkdämmen und Kohlenzellen in der Wasserlinie), Chi-Yuen, wurden durch feindliche Granaten in ihrer Wasserlinie derart leck geschossen, daß sie beide während der Seeschlacht am Yaluflusse sanken.

Entwicklung der Panzerschiffe nach ihrer Feuertaufe

Bewährung der Panzerschiffe im ostasiatischen Kriege 1894

Friedrich Karl läuft in den Hafen von Malta ein

In dieser Schlacht konnten die beiden ganz nach der Art der Sachsen gebauten Kasemattpanzerschiffe Ting-Yuen und Chen-Yuen mehrere Stunden lang allein dem heftigen Feuer von sieben japanischen Schiffen widerstehen; nur bei Ting-Yuen wurde die ungepanzerte Wasserlinie zweimal, aber in günstiger Richtung durchschossen, da der Korkdamm vom eindringenden Wasser aufquellend die beiden Lecke von selbst schloß. Auf Chen-Yuen hatte ein Längsschuß einer 32 cm-Granate die Steuerbordschiffsseite in der Wasserlinie derart aufgerissen, daß ein langes nicht zu dichtendes Leck entstand. Ein voller Panzergürtel würde dieses Schiff vor dem Sinken bewahrt haben; denn an ihm wäre die Granate zerschellt, ohne große Beschädigungen hervorrufen zu können. Ein derartiger Längsschuß hätte auch Ting-Yuen und Chen-Yuen sehr gefährlich werden müssen; der Zufall bewahrte sie davor. Die starken Zerstörungen, die die Schnellfeuergeschütze auf allen an der Schlacht beteiligten ungepanzerten Schiffen angerichtet haben, beweisen die Notwendigkeit des Panzerschutzes für die wichtigsten Waffen, die Geschütze, und für die Kommandoelemente, worunter man den Kommandantenstand, das Ruder, die Maschinentelegraphen und die Sprachrohre versteht. Um das ganze Schiff zu schützen, es dabei stark zu bewaffnen und schnell beweglich zu machen, würde es riesig groß werden müssen. Bei jedem Panzerschiffe wird auch in Zukunft der nötige Panzerschutz zu Gunsten der Gewichte der Angriffswaffen und der starken Maschinen auf gewisse Teile beschränkt werden müssen.

Die ältesten deutschen Panzerschiffe. Nach dem Beispiele Frankreichs und Englands ließen schon in der Mitte der sechziger Jahre alle Flotten zweiten und geringern Rangs ebenfalls Panzerschiffe auf englischen und französischen Privatwerften bauen, weil das heimische Schiffbaugewerbe noch nicht für diese Neulinge eingerichtet war. Die ersten Schlachtschiffe der norddeutschen Flotte waren die 1865 bestellten Panzerfregatten Friedrich Karl und Kronprinz. Beide liefen 1867 vom Stapel. Die schöne Fregatte Friedrich Karl (siehe Bild) von 6007 Tonnen Größe, 86 m Länge, 15 m Breite und 7,1 m Tiefgang und 13 Seemeilen Geschwindigkeit war auf der Werft La Seyne bei Toulon gebaut, die Fregatte Kronprinz (siehe Bild) von 5568 Tonnen Größe, 87 m Länge, 15 m Breite und 7,1 m Tiefgang und 13 Seemeilen Geschwindigkeit auf der Samudawerft in London. Beide Schiffe hatten eine gepanzerte

Kronprinz im Sturm

Batterie von 11,4 cm und einen vollen Panzergürtel von 12,7 cm Eisendicke. Beide waren mit sechzehn kurzen 21 cm-Ringkanonen bewaffnet, wovon je sieben in jeder Breitseite der Batterie standen, während je eins auf dem Oberdeck als Bug- und als Heckgeschütz diente. Die kräftige Takelung machte die Schiffe, die je 540 Mann Besatzung hatten, auch für größere überseeische Reisen geeignet, obgleich ihr Kohlenvorrat nur gering war. Wenn die Segel gesetzt waren, wurde die Schraube losgekoppelt, sodaß sie die Bewegung des Schiffs nicht verzögerte. Friedrich Karl war ein besonders gutes Seeschiff, das während seiner langen Dienstzeit Westindien, die Azoren und das Mittelmeer besuchte und dabei manch schweren Sturm gut bestand. Auch Kronprinz war ein tüchtiges Schiff seiner Zeit. Beide Fregatten haben dem Vaterlande gute Dienste geleistet, wie im vorigen Abschnitt gezeigt worden ist. Im Oktober 1892 mußten Friedrich Karl und Kronprinz endlich aus der Liste der Kriegsschiffe gestrichen werden; zu den veralteten Schiffen mit ganz geringem Gefechtswert zählten sie schon seit längerer Zeit. Jetzt führen sie als Hafenschiffe ein ruhiges und beschauliches Dasein. Friedrich Karl wird als Torpedoversuchsschiff benutzt. Obgleich die beiden Schiffe die Kanonen nie im Kampfe geführt haben, waren sie doch wichtige Glieder unsrer Flotte, denn sie halfen mit, die Fähigkeiten unsrer Seeoffiziere und Mannschaften für den Krieg zu entwickeln.

Ein Nachteil dieser Batterieschiffe liegt in dem kleinen Bestreichungswinkel der Geschütze. Dieser Winkel ist nur ungefähr 50 Grad groß. Mit der ganzen Breitseite können also nur die Ziele getroffen werden, die etwa zwei Strich (jeder Kompaßstrich mißt 11¼ Grad) vor oder hinter der Querschiffsrichtung liegen. Das heißt mit andern Worten, die Schiffe müssen beim Hinangehen an den Feind sehr lange mit der Hauptwaffe unthätig bleiben. Außerdem ist es bei dem kleinen Winkel nicht möglich, beim Passieren des Feindes mehr als eine Breitseite feuern zu können. Diesen Nachteil begriff man bald in allen Flotten und nahm seit etwa 1868, dem Geburtsjahr des ersten englischen Turmschiffs Monarch und des ersten französischen Kasematt- und Barbetteschiffs Océan, darauf Bedacht, den Bestreichungswinkel der schweren Geschütze zu vergrößern. Der König Wilhelm war das letzte reine Batterieschiff, das gebaut worden ist. Nach Reeds Plänen für die türkische Flotte gebaut, wurde es vor seinem Stapellauf, der 1868 war, für unsre Marine angekauft. Als Grund wird bei diesem Kaufe mitgewirkt haben, daß ein kräftiges Flaggschiff für die beiden Panzerfregatten fehlte; da sie Batterieschiffe waren, so lag es nahe, daß man noch ein Schiff dieser Gattung wählte, um ein taktisch einheitliches Geschwader zu bekommen. Da die Flotten ersten Ranges schon damals nicht mehr viel von Batterieschiffen wissen wollten, so wird das stattliche Schiff auch nicht übermäßig teuer gewesen sein.

Nachteile der Batterieschiffe

König Wilhelm (siehe Bild) ist dem Northumberland sehr ähnlich, nur kleiner. Sein voller Gürtelpanzer hat beim letzten Umbau 30,5 cm starke Platten bekommen. In seinem Mischpanzer ist eine Stahlplatte mit einer um zwei Drittel stärkern Walzeisenplatte so zusammengeschweißt, daß die Stahlseite nach außen liegt. Oberhalb des ziemlich breiten Panzergürtels sind noch die lange Batterie sowie die Stände der schweren Oberdeckgeschütze gepanzert, doch nur mit Platten von 15,2 cm Dicke. Im Jahre 1895 hat das Schiff auch noch ein modernes Panzerdeck zum Schutz der Schwimmfähigkeit erhalten. König Wilhelm ist 9757 Tonnen groß, 108 m lang, 18 m breit und hat 7,7 m Tiefgang. Mit Rücksicht auf ihr Alter muß die Maschine noch als recht leistungsfähig bezeichnet werden. Sie kann mit der einzigen Schraube dem Schiffe etwa 14,5 Seemeilen Geschwindigkeit geben, wobei 8000 Pferdekraft entwickelt werden. Der Kohlenvorrat von etwa 800 Tonnen genügt für Fahrten in den europäischen Gewässern. König Wilhelm hat ein Balanceruder, mit dem es gut manövriert; seine guten Eigenschaften hat das Schiff in manchem Sturm bewiesen. Die Bewaffnung besteht aus zwanzig kurzen 24 cm-Kanonen, einem langen 15 cm-Geschütz, achtzehn langen 8,8 cm-Schnelladekanonen und acht Maschinengewehren. Davon stehen sechzehn 24 cm-Kanonen in der Batterie in Breitseitpforten, die nur etwa 50 Grad Bestreichungswinkel geben, während die übrigen Geschütze auf dem Oberdeck aufgestellt sind, bis auf die zur Marsbewaffnung bestimmten Maschinengewehre. Die Nachteile der Batterieaufstellung sind schon vorhin angeführt worden; was in dieser Hinsicht für Friedrich Karl gilt, gilt in gleichem Maße für König Wilhelm. Auf dem Oberdeck stehen vier schwere Geschütze: zwei als Buggeschütze unter dem vordersten Brückenbau und zwei als Breitseitgeschütze mit großem Bestreichungswinkel unter dem hintersten Brückenbau. Da auch die Buggeschütze nach der Breitseite gerichtet werden können, so feuert eine Breitseite der schweren Artillerie des König Wilhelm aus zehn kurzen, nur 20 Kaliber langen 24 cm-Kanonen ein Stahlgranatengewicht von 1390 kg, wobei aber nur 15460 Metertonnen Arbeit geleistet werden, während die Breitseite der sechs Brandenburggeschütze 37934 Metertonnen leistet, obgleich die Geschoßmasse nur 1530 kg wiegt. Die Kraft, mit der die Geschosse einer Breitseite des König Wilhelm aufs Ziel aufschlagen, ist also eben so groß, wie die Arbeitsleistung, die dazu gehört, eine Masse von 15460 Tonnen Gewicht einen Meter hoch zu heben! Daran erkennt man die Fortschritte, die die Entwicklung der Marineartillerie seit dem letzten Vierteljahrhundert gemacht hat. Die Anfangsgeschwindigkeit der Geschosse ist von 455 m in der Sekunde auf 720 m gesteigert worden! Während die alten Geschütze vor der Mündung nur 30 cm Eisenpanzer durchschlagen, überwältigen die Brandenburg-

S. M. S. König Wilhelm

geschütze Platten von 84 cm Stärke desselben alten Materials, aber allerdings nur wenig mehr als 30 cm starke Platten von dem neuen gehärteten Stahlpanzer. Die lange 15 cm-Kanone ist als Heckgeschütz so aufgestellt, daß sie nach hinten und nach beiden Breitseiten feuern kann. Sehr erhöht wurde der Gefechtswert des König Wilhelm durch die neue Bewaffnung mit achtzehn 8,8 cm-Schnelladekanonen, wovon je zwei als Bug- und Heckgeschütze auf Back und Kampanje und je sieben in der Breitseite stehen. Die Bestreichungswinkel der leichten Breitseitgeschütze sind mehr als doppelt so groß wie die der schweren Batteriegeschütze. Acht Maschinengewehre, sogenannte Maximgeschütze, sind in den beiden Gefechtsmasten des Schiffs aufgestellt. Für die Torpedowaffe sind fünf Ausstoßrohre eingebaut.

Das schöne Schiff führte früher eine hohe Takelung, die es zum Segeln befähigte; jetzt sind nur noch die Untermasten übrig geblieben. Die beiden vordern Masten tragen je zwei Gefechtsmarsen, außerdem Stängen, Signalrahen und große Ladebäume, der kurze hinterste Mast dient nur zum Signalisieren und trägt wie der Fockmast eine Plattform für einen elektrischen Scheinwerfer. Wie allen neuen Schlachtschiffen, so hat man auch dem König Wilhelm

Das Panzerschiff zweiter Klasse König Wilhelm

einen gepanzerten Kommandoturm gegeben. Elf stählerne Spieren an jeder Seite des Schiffs dienen zum Ausholen der Torpedoschutznetze. Die Besatzung zählt 732 Köpfe. Das Schiff gehört zur Nordseestation und ist zur Aufnahme eines Admirals und seines Stabs eingerichtet, die Wohnräume der Offiziere und für die Mannschaften sind groß, hell und lustig, sodaß dieses Schiff, das seines geringen Gefechtswertes halber bald aus der Schlachtflotte herausgenommen werden muß, noch eine Reihe von Jahren als Schulschiff, als Stationsschiff oder als Hafenschiff Dienste thun kann.

Kasemattschiffe

Die ganze Entwicklung des Panzerschiffbaues kann man an unsrer eignen Flotte verfolgen. Stellt man dabei Vergleiche mit den Bauten andrer Marinen an, so wird man finden, daß die deutschen Schlachtschiffe, die nach dem König Wilhelm gebaut wurden, nämlich die Kasemattschiffe Kaiser und Deutschland sowie die Turmschiffe der Preußenklasse, sehr stark an englische Muster erinnern. Erst mit dem Baue der Sachsen beginnt die Zeit, wo man von Panzerschiffen besonderer deutscher Art sprechen kann.

Das Streben, der schweren Artillerie mehr Rundfeuer zu geben, führte in England fast gleichzeitig zu den Entwürfen der Kasemattschiffe und der Turmschiffe. In Frankreich war man so geschickt, von vornherein, schon bei dem 1868 vollendeten Bau des Océan, beide Aufstellungsarten, Kasematten und Türme, zu einem gemischten System zu vereinigen; Friedland (1873), Richelieu (1873), Colbert (1875), besonders aber Redoutable (1876) und Courbet (1881) sind weitere Beispiele dafür. Schwächere Waffen haben die englischen Schiffe jenes Zeitraums. Auch Kaiser und Deutschland haben zwar stärkern Panzer, aber schwächere und ungünstiger aufgestellte Artillerie als die fast gleichzeitig gebauten französischen Schlachtschiffe Michelieu und Colbert.

Kaiser (siehe Bild) und Deutschland sind die letzten im Auslande gebauten deutschen Schiffe; sie liefen 1874 bei Samuda vom Stapel. Beide sind 7676 Tonnen groß, 85 m lang, 19 m breit und haben 7,7 m Tiefgang; sie haben Gürtelpanzer von 25,4 cm Dicke und eine gepanzerte, gedeckte Kasematte mit 22,4 cm Panzerschutz aus gewalztem Eisen. Die Kasematte ist eine verkürzte Batterie mit abgestumpften Ecken. Die Eckgeschütze können als Breitseit- und Bug- oder Heckgeschütze verwendet werden. In der Kasematte stehen acht kurze 26 cm-Kanonen; der Bestreichungswinkel der Eckgeschütze ist über 100 Grad groß, der der vier inneren Breitseitgeschütze ist nur etwas größer als bei König Wilhelm. In der Breitseite können vier Geschütze nach einer Seite feuern, und zwar eine Stahlgranatenmasse von 748 kg, was der Arbeit von 9412 Metertonnen gleichkommt. Wenn man bedenkt, daß eine Breitseite der Sachsen dasselbe leistet, daß die Sachsen aber auch ebensoviel, Kaiser dagegen nur die Hälfte in der Bugrichtung zu leisten vermag, wenn man ferner bedenkt, daß

S. M. S. Kaiser und Deutschland

Kaiser als Flaggschiff der Kreuzerdivision im Hafen von Amoy

die Sachsenschiffe bedeutend stärkere Panzer haben und doch fast 300 Tonnen weniger Deplacement als Kaiser und Deutschland, so sieht man ein, daß auch diese zweiundzwanzigjährigen stolzen Schiffe schon längst nicht mehr zum jugendkräftigen Element unsrer Flotte gerechnet werden können, um so weniger, als ihre Widerstandsfähigkeit gegen die modernen Waffen des Seekriegs, besonders gegen die sehr verbesserte Torpedowaffe, nur gering ist, weil sie zur Erhaltung ihrer Schwimmfähigkeit bei weitem nicht so zweckmäßig erbaut und nicht in so viele wasserdichte Zellen geteilt sind, wie die neuen Schiffe.

Um die Kriegstüchtigkeit noch soviel als möglich zu stärken, bis Ersatz geschaffen werden kann, sind eine Menge Schnellfeuerkanonen auf dem Oberdeck der beiden Schiffe in zweckmäßiger Weise aufgestellt worden. Deutschland hat acht neue 15 cm-Schnellladekanonen von 35 Kaliber Länge und zwölf 5 cm-Schnellfeuerkanonen von 40 Kaliber Länge. Alle diese Geschütze sind mit Schutzschilden gedeckt, die beim Richten zugleich mit dem Rohre gedreht werden. Je drei der 15 cm-Schnellfeuerkanonen stehen an jeder Seite in halbrunden Ausbauten, sogenannten Schwalbennestern; der Drehzapfen der Lafette liegt dabei etwas außerhalb der Schiffswand, wodurch die Geschütze einen weit nach vorn und nach hinten ausschießenden Bestreichungswinkel bekommen. Ein 15 cm-Geschütz dient als Buggeschütz und eins als Heckgeschütz, deren Bestreichungswinkel besonders groß ist. Die 5 cm-Kanonen sind überall angebracht, wo ein günstiger Platz ist; vier stehen in geschlossenen Ausbauten. Auf dem Kaiser zählt die leichte Artillerie nur eine 15 cm-Kanone als Heckgeschütz; in den Breitseiten sind in großen Pforten sechs lange 10,5 cm-Schnellladekanonen auf dem Oberdeck aufgestellt, außerdem sind noch neun 8,8 cm-Schnelladekanonen auf dem Oberdeck verteilt. Die kluge Vorsicht, auch den ältern Schiffen so viele Schnellfeuerkanonen zu geben, als sie nur tragen können, ist durch den ostasiatischen Krieg als berechtigt bestätigt worden. Kaiser und Deutschland führen jetzt Gefechtsmasten; in den Marsen sind Maschinengewehre aufgestellt. Die elektrischen Scheinwerfer sind ebenso wie auf dem König Wilhelm angebracht. Die leichten Schiffsboote hängen an den Seitendavits, während die schweren Boote an Deck stehen und mit Ladebäumen ein- und ausgesetzt werden. Fünf Ausstoßrohre dienen zum Schießen von Torpedos, Schutznetze sind zur Abwehr von Torpedos vorhanden. Jedes der Schiffe hat nur eine Schraube; die Maschine leistet 8000 Pferdekraft, wobei eine Geschwindigkeit von 14 Seemeilen erreicht wird. Die Besatzung zählt 644 Köpfe. Kaiser und Deutschland sind der Ostseestation zugeteilt. Im Frühjahr 1895 wurde das Panzerschiff Kaiser nach Ostasien geschickt, weil Deutschland leider bis jetzt noch immer keine Panzerkreuzer besitzt.

Turmschiffe   Gleichzeitig mit den Kasemattschiffen Kaiser und Deutschland wurden die Turmschiffe in der deutschen Marine eingeführt. Auch diese Art alter Panzerschiffe ist nach englischen Vorbildern, aber auf deutschen Werften gebaut. Wie unsre neuen Brustwehrturmschiffe, so haben auch diese alten Drehturmschiffe den Vorzug, ihre schwere Artillerie nach jeder Breitseite benutzen zu können. Aber wie das 1868 gebaute englische Turmschiff Monarch, das 1600 Tonnen größer als Preußen ist, können auch unsre Turmschiffe die schwere Artillerie nicht in der Kielrichtung gebrauchen. Dieser große Nachteil ist nur damit zu entschuldigen, daß man der Stabilität wegen das schwere Gewicht der Türme nicht so hoch zu legen wagte, daß die Geschütze frei über Bug und Heck hinwegfeuern können. Da erst im Herbst 1870 das englische Turmschiff Captain im Biscayischen Busen gekentert war, weil bei ihm der Schwerpunkt zu hoch lag, so kann man es den Schiffbaumeistern jener Zeit nicht verdenken, wenn sie, um sicher zu gehen, lieber den Gefechtswert der neuen Turmschiffe verringerten. Heutzutage hat man im Panzerschiffbau ganz andre Erfahrungen als vor zwei Jahrzehnten, man weiß sich daher jetzt besser zu helfen.

Von unsern Turmschiffen lief 1873 als erstes Preußen, vom Stettiner Vulkan gebaut, vom Stapel; 1874 folgten Großer Kurfürst in Wilhelmshaven und Friedrich der Große in Kiel, von den Marinewerften gebaut. Die Panzerfregatte Großer Kurfürst sank wie schon erwähnt 1888 bei Folkestone infolge eines Rammstoßes des König Wilhelm.

S. M. S. Preußen und Friedrich der Große   Preußen (siehe Bild) und Friedrich der Große sind aus Eisen gebaut, sind 6770 Tonnen groß, 93 m lang, 16 m breit und haben 7,3 m Tiefgang. Ein voller Gürtelpanzer von 23,5 cm dicken Eisenplatten schützt die Wasserlinie; Panzerdeck und Kofferdämme fehlen diesen Schiffen noch, wie auch Kaiser und Deutschland, sie kommen deshalb bei feindlichen Rammstößen und auch bei einem Torpedotreffer in viel größere Gefahr zu sinken als die neuen Schiffe. Der geschlossene Kasemattpanzer deckt den mittlern Teil des Schiffs vom Gürtelpanzer bis zum Oberdeck; in der Kasematte stehen die Drehmaschinen der Panzertürme, sowie der Schornstein. Die beiden Türme, die in der Schiffsmitte auf dem Oberdeck stehen, haben 26 cm starken Seitenpanzer, während das Turmdach nur schwach gepanzert ist, weil es nur von Sprengstücken getroffen werden kann. Der Turm wird hier mit den Geschützen auf gemeinschaft-

Die Panzerfregatte Preußen

licher Drehscheibe gedreht, um zu richten. Ein gepanzerter Kommandoturm steht auf dem großen Brückendeck. Auf das Oberdeck aufgebaut sind vorn die ziemlich große Back, achtern die noch größere Kampanje; beide Deckbauten nehmen den Turmgeschützen das Schußfeld in und neben der Kiellinie weg. Zum Bugfeuer und zum Heckfeuer ist also keiner der Türme zu gebrauchen. Ihr Bestreichungswinkel, der nach jeder Seite etwa 90 Grad groß ist, liegt nur für das

Breitseitfeuer günstig. Da die Mündungen der Turmgeschütze dicht über dem Oberdeck liegen, so muß das Schanzkleid, die sogenannte Rehling, von der Back bis zur Kampanje hinuntergeklappt werden. Während der Fahrt wird die Klapprehling wieder aufgerichtet und schützt dann das Oberdeck vor dem Seegange. Eine Breitseitlage von Preußen ist ebenso kräftig wie die von Kaiser und Sachsen, denn in den beiden Türmen sind vier 22 Kaliber lange 26 cm-Ringkanonen aufgestellt, die fast genau dasselbe leisten wie die nur 20 Kaliber langen 26 cm-Rohre auf Kaiser. Aber Kaiser kann zwei und Sachsen sogar vier schwere Geschütze in der Bugrichtung feuern lassen, und beide Schiffsarten haben zwei schwere Geschütze für das Heckfeuer. Um diese Schwäche etwas zu mindern, hat Preußen auf dem Oberdeck als Bug- und als Heckgeschütz je eine 25 Kaliber lange 17 cm-Ringkanone aufgestellt. Ihre Stahlgranate wiegt 53,5 kg, die Pulverladung 14 kg; ein Schuß leistet 690 Metertonnen. Aber diese Geschütze stehen ohne Panzerschutz und haben nur ein kleines Schußfeld. Wie bei König Wilhelm, Kaiser und Deutschland, so hat auch bei Preußen und Friedrich der Große die Marineleitung alles mögliche gethan, um den Gefechtswert zu heben. Auch Preußen und sein Schwesterschiff haben Schnelladekanonen, und zwar zehn Stück von den in unsrer Flotte besonders geschätzten 8,8 cm-Geschützen von 30 Kaliber Länge bekommen. Zwei stehen oben auf der Back, zwei feuern aus Erkern an jeder Seite der Back. In gleicher Weise sind vier 8,8 cm-Geschütze auf und in der Kampanje angebracht. Die beiden letzten Schnelladekanonen stehen auf dem Brückendeck. Der Gefechtsmast hat einen stählernen, mit zwei 3,7 cm-Revolverkanonen bewaffneten Mars. Für die Torpedowaffe sind vier Lancierrohre eingebaut. Die veraltete Maschine giebt dem Schiffe bei äußerster Kraftanspannung nur 13 bis 14 Seemeilen Geschwindigkeit, also 3 Seemeilen weniger als Brandenburg. Für beide Schiffe, Preußen und Friedrich der Große, sind in den letzten Jahren Ersatzbauten bewilligt worden, weil beide Schiffe nicht mehr zu den Schlachtschiffen gezählt werden können, indem die Schwimmfähigkeit bei Verletzungen nicht genügend gesichert ist, die Maschinen zu alt und zu langsam sind, und die Schiffe auch in ihrer Bewaffnung und Panzerung den modernen Schiffen zu sehr nachstehen. Mit den acht beschriebenen Panzerfregatten Friedrich Karl, Kronprinz, König Wilhelm, Kaiser, Deutschland, Friedrich der Große (und Großer Kurfürst) schloß der alte Flottenplan ab; deshalb wurden zum Nachteil für die Schlagfertigkeit der Flotte anderthalb Jahrzehnte lang keine „Panzerfregatten," d. h. keine großen Schlachtschiffe mehr gebaut. Von den geplanten Panzerkorvetten wurden außer der später bei den Kreuzern zu betrachtenden Hansa zuerst die Schiffe der Sachsenklasse (so, oder als „Sachsengeschwader" bezeichnet man Schiffe, die nach gleichen Plänen erbaut sind und eine taktische Einheit bilden können) gebaut.

Das Sachsengeschwader hat, als Einheit betrachtet, nächst dem Brandenburggeschwader den höchsten Gefechtswert unsrer jetzigen Schlachtflotte. Der Unterschied gegen das Brandenburggeschwader ist freilich sehr groß, aber man muß auch bedenken, daß die Schiffe schon fast zwei Jahrzehnte alt sind. Die Sachsen lief 1877 vom Stapel; 1878 folgten Bayern und Württemberg, 1880 Baden. Alle vier sind in Deutschland aus deutschem Eisen auf Marinewerften und Privatwerften nach den Plänen der Admiralität erbaut worden. Ursprünglich nannte man diese Schlachtschiffe Ausfallkorvetten, um damit zu sagen, daß sie ein Angriffsgeschwader von kleineren Panzerschiffen bilden. Nach der Art ihres Panzerschutzes muß man sie als Zitadellschiffe bezeichnen; denn ebenso wie den neuesten englischen Schlachtschiffen fehlt ihnen im Vorder- und Hinterschiff der senkrechte Panzerschutz auf mehr als der Hälfte der Schiffslänge. Nur der mittlere Teil des Schiffs hat einen ringsherum geschlossenen senkrechten Panzer (wie eine Zitadelle emporragend), der etwa 2 m unterhalb der Wasserlinie beginnt und bis zum Oberdeck hinaufreicht. Auf das Oberdeck, und zwar hinter den vier Schornsteinen, die jedes der Schiffe hat, ist noch die Panzerbrustwehr für vier über Bank feuernde schwere Geschütze aufgebaut. Vor den Schornsteinen steht eine runde Brustwehr, die den Stand für zwei schwere Geschütze auf gemeinschaftlicher Drehscheibe schützt. An der Vorderwand der offnen Panzerbatterie, hinter den Schornsteinen, erhebt sich der gepanzerte Kommandoturm. Die Panzerung stammt noch aus einer Zeit, wo man von gehärtetem Nickelstahl nichts wußte. Für jene Zeit ist sie eigenartig und zweckmäßig hergestellt: da man dicke Platten noch nicht walzen konnte, so gab man den Sachsen zwei Panzerlagen hintereinander. Außen liegt eine Platte von 25,4 cm dickem gewalztem Schmiedeisen, dahinter eine gleich starke Teakholzlage; dahinter folgt wieder eine Walzeisenplatte, und zwar von 15,2 cm, und dann eine etwa 20 cm starke Holzlage; den Schluß bildet eine doppelte Eisenhaut. Die Holzhinterlage soll den Stoß der aufschlagenden Panzergeschosse durch ihre elastische Wirkung abschwächen und dadurch die Panzerplatte vor Zertrümmerung bewahren.

Die Schiffe der Sachsenklasse (siehe Bild) sind 7400 Tonnen groß, 91 m lang, 18 m breit und haben 6 m Tiefgang. Vor und hinter der Zitadelle schließt sich an die Unterkante der senkrechten Panzerung ein gewölbtes Panzerdeck an, das vorn in dem fast 3 m langen spitzen Sporn endet, der 3 m unter Wasser liegt. Über dem Panzerdeck sind Vorder- und Hinterschiff nur durch einen Kork- oder Kofferdamm geschützt, d. h. durch eine Reihe nebeneinander liegender, durch Stahlwände abgeschlossener Zellen, die mit Kork gefüllt sind. Bei Verletzungen der Außenhaut soll der Kork vom eindringenden Wasser aufquellen und dadurch die Schußlöcher schließen. Hinter dem Korkdamm liegt ein

S. M. S. Sachsen, Bayern, Württemberg und Baden

leerer Zellengürtel, der Wallgang genannt, in den Zimmerleute hineinsteigen können, um Lecke im Korkdamm zu stopfen, wo es nötig sein sollte. Der Schiffskörper dieser neueren Schiffe ist, um ihn vor dem Sinken zu schützen, wenn ein Torpedo oder ein feindlicher Sporn ihn treffen sollte, in hunderte wasserdichter Räume geteilt. Bis zum Oberdeck sind durchgeführt: die doppelte Schiffswand, ferner ein Längsschott (d. i. eine wasserdichte Wand, die das Schiff der Länge nach in zwei gleich große Räume teilt) in der Längsschiffsebene und acht Querschotte; unterhalb der Wasserlinie sind etwa doppelt so viele Querschotte und noch mehrere Längsschotte, die seitwärts vom mittlern Längsschott stehen. Eine sehr verzweigte Röhrenleitung verbindet jede größere Zelle mit den kräftigen Schiffspumpen, um eindringendes Wasser entfernen zu können. Die Schiffe gehören zu denen mit niedrigem Freibord, d. h. mit kleiner Höhe des Oberdecks über der Wasserlinie; darum nennt man sie auch Niederbordschiffe im

Das Sachsengeschwader

Gegensatz zu den Hochbordschiffen, wie Brandenburg und König Wilhelm. Trotz des geringen Freibords haben die Schiffe des Sachsengeschwaders schon in manchen Stürmen bewiesen, daß sie seetüchtig sind. Ihr Oberdeck liegt nur etwa 2 m über der Wasserlinie. Die Aufbauten auf dem Oberdeck sind vor und hinter der Panzerkasematte (so heißt die Brustwehr für die vier hintern schweren Geschütze) so schmal gehalten, daß die Geschütze an den Aufbauten entlang recht achteraus (d. i. gerade nach hinten in der Richtung des Kiels) und voraus feuern können.

Die Mündungen der vier 26 cm-Geschütze in der großen offnen Panzerkasematte liegen etwa 4 m über der Wasserlinie, die der beiden 26 cm-Geschütze im vordern Panzerturm sind noch 1 m höher. Diese Kruppschen 26 cm-Mantelringkanonen sind nur 22 Kaliber lang, sie stammen aus einer Zeit, wo man noch nicht wagte, aus schweren Geschützen mit so ungeheuern Pulvermengen zu schießen wie jetzt. Die Pulverladung dieser 26 cm-Geschütze wiegt nur 48 kg, also etwa ein Drittel soviel wie die der Brandenburggeschütze, deren Kaliber nur 2 cm größer ist. Das 26 cm-Geschützrohr ist 5,7 m lang und wiegt 19 Tonnen allein und etwa 40 Tonnen mit der Lafette zusammen. Das Panzergeschoß, die

Stahlgranate, wiegt 187 kg, das gegen ungepanzerte Schiffsteile bestimmte Sprenggeschoß, die Zündergranate, wiegt 162 kg und hat eine Sprengladung von 6,5 kg Pulver in ihrem Hohlraum. Die Geschosse verlassen mit etwa 500 m Geschwindigkeit die Rohrmündung. Die Anfangsenergie beträgt bei jedem Geschütz 2353 Metertonnen. Die beiden Buggeschütze, die in dem vordern Brustwehrturm aufgestellt sind, bestreichen etwa 270 Grad des Umkreises; sie feuern nach vorn und schräg nach hinten bis 45 Grad von der Kiellinie. Die Kasemattgeschütze stehen in den vier Ecken der großen Brustwehr. Während die Buggeschützrohre ganz frei liegen, ohne von einer Panzerkuppel gedeckt zu sein, haben die achtern vier Batteriegeschütze ein Schutzdeck über sich, das zugleich als Stand für die Schnellfeuerkanonen und als Kommandobrücke dient. Jedes Kasemattgeschütz hat einen etwa 125 Grad großen Bestreichungswinkel. Das Bugfeuer und das Breitseitfeuer kann also mit je vier 26 cm-Kanonen gegeben werden, das Heckfeuer nur mit zwei. Eine Breitseite der schweren Artillerie schleudert 748 kg Stahlgranaten und leistet dabei die Arbeit von 9412 Metertonnen. Brandenburgs Breitseite der schweren Geschütze wirft aber 1530 kg; das ist ein gewaltiger Unterschied, wenn man bedenkt, daß dabei 37 934 Metertonnen, also die vierfache Arbeit geliefert wird. Die leichte Artillerie zählt nur sechs 8,8 cm-Schnelladekanonen von 30 Kaliber Länge. Diese Kanonen stehen auf dem Schutzdeck über der Kasemattbatterie derart, daß nach jeder Breitseite drei Geschütze, nach achtern vier und nach dem Bug zwei Geschütze feuern können. In dem einzigen Gefechtsmars sind zwei fünfläufige Revolverkanonen (System Hotchkiß) von 3,7 cm Kaliber aufgestellt. Fünf Torpedorohre, darunter mehrere Unterwasserrohre sind in den Schiffskörper derart eingebaut, daß zwei nach vorn, je eins nach einer Breitseite und eins nach achtern Torpedos schnellen können.

Die Maschinen sind auf der Sachsen und auf ihren Schwestern Zwillingsmaschinen; sie sind durch das mittlere Längsschott völlig voneinander getrennt. Die beiden Schrauben des Schiffs stehen seitwärts vom Hintersteven. Da in der Zeit nach dem Baue der Maschinen sehr große Fortschritte in der Maschinentechnik gemacht worden sind, so sind auf den Schiffen der Sachsenklasse jetzt große Umbauten vorgenommen worden. Die Kessel sind durch neue ersetzt worden, die für höhern Druck gebaut sind und den veränderten Maschinen größere Geschwindigkeit bei geringerm Kohlenverbrauch geben. Das Sachsengeschwader wird zukünftig mit dem Brandenburggeschwader viel besser „Schritt halten" können, da die Geschwindigkeit auf etwa sechzehn Seemeilen gebracht werden soll. Die alten Maschinen waren 5600 Pferdekraft, wobei wenig mehr als dreizehn Seemeilen Fahrt erreicht wurde. Der Kohlenvorrat jedes Schiffs ist etwa 500 Tonnen groß; er wird auch bei schnellster Fahrt für unsre Küstenausdehnung von Memel bis nach Helgoland völlig genügen; bei geringerer Geschwindigkeit sind die Schiffe schon jetzt fähig, längere Zeit die See halten zu können, ohne die Kohlen ergänzen zu müssen. Der Gefechtsmast der Sachsen führt eine Stänge (d. i. die obere dünne Verlängerung des Mastes) und eine Signalrahe. An der Stänge sind die Semaphorklappen (je sechs an jeder Stänge, ähnlich den Flügeln der Bahnsignale) zu sehen. Ein elektrischer Scheinwerfer steht vor den vordern Schornsteinen, ein zweiter steht hinten auf dem Schutzdeck. Torpedoschutznetze gehören zur Kriegsausrüstung aller Panzerschiffe, also auch zu der des Sachsengeschwaders. Als Unterscheidungszeichen haben die Schiffe, wie alle gleicher Form, die zu einem Geschwader vereinigt sind, rote Ringe oben an den Schornsteinen, deren Zahl zunimmt mit der Nummer, die jedes Schiff in seinem Geschwader führt. Die Nummer bestimmt die Reihenfolge der Schiffe in der Kiellinie und in andern Formationen. Die Drehfähigkeit der Schiffe ist sehr gut; auch die Stabilität genügt dem Zwecke, für den das Sachsengeschwader bestimmt ist. Die Stabilität eines Schiffs hängt von der Lage seines Schwerpunkts und außerdem von der Lage des Angriffspunktes der Auftriebskraft des eingetauchten Schiffskörpers ab; wenn beide Kräfte auch bei starker Neigung des Schiffs nach einer Seite noch aufrichtend wirken, ist die Stabilität gut. Die Stabilität ist also von der Gewichtsverteilung im Schiffe und von der Form des eintauchenden Schiffskörpers abhängig. Man darf von diesen Niederbordschiffen natürlich nicht verlangen, daß sie bei jedem Unwetter ebenso gut und auf hoher See zu kämpfen vermögen wie die mächtigen Schlachtschiffe der Brandenburgklasse. Aber dank ihrer großen Breite und ihrer guten Gewichtsverteilung können sie die schweren Geschütze bei nicht allzu hohem Seegange noch mit gutem Erfolg gebrauchen. Die Besatzung jedes Schiffs der Sachsenklasse zählt 377 Köpfe. Das ganze Geschwader ist der Marinestation der Ostsee zugeteilt.

Das einzige deutsche Panzerschiff, das in dem Jahrzehnte zwischen der Erbauung des Sachsengeschwaders und Brandenburggeschwaders vom Stapel lief, ist die Oldenburg; sie ist die einzige Panzerkorvette ihrer Art geblieben. Über die Güte dieses Schiffes gehen die Meinungen auseinander. Einzelne Fachleute stellen es als Muster eines Kasemattschiffs hin, und das ist es wohl auch; aber im Jahre seines Stapellaufs, 1884, wurden in andern Flotten Kasemattschiffe nicht mehr gebaut. Das letzte vortreffliche österreichische Kasemattschiff Tegetthoff lief 1878 vom Stapel, und 1881 das schwere französische Kasemattschiff Courbet, das fast doppelt so groß wie die Oldenburg ist. Die günstige Geschützaufstellung des Courbet scheint Einfluß auf den Plan der Oldenburg gehabt zu haben. Oldenburg (siehe Bild) ist das erste aus Stahl gebaute deutsche Panzerschiff; es ist für seine Größe sehr hochbordig und soll sehr seefähig sein. Leider ist das Schiff

S. M. S. Oldenburg

sehr langsam. Seine Zwillingsschrauben geben ihm nur etwa 13 Seemeilen Geschwindigkeit, wobei die Maschinen 3900 Pferdekraft leisten. Der Kohlenvorrat ist sehr gering und bildet daher eine Hauptschwäche des Schiffs. Das Schiff ist nur 2500 Tonnen groß, kann also kaum noch ein Hochseepanzerschiff genannt werden, sondern verdient eher unter die Küstenverteidiger gerechnet zu werden; es ist 75 m lang, 18 m breit und hat 6 m Tiefgang. Der volle Panzergürtel ist 33 cm stark, die Kasematte ist mit 20,3 cm dicken Platten gepanzert; außerdem liegt ein 4 cm dickes Panzerdeck auf dem Panzergürtel. Die Panzerung besteht aus dem schon für König Wilhelm beschriebnen Mischpanzer. Ein gepanzerter Kommandoturm steht vor dem vordern der beiden Schornsteine; zwischen den Schornsteinen sieht man den Gefechtsmast mit einem bewaffneten Mars und einer Signalrahe. Die Bewaffnung zählt acht 30 Kaliber lange 24 cm-Kanonen, wovon sechs in der Kasematte, und zwar drei an jeder Schiffsseite, stehen. Kleine Bestreichungswinkel haben nur die mittlern Kasemattgeschütze, die vier Eckgeschütze feuern nach der Breitseite und in der Kielrichtung. Über der Kasematte steht noch auf jeder Breitseite ein über Bank (d. i. über eine glatte Brustwehr ohne Schießscharte)

Die Oldenburg bei Arkona

feuerndes 24 cm-Geschütz mit dem großen Bestreichungswinkel von 180 Grad. Es können also gerade nach vorn, nach achtern und nach jeder Seite stets vier schwere Geschütze feuern, allerdings in den Zwischenrichtungen teilweise nur drei. Jedes 24 cm-Geschütz von 30 Kaliber Länge feuert Stahlgranaten von 215 kg mit 69 kg Pulverladung. Eine Breitseitlage wiegt 860 kg und leistet die Arbeit von 11176 Metertonnen, also fast 2000 Metertonnen mehr als die Breitseite der ältern Geschütze von Kaiser und Sachsen und nur 4000 Metertonnen weniger als die ungefüge Breitseite des sehr alten Geschütze des fast unbrauchbar gewordnen König Wilhelm. Da Oldenburg wegen der großen Bestreichungswinkel imstande sein wird, beim Passieren des Feindes zwei Schüsse aus jedem Geschütz zu feuern, während König Wilhelm nur eine Lage in der gleichen Zeit abgeben kann, so steht ihre schwere Artillerie hinter der des König Wilhelm nicht zurück. Schlimm sieht es aber mit der auch sehr wichtigen leichten Artillerie aus: nur zwei 8,7 cm-Schnellfeuergeschütze und vier Revolverkanonen von 3,7 cm sind auf dem Oberdeck verteilt, zwei Revolverkanonen stehen im Mars. Mehr Geschütze kann das Schiff nicht tragen; denn es ist viel kleiner als die vier Korvetten der Sachsenklasse gebaut worden. Daß dieses Schiff verhältnismäßig früh aus der Schlachtflotte wird austreten müssen, hat seinen Grund hauptsächlich in der Langsamkeit seiner Maschine und dem viel zu kleinen Kohlenvorrat. Vier Lancierrohre für Torpedos, sowie Torpedoschutznetze gehören noch zur Bewaffnung. Der Rammsteven hat seinen Sporn ziemlich tief unter Wasser; der Sporn ist so spitz, wie man ihn jetzt nicht mehr baut. Gegenwärtig hat der Sporn meist dieselbe abgerundete Nasenform, wie König Wilhelm sie schon zeigte. Mit dem großen Balanceruder und den Doppelschrauben manövriert das Schiff sehr gut. Zum Schutze gegen Verletzungen des Schiffskörpers ist dieselbe Zelleneinteilung angeordnet wie bei Sachsen. Die Besatzung beträgt 377 Mann; Oldenburg gehört zur Nordseestation.

S. M. S. Brandenburg, Kurfürst Friedrich Wilhelm, Weißenburg und Wörth

Eine große, aber auch dringend nötige Verstärkung erhielt unsre Schlachtflotte vor wenigen Jahren in den vier Schlachtschiffen erster Klasse des Brandenburggeschwaders, die als Ersatzschiffe für Kronprinz, Friedrich Karl, Großer Kurfürst und Hansa gebaut wurden. Bei den vier Schiffen der Brandenburgklasse (siehe Bild), die den Kern unsrer Hochseepanzerflotte bilden, ist ein guter Mittelweg zwischen den zum Trutz und den zum Schutz bestimmten Waffen eingehalten worden. Wer die gleich alten fremden Panzerschiffe mit ihnen vergleicht, wird das bestätigen müssen. Der Bau der vier Schiffe dieser Klasse wurde ziemlich gleichzeitig, im Frühjahr 1890, begonnen, und zwar nach gleichen Plänen, weil man mit einem Schlage ein Geschwader völlig gleicher Schiffe schaffen wollte. Denn aus den Flottenmanövern hat man in den meisten Marinen den großen taktischen Wert, der solchen Geschwadern innewohnt, erkannt und darum stets mehrere Schiffe derselben Art, gleichen Typs, wie der technische Ausdruck lautet, gebaut.

Zuerst lief das Flaggschiff des Geschwaders, Kurfürst Friedrich Wilhelm, vom Stapel, am 30. Juni 1891; ihn hat die Marinewerft in Wilhelmshaven erbaut. Dann folgten die beiden vom Vulkan in Stettin gebauten Gefährten, und zwar Brandenburg am 21. September und Weißenburg am 14. Dezember 1891. Der Stapellauf des letzten der vier Schiffe, Wörth, war erst am 6. Oktober 1892; dieses hat die Gesellschaft Germania in Kiel gebaut und später so schnell fertiggestellt, daß es schon Ende Oktober 1893, gleichzeitig mit Brandenburg, die Probefahrten beginnen konnte.

Der Seemann sieht diesen Schiffen die Seetüchtigkeit sofort an; das hohe Vorderschiff mit den schlanken Formen bürgt dafür. Mächtig, wie geschaffen zu kräftigem Vorstoß gegen den Feind, sehen die Schiffe aus, ohne überladen zu sein mit allerlei Aufbauten, wie manche Schlachtschiffe andrer Flagge. Die Schiffe sind 116 m lang, an der breitesten Stelle 19,5 m breit, 10040 Tonnen groß und haben bei gewöhnlicher Belastung 7,4 m Tiefgang. Der geringe Tiefgang ist wegen der flachen Fahrwasser unsrer Nordseehäfen gewählt: englische und französische Panzerschiffe haben bis zu 9 m, zwei italienische sogar 10 m Tiefgang. Die Schiffe sind aus deutschem Stahl erbaut. Nach der Aufstellung der schweren Geschütze muß man sie Brustwehr-Turmschiffe nennen, denn diese Geschütze sind en barbette hinter einer festen Panzerwehr aufgestellt, feuern also „über Bank," wie die Artilleristen es nennen; mit den Geschützen dreht sich nur die Panzerkuppel. Jedes Schiff ist mit einem Panzergürtel aus Nickelstahl umgeben, der mittschiffs 40 cm stark ist; an den Schiffsenden, wo der Wölbung wegen die Gefahr kleiner ist, daß Panzergeschosse senkrecht auftreffen, verjüngt sich der Panzer auf 30 cm Dicke. Der 3 m breite Gürtel ist so weit unter die Wasserlinie geführt, daß bei Schlingerbewegungen von etwa 15 Grad die aus dem Wasser gehobne Schiffsseite noch gepanzert ist. Am Bug ist der Panzergürtel doppelt so weit hinuntergeführt, um den nasenförmigen Sporn, dessen rundliche Spitze etwa 3 m unter Wasser liegt, zu decken und dadurch diese Waffe kräftiger und furchtbarer zu machen. Beim Stampfen des Schiffs gegen

Das Schlachtschiff Brandenburg

die See wird kein ungepanzerter Teil des Bugs sichtbar werden. Innerhalb des Sporns ist der Bugraum in eine Menge wasserdichter Zellen geteilt, weil auch der Rammende Gefahr läuft, bei glücklich vollbrachtem Stoße beschädigt zu werden. Zum Schutze gegen feindliche Angriffe mit dem Sporn und gegen die Wirkung von Torpedos und Seeminen, die unter dem Schiffe bersten könnten, hat die Brandenburg einen doppelten Boden, der bis hinter den Panzergürtel reicht und in sehr viele wasserdichte Zellen geteilt ist, wovon jede einzelne nur wenige Kubikmeter Raum hat.

Oberhalb des Panzergürtels läuft ein Korkdamm um das ganze Schiff herum. Seiner ganzen Länge nach ist das Schiff durch ein wasserdichtes Längsschott in zwei gleiche Hälften getrennt; elf Querschotte, die bis unter das Panzerdeck reichen, teilen daher den Raum innerhalb der hunderte von Zellen des Doppelbodens in vierundzwanzig wasserdichte Abteilungen. Wenn die Schottthüren geschlossen sind, bleibt das Schiff schwimmfähig, auch wenn die zwei größten Abteilungen unter Wasser gesetzt werden. Auf dem Panzergürtel liegt das gleichfalls aus Nickelstahl gefertigte Panzerdeck, das 6,5 cm stark ist. Damit man in die untern Schiffsräume gelangen kann, ist das Panzerdeck an einigen wenigen Stellen durchbrochen. Diese Öffnungen, Luken genannt, haben hohe Ränder, die bis zum Oberdeck reichen und gepanzert sind. Außerdem sind die Schachte für die Förderung des Schießbedarfs, die nach dem vordern Turme führen, sowie die Schachte, die die Schornsteine nach oben führen, gepanzert, weil auch ihre Verletzung der Gefechtsfähigkeit schaden würde. Über dem Panzerdeck, 3,5 m über der Wasserlinie, liegt das Oberdeck des Schiffs; seinen Namen verdient dieses Deck freilich nur im mittlern Teile, denn sein vordrer Teil und auch der Teil zwischen dem hintern und mittlern Turme ist von Aufbauten überragt. Zwischen dem Panzerdeck und dem Oberdeck liegen die beiden Brustwehrtürme der hintern und mittlern Panzergeschütze; sie sind mit 30 cm starken Nickelstahlplatten gepanzert. Hinter diesen Platten liegt eine ungefähr gleichstarke Hinterlage von schwerem Teakholz. Der dritte Panzerturm steht im vordern Aufbau; in seiner Nähe ist der gepanzerte Kommandoturm. Die ganze Panzerung wiegt etwa 3200 Tonnen oder rund ein Drittel des Deplacements; ein zweites Drittel kann man auf das Gewicht des leeren Schiffskörpers mit der Maschine rechnen.

Die Schlachtschiffe sind gebaut, um Geschütze zu führen. Das erkennt man schon an der eigentümlichen äußern Form der Brandenburg. Auf dem Bilde fällt zuerst der mächtige vordre Panzerturm mit seinen beiden langen Geschützrohren auf. Zwei gleiche Türme liegen viel niedriger, nämlich auf dem Oberdeck, einer vor und einer hinter dem hintern Gefechtsmast. In den drei Türmen ist die schwere Artillerie der Schiffe untergebracht; es sind je zwei, also im ganzen sechs Kruppsche 28 cm-Kanonen, wovon die beiden des mittlern Turms 35 Kaliber (9 m) und die andern vier 40 Kaliber (9,8 m) lang sind. Jedes Rohr wiegt 44 Tonnen, zwei Drehscheibenlafetten mit der Panzerkuppel wiegen etwa 215 Tonnen. Ohne die bei der Panzerung schon gerechnete Brustwehr wiegt die schwere Artillerie für einen Turm also rund 300 Tonnen. Diese Masse muß beim Zielen, dem sogenannten Richten der Geschütze, schnell und bequem gedreht werden! Das geschieht natürlich mit Maschinenkraft. Wenn für jedes dieser Geschütze nur je 100 Stahlgranaten, jede zu 255 kg, und ebensoviele Zündergranaten, jede zu 215 kg, nebst Pulverladung, jede zu 160 kg, an Bord genommen werden, so kann man das Gewicht des Schießbedarfs der sechs Panzergeschütze auf rund 500 Tonnen annehmen; es kommen nämlich noch die Gewichte der Zünder und der Kartuschhülsen hinzu. Die schwere Artillerie wiegt also rund 1400 Tonnen. Rechnet man dazu nur 200 Tonnen für die leichten Geschütze und deren Schießbedarf, so wiegt die artilleristische Ausrüstung des Schiffs etwa ein Sechstel des ganzen Deplacements. Bei 800 Tonnen Kohlenvorrat, etwa einem Zwölftel der Schiffsgröße, bleibt dann nur noch etwa ein Zwölftel des Deplacements frei zur Belastung des Schiffs mit Mannschaft (50 Tonnen), Torpedos, Anker und Ketten, Takelung, Schiffsbooten, Lebensmitteln, Trinkwasser, Werkzeugen und Vorräten verschiedenster Art (vom Fernrohr und Zirkel bis zum Feuerhaken und Scheuerbesen, vom Chloroform und Karbol der Apotheke bis zur Maschinen- und Stiefelschmiere).

Aus guten Gründen liegt der vordere Panzerturm 4 m höher als die beiden andern. Die Mündungen seiner beiden Geschütze sind etwa 8 m hoch über der Wasserlinie. Diese große Feuerhöhe macht die vordern Geschütze für den Fernkampf sehr geeignet. Großer Freibord erleichtert die Geschützbedienung bei schlechtem Wetter, wo der Bug des Schiffs, wenn der Kurs gegen Wind und Seegang gerichtet ist, von den anprallenden Wassermassen stark überflutet wird, wenn er nicht sehr hoch ist. Deshalb sind diese Panzerschiffe vorn viel höher als achtern, um in unsrer oft von Stürmen gepeitschten Nordsee seetüchtig zu sein. Mit den Buggeschützen im vordern Turme wird der Fernkampf geführt, weil bei der Annäherung an den Feind der Bug diesem zugekehrt ist. Der vordere Brustwehrturm ist ebenfalls mit 30 cm starkem Nickelstahlpanzer geschützt; er hat außer der Panzerkuppel noch einen gepanzerten Boden, weil seine Brustwehr nicht auf dem Panzerdeck steht. Ein starker Panzerschacht fördert den Schießbedarf in den Turm und schützt auch die Drehmaschine für die Geschütze; dieser Schacht ist bis zum Gürtelpanzer hinuntergeführt. Die Mittelpunkte aller drei Panzertürme der Brandenburg liegen in der Kiellinie; auch der Schwerpunkt der Geschütze mit der Plattform, die in den Türmen gedreht wird, liegt beinahe in der Mittschiffslinie, wodurch die Stabilität des Schiffs natürlich begünstigt wird. Daß der mittlere und der hintere Panzerturm nur halb so hoch liegen wie der vordere, ist eine weise Beschränkung, die der Seetüchtigkeit des Schiffs sehr zu gute kommt; denn dadurch wird eine zu hohe Schwerpunktlage vermieden. Die größte artilleristische Kraft wird also beim Breitseitkampf nach einer Seite entfaltet; alle sechs Geschütze können innerhalb eines Winkels von 90 Grad auf denselben Punkt gerichtet werden. Dieser Winkel liegt ungefähr zwischen den Richtungen 4 Strich (45 Grad) von vorn und 4 Strich (45 Grad) von achtern zur Längsrichtung des Schiffs. Bugfeuer von 90 Grad Bestreichungswinkel haben die beiden vordern, ebensoviel Heckfeuer die beiden hintern Geschütze. Der ganze Bestreichungswinkel der Bug- und der Heckgeschütze ist also 270 Grad groß, während der mittlere Turm für seine beiden Geschütze nach jeder Seite nur 90 Grad, zusammen 180 Grad Gesechtsfeld hat. Wird eine Breitseite mit Stahlgranaten abgefeuert, so stellen die sechs Geschosse eine Masse von 1530 kg dar. Die Arbeit, die dabei von der Kraft der Pulvergase geleistet wird, ist 37934 Metertonnen groß. Mit demselben Kraftaufwand könnte das 10040 Tonnen schwere Schiff Brandenburg ungefähr 3,78 m hoch gehoben werden. Zu Nelsons Zeit wog die Breitseite eines Linienschiffs von 100 Kanonen nur 600 kg!

Neben der schweren Artillerie haben unsre Schiffe noch furchtbare Waffen in den leichten Geschützen. Davon stehen in dem Aufbau unterhalb der beiden Schornsteine in Breitseitlassetten sechs 10,5 cm-Schnellladekanonen von 35 Kaliber (3,7 m) Länge, die Zündergranaten von 17 kg mit einer Pulverladung von 2,5 kg feuern. Der Bestreichungswinkel dieser namentlich nach der Breitseite wirkenden Geschütze wird ungefähr 100 Grad sein. Die Bordwand, hinter der die 10,5 cm-Kanonen stehen, hat Stahlpanzerung von 5 cm Dicke, auch sind zwischen den Geschützen stählerne Schutzschilde eingebaut, um die Wirkung der Granatsplitter zu mindern. Da jede 10,5 cm-Kanone in der Minute 10 Schuß abgeben kann, so feuern die drei Schnelladegeschütze einer Seite in drei Minuten eine Geschoßmasse von 1530 kg, also genau so viel wie eine Lage der sechs schweren Geschütze. Jedes 28 cm-Geschütz braucht etwa drei Minuten zum Laden, Richten und Abfeuern eines Schusses. Zur Verstärkung des Bugfeuers sind vier 8,8 cm-Schnelladekanonen von 30 Kaliber (2,6 m) Länge in der Nähe des vordern Panzerturms aufgestellt. Je eins dieser Geschütze steht in einem backenartigen Ausbau (den das Bild deutlich zeigt) seitwärts und unterhalb vom Turme; ferner steht je eins auf jeder Seite unter der Kommandobrücke. Alle vier Kanonen feuern recht voraus und je zwei nach einer Breitseite, da ihr Bestreichungswinkel sehr groß ist. Ähnlich sind die vier Heckgeschütze desselben Kalibers beim Aufbau beim hintern Gefechtsmast aufgestellt; sie können alle vier recht achteraus feuern, außerdem können je zwei davon die Breitseitwirkung einer Seite verstärken. Das macht für acht 8,8 cm-Kanonen, wovon jede etwa fünfzehn Schuß in der Minute feuert (Geschoßgewicht 7 kg), in drei Minuten eine Masse von 1260 kg, oder 270 kg weniger als eine Lage der schweren Geschütze. Während das alte Hundertkanonenschiff Nelsons nur eine Breitseite von 600 kg, und diese höchstens alle sechs Minuten zu werfen imstande war, feuert unsre Brandenburg nach einer Breitseite hin in der Zeit von je drei Minuten 4320 kg Stahl. Damit ist die artilleristische Wirkung noch nicht erschöpft. In den beiden Gefechtsmarsen, den schwach gepanzerten Ausbauten in den Toppen der Gefechtsmasten, stehen noch je vier 8 mm-Maschinengewehre, die einen ununterbrochenen Hagel von kleinen Geschossen mit großer Genauigkeit gegen den Feind schleudern; diese Gewehre bestreichen den ganzen Umkreis. Schließlich stehen noch auf dem Brückendeck zwei 6 cm-Bootskanonen, die für die schweren Boote bestimmt sind, aber auch an Bord benutzt werden können.

Zum Schießen von großen Torpedos von 45 cm Durchmesser sind sechs Rohre, je drei auf jeder Schiffsseite, eingebaut; sie liegen über dem Gürtelpanzer. Von dieser Waffe wird noch im siebenten Abschnitt gesprochen werden. Wie alle Panzerschiffe ist auch Brandenburg mit Schutznetzen zur Abwehr feindlicher Torpedos ausgerüstet. Um diese stählernen Netze in etwa 7 m Abstand vom Schiffe krinolinenartig ums Schiff herumhängen zu können, sind etwas oberhalb der Wasserlinie auf jeder Schiffsseite zehn stählerne Spieren in Gelenken befestigt. Durch Stahldrahttaue werden die Spieren in wagerechter Lage vom Schiffe ausgespreizt gehalten; an ihren Enden hängt dann das Netz so tief ins Wasser, wie die Schiffsgröße unter Wasser es fordert. Auf dem Marsche und auch im Kampfe gegen Panzerschiffe können die Netze nicht gebraucht werden, weil sie sich bei schneller Fahrt nicht tief genug senken und die Schiffe beim Manövrieren sehr hindern, zuweilen sogar gefährden; in diesen Fällen werden daher die Spieren an den Schiffswänden beigeklappt, und die aufgeholten Netze werden auf dem Vorbrande der Schiffe in eiserne Krippen gelegt. Nur bei langsamer Fahrt oder auf ungeschützten Ankerplätzen, besonders bei Nacht, wenn Torpedobootsangriffe zu erwarten sind, werden die Schutznetze ausgebracht. Der Torpedo soll beim Anrennen gegen das Netz vorzeitig bersten und dadurch unschädlich werden; indessen dieser Schutz ist nicht sehr zuverlässig, weil neuerdings die Torpedos Einrichtungen haben, um die Netze zu zerstören.

Die Schiffe des Brandenburggeschwaders haben Zwillingsschrauben, also auch je zwei Maschinen, die ganz unter dem Panzerdeck liegen und durch das Längsschott von einander getrennt sind. Zwölf Cylinderkessel liefern den Dampf; diese sind gruppenweise in vier wasserdichten Abteilungen aufgestellt, ihr Rauch zieht durch zwei Schornsteine ab, deren Wände im Schiffe oberhalb des Panzerdecks ebenfalls Panzerschutz haben. Die dreicylindrigen Verbundmaschinen leisten ohne künstlichen Zug etwa 8000 Pferdekraft (eine Pferdekraft ist die in einer Sekunde geleistete Arbeit von 75 Meterkilogramm). Mit künstlichem Zug, der von Gebläsemaschinen erzeugt wird, haben die Maschinen der Wörth bei sechsstündiger „forcierter" Dauerleistung 10228 Pferdekraft „indiziert"; dazu waren nur elf Kessel nötig, während der

— 110 —

zwölfte für die Hilfsmaschinen Dampf lieferte. Die größte Geschwindigkeit der vier Schiffe ist ungefähr 17 Seemeilen in der Stunde (8,7 m in der Sekunde). Wörth erreichte bei 111 Umdrehungen ihrer Schrauben (in der Minute) sogar 17,2 Seemeilen in der Stunde. Ohne künstlichen Zug können die Schiffsmaschinen 16 bis 16,5 Seemeilen Geschwindigkeit bequem auf lange Zeit halten. Die Maschinen erschüttern das Schiff auch bei den schnellsten Umdrehungen nur sehr wenig; sie arbeiten sparsam und sicher und gehorchen dem Kommando schnell. Für Luftzufuhr ist gut gesorgt, sodaß die Kessel- und Maschinenräume stets erträglich abgekühlt werden. Jedes Schiff kann etwa 800 Tonnen Kohlen in seine Bunker nehmen; diese Kohlenräume liegen teilweise über und hinter dem Gürtelpanzer, teilweise unter dem Panzerdeck an der Außenseite der Kessel und der Maschinen. Solange der Kohlenvorrat nicht knapp ist, bieten die gefüllten obern Bunker noch Schutz gegen feindliche Geschosse. Schiffe mit Zwillingsmaschinen sind, wie sich leicht denken läßt, sehr manövrierfähig, weil jede Drehung mit dem Schiffe stets durch den Stillstand oder den Rückwärtsgang der innern Schraube sehr gefördert werden kann. Von den ältern Panzerschiffen haben nur die Schiffe der Sachsenklasse und die Oldenburg Doppelschrauben. Große Manövrierfähigkeit ist aber bei Schlachtschiffen besonders wichtig, weil sie im Nahkampfe dem feindlichen Sporn ausweichen und selbst Gelegenheit zum Rammen suchen sollen. Gut lenkbare Schiffe werden auch einem auf sie abgefeuerten Torpedo ausweichen können.

Das Ruder der Brandenburg ist in seinem untern Teile ein Balanceruder, d. h. die untere Ruderfläche liegt vor und hinter der Drehachse des Ruders, während im obern Teile die Fläche nur hinter der Achse liegt. Das Ruder wird mit Dampfbetrieb gesteuert, denn Handbetrieb ist zu schwerfällig und würde etwa sechzehn Matrosen am Ruder erfordern, während das Dampfruder von einem Manne ohne Anstrengung bedient wird. Fünf Dampfsteuerapparate, wovon drei hinter Panzerschutz stehen, machen es möglich, von verschiednen Plätzen aus das Schiff zu lenken. Wird einer dieser Apparate durch einen Schuß unbrauchbar, so kann sofort mit einem der andern weiter gesteuert werden. Das wichtigste Dampfruder steht dicht beim Schiffskommandanten in dem mit 30 cm starken Stahlplatten gepanzerten Kommandoturme. Eine Reihe viereckiger Scharten in Mannshöhe dienen darin für den Ausguck nach allen Richtungen hin. Im Turme sind außer dem Steuerapparat und seinem Kompasse noch Maschinentelegraphen, Sprachrohre und Signalapparate angebracht. In gleicher Höhe mit dem Kommandoturme liegt auf dem geräumigen Brückendeck hinter dem vordern Gefechtsmast ein Kartenhaus; darin sind die Hilfsmittel der Seefahrtskunde zum Gebrauch bereit, namentlich Seekarten und Segelhandbücher, auch Winkelmesser und Fernrohre. Auf dem hölzernen Kartenhäuschen steht auf einem hohen Gestell der Peilkompaß des Schiffs; er ist am weitesten von allen Eisenmassen entfernt und daher am besten vor örtlichen Ablenkungen seiner Magnetnadeln geschützt. Deshalb können mit diesem Kompasse die Fehler der Steuerkompasse in dem Panzerturme und in den stählernen Deckbauten leicht verbessert werden. Auch dient er zur Bestimmung des Schiffsorts, da mit ihm die Richtung von Landmarken, wie Leuchttürmen, Baken, Bergspitzen u. s. w., durch Peilen (Einrichten) bestimmt wird. Vom vordern Brückendeck führt eine Laufbrücke auf das hintere Aufbaudeck. Erwähnenswert von den vielerlei Einrichtungen, die die hohen Aufbauten der Schiffe zeigen, ist die Art der Aufstellung der Decksboote über dem Brückendeck. Um die innern, nicht in Barkunen hängenden Boote auszusetzen, werden stählerne Ladebäume an den Masten aufgerichtet. Zwei von den zwölf Schiffsbooten sind Dampfboote; eins davon ist 16 m lang und führt als Waffen ein Torpedorohr und eine Revolverkanone. Die Takelung der Brandenburg zeigt nur zwei stählerne Gefechtsmasten, die auf Leitern in ihrem Innern bestiegen werden. Auf den untern Plattformen der Masten sind elektrische Scheinwerfer angebracht, die bei Nachtgefechten eine wichtige Rolle zum Beleuchten angreifender Torpedoboote spielen. Jeder Mast hat eine Signalrahe zum Heißen von Signalen und eine Stänge, die die Toppflaggen trägt. Auf dem Bilde zeigt Brandenburg im Vortopp die alte brandenburgische weiße Flagge mit rotem Adler, ein Geschenk der Markgrafschaft für das Schiff. Jedes Schiff des Geschwaders hat 556 Mann Besatzung, also trotz der großen Gefechtskraft bedeutend weniger als die viel kleinern alten Panzerschiffe Kaiser, Deutschland und König Wilhelm. Das Geschwader gehört zur Marinestation der Nordsee, sein Kriegshafen ist also Wilhelmshaven. Nachdem diese Schiffe nunmehr seit fast zwei Jahren im Dienst sind, kann man sagen, daß sie in allen ihren Eigenschaften genügend erprobt sind, um schlagfertig und kriegstüchtig zu sein. Bei der Bewilligung der Ersatzbauten für veraltende Schiffe sollte man stets daran denken, daß außer der Bauzeit auch noch die Zeit der Ausrüstung und Erprobung, im ganzen etwa vier bis fünf Jahre, vergeht, ehe die neuen Schiffe kriegstüchtig sind.

S. M. S. Kaiser Friedrich III. und „Großer Friedrich der Große"

Das stärkste deutsche Schlachtschiff ist das Panzerschiff Kaiser Friedrich III. (siehe Bild), dessen Bau am 5. März 1895 als Ersatz für die alte Panzerfregatte Preußen auf der Marinewerft in Wilhelmshaven begonnen wurde; der Stapellauf des stolzen Schiffs, das 11130 Tonnen groß ist, war am 1. Juli 1896. Während Wörth noch 32 Monate, Brandenburg und Weißenburg 24 Monate und Kurfürst Friedrich Wilhelm 21 Monate auf dem Stapel standen, brauchte dieses neue Schiff nur 16 Monate. Damit ist bewiesen, daß unsre Schiffbaumeister auch in der

Schnelligkeit des Baues den Engländern beinahe ebenbürtig geworden sind; in der Güte der Pläne und der Gediegenheit der Bauausführung haben unsre trefflich geschulten und wissenschaftlich wohl von allen Nationen am gründlichsten gebildeten Schiffbaumeister schon mit den früher erbauten Schiffen gezeigt, daß sie vorzügliches leisten können, das die Arbeiten der englischen Techniker übertrifft und sich mit Ehren neben den besten Erfolgen der berühmten französischen, amerikanischen und österreichischen Schiffbauer sehen lassen kann.

Das neue Schlachtschiff ist 115 m lang, 20 m breit und hat 7,8 m Tiefgang. Es ist natürlich auch, wie alle neuen Schiffe, ganz aus Stahl gebaut; seine wasserdichte Teilung ist in soviele Zellen durchgeführt, als es der Dienst an Bord, der Verkehr zwischen den einzelnen Räumen nur irgend zuläßt. Wenn unsre Trockendocks größer wären, oder das längst geforderte neue Dock in Kiel vom Reichstage bewilligt worden wäre, würde der Kaiser Friedrich III. jedenfalls noch etwas größer und darum auch stärker geworden sein; denn man darf nicht vergessen, daß in den andern Flotten die Schlachtschiffe ersten Rangs bis zu 15000 Tonnen Größe haben. Hierüber wird im letzten Abschnitte noch gesprochen werden. Das Schiff ist mit dem besten an der Oberfläche gehärteten Stahl gepanzert, der noch um etwa dreißig Prozent

Das Schlachtschiff Kaiser Friedrich III.

widerstandsfähiger als gewöhnlicher Nickelstahl ist: freilich ist er auch teurer. Die Dillinger Hüttenwerke an der Saar, die seit 1876 Panzerplatten herstellen, und Krupps Werke in Essen liefern den Panzerbedarf für die deutsche Flotte, sind dabei leistungsfähig genug, auch größern Ansprüchen als den bisherigen gerecht zu werden. Die deutschen Panzerplatten übertreffen nach den Proben, die mit ihnen und mit fremden Platten durch Beschießen angestellt worden sind, alle im Auslande gefertigten Schiffspanzerungen. Kaiser Friedrich III. hat einen etwa 2 m breiten und 30 bis 15 cm starken Gürtelpanzer, der vier Fünftel der Schiffslänge von vorn deckt; den kurzen hintern Teil des Schiffs hat man, um Gewicht zu sparen, nur mit einem 7,5 cm starken gewölbten Panzerdeck geschützt. Ein Panzerdeck von 6,5 cm Stärke liegt auf der Oberkante des Panzergürtels und deckt den ganzen untern Schiffskörper; außerdem sind noch Splitterschutzdecke von 2 cm Stärke an verschiedenen Stellen des Schiffs angebracht. Die Geschütze sind zum Teil in gepanzerten Drehtürmen, zum Teil in gepanzerten Einzelkasematten aufgestellt; der Panzerschutz der schweren Geschütze ist 25 cm stark, der der mittlern 15 cm.

Die Geschützbewaffnung des Kaiser Friedrich III., nach dessen Vorbild jetzt auch das Ersatzschiff für Friedrich den Großen gebaut wird, weicht sehr stark von der der Schiffe der Brandenburgklasse ab und zeigt wieder große Fortschritte gegen die ältern Panzerschiffe; auch die Aufstellung der einzelnen Geschütze ist so zweckmäßig, wie sie bisher noch auf keinem deutschen und keinem fremden Kriegsschiffe ausgeführt ist. Um die Güte der Neuerungen verständlich zu machen, sei zunächst bemerkt, daß infolge der Fortschritte, die die Waffenabteilung des Reichs-Marineamts unter der Leitung des Kapitäns zur See Sack gemacht hat, auf den neuesten Schiffen der deutschen Marine fast nur noch Geschütze von 40 Kaliber Länge verwendet werden. Je länger bei gleichem Kaliber das Rohr ist, umso mehr Geschwindigkeit kann man bei Verwendung moderner langsam verbrennender Pulversorten den Geschossen geben; je größer aber die Geschwindigkeit der Geschosse ist, um so stärker ist ihre Kraft, gepanzerte Ziele durchzuschlagen. Dabei erlauben die langen Rohre auch längere, also schwerere Geschosse zu verwenden, als die alten kurzen Rohre, die z. B. bei den Schiffen der Sachsenklasse nur 22 Kaliber lang sind.[1]) Kaiser Friedrich III. hat als schwere Artillerie nur vier 40 Kaliber lange 24 cm-Kanonen, deren Rohre also 40×24 cm = 9,6 m lang sind; das muß auffallen, wenn man bedenkt, daß die Schiffe der Brandenburgklasse je sechs (teils 40, teils 35 Kaliber lange) 28 cm-Kanonen haben. Neuerdings verringert man also sowohl das Kaliber wie die Zahl der schweren Geschütze; von den 30,5 cm-Kanonen sind wir längst abgekommen, die sind nur auf den Panzerkanonenbooten. Aber warum wird das 28 cm-Kaliber nicht für die großen Schlachtschiffe beibehalten? Nun, einfach deswegen, weil die mächtige moderne 24 cm-Kanone schon genügt, um alle auf Schiffen verwendbaren Panzerstärken durchzuschlagen, denn sie bringt bei rechtwinkligem Auftreffen durch Eisenplatten von 72 cm Dicke, während selbst die mächtigen, 15000 Tonnen großen Panzerschiffe der englischen Majestätklasse keinen stärkern Panzer als 26 cm dick tragen können. Bei günstigem Auftreffwinkel kann also jeder Schiffspanzer schon von dem 24 cm-Kaliber durchschlagen werden, denn der moderne Stahl hat nicht ganz die dreifache Widerstandsfähigkeit wie gleichförmiges Eisen, für das in den meisten artilleristischen Tabellen die Durchschlagskraft der Geschosse berechnet ist. Trotzdem panzert man aber soviel vom Schiffskörper wie möglich auch heute noch, ja man bemüht sich jetzt sogar größere Teile des toten Werks zu panzern, als noch vor einem Jahrzehnt geschah. Warum? weil man den Panzerschutz hauptsächlich gegen die gefährlichsten Sprenggeschosse, die dünnwandigen Granaten der schweren Geschütze und gegen die Stahlkerngeschosse der mittlern Artillerie braucht; die Stahlkerngeschosse der schweren Kaliber durchbohren, wie gesagt, den Panzer auch nur bei sehr günstigem, fast senkrechtem Aufschlag und machen dann keine gefährlichen Risse, sondern nur kleine Löcher in die Panzerwand, die nicht großen Schaden anrichten können. Am gefährlichsten sind die mit Melinit und andern neuen Sprengmitteln gefüllten Brisanzgeschosse für ungepanzerte Schiffswände, weil sie schon beim Entlangstreifen an der Bordwand große Risse, klaffende Lecke reißen, die die Schwimmfähigkeit in große Gefahr bringen, und die durch starke Sprengwirkung auch im Innern des Schiffs unvergleichlich viel größeren Zerstörungen anrichten, als die sogenannten Panzergeschosse oder Stahlgranaten, deren Kern massiv ist, und die nur im Boden eine sehr kleine Sprengladung tragen können. Aus diesem Grunde gehen die französischen Schiffbauer bei einigen Schiffen, namentlich bei dem schon 1890 vom Stapel gelaufnen Panzerkreuzer Dupuy de Lôme wieder auf die allererste, vom Baumeister Dupuy de Lôme eingeführte Bauweise zurück: das ganze tote Werk des Schiffs mit einem vollen Panzer zu schützen, der des Gewichts wegen natürlich dünn sein muß, der aber genügt, um Sprenggeschosse abzuhalten. Auch bei Kaiser Friedrich III. ist eine größere Fläche des toten Werks, also des obern Schiffskörpers, gepanzert, als bei den ältern Schiffen.

Nun bleibt noch zu erläutern, weshalb auch die Zahl der schweren Geschütze auf unsern neuesten Schlachtschiffen kleiner geworden ist. Diese Einschränkung ist mit Rücksicht auf die Mittelartillerie geschehen. Man darf nie vergessen, daß es bei einem Schiff immer darauf ankommt, Gewichte zu sparen, um allen Anforderungen nach Kräften gerecht werden zu können. Die sechs 28 cm-Rohre der Brandenburg wiegen 264 Tonnen, die vier 24 cm-Rohre des Kaiser Friedrich III. nur etwa 103 Tonnen; entsprechend sind die Lafetten und die kleinern Panzertürme für die kleinern Geschütze leichter. Für das ersparte Gewicht konnte die Mittelartillerie, die bei Brandenburg nur sechs 10,5 cm-Schnellfeuergeschütze umfaßte, bedeutend gestärkt werden. Kaiser Friedrich III. führt nicht weniger als achtzehn 15 cm-Schnellfeuergeschütze von 40 Kaliber Länge. Da diese Geschütze mit Panzergeschossen bei senkrechtem Auftreffwinkel 46 cm dicke Eisenplatten oder etwa 17 cm starke Stahlpanzerplatten durchschlagen, so können sie mit gutem Erfolg auch gegen die feindlichen Panzerschiffe verwendet werden, denn stärkere Panzer als 15 cm haben bei fast allen Schlachtschiffen nur die Wasserlinie und die Türme der schweren Geschütze. Außerdem sind auch die leichten Schnellfeuergeschütze viel zahlreicher als auf Brandenburg; denn Kaiser Friedrich III. hat zwölf 30 Kaliber lange 8,8 cm-Schnellfeuerkanonen, zwölf 3,7 cm-Maschinenkanonen und zwölf 8 mm-Maschinengewehre. Zur Übersicht der Artillerieleistung beider Schiffe diene folgendes:

---

[1]) Ein 22 Kaliber langes 26 cm-Geschütz (der Sachsenklasse) hat 22×26 = 572 cm Rohrlänge.

Brandenburg kann mit einer Breitseite in einer Minute feuern:

mit sechs 28 cm=Kanonen		6 Schuß	von 1530 kg	Geschoßgewicht	und	37934	Metertonnen Arbeitsleistung
„ drei 10,5 cm=Schnellfeuerkanonen		30 „	„ 510 „	„	„	5820	„ „
„ vier 8,8 cm=	„	60 „	„ 420 „	„	„	5220	„ „
	zusammen	96 Schuß	von 2460 kg	Geschoßgewicht	und	48974	Metertonnen Arbeitsleistung

Kaiser Friedrich III. kann mit einer Breitseite in einer Minute feuern:

mit vier 24 cm=Kanonen	4 Schuß	von 860 kg	Geschoßgewicht	und	17396	Metertonnen Arbeitsleistung
„ neun 15 cm=Schnellfeuerkanonen	54 „	„ 2754 „	„	„	55728	„ „
„ sechs 8,8 cm=	90 „	„ 630 „	„	„	7830	„ „
zusammen	148 Schuß	von 4244 kg	Geschoßgewicht	und	80954	Metertonnen Arbeitsleistung

Die artilleristische Arbeitsleistung des neuen Schiffs ist also um mehr als ein Drittel größer, als die der Schiffe der Brandenburgklasse. Wenn man bedenkt, daß außerdem die 28 cm=Kanonen nur etwa aller drei Minuten, die 24 cm=Kanonen aber ihrer leichtern Bedienung wegen schon etwa aller zwei Minuten einen Schuß feuern können, und wenn man ferner bedenkt, daß die Zahl der leichtern Geschütze, der 3,7 cm=Maschinenkanonen und 8 mm=Maschinengewehre auf Kaiser Friedrich III. dreimal so groß wie auf Brandenburg ist (24 gegen 8), so sieht man ein, daß die neue, allerdings um ein Zehntel größere Schiffsgattung größern Gefechtswert hat. Da die Größen unsrer Trockendocks und leider auch unsre Geldmittel nicht den Bau von ganz großen Schlachtschiffen, wie die englischen der Majesticklasse von 15000 Tonnen, oder die italienischen von 14000 Tonnen erlauben, so ist es um so mehr anzuerkennen, daß innerhalb der Größe von 11000 Tonnen Schiffe mit so hohem Gefechtswert geschaffen werden.

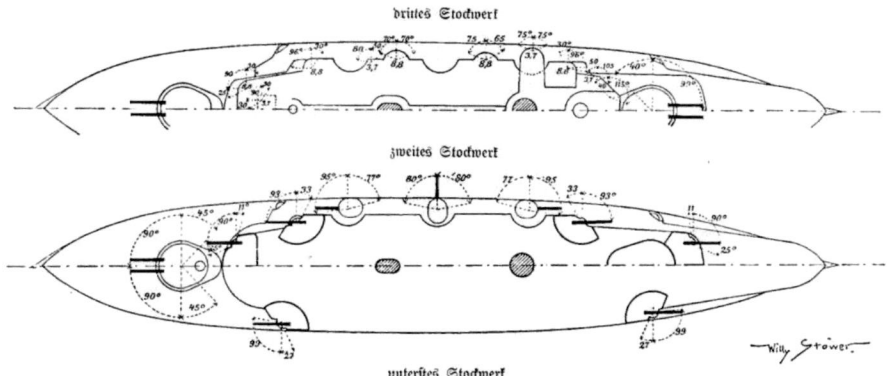

Decksplane des Kaiser Friedrich III.

Große Fortschritte zeigt auch die Aufstellung der Geschütze, deren Anordnung ganz neu und ohne gleichen in den verschiednen Flotten ist. Ihr größter Vorteil beruht darin, daß alle Geschütze sehr große Schußwinkel haben, daß also jedes vorhandene Geschütz viel besser ausgenutzt werden kann, namentlich zum Feuern gegen bewegliche Ziele, als die gleiche Zahl von Geschützen bei den früher gebräuchlichen Aufstellungsarten. Man kann das Schiff als Zitadell=turmschiff bezeichnen. Die schweren Geschütze stehen zu je zweien in Panzerdrehtürmen vor und hinter der Zitadelle, die in mehrern Stockwerken Geschütze in Einzelkasematten trägt; zu beiden Seiten der Zitadelle stehen außerdem noch je drei 15 cm=Kanonen einzeln in Drehtürmen, also drei solcher Türme auf jeder Seite. Betrachtet man den ganzen Bau, so erkennt man, daß die Artillerie sich in sechs Stockwerken über einander aufbaut, wie namentlich das große Titelbild des Buchs genau erkennen läßt. Auf dem untersten Stockwerk, dem Oberdeck, das aber nur im hintersten Teile des Schiffs frei von Aufbauten ist, steht hinten der schwere Drehturm mit zwei 24 cm=Kanonen; er hat 270 Grad Bestreichungs=winkel, seine Geschütze haben 4 m Freibord, also ebensoviel, wie der hintere und der mittlere Panzerturm der Brandenburg. Unmittelbar vor dem hintern Turme ist das Oberdeck von Kaiser Friedrich III. mit hohen Aufbauten bedeckt; darin stehen in derselben untersten Stockwerkhöhe in vier Eckkasematten vier 15 cm=Schnellfeuerkanonen mit

ungefähr 140 Grad Bestreichungswinkel. Im zweiten, ungefähr 2 m höhern Stockwerk stehen im ganzen vierzehn 15 cm=
Kanonen, die alle 6 m Freibord haben; sechs davon stehen, wie schon gesagt wurde, einzeln in Drehtürmen, von
denen je drei auf jeder Seite frei vor dem Decksaufbau stehen, sodaß jeder von ihnen fast 180 Grad Bestreichungswinkel
hat, wie der mittlere Decksplan auch erkennen läßt. Die andern acht Geschütze dieses Stockwerks, ebenfalls 15 cm,
sind in acht einzelnen Eckkasematten sehr geschickt untergebracht, sodaß jedes von ihnen etwa 130 Grad Bestreichungswinkel
hat, also mehr als die Mittelartillerie der Brandenburg. Die Einzelkasematten sind durch gepanzerte Wände rings
um das Geschütz herum geschlossen, wodurch im Gefechte die Wirkung feindlicher Geschosse, die in den innern Raum
der Aufbauten eindringen, sehr abgeschwächt wird; die in solchen Kasematten aufgestellten Geschütze werden deshalb
länger gefechtsfähig bleiben können, als wenn die Geschütze in einem großen gemeinschaftlichen Raum neben einander
ständen. Im nächst höhern, dritten Stockwerk steht vorn auf der Back, auf ein Viertel der Schiffslänge innerhalb
vom Bug und in 8 m Höhe über der Wasserlinie der mächtige zweite Panzerdrehturm mit den beiden vordern
24 cm Kanonen; der Freibord von 8 m ist also genau so groß wie der des vordern Turms auf der Brandenburg, über
seine großen Vorzüge wegen des leichtern Schießens wurde schon auf Seite 108 gesprochen. Unmittelbar hinter dem
Geschützturm steht der vordere, ebenfalls mit 25 cm starken Stahlplatten gepanzerte vordere Kommandoturm, dessen innere
Einrichtung wie auf der Brandenburg sein wird. Hinter dem Turme ist ein langes offnes Aufbaudeck, in dessen Ecken
und schwalbennestförmigen Ausbauten zehn 8,8 cm=Schnellfeuerkanonen hinter Panzerschilden geschützt aufgestellt sind, sowie
zwei 3,7 cm=Maschinenkanonen, die keinen Schild haben; denn je kleiner das Kanon, desto weniger Gewicht kann für
seinen und seiner Bedienung Schutz aufgewendet werden. Im nächsten, vierten Stockwerk, womit man die untere vordere
Kommandobrücke bezeichnen kann, stehen mit etwa 12 m Freibord vier 3,7 cm=Maschinenkanonen, und ebenso hoch zwei
solche Geschütze hinten auf der Brücke über dem hintern Kommandoturm. Als fünftes Stockwerk ist die vordere obere
Kommandobrücke zu bezeichnen, die noch zwei 8,8 cm=Schnellfeuerkanonen trägt; sie haben 14 m Freibord, d. h. sie sind
von der Wasserlinie aus so weit entfernt, wie die Fenster des zweiten Stocks eines stattlichen Hauses von der Straße.
Darüber, in 24 m Höhe über der Wasserlinie sind in den Gefechtsmarsen der beiden Masten noch vier 3,7 cm=Maschinen=
kanonen untergebracht; das ist der sechste Stock des modernen feuerspeienden Meerdrachens. Die zwölf 8 mm=Maschinen=
gewehre sind an verschiednen Stellen des Panzerriesen, besonders auf den obern Aufbauten verteilt. Die Art der Ge=
schützaufstellung sichert ein gutes, gleichmäßiges Rundfeuer nach allen Richtungen hin. Die 24 cm=Kanonen schießen mit
zwei Arten von Geschossen, die kurzen (2,8 Kaliber langen) Stahlgranaten oder Panzergeschosse wiegen 160 kg, die langen
(4,5 Kaliber) Zündergranaten wiegen 215 kg; die Ladung von 95 kg braunem Pulver giebt dem leichtern Geschosse 720 m
und dem schwerern 630 m Anfangsgeschwindigkeit. Wichtige Fortschritte gegen Brandenburg zeigt auch die Torpedo=
bewaffnung der neuen Schiffe; jedes bekommt sechs Lancierrohre für große Torpedos von 45 cm Durchmesser, und zwar
ein Bugrohr, zwei Breitseitrohre auf jeder Seite und ein Heckrohr. Mit einziger Ausnahme des Heckrohrs liegen alle
Torpedorohre unter Wasser, unter dem Panzergürtel, sind also gegen feindliches Schnellfeuer geschützt, während früher
die Breitseitrohre gewöhnlich über der Wasserlinie lagen, auch bei Brandenburg, weil bis vor kurzem das Schießen der
Torpedos aus der Breitseite unter Wasser noch sehr große Schwierigkeiten machte.

Das Schiff hat drei dreifache Expansionsmaschinen, die drei Schrauben treiben. Die ersten Dreischraubenschiffe,
nämlich die Torpedokreuzer Tripoli (Stapellauf 1886), Montebello (1887), Monzambano (1887) und Goito (1887),
baute Italien; 1890 folgte Frankreich mit dem Dupuy de Lôme, und seitdem sind in Deutschland der Kreuzer zweiter
Klasse Kaiserin Augusta, in Frankreich, Nordamerika und Rußland mehrere Schlachtschiffe und Panzerkreuzer mit drei
Schrauben erbaut worden. Nur die Engländer wollen diese so sehr zweckmäßige Neuerung noch heute nicht anerkennen,
wahrscheinlich weil sie nicht von ihnen selbst zuerst eingeführt ist. Die Anordnung von drei Maschinen hat gegen die
Doppelschraubenschiffe verschiedne Vorzüge, besonders für Kriegsschiffe, denn die drei Maschinen sind niedriger und können
deshalb besser unter dem Panzerdeck aufgestellt werden. Sie sind für kleine Marschgeschwindigkeiten auch sparsamer im
Kohlenverbrauch, da man dann nur die mittelste Schraube mit der mittelsten Maschine treiben läßt, während auf Doppel=
schraubenschiffen immer beide Maschinen in Betrieb sein müssen, da Doppelschraubenschiffe sehr schlecht zu steuern sind,
wenn nur eine der beiden seitlich vom Kiel angebrachten Schrauben arbeitet. Die dritte Schraube liegt am Hintersteven
unmittelbar hinter dem Ruder genau so wie auf den Schiffen, die überhaupt nur eine Schraube haben. Durch drei
Schrauben wird auch die Sicherheit des Gefechtsbetriebs erhöht; denn das Schiff behält dann noch die Fähigkeit
sich zu bewegen, wenn zwei Maschinen oder Schrauben beschädigt sein sollten. Die drei Maschinen sollen zusammen
13 000 Pferdekraft leisten, wobei auf etwa 18 Seemeilen Fahrgeschwindigkeit gerechnet wird, also auf etwa 1½ Seemeilen
mehr als bei Brandenburg. Eine andre Neuerung ist die, daß von den Kesseln ein Teil als Wasserrohrkessel gebaut wird,
wodurch die neuen Schiffe in sehr kurzer Zeit ihre volle Maschinenleistung entwickeln können, wenn z. B. während einer

geringen Fahrgeschwindigkeit bei sparsamem Kohlenverbrauch plötzlich der Feind in Sicht kommt. Der Kohlenvorrat von 650 Tonnen genügt, um die Schiffe zu selbständigen Schlachtschiffen zu machen, wie wir sie zum Seekriege in der Nordsee und überhaupt in den europäischen Gewässern brauchen. Kaiser Friedrich III. ist mit sechs Scheinwerfern ausgerüstet, von denen je einer im Topp jedes Gefechtsmastes steht; außerdem sind in jeder Breitseite noch je zwei Scheinwerfer auf Podesten außerhalb der Bordwände in etwa 4 m Höhe über der Wasserlinie aufgestellt. Diese Scheinwerfer schützen besser vor nächtlichen Torpedobootsangriffen als die Schutznetze, weil sie die Abwehr der Angreifer durch die Schnellfeuergeschütze sehr erleichtern. Die größere Zahl der Geschütze, im ganzen 58 auf Kaiser Friedrich III. gegen 28 auf Brandenburg, verlangt natürlich auch größere Besatzung, wie auch drei Maschinen mehr Personal als zwei fordern; das neue Schiff hat demnach 655 Mann Besatzung. Wie die Schiffe der Brandenburgklasse, so ist auch Kaiser Friedrich III. mit zwei Gefechtsmasten ausgerüstet; der sehr dicke vordere Mast hat Wendeltreppen in seinem Innern. Das Schwesterschiff, der Ersatz für Friedrich den Großen, wird in Wilhelmshaven gebaut werden. Gegen Ende dieses Jahrhunderts werden die beiden Schiffe voraussichtlich kriegsfertig sein.

Was lehrt uns nun dieser Abschnitt über unsre Schlachtflotte? Deutschland hat zwei sehr starke Schlachtschiffe im Bau und nur vier Schlachtschiffe erster Klasse kriegsfertig. Der Rest der Schlachtflotte hat bedeutend geringern Gefechtswert; am besten sind darunter noch die Schiffe der Sachsenklasse, aber sie sind als „Küstenverteidiger" erbaut, sind also als Hochseeschlachtschiffe nicht selbständig genug und zählen nur in zweiter Linie. König Wilhelm, Kaiser, Deutschland und wohl auch Oldenburg werden bald durch neue kräftige Schiffe ersetzt werden müssen, denn ihre Gefechtskraft wie ihr Schutz gegen feindliche Angriffe entsprechen schon lange nicht mehr dem, was heute von einem wirklichen Schlachtschiffe gefordert werden muß; zu andern Zwecken, z. B. als Schulschiffe, werden aber diese zuletztgenannten veralteten Schlachtschiffe noch recht gute Dienste leisten können, und sie werden auch im Kriege noch leidlich als Reserve der Küstenverteidigung brauchbar sein.

Auf der Kommandobrücke eines Schlachtschiffs

Fünfter Abschnitt

Seekrieg und Küstenverteidigung

Küstenbeobachtungsstation auf dem Rotesandleuchtturm

Der Seekrieg hat denselben Zweck wie der Krieg am Lande: mit der eignen Macht Herr des Gegners zu werden, sei es, um seine Angriffe abzuwehren, sei es, um von ihm zu erzwingen, was er gütlich nicht zugestehen will. Der Kampfplatz des Seekriegs ist das ganze Weltmeer; bevorzugt für den Kampf sind die Stellen, wo Angriffe ausgeführt werden können oder abgewehrt werden müssen: also die eignen und die feindlichen Seehäfen, die Flußmündungen und Küsten im Mutterlande und in den Kolonien und die Hauptstraßen des Seehandelsverkehrs der Kriegführenden. Wie die alte, so lehrt die moderne Kriegspraxis, den Gegner am Gut und Blute soviel wie möglich und soweit es die auch heute noch trotz Dynamit und Torpedo geltende Ritterlichkeit zuläßt, zu schädigen. Dabei soll also auch die Kriegsflotte mithelfen, weil sie gegen jeden zur See erreichbaren Gegner schneller und wirksamer vorgehen kann, vorausgesetzt, daß sie stark genug ist, als das Heer; denn ihre Hauptangriffswaffen, die Schlachtschiffe, haben außer sehr großer Schutz- und Trutzkraft auch die Fähigkeit, als selbständige Machtmittel schnell den Ort ihrer Thätigkeit zu wechseln. Der kluge Sir Walter Raleigh hat schon diese wichtige Eigenschaft der Kriegsflotten richtig erkannt, er schrieb: „»Landarmeen fliegen weder, noch jagen sie mit Postpferden«, hat ein Marschall von Frankreich gesagt; aber ich weiß, daß es wahr ist, daß eine Flotte von Schiffen bei Sonnenuntergang und noch später am Lizard gesehen wird (d. h. am Ende des Kanals) und schon

Zweck des Seekriegs

am nächsten Morgen Portland in Sicht bekommen kann (etwa in der Mitte des englischen Kanals), wogegen eine Armee, die marschieren muß, sechs Tage dazu gebrauchen würde." [1]) Das war zur Zeit der Segelschiffahrt, hat aber auch jetzt noch trotz der Eisenbahnen volle Geltung. Die Schlachtflotte führt auf ihren Schiffen alles mit sich, was sie an Vorräten für die Besatzung, die Kanonen und die Maschinen braucht. Welche umständliche Sache ist dagegen der Marsch eines Heeres in Feindesland, wo die Bahnen zerstört und die Vorräte schon aufgezehrt sind; ganze Wagenreihen müssen Schießbedarf und Mundvorräte für Mann und Pferd mitschleppen. Diese Märsche ziehen den Krieg in die Länge und sind auch für den Sieger die Hemmschuhe schneller Niederwerfung des Feindes. Wie ganz anders, viel schneller, kann sich der Seekrieg abspielen. Die Flotte kann die Kriegserklärung an die feindliche Küste bringen, oder kann, wenn ein Überfall geplant ist, mitten im Frieden den Gegner an einer schwachen Stelle überfallen und so den Krieg gleich mit einem entscheidenden Siege eröffnen. Manche Zeichen deuten darauf, daß wir derlei über kurz oder lang im Orient erleben werden. Zwar

[1]) Nach der Marine-Rundschau 1895, Seite 110.

ist auch zu Lande ein derartig überraschender Überfall nicht unmöglich, aber er ist sehr unsicher im Erfolge, weil er mehr Zeit erfordert und seine Vorbereitung mehr Geräusch macht. Kriegsgeschwader, die in der Nähe einer fremden Küste Übungen machen, sind heute nichts ungewöhnliches, die Ansammlung eines Grenzheeres ist aber noch überall vom Nachbarn mit denselben Maßregeln beantwortet worden; so hat z. B. im Herbst 1896 (zum großen Ärger der Franzosen) das englische Mittelmeergeschwader dicht vor dem wichtigen französischen Hafen von Bizerta an der tunesischen Küste „manövriert."

Im Seekriege wird um die Seeherrschaft gekämpft, das heißt, die Schlachtflotte sucht den Gegner vom Meere zu verdrängen und in die Häfen zurückzuwerfen oder ganz zu vernichten, um selbst unumschränkt das Meer als große Verkehrsstraße benutzen zu können. Die Vorteile der Seeherrschaft sind aber sehr mannichfacher Art. Dadurch, daß die englische Flotte in den napoleonischen Kriegen die französische und die spanische in ihren Häfen blockierte, verteidigte England seine eignen Küsten und Seehäfen am wirksamsten gegen den Feind. Also die Seeherrschaft ist zunächst die beste Küstenverteidigung; genau wie die Eroberung des feindlichen Landes die sicherste Vaterlandsverteidigung ist. Als die Nordstaaten im nordamerikanischen Bruderkriege die Küste der Südstaaten blockierten, lähmten sie den feindlichen Seehandel und schwächten dadurch den Gegner an seinem Gute so sehr, daß er, trotz aller Tapferkeit auf dem Lande, den Krieg nicht nachdrücklich genug fortsetzen konnte und unterliegen mußte. In diesem Falle war die Ausübung der Seeherrschaft ein strategisches Mittel, dem Landangriffe gegen den Feind zum Erfolge zu verhelfen. Im Kriege um Korea mußten die Japaner unbedingt die Seeherrschaft erkämpfen, um die Eroberung von Korea vorzubereiten und die Erfolge auf dem Lande zu sichern. Andre Beispiele über den Einfluß der Seeherrschaft bieten die ersten Abschnitte dieses Werks. Solange die deutsche Flotte nicht ein gut Teil stärker geworden ist, wird sie höchstens gegen Flotten zweiten Rangs, wie die japanische, die russische oder die nordamerikanische, die Seeherrschaft in den eignen deutschen Meeren behaupten können, aber nicht in den Gewässern dieser Seemächte, selbst nicht einmal gegen sie auftreten können, da wir eben leider nur eine sehr kleine Schlachtflotte haben; die Küstenverteidiger kommen eben bei einem Angriffskrieg in feindlichen Gewässern gar nicht und die Kreuzer nur zum kleineren Teil in Betracht. Wird Deutschland aber nicht in den Stand gesetzt, bei einem doch heutzutage durchaus nicht unmöglichen Kriege mit einer dieser Mächte die Seeherrschaft an den feindlichen Küsten auszuüben, so kann und wird unserm Seehandel so großer Schaden zugefügt werden, daß wir uns alles gefallen lassen und einen schimpflichen Frieden schließen müßten. Lange wird es nicht mehr dauern, dann zählen auch Brasilien, Chile und China zu den Seemächten, gegen deren Flotten unsre Angriffsflotte nicht mehr auftreten kann.

Es ist immer gut, über so wichtige Fragen auch die Ansichten möglicher Gegner zu hören. Ein berühmter französischer Seeoffizier, der Kontreadmiral Réveillère, hat im Jahre 1894 ein sehr lesenswertes Buch über die Eroberung des Weltmeeres (la conquête de l'océan) geschrieben, worin er sagt: „In allen großen Kriegen ist der Sieg und der Vorteil immer der Macht oder der Bundesgenossenschaft geblieben, die die See beherrschte. Abgesehen von Ausnahmen, wie der Krieg von 1870, wo die Niederlage so schnell und unheilbar war, daß der Seekrieg sich kaum entwickeln konnte (weil damals die französische Flotte nicht schnell genug kriegsbereit war), ist der, der zur See herrscht, auch sicher, den Sieg auf dem Lande zu erringen. Je mehr der Krieg sich verlängert, um so mehr Hilfsquellen findet das Volk, das von seinem Seehandel ernährt wird, seine Gegner zu schwächen und sie zum Vergleiche zu zwingen. Der nächste Krieg wird schrecklich sein, sagt man. Wer weiß es? Von beiden Seiten ist die Grenze sehr gut bewacht; auf beiden Seiten wird es durchaus nicht leicht sein, den Gürtel der Sperrforts zu durchbrechen. Es ist kaum anzunehmen, daß die Franzosen über die Deutschen auf der ganzen Linie Sieger sein werden; man wird aller Wahrscheinlichkeit nach die eine Stelle Sieger, an andrer Besiegter sein. Die Kräfte sind zu gleich, und auf jeder Seite ist die Notwendigkeit zu siegen zu gebieterisch, als daß man alles mit einem Schlage wird entscheiden wollen." Réveillère führt dann aus, daß Rußland, der Bundesgenosse Frankreichs, seine Offensivkraft nur sehr langsam entwickeln könne. Russische Generale hätten gesagt, Frankreich müsse den Kampf so lange aushalten können, bis die Russen mit allen Mitteln und Kräften eingreifen könnten. Nach der Ansicht des Admirals kann Rußland nun, weil es keine große Industrie hat, den Krieg sehr lange aushalten; er fährt dann fort: „Um die russische Bundesgenossenschaft wirklich ausnützen zu können, müssen wir uns also auf die Möglichkeit eines lange dauernden Kampfes gefaßt machen. Die schrecklichste Seite des nächsten Kriegs ist vielleicht weniger das blutige Drama des Schlachtfelds, als der Stillstand des Volkslebens. Vom Bauern bis zum Bankier (!) ist jedermann an der Grenze, jeder verzehrt, keiner arbeitet; es ist allgemeiner Ausstand. Stille herrscht auf den Feldern, und in den Fabriken und Werkstätten, die nicht einen Tag schlummern können, ohne tausenden von Mündern das Brot zu entziehen. Der Krieg ist ebenso sehr ein wirtschaftlicher wie ein kriegerischer Kampf. In einem französisch-deutschen Kriege, an dem auch Rußland teilnimmt, wird das Volk siegen, das am geduldigsten ist und sich am besten auf dem Seewege nähren

Vorteile der Seeherrschaft

Französische Ansichten über den Einfluß eines Seekriegs gegen Deutschland

kann." Über den Einfluß des Seekriegs selbst sagt der Verfasser: „Man beginnt einzusehen, wie wichtig, ja vielleicht entscheidend die Rolle der Kriegsflotte gegen den Dreibund sein würde, sei es durch Beunruhigung Italiens auf seinen Inseln und an seinen Küsten, sei es in der Ostsee, um Deutschland zu zwingen, aus Furcht vor einer Landung ein Heer an seinen Küsten aufzustellen, oder um ihm durch eine strenge Blockierung jede Verbindung mit dem Auslande abzuschneiden; dieses doppelte Ziel ist mit der wahrscheinlichen Unterstützung durch Dänemark und Rußland keineswegs unerreichbar. Seit dem Abschlusse des Dreibunds und des französisch-russischen Einvernehmens ist die Kriegsflotte eine wichtigere Waffe geworden als je zuvor, und das besonders aus zwei Gründen: der Krieg gegen Italien muß und wird hauptsächlich zur See geführt werden; im Bunde mit Rußland, besonders wenn Dänemark dem Bunde beitreten würde, wird die Flotte in der Ostsee einen den Krieg vielleicht entscheidenden Flankenangriff machen. Und schließlich, je mehr wir auf dem Meere zu fürchten sind, um so mehr können wir darauf rechnen, daß England neutral bleibt."

Gefahren für Deutschland ohne kräftige Schlachtflotte   Während man sich in Deutschland also noch immer einbildet, die Kriegsflotte thäte genug, wenn sie nur unsre Küsten verteidigte, belehrt uns der französische Admiral sehr klar darüber, daß wir in einem doch von keinem Deutschen für unmöglich gehaltnen Kriege mit unsern westlichen und östlichen Nachbarn die schlimmsten Gefahren von einem Seekriege zu erwarten haben. Mit der Verteidigung der Küste ist noch gar nichts gewonnen, denn damit würde die Sammlung eines feindlichen Landungsheeres auf der jütischen Halbinsel nicht verhütet und der für die Erhaltung unsrer Widerstandskraft unbedingt nötige Seehandel, die Zufuhr von Lebensmitteln und andern Stoffen auf dem Seewege nicht freigehalten werden können. Wir müssen in einem solchen Kriege die Seeherrschaft in der Ostsee und in der Nordsee behaupten können, weil wir die feindlichen Geschwader von unsern und auch von den dänischen Gewässern fernhalten müssen, sowohl um dem Flankenangriffe gelandeter Truppen gegen Schleswig vorzubeugen, als auch um uns die Seeverbindung mit dem Auslande offen zu halten. Dazu gehört tüchtige Offensivkraft, und die kann nur eine starke und selbständige Angriffsflotte geben. Soll die Vereinigung französischer und russischer Angriffsflotten verhütet werden, so kann unter Umständen eine Teilung der eignen Angriffsflotte nötig werden, was natürlich mehr Streitkräfte verlangt, als wenn man sicher wäre, jeden Gegner einzeln schlagen zu können. Jedenfalls müßte also unsre Schlachtflotte für den Fall eines Kriegs mit Frankreich und Rußland zugleich, dessen Gefahren Réveillère sehr treffend schildert, bedeutend stärker als die russische Ostsee-Panzerflotte sein, was aber vorläufig, wenn man die russischen Neubauten mitrechnet, leider durchaus nicht der Fall ist, wie der Vergleich im letzten Abschnitte zeigen wird. Sollte gar in näherer oder fernerer Zukunft die russische Schwarze Meer-Flotte gewaltsam oder friedlich aus ihrer jetzigen Abgeschlossenheit befreit werden und sich mit der russischen Ostseeflotte vor dem Ausbruche eines Kriegs mit Deutschland vereinigen können, dann würde diese Übermacht für uns geradezu verhängnisvoll werden müssen, wenn wir nicht beizeiten unsre Angriffsflotte kräftigten. Wer will dafür bürgen, daß nicht schon bald der Bosporus und die Dardanellen eine freie oder gar eine russische Seestraße sind? Diese Überlegung zeigt, welche gewichtigen Interessen auch für Deutschland bei der Teilung der Türkei auf dem Spiele stehen; denn die mögliche Verdoppelung der russischen Flotte in der Ostsee kann für uns zu einer Lebensfrage werden.

Mit welchem Gegner wir also auch zu thun bekommen mögen, der Seekrieg um die Herrschaft in den eignen oder auch, wie etwa Japan, China, Nordamerika, um die Herrschaft in fremden Gewässern muß die Hauptaufgabe unsrer Kriegsflotte werden. Dazu gehört die kräftige Schlachtflotte. Je nach der Stärke der beiden kämpfenden Parteien wird der Seekrieg vor der eignen oder vor der feindlichen Küste geführt werden. Der Endzweck des Seekriegs, wie des Landkriegs, die Niederwerfung des Gegners, kann aber nur dadurch erreicht werden, daß die feindliche Schlachtflotte von der eignen unschädlich gemacht wird; indessen erreicht der Kriegführende schon viel, ebenso wie auf dem Lande, wenn es ihm gelingt, die feindliche Schlachtflotte aus bestimmten für ihn besonders wichtigen Meeresteilen zu verdrängen. Jedes Verdrängen fordert natürlich eine Angriffsflotte; denn durch kleine Küstenverteidiger kann eine Schlachtflotte nur belästigt, aber nicht zurückgeschlagen werden, weil diese Streitkräfte nach ihrer ganzen Bauart und Ausrüstung zum Kampfe auf offner See den Schlachtschiffen in zu großem Nachteil sind. Taktisch, das heißt nach ihrer Kampfart, ist eine Schlachtflotte stets eine Angriffswaffe, weil Panzerschiffe nicht stillliegend den Feind erwarten können, sondern auf ihn losgehen müssen, wenn sie alle ihre kriegerischen Eigenschaften ausnützen wollen; das schließt natürlich die Verwendung der Angriffsflotte zur strategischen Defensive, also z. B. zur Verteidigung der Herrschaft in den heimischen Meeresteilen nicht aus, auf die unsre Schlachtflotte auch leider dann noch, wenn sie die dringend nötige Verstärkung mit der Zeit erhalten haben wird, angewiesen bleibt, wenn sie stärkere Kriegsflotten zu Gegnern hat.

Über Seestrategie   Der Seekrieg hat also seine besondre Strategie und Taktik so gut wie der Landkrieg. Aber nach den Erklärungen eines französischen Fachmanns, die Mahan (a. a. O.) anführt, unterscheidet sich die Seestrategie von der Landstrategie dadurch, daß sie im Frieden so notwendig wie im Kriege ist! „In der That vermag sie im Frieden ihre entscheidendsten Siege zu erringen, indem sie entweder durch Kauf oder Vertrag in einem Lande ausgezeichnete Punkte erwirbt, die vielleicht schwerlich durch den Krieg erlangt werden könnten. Sie lehrt, wie man alle Gelegenheiten wahrnehmen muß, sich an einem gewählten Küstenpunkt festzusetzen und dann die erst vorübergehend gewesene Besetzung zu einer dauernden zu machen." Man braucht nur daran zu denken, wie England die wichtigsten strategischen Punkte, zum Beispiel in unsrer Zeit Ägypten, Cypern, Zanzibar mitten im Frieden unter seine Herrschaft gebracht hat, oder wie Frankreich Tunis erworben hat, und Rußland Korea sich gerade jetzt sichert. „In der That hat die Seestrategie die Aufgabe, die Seemacht eines Landes zu begründen, zu unterstützen und zu mehren, im Frieden wie im Kriege," sagt Mahan. Dazu gehört natürlich, daß sie den Seekrieg vorbereitet und ihn derart leitet, wie es nötig ist, den Gegner niederzuwerfen oder abzuwehren, je nach der Stärke der Streitkräfte. Die Seestrategie kann im Seekriege also entweder defensiv sein, wenn sie sich mit der Abwehr des Feindes begnügen muß, oder sie kann offensiv sein, wenn sie über Streitkräfte verfügt, die die Niederwerfung des Gegners möglich machen. Die Sicherung der eignen Häfen im Mutterlande und wichtiger Punkte im Auslande ist die erste Aufgabe der Seestrategie, weil man dadurch die Grundlage für jede Unternehmung geschaffen werden kann. Indessen ist dabei zu bedenken, daß die Ausgaben für die eigentliche Küstenverteidigung um so kleiner werden, je mehr für die Kräftigung der Angriffsflotte gesorgt wird; England hat zum Beispiel gar keine oder nur ganz veraltete, kaum noch gefechtsfähige Küstenpanzerschiffe, weil es seine Küstenverteidigung durch die seebeherrschende Schlachtflotte bewirkt. Je mehr Schlachtschiffe wir in die Angriffsflotte einstellen können, um so weniger brauchen wir für den Ersatz der alten Panzerkanonenboote zu sorgen. Die Schlachtschiffe können auch zur Sicherung der Seehäfen benutzt werden, wie das der Krieg 1870 gezeigt hat, aber nicht umgekehrt die Panzerkanonenboote zur Vertreibung einer Blockadeflotte. Deshalb ist es zweckmäßiger, bei geringen Mitteln auch nur Schlachtschiffe und keine Küstenverteidiger zu bauen, wenn man, wie wir, eine Angriffsflotte haben muß. Die zweite Aufgabe der Seestrategie, die Bereitschaft einer Angriffsflotte, fordert sowohl die defensive, wie die offensive Strategie; die Angriffsflotte ist sowohl für die Seeherrschaft in den eignen Meeresteilen, wie für den Angriff auf dem freien, offnen Meere und in den feindlichen Meeresteilen nicht zu entbehren. Gerade darüber ist man bei uns im Binnenlande noch viel zu wenig im klaren, daß die Angriffsflotte auch für eine wirksame strategische Defensive (oder defensive Strategie, was dasselbe ist) unbedingt notwendig ist; das sollte hiermit verständlicher gemacht werden. Eine Angriffsflotte haben wir längst in unsern Schlachtschiffen, schon die kurzsichtige Denkschrift von 1873 forderte ja Schlachtschiffe, Panzerfregatten und Panzerkorvetten, also Schiffe, die für den Angriff auf feindliche Geschwader bestimmt sind. Diese längst vorhandene Angriffsflotte muß nur den Anforderungen der heutigen Seestrategie entsprechend ausgebaut werden, weil wir sonst allerdings der schweren, von Réveillère trefflich geschilderten Gefahr nicht entgehen können, unsre Küsten zu sehen blockiert und unsre Flotte wirklich auf die ominöse Küstenverteidigung im wahren Sinne des Worts beschränkt zu sehen. Möge das deutsche Volk samt seinen Vertretern im Reichstage sich nur recht deutlich machen, welche Gefahren dem ganzen Vaterlande in einem Kriege mit irgend einer Seemacht drohen würden, wenn die deutsche Schlachtflotte zu schwach bliebe, daß sie die Herrschaft in der Ostsee und in der Nordsee behaupten könnte; dann wird schon das alberne Geschrei von „uferloser Flottenschwärmerei" aufhören, das lediglich ein Beweis völliger Unkenntnis der Aufgaben der Flotte ist, wenn es nicht schlimmeres, nämlich die frevelhafte Absicht, dem Vaterlande zu schaden, ist.

Die vorbereitende Strategie sorgt schon im Frieden für die Mehrung der Seemacht des Vaterlands; das erkennt man an dem Erwerb Helgolands und am Baue des Kaiser Wilhelm-Kanals. Helgoland und der Kanal sind wichtige strategische Hilfsmittel für eine Schlachtflotte, aber nur zu dem Zweck hat, die Herrschaft in den heimischen Gewässern zu behaupten, während beide für die Küstenverteidigung zu entbehren sind. Helgoland ist ein vortrefflicher Wachtposten, der die Annäherung feindlicher Geschwader frühzeitig beobachten und melden kann; fast ebenso wichtig ist die Insel, weil sie geschützte Ankerplätze für Torpedoboote und kleine Schiffe bietet, und weil auch große Schiffe bei stürmischem Wetter unter dem Schutze der Insel leidlich gut vor Anker liegen. Das waren Gründe genug, auf der Insel einige tüchtige Panzertürme zu erbauen, mit denen sie sich allein gegen den Feind halten kann, wenn die deutsche Schlachtflotte an andrer Stelle unsrer Meere zu thun hat. Mit der deutschen Küstenverteidigung haben aber die Helgoländer Geschütze wenig zu thun; sie könnten den Feind gar nicht erreichen, wenn er etwa versucht, die Elbmündung oder Wesermündung anzugreifen. Nur um den Feind daran zu hindern, die Beobachtungsstation zu zerstören und im Schutze der Insel ankern zu können, ist Helgoland befestigt worden; die Kriegsflotte könnte nur dann von den Kanonen Helgolands unterstützt werden, wenn zufällig eine Seeschlacht in der nächsten Nähe der Insel geschlagen würde, sonst aber kann man sagen, daß die Inselbefestigungen weder den Schutz der deutschen Küste noch die Gefechtskraft unsrer Flotte verstärken. Auch die Redensart von der Verdoppelung unsrer Kriegsflotte durch den Bau des Kaiser Wilhelm-Kanals ist ein gefährlicher Trugschluß. Der Kanal vereinigt Kiel und die Elbmündung zu einem einzigen Kriegshafen; mit seiner Hilfe kann die deutsche Angriffsflotte schnell und unbemerkt vom Feinde aus der Ostsee in die Nordsee laufen und umgekehrt. Also für die Schlachtflotte ist der

Vorbereitende Seestrategie

Kanal als Ausfallsthor sehr wichtig, um bei günstiger Gelegenheit den Feind vor unsern Küsten anzugreifen. Aber trotzdem verstärkt doch der Kaiser Wilhelm=Kanal unsre Seestreitkräfte nicht, denn er ist ja nur ein strategisches Hilfsmittel. Wenn eine übermächtige feindliche Flotte, zum Beispiel französische und russische Geschwader gleichzeitig die Elbmündung und Kiel angriffen, was doch nicht undenkbar ist, so wäre doch die Stärke unsrer Schlachtflotte allein dafür maßgebend, ob der Angriff zurückgeschlagen werden könnte oder nicht. Vereinigen kann der Kanal die Streitkräfte nur, solange nur eine Seite bedroht ist; verdoppeln kann er sie nie. Daß der Kanal seinen vollen Wert erst dann entwickeln kann, wenn Deutschland eine selbständige Schlachtflotte hat, die zugleich um die Herrschaft in der Ostsee und in der Nordsee kämpfen kann, wurde schon auf Seite 84 erwähnt. Nur die für den Angriff bestimmte Schlachtflotte darf und muß ihren Aufenthalt je nach den Bewegungen der feindlichen Geschwader ändern, die für die Küstenverteidigung bestimmten Streitkräfte sind an den Ort gebunden, dessen Schutz ihnen übertragen ist. Das ist der deutschen Landsknechtsnatur längst in Fleisch und Blut übergegangen, daß neben dem Feldheere, das den Krieg in Feindesland übertragen soll, noch kräftige Besatzungen für die vaterländischen Grenzfestungen nötig sind. Beim Seekrieg und mit der Küstenverteidigung ist's natürlich genau ebenso, die Schlachtflotte entspricht der Feldarmee, die Flottillen der Küstenverteidiger aber erfüllen nur den Zweck der Festungsbesatzungen.

Die Seestrategie dient mit ihren Hilfsmitteln eigentlich nur der Angriffsflotte, der beweglichen Seemacht, die freilich auch der wirksamste Schutz der Küste ist, dabei aber doch auch die übrigen wichtigen Aufgaben des Seekriegs, Befreiung von der Blockade, Schutz des Seehandels und womöglich auch Angriffe auf die feindlichen Küsten erfüllen kann. Wie im Landkriege die Strategen hauptsächlich mit den Bewegungen des Feldheeres zu thun haben, so muß die Seestrategie alle Unternehmungen der Angriffsflotte vorbereiten, anordnen und leiten; sie ist also die Kunst und Wissenschaft des Seekriegs.

Über Seetaktik

Die Kampfweise der Geschwader und der Schiffe gegeneinander, die sogenannte Seetaktik, ist nicht wie die Seestrategie von der politischen Lage und von den Machtverhältnissen der Kriegführenden abhängig; sie wird lediglich von der Art der verwendeten Waffen bestimmt. Während also die Seestrategie noch heute unter Umständen ganz ähnlich wie zu den Zeiten eines Themistokles, eines Hannibal, eines Nelson und Napoleon sein kann, ändert die Seetaktik ihren Charakter vollständig mit der Art der Kriegswaffen. Das schließt natürlich nicht aus, daß eine einzelne Kampfart, wie die des Rammangriffs mit dem Sporn, die im Altertum jahrhundertelang erfolgreich war, später aber dem Geschütz= und Enterkampf weichen mußte, heute wieder zu Ehren kommen kann, weil sie den Änderungen der Seekriegstechnik wieder entspricht. Die taktischen Regeln sind eben von der Entwicklung der Kriegswaffen abhängig. Die leicht beweglichen Triremen waren für den Angriff mit dem Sporn trefflich geeignet, als aber Duilius mit seinen Enterbrücken den Sturmangriff der Schiffsbesatzungen auf die feindlichen Schiffe, also den sogenannten Enterkampf mit Erfolg einführte, verlor der Sporn seine Bedeutung. Die schwerer manövrierenden Segelschiffe des Mittelalters suchten im Geschützkampf die Entscheidung herbeizuführen, so blieb es bis in unser Jahrhundert hinein; der Enterkampf wurde bei guter Gelegenheit zwar auch verwendet, aber die Artillerie wurde allmählich zur Hauptwaffe. Die Abhängigkeit der Schiffe vom Winde machte allerlei taktische Manöver nötig, um die eigne Flotte in möglichst günstiger, manövrierfähiger Lage in die Schlacht zu bringen. Als dann in der Mitte unsers Jahrhunderts die Dampfkraft die Flottenmanöver von der Windrichtung unabhängig machte, wurde die Taktik bedeutend einfacher; Gegner, die sich schlagen wollten, brauchten nur in solcher Richtung aufeinander loszufahren, daß sie ihre Geschütze gut zur Geltung bringen konnten. Da die Schiffe viel beweglicher waren als früher, dachte man sofort auch wieder an den Rammangriff, dessen gefährliche Wirkung unfreiwillige Schiffszusammenstöße eindringlich genug bewiesen. Die Erfindung der Sprengstoffe durch den Oberst Paixhans führte zur Panzerung des toten Werks der Schlachtschiffe; damit wuchs das Ansehen des Sporns, der den durch Geschosse unverwundbaren Panzerschiffen den Todesstoß versetzen konnte. Das erste gepanzerte Rammschiff der Amerikaner Merrimac, bewies seine Überlegenheit über die Fregatten alter Art deutlich genug, als es am 8. März 1862 zwei nordstaatliche Schiffe, Kongreß und Cumberland vernichtete, das letztgenannte durch einen einzigen Rammstoß; ähnliche Erfolge

Tegetthoffs Taktik bei Lissa

hatte das Panzerschiff Albemarle aufzuweisen. Die ersten Hochseeschlachtschiffe kämpften in der Seeschlacht bei Lissa am 20. Juli 1866; hier rannte der Sieger von Helgoland, Admiral Tegetthoff, mit seinem Flaggschiffe, der Panzerfregatte Ferdinand Max, das feindliche Flaggschiff, die Panzerfregatte Ré d'Italia in den Grund. Die kühne Taktik des österreichischen Admirals trug den Erfolg davon; Tegetthoff rückte mit seinem schwächern Geschwader von 7 Panzerfregatten, 7 großen Holzschiffen (1 Linienschiff, 5 Fregatten und 1 Korvette) und 10 kleinen Kanonenbooten und Raddampfern der stärkern italienischen Schlachtflotte von 10 Panzerfregatten, 8 hölzernen Fregatten und 9 Kanonenbooten und Avisos gerade auf den Leib, während die feindliche Linie in abwartender Stellung die Entscheidung durch den Artilleriekampf herbeizuführen suchte. Tegetthoff und seine tapfern Kapitäne, unter denen sich besonders Petz,

Sterneck und Montfort durch treffliche Schiffsmanöver auszeichneten, begründeten mit ihren überraschenden Erfolgen die moderne Seetaktik. Trotz eines geglückten und mehrerer versuchten Rammstöße war die Schlacht doch hauptsächlich ein Kampf der schweren Artillerie, der aber wegen der kühnen Angriffsweise zu Gunsten des artilleristisch Schwächern ausfiel. Mit der Schlacht von Lissa war das Schicksal der alten Batterieschiffe, deren ungünstige Pforten keine gute Ausnützung der Geschütze beim Angriff erlaubten, besiegelt; die Kasemattschiffe und Turmschiffe begünstigten die neue Angriffstaktik. Das Bugfeuer der Schiffe wurde immer stärker, auch sollte die neue Torpedowaffe anfangs nur in der Bugrichtung, als „Verlängerung des Sporns" wirken. Erst im letzten Jahrzehnt, seitdem die Schnellfeuergeschütze eingeführt worden sind, drängen die Fachleute darauf, allen Schiffen ein möglichst gleichmäßiges Rundfeuer zu geben, d. h. die Geschütze so aufzustellen, daß nach jeder Richtung vom Schiffe möglichst die gleiche Zahl von Geschützen feuern kann. Dadurch kann der Feind bei jeder Drehung der eignen Schiffe unter kräftigem Feuer gehalten werden. Der Artilleriekampf ist also seit der technischen Fortschritte im Geschützbau wieder noch mehr als zu Tegetthoffs Zeit die wichtigste Kampfweise geworden. Er kann schon aus großen Entfernungen, von 3000 m an, begonnen werden und kann, wenn gute Schützen ihn führen, die Entscheidung schon herbeiführen, ehe die feindlichen Geschwader einander so nahe gekommen sind, daß sie die Torpedowaffe (auf etwa 400 m Abstand) oder vollends den Rammangriff mit dem Sporn anwenden können.

Die Seetaktik wird verschieden sein je nach der Stärke und der Art der kämpfenden Streitkräfte. Ein Angriffsgeschwader von kleinen schnellen, aber dafür schwächer gepanzerten Schiffen, das gute Schützen hat, kann gegen langsamere große Schiffe, die gute Zielflächen bieten, schon aus großen Entfernungen den Geschützkampf führen. Schiffe, deren Hauptwaffe die Torpedos sind, müssen möglichst schnell dem Feind zu Leibe gehen, um ihre Waffe zur Geltung zu bringen. Panzerflotten, die zum Kampfe entschlossen sind, werden das Bugfeuer auf große Entfernung nur als Einleitung beginnen, während sie aufeinander zudampfen. Als enges, planloses Durcheinanderfahren der kämpfenden Flotten gilt heute noch bei vielen Fachleuten die Seeschlacht; sie glauben, daß die moderne Seeschlacht ebenso wie das Schlachten zur Zeit der Segelschiffe zu einem Gewirr von Einzelkämpfen wird, wenn erst ein Geschwader in die Linien des Gegners hineingefahren ist, und daß die Schiffe erst wieder gesammelt werden können, wenn sie durch die feindlichen Linien hindurchgedampft sind. Aber darüber sind die Ansichten geteilt, und jedenfalls wird wohl der schnellere der beiden Gegner in einer zukünftigen Schlacht, ähnlich wie in den beiden bisher einzigen Seeschlachten mit modernen, gepanzerten Schiffen, bei Lissa und am Yalufluße, die Angriffsweise so wählen, wie sie ihm am günstigsten ist. In der ostasiatischen Seeschlacht am 16. September 1894 griff die japanische Flotte mit acht sehr schnellen, aber schwach geschützten Kreuzern, zwei kleinen alten Panzerschiffen, einem Kanonenboot und einem bewaffneten Transportdampfer die chinesische Flotte an, die aus drei ältern Panzerschiffen, darunter zweien nach Art unsrer Sachsenklasse, fünf geschützten Kreuzern, vier Kreuzern dritter Klasse und zwei Torpedobooten bestand. Aber der japanische Admiral Ito versuchte nicht wie Tegetthoff die breite feindliche Linie zu durchbrechen, sondern er benutzte den Vorteil der größern Geschwindigkeit seiner Schiffe, um in langer Kiellinie (dem Gänsemarsch der Schiffe) die feindliche Flotte zu umkreisen und ihr dabei durch das Schnellfeuer seiner modernen Geschütze Verluste beizubringen. Da die Chinesen bessere Panzerschiffe im Kampfe hatten, konnten sie auch die Japaner schwer schädigen, verloren aber doch fünf Schiffe. Dem chinesischen Admiral Ting gelang es nicht, nahe an die feindlichen Schiffe heranzukommen, um die Überlegenheit der Trutz= und Schutzwaffen seiner Panzerschiffe voll auszunutzen, weil Admiral Ito seine schnellern Schiffe so geschickt führte, daß er ein planloses Gemenge vermeiden konnte. Schon mehrere Jahre vor dieser Schlacht hat der

Unterschiede in den taktischen Regeln; japanische Seetaktik

Der Aviso Grille

Blitz als Führerschiff einer Torpedobootsflottille

schon erwähnte amerikanische Seeoffizier Mahan die Ansicht, daß jede Seeschlacht zu einem Durcheinanderfahren der feindlichen Geschwader führen müsse, mit folgenden triftigen Gründen bekämpft: „Je sicherer ein Admiral seiner selbst ist, je entwickelter die taktische Ausbildung seiner Flotte ist, je besser seine Kommandanten sind, um so mehr muß er notwendigerweise zögern, in ein Mêlée mit einem gleich starken Gegner zu kommen, worin alle diese Vorteile weggeworfen sein werden, wo der Zufall allein regiert, und wo seine Flotte auf gleiche Stufe mit einem Haufen zusammengewürfelter Schiffe gestellt wird, die nie zuvor miteinander manövriert haben. Die Geschichte lehrt deutlich, wann Mêlées vorteilhaft sind, und wann nicht." Wenn Freund und Feind wirr durcheinander laufen, hört jede gegenseitige Unterstützung auf, und die Gefahr entsteht, daß befreundete Schiffe einander durch ihre Waffen beschädigen. Die stärkere oder besser geübte Flotte wird das Gemenge zu vermeiden suchen, die schwächere oder ungeübtere kann durch zufällige Erfolge im Gemenge Vorteile erringen. Ein Admiral, der wie Tegetthoff den Rammangriff bezweckt, kann das Gemenge nicht vermeiden; aber diese Taktik ist heute noch schwieriger als vor drei Jahrzehnten, weil im Nahkampf der Schlachtflotten auch der Torpedo eine wichtige Rolle spielt, sowohl als Ergänzungswaffe der Ramme, wie Attlmayr es treffend ausdrückt, wie als selbständige Waffe von Torpedobooten geschossen, die im Schutze des Pulverdampfs das Durcheinanderdampfen der kämpfenden Panzerschiffe zu überraschenden Überfällen benutzen können. Immerhin bleiben aber Ramme und Torpedos Zufallswaffen in der Seeschlacht, die gewöhnlich erst dann gebraucht werden können, wenn die Artillerie den Gegner schon stark geschädigt hat. Der Rammangriff ist zu Anfang des Kampfs besonders gefährlich, weil der Angreifer durch ein geschicktes Manöver des Gegners selbst leicht gerammt werden kann oder auch vor dem Rammstoß von einem Torpedo getroffen werden kann. Nur wenn die meisten Schiffe einander schon passiert haben, wird das Gemenge günstige Gelegenheit zur Verwendung des Sporns gegen die hintern Schiffe des Gegners bieten.

<small>Gefechts-
ordnungen</small>
Im engern Sinne kann man also die Seetaktik als die Kunst auffassen, gute Pläne vor und während der Schlacht zu machen, wie Mahan es ausdrückt. Dabei ist die Gefechtsordnung der Schiffe — Formation nennt es der Fachmann —, in der sie von ihrem Admiral in den Kampf geführt werden, sehr wichtig. Diese Gefechtsordnung soll vielerlei Bedingungen entsprechen: sie soll die beste Ausnutzung der eignen Angriffswaffen möglich machen; sie soll so beschaffen sein, daß die eignen Schiffe einander beistehen, aber einander nicht gefährden können; sie soll jedem Schiffe große Beweglichkeit sichern, damit auch die Gelegenheitswaffen, Ramme und Torpedo, verwendet werden können; sie soll leicht in eine andre Formation, je nach den Veränderungen während der Schlacht umgewandelt werden können; und schließlich soll sie dem feindlichen Schiffen ein möglichst ungünstiges Ziel bieten. Admiral Tegetthoff führte seine Schiffe in Keilform, das Flaggschiff an der Spitze gegen die Mitte der langen feindlichen Kiellinie; der Gegner, der der angreifenden österreichischen Flotte seine Breitseiten zuwandte, konnte anfangs seine artilleristische Kraft besser ausnutzen, während Tegetthoff sowohl artilleristisch, wie auch in Bezug auf die Gelegenheit zu Rammangriffen im Vorteil war, sobald er dicht an die feindliche Linie herangekommen war. Aber die Gruppentaktik, die Tegetthoff wählte, hat so große Nachteile, daß sie jetzt wohl nur noch als Angriffsordnung von Torpedobootsdivisionen benutzt wird; denn bei ihr kommen die vordern Schiffe durch Drehungen nach einer Seite zu leicht in die Gefahr, von den eignen Hinterleuten gerammt zu werden, außerdem ist der Übergang aus der Keil- oder Gruppenform in eine andre sehr schwierig. Viel beweglicher und vorteilhafter ist die Kiellinie, der die japanische Admiral Ito wählte. Sie erlaubt Schwenkungen und Wendungen in jedem Augenblicke auszuführen, ohne daß eigne Schiffe, die nicht genau auf ihrem richtigen Platze sind, dabei gefährdet werden. Besonders günstig ist die geöffnete Kiellinie; geöffnet heißt jede Formation, bei der die Schiffsabstände größer

als 300 m, geschlossen, wenn sie kleiner als 300 m sind. In der geöffneten Kiellinie können die einzelnen Schiffe feindlichen Rammstößen oder Torpedos, die man unter Wasser heranlaufen sehen kann, ausweichen, ohne daß die Formation in Unordnung gerät. Das Geschwader in geöffneter Form bietet dem Feinde ein ungünstigeres Ziel; weil seine Schiffe in großen Abständen von einander dampfen, werden sie weniger von schlecht gezielten Zufallstreffern zu leiden haben, d. h. ein Schuß, der an dem Schiffe vorbeigeht, dem er zugedacht war, trifft nicht so leicht ein andres. Ungünstig ist die Kiellinie, wenn sie dazu benutzt werden soll, gerade auf den Feind loszugehen, denn dann muß das Flaggschiff allein längere Zeit das feindliche Feuer aushalten. Die japanische Flotte, die in der Schlacht am Jalu in Kiellinie angriff, näherte sich auch nicht gerade, sondern mit schrägem Kurse, etwa 4 Strich seitwärts von der Verbindungslinie der beiden Gegner, dem Feinde; auf diese Weise konnten alle japanischen Schiffe ihre Artillerie am besten ausnutzen. Später teilte sich die japanische Flotte in zwei Geschwader, die beide in Kiellinie um die Flanken der chinesischen Schiffe herumliefen und den Feind unter Kreuzfeuer nahmen. Die Kiellinie, die also zum Ausmanövrieren des Gegners sehr günstig ist, wie Admiral Ito bewiesen hat, erlaubt dabei auch, an den Feind so nahe heranzugehen, wie man will, auch Torpedoschüsse abzugeben und durch kurze Schwenkung zum Rammangriff überzugehen. Bei Geschwadern, die mehrere Divisionen (Unterabteilungen von 3 bis 4 Schiffen) haben, ist die Geschwaderdwarslinie aus Divisionskiellinien eine beliebte Form; die Divisionen dampfen in Kiellinie neben einander, sodaß die Flaggschiffe der Divisionen in Dwarslinie, d. h. in Frontlinie nebeneinanderstehen. Es giebt sehr viele verschiedenartige Formationen, die hier aber nicht alle betrachtet werden können.

Bisher wurde immer nur von den wichtigsten Schiffen, den Schlachtschiffen, gesprochen. Diese Schiffe bilden den Kern der Angriffsflotte, können aber nicht allein den Seekrieg führen. Warum nicht? Nun, jeder weiß wohl, daß man nicht eine Batterie Belagerungsartillerie auf Vorposten ausstellt; wenn man die großen schweren Panzerschiffe zum Sicherheitsdienst der Flotte verwenden wollte, so würde man zu Wasser denselben „groben Unfug" begehen. Für den Sicherheitsdienst und den Aufklärungsdienst sind leichte Schiffe nötig, die die Stärke und die Absichten der feindlichen Angriffsflotte erkunden sollen; diese Schiffe, die also für den Seekrieg so nötig sind wie die Reiterei für das Feldheer, sind die Avisos[1]) und die schnellen Kreuzer. Wie sich der Kreuzerbau (der im nächsten Abschnitt behandelt wird) entwickelt hat, sind die modernen Avisos eigentlich nur eine Abart besonders schneller, kleiner Kreuzer und werden darum in manchen Flotten schon als Torpedokreuzer bezeichnet. Denn der Torpedo ist neben den Schnellfeuergeschützen die Hauptwaffe der Avisos gegen größere Schiffe; auch die Zerstörung feindlicher Torpedofahrzeuge ist eine Aufgabe der Avisos, daher die doppelsinnige Bezeichnung Torpedokreuzer. Die Avisos sind also die Augen der Panzerflotte; sie eilen den Schlachtschiffen voraus, um die feindlichen Geschwader zu erspähen und dann schleunigst der eignen Flotte Meldung zu machen. Da auf dem großen Kriegsschauplatz der See der Feind aus jeder Richtung der Kompaßrose herankommen kann, so sind viele Aufklärungsschiffe nötig, um den Zweck zu erfüllen. Fachleute rechnen ein bis zwei Kreuzer auf jedes Panzerschiff der Angriffsflotte. Beim Marsch der Flotte sind die Avisos in großem Abstande vor den Panzer-

Zweck der Avisos

Greif (Aviso)

1) d. h. Berichterstatter, Warner; avvisare (italienisch) bedeutet melden, warnen.

geschwadern und auf ihren Flügeln, um die Annäherung des Feindes rechtzeitig zu entdecken; da die Avisos und Kreuzer dabei in Sicht- und Signalweite von einander sein müssen, um sich gegenseitig ihre Beobachtungen mitteilen zu können, und daß nachts kein feindliches Geschwader oder keine Torpedobootsflottille zwischen ihnen hindurchlaufen kann, müssen die Lücken zwischen ihnen ziemlich klein sein. In ähnlicher Weise wird mit Avisos und Kreuzern der Feind, von dessen Auslaufen aus seinem Kriegshafen man meistens Kunde haben wird, auch aufgesucht werden können, indem die Spähschiffe große Strecken, etwa die ganze Breite der Ostsee oder des östlichen Eingangs in den englischen Kanal in sehr weit geöffneter Kiellinie absuchen in ähnlicher Weise, wie es am Lande geschieht. Schließlich wird man auch mit diesen Avisos eine Vorpostenkette einrichten können, wenn es sich um die Bewachung eines Meeresteils, zum Beispiel der deutschen Bucht der Nordsee handelt. Auch die Vorpostenschiffe müssen natürlich Fühlung miteinander haben, damit kein Feind unbemerkt die Kette durchbrechen kann. Daß die Schlachtschiffe ruhen und ihre Besatzungen Kräfte für den Kampf sammeln können, müssen diese Vorposten weit vorgeschoben sein, daß sie frühzeitig genug den Feind entdecken können. Die Beobachtungsstationen auf Leuchttürmen und an andern Punkten der Küste unterstützen diesen Vorpostendienst, indem sie selbst ebenfalls Ausguck halten und die Signale der Avisos, die ihnen zugehen, telegraphisch weitermelden. Da auch der Feind seiner Schlachtflotte eine Kette von Avisos und Kreuzern vorausschickt, müssen unter den eignen Aufklärungsschiffen auch kräftige Panzerkreuzer sein, die stark genug sind, die feindliche Vorpostenlinie zu durchbrechen und bis an die Schlachtflotte hinanzulaufen, um die Stärke der feindlichen Streitkraft auskundschaften zu können. Meistens wird nur durch gewaltsame Erkundungsfahrten dieser Zweck erreicht werden können; deshalb haben alle Flotten ersten und zweiten Rangs schon eine stattliche Zahl Panzerkreuzer fertig, nur in Deutschland ist erst ein einziger im Bau. Da Panzerkreuzer auch für den Kreuzerkrieg sehr wichtig sind, werden sie erst im nächsten Abschnitt besprochen werden.

Die ältesten deutschen Avisos; Grille und Zieten
Die ältesten, jetzt längst verbrauchten Avisos der deutschen Flotte waren die Raddampfer Loreley, Preußischer Adler, Falke und Pommerania. Sie hatten große Ähnlichkeit mit kleinen Postdampfern; zwei von ihnen, der Preußische Adler und die Pommerania, hatten auch längere Zeit der Postverwaltung gedient, ehe sie von der Marine übernommen wurden. Größeres Interesse verdient die erste königliche Jacht Grille (siehe Bild), von deren kühnen Fahrten unter der Führung des Prinzadmirals Adalbert schon auf Seite 61 gesprochen worden ist. Das elegante kleine Schiff (es ist nur 350 Tonnen groß, 52 m lang, 7,4 m breit und hat 3 m Tiefgang) lief 1857 in Havre vom Stapel und war damals mit ungefähr 15 Seemeilen Geschwindigkeit eine der schnellsten Schraubenjachten der Erde; durch mehrere gründliche Umbauten, die fast einem Neubau gleichkommen, ist das Schiff noch soweit dienstfähig, daß es bei strategischen Übungsreisen zur Beförderung der Seeoffiziere des Admiralstabs benutzt werden kann. Trotz seiner Bewaffnung mit sechs Revolverkanonen hat es keinen Gefechtswert mehr, ist auch als Aviso heute viel zu langsam. Auch der nächste Aviso, der Zieten, der noch unter der Reihe der Avisos in der Flottenliste prangt, kann die Dienste eines schnellen Spähschiffs nicht mehr leisten. Zieten ist das letzte im Auslande gebaute größere deutsche Schiff; er lief 1876 in London vom Stapel, ist 975 Tonnen groß, 60 m lang, 9 m breit und taucht 3,5 m tief; seine Maschinen, die zwei Schrauben treiben, leisten 2350 PS (= Pferdestärke oder Pferdekraft) und geben dem Schiffe dabei kaum noch 16 Seemeilen Geschwindigkeit. Seine Bewaffnung zählt acht Revolverkanonen und drei Torpedorohre. Zieten diente längere Zeit als großes Torpedofahrzeug, könnte also als einer der ersten Torpedokreuzer bezeichnet werden.

S. M. S. Blitz und Pfeil
Diese alten Avisos und auch die nächsten beiden unsrer Flotte, Blitz und Pfeil, die 1882 in Kiel und Wilhelmshaven vom Stapel liefen, hatten andre Zwecke, als die modernen Aufklärungsschiffe; sie sollten die Panzergeschwader auf dem Marsche und in der Schlacht als Signalwiederholer begleiten; da namentlich in der Kiellinie, aber auch in andern Formationen nicht jeder Hintermann die Signale des Flaggschiffs, d. h. des Führerschiffs, worauf sich der Admiral eingeschifft hat, erkennen kann, so mußten damals und müssen auch heute noch diese Avisos seitwärts von den Panzerschiffen Aufstellung nehmen und von solcher gut sichtbaren Stelle aus die Signale des Flaggschiffs wiederholen, sodaß jeder sie erkennen kann. Diese alten Schiffe sind also weder so schnell wie die modernen Avisos, noch haben sie so gute Schutz- und Trutzwaffen gegen Torpedobootsangriffe. Blitz und Pfeil (siehe Bild) sind Schwesterschiffe, d. h. sie sind nach demselben Plane gebaut; sie sind die ersten Kriegsschiffe aus deutschem Stahl, sind 1382 Tonnen groß, 75 m lang, 10 m breit und tauchen 4,1 m tief. Ihre Doppelschraubenmaschinen geben bei 2700 PS die für ihre Bauzeit noch gute Geschwindigkeit von 16 Seemeilen. Ihre Bewaffnung besteht neuerdings aus sechs 30 Kaliber langen 8,8 cm-Schnelladekanonen, die sämtlich durch stählerne Schutzschilde gedeckt sind; je ein Geschütz steht auf der Back und auf dem Achterdeck mit ihrer großen Bestreichungswinkel, während die übrigen in großen Breitseitpforten, zwei auf jeder Schiffsseite aufgestellt sind. Jedes Schiff hat ein Torpedobugrohr unter Wasser. Zwei Signalmasten läßt das Schiff erkennen: unter viereckigen Schutzdächern stehen am vordern Signalmast sowie auf einem Aufbau des Achterdecks je ein

elektrischer Scheinwerfer. Diese sogenannten Torpedosucher sind für die Avisos besonders wichtig, um nachts die Meeresfläche nach feindlichen Schiffen und Torpedobooten durchforschen zu können. Die elektrischen Scheinwerfer können außerdem auch zum Signalisieren benutzt werden. Blitz und Pfeil haben je 134 Mann Besatzung; sie dienen bei unsern Flottenmanövern sowohl als Avisos, wie auch als Führerschiffe der Torpedobootsflottille.

Als in der Mitte des vorigen Jahrzehnts die Torpedowaffe eine hohe Entwicklung erreichte und die schnellen Torpedoboote bei allen Flotten in großer Zahl gebaut wurden, fielen den Avisos neue Aufgaben zu; sie sollten den Kundschafterdienst übernehmen und namentlich nachts die Panzerschiffe vor überraschenden Torpedobootsangriffen schützen. Da kam es zunächst also darauf an, die Avisos zum Kampf mit Torpedobooten geeignet zu machen; ihr Zellensystem wurde verbessert, um die Schwimmfähigkeit bei Verletzungen des lebenden Werks (des unter Wasser liegenden Schiffsrumpfs) zu vergrößern. Ihre Bewaffnung mit Schnellfeuergeschützen wurde verstärkt. Da die Avisos aber auch Vorpostengefechte mit feindlichen Avisos und Kreuzern erwarten müssen, werden in neuster Zeit auch Panzerdecke und Korkdämme zum Schutze gegen feindliche Mittelartillerie in die Avisos eingebaut. Da Schnelligkeit für alle Kriegsschiffe große strategische und taktische Bedeutung hat, so sucht man natürlich den Avisos, den Kundschafter- und Meldeschiffen, ganz besonders schnelle Maschinen zu geben. *Anforderungen an moderne Avisos*

Der erste sehr schnelle deutsche Aviso ist der Greif (siehe Bild), der bei 97 m Länge nur 9,7 m Breite hat; er ist das schlankste, oder wie der Fachmann sagt, am schärfsten gebaute Schiff der deutschen Flotte. Greif, der 2000 Tonnen groß ist und 4,2 m tief taucht, lief 1886 in Kiel vom Stapel. Seine Doppelschraubenmaschinen geben mit 5400 PS dem Schiffe über 20 Seemeilen Geschwindigkeit. Die Hauptbelastung des Schiffs machen die Maschinen, die sechs Doppelkessel und der Kohlenvorrat aus. Deshalb ist die Bewaffnung für das immerhin große Schiff sehr klein ausgefallen, weil das Schiff nicht mehr belastet werden konnte. Greif hat auf der Back und auf der Kampanje (dem hintern Aufbau über dem Oberdeck) je eine 35 Kaliber lange 10,5 cm-Schnellladekanone so günstig stehen, daß der Bestreichungswinkel beider Geschütze fast 300 Grad beträgt. Außerdem aber sind nur noch zehn 3,7 cm-Revolverkanonen in der Breitseite aufgestellt. Als Gelegenheitswaffen hat der Greif noch mehrere Torpedorohre und einen beilförmigen Rammbug. Seine Besatzung zählt 155 Köpfe. Das schnelle Schiff wird trotz seiner schwachen Bewaffnung als Aufklärungsschiff sehr gute Dienste leisten können, weil ihm auch sein Kohlenvorrat genügende Selbständigkeit giebt. *S. M. S. Greif*

Aviso Wacht als Signalwiederholer hinter der Front

Nach dem Greif wurden zunächst vier kleinere Avisos gebaut, die man alle vier auch als Torpedokreuzer bezeichnen könnte, weil sie zum Abwehren feindlicher Torpedoboote gut bewaffnet und gut geschützt sind. Zuerst liefen 1888 die Schwesterschiffe Wacht und Jagd (siehe Bild) in Bremen und Kiel vom Stapel; sie sind nur 1250 Tonnen groß, 84 m lang, 9,6 m breit und tauchen 4,2 m tief. Sie sind die ersten Avisos mit einem gewölbten Stahlpanzerdeck von 2,5 cm Stärke, dessen Luftsüllen (die Ränder der durch das Deck hindurchführenden Öffnungen oder Luken) ebenfalls gepanzert sind. Die Doppelschraubenmaschinen dieser beiden Avisos leisten 4000 PS und geben dabei ungefähr zwanzig Seemeilen Geschwindigkeit. Vier 30 Kaliber lange 8,8 cm-Schnellladekanonen sind hinter Schutzschilden frei auf dem Oberdeck aufgestellt, mit mehr als 180 Grad Bestreichungswinkel, sodaß in der Richtung nach vorn und ebenso viel von achtern drei Geschütze, in den übrigen Richtungen aber nur zwei gleichzeitig feuern können. Drei Torpedorohre sind in der Kielrichtung und der Breitseite der Schiffe angebracht. Jedes Schiff hat 140 Mann Besatzung. *S. M. S. Wacht und Jagd*

Die beiden kleinsten modernen Avisos unsrer Kriegsflotte sind die Schiffe Meteor und Comet; sie sind als Schwesterschiffe gebaut, aber der jüngere Comet hat eine stärkere Maschine bekommen können. Meteor (siehe Bild) *S. M. S. Meteor und Comet* ist 1890 in Kiel vom Stapel gelaufen, Comet 1892 in Stettin; beide Schiffe sind 946 Tonnen groß, 80 m lang, 9,6 m breit und tauchen nicht ganz 4 m tief. Das Panzerdeck der Schiffe ist aus Stahl und ebenfalls, wie auf Jagd, 2,5 m stark; auch ein Korkdamm nebst Wallgang ist vorhanden. Wie bei Jagd besteht die Bewaffnung aus vier 8,8 cm-Schnellladekanonen, die durch Panzerschilde geschützt sind und in Ausbauten, die das schmale Deck etwas verbreitern, aufgestellt sind. Dadurch sind ihre Schußfelder etwas größer, wie die der Geschütze der Jagd. Drei Torpedorohre sind ebenfalls angebracht. Der Kommandoturm ist, wie bei allen neuen Schiffen, zum Schutze der Maschinentelegraphen, des Dampf-

Der Aviso Meteor beim Fischereischutz

ruders, des Kommandanten und der Ruder- und Signalmannschaft leicht gepanzert. Das ganze Schiff erinnert in seiner Form an die Torpedoboote; vorn beim Kommandoturm ist ein Wellenbrecher angebracht, d. h. eine Querwand, die den Anprall der vorn über den Bug schlagenden Wasserwellen anhalten und dadurch die Geschützstände und das Oberdeck vom Wasser freihalten soll. Dadurch ist die Seefähigkeit dieser niederbordigen Schiffe sehr erhöht. Über der Brücke sieht man das Gestell eines elektrischen Scheinwerfers; der zweite steht auf dem Achterdeck. Vier Decksboote sind in neigbaren Kränen, sogenannten Barkunen (Davits heißen nur die um eine senkrechte Achse drehbaren Bootskräne) aufgehängt. Die Doppelschraubenmaschinen des Meteor leisten 4500 PS und geben dabei 21 Seemeilen Geschwindigkeit; die des Comet geben bei 500 PS höherer Maschinenleistung sogar 23 Seemeilen Geschwindigkeit. Jedes Schiff hat vier Lokomotivkessel; der Kohlenvorrat genügt nur für kleine Kreuzfahrten auf See. Die trefflichen kleinen Schiffe haben die Bewunderung französischer Fachleute erregt, die Meteor als das Muster eines kleinen Kreuzers ansehen; daran kann man auch lernen, daß die scharfe Trennung zwischen den Schiffsgattungen der Avisos und Kreuzer mehr und mehr schwindet. Meteor und Comet haben je 115 Mann Besatzung.

Große Fortschritte zeigt der neueste deutsche Aviso Hela, der am 26. März 1895 vom Stapel gelaufen ist; sein S. M. S. Hela Bau wurde am 5. Dezember 1893 von der Weserwerft in Bremen begonnen. Hela (siehe Bild) ist fast genau so groß wie Greif, nämlich 2003 Tonnen, aber 8 m länger, nämlich 105 m, dabei ist er 11 m breit, 6,4 m hoch und hat 4,7 m Tiefgang. Diese ungeheure Länge fällt noch mehr auf, wenn man bedenkt, daß das fünfmal größere Schlachtschiff Brandenburg nur 116 m lang ist. Wie Greif, so ist auch Hela aus dem besten Stahl gebaut, hat aber auch ein kräftiges Panzerdeck, gepanzerte Luftfülle und Korkdämme. Die beiden Maschinen leisten 6000 Pferdekraft und geben dabei mit den zwei Schrauben etwa 23 Seemeilen Geschwindigkeit. Die sechs Lokomotivkessel stehen in drei wasserdichten Räumen. Das Zellensystem dieses Schiffs ist ebenso entwickelt wie bei den neuen Panzerschiffen. Was für Einrichtungen zum Betriebe gehören, erkennt man daran, daß auf Hela 45 selbständige Dampfmaschinen mit 85 Cylindern nötig sind. Allerlei Speise- und Lenzpumpen, Steuerapparate, Asch- und Bootsheißmaschinen, Ankerwinden, Ventilations-

Der Aviso Hela bei Arkona

maschinen, Luftpumpen, Zirkulationspumpen und elektrische Kraftmaschinen müssen getrieben werden. Das Schiff ist viel stärker bewaffnet als Greif, denn es führt vier 30 Kaliber lange 8,8 cm- und sechs 40 Kaliber lange 5 cm-Schnelladekanonen, Geschütze, die beim Bau des Greif noch nicht konstruiert waren. Die Geschütze stehen zum Teil auf dem Oberdeck, zum Teil in eingezogenen Pforten auf der hohen Back. Dazu kommen noch etwa vier Torpedoausstoßrohre, die teils über, teils unter Wasser liegen. Die Besatzung zählt 168 Mann. Die Probefahrten der Hela wurden im Spätherbste 1895 begonnen und im Sommer 1896 zu Ende geführt.

Von den zehn Avisos, die die Liste Seiner Majestät Kriegsschiffe anführt, gehören Kaiseradler, Greif, Blitz, Zieten und Meteor zur Marinestation der Ostsee und die übrigen, nämlich Hela, Pfeil, Wacht, Jagd und Comet zur Marinestation der Nordsee.

Der Radaviso Kaiseradler (siehe Bild) hieß, solange er als Kaiserjacht diente, also bis 1892, Hohenzollern. S. M. S. Das Schiff ist von der Germaniawerft in Kiel erbaut worden und ist 1876 vom Stapel gelaufen; es ist 1700 Tonnen Kaiseradler groß, 82 m lang, 10 m breit und taucht 4,2 m tief. Seine Maschine giebt bei 3000 PS Arbeitsleistung etwa 16 Seemeilen Geschwindigkeit. Die Bewaffnung ist ganz schwach; zwei 8,7 cm-Kanonen und sechs Revolverkanonen sollen ihm im Notfalle Torpedoboote vom Leibe halten können. Im Kriege wird das Schiff zum eigentlichen Avisodienst kaum

Kaiseradler (Aviso)

brauchbar sein, weil ein Schuß in einen Radkasten es schon manövrierunfähig machen kann; nur um Meldungen zu überbringen wird es verwendet werden können. Kaiseradler hat noch die vornehme Kajütenausstattung, um gelegentlich fürstliche Reisende aufnehmen zu können. Früher wurde er vom Kaiser Wilhelm I. oft bei den Flottenmanövern und Flottenparaden benutzt. Mit regem Eifer verfolgte der hohe alte Herr und auch sein Schlachtenlenker, der ihn stets begleitete, von dem Kaiserschiffe aus alle Flottenmanöver. Es schien, als ob beide schon fühlten, welch großen Einfluß auf die zukünftige Entwicklung des deutschen Reichs unsre Kriegsflotte auszuüben berufen ist. Mit dem Heere schufen sie Deutschlands Macht auf dem festen Lande; an unsrer Kriegsflotte ist es nun, seine Weltmachtstellung zu festigen und zu erweitern.

Die Kaiserjacht Hohenzollern

In unsrer Zeit, wo die Technik Riesenschritte macht, ist Kaiseradler von bessern Bauten schnell überholt worden. Es ist als Schiedsrichterschiff bei den Flottenmanövern nicht mehr schnell genug und bietet in seinen engen Räumen und mit seiner geringen Seetüchtigkeit nicht das, was ein Kaiser, der die kräftige Entwicklung unsrer Kriegsflotte als eine seiner Lebensaufgaben betrachtet, mit Fug und Recht verlangen kann. Deshalb wurde im Anfange unsers Jahrzehnts ein neues, schnelleres und stärkeres Kaiserschiff gebaut, das den hohen Führer unsrer Kriegsflotte tragen soll, wenn er mit seinem seemännischen Stabe die Flottenmanöver leitet. Im Kriege ist dieses Schiff als Aviso für größere Kommandostäbe bestimmt, das heißt, es soll alsdann den kommandierenden Admiral mit seinem Stabe aufnehmen; im Frieden hat es seinem kaiserlichen Herrn schon öfters bei Flottenmanövern, zum Besuche fremder Fürsten und zu Erholungsreisen in die nordländischen Gebirgsbuchten gedient. Seiner Majestät Jacht Hohenzollern (siehe Bild) ist ein Meisterwerk deutscher Schiffbaukunst. Das Schiff lief am 27. Juni 1892 in Stettin vom Stapel und ist 4190 Tonnen groß, 116 m lang, 14 m breit und taucht 5,6 m tief. Seine Doppelschraubenmaschinen leisten bis zu 9460 Pferdekraft und geben dabei fast 22 Seemeilen Geschwindigkeit, sodaß Hohenzollern eins der schnellsten Kriegsschiffe ist. Die leichte Takelung zeigt drei Pfahlmasten, deren vorderster eine Signalrahe führt. Die Flaggenknöpfe der Stängen haben die Form der Kaiserkrone. Die kriegsmäßige Bewaffnung zählt drei 35 Kaliber lange 10,5 cm-Schnelladekanonen und zwölf 40 Kaliber lange 5 cm-Schnelladekanonen; alle Geschütze tragen Panzerschilde als Schutz und werden auf dem Oberdeck aufgestellt. Im Frieden sind nur acht der 5 cm-Kanonen an Bord. Ein Doppelboden mit sehr vielen Zellen, sowie viele wasserdichte Schotten sichern dem Schiffe die Schwimmfähigkeit bei Beschädigungen der Außenhaut. Die innere Ausstattung des Schiffs ist zweckmäßig, bequem und geschmackvoll. Überladner Prunk ist vermieden; es sind wohnliche helle Räume, deren gediegner Schmuck echt deutsch anheimelt und das Auge in ganz andrer, vornehmerer Art erfreut als z. B. die üppigen Schnörkeleien in den Kajüten moderner Schnelldampfer, die wohl nur für amerikanischen Geschmack berechnet sind. Für die kaiserliche Familie sind eine Reihe von Gemächern bestimmt, die meist in den breitesten Raum, den blauen Saal, einmünden. Im Aufbau auf dem Oberdeck liegt der große Speisesaal; darüber liegt das oberste Deck, das sogenannte Promenadendeck, dessen hinteres Deckshaus als Rauchkajüte dient. Auch für das kaiserliche Gefolge, sowie für die Offiziere und Mannschaften des Schiffs ist trefflich gesorgt. Die Besatzung zählt 307 Mann.

Torpedobootszerstörer und Hochseetorpedoboote

Während die Avisos als Begleiter und Vorposten der Schlachtflotte dem Hochseekriege dienen, giebt es zwei Arten von Fahrzeugen in allen Flotten, die sowohl zum Seekriege als auch zur Küstenverteidigung geeignet sind: das sind die Torpedobootszerstörer und die Hochseetorpedoboote. Die Hochseetorpedoboote sind kleine gedeckte Fahrzeuge von 100 bis 150 Tonnen Größe, deren Hauptwaffe der Torpedo ist; doch sind sie zum Kampfe gegen ihresgleichen auch mit Schnellfeuergeschützen bewaffnet. Um diese den großen Panzerschiffen gefährlichen Boote zu bekämpfen, baut man seit einiger Zeit in allen Flotten die sogenannten Torpedobootszerstörer, kleine Schiffe zwischen 200 und 400 Tonnen Größe, die noch schneller als die Torpedoboote sind, mehr Schnellfeuergeschütze tragen, die aber selbst auch mit Torpedos gut bewaffnet sind, um ihrerseits genau wie die Torpedoboote die großen Schiffe bei Nacht und Nebel oder im Pulverdampf mit dieser Waffe anzugreifen. Es wurde schon erwähnt, daß die etwa 1000 Tonnen großen Avisos auch Torpedokreuzer genannt werden, weil sie wiederum das kleinere Torpedobootsgesindel bekämpfen, aber auch selbst Torpedos gegen große Schiffe als Hauptwaffe verwenden sollen. Man kann also die Torpedobootszerstörer auch als große Hochseetorpedoboote bezeichnen, um die Gattungsbezeichnungen einfacher zu machen. Daß die Torpedoboote fast von Jahr zu Jahr größer gebaut werden, ist durchaus nicht Willkür oder gar Modesache, wie kurzsichtige Leute schon behauptet haben, sondern beruht auf der Erfahrung, daß die kleinern, ältern Boote eben doch nicht so seetüchtig und für alle Zwecke

Die Kaiserjacht Hohenzollern hält Flottenschau ab

brauchbar sind, wie man es heute fordern muß. Haben doch fast alle Kriegsmarinen bei Übungsfahrten in stürmischem Wetter auf hoher See schon kleine und mittelgroße Torpedoboote verloren. Deshalb teilt man jetzt in den meisten Flotten die Torpedoboote von weniger als 100 Tonnen Größe der Küstenverteidigung zu und bestimmt für die Begleitung der Schlachtflotte im Hochseekrieg nur die größten Boote und ganz besonders die sehr selbständigen sogenannten Torpedobootszerstörer. Diese Fahrzeuge sollen, wie schon erwähnt, die Schlachtflotte in der Seeschlacht durch unvermutete Angriffe auf den Feind unterstützen, sollen aber auch bei Nacht im Verein mit den Avisos den Sicherheitsdienst versehen, um dann feindliche Torpedobootsangriffe abzuhalten.

Deutsche Torpedoboote

In der deutschen Marine waren die ersten zehn Torpedoboote, die 1882 erbaut wurden, wie damals in allen Flotten noch sehr klein, hatten nur 50 Tonnen Wasserverdrängung,[1]) 500 PS Maschinenkraft und 16 bis 17 Seemeilen Geschwindigkeit. Die spätern Boote, die bis zum Jahre 1890 hauptsächlich von Schichau in Elbing, aber auch vom Stettiner

---

1) Auch Deplacement genannt, ist das Gewicht der vom eingetauchten Schiffskörper verdrängten Wassermasse, also zugleich die Größe des Schiffs.

Vulkan und von andern deutschen Werften erbaut wurden, ungefähr 80 Stück im ganzen, waren schon 75 bis 90 Tonnen groß, ihre Einschraubenmaschinen leisteten zwischen 600 und 1000 Pferdekraft, ihre Geschwindigkeit steigerte sich nach der Zeit der Erbauung von 19 auf 22 Seemeilen. Die seit 1890 nur von Schichau gebauten Torpedoboote, ungefähr 40 Stück, nämlich S. 65 bis S. 104,[1]) sind erst eigentliche Hochseetorpedoboote, denn sie sind 110 bis 150 Tonnen groß, ihre Maschinen sollen 1500 bis 2500 PS leisten und dabei etwa 26 Seemeilen Geschwindigkeit geben. Diese Boote sind etwa 44 m lang und 5 m breit; sie übertreffen also die Kanonenboote Wolf und Iltis um 2 m Länge, sind aber 3 m schmaler als diese 489 Tonnen großen Schiffe. Der Tiefgang der Boote schwankt zwischen 2 und 2,5 m. Drei Torpedoboote wurden 1884 als Proben bei Thornycroft und Yarrow in England gekauft und zeigten weniger gute Eigenschaften, als die deutschen von Schichau gebauten Boote. Die meisten Boote haben drei Torpedorohre, von denen das Bugrohr unter Wasser ist, während die beiden schwenkbaren Breitseitrohre auf dem Oberdeck über Wasser liegen. Die kleinen Kommandotürme der Torpedoboote dienen zugleich als Träger der beiden 5 cm-Schnellfeuerkanonen, mit denen die Boote zum Kampfe gegen Wachtboote und Torpedoboote ausgerüstet sind. Die Stärke der Besatzung schwankt zwischen 15 und 20 Mann. Die seltsame, niedrige Form der Torpedoboote soll sie bei Nacht möglichst unsichtbar machen und soll überhaupt eine kleine Zielfläche für die feindlichen Schnellfeuergeschütze bieten. Vorn steigt das gewölbte sogenannte Walfischdeck bis zum vordern Turme etwas an, um die Macht der überbrechenden Wellen abzuschwächen. Unter dem Walfischdeck ist der Mannschaftsraum, der zugleich Aufbewahrungsraum für die Torpedos ist, die dort ohne die mit Schießbaumwolle geladnen Köpfe lagern. Auch eine Küche, eine Kombüse, wie der Seemann sagt, ist da, auf deren Herd das Essen mit Dampf gekocht wird. Im vordern Turme, der für den Kommandanten des Boots und für den Steuermannsmaaten bestimmt ist, der das Dampfruder bedient, sind alle Kommandoelemente, also außer dem Ruder auch Maschinentelegraph, Kompaß, Sprachrohre untergebracht, sowie die Abzugsgestänge (zum Abfeuern) des Bugtorpedorohrs. Die größern Torpedoboote sind in ungefähr zehn wasserdichte Abteilungen durch Querschotte geteilt. Unter dem Schornstein liegt der Kesselraum mit zwei Lokomotivkesseln; die ältern Boote haben nur einen Kessel. Die Kohlenbunker neben den Kesselräumen schützen vor dem Einschlagen von Granatsplittern. In dem Raume hinter den Kesseln ist die Maschine aufgestellt; die neuen Boote sollen Doppelschraubenmaschinen in zwei durch ein Längsschott von einander getrennten wasserdichten Abteilungen haben. Hinter dem Maschinenraum liegen die Kommandantenkajüte nebst Baderaum und Vorratsraum, die Maschinistenkammern, sowie mehrere Munitions- und Provianträume. Jedes Torpedoboot hat mehrere kleine Dampfmaschinen zum Betriebe des Ruders, der Luftpumpen zum Füllen der Torpedos mit Preßluft, die die Triebkraft bildet, ferner zum Betriebe der elektrischen Signalapparate und des Scheinwerfers. Ein Torpedoboot mittlerer Größe stellt das Bild im siebenten Abschnitt dar.

Torpedo-divisionsboote

Da die Torpedoboote beim Angriffe auf große Schiffe nur Aussicht auf Erfolg haben, wenn gleichzeitig ein größerer Schwarm der kleinen Fahrzeuge gegen den Feind geschickt werden kann, so vereinigt man etwa sechs bis acht Boote zu einer Torpedobootsdivision. Diese taktische Einheit wird von einem größern Fahrzeuge, dem sogenannten Torpedodivisionsboote angeführt; das große Fahrzeug erleichtert das Aufsuchen des Feindes und überhaupt die gute Innehaltung des bestimmten Kurses und Seewegs, weil auf ihm viel besser Ausguck nach feindlichen Schiffen und nach Landmarken aller Art, wie Leuchttürmen, Feuerschiffen und Fahrwassertonnen gehalten werden kann. Durch das größere Führerschiff wird die ganze Division der Torpedoboote selbständiger in ihren Bewegungen. Das Divisionsboot ist seiner kräftigern Maschine wegen auch imstande, beschädigte Torpedoboote zu schleppen, Werkzeuge zum Ausbessern von Schäden, einen Arzt zur Behandlung verletzter Mannschaften, Reservemunition und andres den einzelnen Booten zu liefern.

Die deutsche Marine hat jetzt zehn fertige Torpedodivisionsboote (siehe Bild), die D. 1 bis D. 10 genannt sind. In der englischen Flotte heißen 62 Fahrzeuge ganz ähnlicher Art und Größe Torpedobootszerstörer (destroyers), in der französischen Flotte sind 11 ähnliche Gegentorpedoboote (contre-torpilleurs) vorhanden. Unsre Torpedodivisionsboote sind sämtlich von der Schichauwerft in Danzig in den Jahren 1887 bis 1895 erbaut, sind 300 bis 380 Tonnen groß, 57 bis 75 m lang, etwa 7 m breit und tauchen ungefähr 3 m tief, leisten mit ihren Doppelschraubenmaschinen 2000 bis 4000 Pferdekräfte und laufen 21 bis 26 Seemeilen Fahrt. Der Kohlenvorrat soll bis zu 90 Tonnen betragen. Bewaffnet sind die Torpedodivisionsboote mit vier bis sechs 40 Kaliber langen 5 cm-Schnellfeuerkanonen, sowie mit drei bis vier Torpedorohren, die bei den neuesten sehr schnellen Booten nur auf dem Oberdeck als Breitseitrohre angebracht sind, weil der Torpedo, der selbst nur etwa 30 Seemeilen Geschwindigkeit erreicht,

---

[1]) Die deutschen Torpedoboote haben keine Namen, sondern werden mit dem Anfangsbuchstaben der Bauwerft, z. B. S = Schichau, V = Vulkan, und mit einer Nummer bezeichnet.

nicht aus dem Bugrohr des fast ebenso schnell laufenden Boots heraus geschossen werden kann. Die Divisionsboote haben, wie das Bild zeigt, vor dem Schornstein einen größern Aufbau, der die Kommandobrücke trägt, ein Kartenhaus und verschiedne andre Räume enthält. Die Divisionsboote haben ungefähr 40 Mann, die Hochseetorpedoboote 20 Mann und die kleinern etwa 15 Mann Besatzung.

Um die Boote nachts möglichst unsichtbar zu machen, sind sie mit matter dunkler Farbe gestrichen, während für alle großen Schiffe in den heimischen Gewässern die graue Farbe gewählt worden ist, um bei Tage die Formen dieser Schiffe aus großen Entfernungen schlecht erkennbar zu machen, indem die Farbe der in der Nordsee und Ostsee vorherrschenden Luft- und Wasserfärbung entspricht. Nur die Kreuzer, die ins Ausland gehen, werden weiß gestrichen, um sie so gut wie möglich vor der Sonnenstrahlung zu schützen. *Farbe unsrer Kriegsschiffe*

Ob die stählernen Schutznetze, die die großen Schiffe krinolinenartig um sich ausbreiten, wenn sie zu Anker liegen, die neuen Torpedos großen Kalibers (von 45 cm Durchmesser) genügend abhalten können, ist ungewiß. Torpedo- *Torpedoschutznetze*

Torpedodivisionsboot

boote mit kleinen Torpedos müssen diese Netze zerstören, ehe die Sprengung des Torpedos dem Schiffe schaden kann. Verschiedne Erfindungen sind schon gemacht worden, um die Netze durch den Torpedo selbst zerstören zu lassen, aber es ist noch nichts genaues über die Güte dieser Einrichtungen bekannt geworden. Am gefährlichsten können die Boote Schiffen werden, die nachts in Fahrt sind; denn diese Schiffe können sich nicht durch die Netze schützen, weil die Netze, wenn man sie aushängen würde, während der Fahrt vom Wasserwiderstand in die Höhe gedrückt werden. Außerdem können die Netze auf einem fahrenden und manövrierenden Schiffe, wie schon gesagt worden ist, in die Schiffsschrauben verwickelt werden und dadurch dem Schiffe die Bewegungsfähigkeit rauben. Daß die Torpedoboote bei Tage allenfalls während einer Seeschlacht zweier Schlachtflotten überraschende Angriffe machen können, sonst allein aber gar keine Aussicht auf Erfolg gegen große und mit Schnellfeuergeschützen gut bewaffnete Schiffe haben, ist auch schon gesagt worden. Auch dann, wenn bei Nachtangriffen die Torpedoboote von den elektrischen Scheinwerfern, den sogenannten Torpedosuchern rechtzeitig entdeckt werden, sind sie in übler Lage. Während nämlich die Besatzung der Torpedoboote dann von den mächtigen Lichtstrahlen geblendet wird und deshalb schwer den richtigen Zeitpunkt und Abstand des Ziels *Kampfweise der Torpedoboote*

Das Panzerfahrzeug Arminius

zum Abfeuern der Torpedos wählen kann, wird es den großen Schiffen leicht, die gut beleuchteten Boote mit einem Hagel von Geschossen zu überschütten. Ein paar gute Treffer aus einer leichten Schnellfeuerkanone genügen aber schon, um ein Torpedoboot kampfunfähig zu machen.

Zur Begleitung und Unterstützung der Panzerschiffe der Angriffsflotte sind nur die großen Torpedobootszerstörer oder Divisionsboote und die großen Hochseetorpedoboote brauchbar. Die kleineren Torpedoboote, nebst einigen Divisionsbooten zu ihrer Führung, haben der Küstenverteidigung zu dienen. Dazu werden Bootsdivisionen längs der Küste in solchen Häfen verteilt, die in engen Fahrwassern allerlei Schlupfwinkel bieten, worin sich die Torpedoboote bei Tage weit genug zurückziehen können, daß sie keinem feindlichen Geschützfeuer ausgesetzt sind. Treffliche Torpedobootstationen bieten die Nebenfahrwasser der deutschen Nordseeküste und die Binnenfahrwasser zwischen den Nordseeinseln. Dieselben Schlupfwinkel, wo im Mittelalter die Liekendeeler und Vitalienbrüder hausten, sind auch für Torpedoboote wie geschaffen. Auch an der Ostseeküste sind ähnliche Plätze, besonders bei der Insel Rügen, die mit ihren vielen Ausgängen nach See hin und mit ihren vorspringenden Landspitzen gute Verstecke bietet; die Küste von Schleswig mit der Insel Alsen ist gleichfalls günstig dafür. Die Torpedobootstationen müssen so gewählt werden, daß sie sich gegenseitig bei Angriffen unterstützen können. Sie dürfen also nicht weiter als höchstens 50 Seemeilen von einander entfernt liegen.

Küstenpanzerschiffe. Zur beweglichen Küstenverteidigung gehören außer diesen Torpedobooten noch kleine Panzerschiffe, die von dem engen Nebenfahrwasser der Küstenbuchten und Flußmündungen aus das Eindringen der feindlichen Panzerschiffe durch Beschießung und im äußersten Falle auch durch Torpedoangriffe verhüten sollen. Die ersten Küstenpanzerschiffe wurden im nordamerikanischen Kriege gebaut und sofort mit guten Erfolgen verwandt, wie schon auf Seite 120 erwähnt worden ist. Kurz nach dem Fertigwerden des südstaatlichen Merrimac erhielt im März 1862 die Flotte der Nordstaaten in dem Monitor ein so gutes Panzerfahrzeug, daß sein Name zur Gattungsbezeichnung der vielen später nach ähnlichen Plänen gebauten kleinen Panzerschiffe wurde. Monitore waren auch die beiden ältesten deutschen Panzerschiffe, Arminius und Prinz Adalbert.

Das Panzerfahrzeug Arminius. Arminius (siehe Bild) lief während des dänischen Kriegs, am 20. August 1864 in London auf der Samudawerft vom Stapel; seine Baukosten, etwas mehr als eine halbe Million Thaler, wurden fast ganz aus freiwillig gesammelten Beiträgen gedeckt. Er war ein gutes Schiff seiner Zeit, viel besser als die amerikanischen Monitore; seine Pläne hatte der Erbauer der englischen Turmschiffe Monarch und Captain, der Kapitän Coles entworfen. Das sehr niedrige Fahrzeug ist 1583 Tonnen groß, 60 m lang, 12 m breit und hat fast 4 m Tiefgang. Der ganze Rumpf ist über Wasser mit 12 cm starken Eisenplatten und 24 cm Teakholzhinterlage geschützt. Zwei Drehtürme sind ebenso stark gepanzert; in jedem Turme stehen zwei kurze 21 cm-Ringkanonen. Der Sporn ist kurz und rundlich. Eine Breitseite wirft 394 kg Hartgußgranaten und leistet dabei 3404 Metertonnen. Für das Jahr 1864 war das eine sehr gute Bewaffnung. Später gab man dem Schiffe noch einige Revolverkanonen und Torpedoausstoßrohre. Die Takelung zeigt einen Signalmast. Die Maschine leistet 1200 Pferdekraft und giebt dem Schiffe 10,5 Seemeilen Geschwindigkeit. Im Jahre 1892 wurde das längst veraltete Schiff aus der Liste der Kriegsschiffe gestrichen und unter die Hafenschiffe versetzt, wo es jetzt noch als Eisbrecher und zu andern Zwecken verwendet werden kann.

Ein zweites Panzerfahrzeug wurde während des dänischen Kriegs in Bordeaux fertig angekauft; es war für die Südstaaten Nordamerikas unter dem Namen Cheops erbaut worden, wurde aber vor der Niederlage dieser Partei nicht fertig. An die preußische Marine konnte es auch erst nach dem Friedensschlusse mit Dänemark abgeliefert werden; es wurde nun Prinz Adalbert (siehe Bild) genannt. Das Fahrzeug war aus Holz erbaut, sein Eisenpanzer war fast ebenso stark wie der des Arminius; der spitze Sporn war unförmlich lang, etwa 7 m. Die Geschütze standen in festen Panzertürmen. Im vordern Turme ruhte auf einer drehbaren Plattform ein kurzes 21 cm-Geschütz, für dessen Rohr fünf schmale Pforten in den Turm eingeschnitten waren. Im hintern Turme standen anfangs zwei gezogene 36-Pfünder, die später durch zwei 15 cm-Ringkanonen ersetzt wurden; je ein Geschütz feuerte nach jeder Seite. Ein Teil der Rehling wurde wie auf Preußen hinuntergeklappt, um das Schußfeld für die Geschütze frei zu machen. Prinz Adalbert war das erste Schiff unsrer Marine, das zwei Schrauben hatte; es lief mit den beiden Maschinen etwa 9,5 Seemeilen. Die hohe Takelung wurde dem Schiffe bald wieder genommen, weil sie die Seetüchtigkeit beschränkte. Prinz Adalbert mußte 1876 als gefechtsuntüchtig aus der Liste gestrichen werden und wurde einige Jahre später ganz abgebrochen. Beide Panzerfahrzeuge hatten je 130 Mann Besatzung. Von ihren Kriegsdiensten ist schon im zweiten Abschnitte gesprochen worden.

Das Panzerfahrzeug Prinz Adalbert

Die ersten nach dem Flottengründungsplan von 1873 erbauten Panzerschiffe für die Küstenverteidigung sind die elf Panzerkanonenboote der Wespeklasse. Diese eigentümlichen Panzerschiffe muß man als schwimmende Küstenkanonen betrachten. Sie sind die einzigen Kriegsschiffe unsrer Flotte, die ganz wie Festungswerke auf dem Lande zur taktischen Defensive geeignet und bestimmt sind; sie sollen an solchen Stellen des Fahrwassers, wo die Erbauung eines Küstenforts sehr erwünscht wäre, aber sehr teuer sein würde, den Feind erwarten und beschießen. Während alle echten Kriegsschiffe nur kämpfen, indem sie auf den Feind losgehen, legen sich diese Panzerkanonenboote beim Kampfe vor Anker, oder laufen sogar auf eine Schlickbank unsrer Watten auf, um einen möglichst unbeweglichen Stand für ihr schweres Geschütz zu schaffen. Gegen Küstenwerke haben sie dabei immer noch den Vorteil, daß sie nach Bedarf an besonders gefährdeten Küstenpunkten gesammelt werden können. Wegen ihres geringen Tiefgangs können sie sich in Gewässern aufstellen, wohin große feindliche Schiffe nicht vordringen können; deshalb sind sie gute Verteidiger für die engen Gewässer bei den Inseln Rügen, Fehmarn und Alsen in der Ostsee, sowie zwischen den Inseln Sylt, Föhr, Wangeroog und Borkum in der Nordsee. Um im Notfalle auch dem Feinde zu Leibe gehen zu können, hat jedes Panzerkanonenboot für den Nahkampf einen Sporn und zwei Bugtorpedorohre unter Wasser.

Die elf Panzerkanonenboote der Wespeklasse

Die elf Panzerkanonenboote der Wespeklasse (siehe Bild) sind alle in Bremen von der Weserwerft erbaut worden. Sie sind in folgender Reihe vom Stapel gelaufen: 1876 Wespe, Viper und Biene; 1877 Skorpion und Mücke; 1878 Basilisk und Camäleon; 1879 Crocodil; 1880 Natter und Salamander; 1881 Hummel. Alle sind nach demselben Plane erbaut, 1109 Tonnen groß, 44 m lang, 11 m breit und haben 3,1 m Tiefgang; es sind also sehr kurze, breite und flache Schiffe. Diese Form ist gewählt, um dem schweren Geschütze eine Unterlage zu geben, die bei mäßigem Seegange noch ruhig liegt. Jedes Panzerkanonenboot trägt eine kurze 30,5 cm-Ringkanone, das schwerste deutsche Schiffsgeschütz. Ein voller Panzergürtel von 20,3 cm Dicke schützt den Rumpf von etwa 0,75 m unter der Wasserlinie bis zum Oberdeck hinauf. Vor dem Schornsteine steht auf dem Oberdeck die hufeisenförmige Panzerbrustwehr für das Geschütz,

Das Panzerfahrzeug Prinz Adalbert

die ebenfalls 20,3 cm dick ist und auch eine starke Tealholzhinterlage hat. Auf dem Panzergürtel liegt ein 5 cm starkes gewölbtes Panzerdeck. Die Panzerplatten und der Schiffskörper sind aus Walzeisen hergestellt. Vor und hinter der Brustwehr sind noch ungepanzerte Aufbauten über dem Oberdeck, um die Besatzung in Räumen unterzubringen, die Luft und Licht haben. Der Doppelboden, die wasserdichten Zellen und Abteilungen sind ähnlich angeordnet wie bei den Schiffen der Sachsenklasse. Die beiden Maschinen der Wespe und ihrer Schwestern sind durch ein wasserdichtes Längsschott von einander getrennt. Die Maschinen leisten etwa 700 Pferdekraft und geben jedem Schiffe etwa 9,5 Seemeilen Geschwindigkeit. Der Kohlenvorrat ist klein. Man gab den Schiffen Doppelschrauben, um sie möglichst manövrierfähig zu machen; denn das Geschütz soll seine Seitenrichtung hauptsächlich vom Schiffe bekommen. Die 30,5 cm-Kanone steht auf einer Mittelpivotlaffete, mit der sie nach vorn und nach jeder Seite gerichtet werden kann; aber das Drehen des Geschützes, das etwa 60 Tonnen wiegt, wovon 36 Tonnen Rohrgewicht sind, ist schwerer auszuführen als das Drehen des Schiffs mit dem Dampfruder und dadurch, daß man eine Schraube vorwärts, die andre rückwärts laufen läßt. Das Rohr dieses 30,5 cm Geschützes ist nur 6,7 m lang, während die 28 cm-Kanonen der Brandenburg 11,2 m lang sind! Die Hart- und Stahlgranaten, sowie die Zündergranaten des 30,5 cm-Geschützes wiegen je 329 kg; die Zündergranate hat 9 kg Sprengladung. Die Treibladung aus einkanaligem, prismatischem Pulver wiegt 92 kg. Bei 522 m Anfangsgeschwindigkeit leistet das Geschoß 4684 Metertonnen, also dieselbe Arbeitsleistung, wie wenn man vier Panzerkanonenboote einen Meter hoch hebt. Dabei durchschlägt das Geschoß nur Eisenplatten von 53 cm Stärke, während die Geschütze der Brandenburg 84 cm Eisenstärke durchschlagen. Immerhin stellt eine Flottille von fünf bis sechs dieser schwimmenden Kanonen eine gute Verteidigungskraft dar, um so mehr als die kleinen Boote nur eine kleine Zielfläche bieten, wenn sie dem Feinde den Bug zudrehen. Zur Abwehr von Torpedobootsangriffen sind auf jedem Schiffe zwei 8,8 cm-Schnelllade-kanonen und zwei Revolverkanonen aufgestellt. Die Torpedorohre sind schon erwähnt worden. Hinter dem Geschützturm

Panzerkanonenboote der Wespeklasse unter Rügen

haben Wespe und die andern einen gepanzerten Kommandoturm. Der Signalmast steht hinter dem Schornsteine. Jedes dieser Panzerkanonenboote hat 88 Mann Besatzung. Zur Nordseestation gehören Wespe, Viper, Camäleon und Salamander; von den übrigen, die alle für die Verteidigung der deutschen Ostseeküste bestimmt sind, liegt eine Division, nämlich die Panzerkanonenboote Mücke, Skorpion, Crocodil und Natter, in Danzig, der Rest, Biene, Basilisk und Hummel, in Kiel.

S. M. S. Brummer.

S. M. S. Brummer und Bremse. Ein paar ganz merkwürdige Schiffe sind die ebenfalls in Bremen 1883 und 1884 vom Stapel gelaufnen Panzerkanonenboote Brummer und Bremse. Da sie keinen senkrechten Panzerschutz haben, sind sie eigentlich gar keine Panzerschiffe; ein ausländischer Fachmann zählt sie deshalb zu den ungepanzerten Kanonenbooten der Habichtklasse, aber dahin gehören sie wegen ihres schweren Geschützes auch nicht, und sie zu den Avisos zu rechnen, dazu ist ihre Geschwindigkeit zu klein. Als Entschuldigung für diese heute sonderbar erscheinende, nirgends recht unterzubringende Schiffsart muß es gelten, daß zu der Zeit, als sie gebaut wurden, die Torpedowaffe große Umwälzungen im Kriegsschiffbau hervorzurufen drohte; es war die Zeit, als man glaubte, der Panzerschutz habe sich überlebt, weil er doch gegen die gefährlichen Torpedos nicht schützen könnte. Man suchte deshalb vor allem die Geschwindigkeit der Schiffe zu erhöhen, und zwar auf Kosten des Panzerschutzes. Die Erfindung der Verbundmaschinen begünstigte die Erhöhung der Geschwindigkeit noch. So entstanden die beiden Schiffe, die den ältern Panzerkanonenbooten darin ähneln, daß sie je ein schweres Geschütz tragen, während sie wegen ihrer für jene Zeit großen Geschwindigkeit und ihrer schlanken Form auch an die Avisos erinnern.

Brummer und Bremse (siehe Bild) sind je 866 Tonnen groß, 62 m lang und 8,5 m breit, also viel schlanker wie Wespe; sie tauchen 3,2 m tief, eignen sich also ebenfalls für das flache Wattenfahrwasser der Nordsee. Die Einschraubenmaschine jedes Schiffs giebt bei 1500 PS Leistung 15 Seemeilen Geschwindigkeit; der Kohlenvorrat von angeblich 65 Tonnen giebt ihnen keine große Bewegungsfreiheit, obwohl die Maschinen bei langsamer Fahrt sparsam arbeiten. Als einzigen Panzerschutz hat Brummer wie die modernen Avisos und Kreuzer ein gewölbtes, 6,3 m starkes Panzerdeck und mehrere gepanzerte Luken. Die Wasserlinie schützen Korkdämme. Das Zellensystem ist ebenso wie bei Wespe. Die Bewaffnung besteht aus einem 30 Kaliber (6,3 m) langen 21 cm-Geschütz, das hinter einem eisernen Wellenbrecher vor dem Schornstein steht; sein Bestreichungswinkel ist nicht sehr groß, weil man die Seitenrichtung durch Drehung des kleinen Schiffs selbst geben kann. Die Stahl- und die Zündergranate wiegen je 140 kg; die Pulverladung für jeden Schuß wiegt 47 kg. Beim Schuß leistet das Geschoß bei 505 m Anfangsgeschwindigkeit 1819 Metertonnen Arbeit und durchschlägt Panzerplatten von 42 cm Stärke. Außerdem sind zwei 8,8 cm Schnelladekanonen, zwei Revolverkanonen und drei Torpedorohre vorhanden. Ein Signalmast ist die ganze Takelung. Beide Schiffe gehören zur Nordseestation und führen je 78 Mann Besatzung.

Die acht Panzerschiffe der Siegfriedklasse. Die wichtigsten Schiffe der „lebendigen" Küstenverteidigung, um den Ausdruck des veralteten Flottengründungsplans einmal passend zu verwenden, sind die Panzerschiffe der Siegfriedklasse. Ihr Bau wurde in der Denkschrift von 1887 damit begründet, daß der Bau großer Schlachtschiffe (für die selbständige Angriffsflotte) uns nicht von der Notwendigkeit entbindet, daneben kleine gepanzerte Schiffe mit geringerm, für unsre Flußmündungen tauglichen Tiefgange zu bauen. Denn der Bau des Nord-Ostseekanals giebt der Elbmündung eine große strategische Wichtigkeit, die sie früher nicht gehabt hat. Der Schutz dieser breiten Mündung mit weit zurückliegenden Küsten kann vom Lande aus nicht genügend bewirkt werden. Die Elbmündung, die bis aus dem Kanal kommenden Kriegsschiffe frei gehalten werden muß, damit der Kanal überhaupt benutzbar bleiben kann, beginnt schon etwa 20 Seemeilen oder 37 km westwärts von den Küstenwerken bei Cuxhaven. Die Eigentümlichkeit unsrer Wattenküste, die Verschiebungen der Sandbänke in der Elbmündung bei stürmischem Wetter und bei Eisgang würden die Anlage von Sperrforts nur mit ungeheuern Kosten möglich machen. Wer es weiß, wie schwierig und teuer der Bau des kleinen Leuchtturms Rotesand (siehe Bild auf Seite 116) in der Wesermündung war, wird sich ungefähr einen Begriff davon machen können, was dazu gehören würde, auf solchem Grunde schwere gepanzerte Forts zu erbauen. Deshalb wurde statt solcher teuern Befestigungen der Bau von zehn kleinen Panzerschiffen vorgeschlagen, sechs für die Elbe und vier zur Deckung anderer Küstenplätze und zugleich auch wohl zur Reserve für den Elbschutz. Von diesen zehn Panzerschiffen vierter Klasse sind bisher erst acht bewilligt und gebaut worden. Man hat kleine Schiffe gebaut, weil diese den taktischen Vorteil größerer Beweglichkeit in dem engen Fahrwasser der Elbmündung haben; man hat sie aber auch stark genug gebaut, daß sie unsre Hochseeflotte beim Angriffe auf feindliche Blockadeflotten verstärken können.

Von diesen acht kleinen Panzerschiffen lief zuerst Siegfried im Jahre 1889 auf der Germaniawerft in Kiel vom Stapel; 1890 folgte Beowulf, 1891 Frithjof, beide in Bremen von der Wesergesellschaft gebaut. Die spätern sind auf den Marinewerften gebaut worden; von ihnen lief Heimdall 1892 in Wilhelmshaven vom Stapel, Hildebrand 1892 und Hagen 1893 in Kiel, Odin 1894 in Danzig, und schließlich Ägir 1895 in Kiel. Die meisten der acht Schiffe brauchten von der Stapellegung bis zum Stapellauf nur ein Jahr Zeit; kriegsfertig ist jedes der Schiffe aber erst nach etwa dreijähriger Bauzeit geworden. Siegfried, Beowulf, Frithjof und Hildebrand sind der Marinestation der Nordsee zugeteilt worden, die übrigen vier gehören zur Ostseestation. Alle Schiffe sind nach gemeinsamem Plane erbaut worden, weil es taktisch wichtig ist, für einen bestimmten Zweck Schiffe gleicher Bauart zu einem Geschwader vereinigen zu können. Alle Manöver, die ganze Angriffsweise werden dadurch bestimmt. Natürlich zeigen die neuen Schiffe einzelne kleine Fortschritte gegen die zuerst gebauten. Der Beschreibung soll das neueste Schiff, Ägir (siehe Bild), zu Grunde gelegt werden. Er ist 3530 Tonnen groß, während die Größe der andern nur zu 3495 Tonnen angegeben wird. Alle acht Schiffe sind 73 m lang, 15 m breit und tauchen 5,4 m tief. Der Rumpf aller Schiffe ist ein gut Teil schlanker als der der Oldenburg, die freilich elf Jahre älter als Ägir, aber nur fünf Jahre älter als Siegfried ist. Am längsten und breitesten ist der Schiffskörper in der Wasserlinie; oberhalb davon treten die Schiffswände wieder nach innen zurück, sodaß also das Oberdeck eine kleinere Fläche hat als der wagerechte Schnitt in der Wasserlinie. Der Vorsteven hat einen etwa 6 m langen kräftigen Sporn, dessen Nase ebenso abgerundet ist wie der Rammbug der Brandenburg. Der Hintersteven ist ebenfalls scharf gebaut, sodaß die beiden Schiffsschrauben, die seitwärts vom Kiel aus dem Schiffe herausragen, durch eine kurze Schraubenschutzpiere vor dem Anstoßen an Kaimauern gesichert werden mußten. Das eigentümlich rund und breit geformte Balanceruder liegt vollständig unter dem Schutze des oberhalb der Wasserlinie nach hinten hinausragenden Hecks. Das Zellensystem der Schiffe ist ebenso ausgebildet wie auf Brandenburg; Korkdämme und Wallgänge erhöhen auch bei Ägir und den übrigen die Schwimmfähigkeit, wenn die Wasserlinie durch feindliche Geschosse leck geschossen wird. Den Hauptschutz der Wasserlinie bildet der volle, 2,5 m breite Panzergürtel aus Nickelstahl, der an den Schiffs=
enden nur 18 cm, in der Breitseite aber 24 cm stark ist. Nur die ersten drei Schiffe der Siegfriedklasse haben noch den veralteten, weniger widerstandsfähigen Mischpanzer wie Oldenburg; die neuern sind mit gehärteten Nickelstahlplatten gepanzert. Harvey, ein Amerikaner, der zuerst solche Platten herstellte, führt der glühenden Stirnseite der Platte möglichst viel Kohlenstoff zu und taucht dann die Platte in ein Ölbad, um sie allmählich abzukühlen; hierbei wird der Stahl sehr widerstandsfähig und nicht spröde. Da die sehr harten Geschosse durch ihren wuchtigen Aufschlag die Platte zu zertrümmern suchen, dürfen die Panzerplatten nicht spröde sein, weil es für das Schiff gefährlicher ist, wenn eine Platte zertrümmert wird, als wenn sie nur ein rundes Loch bekommt, dem Geschoß aber die Kraft zum weitern Eindringen genommen wird. Krupp härtet die Platten nach einem besondern, von ihm geheim gehaltenen Verfahren; er stellt Platten bis zu 45 cm Dicke her, die sich bei Probebeschießungen trefflich bewährt haben. Über dem Panzergürtel des Ägir liegt ein 3 bis 3,5 cm starkes gewölbtes Panzerdeck, das nur von einigen gepanzerten Schachten durchbrochen wird. Mehrere dieser Panzerschachte gehen bis zum Oberdeck hinauf, um die Zufuhr des Schießbedarfs an die Geschütze zu sichern. Die Pulver= und Granatkammern liegen, wie bei allen Schiffen, tief unter der Wasserlinie, unter dem Panzerdeck. Schließlich sind noch zwei Brustwehrtürme und der Kommandoturm mit senkrechtem Panzerschutz versehen. Von den Brustwehr=
türmen schützt der vordere zwei schwere Geschütze und reicht von einer Bordwand zur andern. Wie das Bild deutlich zeigt, wölbt sich dieser Turm noch seitlich aus der Bordwand heraus, um Platz für die beiden Drehscheiben der Geschütze zu schaffen; sein Grundriß ist herzförmig. Der runde hintere Turm steht unmittelbar auf dem Oberdeck des Schiffs, etwa 1,5 m niedriger als der vordere. Beide Türme haben 20 cm starken Panzer, der wie der Gürtelpanzer auf einer dicken Teakholzunterlage ruht. Zwischen beiden Türmen sind außer der hohen, auf Ägir und Odin doppelten Kommandobrücke noch Decksaufbauten, die die Schnellfeuergeschütze tragen sollen.

Die Doppelschraubenmaschinen des Ägir leisten 4800 PS und geben dem Schiffe etwa 16 Seemeilen Geschwindigkeit; alle Schiffe sind nur für 15 Seemeilen Schnelligkeit gebaut, da man zur Zeit der Aufstellung des Planes für Siegfried noch glaubte, daß diese Geschwindigkeit für den Zweck der Schiffe genüge. Heute, nach fast zehn Jahren, würde man auch diesen Küstenverteidigern wahrscheinlich eine etwas höhere Geschwindigkeit geben, weil dies nach den allgemeinen seetaktischen Anschauungen und Erfahrungen große Vorteile für die Verwendung der Schiffe haben würde. Immerhin sind diese Schiffe aber 1 bis 2 Seemeilen schneller als die Mehrzahl unsrer Hochseeschlachtschiffe; nur die Schiffe der Brandenburg= klasse und das neueste Hochseeschlachtschiff Kaiser Friedrich III. übertreffen Siegfried und seine Schwesterschiffe um etwa 1 bis 2 Seemeilen. Die meisten neuern Schiffe der Siegfriedklasse haben die ursprünglich festgesetzte Geschwindigkeit übertroffen; sie laufen 16 Seemeilen. Der Kohlenvorrat beträgt bei allen Schiffen 225 Tonnen.

Die Schiffe der Siegfriedklasse sind sämtlich mit je drei 35 Kaliber (8,4 m) langen 24 cm-Kanonen, von denen

Ägir mit andern Panzerschiffen vierter Klasse bei Helgoland

zwei im vordern und eine im hintern Brustwehrturm stehen, bewaffnet. Die beiden vordern schweren Geschütze, von denen jedes auf einer besondern Drehscheibe steht, haben mehr als 180 Grad Bestreichungswinkel; das hintere beherrscht drei Viertel des vollen Umkreises. Bei dieser guten Aufstellung können in der Richtung 45 Grad von vorn sowohl nach Backbord wie auch nach Steuerbord hin alle drei Geschütze zugleich feuern; für das Bugfeuer und das Breitseitfeuer sind stets zwei Geschütze verwendbar, für das Heckfeuer nur eins. Die Schiffe können also ihre größte artilleristische Wirkung zur Geltung bringen, wenn sie nicht gerade auf den Feind, sondern etwa vier Strich von der Richtung des feindlichen Geschwaders schräg auf ihn zudampfen. Diese Geschütze feuern Stahlgranaten von 3,5 Kaliber (84 cm) Länge und 215 kg Gewicht mit einer Geschützladung von 85 kg Chokoladenpulver. Mit 580 m Anfangsgeschwindigkeit leistet das Geschoß die Arbeit von 3686 Metertonnen und schlägt durch Walzeisenplatten von 65 cm Stärke. Inzwischen hat Krupp schon Versuche mit 50 Kaliber

(12 m) langen 24 cm-Kanonen gemacht, die mit gleichem Geschosse bei 95 kg Pulverladung 675 m Anfangsgeschwindigkeit und 4993 Metertonnen lebendige Kraft geben; sie schlagen durch 82 cm dicken Panzer. Die nun siebenundzwanzig Jahre alten Geschütze desselben Kalibers auf dem König Wilhelm leisten knapp ein Drittel dieser Kraft, nämlich nur 1546 Metertonnen. Eine Lage der drei schweren Geschütze des Siegfried übertrifft die Breitseitlage der vier 26 cm-Kanonen der Sachsen um 1646 Metertonnen Arbeitsleistung, während die von Sachsen geschleuderte Geschoßmasse allerdings 103 kg schwer ist. Günstig für gutes Zielen ist der etwa 7 m große Freibord der beiden vordern schweren Geschütze auf den Schiffen der Siegfriedklasse; das Heckgeschütz steht 1,5 m niedriger. Jedes Geschütz ist oberhalb der Brustwehr durch eine Panzer=kuppel gedeckt.

Die Schnellfeuerartillerie ist bei den acht Schiffen von verschiedner Stärke; die meisten haben acht 30 Kaliber lange 8,8 cm-Schnelladekanonen, Siegfried, das älteste Schiff, hat aber nur sechs, Odin und Ägir, die beiden neuesten, haben zehn dieser bewährten Geschütze. Alle diese Geschütze sind auf dem Aufbaudeck, zum Teil in Schwalbennestern, die aus der Bord=wand vorragen, aufgestellt. Die vordersten Geschütze sind so hoch aufgestellt, daß sie über die Panzerkuppeln der beiden schweren Buggeschütze hinweg feuern. Ähnlich, nur weniger hoch, stehen die beiden leichten Heckgeschütze am hintern Ende des großen Aufbaudecks, das bis hinter den hintern Mast reicht. Alle 8,8 cm-Kanonen sind mit Panzerschutzschilden gedeckt. In der Richtung 45 Grad von vorn, in der die ganze schwere Artillerie wirksam ist, können auf Ägir sechs Schnelladekanonen feuern; für jede Breitseite sind sechs, für das Bugfeuer zwei und für das Heckfeuer vier 8,8 cm-Kanonen zu brauchen. Sechs 8 mm-Maschinengewehre sind teilweise zwischen den Schnelladekanonen und auf Ägir und Odin zum Teil auch in den Marsen des Gefechtsmastes aufgestellt. Nur bei diesen beiden neuesten Schiffen ist der vordere Mast als Gefechtsmast gebaut; alle andern Schiffe der Siegfriedklasse haben zwei gewöhnliche Signalmasten. Die hohen Gestelle der elektrischen Scheinwerfer sind auf dem Bilde zu sehen, ebenso auch die Ausrüstung mit Booten. Vier Torpedo=rohre, die bei den neuern Schiffen für großkalibrige Torpedos bestimmt sind, sind teils über teils unter Wasser so ein=gebaut, daß Torpedos nach vorn, nach hinten und in den Breitseitrichtungen geschossen werden können. Die Besatzung des Ägir und jedes der andern Schiffe zählt 266 Mann. Ihre Seetüchtigkeit haben die Schiffe schon bei manchen stürmischen Übungsfahrten in der Nordsee bewiesen; ein Schiff, Hildebrand, hat im Frühjahr 1895 auch schon die gefürchtete Biskayische Bucht befahren, als es nach Marokko mitgeschickt werden mußte, weil Kreuzer dafür fehlten. Die acht Panzerschiffe der Siegfriedklasse sind die einzigen zur offensiven Küstenverteidigung der Elbmündung geeigneten Schiffe; man darf aber nicht vergessen, daß auch sie, wie die alten Panzerkanonenboote an den Ort, den sie schützen sollen, gebunden, also unselbständige Streitkräfte sind, da sie, wie schon gesagt worden ist, die dort nötigen Küsten=befestigungen ersetzen sollen. Deshalb können sie die Schlachtflotte nur bei solchen Unternehmungen unterstützen, die in der Nähe der Elbmündung ausgeführt werden. Die Stärke der selbständigen Schlachtflotte, die die Seeherrschaft in den deutschen Meeren erkämpfen muß, wird also nur in diesem einzelnen, beschränkten Falle durch sie erhöht, sonst aber nicht.

Küstenbe=festigungen Neben den Panzerkanonenbooten sind zur passiven Küstenverteidigung auch Küstenbefestigungen und Minensperren vorhanden. In frühern Jahrhunderten hatten gute Hafenfestungen so großen Wert, daß man wohl sagen konnte, eine Kanone am Lande sei so gut wie ein Schiff auf dem Meere. Das galt noch bei dem Kampfe in der Bucht von Eckern=förde im Jahre 1849, bei dem die schöne dänische Segelfregatte Gefion erobert wurde (siehe Seite 58). Aber seitdem auf gepanzerten Schiffen die Schiffsartillerie mit schweren gezogenen Geschützen und mächtigen Sprenggeschossen aus=gerüstet ist, ist das ganz anders. Jetzt sind nur noch die sehr schweren und sehr teuern Panzerforts den Schiffen einiger=maßen gewachsen; die alten Erdwerke, und aus solchen bestehen die meisten unsrer und auch fremder Küstenbatterien, haben nur sehr wenig Widerstandskraft gegen Beschießungen aus Schiffsgeschützen, die alten steinernen Forts aber sind gar nicht imstande, modernen Geschützen zu widerstehen. Küstenwerke allein können den Angriff feindlicher Flotten heut=zutage nicht mehr aufhalten; denn die Schiffe können schnell an den Befestigungen vorbeidampfen und in den Hafen oder in die Flußmündung einlaufen. Die Beschädigungen, die die Befestigungen den Schiffen in der kurzen Zeit des Vorbeifahrens zufügen könnten, sind zu gering, als daß sie einen entschlossenen Gegner von der Forcierung der Werke, wie der Fach=mann diese gewaltsame Durchfahrt nennt, zurückzuhalten vermöchten.

Seeminen=sperren Dazu gehören noch andre Hemmnisse, insbesondre Fahrwassersperren durch Seeminen. Seeminen sind schwimmende, mit etwa 100 kg Schießbaumwolle gefüllte meist birnenförmige Gefäße, die so verankert sind, daß sie etwa 3 m unter der Wasseroberfläche gehalten werden. Auf ihrer obern gewölbten Fläche tragen sie ungefähr fünf Bleiröhrenstumpfe, wie Finger oder Fühlhörner; wenn eine dieser Röhren von einem Schiff, das über die Mine hinwegfährt, angestoßen und verbogen wird, entzündet sich die Mine und reißt den Schiffsboden auf. Die heim=tückische Waffe kann mit einem Schlage ein großes Schiff vernichten. Diese Minen werden in kurzen Abständen, ungefähr

Minenschulschiff Rhein und Minenprahm

alle 40 m eine, in mehreren Reihen quer über das Fahrwasser ausgelegt. Dazu sind die Minenprähme (siehe Bild) und Minendampfer bestimmt; in den Prähmen werden die Minen aus den Lagern am Lande nach dem Platze, wo die Sperre gelegt werden soll, hingebracht und dort zum Legen bereit gemacht. Die kleinen Minendampfer holen die fertigen Minen von den Prähmen ab und verankern unter besondern Vorsichtsmaßregeln eine Mine nach der andern. Gewöhnlich werden vier bis sechs Minenreihen hinter einander, und zwar schachbrettartig geordnet gelegt, sodaß die Minen jeder folgenden Reihe immer die Lücken der vorhergehenden decken. Da diese sogenannten Stoßminen natürlich den eignen Schiffen ebenso gefährlich werden könnten wie den feindlichen, muß im Fahrwasser mitten in der Sperre oder an einer Seite eine Lücke freigelassen werden, die als Durchgangsfahrwasser für die eignen Schiffe dient; sie wird durch verschiederlei Merkmale bei Tage und bei Nacht genau bezeichnet. Diese Lücke wird aber auch geschützt, entweder durch eine andre Art von Minen, sogenannte Beobachtungsminen, die vom Lande aus elektrisch entzündet werden, sobald zwei Beobachter von verschiednen Punkten aus sehen, daß ein feindliches Schiff über sie hindampft, oder aber durch sogenannte Torpedobatterien, d. h. schwimmende Flöße mit Torpedorohren, die auf die Lücke gerichtet sind und abgefeuert werden, wenn sich ein feindliches Schiff dort zeigt. Die Minenprähme und Minendampfer, die in jedem Kriegshafen bereit sind, sodaß jederzeit binnen wenigen Stunden die Sperre gelegt werden kann, werden von Mannschaften der Matrosenartillerie-Abteilungen bedient, die zugleich die Besatzung der Küstenforts in der Jahde bei Wilhelmshaven, in der Weser bei Bremerhaven, in der Elbe bei Cuxhaven und in Kiel bei Friedrichsort bilden.

Die Seekriegsgeschichte lehrt aber, daß Küstenwerke und Minensperren ernsthaften Angriffen einer Schlachtflotte, besonders wenn sie noch von einem Landungsheer unterstützt werden können, nicht zu widerstehen vermögen. Der Krieg der Nordstaaten gegen die Südstaaten in Nordamerika hat es gründlich bewiesen, und auch im ostasiatischen Kriege hat es die Einnahme von Port Arthur und Wei-hai wei bestätigt. Denn dieselbe Technik, die die Seeminen schuf, hat auch eine ganze Reihe von Gegengiften geliefert, die die Höllenmaschinen unschädlich machen können. Entweder fährt der Angreifer mit kleinen, flachen Booten und Schleppleinen über die Sperre, um die Minen aufzufischen und wegzuräumen, oder er bringt mit solchen Booten eine sehr stark geladene Quetschmine oder Gegenmine in die Nähe der Sperre und entzündet sie elektrisch; englische Versuche haben ergeben, daß eine mit 500 Pfund Schießbaumwolle geladene Quetschmine, die in etwa 50 Fuß Wassertiefe entzündet wird, in etwa 120 Fuß Abstand von ihr entfernten Minen zerstört. Man treibt hier also, wie man zu sagen pflegt, den Teufel mit Beelzebub aus. Freilich versucht man durch Ketten und Stahltaue, die auf schwimmende Balken gelegt und vor der Minensperre über das Fahrwasser gespannt werden, die Sperre vor den Booten zu schützen, aber dafür sind wiederum die Boote des Angreifers mit leichten Sprengpatronen ausgerüstet, um zunächst diese Hindernisse hinwegzuräumen. Genug, wie die Belagerungskunst keine „uneinnehmbare" Festung am Lande kennt, so kann auch die Küstenverteidigung keine vollkommene Sicherheit schaffen. Es bleibt eben auch hier der Angriff mit einer kräftigen Schlachtflotte die beste Verteidigung, und es wird nach den hier gegebnen Darstellungen jedem klar sein, daß alle Panzerkanonenboote, Panzerforts und Seeminen unsre Küsten nicht blockadefrei halten könnten.

Wer seine Küsten nicht nur verteidigen, sondern auch blockadefrei halten muß, wie das deutsche Reich, der kann sich nicht auf eine „lebendige Küstenverteidigung" beschränken, sondern darf den Seekrieg nicht scheuen. Der Seekrieg ist aber nur möglich, wenn gut geschützte Stützpunkte da sind, und eine kräftige Angriffsflotte, die feindliche Geschwader zurückschlagen kann. Trefflichere Stützpunkte in den heimischen Gewässern, wie sie Deutschland in den mächtigen

Kriegshäfen Wilhelmshaven und Kiel und in dem Kaiser Wilhelm-Kanal hat, haben wohl wenige Seemächte aufzuweisen. Aber diese mächtigen Häfen und ihre Verbindungsstraße erfüllen ihren Zweck nur dann zum Wohle des Vaterlands, wenn sie dem wirklichen Seekriege dienen können, und nicht bloß der Küstenverteidigung. Das A und das O des Seekriegs ist zu allen Zeiten und bei allen Seemächten die kräftige selbständige Angriffsflotte gewesen und wird es auch bleiben, solange Völker mit einander um ihr Dasein zu ringen haben!

Panzerfort in der Wesermündung

Sechster Abschnitt
Die Kreuzer

Dampf aufmachen im Heizraum eines modernen Kreuzers

Schon zu den Zeiten der ersten Linienschiffe hatte man erkannt, daß für die mannichfachen Aufgaben des Seekriegs die schweren Schlachtschiffe allein nicht ausreichten. Zum Kundschafterdienst, zum Überbringen von Meldungen von einem Geschwader zum andern und schließlich zum Schädigen des feindlichen Seehandels waren schnellere, leichtere Schiffe nötig. Deshalb baute man schon damals neben den mächtigen Linienschiffen auch Fregatten und Korvetten. Die schweren Fregatten, mit etwa 50 Kanonen, kämpften auch zuweilen, besonders in überseeischen Gewässern, mit in der Reihe der Linienschiffe. Die leichten Fregatten von 30 Kanonen und weniger waren die besten selbständigen Kreuzer im wahrsten Sinne des Worts; denn sie konnten infolge ihrer schlanken Bauweise und hohen Takelung am schnellsten auch „beim Winde" liegend segeln und so am besten gegen den Wind aufkreuzen. Unter Kreuzen verstand man ursprünglich nichts andres als das Segeln dicht am Winde im Zickzack hin und her, um ein Ziel zu erreichen, von dem der Wind herweht; Kreuzer waren also gute „Beim Winde"-Segler, Schiffe, die gut kreuzen konnten. Von den Segelschiffen ist die Bezeichnung auf die Kriegsdampfer übernommen worden, die viel hin und her zu fahren haben, sei es um Feinde zu suchen, sei es um überseeische Stationen anzulaufen. Die ältesten Korvetten waren sehr kleine Schiffe, mit weniger als 20 Kanonen Bewaffnung, die wohl mehr zum Meldedienst an der heimischen Küste als zum überseeischen Kreuzerdienst verwendet wurden.

Noch vor fünfzig Jahren unterschieden sich die Kreuzer nur wenig von den Fregatten de Ruiters. Freilich waren die Schiffsformen in der Zwischenzeit schlanker geworden, die breite plumpe Bug- und Heckform, die heute noch bei kleinen Küstenfahrern, den sogenannten Kuffen, zu sehen ist, war allmählich immer schärfer geworden, bis sie in den letzten Segelfregatten die schönen Linien der schnellsegelnden Klipperschiffe zeigte. Die Takelung hatte dabei nur unbedeutende Änderungen durchgemacht; am Bugspriet waren die Rahsegel, die Blinde und die Oberblinde verschwunden, die kleine, in der Lotrichtung auf dem Bugspriet stehende Stänge hatte dem in gleicher Richtung mit dem Bugspriet vorgeschobnen Klüverbaum Platz gemacht. Statt der Blinde und Oberblinde wurden dreieckige Stagsegel, Stagfock, Klüver und Außenklüver genannt, über dem Bugspriet und seiner Stänge gesetzt, die das Manövrieren der Schiffe beim Winde sehr erleichterten. Die Geschützkunde hatte in den zwei Jahrhunderten auch nur ganz unbedeutende Fortschritte gemacht; man schoß nach wie vor aus glatten Vorderladern, die auch immer noch in plumpen hölzernen Lafetten in kleinen viereckigen Pforten in der Breitseite aufgestellt waren. Nur wenige Geschütze, die sogenannten Bombenkanonen, führten seit der Schlacht bei Sinope Sprenggeschosse. Auch die Kampfweise zwischen den Schiffen blieb zweihundert Jahre lang fast

Die alten Kreuzer

gleich: auf Pistolenschußweite suchte man an den Feind hinanzugehen, gab dann Breitseite auf Breitseite ab, bis er genügend geschwächt war, um im Enterkampf völlig überwunden zu werden. Zur Abwehr feindlicher Enterer wurden über der Reling, der obersten Schiffswand, die das Oberdeck umgiebt, Netze ausgespannt, die das Erklimmen des Decks erschwerten. Die Geschützmannschaften waren mit Enterpieken und Enterbeilen bewaffnet, um die Geschütz= pforten gegen die Enterer verteidigen zu können. Die flinksten Matrosen, die Enterer, waren mit Messern, Säbeln und Pistolen bewaffnet, sodaß sie beide Hände zum Klettern gebrauchen konnten. In den Mastkörben, jetzt Marsen genannt, lagen Scharfschützen mit Musketen, die namentlich die feindlichen Offiziere auf den Kommandobrücken aufs Korn nahmen.

Die Segel= fregatte Gefion

Nur die eben geschilderten Unterschiede zeigten die ersten Segelfregatten der preußischen Kriegsmarine gegen die kühnen Kaperkreuzer des Großen Kurfürsten. Von diesen Schiffen, deren Thätigkeit schon im zweiten Abschnitt (Seite 59) beschrieben ist, war das schönste die große ursprünglich dänische Segelfregatte Gefion (siehe Bild), die in dem merk= würdigen Kampfe bei Eckernförde am 5. April 1849 von zwei tapfern schleswig-holsteinischen Strandbatterien zum Streichen der Flagge gezwungen wurde. Ihr Stapellauf geschah im Jahre 1843; da schon ein Jahr später in England und Frankreich die ersten Schraubenfregatten gebaut wurden, so gehört die Gefion also zu den letzten Segelfregatten; es war ein berühmter Schnellsegler und soll bei günstigem Winde ungefähr 15 Seemeilen Geschwindigkeit erreicht haben, also mehr als die bis zum Jahre 1885 in Deutschland gebauten Kreuzer unter Dampf leisten konnten. Gefion war 1854 Tonnen groß, 50 m lang, 14,5 m breit und tauchte 5,7 m tief. Ihre hohe Fregattentakelung zeigt drei Masten mit Rahsegeln, sowie dreieckige Stagsegel am Bugspriet. Das Schiff trug 48 Kanonen, und zwar in der Batterie 26 lange 24=Pfünder und zwei 60pfündige Bombenkanonen, und auf dem Oberdeck 20 kurze 24=Pfünder. Alle diese Vorder= lader standen in schmalen Breitseitpforten mit sehr kleinem Schußwinkel. Die Geschoßmasse, die eine Breitseite mit einemmale schleudern konnte, wog 320 kg. Zur Bedienung der Geschütze und der Segel war eine Besatzung von 420 Köpfen erforderlich. Nach der Auflösung der alten Reichsflotte leistete die Gefion gute Dienste in der preußischen Marine, machte erst 1863 die letzte überseeische Reise als Kadettenschulschiff nach Westindien und wurde schließlich noch als Artillerie= schulschiff und als Kasernenschiff gebraucht. Die in England erbaute, später preußische Segelfregatte Thetis war etwas größer als die Gefion, sie trug aber nur 38 Kanonen und 400 Mann. Von der dritten und kleinsten deutschen Segel= fregatte, der Niobe, wird im nächsten Abschnitt noch die Rede sein.

Die Einführung des Dampfes ändert die Kreuzer zunächst nur wenig

Man hätte nun glauben sollen, die Anwendung der Dampfkraft zur Fortbewegung der Schiffe hätte die Bauweise der Kreuzer stark beeinflussen müssen. Es war aber nicht so; fast drei Jahrzehnte lang baute man die Fregatten und Korvetten in denselben Formen, mit derselben Takelung und mit fast der= selben Geschützaufstellung, wie die alten Segelfregatten sie schon gehabt hatten. Selbst die Einführung der gezogenen Geschütze, die um die Mitte der sech= ziger Jahre begann, änderte daran so gut wie nichts, trotzdem daß man wußte, daß die Holzwände der Dampffre= gatten und Dampfkorvetten den gefähr= lichen Sprenggranaten, die damals auch die leichten Geschütze schossen, nicht widerstehen konnten. Trotz der offen= kundigen Überlegenheit der Panzer= schiffe bauten nur die Franzosen sehr bald nach der ersten Panzerfregatte Gloire, die als Schlachtschiff die alten Linienschiffe ersetzte, auch gepanzerte Kreuzer, deren erster die Panzer= korvette Belliqueuse war. In den meisten andern Marinen blieb man länger dabei, nur hölzerne Kreuzer zu bauen.

Gefion und Amazone im Geschwader segelnd

Elisabeth verläßt Kapstadt

Die fünf ältesten deutschen gedeckten Dampfkorvetten

Die erste preußische gedeckte Korvette, die Arkona, lief 1858 in Danzig vom Stapel; ihr folgten auf derselben Werft 1859 Gazelle, 1863 Vineta, 1864 Hertha und 1868 Elisabeth. Die beiden ältesten waren etwa 300 Tonnen kleiner als Elisabeth, die Zahl der Geschütze war anfangs bei allen gleich, nämlich 28, die Maschinenstärken steigerten sich aber von 1300 PS bei Arkona und Gazelle auf 1450 PS bei Vineta und Hertha und bei Elisabeth sogar auf 2400 PS. Alle sieben Schiffe waren sozusagen Segelfregatten, denen man als Hilfskraft eine Schraubenmaschine eingesetzt hatte; auf gute Seglereigenschaften war beim Baue der größte Nachdruck gelegt worden, der Dampf war nur eine Hilfskraft, der bei Windstille, in engem gewundnen Fahrwasser, zum Beispiel beim Einlaufen in Flußmündungen und freilich auch im Gefecht Dienste leisten sollte. Für weite Reisen waren in jener sparsamen Zeit die Kohlen noch zu teuer, die Maschinen arbeiteten auch lange nicht so wirtschaftlich wie heutzutage, und allzuviel Kohlen konnte man den leichten Fregatten auch nicht mitgeben, da sie ja vielerlei andre Lasten, besonders auch reichlichen Mundvorrat und frisches Trinkwasser für weite, langsame Fahrten mitnehmen mußten. Unsre sieben gedeckten Korvetten entsprachen dem, was man damals von den großen Kreuzern in andern Flotten, besonders in der englischen, forderte, vollständig; ja sie verdienten ihrer ganzen Beschaffenheit nach thatsächlich die Bezeichnung als leichte Fregatten, und es war nur wohl eine nicht unabsichtliche Bescheidenheit, daß sie bis zum Jahre 1884 als gedeckte Korvetten umherkreuzten. Die schönste dieser noch ganz aus Holz gebauten Kreuzerfregatten, wie sie seit 1884 hießen, war die Elisabeth (siehe Bild); sie war 2508 Tonnen groß, 66 m lang, 13 m breit und tauchte 5,6 m tief. Zuerst führte sie sechsundzwanzig kurze (d. h. 22 Kaliber lange) 15 cm-Ringkanonen und konnte mit einer Breitseitlage eine 414 kg schwere Geschoßmasse werfen, d. h. nur ungefähr ein Fünftel mehr als die alte Gefion; später, als das Schiff zur Ausbildung der Seekadetten verwendet wurde, trug es nur siebzehn 15 cm-Kanonen, außerdem vier 8 cm-Geschütze und sechs Revolverkanonen. Die Besatzung zählte 386 Mann. Wenn die Elisabeth den Schornstein herabgelassen und die Segel gesetzt hatte, sah sie ganz wie eine der schönen alten Fregatten aus; da die Schraube dann auch durch eine besondre Hißvorrichtung aus dem Wasser herausgehoben wurde also keinen Widerstand bot, segelte das Schiff bei gutem Winde schneller, als seine Maschine mit größter Kraftanstrengung leisten konnte. Unter Dampf brachte es Elisabeth knapp auf 13 Seemeilen, Arkona kam auf 10 Seemeilen, während Elisabeth unter Segel mehr als 14 Seemeilen und Arkona ungefähr 11 Seemeilen lief. Im Gefecht bei Jasmund (siehe Seite 61) hatte Arkona nur hölzerne Schiffe als Gegner; später sind unsre ältesten Schraubenfregatten nicht mehr vor den Feind gekommen, sodaß sie dahingegangen sind, ohne eigentlich recht auf ihre Kriegstüchtigkeit erprobt worden zu sein.

S. M. S. Elisabeth

Für den eigentlichen Seekrieg, den Kampf zwischen Schlachtflotten, hatte ja die Schlacht bei Lissa 1866 sehr ernste Erfahrungen gebracht, denn sie bewies die Überlegenheit der Panzerschiffe über die Holzschiffe im Gefecht. Kamen doch vom Gesamtverluste der österreichischen Schiffe, der 38 Tote und 138 Verwundete betrug, auf die Panzerschiffe nur 3 Tote, während ein Linienschiff, der Kaiser, allein 24 Tote und 37 Schwerverwundete hatte. Aber trotzdem behielt man fast überall für den Kreuzerbau die alten Grundsätze noch so lange, bis vor wenigen

Jahren die ungeheuern Fortschritte der Schnellfeuergeschütze wenigstens teilweise Panzerschutz auch für die Kreuzer dringend forderten.

Die Kreuzerfregatten Leipzig und Prinz Adalbert
Die ersten großen gedeckten Korvetten, die nach dem Flottengründungsplan von 1873 erbaut wurden, waren die beiden spätern Kreuzerfregatten Leipzig und Prinz Adalbert; sie waren als Schwesterschiffe gebaut, je 3925 Tonnen groß, 86 m lang, 14 m breit und tauchten 6,3 m tief. Ihre Einschraubenmaschinen leisteten 4800 PS und gaben etwa 14 Seemeilen Geschwindigkeit. Nach ihrem stattlichen Aussehen wurden diese Schiffe (siehe Bild) im Auslande öfters als Panzerkreuzer bezeichnet, so in Yokohama, wo im Sommer 1878 die Leipzig gleichzeitig mit der französischen Panzerkorvette Armide, dem russischen Panzerkreuzer Herzog von Edinburg und dem englischen Kasemattpanzerschiff Audacious zusammen vor Anker lag. Die beiden Schiffe hatten aber keinerlei Panzerschutz; sie waren beide nach dem Muster der 5780 Tonnen großen englischen Fregatte Inconstant (Stapellauf 1868) erbaut. Außer dem ungefügen Inconstant baute Sir Edward Reed noch mehrere ähnliche Fregatten für die englische Flotte, nämlich 1873 den Raleigh von 5200 Tonnen und den Shah von 6250 Tonnen, sowie 1875 die 4140 Tonnen große Boadicea und mehrere kleinere Fregatten; wegen ihrer Größe waren diese Schiffe für den Friedensdienst im Auslande sehr bequem und gesund, segelten auch ganz gut, aber das waren auch ihre einzigen Vorzüge. Streitbare und widerstandsfähige Kriegsschiffe waren diese Fregatten nicht; da sie schneller als die Schlachtschiffe jener Zeit waren, glaubte man sie als Aufklärungsschiffe benutzen zu können, weil ihre Geschützbewaffnung den kleinen Avisos überlegen war, aber dazu bot sich keine Gelegenheit, da schon wenige Jahre später viel schnellere Schiffe gebaut wurden, und so sind denn alle diese Schiffe im auswärtigen Friedensdienst aufgebraucht worden. Leipzig und Prinz Adalbert sind zum Glück nicht in Kämpfe mit bessern Kreuzern andrer Flotten verwickelt worden; aber die Kriegsuntüchtigkeit der großen Schiffe dieser Art ist in einem kleinen Gefecht sehr deutlich bewiesen worden. Im Jahre 1878 mußte die große Fregatte Shah zusammen mit der 2120 Tonnen großen Korvette Amethyst gegen den kleinen, damals noch peruanischen Monitor Huascar kämpfen, weil Verwicklungen zwischen England und Peru bestanden. Kapitänleutnant Weber[1]) nennt dieses Gefecht sehr treffend ein verkleinertes Bild der Seeschlacht am Yalu. Beide Schiffe, zusammen vom vierfachen Tonnengehalt des Huascar, der nur 1870 Tonnen groß ist, konnten 40 Kanonen gegen 4 des kleinen Gegners gebrauchen, hatten auch den Vorteil, etwa 3 Seemeilen mehr als der nur 11 Seemeilen schnelle Huascar zu laufen. Ungefähr 770 trefflich geschulte englische Seeleute standen 135 ungeübten, erst vor kurzem am Lande zusammengerafften Peruanern gegenüber, die wahrscheinlich gar keine Schießübung auf ihrem Turmschiffe gemacht hatten. Die beiden englischen Kreuzer hielten sich in sehr achtungsvoller Entfernung von dem kleinen Panzerschiffe, weil sie den Sporn und die Torpedos des sehr gut manövrierenden Gegners vermeiden wollten. Trotzdem gelang es dem Huascar nahe genug an den Shah hinanzukommen, um einen Torpedo auf ihn abzufeuern, der aber nicht traf. Ohne kampfunfähig zu werden, wurde Huascar etwa 60 bis 70 mal getroffen; nur 20 bis 30 Treffer hatte davon Shah erzielt, der in 2¼ Stunden nicht weniger als 280 Schuß verfeuert hatte. Die Engländer waren froh, daß sie das ungleiche Gefecht mit dem Anbruche der Dunkelheit abbrechen konnten; hätte der Huascar dieselbe Geschwindigkeit wie die englischen Schiffe und ein paar gute Schützen gehabt, so wäre vielleicht keiner von den beiden ungepanzerten Kreuzern davongekommen.

Die Kreuzerfregatte Leipzig im Hafen von Corinto (Nicaragua)

[1]) Marine Rundschau 1886, Seite 465.

Leipzig und Prinz Adalbert hatten wie die genannten englischen Schiffe ihre Geschütze noch in altmodischen Breitseitpforten in der Batterie stehen; nur für ein Heckgeschütz unter der Kampanje und für ein Buggeschütz unter der Back waren eingezogene Pforten gebaut, die einen leidlich großen Schußwinkel hergaben. Diese beiden Oberdecksgeschütze waren 25 Kaliber lange 17 cm-Kanonen; zehn kurze (d. h. nur 20 Kaliber lange) 17 cm-Kanonen standen in der Batterie. Nach einer Breitseite konnten gleichzeitig sieben Geschosse von zusammen 374,5 kg Gewicht mit 3605 Metertonnen Arbeitsleistung gefeuert werden; das war für diese Zeit keine schlechte Leistung, die aber durch die ungünstige Geschützaufstellung sehr beschränkt wurde. Die leichte Artillerie zählte vier 8 cm-Kanonen und sechs Revolverkanonen. Beide Schiffe mußten schon vor längerer Zeit wegen völliger Kriegsuntüchtigkeit aus der Liste der Kriegsschiffe gestrichen werden.

Stosch in der Straße von Gibraltar

Leipzig und Prinz Adalbert hatten eiserne Querspanten und Längsspanten, auch eiserne Querschotte, aber ihre Außenhaut war aus Holzplanken wie bei den alten Holzschiffen. Man behielt die hölzerne Haut bei, weil Holzschiffe durch Beschlagen des Bodens mit Kupferplatten besser gegen Bewachsen mit Muscheln geschützt werden können als eiserne Platten mit giftige Farbenanstriche. Für Kreuzer, die sich viel in den Tropen aufhalten, ist es wichtig, das dort sehr starke Bewachsen des Schiffsbodens möglichst zu verhindern, weil die Schiffe durch den Muschelansatz sehr viel Fahrgeschwindigkeit einbüßen. Natürlich darf man im Schiffbau Eisen und Kupfer sich nicht berühren lassen, weil sonst galvanische Ströme entstehen die das Metall zerstören. Da das Seewasser den Strom auch erzeugt, wenn die beiden Metalle in einiger Entfernung von einander verwendet werden, so müssen sie stets durch wasserdichte Isolierschichten getrennt sein; deshalb behielten Leipzig und Prinz Adalbert hölzerne Außenhautplanken, die mit eingelassenen stark verzinkten Bolzen auf den eisernen Spanten befestigt waren. Jeder Bolzenkopf war noch durch einen Holzpflock von der Kupferhaut getrennt; aber auch bei dieser Vorsicht hat sich die Anordnung nicht bewährt, denn die Befestigungsbolzen wurden von dem galvanischen Strome beschädigt. Bei den später gebauten eisernen Kreuzern hat man Zinkbeschlag auf eine einfache und nicht wasserdichte Holzhaut aufgelegt; die eigentliche innerste Schiffshaut wird vom elektrischen Strom dabei gegen Rost geschützt, weil er nur das Zink angreift. Aber da man die Zinkplatten häufig ergänzen muß, weil sie mit der Zeit ganz vom Strome zerstört werden, so schützt man die neuen stählernen Kreuzer gewöhnlich mit einer doppelten Holzhaut; die innere wird mit Stahlbolzen wasserdicht auf der stählernen Schiffswand befestigt, die äußere mit Messingschrauben wiederum wasserdicht auf der innern verschraubt, wobei natürlich die Stahlbolzen und Messingschrauben möglichst weit von einander abliegen. Schließlich wird die äußere Holzhaut mit Platten aus Kupfer oder aus Gelbmetall (Muntzmetall) beschlagen. Die innere Holzhaut muß hierbei die Isolation des Schiffskörpers übernehmen. Das hier erörterte genügt wohl als kleine Probe dafür, mit wieviel Schwierigkeiten der Kriegsschiffbau zu kämpfen hat. Beim Handelsdampfer, der regelmäßige Reisen macht, ist die Sache nicht einfacher; seine Stahlhaut braucht nur mit Ölfarbe gestrichen zu werden, da er fast nie gezwungen ist, längere Zeit in tropischen Häfen still zu liegen. Während der Fahrt setzen sich aber weniger Muscheln an, und der Dampfer kann bei jeder Rückkehr in die Heimat billig seinen Boden abkratzen lassen. Im Auslande ist die Benutzung fremder Docks und fremder Werften mit sehr hohen Kosten verknüpft, deshalb muß man suchen, die Kreuzer auch in dieser Beziehung möglichst unabhängig zu machen.

Ebensolche Zwitterbildungen, wie Leipzig und Prinz Adalbert, waren die Kreuzerfregatten der Stoschklasse; auch sie segelten nur mäßig gut und dampften nicht schnell genug. Von diesen sechs Fregatten liefen 1877 Bismarck, Moltke, Stosch und Blücher vom Stapel, Stein und Gneisenau folgten 1879. Jedes dieser Schiffe (siehe Bild) ist 2856 Tonnen groß, 74 m lang, 14 m breit und taucht 6 m tief, ist also kleiner und kürzer als Leipzig; wie alle ältern Dampffregatten haben auch Stosch und ihre Schwesterschiffe volle Takelung, die zweiflügelige Schraube kann beim Segeln gehißt werden. Unter Segel werden die Schiffe, wie Leipzig, wohl nie mehr als 11 Seemeilen Fahrt geleistet haben, unter Dampf bringen sie es bei 2500 PS auf 13 bis knapp 14 Seemeilen Schnelligkeit, das ist wenig, wenn man bedenkt, daß die gleichzeitig als Schnellkreuzer gebauten, 1000 Tonnen größern englischen Kreuzer Iris und Mercury

Die sechs Kreuzerfregatten der Stoschklasse

fast 17 Seemeilen laufen. Aber immerhin sind die Schiffe der Stoschklasse wesentlich besser und schneller als die ebenfalls 1878 und später gebauten fast gleich großen englischen Korvetten Conquest (von 2670 Tonnen), Cleopatra (von 2610 Tonnen) und die übrigen sieben Schiffe derselben Bauart, denn diese liefen unter Dampf wenig mehr als 12 Seemeilen. Blücher wurde bald nach seinem Stapellauf zum Torpedoschulschiff bestimmt; von ihm wird noch im nächsten Abschnitt gesprochen werden. Die andern Kreuzerfregatten dieser Gattung sind in fleißigem Friedensdienst in allen Meeren der Erde viel benutzt worden und haben sich als seetüchtige Schiffe bewährt, sind aber jetzt dem Ende ihrer Laufbahn nahe; eine von ihnen, die Fregatte Bismarck, mußte schon im September 1891 aus der Liste der Kriegsschiffe gestrichen werden, weil sie durch langjährige, fast ununterbrochene Fahrten in Kreuzergeschwader aufgebraucht war. Ungefähr um dieselbe Zeit mußten auch die vier Fregatten Stosch, Stein, Moltke und Gneisenau unter die Schulschiffe eingereiht werden, denn als kriegstüchtige Kreuzer waren sie schon längst nicht mehr den modernen Kreuzern fremder Kriegsflotten gewachsen. Die Hauptgründe für die Kriegsuntüchtigkeit dieser Schiffe sind die viel zu geringe Geschwindigkeit, die unpraktisch aufgestellte altmodische Artillerie, der geringe Kohlenvorrat, das Fehlen jeglichen Panzerschutzes und jedes Schutzes der Schwimmfähigkeit gegen Schüsse in die Wasserlinie. Stosch läuft 14 Seemeilen, dagegen haben von den japanischen geschützten Kreuzern, die an der Schlacht am Yalufluffe teilnahmen, drei (Itsukushima, Matsushima und Hashidate) schon 17 Seemeilen Geschwindigkeit, vier (Naniwa, Takachiko, Chiyoda und Akitsushima) aber 19 Seemeilen, und einer (Joshino) sogar 21 Seemeilen Geschwindigkeit! Alle diese japanischen Kreuzer sind mit modernen Schnellfeuergeschützen ausgerüstet, die auch in moderner Weise sehr günstig, d. h. mit sehr großen Schußwinkeln in Schwalbennestern, in Türmen oder in eingezogenen Pforten aufgestellt sind. Stosch und seine Schwesterschiffe haben vierzehn kurze 15 cm-Kanonen alter Art, also keine Schnellfeuergeschütze, in der altmodischen Batterieaufstellung mit sehr kleinen Bestreichungswinkeln; etwas günstiger stehen auf dem Oberdeck die beiden 8,8 cm-Schnellfeuerkanonen als Buggeschütze in eingezogenen Pforten. Sechs Revolverkanonen sind auf der Rehling verteilt. Jedes Schiff soll zwei Bugtorpedorohre haben. Alle Fregatten der Stoschklasse sind ganz aus Eisen gebaut, haben Doppelboden und mehrere Querschotte, aber keinerlei Panzerschutz wie die modernen Kreuzer, auch alle hier genannten japanischen Schiffe, ihn für die Wasserlinie, für die wichtigsten Geschütze, für den Kommandostand und für die Geschoßschächte haben. Der Kohlenvorrat von 400 Tonnen ist kaum halb so groß wie bei den modernen Kreuzern, die noch dazu sparsamere Maschinen haben. Genug, jeder, der diese alten Kreuzerfregatten mit neuen Schiffen vergleicht, wird erkennen, daß sie nicht mehr kriegstüchtig sind. Leider ist für sie bis jetzt noch kein Ersatz geschaffen worden; da sie bequeme Seeschiffe sind, dienen sie vorläufig noch als Schulschiffe.

Die Kreuzerfregatte Charlotte

Als Nachzügler dieser alten Fregatten lief noch im Jahre 1885 ein ähnliches Schiff vom Stapel, die Charlotte; sie ist ein völliger Anachronismus. Welcher von den beiden militärischen Chefs der Admiralität ihre Pläne billigte, ist nicht bekannt, ist auch gleichgiltig, denn geschehene Dinge lassen sich nicht ändern; es mag auch sein, daß bei der Hartnäckigkeit, die unsre Reichsboten zuweilen gegen die Bewilligung von Kreuzern gezeigt haben, das Schiff in der Zeit, die zwischen der Forderung und der Bewilligung verstrich, veraltete. Und das Schiff entstand allerdings in einer Übergangszeit, wo man über mancherlei Fragen des Schiffbaus und der Seekriegstechnik im Finstern herumtappte. Die wenig geglückten Panzerschiffe Oldenburg, Brummer und Bremse stammen aus derselben Zeit. Charlotte ist auf der Marinewerft in Wilhelmshaven erbaut, ist 3222 Tonnen groß, 77 m lang, 15 m breit und taucht 6 m tief; die Maschine leistet etwa 3000 PS, wobei die einzige Schraube dem Schiffe ungefähr die Geschwindigkeit der Fregatten der Stoschklasse giebt, nämlich 13 bis 14 Seemeilen, nach andern Angaben 15 Seemeilen. Die Bewaffnung besteht aus achtzehn kurzen 15 cm-Kanonen, die ganz ähnlich wie auf der Stosch ebenfalls teils in altmodischen Breitseitpforten in der Batterie und teils in eingezogenen Pforten als Buggeschütze stehen. Auf der Back und auf der Kampanje sind außerdem vier 8,8 cm-Schnellladekanonen aufgestellt, auf der Rehling sechs Maschinenkanonen. Zwei Bugrohre dienen zum Schießen von Torpedos. Während früher Leipzig und Prinz Adalbert 432 Mann und die Fregatten der Stoschklasse je 404 Mann hatten, haben jetzt die Schulschiffe Stosch und Stein je 446 Mann, Moltke und Gneisenau je 461, Blücher 400 und Charlotte als Reserveschulschiff 455 Mann Besatzung. Da Charlotte schon bei ihrem Stapellauf kein modernes Kriegsschiff war, ist es sehr wohl möglich, daß sie ihr Dasein in dieser seltsam unmodernen Form einem „prinzipiellen" Fehler verdankt; sie ist wohl von Anfang an als Schulschiff gebaut worden. In ihrer Bauzeit huldigte man dem jetzt gottlob längst als unrichtig erkannten Grundsatze, Schulschiffe müßten Schiffe besonderer Art sein, müßten also durch neue ersetzt werden, wenn sie, wie damals die alte Fregatte Niobe, seeuntüchtig zu werden begannen. Jetzt, wo unter seemännischer Leitung auch Verständnis für den Seekrieg in der Flotte geschaffen ist, jetzt baut man natürlich nur noch Kriegsschiffe und keine Schulschiffe mehr. Veraltende Kriegsschiffe, die zu Schulzwecken verbraucht werden können, wird es sowieso stets geben.

Von all den stolzen Kreuzerfregatten, die bisher beschrieben worden sind, ist also nicht eine einzige mehr für den Krieg zu gebrauchen. Das ist um so schlimmer und bedenklicher, als für alle diese Schiffe erst ein einziges Ersatzschiff, der als Ersatz-Leipzig bezeichnete Panzerkreuzer, im Bau ist. Die vier fertigen modernen Kreuzer zweiter und dritter Klasse kann man nicht als Ersatzbauten der alten Fregatten betrachten; denn da die Kreuzerfregatten oder gedeckten Korvetten aus den alten Segelfregatten hervorgegangen sind und daher die stärksten Kreuzer darstellen, sind an ihrer Stelle also heute nur Kreuzer erster Klasse als vollgiltiger Ersatz zu rechnen, während den alten Kreuzerkorvetten oder Glattdeckskorvetten die modernen Kreuzer zweiter und allenfalls auch noch dritter Klasse gleichwertig zu rechnen sind. Deshalb wird z. B. der Ersatz der alten Korvette Freya als Kreuzer zweiter Klasse gebaut. Als Kreuzer erster Klasse, dem Ersatz der alten Kreuzerfregatten, werden in den meisten Flotten nur Panzerkreuzer gebaut, allerdings sind in der englischen und französischen Flotte auch eine ganz ansehnliche Zahl sehr großer, nur „geschützter" Kreuzer von etwa 7000 bis 14000 Tonnen Größe teils fertig teils im Bau, die auch als Kreuzer erster Klasse bezeichnet werden müssen. Die amerikanischen Schnellkreuzer Columbia (Stapellauf 1892) und Minneapolis (1893), die beide 7475 Tonnen groß sind, können noch zu den Kreuzern erster Klasse gezählt werden, während unsre Kaiserin Augusta mit nur 6052 Tonnen Größe zu den Kreuzern zweiter Klasse gezählt werden muß, zu denen z. B. auch die sechzehn teils fertigen, teils im Bau begriffnen englischen Kreuzer der Talbot- und Arrogantklasse mit 5600 und 5750 Tonnen Größe, sowie der französische Kreuzer Cécille mit 5933 Tonnen rechnen. Zwischen den modernen Kreuzern zweiter und dritter Klasse entscheidet entweder die Größe, wobei Schiffe von etwa 3000 Tonnen und weniger zu der kleineren Klasse gehören, oder das Kaliber der Hauptgeschütze. In der deutschen Marine ist die Kreuzerflotte seit dem Herbst 1893 sehr zweckmäßig nach der Leistungsfähigkeit der Schiffe geteilt. Darnach gelten nur die Panzerkreuzer als Kreuzer erster Klasse; sie sollen durch Panzerdeck und Seitenpanzer geschützt sein, und ihre Hauptgeschütze sollen mindestens 21 cm Kaliber haben. Die deutschen Kreuzer zweiter Klasse, die mindestens 15 cm Kaliber zu Hauptgeschützen haben, erhalten als Schutz ein Panzerdeck, heißen daher auch geschützte Kreuzer oder Panzerdeckskreuzer; zu diesen Schiffen zählen Kaiserin Augusta, Irene und Prinzeß Wilhelm, ferner die Neubauten Ersatz-Freya, K, L, M und N. Als Kreuzer dritter Klasse zählen alle mit Panzerdeck geschützten Kreuzer, deren Hauptgeschütze bis zu 15 cm Kaliber haben; ein solcher Kreuzer ist die neue Gefion. Schließlich zu den Kreuzern vierter Klasse rechnen die Schiffe von mehr als 1000 Tonnen Größe, die kein Panzerdeck haben, und deren Hauptkaliber unter 15 cm ist, also die kleinen Kreuzer der Bussardklasse, von denen acht fertig sind und einer noch im Bau ist. Soviel über die Einteilung der modernen Kreuzer.

Nach dem eben Ausgeführten würde es natürlich und logisch sein, wenn alle alten Kreuzerfregatten allmählich durch Panzerkreuzer ersetzt würden: Panzerkreuzer heißen die großen und schnellen Kreuzer, die für ihre wichtigsten Geschütze und für ihre Wasserlinie senkrechten Panzerschutz sowie außerdem auch ein gewölbtes Panzerdeck, ebenfalls für den Schutz der Schwimmfähigkeit, haben. Früher gehörten die Panzerkreuzer zu den Panzerkorvetten; sie waren damals auch nichts andres als kleine Panzerschiffe. Gewisse Panzerkorvetten waren, wie unsre Schiffe der Sachsenklasse (siehe Seite 103), nur zum Kampf in den heimischen Gewässern bestimmt, aber andre Panzerkorvetten, bei uns nur die Hansa, waren für den auswärtigen Dienst, also als Panzerkreuzer, erbaut. Die französische Marine hatte schon vor 1870 solcher Panzerkreuzer, deren erster die schon erwähnte Korvette Belliqueuse war; sieben andre folgten dann bis zum Jahre 1883. Rußland hatte im Jahre 1875, als unsre völlig ungeschützte Kreuzerfregatte Leipzig vom Stapel lief, schon drei für den überseeischen Dienst bestimmte Panzerkreuzer, Knjäs Poscharski (Stapellauf 1867), General Admiral (1873) und Herzog von Edinburg (1875), die alle kampfkräftiger als Leipzig waren. England hat immer nur wenige Panzerkreuzer gebaut, weil es seine schwächern oder ältern Schlachtschiffe im Auslande benutzen kann; denn Englands viele Flottenstationen sichern die Gelegenheiten zum Kohlennehmen und zum Docken und Ausbessern der Schlachtschiffe, die in allem nicht so selbständig sein können wie die Kreuzer, ihres größern Panzergewichts wegen.

Die deutsche Marine hat früher leider nur einen einzigen Panzerkreuzer gehabt, nämlich die alte Panzerkorvette Hansa (siehe Bild). Das schöne, stattliche Schiff wurde nach den Plänen des schon erwähnten englischen Schiffbaumeisters Reed auf der Danziger Marinewerft ganz aus Holz erbaut und lief dort 1872 vom Stapel. Wie alle französischen Panzerschiffe derselben Zeit war sie aus Holz gebaut, damit der Schiffsboden ohne Gefahr gekupfert werden konnte. Dabei wurde der Gürtelpanzer bis etwas oberhalb von der Wasserlinie durch eine Holzhaut vom Kupfer isoliert. Das Holz gab gleichzeitig die elastische Hinterlage für den Panzer, die ja auch auf den modernen Schiffen zwischen die Stahlhaut und den Stahlpanzer gelegt wird. Die Hansa war 3610 Tonnen groß, 68 m lang, 14 m breit und hatte 6 m Tiefgang; die Maschine leistete 2000 Pferdekraft, wobei mit der einzigen Schraube 12 Seemeilen Geschwindigkeit erreicht wurde. Der Gürtelpanzer war 15,8 cm, der Kasemattpanzer 12,7 cm stark. Die Panzerkasematte deckte etwa $1/4$ Schiffslänge; ihre mit Panzerthüren versehenen Stirnwände (Panzerschotte) sicherten das Schiff vor den gefährlichen

Längsgeschützen. Die Schornsteine, das Ruder und die Munitionsschachte lagen in der Kasematte. Die Kasemattbatterie zählte acht kurze 21 cm-Ringkanonen, je vier auf jeder Seite, deren Eckgeschütze ähnlich wie auf dem Schlachtschiff Kaiser einen größeren Bestreichungswinkel hatten, da die Pforten in den abgestumpften Ecken lagen. So dienten die vordern Batteriegeschütze zugleich als Buggeschütze und die hintern als Heckgeschütze. Auf dem Oberdeck standen noch acht leichte Geschütze. Mit seiner kräftigen Takelung segelte das Schiff recht gut. Die Besatzung zählte 400 Köpfe. Die Hansa hat in den Jahren 1878 und 1879 während des chilenisch-peruanischen Krieges thatkräftig die Deutschen in Peru geschützt und ist in fleißigem Friedensdienst, zuletzt lange Jahre als Wachtschiff im Hafen von Kiel, allmählich aufgebraucht worden. Im Herbst 1888 mußte das Schiff wegen Altersschwäche aus der Liste gestrichen werden und wird jetzt als Kasernenschiff noch verwendet. Es kann nur die leidige Rücksicht auf die Sparsamkeit gewesen sein, die später den Bau von Panzerkreuzern verhinderte und dafür nur ungeschützte Kreuzerfregatten, wie Leipzig, Prinz Adalbert, die sechs Schiffe der Stoschklasse und Charlotte erzeugte. Die Wichtigkeit der Panzerung war in unsrer Marine stets anerkannt, das beweist der Ausspruch des Vizeadmirals von Henk (von 1884): „Viel mehr als eines guten Treffers bedarf es nicht, um ein ungepanzertes Schiff außer Gefecht zu setzen," und ferner: „Ungepanzerte Schiffe sind nicht imstande, mit Aussicht auf Erfolg einen Kampf von einiger Dauer den modernen Schiffsgeschützen gegenüber zu unterhalten."

Große Kreuzer müssen selbständige Kampfschiffe sein

Von der Form der alten ungeschützten Kreuzerfregatten, die zwar ihre Seetüchtigkeit bewiesen hatten und auch für friedliche Zwecke des Kreuzerdienstes sehr bequem und gesund für die Besatzung waren, mußte man sich schließlich aber doch trennen, als die Schnellfeuergeschütze leichten und mittlern Kalibers, bis zu den 15 cm-Kanonen, so leistungsfähig wurden, daß der Schutz der Wasserlinie, der Geschütze und der Kommandoelemente unbedingt notwendig wurde. Man darf eben nicht vergessen, daß jeder große Kreuzer für gewöhnlich die einzige vaterländische Streitkraft an überseeischen Plätzen darstellt; diese selbständigen Kreuzer sind Kampfschiffe, wie die heimischen gepanzerten Schlachtschiffe, denn sie müssen zu jeder Zeit und an jedem Orte Gegnern gewachsen sein, deren Stärke der der großen Schlachtschiffe oft gleichkommt. Selbst Länder wie Argentinien, Brasilien und Chile, ganz abgesehen von Seemächten wie Japan und China, haben sehr starke gepanzerte Schiffe, teils Panzerkreuzer, teils Schlachtschiffe kriegsbereit; könnte man denen bei Verwicklungen keine Panzerkreuzer auf den Hals schicken, so würde wieder, wie im vorigen Jahre durch Entsendung des Panzerschiffs Kaiser nach Ostasien, die heimische Schlachtflotte geschwächt werden, die für den Krieg um die Seeherrschaft in der Nord- und Ostsee bereit sein muß. Nach den Erfahrungen der Seeschlacht am Jalusflusse, wo die japanischen geschützten Kreuzer (also Kreuzer ohne senkrechte Panzerung der Wasserlinie und der Geschützstände) trotz ihrer Panzerdecke sehr gefährliche Verletzungen erhielten, kann man nur noch die Panzerkreuzer als vollwertige überseeische Kampfschiffe ansehen. Natürlich sind darum die geschützten Kreuzer zweiter Klasse nicht zu entbehren, weil sie viel billiger sind, also zum Dienst auf weniger gefährdeten Stationen verwendet werden können. Sie bedürfen aber der Unterstützung durch Panzerkreuzer, sobald ihre eigne Kraft nicht ausreicht.

Moderne Panzerkreuzer

Wie früher die Linienschiffe überall der schnellen Fregatten bedurften, so sind auch jetzt und in Zukunft die leichten, schnellen, aber ungenügend „geschützten" Kreuzer nicht nur für den überseeischen Dienst, sondern auch für den Aufklärungs- und Nachrichten-

Die alte Hansa vor Callao

dienst bei der Schlachtflotte unbedingt nötig. Aber ihre Verwendung ist beschränkt und unvorteilhaft, sobald der Gegner starke Panzerkreuzer als Kundschafter den „geschützten" entgegenschickt. Gegen jeden Gegner und an jedem Orte selbständig auftreten kann eben nur der große, mit schweren Panzergeschützen und vielen leichten Schnellfeuerkanonen bewaffnete, schnelle Panzerkreuzer. Die Panzerkreuzer sollen also, ebenso wie alle modernen schnellen Kreuzer einen doppelten Zweck erfüllen: sie sollen im Frieden und im Kriege, wie die Kreuzerfregatten, in den überseeischen Gewässern das Wohl und die Ehre des Vaterlandes schützen, sie sollen aber auch im Seekriege bei der Schlachtflotte in den heimischen Gewässern da den Aufklärungsdienst übernehmen, wo feindliche Panzerkreuzer den eigenen Kreuzern entgegengetreten. Da alle europäischen Marinen bereits Panzerkreuzer bei ihren Schlachtflotten als Kundschafter und Vorposten haben, die unsre geschützten Kreuzer leicht zurückdrängen oder gar nutzlos vernichten würden, ehe diese schwachen Kundschafter ihre Aufgabe, die Stärke der feindlichen Panzerflotte zu beobachten, erfüllen könnten, so sind wir gezwungen, recht bald Panzerkreuzer als Ersatz für die alten Kreuzerfregatten, die alle nicht mehr kriegsbrauchbar sind, zu bauen, wenn wir dem Feinde nicht großes Übergewicht lassen wollen.

Daß in der That von den Fachleuten aller Kriegsflotten viel von den Panzerkreuzern erwartet wird, geht aus der Betrachtung der vorhandnen und im Bau befindlichen Panzerkreuzer hervor.[1]) England hat neben elf alten Panzerkreuzern von geringem Gefechtswert fertig die Panzerkreuzer Undaunted (Stapellauf 1886), Orlando (1886), Australia (1886), Narcissus (1886), Immortalité (1887), Galatea (1887) und Aurora (1887); außerdem müssen folgende, mit gepanzerten Geschützständen und mit doppeltem schrägem Panzerdeck versehene englische Kreuzer erster Klasse als gleichwertig mit den eigentlichen Panzerkreuzern (mit senkrechtem Panzergürtel) angesehen werden: Blenheim (1890, Größe 9000 Tonnen), Blake (1891, 9000 Tonnen), Powerful und Terrible (1895, je 14200 Tonnen). Im Bau sind acht Kreuzer erster Klasse von 11000 Tonnen Größe. In Frankreich sind von den alten Panzerkreuzern noch vier kriegsbrauchbar, und zwar Bayard (1880), Turenne (1879), Vauban (1883) und Duguesclin (1883); an modernen Panzerkreuzern sind sechs fertig, nämlich Dupuy de Lôme (1890), Latouche Tréville (1892), Amiral Charner (1893), Chanzy (1894), Bruix (1894) und Pothuau (1895), im Bau ist der 11000 Tonnen große Panzerkreuzer Jeanne d'Arc. Von den alten russischen Panzerkreuzern sind schon drei, Knjäs Poscharski (1867), General Admiral (1873) und Herzog von Edinburg (1875) erwähnt, sie haben jetzt wegen ihrer geringen Geschwindigkeit nur noch geringen Gefechtswert; besser sind noch die alten Panzerkreuzer Minin (1878), Wladimir Monomach (1882) und Dmitri Donskoi (1883). Gute Panzerkreuzer sind die neueren Schiffe Admiral Nachimoff (1885) und Panjat Azowa (1888). Zwei der mächtigsten Panzerkreuzer hat Rußland im Rjurik (1892, Größe 10933 Tonnen) und in der Rossija (1896, 12200 Tonnen) fertig und überdies noch einen im Bau, der 14000 Tonnen groß wird und noch unbenannt ist. Die spanische Flotte hat außer zwei alten Panzerkreuzern vier moderne, nämlich Infanta Maria Teresa (1890), Almirante Oquendo (1891), Vizcaya (1891) und Emperador Carlos V. (1895) fertig und sechs im Bau, von denen fünf Cardenal Cisneros, Cataluna, Princesa de Asturias, Cristobal Colon und Pedro d'Aragona heißen sollen. Italien hat drei moderne Panzerkreuzer fertig, nämlich Marco Polo (1892), Vettor Pisani (1895) und Carlo Alberto (1896), und zwei im Bau, Österreich-Ungarn hat einen fertig und einen im Bau; die Vereinigten Staaten haben drei, nämlich Maine (1890), New York (1891) und Brooklyn (1895) kriegsfertig. Schließlich sei noch erwähnt, daß Japan zwei moderne und drei alte, Argentinien zwei moderne Panzerkreuzer kriegsbereit haben, und daß Chile einen baut. Diese Liste genügt wohl ganz allein, um zu beweisen, daß Deutschland nicht länger zögern darf, ebenfalls mehr Panzerkreuzer zu bauen.

Der einzige moderne deutsche Panzerkreuzer, der zur Zeit auf der kaiserlichen Werft in Wilhelmshaven im Bau ist, verspricht nach seinen Plänen ein wackerer Kämpe zu werden. Das Schiff, das ganz aus Stahl erbaut wird, trägt vorläufig die Bezeichnung Ersatz-Leipzig; denn in der deutschen Kriegsflotte wird der Name jedes Neubaues erst beim Stapellaufe, der zugleich der Tauftakt ist, bekannt. Ersatz-Leipzig (siehe Bild) wird 10650 Tonnen groß, 120 m lang, 20,4 m breit und soll 7,9 m tief tauchen; das Schiff wird also länger als unsre modernen Schlachtschiffe und wird in der Größe gerade zwischen Kaiser Friedrich III. und Brandenburg stehen. Da die Maschine 13500 PS leisten soll, also noch 500 mehr als auf Kaiser Friedrich III., so muß die Panzerung wesentlich leichter werden; man erwartet, daß die drei Schraubenmaschinen dem Panzerkreuzer etwa 19 Seemeilen Geschwindigkeit geben werden, also 1 Seemeile mehr, als die neuen Schlachtschiffe haben sollen. Auch der Kohlenvorrat ist auf Ersatz-Leipzig bedeutend größer, nämlich 1000 Tonnen, gegen 650 Tonnen auf Kaiser Friedrich III.; das sichert dem Kreuzer einen größern Dampfweg, also größere Selbständigkeit, vermindert aber auch das Gewicht für andre Belastung. Gepanzert werden: der volle Gürtel in der Wasserlinie von 2½ m Breite rings ums Schiff herum, ferner die Drehtürme und Kasematten sowie die Munitions-

Der Panzerkreuzer Ersatz-Leipzig

---

[1]) Genaues hierüber findet man in meinen Aufsätzen über Panzerkreuzer in der Zeitschrift Prometheus 1896, Nr. 343, 344; 349, 350; 359, 360, 361.

schachte und die Kommandotürme und zwar mit Nickelstahlplatten von 20 und 10 cm Stärke. Vergleicht man die Schiffs=
form mit der des Schlachtschiffs Kaiser Friedrich III., so erkennt man, daß der Panzerkreuzer noch hochbordiger wird; sein
vorderer Panzerturm hat noch 2 m größern Freibord als das Schlachtschiff, die beiden vordern schweren Geschütze feuern
also aus 10 m Höhe über der Wasserfläche, während z. B. die schweren Geschütze in der Batterie des alten König
Wilhelm nur ungefähr 3 m Freibord haben. Die Bewaffnung von Ersatz=Leipzig hat viel Ähnlichkeit mit der des Kaiser
Friedrich III.: vier 40 Kaliber lange 24 cm=Kanonen sind in zwei gepanzerten Drehtürmen mit 270 Grad Bestreichungswinkel
aufgestellt, und der hintere Turm hat 3 m weniger Freibord als der vordere. Die Mittelartillerie, zwölf 40 Kaliber lange
15 cm=Schnellfeuerkanonen, steht zur Hälfte in gepanzerten Drehtürmen (zu je einem Geschütz) und zur Hälfte in gepanzerten
Einzelkasematten. An leichter Artillerie sind zehn 30 Kaliber lange 8,8 cm=Schnellladekanonen, zehn 3,7 cm=Maschinen=
kanonen und acht 8 mm=Maschinengewehre vorhanden. Betrachtet man das Schiffsbild, so erkennt man, daß die Artillerie
sich auf fünf „Stockwerke" verteilt wenn man die vier Maschinenkanonen in den Gefechtsmarsen nicht mitrechnet. Im
untersten Stockwerk, dem Batteriedeck früherer Zeiten, sind in der Mitte des Schiffs in Einzelkasematten dicht neben=
einander je zwei 15 cm=Kanonen auf jeder Seite aufgestellt, außerdem sieht man hinten in einem Erker in gleicher Höhe
über Wasser je eine 8,8 cm=Kanone; jedes dieser Geschütze hat sehr günstige Bestreichungswinkel. Auf dem nächsthöhern
Stockwerk, dem Oberdeck, steht hinten der schwere Drehturm mit zwei 24 cm Kanonen, weiter nach vorn steht an jeder
Seite des Schiffs, etwas hinter dem hintern Maste sichtbar, je ein Drehturm mit einer 15 cm Kanone, während der
dritte und vierte 15 cm=Drehturm über den zu zweien zusammenstoßenden Einzelkasematten des Batteriedecks steht, sodaß
für diese drei auf jeder Schiffsseite nahe bei einander stehenden 15 cm=Kanonen nur ein gemeinschaftlicher Panzerschacht für
den Schießbedarf nötig ist. Ebenfalls auf dem Oberdeck, das aber vom vordern Schornstein beginnend mit einem hohen vordern
Aufbau bedeckt ist, stehen in gepanzerten Eckkasematten mit eingezognen Pforten noch zwei 15 cm=Schnellfeuerkanonen,
je eine an jeder Seite des großen vordern Geschützturms und etwa 3 m tiefer als dieser. Schließlich sind noch vier
8,8 cm=Kanonen in dem „zweiten Stockwerk" untergebracht, und zwar zwei davon ganz vorn im Bug, schräg oberhalb
der Ankerklüsen in eingezognen Pforten, und zwei in der Breitseite freistehend zwischen dem hintern Schornstein und dem

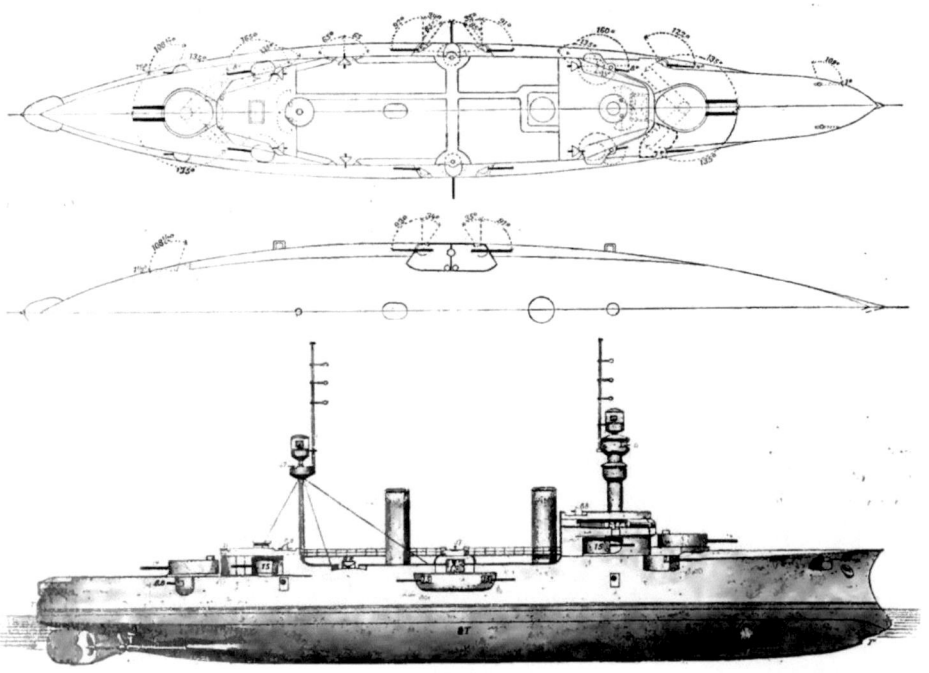

Panzerkreuzer Ersatz=Leipzig. (T = Torpedorohr)

Großmast, wie aus historischen Gründen der hintere, kleinere und schwächere Mast noch heißt. Als drittes Stockwerk kann man das vordere Aufbaudeck betrachten, auf dem mit 10 m Freibord die beiden vordern 24 cm-Kanonen in dem großen Drehturm stehen; ungefähr ebensohoch steht zu beiden Seiten des Fockmastes ein gepanzerter Drehturm mit je einem 15 cm-Geschütz. In gleicher Höhe steht auf den Enden der mittlern Querbrücke zwischen den beiden Schornsteinen je eine 3,7 cm-Maschinenkanone; auf dem hintern Aufbaudeck hinter dem Großmast stehen zwei 8,8 cm-Kanonen und zwei 3,7 cm-Maschinenkanonen. Die vordere untere Kommandobrücke mit zwei 3,7 cm-Maschinenkanonen bildet das vierte Stockwerk, und die obere Kommandobrücke mit zwei 8,8 cm-Kanonen das fünfte; diese 8,8 cm-Kanonen stehen 14 m über der Wasserlinie. Schließlich stehen noch je zwei 3,7 cm-Maschinenkanonen in den Gefechtsmarsen der beiden Masten. Um die artilleristische Wirkung besser übersehen zu können, sei hier wieder zusammengestellt, wieviel Geschütze jedes Kalibers nach den Hauptrichtungen feuern können.

Bugfeuer geben . . . . zwei 24-cm-Kanonen, acht 15 cm-SK,[1]) vier 8,8 cm-SK, vier 3,7 cm-MK
Vier Strich von vorn feuern . vier   „   „   „   sechs „   „   „   vier „   „   „   vier „   „   „
Breitseitfeuer geben . . . . . . vier   „   „   „   sechs „   „   „   fünf „   „   „   fünf „   „   „
Vier Strich von achtern feuern vier   „   „   „   sechs „   „   „   vier „   „   „   fünf „   „   „
Heckfeuer geben . . . . zwei   „   „   „   sechs „   „   „   vier „   „   „   vier „   „   „

Also wieder ein vortreffliches Rundfeuer, denn nach fast allen Richtungen vom Schiffe ist eine fast gleichmäßige Wirkung erzielt; die großen Fortschritte, die mit diesem Schiffe wie auch mit Kaiser Friedrich III. in der Aufstellung der Geschütze gemacht sind, werden dem recht klar werden, der sich mit Hilfe der unsern Bildern beigegebnen Deckspläne der ältern und der neuern Schiffe die Rundfeuerwirkung auch bei diesen Schiffen bestimmt. Die Arbeitsleistung der gesamten Artillerie bei Ersatz-Leipzig kann sich jeder leicht aus den auf Seite 113 gegebnen Geschoßgewichten, Feuergeschwindigkeiten (also z. B. 15 cm-SK feuert sechs Schüsse in der Minute) und Arbeitsleistungen der einzelnen Geschütze selbst berechnen. Eins ist sehr beachtenswert an diesem Panzerkreuzer: die Zahl und das Kaliber der schweren Geschütze (24 cm) stimmt mit der Zahl und dem Kaliber der schweren Artillerie auf unsern neuesten Schlachtschiffen überein. Ähnliches kann man bei den Panzerkreuzern und Schlachtschiffen fremder Kriegsflotten beobachten. Darnach nähern sich also, wie französische und österreichische Fachleute schon vor einiger Zeit ausgesprochen haben, die Gattungen der Panzerschiffe und der Panzerkreuzer allmählich immer mehr; der französische Admiral Fournier[2]) geht schon so weit, im Panzerkreuzer überhaupt das einzige Kampfschiff der Zukunft zu sehen sowohl für den Seekrieg in den europäischen Gewässern wie auch für den überseeischen Dienst im Kriege und im Frieden. Das ist auch gar nicht unwahrscheinlich, weil sich die exotischen Flotten, also besonders die japanische, so mächtige Panzerschiffe (vier japanische von 15 000 Tonnen Größe im Bau, zwei von 12 450 Tonnen fertig!) anschaffen, daß die europäischen Mächte gezwungen sind, ebenfalls sehr mächtige, dabei zugleich mit den Kreuzereigenschaften der Schnelligkeit und Selbständigkeit ausgestattete Schiffe in die Gewässer jener Staaten zu schicken, wenn Verwicklungen drohen.

Ersatz-Leipzig bekommt als weitere furchtbare Waffen sechs Torpedorohre für große Torpedos mit ungefähr 90 kg Schießbaumwolle; fünf Rohre, von denen eins nach vorn und je zwei nach jeder Breitseite feuern, liegen unter Wasser, also vor dem gefährlichen Schnellfeuer der Geschütze gedeckt, nur das Heckrohr muß wegen des Ruders und der drei Schiffsschrauben über Wasser liegen. Die Betakelung und die Anordnung der Brückenbauten ist auf dem Bilde zu erkennen; bemerkenswert ist die Aufstellung der sechs elektrischen Scheinwerfer auf den Toppen (den obern Enden) der beiden Gefechtsmasten und auf je zwei Podesten in den Breitseiten. Der hintere Mast ist schwächer als der vordere, um nicht zu große Gewichte in zu große Höhe des Schiffs zu legen. Die Besatzung des Schiffs wird 565 Köpfe zählen.

Möge Ersatz-Leipzig bald glücklich vom Stapel laufen; denn die Zeit ist lang, die zwischen dem Stapellaufe und der wirklichen Kriegsbereitschaft eines solchen großen Schiffs liegt. Noch etwa zwei Jahre wird fleißig gearbeitet werden müssen, ehe das Schiff seine Probefahrten machen kann, und dann beginnen erst die vielerlei Übungen, die die Offiziere und Mannschaften mit der gewaltigen neuen Waffe des Seekriegs vertraut machen sollen. Die Liste der fremden Panzerkreuzer und unsre eigne Kreuzernot sollte unter diesen Umständen allen Deutschen klar machen, daß es unser aller Pflicht ist, auf den baldigen Bau von mehr Panzerkreuzern zu dringen. Denn Deutschland kann seine Stellung als Großmacht außerhalb unsrer eignen heimischen Gewässer nur behaupten, wenn es allmählich alle unsre alten Kreuzerfregatten durch Panzerkreuzer ersetzt; je eher damit begonnen wird, desto besser ist's für das gemeinsame Vaterland! Man vergesse nicht, daß jeder Panzerkreuzer von der Zeit seiner Bewilligung bis zu seiner Kriegstüchtigkeit immer noch etwa vier Jahre braucht!

---
1) SK = Schnelladekanonen, MK = Maschinenkanonen.
2) Fournier, La Flotte nécessaire (Paris und Nancy, 1896).

Freya im Sturm bei den Kapverdischen Inseln

Die alten Glattdeckskorvetten

Während wir bis jetzt noch keinen Panzerkreuzer fertig haben, ist es mit den geschützten Kreuzern zweiter Klasse doch etwas besser bestellt; drei sind fertig, und fünf sind im Bau. Diese Kreuzer zweiter Klasse sind die Nachfolger der Kreuzerkorvetten oder Glattdeckskorvetten (wie man die ersten Dampfkorvetten nannte). Wie die Kreuzer erster Klasse auf die alten Segelfregatten zurückgeführt werden können, so entstanden also die Kreuzer zweiter Klasse aus den alten Segelkorvetten. Die preußische Marine hat nur eine solche Korvette gehabt, die Amazone; sie ist ebenfalls auf dem Bilde auf Seite 142 dargestellt, ihr Schicksal wurde schon auf Seite 60 erzählt. Die Amazone führte zwölf leichte Geschütze auf dem Oberdeck, war 105′ (32 m) lang, 28³/₄′ (8,8 m) breit und hatte eine Raumtiefe von 11′ (3,4 m); sie soll bei günstigem Winde fast 13 Seemeilen gemacht haben, ist also ein guter Segler gewesen. Die ältesten Dampfkorvetten der Flotte waren die in Danzig erbauten ungefähr 1200 Tonnen großen Glattdeckskorvetten Nymphe (Stapellauf 1863) und Medusa (1864). Um dieselbe Zeit, 1864, wurden die 1825 Tonnen großen Schiffe Augusta und Viktoria von Armand in Bordeaux angekauft; sie waren schon 72 m lang, 11 m breit, tauchten 5,4 m tief. Ihre Maschinen leisteten 1300 PS und gaben die damals recht gute Geschwindigkeit von 13½ Seemeilen. Die Bewaffnung zählte vier 15 cm- und sechs 12 cm-Kanonen, sowie später noch vier Revolverkanonen; 238 Mann machten die Besatzung aus. Das nächste Korvettenschwesternpaar, Ariadne und Luise, liefen 1871 und 1872 vom Stapel; sie waren etwas kleiner als die Augusta, nämlich 1719 Tonnen groß, 62 m lang, 11 m breit und hatten 5,2 m Tiefgang. Obgleich ihre Maschinen 2100 PS geleistet haben sollen, waren die Schiffe doch nicht schneller als Augusta. Ariadne und ihre Schwester trugen sechs kurze 15 cm-Kanonen und zwei 12 cm-Kanonen, sowie vier Revolverkanonen. Ihre Besatzungen waren ebenfalls 238 Mann stark. Die letzte und schönste der hölzernen Kreuzerkorvetten unsrer Flotte, die Freya (siehe Bild), lief 1874 auf der Danziger Marinewerft vom Stapel. Freya sieht schlanker aus als die vier vorher genannten hölzernen Korvetten. Alle diese Schiffe waren nicht wie die Fregatten vollgetakelt, sondern hatten Barktakelung, d. h. nur der Fockmast und Großmast führten Rahsegel, während der hinterste Mast (der auf „Vollschiffen" Kreuzmast, auf „Barken"

Besahnmast heißt) nur ein Schratsegel, den Besahn, führte. Von den bisher genannten Glattdeckskorvetten wird nur noch Freya in der Liste der Kriegsschiffe geführt; obgleich sie von den alten Kreuzern noch der schnellste ist, so kann sie schon längst nicht mehr als echtes Kriegsschiff angesehen werden, aus denselben Gründen, die auf Seite 144 angeführt sind. Freya ist 2017 Tonnen groß, 85 m lang, 11 m breit, taucht 5,2 m tief; ihre Maschine leistet 2400 PS und erreichte die gute Geschwindigkeit von 15 Seemeilen unter Dampf. Die Besatzung zählt 250 Mann. Auch als Segler bewährte sich das Schiff gut, kann deshalb wie Elisabeth als eine Perle des deutschen Holzschiffbaus betrachtet werden — freilich auch eine Perle längst entschwundener Pracht! Die neun kurzen 15 cm-Kanonen der Freya, die in Breitseit-, Heck- und Bugpforten alter Art aufgestellt sind, leisten alle zusammen in einer Minute nur etwa ebensoviel Geschoßarbeit, wie zwei bis drei moderne 10,5 cm-Schnelladekanonen. Außerdem führt das Schiff vier Revolverkanonen.

Ähnliche Zwitterbildungen wie die gänzlich ungeschützten Kreuzerfregatten der Stoschklasse waren die Korvetten der Olgaklasse; auch sie konnten nicht ordentlich segeln und nicht ordentlich dampfen und haben nur wenig größern Gefechtswert, weil auch ihnen jeglicher Schutz ihrer Artillerie, ihrer Maschine und ihrer Kessel fehlt. Sie entstammen eben der Übergangszeit im Kreuzerbau, wie die Fregatten der Stoschklasse. Die vier Schiffe wurden nach denselben Plänen erbaut; 1880 liefen Olga und Carola in Stettin vom Stapel, 1881 Marie in Hamburg, 1882 Sophie (siehe Bild) in Danzig. Jedes der Schiffe ist 2169 Tonnen groß, 69 m lang, 12,5 m breit und taucht 5,6 m tief. Die Schiffe sind aus Eisen erbaut, haben aber die auf Seite 145 erwähnte hölzerne Außenhaut, die unter Wasser mit Zinkplatten zum Schutze gegen Verrosten und Bewachsen der eigentlichen, eisernen Schiffshaut belegt ist. Auch diese Schiffe haben noch Einschraubenmaschinen, ihre Schrauben können in Schraubenbrunnen aus dem Wasser gehoben werden, wenn die Schiffe segeln. Jede Maschine leistet 2100 PS und giebt dabei etwa 14 Seemeilen Schiffsgeschwindigkeit. Daran erkennt man schon, daß diese Kreuzer heutzutage nicht mehr kriegstüchtig sind; gefährlicher als ihre Langsamkeit ist aber der Mangel jeglichen Schutzes für die Wasserlinie. Eine gut gezielte Granate kann die Wasserlinie derart aufreißen, daß die Schiffe trotz ihrer Querschotten sinken müßten, wenn nämlich gleichzeitig mehrere wasserdichte Abteilungen leck würden, was nach den Erfahrungen der Yaluschlacht sehr wohl denkbar ist. Auch die Bewaffnung ist veraltet; sie zählt zehn kurze 15 cm-Kanonen, zwei 24 Kaliber lange 8,7 cm-Geschütze und sechs Revolverkanonen. Die alten 15 cm-Kanonen leisten nur 350 Metertonnen bei einem Schuß, während die neuesten Kruppschen 15 cm-Geschütze von 50 Kaliber Länge auf 1184 Metertonnen kommen. Acht dieser noch nicht für Schnellfeuer eingerichteten Geschütze stehen auf dem Oberdeck in Breitseitpforten, zwei in eingezogenen Bugpforten unter der Back; alle Bestreichungswinkel sind ziemlich klein. Die beiden 8,7 cm-Kanonen stehen auf der Kampanje als Heckgeschütze. Die Schiffe haben gleichfalls Barktakelung, wie das Bild zeigt; ihre Besatzung ist je 269 Mann stark. Gute Dienste haben die Korvetten geleistet, wie im dritten Abschnitt gezeigt worden ist; aber jetzt zählen sie nicht mehr zu den kriegstüchtigen Kreuzern. Drei von ihnen, Olga, Marie und Sophie, liegen in Reserve auf den Werften; Carola dient als Schulschiff für Schnelladekanoniere.

Die nächsten beiden Kreuzerkorvetten, Alexandrine und Arkona (siehe Bild), sind auch nicht viel besser als die Korvetten der Olgaklasse; sie sind Schwesterschiffe und liefen beide 1885 vom Stapel, Alexandrine in Kiel, Arkona in Danzig. Die Schiffe haben stählerne Spanten und Decksbalken, aber eiserne Außenhaut und eiserne Querschotte; auf der eisernen Außenhaut

Sophie besucht die Ruinen von Groß-Friedrichsburg

Alexandrine und Arkona im Hafen von Rio de Janeiro

liegt eine doppelte Holzplankenlage zur Isolierung der Kupferbeplattung von dem eisernen Schiffskörper. Beide Schiffe sind 2373 Tonnen groß, 73 m lang, 13 m breit und haben 5,6 m Tiefgang. Sie führen ebenfalls Barktakelung; die Schraube kann beim Segeln gelichtet werden. Die Maschine leistet 2400 Pferdekraft und giebt dabei etwa 14 Seemeilen Geschwindigkeit. Der Kohlenvorrat reicht bei allen alten Kreuzerkorvetten bei 12 Seemeilen Geschwindigkeit für die Strecke von 2500 Seemeilen; dieselbe Strecke können die neuen Kreuzer mit etwa 15 Seemeilen Geschwindigkeit, also in bedeutend kürzerer Zeit zurücklegen. Alexandrine und Arkona sind stärker bewaffnet als die Korvetten der Olgaklasse, denn sie führen je zehn 30 Kaliber lange 15 cm-Kanonen und je vier 30 Kaliber lange 10,5 cm-Schnellladekanonen, dazu noch sechs Revolverkanonen und je zwei Torpedoausstoßrohre. Die 15 cm-Kanonen stehen auf dem Oberdeck, je fünf auf jeder Seite in Breitseitpforten mit kleinem Bestreichungswinkel. Günstig stehen die 10,5 cm-Schnellladekanonen, zwei als Buggeschütze auf der Back und zwei als Heckgeschütze auf der Kampanje; sie haben große Bestreichungswinkel. Beide Schiffe haben je 269 Mann Besatzung. Seit mehreren Jahren gehören die Schiffe der einzigen deutschen Kreuzerdivision an, die sich im Herbst 1896 in den ostasiatischen Gewässern aufhielt.

Die Gefahren der Aussendung veralteter Kreuzer auf überseeische Stationen

Vergleicht man die Kreuzer Alexandrine und Arkona, sowie die Korvetten der Olgaklasse mit den japanischen Kreuzern, die in der Schlacht am Yalufluße mitkämpften, so erkennt man, daß unsre Schiffe schon wegen ihrer Langsamkeit und wegen des Mangels jeglichen Schutzes für die Wasserlinie den japanischen Kreuzern an Kriegstüchtigkeit ganz bedeutend nachstehen. Japan hat aber allein 24 moderne geschützte Kreuzer erster bis dritter Klasse teils fertig, teils im Bau! Leider steht die Sache ebenso, wenn man unsre Kreuzerkorvetten mit den modernen Kreuzern anderer exotischer Seestaaten vergleicht; Brasilien hat sechs, Argentinien fünf, Chile fünf ebenfalls moderne geschützte Kreuzer verschiedner Größe. Andre Seemächte schicken deshalb überhaupt veraltete Kreuzer, wie Arkona, nicht mehr ins Ausland; da diese Schiffe durchaus nicht dazu beitragen, das Ansehen des Reichs zu erhöhen, ist es besser, sie bleiben daheim, damit sie nicht demselben Spott verfallen, wie die achtundvierziger Reichsflotte. Obgleich die Schiffe als Stationskreuzer gegen Neger und Südseeinsulaner noch brauchbar sind, ja auch, um in Marokko, wenn es not thäte, mit Gewalt deutsches Recht zu erzwingen, so ist es doch ein politischer und seestrategischer Fehler, solche kriegsuntüchtige Kriegsschiffe ins Ausland zu schicken, weil sie bei einem plötzlich ausbrechenden Kriege mit irgend einer Seemacht nicht nur ganz nutzlos sein könnten, sondern sogar schädlich; denn sie entziehen dann einen großen Teil geübter Offiziere und Mannschaften der Wehrkraft des Vaterlands und würden diese zwecklos hinopfern, wenn sie unvermutet von einem modernen, also überlegnen feindlichen Kreuzer angegriffen würden. Es ist mithin eine völlig gerechtfertigte, natürliche Schlußfolgerung, zu erklären, daß auch diese alten Kreuzerkorvetten sehr dringend des Ersatzes durch moderne Kreuzer bedürfen. Der Anfang dazu ist mit dem Bau der Ersatz Freya, die später beschrieben werden wird, schon gemacht.

Die wichtigste Eigenschaft für moderne Kreuzer ist die Schnelligkeit, die sie befähigt, überraschend aufzutreten und den Ort, die Zeit und die günstigsten Verhältnisse für den Angriff zu wählen. Gute Kreuzer müssen also schneller sein als die Schiffe, die sie angreifen und verfolgen sollen, nämlich die feindlichen Kreuzer und Handelsdampfer, und auch schneller als die feindlichen Panzerschiffe, vor denen sie sich zurückziehen können müssen. Sie sollen tüchtige Seeschiffe sein, weil sie oft allein und lange in See sein müssen. Dazu gehört viel Platz für Kohlen, Lebensmittel und Schießbedarf, und guter Raum für die Besatzung, um dieser die Beschwerden langer Seefahrten zu erleichtern. Als Waffen sind viele Schnellfeuergeschütze mittlern und leichten Kalibers zu wählen. Panzerschutz ist nach den neuesten Erfahrungen für alle Kreuzer nötig, die selbständig kämpfen sollen. Aber nur ganz große Kreuzer von etwa 10000 Tonnen sind imstande, außer dem Panzerdeck auch noch einen Gürtelpanzer und gepanzerte Brustwehren für die mittlern Geschütze zu tragen, ohne zu langsam zu werden; bei kleinern Kreuzern muß man sich notgedrungen mit dem Panzerdeck begnügen. Da bisher unsre Politiker wenig Seepolitik getrieben haben, ist der Kreuzerbau für unsre Schiffbaumeister besonders schwierig. Denn solange wir nicht auf allen Meeren befestigte Häfen zur Ausrüstung unsrer Kreuzer mit Kohlen und anderm Bedarf haben, solange müssen sie viel selbständiger sein als die französischen und englischen. Aufgabe der vorbereitenden Seestrategie bleibt es, auch für uns Stützpunkte zu erwerben, wie Rußland sie in Ostasien und Frankreich in allen Weltmeeren, z. B. in Dakar beim Kap Verde, in der Perle der kleinen Antillen, Martinique, und an vielen andern Orten besitzt.

Kreuzer, die heutigen Anforderungen entsprechen, hat unsre Kriegsflotte erst vier fertig. Zwei davon, Prinzeß Wilhelm und Irene (siehe Bild), sind nach demselben Plan, und zwar Prinzeß Wilhelm von der Germaniawerft in Kiel, Irene vom Vulkan in Stettin erbaut worden; sie liefen 1887 und 1888 vom Stapel. Jedes dieser Schiffe ist 4400 Tonnen groß, 94 m lang, 14 m breit und hat 6,9 m Tiefgang. Der Rumpf zeigt schlanke, gefällige Formen; er ist ganz aus Stahl gebaut, hat aber doppelte Holzbeplankung als Außenhaut, die mit Gelbmetallplatten belegt ist. Der Bug ist eingezogen, sein Sporn liegt etwa 3 m unter Wasser und ladet ebensoweit nach vorn aus. Der

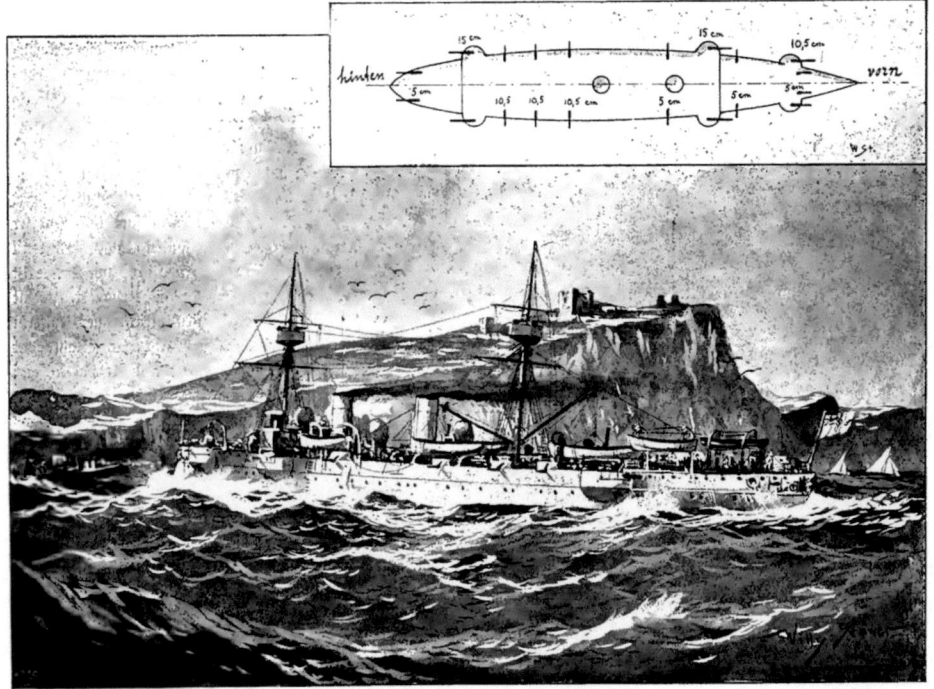

Der Kreuzer zweiter Klasse Irene bei Dover

Doppelboden, mehrere Längsschotte und viele Querschotte für die wasserdichten Abteilungen sind ähnlich wie auf den neuen Panzerschiffen eingebaut. Jedes Schiff hat ein 7,6 cm starkes Panzerdeck aus Stahl, das mittschiffs in der Höhe der Wasserlinie nur schwach nach den Seiten gewölbt ist, während es sich vorn und achtern fast zwei Meter unter die Wasserlinie senkt. Die wenigen Luken des Panzerdecks sind stark gepanzert. Auf dem Panzerdeck liegen rings um die Schiffswände herum die etwa 2,5 m breiten Kofferdämme mit dem Korkzellengürtel. Zwei viercylindrige Verbundmaschinen treiben die beiden Schrauben jedes Schiffs; sie leisten 8000 Pferdekraft, wobei etwas mehr als 18 Seemeilen Geschwindigkeit erreicht wird. Vier Doppelkessel liefern den Dampf. Der Kohlenvorrat von 750 Tonnen reicht bei voller Maschinenkraft für die Strecke von 1500 Seemeilen, also ungefähr von Wilhelmshaven bis nach Cadiz, und bei 10 Seemeilen Geschwindigkeit für die Strecke von 4000 Seemeilen, also von Wilhelmshaven bis nach St. Thomas in Westindien; mit der mittlern Geschwindigkeit von 14 Seemeilen wird jedes der Schiffe in sieben Tagen von der Heimat bis nach Malta laufen können. Bei den neuen Kreuzern ist der Dampfweg noch größer, weil der Maschinenbau inzwischen fortgeschritten ist. Die Bewaffnung jedes Schiffs zählt vier 30 Kaliber lange 15 cm-Kanonen, acht 35 Kaliber lange 10,5 cm-Schnellladekanonen und sechs 40 Kaliber lange 5 cm-Schnellladekanonen. Von der Leistungsfähigkeit dieser neuen Geschütze war schon früher die Rede. Die 15 cm- und zwei 10,5 cm-Kanonen sind in Schwalbennestern aufgestellt, haben infolgedessen sehr große Bestreichungswinkel. Zwei dieser halbkreisförmigen Ausbauten sind an jeder Seite vor dem vordern Schornsteine, sodaß deren vier Geschütze Bugfeuer abgeben können; je ein Ausbau, worin die beiden Heckgeschütze stehen, liegt ziemlich weit achtern auf jeder Seite. Zwischen den hintern Ausbauten und dem hintern Schornsteine stehen in eingezogenen Pforten, die über 100 Grad Bestreichungswinkel geben, je drei 10,5 cm-Geschütze auf jeder Seite. Die sechs 5 cm-Schnelllader sind gleichmäßig auf der Reling verteilt. Nach jeder Breitseite, und zwar mit großem Schußfeld nach vorn und nach achtern, können also zwei 15 cm-, vier 10,5 cm- und drei 5 cm-Schnellladekanonen feuern. Das Bugfeuer liefern je zwei Geschütze jedes Kalibers. Außerdem sind noch acht Maschinengewehre in den Gefechtsmarsen der beiden kurzen Masten aufgestellt. Die Torpedobewaffnung besteht aus fünf Ausstoßrohren; ferner führen beide Kreuzer auf Deck ein kleines Torpedoboibeiboot (d. h. ein größeres Schiffsboot mit Dampfmaschine, das mit einem Torpedorohre bewaffnet ist), das vor dem Gefecht ausgesetzt werden kann, um selbständig mitzukämpfen. Torpedoschutznetze sind für Prinzeß Wilhelm und Irene zwar vorgesehen, aber man wird sie wahrscheinlich kaum für diese schnellen Kreuzer gebrauchen; die Schnellfeuergeschütze, die Schnelligkeit und treffliche Manövrierfähigkeit der beiden Schiffe sind ein besserer Schutz gegen Torpedobootangriffe als die Schutznetze, die die Fahrt hemmen, wenn sie ausgehängt sind. Der Kommandoturm auf der Brücke ist gepanzert; von ihm führt ein gepanzerter Schacht bis unter das Panzerdeck, um das Dampfruder, die Maschinentelegraphen und die Sprachrohre gesichert unter der Wasserlinie zu leiten. Ein kräftiger elektrischer Scheinwerfer steht vorn auf der Kommandobrücke. Jedes der Schiffe gehört zum Bezirke der Nordsee und hat 365 Mann Besatzung.

S. M. S. Kaiserin Augusta. Leider trat eine sehr große Pause im Kreuzerbau ein, bis endlich 1892 der dritte moderne geschützte Kreuzer zweiter Klasse vom Stapel lief, die Kaiserin Augusta (siehe Bild). Dieses Schiff ist bis jetzt unser größter und längster Kreuzer; es ist 6052 Tonnen groß, 118 m lang, 15 m breit und taucht 7 m tief. Von der schlanken Schiffsform kann man sich einen Begriff machen, wenn man die Kaiserin Augusta mit der alten Panzerfregatte Friedrich Karl vergleicht (siehe deren Bild auf Seite 98); beide Schiffe verdrängen nahezu dieselbe Wassermenge, denn der moderne Kreuzer ist nur 45 Tonnen größer als das alte Panzerschiff; Breite und Tiefgang sind bei beiden Schiffen gleich, aber Kaiserin Augusta ist fast um ein Drittel, nämlich 31 m länger als Friedrich Karl! Der Schiffskörper besteht aus Stahl, hat doppelte Holzbeplankung und Muntzmetallbeplattung. Das Panzerdeck ist doppelt, seine obern Platten sind etwa 7,5 cm, die untern 2 cm stark. Auf den nach unten gekrümmten Seiten des Panzerdecks liegen mehrere dicht zusammengeschichtete Lagen von Preßkohlen, die nur im Notfalle zum Heizen benutzt werden, weil sie den Panzerschutz verstärken sollen. Kessel und Maschinen sind an den Seiten noch mit Kohlenbunkern geschützt. Das Panzerdeck ist nach den Seiten hin stark gewölbt und liegt auch vorn und hinten 1 bis 2 m unter der Wasserlinie. Über dem Panzerdeck läuft rings um das Schiff herum ein 2,5 m hoher und 1 m breiter Kofferdamm, dessen Zellen mit aneinander geleimten Korkplatten gefüllt sind. Viele hunderte von Zellen und viele größere wasserdichte Räume sichern dem Schiffe bei Beschädigungen die Schwimmfähigkeit. Große Fortschritte sind beim Bau der Maschinen dieses Kreuzers gemacht worden. Kaiserin Augusta ist das erste Dreischraubenschiff der deutschen Flotte. Von den Vorzügen dieser Einrichtung wurde schon auf Seite 114 gesprochen. Die genauen Ergebnisse der Probefahrten S. M. S. Kaiserin Augusta sind im Juliheft der Marine-Rundschau von 1896 veröffentlicht worden. Hier genügt es, zu erwähnen, daß bei künstlichem Zug unter den Kesseln und 30 mm Luftdruck im Heizraume am 1. Juli 1896 die höchste Leistung von 15152 Pferdekraft mit den drei Schiffsmaschinen und gleichzeitig noch 501 Pferdekraft für die vielen Hilfsmaschinen des Schiffs erreicht wurden. Die Geschwindigkeit für diese Leistung ist nicht veröffentlicht worden, doch erreichte das Schiff schon bei 13612 PS am 2. Dezember 1895 die sehr gute Geschwindigkeit von 21,6 Seemeilen; man kann also annehmen, daß Kaiserin Augusta unter günstigen Umständen

22 Seemeilen Geschwindigkeit erreicht. Die hohe Geschwindigkeit von 21½ Seemeilen wurde während einer sechsstündigen forcierten Fahrt innegehalten; ob außer dem nordamerikanischen Kreuzer Columbia (Stapellauf ebenfalls 1892) irgend ein andrer großer Kreuzer diese Geschwindigkeit bis jetzt erreicht hat, ist sehr unwahrscheinlich. Der englische Riesenkreuzer Terrible soll nach der Times im Juni 1895 bei seiner ersten Probefahrt auch 21½ Seemeilen Geschwindigkeit erreicht haben, aber da war das Schiff noch nicht ausgerüstet, während Kaiserin Augusta ihre Fahrten mit kriegsgemäßer Belastung gemacht hat. Außerdem muß man noch in Betracht ziehen, daß die englischen Angaben über die Schnelligkeiten ihrer eignen Schiffe eigentlich ohne Ausnahme übertrieben sind, weil sie sich auf die unter besondern Umständen vorgenommenen Probefahrten bei der Ablieferung der ganz neuen Schiffe von der Bauwerft beziehen. Nach eingehenden Fachuntersuchungen hat der Marinebaumeister Lechner[1]) festgestellt, daß man alle von englischen Fachleuten für englische Schiffe angegebnen Geschwindigkeiten um 10 bis 15 Prozent verkleinern muß, wenn man sie mit den Geschwindigkeitsangaben deutscher, französischer und andrer Schiffe vergleichen will. Darnach wird also wohl Terrible die Geschwindigkeit von 20 Seemeilen nie erreichen, wenn er fertig ausgerüstet einige Jahre im Dienst gewesen sein wird, wie Kaiserin Augusta.

Deutschland hat ein Recht, stolz zu sein auf die Leistungen seiner Schiffbau- und Maschinenbaumeister, die nach der kurzen Lehrzeit von kaum drei Jahrzehnten tüchtigeres leisten, als die seit Jahrhunderten vollbeschäftigten und erprobten englischen Baumeister. Der Deutsche ist eben, wenn er eine Sache erst angreift, dank seiner trefflichen Schulbildung und guten häuslichen Erziehung, bald imstande, sie gründlich zu erfassen. Das gilt für alle Gebiete der menschlichen Thätigkeit: in der Wissenschaft, im Handwerk, im Handel und in der Kunst ist der Deutsche im allgemeinen den Wettbewerbern fremder Völker überlegen; und wo giebt es bessere Bauern und Krieger als bei uns? Was Wunder also, daß auch auf dem uns leider schon allzulange fremd gebliebnen Elemente, auf dem Wasser, der Deutsche seine Kräfte schnell gebrauchen lernt. Wenn das deutsche Volk seinen Schiffbaumeistern nur die Gelegenheit giebt, so werden diese auch ferner zum Wohle des Vaterlands der Flotte treffliche Schiffe schaffen!

Der gewöhnliche Kohlenvorrat der Kaiserin Augusta von 860 Tonnen reicht bei 12½ Seemeilen Marschgeschwindigkeit beim Betriebe von zwei Schrauben für einen Dampfweg von 4277 Seemeilen; der Vorrat kann noch etwas vergrößert werden. Die größte Dauerleistung der drei Maschinen, ungefähr 18 Seemeilen Geschwindigkeit, kann für einen Dampfweg von 2622 Seemeilen innegehalten werden. Auch diese Leistungen sind also sehr gut. Die Probefahrten haben ferner ergeben, daß das Schiff sehr manövrierfähig ist; es dreht trotz seiner Länge gut, mit Hilfe der

Kaiserin Augusta verläßt Newyork

---
1) Unsre Flotte. Ein Beitrag zu ihrer Kenntnis und Wertbestimmung Kiel und Leipzig, 1891).

Schrauben kann es auf der Stelle gedreht werden. Wenn das Schiff 18 Seemeilen Fahrt läuft, so kann es binnen anderthalb Minuten zum Stehen gebracht werden, und legt dabei vom Beginne des Kommandos an die Maschinen nur noch 400 m Weg zurück. Auch die Kessel und Rohrleitungen haben sich bei den Proben sehr gut bewährt. Die Mängel, die anfangs die Chlinderböden zeigten, sind durch den Einbau stärkerer Böden ganz beseitigt.

Die Bewaffnung des Schiffs zählt zwölf 30 Kaliber lange 15 cm-Schnellladekanonen, die sämtlich in Schwalbennestern stehen, und acht 30 Kaliber lange 8,8 cm-Schnellladekanonen, wovon zwei als Buggeschütze auf der langen Back, zwei als Heckgeschütze auf der langen Kampanje und je zwei in jeder Breitseite zwischen den 15 cm-Kanonen in Ausbauten stehen. Nach einer Breitseite kann in einer Minute die Geschoßmasse von 2116 kg gefeuert werden, wobei für jedes 15 cm-Geschütz nur je sechs Schuß in der Minute angenommen sind. Die Stahlgranate des langen 15 cm-Geschützes durchschlägt 30 cm starke Panzerplatten. Sämtliche Geschütze sind durch Panzerschilde gedeckt, die an der Oberlaffete befestigt sind. In den Gefechtsmarsen der beiden Masten stehen je zwei Maschinengewehre, außerdem sind mehrere dieser Schnellfeuergewehre auf der Back und auf der Kampanje aufgestellt. Ein Bugrohr und vier Breitseitrohre sind für Torpedos bestimmt; Torpedoschutznetze gehören auch zur Ausrüstung des Schiffs. Zwei elektrische Scheinwerfer, jeder von 150 Ampère Stärke, dienen ebenfalls als Schutzwaffen; einer steht auf dem hohen Brückenbau unmittelbar vor dem vordern Maste, der andre hinten auf der Kampanje. Der Brückenaufbau enthält ebenso wie bei Prinzeß Wilhelm einen gepanzerten Kommandoturm, von dem die Kommandoelemente durch einen gepanzerten Schacht unter das Panzerdeck geleitet werden. Die Zutakelung der Masten, die Stängen und Rahen, dienen nur zum Hissen von Signalen. Mit mehreren schweren Ladebäumen werden die Decksboote ausgesetzt, zu denen auch ein 16 m langes Torpedobeiboot gehört. Kaiserin Augusta, dieser stärkste unsrer wenigen fertigen Kreuzer, hat mit seiner ganzen Bewaffnung ungefähr acht Millionen Mark gekostet. Das ist sehr wenig, wenn man bedenkt, daß die unbewaffneten und ungepanzerten neuen Schnelldampfer, z. B. Fürst Bismarck, der etwa 2 Seemeilen weniger läuft, etwa sechs Millionen Mark kosten. Kaiserin Augusta hat 418 Mann Besatzung und gehört zum Bezirke der Nordsee.

S. M. S. Gefion

Bedeutend kleiner ist der nächste unsrer modernen Kreuzer, die Gefion (siehe Bild), die genau ein halbes Jahrhundert nach ihrer, schon auf Seite 142 beschriebnen Namensschwester vom Stapel lief; sie wurde am 28. März 1892 auf der Schichauschen Werft in Danzig auf Stapel gesetzt und lief am 31. Mai 1893 ab. Im Sommer 1894 machte das Schiff schon die Probefahrten. Diese stählerne Gefion ist 4207 Tonnen groß, 105 m lang, 13 m breit und hat 6,2 m Tiefgang; sie hat unter Wasser doppelte Holzbeplankung und Muntzmetallboden. In der Wasserlinie liegt ein 2,5 bis 3 cm dickes stählernes Splitterdeck, d. h. ein leichtes Panzerdeck, das Granatsplittern widerstehen soll. Die Maschinen deckt eine besondre, 10 cm starke Panzerkappe aus Nickelstahl, die auf einer 15 cm dicken Holzunterlage ruht. Kordamm, Zellen und Schotte sind ebenso wie auf allen neuen Schiffen. Die Maschinen haben bei den Probefahrten die geforderte Leistung um 2 Seemeilen übertroffen; das Schiff hat nämlich bei 9828 Pferdekraft 20½ Seemeilen Fahrt gemacht. Die beiden Schiffsschrauben der neuen Gefion werden von zwei dreicylindrigen Maschinen getrieben. Der Dampf wird in sechs Doppelkesseln erzeugt; der Überdruck beträgt bei voller Fahrt 12 kg auf 1 qcm. Bei höchsten Kraftentwicklung machte jede Schraube 142 Umdrehungen in der Minute, wobei 9828 Pferdekraft und 20,5 Seemeilen geleistet wurden. Bei 20 Seemeilen Fahrt werden stündlich 6,23 Tonnen Kohlen verbraucht, bei 18 Seemeilen 5,2 Tonnen und bei der Marschgeschwindigkeit von 11 Seemeilen noch 1,26 Tonnen. Der Kohlenvorrat von 770 Tonnen in den Bunkern, der im Notfalle auf mehr als 800 Tonnen erhöht werden kann, reicht bei 18 Seemeilen Fahrt ungefähr für die Strecke von 2500 Seemeilen und bei 11 Seemeilen etwa für 6300 Seemeilen; nach dem Plane sollte er bei 11 Seemeilen für etwa 8000 Seemeilen reichen, ein Nachteil, der in andrer Beziehung aber durch die große Schnelligkeit des Kreuzers aufgewogen wird. Die Kohlen reichen immerhin für die gute Strecke von der Heimat bis zum Kap der guten Hoffnung; das ist eine größere Strecke als bei allen ältern Kreuzern gleicher Größe.

Die Bewaffnung der neuen Gefion zählt zehn 35 Kaliber lange 10,5 cm-Schnellladekanonen, sechs 40 Kaliber lange 5 cm-Schnelllader, acht Maschinengewehre und eine 6 cm-Bootskanone. Zwei 10,5 cm-Kanonen stehen auf der Back vor dem vordern Maste hinter einer Brustwehr, die auch als Wellenbrecher dient; jedes dieser Buggeschütze hat etwa 180 Grad Bestreichungswinkel. Ebenso günstig stehen die beiden Heckgeschütze auf der Kampanje. Je drei der 10,5 cm-Kanonen stehen in jeder Breitseite auf dem Oberdeck; ihre breiten Pforten geben etwa 100 Grad Schußwinkel. Vier Strich vorn und ebensoviel nach achtern können sechs der 10,5 cm-Geschütze feuern. Zwei · 5 cm-Kanonen sind in eingezognen Pforten unter der Back angebracht; ähnlich sind zwei 5 cm-Geschütze in der Kampanje aufgestellt. Die andern beiden 5 cm-Kanonen stehen in der Breitseite beim hintersten Schornsteine auf dem großen Sturmdeck, das die Wohnräume für die Offiziere deckt. Vier Maschinengewehre stehen in den Marsen, die andern sind auf der Back und auf der Kampanje verteilt. Nach Zielen, die 45 Grad zur Kursrichtung liegen, kann die neue Gefion in drei Minuten eine Geschoßmasse von 3195 kg feuern; denn jede 10,5 cm-Kanone wirft in der Minute zehn Geschosse von je 16 kg, und

Der Kreuzer dritter Klasse Gefion wird von einem Handelsschiffe begrüßt

jede 5 cm-Kanone wirft zwanzig Geschosse von 1,75 kg. Diese artilleristische Leistung übertrifft also die Breitseite der alten Gefion um das zehnfache Geschoßgewicht! Auf jeder Seite des Oberdecks ist noch ein schwenkbares Torpedorohr aufgestellt; die Rohre schnellen große Torpedos von 45 cm Durchmesser. Gefion manövriert gut, sie braucht zu einem vollen Kreislauf, wenn beide Schrauben vorwärts schlagen, bei 18 Seemeilen Fahrt vier Minuten Zeit. Die Takelung zeigt zwei Gefechtsmasten; am vordern ist das Gestell für einen elektrischen Scheinwerfer befestigt; der zweite Scheinwerfer steht auf der Kampanje. Acht Boote hängen in Davits. Das Schiff, das zum Bezirke der Nordsee gehört, hat 302 Mann Besatzung. Die mehr als zehnfach stärkern Waffen und die schnellen Maschinen der neuen Gefion werden also nur von drei Vierteln der Mannschaftszahl der alten Gefion bedient. Darin liegt ein gewaltiger Fortschritt unsrer Zeit!

Die Gefion ist der erste fertige Kreuzer von sieben Schiffen, deren Bau als geschützte Kreuzer außerhalb der Zahl der frühern Fregatten und Korvetten in der Denkschrift vom Jahre 1889 dem Reichstage vorgeschlagen worden ist. Erst im Frühjahr 1895 und 1896 wurden noch je zwei dieser Schiffe bewilligt. Außer dem schon erwähnten Ersatz für Leipzig ist für die veralteten Fregatten und Korvetten nur noch ein Ersatzbau, und zwar für die alte Freya, 1896 bewilligt worden. Im Jahre 1896 waren also fünf geschützte Kreuzer zweiter Klasse im Bau, die bis zu ihrem Stapellauf als Ersatz-Freya, K, L, M und N bezeichnet werden. Im Oktober 1895 wurde der Bau von K in Stettin, von L in Bremen und von Ersatz-Freya in Danzig begonnen; M wird ebenfalls in Danzig und N in Stettin gebaut. Die Kreuzer Ersatz-Freya, K und L sollen ungefähr Ende 1897, M und N 1898 fertig werden; der Stapellauf wird wohl ungefähr in die Mitte der Bauzeit jedes Kreuzers fallen. Alle fünf Schiffe werden nach demselben Plane erbaut, den der bewährte Chefkonstrukteur der Marine, der Geheime Admiralitätsrat Dietrich, entworfen hat. Die Angaben über diese unsre neuesten Schiffe, sowie über Kaiser Friedrich III. und Ersatz-Leipzig stützen sich auf einen sehr interessanten Vortrag dieses obersten deutschen Schiffbaumeisters; der Vortrag ist mit ausführlichen Planzeichnungen im Augustheft der Marine-Rundschau von 1896 erschienen.

Das Bild der Ersatz-Freya ist nach dem Modell der fünf Schiffe entworfen; der ganze Bau ist daran so gut wie am fertigen Schiffe zu erkennen. Die neuen Kreuzer werden 105 m lang und 17,4 m breit. Mit 500 Tonnen Kohlenvorrat sollen die Schiffe ungefähr 5650 Tonnen Wasserverdrängung und 6,25 m Tiefgang haben. Der Vorrat an Kohlen kann bis auf 950 Tonnen erhöht werden, wobei die Größe auf 6100 Tonnen und der Tiefgang auf 6,61 m wachsen. Der Panzerschutz soll stärker als bei Kaiserin Augusta werden. Das stählerne Panzerdeck der neuen Kreuzer wird in mittlern wagerechten Teile 4 cm, in den schrägen Teilen an den Schiffsseiten aber bis zu 10 cm dick. Die schrägliegenden Panzerhülle der Schornsteinluken werden 12 cm stark. Oberhalb des etwa 2 m unter der Wasserlinie an die Schiffsseiten stoßenden Panzerdecks wird jedes Schiff durch einen 2,5 m hohen und 70 cm dicken Kordamm geschützt. Die Panzertürme und die Kasematten erhalten 10 cm dicke Platten aus gehärtetem Stahl. Schließlich werden auch zwei Kommandotürme und mehrere Munitionsschächte gepanzert. Die Bewaffnung soll aus zwei 40 Kaliber langen 21 cm-Kanonen, von denen je eine in einem Panzerdrehturm aufgestellt wird, ferner aus acht 40 Kaliber langen 15 cm-Schnellladekanonen, zehn 30 Kaliber langen 8,8 cm-Schnellladekanonen, zehn 3,7 cm-Maschinenkanonen und vier Maschinengewehren bestehen. Von den 15 cm-Geschützen werden vier in gepanzerten Drehtürmen und vier in gepanzerten Einzelkasematten aufgestellt. Die 8,8 cm-Geschütze erhalten Schutzschilde. Die 40 Kaliber langen 21 cm-Kanonen werfen Stahlgranaten von 2,8 Kaliber Länge und 108 kg Gewicht mit 62 kg Pulverladung, wobei mit 720 m Anfangsgeschwindigkeit 2853 Metertonnen Arbeit bei jedem Schusse geleistet werden; von der Wirkung der andern Geschütze ist schon gesprochen worden. Jedes Schiff bekommt drei Schrauben, die von drei in getrennten Räumen stehenden Maschinen getrieben werden. Die gesamte Maschinenleistung soll auf 9000 Pferdekraft gebracht werden, wobei 18½ Seemeilen Geschwindigkeit erreicht werden soll. Ganz neu ist die Ausrüstung dieser Schiffe mit Wasserrohrkesseln, die imstande sind,

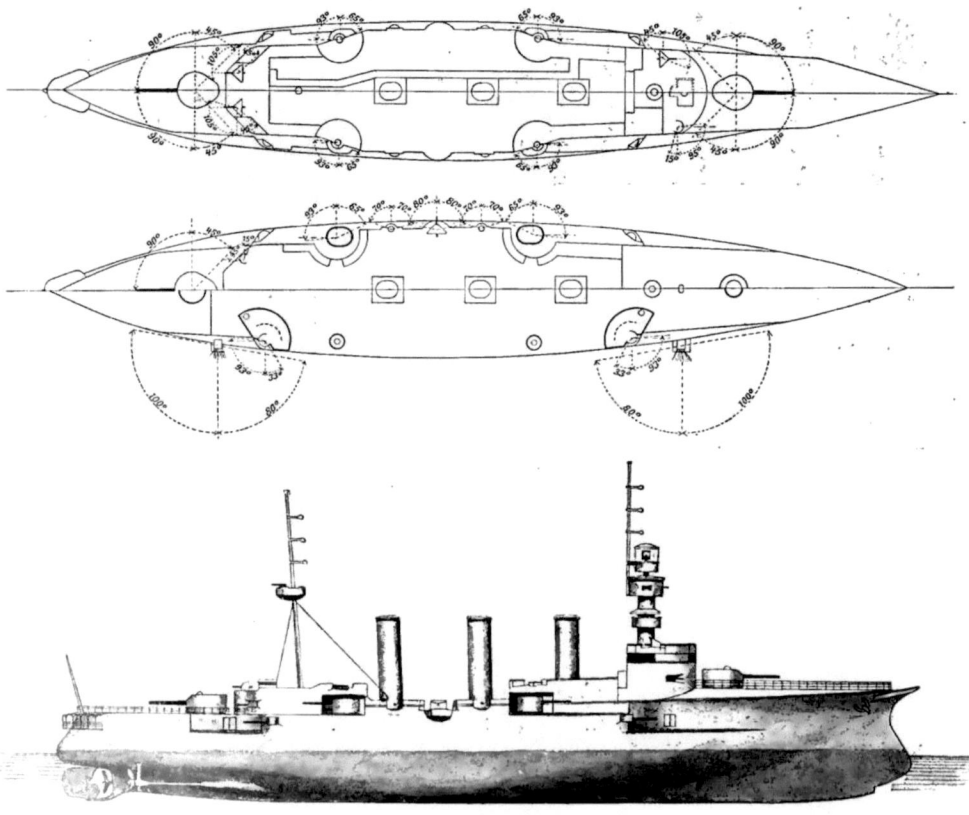

Kreuzer zweiter Klasse Ersatz-Freya.

sehr hochgespannten Dampf zu liefern, und die auch weniger empfindlich als die Lokomotivkessel sind. Zur Takelung gehört ein dicker Fockmast, der zwei Gefechtsmarsen und einen Scheinwerfermars trägt; zwei Wendeltreppen führen im Innern des Masts in die Höhe. Der dünne Großmast soll nur einen Gefechtsmars tragen. Jeder Mast ist mit einer Maschinenkanone und mit zwei Maschinengewehren bewaffnet. Ein Bugrohr und zwei Breitseitrohre, die unter Wasser liegen sollen, sind zum Feuern großer Torpedos von 45 cm Durchmesser bestimmt.

Die Aufstellung der Geschütze, die der Decksplan und das Bild des Kreuzers selbst erkennen läßt, zeigt manches verwandtschaftliche mit der Anordnung bei Ersatz-Leipzig, aber doch auch wieder charakteristische Unterschiede, die durch die verschiedne Stärke der Bewaffnung verursacht sind. Um das auf den ersten Blick etwas verwirrende Bild zu erklären, sei wieder die Verteilung der Geschütze nach verschiednen „Stockwerken" betrachtet; Ersatz-Freya zeigt, abgesehen von den Gefechtsmarsen, nur vier solcher Stockwerke, während Ersatz-Leipzig und das neueste Schlachtschiff Kaiser Friedrich III. deren fünf haben. Im untersten Stockwerk hat Ersatz-Freya nur vier 15 cm-Kanonen in Einzelkasematten mit eingezognen Pforten stehen; die Kasematten bilden in ihrer Lage zu einander ein Rechteck, dessen vordere Ecken beim Fockmast, die hintern beim Großmast in den Seitenwänden des Schiffskörpers etwa 2 m unter dem Oberdeck liegen. Der Bestreichungswinkel jedes dieser Kasemattgeschütze beträgt etwa 130 bis 140 Grad; immer je zwei der Geschütze können zum Bugfeuer, Breitseitfeuer und Heckfeuer benutzt werden. Auf dem Oberdeck, also dem zweiten Stockwerk, bilden die vier Drehtürme, die je eine 15 cm-Kanone tragen, auch ein Rechteck; die vordern beiden Türme stehen auf beiden Seiten des vordersten Schornsteins, die beiden hintern Türme an den Seiten des hintersten Schornsteins. Die 15 cm-Kanonen in den Türmen feuern in denselben Richtungen mit denselben Bestreichungswinkeln wie die 15 cm-Kanonen in den Eckkasematten. In gleicher Höhe, nämlich mit 6 m Freibord, steht hinter dem Großmast mitten auf dem einzigen freien Teile des Oberdecks ein Drehturm mit einem 21 cm-Geschütz; dieses Geschütz hat 270 Grad Bestreichungswinkel. Außerdem stehen in diesem zweiten Stockwerke im hintern Decksaufbau noch zwei 8,8 cm-Kanonen hinter Schutzschilden, sowie zwei von demselben Kaliber in je einem Schwalbennest seitwärts vom mittelsten Schornsteine. Neben diesen Schwalbennestern sind noch je zwei 3,7 cm-Maschinenkanonen in kleinern Schwalbennestern aufgestellt. Als drittes Stockwerk sind die Decke des langen Backsaufbaus beim Fockmast und des hintern Kajütenaufbaus beim Großmast zu betrachten. Da fällt zuerst der mächtige vordere Panzerdrehturm des 21 cm-Geschützes auf; sein Geschütz hat 10 m Freibord, also ebensoviel wie die beiden 24 cm-Kanonen im vordern Panzerturme der Ersatz-Leipzig. Der Turm giebt, ebenso wie der hintere, seinem Geschütz 270 Grad Bestreichungswinkel. Hinter diesem Turme und seitwärts vom Fockmast sind in eingezognen Pforten und in den vordern Ecken des Aufbaus unter den Kommandobrücke zwei 8,8 cm-Kanonen hinter Schutzschilden aufgestellt. Über den vordern 15 cm-Türmen steht auf dem hintern Ende der Back, seitwärts vom vordersten Schornsteine je eine 3,7 cm-Maschinenkanone. Auf dem Deck des hintern Aufbaus beim Großmast steht in gleicher Weise über den hintern 15 cm-Türmen auch je eine 3,7 cm-Maschinenkanone; auf demselben Deck stehen dicht hinter dem Großmaste und dem hintern Kommandoturme noch zwei 8,8 cm-Kanonen mit großen Bestreichungswinkeln. Als viertes Stockwerk mag die vordere obere Kommandobrücke gelten, auf der noch zwei 8,8 cm-Kanonen hinter Schutzschilden aufgestellt sind. Jeder Mast ist mit einer 3,7 cm-Maschinenkanone bewaffnet, außerdem trägt der vordere Gefechtsmars noch zwei Maschinengewehre. Zur bessern Übersicht über die artilleristische Wirkung sei hier wieder zusammengestellt, wieviel Geschütze jedes Kalibers nach den Hauptrichtungen feuern können:

Bugfeuer geben . . . . eine 21 cm-Kanone, vier 15 cm-SK, vier 8,8 cm-SK, drei 3,7 cm-MK
Vier Strich von vorn feuern . zwei „ „   vier „ „   fünf „ „   sechs „ „
Breitseitfeuer geben . . . . zwei „ „   vier „ „   fünf „ „   sechs „ „
Vier Strich von achtern feuern zwei „ „   vier „ „   fünf „ „   sechs „ „
Heckfeuer geben . . . . eine „ „   vier „ „   vier „ „   drei „ „

Auch hier ist wieder für ein gutes, gleichmäßiges Rundfeuer gesorgt, wie die Zusammenstellung zeigt. Die Geschoßmasse, die in einer Minute nach der Breitseite gefeuert werden kann, berechnet man in folgender Weise:

zwei 21 cm-Kanonen . . . . . . jede einen Schuß, also 2 Geschosse von zus. 216 kg Gewicht bei 5706 mt Arbeitsleistung
vier 15 cm-Schnelladekanonen „   sechs „   24   „   „   1224 „   „   24768   „   „
fünf 8,8 cm-   „   „   fünfzehn „   75   „   „   525 „   „   6525   „   „
            giebt zusammen 101 Schüsse von   1965 kg Gewicht bei 36999 mt Arbeitsleistung

Außerdem feuern die sechs 3,7 cm-Maschinenkanonen in derselben Zeit ungefähr je 200, oder zusammen 1200 Schüsse von etwa 840 kg Geschoßgewicht.

Alles in allem genommen versprechen die Schiffe viel und zeigen große Fortschritte in ihren Plänen gegen die Kreuzer aller andern Flotten. Ihre Besatzung soll 439 Mann stark werden. Wenn diese fünf Kreuzer und Ersatz Leipzig fertig werden, würde unsre Kreuzerflotte zehn kriegstüchtige Kreuzer haben, das ist genau halb so viel, wie der Flottengründungsplan von 1873, dieser längst veraltete Plan, an Fregatten oder gedeckten Korvetten und (Glattdecks-) Korvetten verlangt! Daß also der Kreuzerbau stetig und eifrig weiter betrieben werden muß, damit unsre Kriegsflotte wieder ebenso stark wird, wie sie es um 1883 herum im Verhältnis zu allen andern Seemächten war, ist eine ganz natürliche und gewiß nicht „uferlose" Forderung.

Schnelldampfer der Handelsflotte (Hilfskreuzer)

Handelsschnelldampfer als Hilfskreuzer. Da der Seekrieg sehr viele Kreuzer zu verschiednen Zwecken fordert — allein für den Aufklärungsdienst bei der Schlachtflotte werden ja von deutschen und englischen Fachleuten etwa zwei Kreuzer oder Avisos auf jedes Panzerschiff gerechnet —, so sucht man in allen größern Kriegsflotten die Zahl der Kreuzer noch dadurch zu erhöhen, daß man die Schnelldampfer der Handelsflotte als Hilfskreuzer ausrüstet. Auf dem Bilde ist ein solcher Dampfer dargestellt, der in Friedenszeiten, wenn er von einem Reserveoffizier der Marine geführt wird, in der Handelsflagge noch das eiserne Kreuz trägt. In der deutschen Marine sollen die vier Schnelldampfer der Hamburgischen Paketfahrt-Dampfergesellschaft, nämlich Fürst Bismarck (Stapellauf 1891, Schnelligkeit $20\frac{1}{2}$ Seemeilen), Normannia (1890, 20 Seemeilen), Columbia (1889, 20 Seemeilen) und Augusta Viktoria (1889, $19\frac{1}{2}$ Seemeilen) und sechs Schnelldampfer des Norddeutschen Lloyd, nämlich Spree (1890, 20 Seemeilen), Havel (1890, 20 Seemeilen), Lahn (1887, $19\frac{1}{2}$ Seemeilen), Trave (1886, $17\frac{1}{2}$ Seemeilen), Saale (1886, $17\frac{1}{2}$ Seemeilen) und Aller (1885, $17\frac{1}{2}$ Seemeilen) für diesen Zweck ausersehen sein. Diese Schiffe würden im Kriege eine möglichst große Anzahl von Schnellfeuergeschützen und Maschinengewehren bekommen, auch sonst verschiedene Einrichtungen erhalten, um einigermaßen kriegstüchtig zu werden. Aber solche Schnelldampfer sind sehr teure Notbehelfe; denn sie können sich auf Kämpfe mit andern Kriegsschiffen nicht einlassen, ohne durch ein paar gute Treffer in die größte Gefahr zu geraten. Bei den modernen Kriegsschiffen liegen, wie hier schon öfters gesagt wurde, die Maschinenanlagen unter der Wasserlinie und sind außerdem noch durch Panzerdeck, Panzergürtel und Kofferdämme geschützt. Nichts von alledem schützt den Handelsschnelldampfer, dessen Maschinen auch oft noch hoch über die Wasserlinie hinausragen, also Verletzungen durch feindliche Schüsse sehr stark ausgesetzt sind. Da die Handelsschnelldampfer nicht dieselbe zweckmäßige Einteilung in sehr viele wasserdichte Zellen und größere Abteilungen haben, wie moderne Kriegsschiffe, so sind sie auch in größerer Gefahr, durch Torpedotreffer tötlich verletzt zu werden. Die Verwendung dieser Hilfskreuzer ist also sehr beschränkt; man wird sie vielleicht als Vorpostenschiffe benutzen können, freilich auch nur, solange nicht gewaltsame Erkundungsfahrten gemacht werden müssen, und man wird sie ferner zum Kapern feindlicher Handelsschiffe, allenfalls auch zur Bekämpfung feindlicher Hilfskreuzer brauchen können. Feindliche Handelsschiffe müssen im Seekriege genommen oder vernichtet werden, weil sie dem Feinde allerlei Kriegsdienste als Frachtschiffe, als Truppenschiffe und als Kundschafter leisten können, außerdem aber auch, weil im Kriege der Feind soviel wie möglich geschädigt werden soll.

Der Kreuzerkrieg und das Privateigentum auf See. Es ist schon unnötig viel darüber geschrieben worden, daß man das Privateigentum auf See vor der Wegnahme durch feindliche Kriegsschiffe durch Verträge schützen solle, ähnlich wie die Kaperei, d. h. die Ausstellung von Kaperbriefen an Handelskapitäne, die nicht zugleich Offiziere der Kriegsmarine sind, durch den Pariser Vertrag von 1856 abgeschafft worden ist. Zunächst ist die Kaperei trotz dieses Vertrags thatsächlich in etwas veränderter Form nach wie vor vorhanden; wenn jetzt ein Handelsdampfer kapern soll, d. h. die Berechtigung zum Prisenmachen nach dem Pariser Vertrage erlangen soll, so genügt es eben, wenn sein Führer und einige seiner Offiziere der Reserve der Marine angehören, und die Reederei ihr Schiff förmlich der Marineverwaltung unterstellt, damit es die Berechtigung zur Führung der Kriegsflagge erhält. Das schließt auch heute noch nicht aus, daß die Reederei mit dieser ganz förmlichen Abgabe des Schiffs gute Geschäfte mit der Kaperei machen will, denn sie kann sich ja von der Marineverwaltung den Prisengewinn als „Miete" für die Abgabe des Dampfers zahlen lassen. Und sind denn politische Verträge etwa bindender als andre? Wer die Macht hat, einen politischen Vertrag nicht halten zu müssen, der wird sich auch zuweilen, um den Gegner zu schädigen und sich Übergewicht zu verschaffen, über solch einen Vertrag hinwegsetzen. Daß die Vereinigten Staaten es gar nicht für der Mühe wert erachtet haben, dem fadenscheinigen Pariser Vertrage beizutreten, beweist zur Genüge, wie geringen Wert solche Abmachungen zwischen fremden Mächten haben. Die Engländer würden ja jetzt, wo ihre Handelsflotte einen Umfang angenommen hat, wie nie in frühern Zeiten, wo sie also auch in einem glücklichen Seekriege sicher darauf rechnen müssen, sehr viel Privateigentum auf See zu verlieren, vielleicht dazu zu bewegen sein, das Seebeuterecht abzuschaffen, obgleich das für sie nach den Erklärungen Palmerstons auch große Nachteile mit sich bringen würde. Palmerston sagte nämlich im Jahre 1860 sehr treffend, daß Englands Dasein von der Seeherrschaft abhänge; zu diesem Zwecke sei es notwendig, die Gewalt (also auch) das Recht!), die Schiffe fremder Mächte wegzunehmen und namentlich die auf diesen Schiffen dienenden Matrosen gefangen zu nehmen, nicht aus den Händen zu geben. Der Krieg sei ein furchtbares Übel; dennoch sei es zuweilen notwendig, um der Selbsterhaltung willen Krieg zu führen, und eine Seemacht wie England dürfe sich keines Mittels entäußern, ihren Feind zur See zu schwächen. Wenn England nicht die Matrosen des feindlichen Staats an Bord der Handelsschiffe gefangen nehme, so würde es diese Matrosen bald an Bord der Kriegsschiffe zu bekämpfen haben. Wenn nun England wirklich jetzt geneigt wäre, das Seebeuterecht trotz seiner unzweifelhaften Vorteile für den Seekrieg aufzugeben, so würden Frankreich, Rußland und Nordamerika, drei Seemächte, die noch nie zu Englands Freunden gezählt haben, jetzt gewiß für solche Abmachungen nicht zu haben sein; denn diese drei Seemächte mit sehr kräftigen Kriegsflotten haben nur ganz schwache Handelsflotten und im Verhältnis zu England und Deutschland auch nur ganz geringes Interesse an der Freiheit des eignen Seehandels während eines Seekriegs, eben weil ihr überseeischer Handel nur klein ist. Dagegen bildet für diese Seemächte, also für Frankreich, Rußland und die Vereinigten Staaten, das Seebeuterecht den großen Vorteil, die großen englischen oder deutschen Handelsflotten in einem Seekriege sehr empfindlich schädigen zu können. Ja, die neuere französische Seestrategie, die der Admiral Aube begründet hat, und die Réveillère, Montechant, Fournier und andre hervorragende Fachleute weiter entwickelt haben, will geradezu den Kreuzerkrieg, d. h. die Zerstörung des feindlichen Seehandels und also die Wegnahme oder Vernichtung der feindlichen Handelsschiffe zu einem Hauptmittel der Seekriegsführung machen. Also eine Seehandelsfreiheit während eines Seekriegs ist gar nicht zu denken; und die Forderung ist auch unberechtigt, denn auch im Landkriege ist der Handelsverkehr auf dem Kriegsschauplatze nicht möglich. Der Seekrieg macht alle Meere zu einem einzigen großen Kriegsschauplatze, deshalb muß die Seehandelsfreiheit ein frommer Wunsch bleiben; die Vorbereitungen und Kriegsübungen aller Seemächte zeigen deutlich, was wir zu erwarten haben. Die großen englischen Flottenmanöver haben sich mehrmals ganz allein mit der Brandschatzung offner Küstenstädte und mit der Wegnahme feindlicher Handelsschiffe im größten Maßstabe beschäftigt! Die Seeherrschaft kann der Kreuzerkrieg freilich nicht erringen, dazu gehört die Schlachtflotte; aber die moderne Kaperei kann großen Einfluß auf den ganzen Verlauf eines Kriegs haben. Deshalb braucht Deutschland eine kräftige Kreuzerflotte nicht so sehr, um selbst den privilegierten Seeraub zu betreiben, sondern um den feindlichen Kreuzern den Garaus machen zu können, die unsre Handelsschiffe jagen wollen. Wenn aber jeder deutsche Kreuzer nur etwa zwei bis drei Handelsdampfer mit mehr oder weniger wertvoller Ladung vor der Kaperung durch die feindlichen Kreuzer schützt, dann deckt er damit schon reichlich seine Anschaffungskosten! Darüber sind die Ansichten geteilt, ob es besser sei, wie in frühern Zeiten den eignen Handelsdampfern Kreuzer zum Schutze als Begleitschiffe mitzugeben, oder ob von den Kreuzern die am meisten befahrenen Gewässer selbständig abgesucht werden sollten, um die feindlichen Kreuzer da aufzutreiben und zu bekämpfen. Wahrscheinlich werden beide Arten des Schutzes angewandt werden — nach dem, wie jeder einzelne Kreuzer dafür hat.

Freilich gehören zur Strategie des wirksamen Kreuzerkriegs allerlei Vorbereitungen im Frieden. Kohlenplätze müssen in allen Meeren angelegt werden, die Kolonialhäfen müssen als Stützpunkte für die eignen Kreuzer mit allerlei Reservebedarf, Kohlen, Munition und Lebensmitteln ausgerüstet sein. Im Atlantischen Ozean, im Indischen Ozean und in der Südsee hat Deutschland in seinen Kolonien zugleich einige freilich strategisch recht unbedeutende Stützpunkte. Leider fehlt in einem sehr wichtigen Gebiet, wo der deutsche Seehandel sehr stark ist, und wo Reibereien mit fremden Seemächten fast immer auf der Tagesordnung sind, jeglicher Stützpunkt; die ostasiatischen Gewässer sind gemeint, wo

Friedensvorbereitungen für den Kreuzerkrieg

unsre Diplomatie längst einen Seehafen, wie z. B. Amoy, hätte erwerben müssen, um einen wirksamen Schutz des deutschen Seehandels im Frieden und im Kriege möglich zu machen. Hoffentlich läßt sich das Versäumte nachholen!

Die alten Kanonenboote
Ganz andre Aufgaben als die größern, bisher betrachteten Kreuzer haben die kleinsten Schiffe der Kreuzerflotte, die Kanonenboote und Kreuzer vierter Klasse. Sie sollen in bestimmten überseeischen Küstenbezirken, namentlich in unsern Schutzgebieten und Niederlassungen den Sicherheitsdienst im Frieden übernehmen. Da sie viel in engen Küstengewässern zu thun haben und zuweilen auch in Flußmündungen einlaufen sollen, so dürfen sie nicht zu groß sein; eine mittlere Geschwindigkeit genügt für ihren Zweck. Die innere Einrichtung dieser Kreuzer muß dem Aufenthalte in den Tropen angepaßt sein, um die Gesundheit der Besatzung möglichst zu schonen. Die Schiffe sollen in Friedenszeiten den auswärtigen Dienst womöglich allein übernehmen, sodaß nur an solchen Punkten, wo ihre Macht nicht ausreicht, größere Kreuzer oder ganze Kreuzergeschwader aus der Heimat herbeigerufen zu werden brauchen. Die ältesten Kanonenboote dienten der Küstenverteidigung in den heimischen Gewässern, wie im zweiten und dritten Abschnitt an verschiednen Stellen gezeigt worden ist. Aus den alten Ruderkanonenschaluppen gingen die kleinen, nach Longés Plan erbauten Ruder= und Segelkanonenboote hervor. Später, im Jahre 1860, wurden die neuen Schraubenkanonenboote zweiter Klasse Fuchs, Habicht, Hay, Natter, Salamander, Skorpion, Sperber, Tiger und Wolf (etwa 290 Tonnen groß, mit einem 15 cm= und einem 12 cm=Geschütz und 40 Mann Besatzung) gebaut, sowie drei Kanonenboote erster Klasse, Cyklop, Delphin und Comet (etwa 370 Tonnen groß, mit einem 15 cm= und zwei 12 cm=Geschützen und 64 Mann Besatzung). Noch zwei Kanonenboote erster Klasse wurden 1862 fertig, nämlich Basilisk und Blitz; die beiden letzten Schiffe dieser Art waren Drache und Meteor, die 1865 vom Stapel liefen. Diese Kanonenboote hatten gute Takelung zum Segeln. Die Boote erster Klasse sind im überseeischen Dienst oft gebraucht worden, wie schon ausgeführt worden ist.

S. M. S. Albatroß und Nautilus
Die beiden Kanonenboote der Albatroßklasse, nämlich Albatroß (siehe Bild) und Nautilus, liefen 1871 in Danzig vom Stapel; sie sind 716 Tonnen groß, 51 m lang, 8 m breit und tauchen 3,2 m tief. Ihre Einschraubenmaschinen geben den hölzernen Schiffen bei 600 PS Leistung etwa 10 Seemeilen Geschwindigkeit. Jedes dieser Kanonenboote hat vier 12 cm=Kanonen alter Art in Breitseit= und Bugpforten. Die hübschen kleinen Schiffe haben Barktakelung, mit der sie ganz gut segeln können; die Besatzung zählt 99 Mann. Kriegerischen Wert haben die gänzlich veralteten Schiffe nicht mehr, aber sie haben noch in den letzten Jahren Dienste als Vermessungsschiffe in den heimischen Gewässern, Nautilus in der Ostsee und Albatroß in der Nordsee, geleistet.

S. M. S. Wolf und Hyäne
Kleinere Kanonenboote als diese beiden wurden für den Dienst in den Flußmündungen und engen Gewässern Ostasiens erbaut. Von diesen drei nach gleichen Plänen gebauten Kanonenbooten lief der kürzlich verunglückte Iltis (siehe Seite 91) 1877 vom Stapel, Wolf und Hyäne (siehe Bild) im Jahre 1878. Diese Schiffe sind ganz aus Eisen gebaut, ihr eiserner Boden wird nur durch Farbe geschützt, muß also oft im Dock gereinigt werden. Jedes der beiden noch vorhandenen Kanonenboote ist 489 Tonnen groß, 42,4 m lang, 7,7 m breit und hat etwa 3 m Tiefgang. Die Maschine kann 340 Pferdekraft leisten, wobei die einzige Schraube etwa 9 Seemeilen Fahrt giebt. Der Kohlenvorrat von 100 Tonnen reicht für etwa 3000 Seemeilen bei 8 Seemeilen Fahrt. Hyäne hat auf jeder Seite im Bug eine kurze 8 cm=Kanone; auf dem Heck steht eine kurze 12,5 cm=Kanone, und eine zweite gleichen Kalibers auf dem Oberdeck, die je nach Bedarf nach einer Breitseite geschwenkt werden kann; drei Revolverkanonen sind auf der Reling befestigt.

Albatroß in einem Südseehafen

Hyäne im Kamerunflusse

Wolf hat nur ein 12,5 cm=Geschütz, aber drei 8 cm= und vier Revolver=kanonen. Diese Waffen genügen gegen chinesische Seeräuber, gegen Neger und Südseeinsulaner. Die beiden Kanonen=boote gehören zur Nordseestation und haben je 85 Mann Besatzung. Hyäne ist seit längerer Zeit in Kamerun.

Größer und stärker bewaffnet sind die Kanonenboote der Habicht=klasse. Von ihnen gehört nur noch Habicht der Liste der Kanonenboote an. Das Schwesterschiff Möwe gehört zu den Vermessungsschiffen; es war lange an der ostafrikanischen Küste thätig und vermißt jetzt unsre Südseeinseln. Beide Schiffe sind 1879 in Elbing erbaut worden; sie sind 848 Tonnen groß, 53 m lang, 9 m breit und tauchen 3,5 m tief. Ihre Einschrauben=

S. M. S. Habicht und Möwe

maschinen geben bei 600 PS Leistung 12 Seemeilen Geschwindigkeit. Habicht ist mit einer kurzen 15 cm=Kanone, vier kurzen 12,5 cm=Kanonen und fünf Revolverkanonen bewaffnet, Möwe mit vier kurzen 12,5 cm=Kanonen und vier 8,7 cm=Kanonen alter Art. Die langsamen und schwachen Schiffe sind zum Kriege gegen Seemächte nicht mehr zu brauchen; als Vermessungsschiffe, also als Ersatz für die hölzernen Schiffe Albatroß und Nautilus, die ihres hohen Alters wegen nur noch geringe Seetüchtigkeit haben, sind sie noch recht gut geeignet. Habicht wird jetzt noch als Stationsschiff in West=afrika verwendet. Habicht mit 129 Mann Besatzung und Möwe mit 132 Mann gehören zur Marinestation der Ostsee.

Da die kleinen Kanonenboote nur in sehr beschränkter Weise für den auswärtigen Dienst brauchbar waren, baut man in allen größern Flotten die modernen Stationsschiffe etwas größer; so entstanden bei uns die neun Kreuzer vierter Klasse, von denen acht fertig und einer noch im Bau ist. Von diesen Stationskreuzern sind zwei für die Westküste und zwei für die Ostküste von Afrika, zwei für die ostasiatischen Gewässer und drei für die sehr ausgedehnten Schutz=gebiete in der Südsee bestimmt; daß diese Schiffe fortwährend tüchtig zu thun haben, wurde schon im dritten Abschnitt beschrieben. Die Kreuzer vierter Klasse gehören zur Marinestation der Ostsee und werden auf der Kieler Werft für ihre Reisen ausgerüstet. Der älteste Kreuzer vierter Klasse ist die Schwalbe. Sie lief 1887 in Wilhelmshaven vom Stapel. Ebenso groß wie die Schwalbe ist der 1889 ebenfalls in Wilhelmshaven fertig gestellte Sperber, der bis vor kurzem dem westafrikanischen Bezirke zugeteilt war, aber im Winter 1896 in die Heimat zurückkehren sollte. Beide Schiffe sind 1120 Tonnen groß; ihre Zwillingsschrauben leisten 1500 Pferdekraft und geben 14 Seemeilen Geschwindigkeit. Der Kohlen=vorrat, 250 Tonnen, reicht bei 12 Seemeilen Fahrt für die Strecke von 3000 Seemeilen. Zur Bewaffnung gehören acht 35 Kaliber lange 10,5 cm=Schnellladekanonen, deren Vorzüge schon erklärt worden sind; ferner noch fünf 3,7 cm=Maschinenkanonen und eine Breitseittorpedokanone. Die 10,5 cm=Kanonen stehen auf dem Oberdeck, und zwar die vordersten und hintersten in der Mitte, die andern an den Seiten in Schwalbennestern. Zwei Geschütze können also recht voraus, zwei achteraus und vier nach jeder Breitseite feuern. Die 3,7 cm=Maschinenkanonen sind auf der Back, in der Breitseite und auf der Kampanje verteilt. Ein elektrischer Scheinwerfer steht vor dem Schornsteine auf der Kommandobrücke. Fünf Seitenboote gehören zur Ausrüstung. Die Besatzung von Schwalbe und Sperber zählt je 116 Köpfe. Die Wohnräume für die Offiziere und für die Mannschaft sind luftig und hell und viel gesünder als auf ältern Schiffen.

Die nächsten beiden Kreuzer, Bussard und Falke, die 1890 und 1891 in Kiel vom Stapel liefen, sind größer als Schwalbe; sie sind 1580 Tonnen groß, 82 m lang, 10,5 m breit und gehen etwa 5 m tief. In allen ihren Einrichtungen sind die beiden Kreuzer geradezu mustergiltig; keine andre Flotte hat gleich gute Schiffe dieser Art. Die Zwillingsmaschinen leisten 2800 Pferdekraft und geben dabei 16 Seemeilen Geschwindigkeit. Der Dampf wird von vier Cylinderkesseln erzeugt. Bei 10½ Seemeilen Fahrt reicht der Kohlenvorrat von 300 Tonnen für die Strecke von etwa 4400 Seemeilen und bei voller Kraft ungefähr für die Hälfte. Die Bewaffnung ist fast ebenso wie auf Schwalbe, die 10,5 cm=Kanonen sind aber noch günstiger aufgestellt, was nur durch die Vergrößerung des Schiffskörpers möglich

Die neun Stations=kreuzer der Bussard=Art

Seeadler im Hafen von Dar es Salaam

wurde. Zwei 10,5 cm-Geschütze stehen nämlich vor dem Fockmast auf der Back hinter einem Wellenbrecher in Mittelpivotlaffeten; ihre Bestreichungswinkel sind etwa 180 Grad groß. Vor der Kommandobrücke, unter dem großen Ventilatorkopf, ist das Schwalbennest für das zweite Breitseitgeschütz; es kann ebenfalls recht nach vorn und etwa 60 Grad nach achtern feuern. Die beiden Heckgeschütze sind auf Ausbauten auf der Kampanje aufgestellt; ihr Bestreichungswinkel ist ebenfalls etwa 180 Grad groß. Vor der Kampanje stehen auf dem Oberdeck in kleinen Ausbauten noch je ein 10,5 cm-Geschütz auf jeder Seite. Hinter dem Schornstein sind zwei schwenkbare Torpedokanonen, je eine in jeder Breitseite, angebracht. Nicht sehr günstig scheint die Aufstellung der Maschinenkanonen auf der Back und auf der Kampanje zu sein, da diese Geschütze das Schußfeld der Bug- und Heckgeschütze sehr beengen. Wahrscheinlich wäre es besser, sie in einziehbaren Pforten in den darunter liegenden Räumen aufzustellen, wie es bei dem neuesten Schiffe dieser Art, Geier, auch bereits geschehen ist. Alle Kreuzer vierter Klasse haben die Takelung der Schunerbarken, d. h. der Fockmast hat Rahsegel, die beiden andern Masten führen nur je ein Gaffelsegel. Die Segel sollen auf diesen Schiffen die Maschinenkraft bei günstigem Winde unterstützen, damit Kohlen gespart werden können; zum selbständigen Segeln reicht die leichte Takelung nicht aus, schwerere Takelung würde aber die Kriegstüchtigkeit der Kreuzer beschränken.

Die vier neuesten Kreuzer vierter Klasse sind noch etwas größer als Bussard, denn sie verdrängen 1640 Tonnen Wasser. Sonst sind sie aber genau wie Bussard gebaut, bewaffnet und ausgerüstet und haben ebenfalls je 159 Mann Besatzung. Die Kreuzer Condor, Seeadler (siehe Bild) und Cormoran liefen 1892 vom Stapel und Geier 1894. Condor ist auf einer Privatwerft in Hamburg, Geier in Wilhelmshaven erbaut worden, Seeadler und Cormoran in Elbing. Der Bau jedes dieser Schiffe erforderte etwa zwei Jahre Zeit. Sofort nach der Fertigstellung sind die Schiffe ins Ausland geschickt worden; Seeadler und Condor sind auf der ostafrikanischen Station, um dort den laufenden Dienst zu thun, Cormoran ist in Ostasien, Geier ist nach Beendigung der Probefahrten außer Dienst gestellt worden, um für besondere Fälle zur Sendung nach einer Station bereit zu sein. Denn alle verfügbaren Stationskreuzer zu gleicher Zeit ins Ausland zu schicken, würde ein Fehler sein, da immer einige Ersatzschiffe für den Notfall bereit sein müssen. Der veraltete Flottengründungsplan von 1873 rechnete „für den wirklichen Bedarf an eisernen Schiffen die anderthalbfache Zahl als Bestand"; deshalb müßten also für die neun im Auslande nötigen Stationskreuzer mindestens vier in Reserve sein; in Wirklichkeit sind jetzt nur zwei, nämlich Geier und Schwalbe verfügbar. Der 1896 bewilligte neunte Kreuzer vierter Klasse, der noch die Bezeichnung G trägt, wird zur Erhöhung seiner Widerstandsfähigkeit im Kampfe mit feindlichen Kreuzern ein leichtes Panzerdeck bekommen, also wahrscheinlich auch etwas größer werden müssen als Geier, um dabei doch dieselben Waffen tragen zu können. Die Denkschrift von 1889 fordert im ganzen den Bau von dreizehn Stationskreuzern, neun für den auswärtigen Dienst und vier zur Bereitschaft in besondern Fällen; vier Neubauten müssen also noch ausgeführt werden, die auch nicht mehr lange aufgeschoben werden können, weil die alten Kanonenboote Habicht, Wolf und Hyäne fast gar keinen kriegerischen Wert mehr haben, und weil für den verlornen Iltis auch Ersatz geschafft werden muß. Unsre Kreuzerflotte hat tüchtige Schiffe, wie hier gezeigt werden konnte; für den Kreuzerdienst in allen Meeren und für den Aufklärungsdienst bei der Schlachtflotte hat keine Flotte bessere Schiffe als unsre Kreuzer Prinzeß Wilhelm, Irene, Kaiserin Augusta und Gefion; Meisterstücke des Schiffsbaues versprechen auch die Neubauten Ersatz-Leipzig, Ersatz-Freya, K, L, M und N zu werden. Aber wenn diese sechs fertig sein werden, hat die Flotte doch erst einen Panzerkreuzer und neun geschützte Kreuzer; 1873 aber wurden 20 Fregatten und Korvetten für den Kreuzerdienst als notwendig befunden. Groß ist der Mangel an den Schiffen, die heute den alten Fregatten entsprechen, nämlich an Panzerkreuzern. Für den Ersatz der alten Kanonenboote ist durch die acht fertigen Stationskreuzer vierter Klasse leidlich gesorgt; nur fünf Schiffe dieser Art, von denen eins schon im Bau ist, fehlen noch. Für den Ersatz der alten Fregatten und Korvetten, also für den Neubau von Panzerkreuzern und geschützten Kreuzern wird bald gesorgt werden müssen, wenn Deutschland die ihm gebührende Stellung unter den Völkern der Erde behaupten soll.

Schnellfeuergeschütz auf einem modernen Kreuzer

Siebenter Abschnitt
Friedensdienst der Kriegsflotte

Bootssegeln

Das Heer hat im Frieden einen einzigen großen Zweck: es soll sich bereit halten, das Vaterland gegen Feinde zu verteidigen. Vielfältiger sind die Friedensaufgaben der Kriegsflotte. Auch bei ihr ist die Übung für den Krieg die wichtigste Sorge; aber sie hat daneben noch vielerlei nützliches für das Gesamtwohl zu leisten. Von dieser überseeischen Thätigkeit, die hauptsächlich der Kreuzerflotte zufällt, ist im dritten und sechsten Abschnitt schon gesprochen worden; es bleibt hier noch zu zeigen, in welcher Art und Weise die Flotte für den Krieg vorbereitet wird. Wenn der leblose Schiffskörper fertig und mit den Waffen und allem Zubehör ausgerüstet und versorgt ist, so ist er noch lange nicht kriegsbereit. Da beginnen erst die Übungen, die das Schiff lebendig, beweglich — kriegsbrauchbar machen sollen. Die Seeoffiziere, die Maschineningenieure, die Unteroffiziere und die Mannschaften, die als Besatzung auf das Schiff geschickt werden, müssen zunächst alle seine Eigenschaften kennen lernen, alle seine Kräfte erproben, um den ganzen, großartigen Bau mit allen seinen besondern Einrichtungen im Kampfe zweckmäßig gebrauchen zu können. Jedes Schiff ist ein besonderes Wesen; selbst die Schiffe einer Gattung, die nach demselben Plane gebaut sind, zeigen im einzelnen Unterschiede, die studiert sein wollen.

Indienststellung der Kriegsschiffe. Solange die Schiffe nicht gebraucht werden, liegen sie abgerüstet in den Hafenbecken der Werften; nur einige Werftbeamte sind zur Aufsicht an Bord. Je nachdem ein solches Schiff "außer Dienst" mehr oder weniger schnell zum Seedienst herangezogen werden kann, wird es als Schiff zweiter oder dritter Reserve bezeichnet. Schiffe dritter Reserve sind wegen Ausbesserungsarbeiten oder wegen Umänderungen verschiedner Art erst nach Vollendung dieser Arbeiten seebereit; dagegen können die Schiffe zweiter Reserve sofort ausgerüstet werden, wenn ein Befehl dafür eintrifft, haben auch schon Kohlen und Geschosse (aber keine Pulverladungen) an Bord. In den Schiffskammern am Lande, möglichst nahe bei den Liegeplätzen der abgerüsteten Schiffe, liegt das ganze "Inventar und Material," für jedes Schiff gesondert, bereit; da sind in schönster Ordnung alle die Gegenstände aufgestapelt, die für den Schiffsbetrieb erforderlich sind. Für die Geschütze liegen da Geschoß- und Kartuschtragen, Ansetzer (Stangen mit Köpfen zum Hineinschieben der Geschosse und Kartuschen ins Rohr), Reserveteile für die Keilverschlüsse, Putzzeug und Werkzeug. Kohlenschaufeln, Wasserstandsgläser, Ascheimer, Lampen, Schraubenschlüssel, Dampfkolben, Packungsstoffe verschiedner Art und hunderterlei andre Dinge sind für den Betrieb der Kessel und Maschinen bestimmt. Hängematten aus Segeltuch mit Matratzen und wollnen Decken, Tische und Bänke eigentümlicher Form, allerlei Eß-, Trink- und Kochgeschirr für die Mannschaften, Kommoden, Stühle, Sofas und Teppiche für die Kommandantenkajüte und die "Messe" der Offiziere (so heißt der gemeinschaftliche Wohn- und Speisesaal), vollständige Bootsausrüstungen, wie Segel, Ruder und Riemen — genug, alles, was an Dingen zur Einrichtung des Schiffs gehört. Die Liste, die alle diese Sachen aufzählt und dabei zugleich die Größe und die Anzahl jedes einzelnen Gegenstandes für die einzelnen Schiffe angiebt, füllt zwei Bücher: das Inventarienverzeichnis und das Materialienverzeichnis.

Schiffe erster Reserve haben nicht die volle, kriegsmäßige, sondern nur eine kleine Besatzung; der Amtsstil sagt zwar, sie seien mit „reduzierter" Besatzung versehen, aber sie bekommen ebenso tüchtige und kräftige Leute wie andre Schiffe, nur weniger. Diese Schiffe haben ihre gesamte Ausrüstung an Bord, führen auch die Kriegsflagge und den Wimpel der Kriegsschiffe. Dieser Kriegswimpel, ein sehr langer und schmaler Streifen aus weißem Flaggentuch, hat am obern Ende, wo er mit der Flaggleine am Topp der Stänge festgehalten wird, das eiserne Kreuz; sein Wehen bedeutet, daß das Schiff von einem Seeoffizier befehligt wird. Der Wimpel ist das Kommandozeichen des Schiffskommandanten; auf einem Kriegsschiff, das „in Dienst" gestellt werden soll, wird als erste feierliche Handlung, bei der die Offiziere und Mannschaften auf dem Oberdeck salutierend aufgestellt sind, Flagge und Wimpel gehißt. Sobald dies geschehen ist, wobei es gleichgiltig ist, ob das Schiff mit kleiner Besatzung für die erste Reserve oder mit voller Besatzung für den Seedienst bereit gemacht werden soll, wird aus der Schiffskammer alles an Bord geschafft, was nach den beiden erwähnten Büchern für das Schiff bestimmt ist. Das Schiff gleicht dann einem Ameisenhaufen, wo in scheinbar heilloser Verwirrung gleichzeitig die verschiedenartigsten Gegenstände aufgehäuft werden. Aber jedes Ding hat seinen ganz bestimmten und schon vorher bestimmten Platz, auf den es von den Matrosen und Heizern unter der Aufsicht der Offiziere, Deckoffiziere (so heißen gewisse Unteroffiziere mit Portepee in der Marine, wie z. B. die Bootsleute, Feuerwerker, Steuerleute, Signalmeister, Maschinisten, Feuermeister) und Maate (die Unteroffiziere ohne Portepee) gebracht wird. Einige notwendige Teile der Ausrüstung werden nicht in der Schiffskammer geliefert, sondern müssen von andern Stellen herbeigeschafft werden, so die Munition aus dem Artilleriedepot, die Torpedos aus dem Torpedodepot, die Seekarten, nautischen Instrumente und Bücher aus dem dafür bestimmten Depot, der Proviant aus dem Verpflegungsamt, Medizin, Verbandzeug und ärztliche Instrumente aus dem Garnisonlazarett, Kleiderzeug für die Mannschaften aus dem Bekleidungsamt.

Die Besatzung des Schiffes, nämlich der Schiffsstab, wozu der Kommandant, die Seeoffiziere, Marineärzte, der Prediger, die Maschineningenieure und der Zahlmeister gehören, und die Mannschaften, wird schon vor der Indienststellung des Schiffes bereitgehalten. Für die Mannschaften der Marine bestehen am Lande in den Reichskriegshäfen Kiel und Wilhelmshaven Marineteile mit ähnlichen Einrichtungen wie die Truppenteile des Heeres, aber mit dem Zwecke, die Mannschaftsdepots für die Schiffsbesatzungen zu bilden. Solche, den Regimentsverbänden des Heeres entsprechende Marineteile sind die Matrosendivisionen und die Werftdivisionen. Den Zweck der Matrosendivisionen deutet schon der Name an, sie stellen die Matrosen für die Schiffe. Weniger zutreffend ist die Bezeichnung Werftdivisionen; sie haben nämlich mit den Werften, wo die Schiffe gebaut, ausgerüstet, aufbewahrt und ausgebessert werden, nichts zu thun, sondern bilden das Depot für das Maschinenpersonal (aus Maschinisten und Heizern bestehend), für die Handwerker und für das Verwaltungspersonal (Zahlmeister-Aspiranten, -Applikanten und -Anwärter). In Kiel ist die I. Matrosen- und I. Werftdivision, in Wilhelmshaven die II. Matrosen- und II. Werftdivision. Jede Matrosendivision wird von einem Kapitän zur See befehligt und ist in zwei Abteilungen (den Bataillonsverbänden entsprechend) geteilt, die von Korvettenkapitänen geführt werden. Zur ersten Abteilung gehören drei Kompagnien, nämlich die 1., 3. und 5., zur zweiten aber vier, nämlich die 2., 4., 6. und die Signalkompagnie. Nach dem Artikel 58 der Reichsverfassung ist die gesamte seemännische Bevölkerung des Reichs, einschließlich des Maschinenpersonals und der Schiffshandwerker, vom Dienste im Landheere befreit, dagegen zum Dienst in der Kaiserlichen Marine verpflichtet. Deshalb werden die wehrpflichtigen, durch die Landwehrbezirke in den Küstenstädten ausgehobenen Seeleute, Seefischer, Küstenfischer und Hafffischer (die ihren Beruf schon seit mindestens einem Jahre betreiben) zur Erfüllung ihrer Dienstpflicht bei den Kompagnien der Matrosendivisionen eingestellt; dort werden sie eingekleidet, dann im Infanteriedienst und im Schießen mit dem Gewehr ausgebildet, wobei gleichzeitig Übungen im Bootsrudern und Bootssegeln, im Turnen, Schwimmen, Geschützexerzieren und Felddienst vorgenommen werden. Vielseitig genug ist diese erste Ausbildung des Matrosen, wie jeder übersieht, der damit die Schulung der Infanteristen vergleicht. Jeder Mann wird dann nach kurzer Zeit einer Schiffsstamme zugeteilt, der bei der Indienststellung des Schiffes an Bord eingeschifft wird. Bei der Signalkompagnie werden die Signalgasten für die Schiffe herangebildet, die die verschiedenen Signalapparate und Signalmethoden schon am Lande kennen lernen müssen. Die Werftdivisionen haben keine Abteilungen, sondern sind nur in fünf Kompagnien geteilt. Zur ersten Kompagnie gehört die Maschinistensektion und die Zahlmeistersektion; bei der Maschinistensektion werden die dienstpflichtigen Maschinisten von Handelsdampfern als Maschinistenapplikanten eingestellt, bei der Zahlmeistersektion die Zahlmeisteranwärter. Die zweite und dritte Kompagnie jeder Werftdivision bilden Depots für die Heizer, deren auf den modernen Kriegsschiffen fast

Die Schiffsbesatzung; Matrosen- und Werftdivisionen

Wislicenus, Deutschlands Seemacht

ebenso viele wie Matrosen nötig sind, um die vielen Kessel ausreichend bedienen zu können; sie ergänzen sich aus wehr=
pflichtigen Heizern von See= und Flußdampfern, sowie aus Feuerarbeitern und Metallarbeitern der Landbevölkerung.
In die vierten Kompagnien werden die Anwärter für die Laufbahnen der Materialienverwalter, Lazarettgehilfen, Büchsen=
macher und Bäcker eingestellt; eine besondre Sektion nimmt die Schreiber auf. Die fünften Kompagnien schließlich sind
die Depots für die Zimmerleute, Segelmacher, Maler, Böttcher, Schuhmacher und Schneider. Die Mannschaften der
Werftdivisionen erhalten ebenfalls zunächst eine militärische und technische Ausbildung am Lande, ehe sie mit den Schiffs=
stämmen an Bord eingeschifft werden. Schließlich werden noch auf jedes Schiff einige Leute der Torpedoabteilungen
zur Bedienung der Torpedowaffe geschickt. Von diesen Marineteilen wird noch die Rede sein.

Der Borddienst   Nach der feierlichen Indienststellung beginnt der regelmäßige Borddienst. Zunächst muß die Mannschaft mit
den Einrichtungen des Schiffes bekannt gemacht werden. Welche Pflichten jeder Einzelne zu übernehmen hat, weiß er
meist schon einige Zeit vor der Einschiffung. Die Matrosen müssen vor allem die Geschütze bedienen lernen, die Maschinisten=
maate und Heizer die Maschinen, wozu außer den Hauptmaschinen eine große Zahl Hilfsmaschinen aller Art zum Betriebe
von Pumpen, Hißvorrichtungen für Asche, Munition, Boote und andre Lasten, Drehmaschinen für das Dampfruder, die Türme
und die schweren Geschütze, Ankerlichtmaschinen, Dynamomaschinen für den Betrieb der elektrischen Beleuchtung, Destillier=
apparate, Eismaschinen, Backöfen und andre gehören. Die Zimmerleute und Maschinisten sollen die Pumpen und Rohr=
leitungen, die hunderte von Schleusenschiebern, Klappen, wasserdichten Thüren und Ventile, die den verschiedensten Zwecken
dienen, richtig gebrauchen lernen; die Sicherheit des ganzen Schiffes und seine Kriegsbrauchbarkeit hängt von der Tüchtigkeit
und Aufmerksamkeit jedes Einzelnen seiner ganzen Besatzung ab. Der Kommandant, die Seele des ganzen Schiffs, und
auch die Offiziere, die im Kriege in die Lage kommen könnten, an seiner Stelle zu befehligen, müssen das Schiff in ihrer Gewalt
haben, wie der Jäger seinen Hund und der Reiter sein Roß; sie müssen seine besten Eigenschaften, Geschwindigkeit, Dreh=
fähigkeit, die Schußfelder der Geschütze und der Torpedorohre genau kennen, um zu wissen, wie alle Kräfte im Kampfe
am vorteilhaftesten ausgenutzt werden können. Da jedes Schiff ein besondres Individuum ist, so sind allerlei Fahrübungen
und Einzelmanöver dazu erforderlich, um den Offizieren die nötige Übung zu geben. Geistesgegenwart, scharfer Blick,
rasche Überlegungsgabe sind Erfordernisse für jeden Seeoffizier; sie genügen allein aber noch nicht, um jedes Schiff so
zu führen, daß alle seine Waffen nutzbar gemacht werden können. Auch von der Tüchtigkeit der Mannschaften hängt
der Erfolg im Kriege sehr mit ab; die Unteroffiziere und Geschützführer müssen vortreffliche Schützen sein und müssen
die modernen Geschütze richtig gebrauchen können, wobei sie zuweilen in den Einzelkasematten und Drehtürmen oder auch
in den Gefechtsmarsen ganz selbständig, ohne Anweisung der Offiziere werden handeln müssen, um sich das richtige Ziel
auszusuchen und zur richtigen Zeit zu feuern. Das Laden und Richten der Geschütze durch die Matrosen fordert ebenfalls
Gewandtheit und Umsicht; ja sogar durch ungeschicktes Putzen kann die Kriegstüchtigkeit der Kanonen leiden, also zu
lernen ist da vielerlei für jeden Mann. Auch die Signalgäste und Ruderleute haben wichtige Posten; falsch abgegebne
oder falsch verstandne Signale und unrichtiges Steuern können schwere Folgen tragen. Freilich werden diese Leute
meistens von Seekadetten und Offizieren beaufsichtigt, aber es sind doch Lagen denkbar, wo auch diese Matrosen und
Unteroffiziere selbständig handeln sollen. Alle Einzelheiten des vielseitigen Schiffsdienstes genau zu betrachten, forderte
ein Buch für sich; es genüge zu bemerken, daß das „Klar Schiff", d. h. das Herstellen der Kampfbereitschaft des
Schiffs („klar" hat beim Seemann die Bedeutung von „bereit") ein besonders wichtiger Dienst ist. Im Hafen
werden außerdem Bootssegeln, Bootsrudern und Landungsmanöver geübt, um die Schiffsbesatzung auch in diesen
Zweigen des Schiffsdienstes geschickt zu machen. Die wichtigsten Vorbereitungen der Schiffsbesatzungen für den
Krieg sind bei allen Kriegsschiffen die gefechtsmäßigen Schießübungen, die gewöhnlich in jedem Jahre einmal ab=
gehalten werden.

Das „seeklare" Schiff   Sobald das in Dienst gestellte Schiff „seeklar" ist, also bereit zur Seefahrt, meldet der Kommandant dies dem
Chef der Marinestation, der Schiff und Besatzung besichtigt, ehe sie den Heimatshafen verlassen. Auf einem seeklaren
Schiffe muß die Besatzung und die Ausrüstung vollständig an Bord sein, die Mannschaft muß auch schon im Gebrauche
des Schiffs und seiner Sicherheitsvorrichtungen geübt sein. Ist das Schiff für den Auslandsdienst bestimmt, so bekommt
es eine „Segelordre" vom Oberkommando der Marine, worin der Reiseweg, die ungefähre Reisedauer, die anzulaufenden
und zu meidenden Häfen und die besondern Aufgaben des Schiffs angegeben sind. Nachdem der Kommandant dann
sein Schiff bei seinen Vorgesetzten abgemeldet hat, kann die Fahrt beginnen, die das Schiff zuweilen für viele Jahre in
fremde Meere führt. Die Besatzungen der lange im Auslande stationierten Schiffe werden, wenn es geht, möglichst regel=
mäßig abgelöst, weil ja nach der deutschen Wehrordnung die aktive Dienstzeit höchstens drei Jahre betragen soll. Da
unsre Flotte keine eignen Truppenschiffe hat, werden die ablösenden und abgelösten Mannschaften mit gemieteten deutschen
Handelsdampfern an ihre Bestimmungsplätze geführt. Was die deutschen Kreuzer im Auslande zu thun haben, davon

wurde schon in frühern Abschnitten gesprochen. Hier sollen nun die Friedensübungen der Flotte besprochen werden, die sie für den Seekrieg vorbereiten.

Da heutzutage Kriegserklärungen über Nacht, ganz überraschend aus heiterm Himmel einlaufen können, ja da besonders kluge Feinde durch ihre Angriffsgeschwader oder durch schnelle Torpedofahrzeuge oder durch andre Streitkräfte den Krieg mit einem Überfall auf strategisch und kriegstechnisch wichtige Plätze (z. B. auf die Dardanellen, auf den Bosporus, auf Plymouth, auf Portsmouth, auf Cherbourg, auf die Elbmündung, auf Spezzia, auf Toulon, auf Bizerta, auf den Suezkanal) beginnen könnten, wodurch der Krieg zugleich in deutlichster Weise „erklärt" sein würde, so muß ein Teil der Panzerflotte auch während des modernen bewaffneten Friedens stets schlagfertig[1]) gehalten werden. Thatsächlich haben aus diesem Grunde alle Seemächte, auch die kleinen dritten Ranges, beständig eine ganze Zahl von Schlachtschiffen, Küstenpanzerschiffen, Torpedobooten, Kreuzern und Avisos im Dienst teils seeklar in den heimischen Gewässern, teils mit kleiner Besatzung in den Kriegshäfen liegen, die genau wie der aktive Teil des Heeres, und besonders wie die Heeresteile an den Landesgrenzen die ersten feindlichen Angriffe abwehren oder ihnen vorbeugen sollen; denn die heimischen Gewässer grenzen an das allen gemeinsame und jedem zugängliche große Gebiet des Meeres, den Schauplatz des Seekriegs. Die großen Seemächte Frankreich und England haben starke Panzergeschwader mit Kreuzern und Torpedofahrzeugen im Mittelmeer und im englischen Kanal kriegsbereit, Rußland in der Ostsee und im Schwarzen Meere, Italien, Japan, Nordamerika, Österreich-Ungarn in ihren heimischen Gewässern. In allen Marinen werden diese politisch nötigen Indienststellungen zugleich dazu benutzt, durch Übungen verschiedenster Art, taktischer und strategischer Natur, die Kriegstüchtigkeit der Schiffe und ihrer Besatzungen zu erhöhen und Erfahrungen zu sammeln für den Bau neuer Schiffe, für die Aufstellung neuer taktischer Regeln und für die Erprobung seestrategischer Grundsätze, soweit wie dies in Friedenszeiten überhaupt möglich ist.

In Deutschland waren anfangs, bis in die Mitte der achtziger Jahre nur während der Sommermonate ungefähr vier Panzerschiffe als Übungsgeschwader im Dienst; außerdem lagen gewöhnlich je ein Panzerschiff während des ganzen Jahres seebereit als Wachtschiff im Hafen von Kiel und Wilhelmshaven. Um die Flotte schneller kriegsbereit machen zu können, wurde in der Mitte der achtziger Jahre die Einrichtung getroffen, daß mehrere Schiffe der Sachsenklasse und der Wespeklasse auch im Winter mit kleiner Besatzung im Dienst blieben, um als sogenannte Stammschiffe die Besatzungsstämme (d. h. kleine, aber wichtige Teile der Schiffsbesatzungen, wie Geschützführer, Maschinisten u. s. w.) für die einzelnen Schiffe der Reservedivisionen auszubilden. Die Reservedivision der Ostsee bestand mehrere Jahre aus den vier Schiffen der Sachsenklasse, von denen abwechselnd eins, z. B. Baden als Stammschiff im Dienst war, während die andern in der ersten Reserve bereitgehalten wurden, dabei aber ohne Besatzung waren. An Land bei den Matrosen- und Werftdivisionen waren die Besatzungen für diese Schiffe bereit und zum Teil auch eingeübt, sodaß alle vier Panzerschiffe ungefähr binnen drei Tagen seeklar sein konnten. Später mußte, sodaß man wenigstens mit den andern Seemächten zweiten Ranges Schritt halten konnte, ein Geschwader dauernd im Dienst gehalten werden, einmal, weil nur auf diese Weise die Ausbildung der Offiziere und Mannschaften so gefördert werden kann, wie es für die Kriegstüchtigkeit der Flotte nötig ist, und zweitens, weil politische Rücksichten die stete Bereithaltung eines Teils der Angriffsflotte genau ebenso fordern, wie die Bereithaltung des aktiven Heeres auch während des Friedens. Deshalb ist jetzt als Kern der Schlachtflotte ein „erstes" Geschwader ständig kriegsbereit; gewöhnlich wird es in zwei Divisionen zu je vier Schlachtschiffen und einem Aviso geteilt. Im Herbst 1896 bestand die erste Division aus den vier Panzerschiffen erster Klasse Kurfürst Friedrich Wilhelm (Flaggschiff des Geschwaderchefs und zugleich Befehlshabers der ersten Division, Vizeadmiral Thomsen), Brandenburg, Weißenburg und Wörth, sowie dem Aviso Jagd; zur zweiten Division gehörten die Panzerschiffe König Wilhelm (Flaggschiff des Divisionschefs Konteradmiral Prinz Heinrich von Preußen), Württemberg und Sachsen und der Aviso Wacht. Da neuerdings als Wachtschiffe in den Reichskriegshäfen Kiel und Wilhelmshaven moderne Kreuzer bereit gehalten werden (weil nur diese wegen ihrer Geschwindigkeit in vollem Maße „Sicherheitspolizei" im Stationsbereiche sein können), so sind immer wenigstens zwei ebenfalls für den Aufklärungsdienst bestimmte Schiffe im Dienst; im Herbst 1896 war Gefion Wachtschiff in Kiel, Kaiserin Augusta Wachtschiff in Wilhelmshaven. Auch der für den Fischereischutz in der Nordsee bestimmte Aviso (1896: Meteor) kann für die Manöver und für den Fall eines plötzlich ausbrechenden Kriegs zu der Aufklärungsgruppe des ersten Geschwaders mit herangezogen werden. Diese sogenannte erste Aufklärungsgruppe[2]) soll, wie ihr Name besagt, den Kundschafter- und Sicherheitsdienst für das Geschwader über-

---

1) Wie groß die Kriegsbereitschaft in den Grenzfestungen ist, weiß wohl jeder, der einmal die Reichslande besucht hat.
2) Darüber belehrt das Lehrbuch des Korvettenkapitäns z. D. Ferber „Dienstkenntnis der kaiserlichen Marine" (Berlin, 1896).

nehmen, müßte also wenigstens aus etwa ebensoviel Kreuzern und Avisos bestehen, wie die beiden Divisionen Panzerschiffe zählen. Infolge des Mangels an Kreuzern konnten nur die Schiffe Kaiserin Augusta, Gefion, Wacht und Meteor im Herbst 1896 für die erste Aufklärungsgruppe bereit gehalten werden. Während der Sommerübungszeit tritt zum ersten Geschwader auch eine Torpedobootsflottille, wovon noch die Rede sein wird.

Reservedivisionen

Die alte bewährte Einrichtung der Reservedivisionen ist jetzt noch für die Panzerschiffe der Küstenverteidigung, nämlich für die Schiffe der Siegfried- und Wespeklasse beibehalten worden. Im Herbst 1896 war Beowulf erstes und Siegfried zweites Stammschiff der Reservedivision der Nordsee, zu der noch die Schiffe Frithjof und Hildebrand gehörten; in Kiel war Hagen Stammschiff für die Reservedivision Hagen, Heimdall, Odin und Ägir, und schließlich in Danzig war Mücke Stammschiff der Reservedivision der vier Panzerkanonenboote Mücke, Skorpion, Crocodil und Natter. Für kurze Zeit nahmen im Sommer 1896 die vier Stammschiffe Hildebrand, Beowulf, Siegfried und Frithjof als vierte Division an den Übungen der Flotte teil. Als dritte Division der Übungsflotte werden alljährlich im Sommer die Schulschiffe Stosch, Stein, Moltke und Gneisenau herangezogen, an deren Stelle doch wahrscheinlich später die ältern Panzerschiffe benutzt werden müssen, solange statt der alten Kreuzerfregatten noch nicht genug Panzerkreuzer vorhanden sind. Diese dritte und vierte Division bilden zusammen das zweite Geschwader der Übungsflotte während der Manöverzeit. Dieses Geschwader, das nur wenige Monate vereinigt ist, wird ebenfalls von einem Vizeadmiral als Geschwaderchef befehligt, der zugleich die dritte Division führt, während unter ihm ein Kontreadmiral die vierte Division führt. Die ganze Übungsflotte steht unter dem Kommando des Kommandierenden Admirals von Knorr, der seine Flagge, die weiße Admiralsflagge mit schwarzem eisernen Kreuz, in dessen Mitte die goldne Kaiserkrone ist, auf einem größern Schiffe, z. B. 1896 auf dem Artillerieschulschiffe Mars hißt, während im Kriegsfalle wohl auch die fast immer dienstbereite Kaiserjacht diesem Zwecke dienen wird. Auch dem zweiten Geschwader der Übungsflotte wird eine Aufklärungsgruppe von Kreuzern und Avisos beigegeben, wozu freilich auch zuweilen einige langsame alte Schiffe und das Transportschiff Pelikan benutzt werden müssen, solange noch so wenig Kreuzer vorhanden sind. Während der Manöverzeit wird für das zweite Geschwader auch noch eine zweite Torpedobootsflottille, ebenfalls wie die erste aus zwei Torpedobootsdivisionen (zu einem Divisionsboot und etwa 8 Torpedobooten) gebildet. Die ganze Übungsflotte ist demnach ungefähr 30 Schiffe und 36 Torpedoboote stark.

Flottenmanöver

Wenn die einzelnen Schiffe ihre Übungen beendet haben, die die Offiziere und Mannschaften mit den Eigenschaften des Schiffs bekannt machen sollen, dann können erst die Übungen der Divisionen und Geschwader beginnen. Der Admiral, der die Division und das Geschwader befehligt, muß dabei alle Schiffe gemeinsam nach seinem Willen lenken. Eine längere Übungszeit ist nötig, bis die Schiffe einer Division und die Divisionen eines Geschwaders so mit einander eingefahren sind, daß sie so manövrieren, als wären sie durch unsichtbare Gestänge und Gelenke mit einander

Schießübungen im Geschwader

Das Artillerieschulschiff Mars und sein Tender Hay im Jahdebusen

verbunden. Die Manöver der Herbstübungsflotte sind für die Kriegstüchtigkeit der Marine ebenso wichtig wie die Herbstübungen des Heeres für die Armee. Strategische und taktische Übungen werden dabei mit vielen Schiffen zugleich gemacht. Sehr wichtig ist bei diesen Manövern, denen gewöhnlich ein bestimmtes Kriegsbild zu Grunde gelegt wird, das Gegeneinanderoperieren zweier Geschwader. Dabei werden der Vorpostendienst, der Signaldienst, der Wachtdienst und das Küstenbeobachtungswesen eingeübt und erprobt. Gemeinschaftliche Schießübungen spornen die Geschützbedienungen an, bei gemeinsamen schnellen Fahrten wetteifern die Maschinenmannschaften der Schiffe miteinander; es herrscht frischer, reger Geist auf der Flotte, der für die kriegerische Ausbildung viel mehr fördert, als wenn die Schiffe einzeln üben. Auf dem Bilde sind die Divisionen des ersten Geschwaders bei der wichtigen gefechtsmäßigen Schießübung dargestellt. Als Ziele dienen große hölzerne Scheiben, die man entweder auf offner See frei treiben läßt, oder die an langen Leinen von Schleppdampfern am Geschwader vorbeigeschleppt werden. Zuweilen werden die Scheiben auch an bestimmten Stellen verankert. Jeder Schuß wird mit Fernrohren sorgfältig beobachtet; das Aufschlagen des Geschosses auf die Scheibe oder auf das Wasser erleichtert die Beobachtung, außerdem kann man bei einiger Übung die schweren Geschosse fliegen sehen, also ihre Richtung verfolgen. Um den Wettstreit zwischen den einzelnen Geschützführern und Geschützmannschaften anzuspornen, sind vom Kaiser besondre Abzeichen angeordnet worden, die von der Geschützmannschaft getragen werden, die bei den Schießübungen des Geschwaders in jedem Jahre die besten Leistungen erzielt hat.

Um die Geschützführer und auch die Offiziere, die im Übungsgeschwader die Mannschaften im Gebrauche der verschiednen Arten von Geschützen kriegstüchtig ausbilden sollen, für diese schwere Aufgabe gründlich vorzubereiten, dazu dient das Artillerieschulschiff Mars. Über den Wert von besondern Artillerieschulschiffen haben nie Zweifel geherrscht; schon in der ältesten Zeit der preußischen Marine wurden die Fregatten Gefion und Thetis dafür benutzt, später das von England eingetauschte Schraubenlinienschiff Renown. Da dieses alte hölzerne Schiff — es stammt nach dem prächtigen Flottenbuche des Admirals Reinhold Werner aus der Mitte der fünfziger Jahre — dringend des Ersatzes bedurfte, wurde in Wilhelmshaven in der Mitte der siebziger Jahre ein eisernes Artillerieschulschiff erbaut. Dieses Schiff erhielt bei seinem Stapellaufe 1879 den Namen Mars (siehe Bild); es ist 3333 Tonnen groß, 80 m lang, 15 m breit und taucht 6 m tief. Aus Sparsamkeit hat man ihm die alte Einschraubenmaschine des Renown eingebaut, die 2000 Pferdekraft leistet und dem Schiffe 11 Seemeilen Fahrt giebt, was freilich wenig ist, aber doch für die Aufgaben des Schiffs damals noch genügte. Jetzt, wo die Kriegsschiffe allgemein mit viel größern Geschwindigkeiten kämpfen werden, ist es nötig, manche artilleristischen Übungen auf andern Schiffen vorzunehmen. Mars trägt ungefähr dreißig Geschütze fast aller auf der Kriegsflotte gebräuchlichen Kaliber vom schweren 21 cm-Kanon bis zur leichten 3,7 cm-Maschinenkanone. Die Geschütze sind meist in Breitseitpforten, doch auch in eingezognen Bugpforten in der Batterie und auf dem Oberdeck aufgestellt. Mars hat aber selbst gar keinen Gefechtswert, wie die Beschreibung erkennen läßt, denn es ist zu langsam, gänzlich

Das Artillerieschulschiff Mars

ungeschützt, und sein Durcheinander von Kalibern hat ungünstige Aufstellung. Die verhältnismäßig starke Besatzung von 697 Mann besteht hauptsächlich aus Schülern, die nur für kürzere Zeit, etwa drei bis sechs Monate eingeschifft sind und dann von andern Mannschaften abgelöst werden. Auf dem Mars werden vor allem Geschützführer ausgebildet, die später auf den eigentlichen Kriegsgeschützen ihrer Geschützmannschaft die Kenntnisse beibringen sollen, die sie selbst auf dem Schulschiffe erworben haben. Als Schüler werden dazu besonders fähige und gewandte Obermatrosen (Gefreite) und Matrosen ausgewählt, die schon mit dem Gewehr Proben davon abgelegt haben, daß sie gute Schützen zu werden versprechen; außerdem werden Bootsmannsmaate und Feuerwerksmaate (Unteroffiziere) zu Geschützmeistern ernannt, nachdem sie besonders schwierige Schießübungen durchgemacht und allerlei praktische und theoretische Unterweisung erhalten haben. Schließlich werden auch die Schiffsjungen nach ihrer Lehrzeit auf den Schiffsjungenschulschiffen auf dem Artillerieschulschiffe an den verschiednen Kalibern im Bedienen der Geschütze und im Schießen ausgebildet, ehe sie auf die Schlachtschiffe des ersten Geschwaders kommandiert werden. Auch Offiziere, besonders die jungen Unterleutnants, die ihre Berufsprüfung bestanden haben, machen Lehrkurse auf dem Mars durch; ältere Offiziere werden zu Batteriekommandeuren ausgebildet und nehmen dabei ebenfalls an mehreren schulgerechten Schießübungen teil. Aus alledem geht hervor, daß die Schiffsoffiziere des Mars sehr tüchtige artilleristische Lehrer sein müssen, fast Spezialisten ihres Fachs; sie gehören dem Schiffe gewöhnlich längere Zeit, etwa zwei bis drei Jahre an und müssen in dieser Zeit auch ihren eignen Ersatz, d. h. die neuen Artillerielehrer heranbilden. Da der Mars außerdem Versuchsschiff für allerlei artilleristisch-technische Versuche mit neuen Geschützen, neuen Geschossen, neuen Lafetten, neuen Zielvorrichtungen und dergleichen mehr ist, so ist die Thätigkeit seiner Offiziere für die Kriegstüchtigkeit der ganzen Flotte von großem Einflusse. Denn solange das Geschütz die wichtigste Waffe des Seekrieges ist, und das wird es voraussichtlich bleiben, solange ist auch die Ausbildung tüchtiger Geschützführer, die die Aufgabe haben, im Kriege den Feind mit den Geschützen an der richtigen Stelle zu treffen, die wichtigste Aufgabe der Friedensthätigkeit der Flotte für die Ausbildung der Mannschaften. Um tüchtige Schützen für die leichten Kaliber, für die Schnellladekanonen (man giebt dieser Bezeichnung den Vorzug vor „Schnellfeuerkanonen," weil die Geschütze zwar schnell geladen, aber doch ruhig, mit gutem Ziel, abgefeuert werden sollen) auszubilden, dient als Beischiff für den Mars die alte, schon auf Seite 153 beschriebne Kreuzerkorvette Carola; als zweites kleines Beischiff, als sogenannter Tender ist das kleine eiserne Kanonenboot Hay bestimmt. Hay ist 1881 in Danzig vom Stapel gelaufen, ist 203 Tonnen groß, 31 m lang, 6,4 m breit und taucht 2,4 m tief. Seine Maschine giebt bei 160 Pferdekraft Leistung 9 Seemeilen Geschwindigkeit. Er wird bei Schießübungen mit einigen Geschützen des Mars ausgerüstet. Hay hat 40 Mann Besatzung.

Diese Artillerieschulschiffe, deren Zahl mit der Zeit wegen der Wichtigkeit der artilleristischen Ausbildung vermehrt werden muß, sind in Wilhelmshaven stationiert, weil der Jahdebusen treffliche Gelegenheit zu Schießübungen, ungestört von starkem Handelsschiffsverkehr, bietet. Die Übungen werden meistens im äußern Teile des Jahdebusens, bei Schillighörn, abgehalten.

Inspektion der Marineartillerie; Marineartillerieabteilungen, Telegraphenschule

Die Artillerieschulschiffe sind einem Kontreadmiral untergestellt, dem sogenannten Inspekteur der Marineartillerie, der die Verantwortung für die gesamte artilleristische Ausbildung der Flotte trägt. Unter seinem Befehle stehen auch die Matrosenartillerieabteilung und die Telegraphenschule. Die Matrosenartillerieabteilungen sind Marineteile am Lande, die die Besatzung bestimmter der Marine übergebener Küstenbefestigungen bilden und zugleich die Minensperren in den Fahrwassern vor diesen Werken im Kriegsfalle legen (siehe Seite 138); die erste Matrosenartillerieabteilung in Friedrichsort ist vier Kompagnien stark, die zweite in Wilhelmshaven und die dritte in Lehe haben je drei Kompagnien, die vierte in Cuxhaven hat vorläufig erst zwei Kompagnien. Helgoland wird von einem Detachement der Leher Abteilung besetzt. Jede Kompagnie hat als Friedensstärke etwa 38 Obermatrosenartilleristen und 112 Matrosenartilleristen; ihre Unteroffiziere heißen Artilleristenmaate, Oberartilleristenmaate, Feldwebel, Vizefeldwebel, Feuerwerker und Oberfeuerwerker. Ein Korvettenkapitän befehligt jede Abteilung; Kompagnieführer sind Kapitänleutnants. Bei den Abteilungen werden kräftige Leute der Landbevölkerung, auch dreijährig Freiwillige, eingestellt, die im Infanteriedienst an den Küstengeschützen, im Bootsrudern und im Minenlegen ausgebildet werden. Die Telegraphenschule in Lehe bildet Matrosenartilleristen, Seesoldaten und Matrosen im Telegraphieren aus; diese Marinetelegraphisten werden im Kriege bei den Küstenbefestigungen, den Stationskommandos und bei einzelnen Beobachtungsstationen gebraucht.

Das Torpedoschulschiff Blücher

Ganz ähnlich, wie Mars das technische Schulschiff für die Artillerie ist, so ist auch für die neue Seekriegswaffe, den Torpedo, ein besonderes Schulschiff vorhanden, um die Mannschaften im Gebrauche der Torpedowaffe einzuüben, und um zugleich die Torpedowaffe weiter zu entwickeln, Verbesserungen aller Art anzubringen und zu erproben. Als Torpedoschulschiff dient schon fast seit ihrem Stapellaufe (1877) die alte Kreuzerfregatte Blücher (siehe Bild), die mit den andern Schiffen der Stoschklasse schon auf Seite 145 beschrieben worden ist. Blücher ist aber für seinen besondern Zweck ganz anders eingerichtet und auch anders ausgerüstet als die vier andern, noch dienstthuenden Fregatten. Das Schiff hat etwa acht bis zehn Torpedorohre verschiedner Art, die über und unter Wasser in der Breitseite, im Bug und im Heck eingebaut sind. Da das Schiff im Kriege als schwimmende Werkstätte dienen soll, um für Torpedoboote Ausbesserungen auszuführen, so hat es als Bewaffnung zwei alte kurze 15 cm- und sechs Revolverkanonen behalten. Auf dem Blücher werden die Torpedomannschaften für die eigentlichen Kriegsschiffe in der sachgemäßen Behandlung des Torpedos, die große Sorgfalt, viele Kenntnisse und gute Übung fordert, ausgebildet. Außerdem machen jüngere Seeoffiziere Lehrkurse durch, um später als „Torpedooffiziere" auf den Schlachtschiffen und Kreuzern den Befehl über die Torpedowaffe und ihre Bedienungsmannschaften zu führen. Gleichzeitig dient Blücher als Versuchsschiff für das sogenannte Torpedoversuchskommando, worunter ein ausgewählter Stab von Seeoffizieren zu verstehen ist, der alle neuen Erfindungen auf dem Gebiete des Torpedowesens erproben und begutachten soll. Für besondre Zwecke hat Blücher den Tender Ulan, ein altes Torpedofahrzeug, das 1876 in Stettin vom Stapel lief; er ist 377 Tonnen groß, 22 m lang, 8 m breit und taucht 3,1 m tief. Seine Maschine leistet 800 Pferdekraft und giebt 12 Seemeilen Geschwindigkeit. Ulan hat 41 Mann Besatzung, ist nicht mehr zu den Kriegsschiffen zu zählen, weil er zu langsam ist; er leistet Dienste beim

Das Torpedoschulschiff Blücher im Kieler Hafen

Schleppen von Torpedoscheiben, langen Flößen, die als Scheiben Netze unter Wasser haben, durch die der Torpedo beim Schießen hindurchläuft. Später stoppt der Torpedo von selbst und wird wieder eingefangen. Die Scheiben werden geschleppt, um das Schießen nach bewegten Zielen zu üben. Die Torpedoschießversuche des Blücher werden teils in der Kieler Bucht, teils auch in der offnen Ostsee abgehalten, um das schwierige Schießen bei bewegter See ebenfalls gründlich zu erproben.

Entsprechend der schon beschriebenen Inspektion der Marineartillerie ist eine Inspektion für das Torpedowesen eingerichtet, an deren Spitze ebenfalls ein Kontreadmiral als Inspekteur steht; ihm sind außer dem Torpedoschulschiff und dem Torpedoversuchskommando noch die beiden Torpedoabteilungen und alle Torpedoboote, die keinem Geschwaderverbande zugeteilt sind, unterstellt, außerdem beaufsichtigt er auch die Torpedowerkstatt. Die Torpedoabteilungen, von denen die erste in Kiel, die zweite in Wilhelmshaven steht, sind Mannschaftsdepots für die Besatzungen der Torpedoboote und für die Bedienungsmannschaften der Torpedoeinrichtungen und die Sprengmittel an Bord der größern Kriegsschiffe. Jede Abteilung hat drei Kompagnien, die sowohl Seeleute wie Maschinisten und Heizer als Rekruten einstellen. Nach kurzer militärischer Ausbildung mit Entermessern (einer eigentümlichen Art kurzer Säbel, die noch aus der Zeit der Enterkämpfe stammen) und Revolvern, sowie im Turnen und Schwimmen werden die Mannschaften auf sogenanten Schultorpedobooten mit dem Gebrauche der Torpedowaffe bekannt gemacht. Jede Kompagnie der Torpedoabteilungen bildet eine Torpedobootsreservedivision, die aus einem ständig in Dienst gestellten, vom Kompagnieführer (einem Kapitänleutnant)

— 176 —

bestückten Torpedodivisionsboote und acht Torpedobooten besteht. Die Torpedoboote werden nur auf kurze Zeit in jedem Jahr, und zwar während des Sommers mit voller Besatzung in Dienst gestellt. Die I., III. und V. Torpedobootsreservedivision gehört zur ersten Torpedoabteilung, die II., IV. und VI. zur zweiten. Bei den Herbstmanövern werden je zwei Reservedivisionen zu einer Torpedobootsflottille vereinigt; Führerschiff wird ein Aviso, z. B. Blitz oder Pfeil, und Flottillenchef wird der Kommandeur einer Torpedobootsabteilung. Werden zwei Flottillen gebildet, so gehört die erste dem ersten Geschwader und die zweite dem zweiten Geschwader an (siehe Seite 172). Über die Torpedoboote und Divisionsboote wurde schon Seite 130 ausführlich berichtet. Auf dem Bilde ist ein Torpedoboot abgebildet, wie es mit dem schwenkbaren Breitseitrohre einen Torpedo nach der Scheibe schießt. Um die schwierige Handhabung dieser Waffe genügend würdigen zu können, sei hier eine kurze Beschreibung des Torpedos eingefügt. In der deutschen Marine wird seit etwa fünfzehn Jahren der Schwartzkopfsche Bronzetorpedo verwendet. Dieser Fischtorpedo ist 4 bis 6 m lang, 35 bis 45 cm dick; sein Körper ist einer Cigarre ähnlicher als irgend einem Fische, doch hat er mit diesem die beweglichen Schwanzflossen

Torpedoboot schießt aus einem Breitseitrohre mit dem Torpedo

gemein. Sobald er aus dem Rohre des Torpedoboots oder des Schiffs mit Preßluft oder mit Pulverladung ins Wasser gestoßen ist, beginnt seine Doppelschraubenmaschine zu laufen und giebt ihm selbständige Bewegungskraft, die ihn mit etwa 30 Seemeilen Geschwindigkeit durchs Wasser treibt. Um bewirken zu können, daß er geradeaus läuft, hat sein Schwanzstück ein verstellbares vertikales Ruder; damit er in einer bestimmten Tiefe, in der er das feindliche Ziel unter Wasser treffen soll, bleibt, ist außerdem folgende sinnreiche Tiefensteuerung in ihm angebracht: je nach der schrägen Lage des Torpedos nach unten oder nach oben wirkt die Stellung eines schweren Pendels in seinem Innern auf die horizontal drehbaren Ruderflossen, um die Richtung des Torpedos zu ändern; außerdem wirkt auf diese Ruderflossen eine Druckplatte, deren Gleichgewichtslage für den Wasserdruck so eingestellt ist, daß die Flossen wagerecht liegen, wenn der Torpedo in der richtigen Tiefe geradeaus läuft. Die Flossen werden durch diese Steuerung nach oben bewegt, wenn der Torpedo nach oben steuern soll, und nach unten, wenn er tiefer gehen soll. Die treibende Kraft der Torpedomaschine ist zusammengepreßte Luft; sie wird unter achtzig Atmosphären Druck in der Mitte des Torpedos, in dem cylindrischen Preßluftkessel aufgespeichert und genügt, um den Torpedo etwa einen Kilometer weit zu treiben. Der Kopf des Torpedos enthält die Sprengladung, eine 50 bis 100 kg schwere Masse nasser Schießbaumwolle, die mit einer Knallquecksilberpatrone gesprengt wird, sobald der Kopf kräftig auf das Ziel auftrifft. Der Torpedo erhält beim Einschießen einen Kopf ohne Sprengladung, aber von derselben Form und demselben Gewichte, wie der „scharfe" Kopf. Das Einschießen dient dazu, das verstellbare vertikale Ruder allmählich, d. h. nach einer Reihe von Schüssen, genau richtig zu stellen, sodaß bei allen spätern Schüssen der Torpedo geradeaus (in der Horizontalebene) läuft. Da schon die geringste Verbiegung des Schwanzstückes diese Richtung wieder ändert, muß der Torpedo sehr vorsichtig vor jedem Stoße bewahrt bleiben, während er aufbewahrt und zum Schießen ins Rohr hineingeladen wird. Bei den Unterwasserrohren ist das Ausstoß=rohr mit Wasser gefüllt; um den Torpedo laden zu können, wird hier das Rohr am äußern Ende durch einen wasser=dicht schließenden Schleusenschieber geschlossen, dann läßt man das Wasser im Rohr auslaufen (in den Schiffsraum hinein), öffnet das Rohr hinten und schiebt den Torpedo hinein, schließt es hinten und öffnet dann vorn, wobei das Wasser wieder eindringt, soweit der Torpedo das Rohr nicht selbst füllt. Das Schießen aus den Unterwasser=Breitseitrohren hat manche Schwierigkeiten, da der Torpedo dabei leicht verbogen werden kann, wenn er nicht günstig aus dem Rohre hinausschnellt; die Einrichtung dieser Rohre wird möglichst geheim gehalten, um nicht andre Flotten an den eignen Erfolgen teilnehmen zu lassen.

Zu den technischen Schulschiffen rechnet auch der kleine Dampfer Rhein (siehe Bild auf Seite 139), der die geheime Schwarzkunst des Minenstreuens einübt. Alle wichtigern Übungen der technischen Schulschiffe werden geheim gehalten, um den Fachleuten andrer Seemächte die Fortschritte in der Waffentechnik, die erst durch mühsame Übungen und mit großen Kosten an Zeit und Geld erworben werden, nicht nutzbar zu machen. Diese Streuminen werden außerhalb der Küstengewässer, also unabhängig von den Seeminen der Fluß= und Hafensperren ausgelegt und sind, wie die „Flatterminen" der Pioniere, eine recht heimtückische, unheimliche Waffe; aber — que faire — der Zweck heiligt im Kriege eben die Mittel. Fultons sogenannten Torpedos waren nichts andres als solche Streuminen; seltsam berührt es heute, wenn man liest, was der berühmte Erfinder, der zugleich ein recht sonderbarer Schwärmer gewesen sein muß, über den Wert seiner Erfindungen in einer kleinen Schrift über den Torpedokrieg gesagt hat: „Ich will nicht sagen, daß die Schiffsdampfmaschine halb so wichtig ist wie das Torpedosystem zur Verteidigung und im Angriff; denn daraus wird die Freiheit des Meeres ent=stehen. Tausende Zeugen haben das Dampfboot in schneller Bewegung gesehen, aber sie haben kein Kriegsschiff von einem Torpedo zerstören sehen, und deshalb glauben sie nicht daran." Trotzdem daß sowohl die französischen wie die englischen Admirale zunächst von der Verwendung dieser teuflischen Höllenmaschinen nichts wissen wollten und sie als Korsarenwaffen bezeichneten, die der großen Seemächte unwürdig seien, haben sich die verankert stillliegenden Minen und die beweglichen Torpedos doch im Laufe unsers Jahrhunderts bei allen Flotten eingebürgert, sodaß ein einzelnes Volk unklug handelte, wenn es im Kriege von diesen wirksamen Mitteln nur die Gegner Gebrauch machen ließe. Der Rhein, der auch allerlei Sprengversuche ausführt, ist ein kleines Schiff von der Form der Handelsdampfer; er ist 1867 in Stettin erbaut, ist 498 Tonnen groß, läuft 9 Seemeilen und hat 80 Mann Besatzung. Zu seinen Versuchen wird zuweilen auch das kleine alte Kanonenboot Otter, das 1877 in Elbing vom Stapel lief und 129 Tonnen groß ist, mit benutzt; Otter ist zugleich Tender der Schiffsprüfungskommission, eines Stabs von Seeoffizieren und Technikern, die bei den Probefahrten neuer Schiffe alle Ergebnisse sammeln und Vorschläge zu Verbesserungen etwa entdeckter Mängel machen. Die Otter wird bei diesen Probefahrten zu allerlei Beobachtungen verwendet. Gefechtswert hat weder Rhein noch Otter; beide Schiffe sind auch unbewaffnet.

Zu den technischen Schiffen, die besondern Zwecken dienen, müssen auch die Vermessungsschiffe gerechnet werden. Wie schon auf Seite 165 gesagt worden ist, beschäftigt die Marineleitung jetzt die drei alten Kanonenboote Möwe in Australien, Nautilus in der Ostsee und Albatroß in der Nordsee als Vermessungsschiffe. Schon seit der Begründung der preußischen Marine sind fast alljährlich im Sommer alte Kanonenboote oder Avisos damit beschäftigt worden, die deutschen Küsten zu vermessen. Von der nautischen Abteilung des Reichs=Marineamts in Berlin werden diese Ver=messungen bearbeitet und die Seekarten unsrer Küsten herausgegeben. Sie müssen namentlich in den Küstengewässern der Nordsee sehr oft wiederholt werden, weil sich dort durch die Strömungen, durch Stürme und durch Eisgang die Wassertiefen fortwährend an vielen Stellen des Fahrwassers ändern. Einer der wichtigsten Teile einer Seekarte ist aber die genaue Angabe der Wassertiefen; deshalb müssen wegen der Änderungen des Fahrwassers die Karten häufig neu herausgegeben werden. Mit den Kolonialerwerbungen fiel nun der Marine außer dem Schutz jener Gebiete noch die Aufgabe zu, die ganzen Küstengewässer, und oft auch das Innere, die Inseln und Fahrwasserverhältnisse ebenfalls zu vermessen. Wie thätig auch auf diesem wissenschaftlichen Gebiete, der Hydrographie, die Marine ist, davon geben die deutschen Seekarten, Segelanweisungen und die vielen Aufsätze in den Annalen der Hydrographie und maritimen Meteo=rologie einen trefflichen Beweis.

Um den Nachwuchs für das Seeoffizierkorps heranzubilden, wurde bis vor wenigen Jahren eine alte Segel=fregatte, die Niobe (siehe Bild) verwendet; sie wurde 1862 in England gekauft und ist dort um 1848 gebaut worden,

Das Minenschulschiff Rhein

Der Tender Otter

Die Vermessungsschiffe

Das alte Kadettenschulschiff Niobe

war also nur wenige Jahre jünger als die schon auf Seite 142 beschriebene und abgebildete Gefion, die ebenfalls einige Zeit als Kadettenschulschiff diente. Von dem ältesten Kadettenschulschiffe, der Korvette Amazone, ist ebenfalls schon früher gesprochen worden. Die Niobe zählte zu den leichten Segelfregatten, sie war ursprünglich für 28 Geschütze eingerichtet, führte aber in ihrer langen Dienstzeit als Kadettenschulschiff seit dem Anfange der siebziger Jahre nur noch zehn Geschütze, und zwar sechs 15 cm- und vier 12 cm-Ringkanonen. Niobe war aus Holz gebaut, wie alle Segelschiffe aus ihrer Zeit, war ungefähr 1290 Tonnen groß, 41 m lang, 12,4 m breit und tauchte 5 m tief. Sie führte 220 bis 240 Mann Besatzung, darunter 30 bis 50 Kadetten. Mit seiner zierlichen, leichten Fregattentakelung erreichte das schmucke Schiff bei günstigem

Die Segelfregatte Niobe und die Segelbriggs Undine und Musquito

Winde 10, zuweilen vielleicht sogar 12 Seemeilen Geschwindigkeit. Seit dem Jahre 1890 hat das Schiff ausgedient.

Die Kadettenschulschiffe und die Erziehung des Seeoffiziersersatzes

Jetzt werden die Kadetten, sobald sie ihr Eintrittsexamen auf der Marineschule in Kiel bestanden haben, auf die beiden alten Kreuzerfregatten Stosch und Stein (die schon auf Seite 145 beschrieben worden sind) verteilt, um darauf während eines Jahres die erste seemännische Ausbildung zu erhalten. Diese beiden Kadettenschulschiffe nehmen im Sommer an den Übungen der Flotte in den heimischen Gewässern teil und kreuzen während des Winterhalbjahres im Mittelmeer, in Westindien oder in andern Gegenden des Atlantischen Ozeans, damit die Kadetten zunächst den Matrosendienst recht gründlich erlernen können. Über die Vorbereitung und Anmeldung der jungen Leute zum Eintritt in die Marine giebt das Heftchen: „Bestimmungen über die Ergänzung des Seeoffizierkorps" (Berlin, 1893, gedruckt bei E. S. Mittler und Sohn) genaue Auskunft. Die Ausbildung beginnt mit infanteristischen Übungen, die im Hafen von Kiel gemacht werden. Später machen die Schiffe viele kleine Kreuzfahrten unter Segel, um die angehenden Seeleute tüchtig zu üben; Seemannschaft, d. h. die Kenntnis der Takelung und ihrer Verwendung, sowie Seefahrtskunde (Nautik), d. h. die Wissenschaft, das Schiff von einem Hafen zum andern über See zu führen, wird den Kadetten gelehrt. In den Häfen werden fleißige Übungen im Rudern und Segeln mit den Schiffsbooten gemacht; der Kadett muß jeden Matrosendienst kennen lernen, um später seine Leute richtig zu unterweisen. Auch den Betrieb der Schiffsmaschine lernt er kennen, muß die Kessel zur Übung heizen, die Maschinenteile schmieren und schließlich auch wie ein Maschinist mit den Maschinen manövrieren lernen. Die Ausbildung mit der Waffe, am Geschütz und im Torpedowesen beginnt ebenfalls schon auf der ersten Reise. Die Reisen in fremden Meeren bieten dem jungen Nachwuchs die schönsten Freuden des Seemannslebens. Der Kadett sieht viele Häfen und fremde Völker und lernt das mannichfaltige Leben und Treiben im Auslande kennen. So sammelt er schon früh einen großen Schatz von Erfahrungen und Beobachtungen, der seinen geistigen Blick erweitert, ihn reifer als seine auf der Scholle gebliebenen Altersgenossen macht und ihn befähigt, sich bald in allen Lebenslagen als Mann zu bewähren.

Schwierig ist die Vorbereitung für den Flottendienst, denn hier gilt es Seeleute zu erziehen, Männer, die auf pfadlosen Meeren und längs der oft mit Klippen und Riffen besetzten Küsten auf kleinen und auf großen Schiffen den Weg von Hafen zu Hafen und von einem Erdteil zum andern finden sollen. Die schweren Gefahren, die der Kampf mit den rasenden Gewalten des Sturms und des Seegangs ihren Schiffen bringt, müssen sie überwinden. Mehr als der Krieger im Felde muß der Seemann klaren Blick, Ruhe und Geistesgegenwart haben, um bei plötzlichen Gefahren, wenn vielleicht das Leben von hunderten von Menschen auf dem Spiele steht, sofort richtig zu handeln. Diese Geistesgegenwart ist zum Teil Naturanlage, zum Teil kann und muß sie im Kampfe mit den Gefahren der See anerzogen werden. Wer frühzeitig die Gefahren der See kennen gelernt hat, nur der kann später ein tüchtiger Schiffskommandant werden und ein Admiral, würdig der großen Vorbilder, die die Geschichte aller Seehelden uns überliefert hat. Das Meer ist für den Seeoffizier die beste Schule für den Seekampf, und zwar je härter es ist, d. h. je größere Gefahren es bringt, desto besser bereitet es vor, sagt der berühmteste französische Marinehistoriker Jurien de la Gravière. Das Seekriegswesen ändert sich beständig, die Gefahren des Meeres bleiben dieselben wie vor Jahrhunderten. Geistesgegenwart zur Bekämpfung dieser Gefahren ist auf den neuen schnellen Dampfern noch nötiger als auf den alten langsamen Segelschiffen. Um Erfahrung zu sammeln, muß der Seemann lange Zeit zur See fahren und vieler Länder Häfen besuchen. Küstenfahrten in den heimischen Gewässern sind gute Übungen für die Kriegsbereitschaft der Flotte; auch die Geistesgegenwart schärfen sie, aber der weite Blick des Seemanns und sein Vertrauen auf eigne Kraft und eignes Wissen wird durch große Reisen über See mehr gefördert.

Der Seeoffizier ist Seemann und Offizier zugleich; er muß die Waffen kennen und die Seeleute im Kampfe leiten. Deshalb muß schon der Kadett frühzeitig im Gebrauche der Seekriegswaffen geübt werden und muß auch, sobald er selbst gehorchen gelernt hat, schon als Seekadett es lernen, die Mannszucht unter den Matrosen zu erhalten. Die Beförderung zum Seekadetten, dem Range der Fähnriche des Heeres, ist davon abhängig, ob der Kadett im ersten Ausbildungsjahre alle seemännischen Fähigkeiten, die von ihm gefordert werden, erworben und die theoretische Seekadettenprüfung bestanden hat. Die Seekadetten werden dann auf die vier Schulschiffe Stosch, Stein, Gneisenau und Moltke verteilt, lernen da den Seekadettendienst und sind ebenfalls im Winter im Auslande. Im dritten Sommer werden die Seekadetten auf die Panzerschiffe des Geschwaders kommandiert, um die Waffen und die Kampfweise der Schlachtschiffe kennen zu lernen und gleichzeitig auch schon praktische Dienste als Signalkadetten, Bootskadetten, Ordonnanzkadetten u. s. w. zu leisten. Alsdann werden sie nach zweinundhalbjähriger Seefahrtszeit ein Jahr lang auf der Marineschule in Kiel wissenschaftlich ausgebildet; sobald sie die Seeoffizierprüfung bestehen, werden sie zu Unterleutnants zur See ernannt. Ausführliche Belehrung über die Ausbildung zum Seeoffizier und über die Schönheit des Seekadettenlebens, wie es jetzt ist, bietet das prächtige Werk von H. von Dambrowsky, „Der Seekadett," auf das hier besonders verwiesen sei. Nach dem Abschlusse der schulmäßigen Ausbildung wird der junge Offizier von seinen ältern Schiffsgenossen noch weiter angeleitet und durch Beispiel und Belehrung erzogen, bis auch er zum erprobten Seeoffizier geworden ist.

Um die wissenschaftliche Ausbildung der Kadetten und Seekadetten zu regeln und zu überwachen, ist die Inspektion des Bildungswesens der Marine eingerichtet worden, an deren Spitze ein Kontreadmiral steht; zum Dienstbereiche dieser Inspektion gehören die Kadetten- und Seekadettenschulschiffe soweit, wie es die einheitliche und gute Erziehung der Kadetten und Seekadetten fordert, ferner die Marineakademie und die Marineschule, die Kadetten-Annahmekommission und die Deckoffizierschule. Inspektion des Bildungswesens der Marine; Marineakademie

Die Marineschule und die Marineakademie sind in einem gemeinschaftlichen stattlichen Gebäude, das in Düsternbrook bei Kiel unmittelbar am Hafen liegt, vereinigt, haben auch viele Lehrer, teils Offiziere und Techniker, teils Gelehrte, gemeinsam. Die Marineschule bereitet die im Gebäude auf zehn Monate einquartierten Seekadetten für die Seeoffizierberufsprüfung wissenschaftlich vor. In der Marineakademie erhalten etwa zwanzig ältere Leutnants und Kapitänleutnants in zwei Winterkursen Vorträge in den Seekriegswissenschaften, nämlich in Seekriegsgeschichte und Seetaktik, ferner in der Artillerie, dem Torpedowesen, dem Minenwesen, dem Schiffbau und Maschinenbau, der Landtaktik, außerdem auch in allgemeinen wissenschaftlichen Fächern, wie höherer Mathematik, Astronomie, Naturlehre, Elektrotechnik, Seerecht, Schiffshygiene, Nationalökonomie, Meereskunde, Wetterkunde, Zoologie des Meeres und in russischer, spanischer und französischer Sprache. Durch diese Vorlesungen und verschiedene damit verbundene Übungen sollen die Akademiker für besonders wichtige Stellungen bei den Oberbehörden, im Adjutantendienst und ähnlichem vorbereitet werden; denn Wissen ist Macht, wie die Franzosen sagen, deshalb muß ein Teil der Seeoffiziere besonders gründliche wissenschaftliche Durchbildung erhalten, ganz ähnlich wie auf der Kriegsakademie die Anwärter für den Dienst beim Generalstabe des Heeres vorbereitet werden.

Neben der Vorbereitung des Offiziersersatzes ist die Ausbildung eines tüchtigen und großen Unteroffizierkorps eine sehr wichtige Friedensaufgabe für die Marine, da von den Unteroffizieren die Güte der kriegstüchtigen Erziehung der Mannschaften abhängt. Für die seemännischen Unteroffiziere ist die Schiffsjungenabteilung die Pflanzstätte, außerdem Die Schiffsjungenabteilung

23*

werden auch besonders tüchtige Matrosen die sich freiwillig zum längern Dienen verpflichten (sogenannte Kapitulanten), zu Unteroffizieren befördert. Bei der Schiffsjungenabteilung in Friedrichsort bei Kiel werden kräftige Jungen im Alter von 14 bis 17 Jahren eingestellt, die nach ihrem Eintritt während zwei Jahren als Zöglinge sorgfältig in allen Zweigen des seemännischen Dienstes ausgebildet werden. Für Söhne wenig bemittelter Eltern ist diese seemännische Laufbahn sehr günstig, weil der Schiffsjunge der Kriegsmarine seinen Eltern fast gar keine Kosten (nur drei Mark monatliches Taschengeld, während Bekleidung, Beköstigung u. s. w. und Unterricht frei sind) macht, auch nur die allgemeine Volksschulbildung gefordert wird. Der Junge muß sich nur verpflichten, für jedes Ausbildungsjahr zwei Jahre mehr als gewöhnlich aktiv zu dienen. Da der Junge dabei in guter Zucht und Ordnung untergebracht ist, unter steter Aufsicht seiner Offiziere steht, auch für seine geistige und leibliche Pflege sehr gut gesorgt wird, so brauchen die Eltern sich viel weniger Sorgen um den angehenden Seefahrer zu machen, als wenn sie ihn auf Handelsschiffen zur See fahren lassen; denn dort wird er bei geringerer Aufsicht viel weniger gut erzogen, und gewöhnlich kostet seine Unterbringung auf einem Handelsschiffe noch eine Menge Geld. Da außerdem zuweilen auf den deutschen Handelsschiffen auch Ausländer fragwürdiger moralischer Beschaffenheit dienen, so kann er dort viel eher auf schlechte Wege geraten, als bei der strengen, aber guten Kriegsschiffserziehung. Und während in der Handelsmarine die Schiffskapitäne und Steuerleute oft Schwierigkeiten haben, Schiffsdienst zu finden, da ihrer mehr sind, als gebraucht werden, so hat der Schiffsjunge der Kriegsmarine, der tüchtig ist, fleißig lernt und sich brav aufführt, gute Aussichten, vorwärts zu kommen. Er kann Torpedooffizier, Feuerwerks- und Zeugoffizier, ferner Deckoffizier, wie Bootsmann, Steuermann, Feuerwerker, Torpeder werden und in reifern Jahren als Marinebeamter bei den Werften oder bei den Verwaltungsbehörden und obersten Marinebehörden in ehrenvolle Stellungen aufrücken. Im Frühjahr jedes Jahres werden die angemeldeten Schiffsjungen in Friedrichsort gemustert, vom Arzt untersucht und dann bei der Schiffsjungenabteilung eingestellt und eingekleidet. Nach kurzer militärischer Anleitung werden sie dann für zwei Jahre an Bord eines Schulschiffes eingeschifft; da werden sie gründlich in allem Matrosendienst ausgebildet, erhalten auch allerlei allgemeinen Unterricht, z. B. Sprachen (deutsch, englisch, französisch), Geschichte, Geographie, Rechnen u. s. w., um für alle Unteroffizierslaufbahnen in der Marine vorbereitet zu sein.

<small>Alte und neue Schiffsjungenschulschiffe</small>
Als Schiffsjungenschulschiffe dienen jetzt abwechselnd für die aufeinanderfolgenden Jahrgänge der Jungen die beiden alten Kreuzerfregatten Moltke und Gneisenau, die schon auf Seite 145 beschrieben worden sind. Früher, in der ersten Zeit der deutschen Flotte, dienten drei kleine Segelbriggs, Rover und Musquito, die 1862 von der englischen Regierung gekauft wurden, und Undine, die 1869 in Danzig vom Stapel lief, diesem Zwecke. Diese hölzernen Briggs (siehe Bild auf Seite 178) waren 570 Tonnen groß (nur Undine war etwa 100 Tonnen größer); sie führten sechs leichte Geschütze (8 cm), waren 32 m lang, 10 m breit und tauchten 4,3 m tief. Als Takelung führte jede Brigg zwei vollgetakelte Masten (mit je vier Rahen); ähnlich wie der Besahn bei Dreimastern hatte der Großmast ein großes Gaffelsegel, das sogenannte Briggsegel. Die Besatzungsstärke schwankte zwischen 80 und 100 Mann, einschließlich der Jungen. Maschinen hatten die Briggs natürlich nicht, sie segelten recht gut, bei günstigem Winde mit etwa 10 Seemeilen Fahrt in der Stunde. Eine der Briggs, Undine, strandete bei einem schweren Sturme am 29. Oktober 1884 gleichzeitig mit zwei Handelsschiffen an der Westküste von Jütland und war später vom Seegange zerschlagen worden. Die ganze Besatzung wurde mit Hilfe der wackern dänischen Rettungsmannschaften gerettet. Das kleine Schiff hatte tapfer genug gegen die Elemente gekämpft, ehe es von dem mächtigen Seegang auf den Strand geworfen wurde; fein Schiff der Welt hätte es besser machen können, das war die Meinung der Strandbewohner, die an der gefährlichen Küste dort jährlich sehr viele Schiffbrüche beobachten, und so urteilte auch die Kopenhagener Zeitung „Politiken" über das Unglück. Auch die beiden andern Briggs, Rover und Musquito, mußten wenige Jahre später aus der Liste der Schulschiffe wegen Untauglichkeit infolge ihres Alters gestrichen werden.

Der Verlust der Undine fiel in die Zeit, wo verschiedene nicht gerade mustergiltige Schiffe gebaut wurden; damit mag es zusammenhängen, daß an ihrer Stelle statt eines neuen Kriegsschiffs (und statt der Umwandlung eines alten Kriegsschiffs zum Schulschiffe) ein neues Schulschiff gebaut wurde. Dieses neue Schulschiff, die Nixe (siehe Bild), ist zwar ein sehr hübsches Schiff, aber doch wohl eine der sonderbarsten Zwittergestalten, die je als Schiffe gebaut worden sind. Nixe, die 1885 in Danzig vom Stapel lief, ist 1760 Tonnen groß, 54 m lang, 13 m breit und taucht 5,5 m tief; sie ist aus Eisen nach der Art der alten gedeckten Korvetten gebaut, aber von der Welt hätte es besser machen können, das war die Meinung der Strandbewohner, die an der gefährlichen Küste dort jährlich sehr viele Schiffbrüche beobachten, und so wofür die schlanke und schöne Fregattentakelung auch recht gut geeignet ist. Unter Segel läuft das Schiff ungefähr 10 Seemeilen Fahrt bei günstigem Winde. Daß sie aber bei Windstille, beim Einlaufen in Häfen mit engem Fahrwasser und beim Verlassen solcher Häfen auch eigne Kraft zur Fortbewegung habe, hat die Nixe eine kleine Hilfsmaschine bekommen, die mit der einzigen Schraube bei 700 Pferdekraft Leistung dem Schiffe ungefähr 6 Seemeilen Geschwindigkeit geben kann. Bewaffnet ist Nixe mit acht kurzen 12,5 cm-Kanonen alter Art, die in der Batterie in altmodischen Breitseit-

Das Schiffsjungenschulschiff Nixe hält im Hafen von Funchal auf Madeira
Segelexerzieren ab

pforten stehen; außerdem sind sechs Revolverkanonen auf dem Oberdeck aufgestellt. Die Besatzung des Schiffs zählt 348 Mann. Wie die schon auf Seite 146 beschriebne Charlotte dient Nixe als Reserveschulschiff. Daß dieses Schiff keinen Gefechtswert hat, wird jeder erkennen, der den vorigen Abschnitt gelesen hat.

In einer ältern Denkschrift ist schon der sehr richtige Gedanke ausgesprochen worden, daß allmählich die alten Kreuzerfregatten des Schulgeschwaders durch Panzerschiffe (wobei man Panzerkreuzern den Vorzug vor Schlachtschiffen geben sollte, weil die Kreuzer größere Reisen machen) ersetzt werden sollen, die dann ein ständiges Übungsgeschwader bilden würden. Denn wie der Rekrut im Heere in dem Verbande, worin er vor den Feind gehen soll, also in der Kompagnie, der Schwadron und der Batterie ausgebildet wird, so muß auch der Offizier- und Unteroffizierersatz der Flotte da ausgebildet werden, wo er später im Kriege seine wichtigste Thätigkeit entfalten soll, also auf Panzerschiffen.

Ersatz für die Schulschiffe

Die Schiffsjungen werden erst nach ihrer zweijährigen Ausbildung, bei der Beförderung zu Matrosen, vereidigt. Ehe sie dann auf die Matrosendivisionen und die Torpedoabteilungen verteilt werden, lernen sie einige Monate den Infanterie-Schieß- und Geländedienst bei den Seebataillonen. Später machen die zu Matrosen beförderten Schiffsjungen Lehrkurse auf den Artillerie- und Torpedoschulschiffen durch, besuchen dann die Divisionsschulen der Matrosendivisionen, um für die Feuerwerks- und Bootsmannslaufbahn vorbereitet zu werden. Die Oberfeuerwerksmaate (artilleristisch ausgebildete seemännische Sergeanten) werden dann noch ein Jahr nach ihrer Kommandierung zur Oberfeuerwerkerschule kommandiert, um die theoretischen Kenntnisse als Feuerwerker zu erwerben. Die Divisionsschulen sind meist nur im Winter in Betrieb, da im Sommer die meisten Lehrer (Seeoffiziere und Deckoffiziere) und Schüler auf den Schiffen der Übungsflotte Dienste thun müssen. Für jede Unteroffizierlaufbahn müssen verschiedenartige, durch Bestimmungen genau festgesetzte Kenntnisse erworben werden. Die Deckoffizierschule soll den Maaten (Unteroffizieren) der Steuermanns-, Torpedo-, Maschinisten- und Torpedo-Mechanikerlaufbahn die nötige fachwissenschaftliche Bildung geben und die Anwärter dieser Laufbahn für ihre Berufsprüfungen vorbilden. Diese Deckoffizierschule ist in Kiel, wird von einem Seeoffizier geleitet und steht unter der Inspektion des Bildungswesens der Marine. Die Lehrzeit der Unteroffiziere und Deckoffiziere (die dort z. B. auch zu Torpedooffizieren und Torpedoingenieuren vorgebildet werden) ist je nach der Laufbahn verschieden lang und besteht meistens aus mehreren Winterkursen.

Divisionsschulen; Deckoffizierschule

Eine eigentümliche Marinetruppe, die bei vielen Flotten im Laufe der Jahrhunderte von der See aufs feste Land gedrängt worden ist, ist die Marineinfanterie. Altertumsforscher könnten die Verwendung besonderer Seesoldaten neben den Seeleuten als Besatzungsteile der Kriegsschiffe vielleicht auf die Römer zurückzuführen; daß Cajus Duilius den Enterkampf, und zwar wohl mit Soldaten des Landheeres, einführte, wurde schon auf Seite 8 besprochen. Wahrscheinlicher

Die Marineinfanterie

aber ist es wohl, daß die Seesoldaten bei allen Kriegsflotten mit alter Geschichte aus der Zeit der Galeeren herstammen, wo neben den meist mit Ketten an die Ruderbänke oder an das Deck befestigten Galeerensklaven (Kriegsgefangne und „freiwillig dienende" Verbrecher) noch eine stattliche Zahl von Kämpfern eingeschifft werden mußten, sowohl um den Feind zu bekämpfen und die Geschütze zu bedienen, als auch um die Ruderknechte in Zucht und Ordnung halten zu können. Auch auf den Linienschiffen und Fregatten vom sechzehnten bis zum neunzehnten Jahrhundert dienten die Seesoldaten nicht nur als Scharfschützen im Kampfe, sondern auch als Schutztruppe für die Seeoffiziere, um strenge Mannszucht unter dem oft aus aller Herren Ländern bunt zusammengewürfelten, rohen und gewaltthätigen eigentlichen Schiffsvolke zu erhalten, unter dem „Janhagel," wie alte holländische Fachschriftsteller (Witsen 1671) das Matrosenvolk zuerst genannt haben. In der englischen Flotte mußten die Seesoldaten der Schiffsbesatzung öfters Meutereien der teilweise gewaltsam auf dem „Preßgange" an Bord eingeschifften Matrosen unterdrücken. Jetzt, wo in allen größern Flotten nur noch Dienstpflichtige und Freiwillige des eignen Landes auf den Schiffen eingeschifft werden, wo also die Matrosen mit ebenso regem Diensteifer und mit ebenso warmem Vaterlandsgefühl an Bord kommen, wie die Seesoldaten, jetzt würde die Einrichtung besondrer Marineinfanterie gewiß nirgends mehr geschaffen werden. Aber teils aus Pietät, teils weil die Seesoldaten doch auch jetzt noch mancherlei nützliche Dienste leisten können, hat man sie bei fast allen Flotten, also auch bei uns, beibehalten. Zu der Zeit des Prinzen Adalbert wurden noch kleine Abteilungen von Seesoldaten als Scharfschützen für das Gefecht, zum Landungsdienst und zum Wachtdienst an Bord jedes in Dienst gestellten Schiffs auch auf große Reisen mitgeschickt. Seit etwa 1870 wurden solche Seesoldatenabteilungen nur noch auf die Panzerfregatten und Panzerkorvetten mitgegeben, und seitdem im Seekampfe das Scharfschützenfeuer mit Gewehren nur noch ganz geringe Bedeutung hat, bleiben unsre Seesoldaten meist am Lande, um in den Reichskriegshäfen im Frieden den Sicherheits- und Garnisonwachtdienst zu übernehmen und im Kriege bei der Verteidigung der Küstenbefestigungen mitzuwirken. Zuweilen werden auf großen Schiffen noch Seesoldaten eingeschifft (das Flaggschiff unsrer Kreuzerdivision, das Schlachtschiff Kaiser hat noch Seesoldaten an Bord), aber vergrößert werden diese Truppen wohl nirgends mehr; überall werden sie bei Gelegenheit im Kolonialdienste verwendet und dazu auf besondern Truppenschiffen, sehr großen Dampfern, die ähnlich wie Passagierdampfer eingerichtet sind, nach dem Auslande befördert. Da wegen des geringen Umfangs unsrer Kolonien bisher noch keine solche Truppenschiffe erforderlich waren, benutzte die Marineleitung zwei deutsche Handelsdampfer, um im Jahre 1894 eine Kompagnie Seesoldaten nach Kamerun zu schicken, wo ein Aufstand unter den Schwarzen der Schutztruppe niedergeworfen werden sollte. Für solche besondre Zwecke werden die beiden Seebataillone stets sehr gute Dienste leisten können. Jedes Seebataillon hat vier Kompagnien; das erste Seebataillon steht in Kiel, das zweite in Wilhelmshaven. Die Offiziere werden aus Infanterieregimentern des Heeres ergänzt, für die Mannschaften gilt ungefähr derselbe Ersatz wie für die Jägerbataillone. Neben der vollständigen infanteristischen Ausbildung, sowie dem Turnen und Schwimmen wird auch Festungsdienst und Bootsrudern geübt. Jedes Bataillon kommandiert ein Major; beide Seebataillone sind einem Obersten als Inspekteur der Marineinfanterie unterstellt, der den gleichmäßigen Dienstbetrieb überwacht und für die Kriegstüchtigkeit der Seebataillone sorgt.

Schutz der Seefischerei durch Kriegsschiffe.

Eine Friedensthätigkeit ganz besonderer Art ist für unsre Kriegsflotte der Schutz der deutschen Seefischerei in der Nordsee. Von den Streitigkeiten der englischen und holländischen Walfischfänger bei Spitzbergen, die zu blutigen Kämpfen führten und den Schutz durch Kriegsgeschwader forderten, war schon auf Seite 19 die Rede. Solche Kämpfe, freilich in kleinerm Maßstabe spielen sich auch heute noch auf den gesegneten Fischgründen der Nordsee zwischen englischen, holländischen, dänischen und deutschen Seefischern ab. Besonders gefährliche Gesellen sind die englischen Fischdampfer, die mit ihrem Grundschleppgerät, der Kurre, die Netze, die Angelleinen der Segelfahrzeuge häufig rücksichtslos durchfahren und zerstören. Da ist Aufsicht nötig, um die Schwächern gegen brutale Gewaltthaten zu schützen. Der Schutz der im Vergleich mit unsern Nachbarn leider noch sehr kleinen deutschen Fischerflotte läßt sich durch etwa zwei Kriegsschiffe sehr gut ausführen. Im Jahre 1895 diente dazu das Panzerfahrzeug Brummer, im Jahre 1896 der Aviso Meteor (siehe Bild auf Seite 126). Über die Thätigkeit der Fischereikreuzer hat der Kommandant des Meteor, Kapitänleutnant Neitzke, in der Marine-Rundschau von 1896 sehr interessante Berichte erstattet. Unsre Hochseefischereifahrzeuge, mit Ausnahme der überall freibeuternden Fischdampfer, betreiben den Fang meist an der holländischen, deutschen und jütischen Küste, natürlich außerhalb der Grenze der fremden Staaten, die drei Seemeilen seewärts von der Küste liegt. Durch den im Haag am 6. Mai 1882 abgeschlossenen Vertrag ist ein vernünftiges Gesetz geschaffen, das den friedlichen internationalen Fischereibetrieb auf hoher See und auch die Bevorzugung jedes Volks innerhalb seines Grenzgebiets regelt. Die Fischereikreuzer der beteiligten Staaten sollen die Innehaltung der 39 Artikel dieses Vertrags beaufsichtigen. Dazu gehört zunächst der Schutz der eignen Fischer gegen die Übergriffe andrer, ferner aber auch die Überwachung der eignen Fischerfahrzeuge, ob sie die vorgeschriebnen Unterscheidungszeichen, Laternen bei Nacht, die Abzeichen in den Segeln führen, ob sie sich nur erlaubter

— 183 —

Fangmittel bedienen (nicht zu kleinmaschige Netze), und ob sie nicht zu junge Fische fangen und auch die angeordneten Schonzeiten innehalten. Im Juli und August gehen die großen Lugger der Emder Heringsfischerei-Gesellschaft an der schottischen Küste bis zum 61. Grad nördlicher Breite hinauf. Dann befinden sie sich mitten unter den englischen und holländischen Fischereiflotten; oft liegen hunderte von Fahrzeugen verschiedner Flaggen auf engem Gebiete fischend bei einander. Hier, an solchen Stellen auf hoher See wird eine scharfe ununterbrochne schützende Beaufsichtigung durch die Fischereikreuzer besonders notwendig, damit die zarte Pflanze, unsre Hochseefischerei, nicht von den mächtigen Fischereien der Engländer, Norweger und Schotten am Wachstum gehindert wird.

Wenn man bedenkt, daß nach der Statistik des deutschen Reichs im Jahre 1895 Deutschland für 53 Millionen Mark Seefische, darunter allein für 29 Millionen Mark gesalzne Heringe aus dem Auslande, insbesondre aus England und Norwegen, gekauft hat, so erkennt man, wie wichtig es ist, in jeder Hinsicht für die Förderung unsrer eignen Hochseefischerei und besonders für die Heringsfischerei einzutreten. Dazu gehört aber neben so vielem andern auch ein genügender und sachverständig ausgeführter Schutz durch mehrere Kriegsschiffe.

Der eifrige und erfahrne Leiter des Seefischereivereins, Präsident Dr. Herwig ist unausgesetzt bemüht, die deutsche Seefischerei zu heben und hat auch schon viel erreicht; aber die gar zu lange vernachlässigte deutsche Seefischereiflotte ist noch schwach gegen die unsrer Nachbarn, der Holländer, und klein gegen die englische und die norwegische. Die Seefischerei aber nicht nur von großer volkswirtschaftlicher Bedeutung — sie könnte dem Lande jährlich 50 Millionen sparen! —, sondern sie ist auch für die Kriegstüchtigkeit unsrer Flotte sehr wichtig. Heutzutage, wo die Seeschiffahrt fast nur noch von Dampfern betrieben wird, die Segelschiffe jährlich mehr aussterben, und auch die kleine Küstenfahrt, die mit Segelfahrzeugen betrieben wird, durch den Bau des Kaiser Wilhelm-Kanals und die Vereinigung des Seehandels in einigen wenigen großen Häfen mehr und mehr abnimmt — heutzutage bleibt die Seefischerei die beste Pflanzschule für tüchtige Kriegsschiffsmatrosen. Die modernen Seedampfer erziehen keinen tüchtigen Matrosenersatz, das thun nur die Segelschiffe; die härteste Seemannsschule aber machen die Hochseefischer auf den Heringsluggern durch und auf den Kuttern und Ewern, die Schellfische und Plattfische fangen. In Frankreich weiß man den Wert der Hochseefischerei als Schule für Kriegsschiffsmatrosen so gut zu schätzen, daß die Island- und Neufundlandfischerei, die für den Stockfischfang betrieben wird, vom Staate durch Prämien unterstützt wird; die französische Kriegsflotte dankt aber auch dieser Einrichtung eine Reserve von etwa 140000 tüchtigen, meist bretonischen Seeleuten. Während Luther in Deutschland den volkswirtschaftlichen Fehler beging, für die Protestanten den wöchentlichen Fasttag (an dem in katholischen Gegenden überall Fisch gegessen wird) abzuschaffen, führte die kluge Königin Elisabeth zwei „politische" wöchentliche Fasttage in England ein, um die Seefischerei ihres Landes zu heben! Im größern Teile Deutschlands ist deshalb der Geschmack an Isländisch, der noch zur Reformationszeit sehr viel gegessen wurde, verloren gegangen. Vielleicht könnte dieser getrocknete Fisch (der Stockfisch) und auch der frische, der Kabljau wieder zu einem allgemeinen Volksgericht werden, wenn im Heere häufiger Fischmahlzeiten, z. B. das leckere und doch sehr einfache Pannfisch-Gericht eingeführt würden. Mancher Soldat würde wohl auch nach seiner Dienstzeit das billige und kräftige Essen beibehalten und könnte damit zur Hebung der deutschen Seefischerei und also auch zur Förderung der Wehrkraft der deutschen Kriegsflotte sein Scherflein beitragen. Hochseefischerei und Kriegsflotte stehen eben in enger Wechselwirkung; beide sind sichtbare Beweise von der Seetüchtigkeit eines Volks!

Schiffe zu besondern Zwecken

Unter den Schiffen für besondre Zwecke ist der Transportdampfer Pelikan (siehe Bild) erwähnenswert, der ganz die Formen eines Handelsdampfers mittlerer Größe hat. Der Pelikan lief 1891 in Wilhelmshaven vom Stapel; er ist 2360 Tonnen groß, 79 m lang, 12 m breit, taucht 4,5 m tief. Seine Einschraubenmaschine giebt dem Schiffe bei 3000 PS Maschinenleistung ungefähr 16 Seemeilen Geschwindigkeit. Da das Schiff gegen Torpedobootsangriffe wehrfähig sein soll, trägt es auf dem Oberdeck vier 39 Kaliber lange 8,8 cm-Schnellladekanonen und vier Maschinengewehre. Die Besatzung zählt 183 Mann. Ein früherer Handelsdampfer ist das Stationsschiff Loreley in Konstantinopel, das zum Schutze des deutschen Botschafters fast ständig im Bosporus liegt und jährlich nur einige kurze Fahrten ins Schwarze Meer und in den griechischen Archipel macht.

Die Verwaltungsbehörden

Bei der vielseitigen Friedensthätigkeit der Kriegsflotte darf auch der emsige Arbeitsbetrieb auf den Kriegswerften in Kiel, Wilhelmshaven und Danzig nicht unerwähnt bleiben, wo hunderte von Beamten und tausende von Arbeitern tagtäglich mit dem Bau und mit der Instandhaltung unsrer Kriegsschiffe mit emsigem Bienenfleiße beschäftigt sind. Diese Werften werden als sogenannte „Verwaltungsbehörden" bezeichnet. Während alle Kommandobehörden, nämlich die in Dienst gestellten Schiffe und Geschwader, die Marinestationskommandos, die Marineinspektionen, ferner die Inspektionen der Marineartillerie, des Torpedowesens, des Bildungswesens der Marine und der Marineinfanterie dem Oberkommando der Marine (siehe Seite 85) untergeordnet sind, sind die Verwaltungsbehörden und die technischen Behörden dem Reichs-Marineamt unterstellt. Neben den Werften seien diese Behörden, deren Beschreibung zu weit führen würde, deren Zweck aber meist schon aus dem Namen zu erkennen ist, hier genannt: die Stationsintendanturen, die Marinedepotinspektion, die Torpedowerkstatt, das Torpedoversuchskommando, die Verpflegungsämter, die Bekleidungsämter, die Marinelazarette, die Schiffsprüfungskommission, die Küstenbezirksämter, die Observatorien in Wilhelmshaven und Kiel und die Seewarte in Hamburg. Mit den Werften und der Torpedowerkstatt sind vorzüglich angelegte Einrichtungen verbunden, um den Arbeitern gesunde Wohnungen, gute Krankenpflege und auch preiswürdige Nahrungsmittel zu verschaffen. Die neueste, mustergiltige Arbeiterkolonie hat der sehr für das Wohl der Marinearbeiter sorgende Staatssekretär, Admiral Hollmann, auf der Prießer Höhe bei Friedrichsort angelegt. Da die Torpedowerkstatt in Friedrichsort seit 1887 vergrößert werden mußte, wurde es nötig, daß der Staat, hier das Reichs-Marineamt, selbst für den Bau gesunder und billiger Wohnhäuser für die Arbeiter sorgte, um so mehr, als Privatleute keine Häuser dort bauen wollten. Mit der Kolonie sind auch mehrere Verpflegungsanstalten verbunden.

Arbeiterfürsorge

Jede der drei Marinewerften in Kiel, Wilhelmshaven und Danzig wird von einem Kontreadmiral oder Kapitän zur See als „Oberwerftdirektor" geleitet. Die verschiednen Aufgaben der Werften, nämlich die vorhandnen, außer Dienst stehenden Schiffe aufzubewahren, auszubessern und für den Dienst bereit zu halten, die in Dienst zu stellenden Schiffe auszurüsten mit allem, was sie brauchen, und schließlich neue Schiffe zu bauen, machen eine Arbeitsteilung in acht verschiedne „Ressorts" (so die amtliche Bezeichnung für die Werftabteilungen) nötig. Vom Ausrüstungsressort werden die außer Dienst gestellten Schiffe und ihre Ausrüstung aufbewahrt; dem Ressort sind zugleich noch die Schiffskammern, das Betriebsdepot, das Schiffsbücherkistendepot, die Taklerwerkstatt und die Segelmacherwerkstatt untergestellt, sowie die Werft- und Hafenfahrzeuge.

Die Kriegswerften

Pelikan dampft durch den Kaiser Wilhelm-Kanal

Pumpendampfer

Diese Fahrzeuge dienen sehr verschiednen Zwecken. Unter ihnen sind ganz besonders starke Gesellen die beiden Pumpendampfer Kraft und Norder von etwa 600 Tonnen Größe und 1200 PS Maschinenleistung; welche Kraft der Dampfer Kraft auszuüben vermag, geht daraus hervor, daß seine beiden Dampfpumpen stündlich 1500 Kubikmeter Wasser aus einem beschädigten, „leck" Schiffe auspumpen können. Diese Pumpendampfer sollen also im Kriege Schiffen beistehen, die durch einen Rammstoß, durch eine Granate, durch einen Torpedotreffer oder durch das Bersten einer Seemine ein sehr starkes Leck (Loch unter der Wasserlinie) erhalten haben. Als der Lloyddampfer Hohenstaufen im Jahre 1884 vor der Wesermündung die Kreuzerkorvette Sophie angerannt und ihr ein weit klaffendes Leck aufgerissen hatte, das bis tief unter der Wasserlinie einen Meter breit war, gelang es mit Hilfe des Pumpendampfers Norder, der von der Signalstation Wangeroog schnell aus Wilhelmshaven herbeigerufen wurde, die Sophie über Wasser zu halten und sie nach Wilhelmshaven ins Dock zu bringen. Die beiden Pumpendampfer können auch als Dampffeuerspritzen und als Schleppdampfer verwendet werden. Schleppdampfer werden im Frieden wie im Kriege zum Fortbewegen und Drehen manövrierunfähiger Schiffe viel gebraucht, z. B. für solche Schiffe, die in einem Werftbecken gelegen haben, um auszurüsten und dann, ohne selbst mit großem Kohlenverbrauch Dampf zu machen, in den äußern Hafen gelegt werden sollen. Solcher

Schleppdampfer sind folgende auf den drei Werften vorhanden: Äolus (50 PS), Boreas (380 Tonnen groß, 900 PS), Notus (600 PS), Zephir (250 PS) Friedrichsort (67 Tonnen, 75 PS), Swine (50 PS), Rival (190 Tonnen, 250 PS), Motlau (130 Tonnen, 320 PS). Dem Transport frischen Wassers dienen die Wasserfahrzeuge Taurus und Jade. Dem Lotsendienst und dem Betonnungswesen dienen der kleine Lotsendampfer Wilhelmshaven, der Lotsenschuner Wangeroog der Tonnenleger Heppens und die Zwischenfahrer Schillig und Usedom. Schließlich werden von der Marineverwaltung noch folgende Feuerschiffe unterhalten, die zur Beleuchtung des Fahrwassers an Stellen verankert sind, wo Leuchttürme nicht oder nur mit sehr großen Kosten errichtet werden können: nämlich die Feuerschiffe auf der Außen=Jahde (so heißt der äußere Teil der Reede von Wilhelmshaven) des Minsener Sandes, und auf der Geniusbank in der Jahde, ferner die beiden Feuerschiffe für den Adlergrund in der Ostsee und das Reservefeuerschiff. Drei Segeljachten, Lust, Liebe und Wille, dienen zur Erhaltung der Kenntnis und der Freude am Bootssegeln, also zur Belebung des alten see=männischen Geistes und der seemännischen Geschicklichkeit in der Flotte, die auf den Dampfern der Neuzeit nur schwer zu erwerben sind; diese Jachten sind 11,6 bis 16,2 m lang und werden im Sommer von den Seeoffizieren der Kriegshäfen zu Übungs= und Wettfahrten benutzt. *Andre Werft=fahrzeuge*

Das zweite, das sogenannte Artillerieressort verwaltet die Schiffsgeschützausrüstung; ihm sind die Artillerie=magazinverwaltung und die Artillerierevisionskommission untergestellt. Zum Schiffbauressort, dem die technische Erhaltung der Schiffe auf den Werften zufällt, und das nach den Anleitungen der Konstruktionsabteilung des Reichs=Marineamts die Neubauten der Schiffe ausführt, gehören die Schiffbauwerkstatt, die Schmiede= und Schlosserwerkstatt, die Tischlerwerkstatt, die Malerwerkstatt und die Boots= und Mastenbauwerkstatt. Auch die Trockendocks und Schwimmdocks, worin die Schiffe bei Bodenbeschädigungen ausgebessert und die Schiffsböden gereinigt und mit neuer Farbe versehen werden, werden von diesem Ressort geleitet. Die Trockendocks, deren die Werften in Kiel und Wilhelmshaven etwa je vier größere und kleinere bereits haben, genügen den neueren Anforderungen nicht mehr, für die großen neuen Schiffe ist deshalb schon seit mehreren Jahren vom Reichsmarineamt der Bau eines großen neuen Trockendocks in Kiel beantragt worden; trotzdem daß im Reichstage das Bedürfnis für dieses Dock stets anerkannt worden ist, sind die Geldmittel dafür bis jetzt schon mehrere male abgelehnt worden. Es könnte für die Flotte verhängnisvoll werden, wenn das auch in Zukunft so weiter geschähe. Denn solche Zustände, wie sie in Deutschland 1852 herrschten, wo kein deutsches Dock groß genug war, um die Fregatte Gefion aufzunehmen, wären heute für unsre großen Schiffe doch recht bedenklich. Die Gefion mußte damals zum Ausbessern und Reinigen ihres Bodens nach Vlissingen ins Dock geschickt werden! Es ist schon beschämend genug, daß die großen Schnelldampfer der Hamburgischen Packetfahrtgesellschaft zu Bodenreinigungen und Ausbesserungen nach Southampton oder Liverpool fahren müssen, um dort zu docken, weil auch für sie noch keine genügend großen Dock=anlagen geschaffen worden sind; aber wie kläglich und gefährlich wäre es, wenn auch deutsche Kriegsschiffe auf aus=ländische Docks angewiesen wären! *Andre Werft=abteilungen*

Die vierte Werftabteilung, das Maschinenbauressort, enthält die Maschinenbauwerkstatt, die Kesselschmiede, die Modelltischlerei, die Gießerei, die Kettenprobieranstalt, die Mechanikerwerkstatt für die elektrischen Kraft= und Beleuchtungs=maschinen der Schiffe, die Kupferschmiede und Klempnerei, sowie die Dampfhammerschmiede, in der auch Panzerplatten bearbeitet werden. Im Hafenbauressort befinden sich das Baudepot und das Baggerdepot; es führt die Wasserbauten für die Werften und die Kriegshäfen aus und liefert auch den Dampfbagger zum Vertiefen des Fahrwassers an Stellen, wo dies durch Anschwemmungen von Sand und Schlick nötig wird. Das Navigationsressort ist in dem Kartendepot und das Instrumentendepot geteilt. Zum Torpedoressort zählen die Torpedomagazinverwaltung, die Torpedobootskammer=verwaltung, die Torpedobootswerkstatt für Maschinenbau und für Schiffbau und schließlich die Torpedoreparaturwerkstatt. Die Geldangelegenheiten des gesamten Werftbetriebs werden in der achten Abteilung, dem Verwaltungsressort, bearbeitet. Dieser, von einem Intendanturrat geleiteten Abteilung sind unterstellt: die Kassenverwaltung, das Annahmeamt zur Prüfung von Lieferungen aus der Privatindustrie, die Inventarienmagazinverwaltung, die Materialienmagazinverwaltung und das Kontrollamt. Zum Betriebspersonal der Werften zählen Seeoffiziere und Betriebsbeamte; letztere ergänzen sich meist aus den Deckoffizieren und Unteroffizieren der Marine und sind als Werftoberbootsleute, Ordnungsmeister, Schiffs=führer, Kammerverwalter, Takelmeister, Kranmeister, Dockmeister, Schleusenmeister, Spritzenmeister, Brückenwärter u. s. w. angestellt. Zum technischen Personal gehören die Oberbauräte und Bauräte, sowie Baumeister und Bauführer für Schiffbau, Maschinenbau und Hafenbau, ferner Konstruktionszeichner, Marinezeichner, Photographen, Obermeister, Werkmeister und Werkführer, dazu noch das Arbeiterpersonal, nämlich Vorarbeiter, Arbeiter und Lehrlinge. Schließlich zum Verwaltungs=personal rechnen die Intendanturräte und Assessoren, die Rendanten, die Verwaltungs= und Betriebssekretäre, die Sekretariatsassistenten, die Registratoren, Kanzlisten und Werftschreiber, die Magazin= und Bauaufseher, die Bureau= und Kassendiener.

So eine Werft ist eine kleine Welt für sich, in der die verschiedensten Kräfte die verschiedensten Dinge ausdenken, anfertigen und zusammenschleppen, um einem großen gemeinsamen Ziele zu dienen: der Kriegsbereitschaft der Flotte! Damit die ganze Maschinerie gut und sicher im Gange bleiben kann, muß sie stetige Beschäftigung haben. Was rastet — rostet! Möge dies Wort vom Volke beherzigt werden, sodaß nicht wieder Gras wachsen kann auf den Bauhellingen — den schräge dem Wasser zu geneigten Schiffsbauplätzen unsrer Werften, wie noch vor wenigen Jahren —, sondern daß jede Helling, die durch einen Stapellauf frei wird, mit der Stapellegung und Kielstreckung eines neuen Schiffs beginnen kann, ohne daß in der Zwischenzeit tausende fleißiger Hände auf Beschäftigung warten müssen. Der tüchtige Arbeiterstamm unsrer Werften kann nur dann leistungsfähig erhalten werden, wenn er zum Nutzen der Kriegsflotte und zur Erhaltung seines eignen Daseins und des seiner Angehörigen in ununterbrochner Arbeit von einem Neubau zum andern, von einem Stapellauf zum nächsten gute Arbeit finden kann.

Wie mit dem Werftbetriebe, so ist es mit der ganzen mannichfaltigen Friedensthätigkeit der Kriegsflotte; jeder einzelne Zweig, jede Übung ist so wichtig für die Vorbereitung auf den Seekrieg und auf die Küstenverteidigung, daß nichts unterbleiben kann, ohne daß die Kriegstüchtigkeit der ganzen Seemacht darunter leidet. Der Nutzen des Heeres als große alle Stände und Berufsarten umfassende Volksschule für die deutschen Mannesgenschaften der Tapferkeit und der Treue zu Kaiser und Reich ist jedem Vernünftigen längst bekannt; die Kriegsflotte hat neben dieser wichtigen Aufgabe noch mancherlei andre Dinge schon im Frieden für das allgemeine Wohl zu erfüllen, die in verschiedenen Abschnitten erwähnt wurden: sie soll den Seehandel und die Schiffahrt Deutschlands auf allen Meeren schützen, soll die Seefischerei fördern, soll den Deutschen im Auslande zu ihrem Rechte verhelfen, soll die deutschen Kolonien erhalten und erweitern helfen und soll auf der ganzen Erde der deutschen Flagge, dem deutschen Namen und der deutschen Macht Achtung und Geltung, wo es not thut, verschaffen!

Schiffe im Bau

Achter Abschnitt
Deutschlands Seemacht — Deutschlands Zukunft

Stapellauf eines Schlachtschiffes

Der Einfluß der Seemacht auf die Entwicklung der Kriegsflotten

In einem sehr lehrreichen Aufsatze „Zum Studium der Seekriegsgeschichte" in der Marine-Rundschau von 1895 führt der Verfasser, Kapitän zur See Borckenhagen, das Urteil eines hervorragenden englischen Fachschriftstellers über das schon auf Seite 21 genannte Werk Mahans an, worin die emsige Thätigkeit erklärt wird, die seit dem Erscheinen dieses Werks, also ungefähr seit 1890 von den meisten Seemächten im Bau neuer Schiffe, besonders neuer Schlachtschiffe, entwickelt wird. Der Engländer sagt (in der Fortnightly Review von 1893): „Kapitän Mahans Gesetz vom Einflusse der Seegewalt hat die Schiffswerften Europas und Amerikas sich zu ungewohnter Betriebsamkeit aufschwingen lassen. Einem halben Dutzend Seestaaten scheint eingefallen zu sein, daß alle die kriegerischen Vorteile, die aus der Seegewalt erwachsen, wenigstens örtlich durch die Schaffung einer Flotte gewonnen werden können, die größer und stärker als die jeder der angrenzenden Völker ist. Das ist natürlich eine ganz falsche Theorie, denn die Seegewalt ruht nicht allein auf dem Besitz einer starken Marine, sondern auch auf dem Besitz und der Erhaltung eines überlegnen Seehandels. Eine Marine schafft noch keinen Handel — der Handel aber erzeugt entweder eine Marine, die stark genug ist, ihn zu schützen, oder er geht in die Hände der Kaufleute über, die solchen Schutz genießen. Spanien hatte einst den größten Handel beider Erdhälften. Als es seine Seeherrschaft einbüßte, verlor es auch seinen Handel (und seine Goldgruben in den Kolonien!). Die Niederlande erbten den Welthandel Spaniens, konnten ihn aber nur solange festhalten, als sie der Aufgabe, ihn auch zu schützen, gewachsen waren. Wenn auch zugegeben werden muß, daß eine überlegne Kriegsflotte nicht den Handel eines Volks erzeugen kann, so kann doch sicher eine schwache Kriegsflotte schuld daran werden, daß der bestehende Handel auf eine andre, stärkere Flagge übergeht. Aus diesem Grunde ist die außerordentliche Thätigkeit auf den Werften Europas bezeichnend." Kapitän Borckenhagen bemerkt dazu, daß Deutschland in Produktion (gemeint ist wohl die Gewerbethätigkeit), Handel und Seeschiffahrt die Seestaaten ersten Ranges eingeholt, wenn nicht überflügelt habe; bei ihnen allen folge mit Naturnotwendigkeit eines geschichtlichen Gesetzes der Drang nach der Erwerbung von

1. Hochseepanzerschiffe erster Klasse

englische	französische	italienische	nordamerikanische
Cäsar i. B. . . . 14 900	Charlemagne 95 . 11 275	Sardegna 90 . . 13 860	Kearsarge i. B. . . 11 500
Hannibal 96 . . 14 900	St. Louis 96 . . 11 275	Sicilia 91 . . . 13 298	Kentucky i. B. . . 11 500
Illustrious i. B. . 14 900	Gaulois 96 . . . 11 275	Re Umberto 88 . 13 298	Jowa 96. . . . 11 296
Jupiter 95 . . . 14 900	Bouvet 96 . . . 12 200	Andrea Doria 85 10 000	Indiana 93 . . . 10 231
Mars 96 . . . . 14 900	Masséna 95. . . 11 924	Francesco Moro=	Massachusetts 93 . 10 231
Prince George 95 14 900	Jauréguiberry 93 . 11 824	sini 85 . . . . 11 000	Oregon 93 . . . 10 231
Victorious 95 . . 14 900	Carnot 94 . . . 12 008	Ruggiero di Lauria	Alabama i. B. . . 11 000
Magnificent 94 . 14 900	Charles Martel 93 11 881	84 . . . . . 11 000	California i. B. . 11 000
Majestic 95 . . . 14 900	Brennus 91 . . . 11 395	Lepanto 82 . . . 14 400	Pennsylvania i. B. 11 000
Renown 95 . . . 12 350	Hoche 86. . . . 10 997	Italia 80 . . . 14 000	
Barfleur 92 . . . 10 500	Magenta 90 . . 10 851	Ammiraglio di S.	
Centurion 91 . . 10 500	Marceau 87 . . 10 850	Bon i. B. . . . 9800	
Empreß of India 91 14 150	Neptune 87. . . 10 983	Emanuele Filiberto	
Ramillies 92 . . 14 150	Amiral Baudin 83 11 911	i. B. 9800	
Repulse 92 . . . 14 150	Formidable 85. . 12 156	Dandolo 78 . . 11 445	
Resolution 92 . . 14 150	Henry IV. i. B. . 8948	Duilio 76 . . . 11 445	
Revenge 92 . . . 14 150	A 3. i. B. . . . 9000	ein neues geplant . 13 000	
Royal Oak 92 . . 14 150			
Royal Sovereign 91 14 150	**russische**	**deutsche**	**japanische**
Hood 91 . . . . 14 150	(* Schwarze Meerflotte)	Kaiser Friedrich III.	Yashima 96 . . . 12 450
Nile 88 . . . . 11 940	Sissoi Weliki 94 . 8880	96. . . . . 11 130	Fuji 96 . . . . 12 450
Trafalgar 87 . . 11 940	Rostislaw* 96 . . 8880	Ersatz Friedrich der	1 noch unben. i. B. 15 140
Sans Pareil 87 . 10 740	ein ebensolches* i. B. 8880	Große i. B. . . 11 130	1 „ „ i. B. 15 140
Benbow 85 . . . 10 600	Poltawa 94 . . . 10 960	Kurfürst Friedrich	1 „ „ i. B. 15 140
Anson 86 . . . 10 600	Petropawlowsk 94 10 960	Wilhelm 91 . . 10 033	1 „ „ i. B. 15 140
Camperdown 85 . 10 600	Sewastopol 95 . 10 960	Brandenburg 91 . 10 033	
Rodney 84 . . . 10 300	Tri Swjatitelja* 93 12 480	Weißenburg 91 . 10 033	
Howe 85 . . . . 10 300	Georgi Pobjedono=	Wörth 92 . . . 10 033	
Canopus i. B. . . 12 900	sez* 92 . . . 10 280		
Goliath i. B. . . 12 900	Nawarin 91 . . 9476		
Ocean i. B. . . 12 900	Dwjänadzat Aposto=		
Albion i. B. . . 12 900	loff* 90 . . . 8076		
Glory i. B. . . . 12 900	Jekaterina II.* 86 10 181	**österreichisch-ungarische**	**spanische**
	Tschesma* 86 . . 10 181	keine	Pelayo 87 . . . 9900
	Sinop* 87 . . . 10 181		
	Imperator Nicolai I.		
	89 8440		
	Imperator Alexan=		
	der II. 87 . . 8440		
	Peresswjät i. B. . 12 674		
	Ossljabja i. B. . 12 674		

Kolonien, die Ausdehnung über das Weltmeer; sollten wir also darin allein eine Ausnahme machen, und sollte der bei uns längst vorhandne „Landhunger" das Produkt einiger enthusiastischen Köpfe sein? Nun, das ist er gewißlich nicht, wie noch gezeigt werden soll; aber in der Erkenntnis vom Einflusse der Seemacht auf die Geschicke der Völker sind heute sogar die Japaner schon weiter als wir, und das ist nicht nur beschämend, sondern das kann auch sehr schlimme Folgen für uns haben. Der durchaus mit Recht vielgepriesene Mahan hat auch das Gesetz vom Einflusse der Seemacht nicht entdeckt oder zuerst aufgestellt: schon Francis Bacon, der Zeitgenosse Raleighs, sagt: „so viel ist gewiß, wer die See beherrscht, der hat viel Freiheit und kann nach Belieben viel oder wenig am Kriege teilnehmen, dahingegen selbst die größten Land=

2. Hochseepanzerschiffe zweiter Klasse

englische		französische		italienische		nordamerikanische	
Collingwood 82	9500	Amiral Duperré 79	11 209	keine		keine	
Colossus 82	9420	Courbet 81	10 808				
Edinburgh 82	9420	Dévastation 79	10 704	**deutsche**		**japanische**	
Agamemnon 79	8660	Redoutable 76	9437	König Wilhelm 68	9757	keine	
Ajax 80	8660	Colbert 75	8924	Kaiser 74	7676		
Inflexible 76	11 880	Trident 76	8857	Deutschland 74	7676		
Superb 75	9170	Richelieu 73	9128				
Alexandra 75	9490	Friedland 73	8994				
Neptune 74	9310	Suffren 70	7925				
Téméraire 76	8540			**österreichisch-ungarische**		**spanische**	
Dreadnought 75	10 820	**russische**		keine		keine	
Devastation 71	9330	(* Schwarze Meerflotte)					
Thunderer 71	9330	Gangut 90	6592				
		Pjotr Weliki 72	9665				

3. Hochseepanzerschiffe dritter Klasse

englische		französische		italienische		nordamerikanische	
Conqueror 81	6200	Bouvines 92	6610	keine		Texas 92	6300
Hero 85	6200	Jemmapes 92	6592			Puritan 89	6060
Sultan 70	9290	Amiral Tréhouart		**deutsche**		**japanische**	
Hercules 68	8680	93	6629	Preußen 73	6700	keine	
Monarch 68	8320	Valmy 92	6592	Friedrich der Große			
Swiftsure 70	6910	Caïman 85	7639	74	6700		
Triumph 70	6910	Indomptable 83	7634	Sachsen 77	7400		
Audacious 69	6010	Requin 85	7822	Bayern 78	7400		
Invincible 69	6010	Terrible 81	7575	Württemberg 78	7400		
Iron Duke 70	6010			Baden 80	7400		
(Bellerophon 65	7550)			Oldenburg 84	5200		
		russische		**österreichisch-ungarische**		**spanische**	
		keine		Kronprinz Erzherzog Rudolf 87	6870	(Numancia 63	7035)
				Tegetthoff 78	7390	(Vitoria 65	7000)
				Custoza 72	7060		
				Kronprinzessin Erzherzogin Stefanie 87	5060		
				Erzherzog Albrecht 72	5940		
				Kaiser 71	5810		
				(Habsburg 65	5140)		

mächte oft sehr in der Klemme sind" — aber Mahan hat in der That auf fast allen Werften der Seemächte fieberhafte Thätigkeit im Baue moderner Schlachtschiffe und Kreuzer hervorgerufen. Nur Deutschland, die große Landmacht, die hat noch wenig von den Lehren des praktischen Amerikaners aufgenommen, obgleich sie trotz ihres herrlichen und mächtigen Heeres schon recht oft sehr in die Klemme geraten ist, weil ihr die Seemacht fehlte. Erst in den letzten Jahren beginnt die Einsicht von der Notwendigkeit einer starken Flotte in weitere Kreise einzudringen; bis vor kurzem glaubten unsre Volksvertreter genug zu thun, wenn sie das Heer so kräftigten, daß es die Landesgrenzen im Westen und Osten

4. Panzerschiffe vierter Klasse

englische		französische		italienische		nordamerikanische	
Belleisle 76 . .	4870	Furieux 83 . .	6019	(Ancona 64 . .	4693)	Katahdin 93 . .	2500
Orion 79 . . .	4870	Fulminant 77 . .	5965	(Castelfidardo		Monterey 91 . .	4138
Rupert 72 . . .	5440	Tonnerre 75 . .	5858	63/90. . . .	4259)	Amphitrite 63/95 .	3990
Hotspur 70 . . .	4010	Tonnant 80 . .	5091	(Maria Pia 63 .	4260)	Miantonomoh	
(Penelope 67 . .	4470)	Vengeur 78 . .	4709	(San Martino 63	4260)	62/91. . . .	3990
Glatton 71 . . .	4910	Tempête 76 . .	4869	(Affondatore 65 .	3913)	Monadnock 63/95	3990
Cyclops 71 . . .	3560	(Onondaga 63 .	2593)			Terror 63/96 . .	3990
Gorgon 71 . . .	3560	**russische**		**deutsche**		(Ajax 64/73 . .	2100)
Hecate 71 . . .	3560	(* Schwarze Meerflotte)		Siegfried 89 . .	3495	(Canonicus 64/73	2100)
Hydra 71 . . .	3560	Admiral Uscha-		Beowulf 90 . .	3495	(Mahopac 65/73 .	2100)
(Prince Albert 64	3880)	koff 93 . . .	4126	Frithjof 91 . .	3495	(Manhattan 65/73	2100)
Magdala 70 . .	3340	Admiral Esen-		Hildebrand 92 .	3495	(Wyandotte 66/73	2100)
Abyssinia 70 . .	2900	jawin 94 . . .	4126	Heimdall 92 . .	3495		
(Scorpion 63 . .	2750)	General-Admiral		Hagen 93 . . .	3495	**spanische**	
(Wivern 63 . .	2750)	Apraxin 96 . .	4126	Odin 94 . . .	3495	keine	
Polyphemus 81 .	2640	ein ebensolches		Agir 95. . . .	3530		
		i. B.	4126	(Friedrich Karl 67	6007)		
		Admiral Greig 68	3556	(Kronprinz 67 .	5568)		
		Admiral Lasareff		**österreichisch-ungarische**		**japanische**	
		67	3556	Monarch 95 . .	5550	Fuso 77 . . .	3717
		Admiral Spiridoff		Wien 95 . . .	5550	früher Ping-Yuen	
		68	3492	Budapest 96 . .	5550	90	2600
		Admiral Tschitscha-		Prinz Eugen 77 .	3550		
		goff 68 . . .	3492	Kaiser Max 75 .	3550		
		Nowgorod* 73 .	2491	Don Juan de Au-			
		Vize-Admiral		stria 75 . . .	3550		
		Popoff* 75 . .	3590				
		(Kreml 65 . . .	3665)				
		(Netron Menja 64	3494)				
		(Pernwenetz 63 . .	3279)				

verteidigen kann. Auch die berufnen Stützen der deutschen Großmachtstellung, unsre Diplomaten, haben zum Teil wohl mehr die Vogesen und die russischen Wälder im Auge, als die weiten unermeßlichen Gefilde des Weltmeeres; doch die warme und kräftige Fürsprache, die die Stärkung der deutschen Seemacht in unserm Leiter des Auswärtigen Amts in den letzten Jahren gefunden hat, zeigt, daß die Reichsregierung sehr wohl weiß, welch große Verantwortung auch sie dafür hat, unserm Lande die ihm gebührende Stellung unter den Völkern der Erde zu behaupten. Auf unsrer kleinen Erde, wo man nur relative Größen und relative Kräfte messen kann, muß man auch die Wehrkräfte (auf dem Lande und zur See) der verschiednen Völker miteinander vergleichen, um die eigne Kraft richtig beurteilen zu können. Das soll im folgenden geschehen.

Die Kriegsflotten der Seemächte Gewöhnlich werden England und Frankreich als Seemächte ersten Ranges, Rußland, die Vereinigten Staaten von Nordamerika, Italien, Deutschland, allenfalls noch Österreich-Ungarn, Japan und Spanien als Seemächte zweiten Ranges bezeichnet. Diese Bezeichnung ist ziemlich willkürlich und völlig zwecklos; denn man könnte ebensogut die russische Flotte als eine solche ersten Ranges bezeichnen, weil die Abstufung von der englischen auf die französische viel größer ist, als die Stufe von der französischen auf die russische. Nun, die Rangbezeichnung macht eben die Stärke nicht aus — der Name ist Schall und Rauch. Aus den zuverlässigsten Quellen, nämlich aus dem österreichischen Marinealmanach und aus dem Flottenhandbuch des englischen Fachschriftstellers Laird Clowes, sowie aus verschiednen Angaben der deutschen Marine-Rundschau für 1896 sind für Oktober 1896 für die genannten Seemächte die nachfolgenden Übersichten zusammen-

5. Panzerkreuzer

englische		französische		italienische		nordamerikanische	
Australia 86 . .	5600	Jeanne d'Arc i. B.	11 270	Marco Polo 92 .	4583	Brooklyn 95 . .	9153
Undaunted 86 . .	5600	Pothuau 95 . .	5319	Vettor Pisani 95	6500	New-York 91 .	8480
Orlando 86 . .	5600	Amiral Charner 93	4792	Carlo Alberto 96	6500	Maine 90 . . .	6682
Narcissus 86 . .	5600	Bruix 94 . . .	4754	Varese i. B. . .	6840		
Immortalité 87 .	5600	Chanzy 94 . . .	4933	Garibaldi i. B. .	6840		
Galatea 87 . .	5600	Latouche = Tréville					
Aurora 87 . .	5600	92	4756				
Impérieuse 83 .	8400	Dupuy de Lôme 90	6406				
Warspite 84 . .	8400	Bayard 80 . . .	6011				
Nelson 76 . . .	7630	Turenne 79 . .	6349	**deutsche**		**spanische**	
Northampton 76 .	7630	Duguesclin 83 .	6210	Ersatz-Leipzig i. B.	10 650	Emperador Car-	
Shannon 75 . .	5390	Vauban 83 . .	6208			los V. 95 . .	9090
(Agincourt 65 . .	10 600)	Victorieuse 75 .	4674			ein gleicher i. B.	9090
(Minotaur 63 . .	10 690)	vier neue geplant nach dem				Infanta Maria Te-	
(Northumberland		neuesten Flottenbauplan				resa 90 . . .	6890
66	10 780)	von 1896, davon D2 und				Vizcaya 91 . .	6890
(Achilles 63 . .	9820)	D3 zu	8500			Almirante Oquendo	
						91.	6890
		russische				Cardenal Cisneros	
		(* Schwarze Meerflotte)				i. B.	7000
		ein noch unben. i. B.	14 000			Cataluna i. B. .	7000
		Rossija 96 . . .	12 200			Princesa de Astu-	
		Rjurik 92 . . .	10 933			rias i. B. . . .	7000
		Pamjat Azowa 88	6000			Cristobal Colon i.B.	7000
		Admiral Nachimoff				Pedro d'Aragona	
		85	7782			i. B.	7000
		Dmitri Donskoi 83	5796				
		Wladimir Mono-		**österreichisch-ungarische**		**japanische**	
		mach 82 . . .	5754	Kaiserin und Köni-		Chiyoda 90 . .	2450
		Minin 78 . . .	5940	gin Maria The-		früher Thi = Yuen	
		General Admiral		resia 93 . . .	5270	86	2320
		73	4603	D i. B.	6200	Hiyei 78 . . .	2250
		Herzog von Edin-				Kongo 77 . . .	2250
		burg 75 . .	4602			(Rinjo 64 . . .	2530)
		(Knjäs Poscharski					
		67	4506)				

gestellt. Bei der Anordnung der Schiffsnamen nach Gattungen und in verschiedenen Spalten ist die politische Gruppierung der europäischen Großmächte berücksichtigt worden, sodaß die Stärkeverhältnisse z. B. des französisch-russischen Zweibunds gegen England oder gegen den Dreibund leicht zu übersehen sind. Bei allen mit Namen genannten Schiffen ist die Jahreszahl des Stapellaufs gegeben, wobei 96 das Jahr 1896 bedeutet, während mit i. B. — im Bau die noch nicht vom Stapel gelaufnen Schiffe bezeichnet sind; die zweite Zahl hinter jedem Schiffsnamen giebt die Größe des Schiffs in Deplacements= tonnen, die Tonne zu 1000 kg an. Für den Vergleich der Schiffe gleicher Art untereinander genügen diese beiden Angaben, Größe und Alter; man kann also z. B. aus der ersten Tabelle annehmen, daß die Schlachtschiffe Barfleur (englisch), Brennus (französisch), Georgi Pobjedonosetz (russisch) und Oregon (nordamerikanisch) ungefähr denselben Gefechtswert wie unsre Brandenburg, die ja ausführlich beschrieben worden ist, haben, daß sie also völlig ebenbürtige Gegner für Brandenburg sein würden. Was eins dieser Schiffe etwa an Schnelligkeit oder an der Zahl der Schnellfeuergeschütze voraus hat, das gleicht stärkerer Panzerschutz und stärkere schwere Artillerie bei andern Schiffen gleicher Größe und gleichen Alters wieder

— 192 —

6. Moderne geschützte (Panzerdecks-) Kreuzer erster Klasse

englische		französische		italienische	nordamerikanische	
Andromeda i. B.	11 000	Guichen i. B.	8277	keine	Columbia 92	7475
Diadem i. B.	11 000	Châteaurenault			Minneapolis 93	7475
Europa i. B.	11 000	i. B.	8017			
Niobe i. B.	11 000	ein noch unben. i. B.	8500			
Spartiate i. B.	11 200	d'Entrecasteaux 96	8113			
Argonaut i. B.	11 200	Tage 86	7589			
Amphitrite i. B.	11 200	vier neue geplant nach dem				
Ariadne i. B.	11 200	neuesten Flottenbauplane				
Terrible 95	14 200	von 1896				
Powerful 95	14 200					
Crescent 92	7700	russische		deutsche	spanische	
Royal Arthur 91	7700	keine		keine	keine	
Gibraltar 92	7700					
St. George 92	7700					
Edgar 90	7350					
Endymion 91	7350			österreichisch-ungarische	japanische	
Grafton 92	7350			keine	ein noch unben. i. B.	7500
Hawke 91	7350				ein „ „ i. B.	7500
Theseus 92	7350				ein „ „ i. B.	7500
Blake 91	9000				ein „ „ i. B.	7500
Blenheim 90	9000					

aus. In unserm Zeitalter des Verkehrs, wo alle technischen Fortschritte Gemeingut der entwickelten Völker sind, werden nirgends große Unterschiede vorhanden sein können, auch nicht in den großartigen Kunstbauten, die die Schlachtschiffe und Kreuzer sind. Der Wettbewerb unter den Schiffbaumeistern aller Seemächte schafft jährlich immer bessere Schiffe, immer vollkommnere Waffen; deshalb muß man beim Vergleich noch mehr Gewicht auf das Alter als auf die Größe der Schiffe legen. Die in den Tabellen eingeklammerten Panzerschiffe und Panzerkreuzer werden in den Listen noch geführt, meist als Hafenschiffe, haben aber fast gar keinen Gefechtswert mehr, weil ihre Schutz- und Trutzwaffen, ihre Maschinen gänzlich veraltet sind. Auch bei den Kreuzern ist die wichtige Eigenschaft der Schnelligkeit nicht mit angeführt worden, weil es sehr schwer ist, aus den schon auf Seite 157 angeführten Gründen genaue Vergleichsgrößen für die verschiednen Marinen anzugeben; die Zahlen, die die verschiednen Flottenlisten über die Geschwindigkeit angeben, sind unzuverlässig. Man kann auch bei der Übersicht der Kreuzerflotten für den kriegerischen Wert jedes Schiffs das Alter und die Größe zu Grunde legen; Schiffe gleichen Alters und gleicher Größe werden auch ungefähr gleichen Gefechtswert haben, obgleich ihre Geschwindigkeiten um ein paar Seemeilen von einander abweichen können. Jedenfalls genügen die Tabellen vollständig, um den wirklichen Bestand an neuen und ältern Schiffen anzuzeigen. Alle ältern Kreuzerfregatten und Kreuzerkorvetten ohne Panzerschutzdeck und mit weniger als 17 Seemeilen Geschwindigkeit sind weggelassen, weil sie gar keinen Gefechtswert mehr haben. Deshalb mußten von den deutschen Schiffen die auf Seite 146 genugsam charakterisierte Charlotte, sowie alle andern bis zum Jahre 1885 vom Stapel gelassenen Kreuzer (und jetzigen Schulschiffe) weggelassen werden; alle gleich unwertigen Schiffe der andern Flotten sind auch weggelassen. Die ältesten englischen „modernen" Kreuzer Arethusa und Leander von 1882 mußten dagegen aufgeführt werden, weil sie schon ein stählernes Schutzdeck über den Maschinen und über den Munitionsräumen haben, und weil sie noch heute die gute Geschwindigkeit von 17 Seemeilen erreichen sollen. Unter den alten Panzerkreuzern sind natürlich langsamere Schiffe; erst die seit 1885 vom Stapel gelassenen können zu den modernen, mehr als 17 Seemeilen machenden Panzerkreuzern gerechnet werden. Was über die geringe Gefechtsstärke unsrer ältern Panzerschiffe, z. B. der Sachsenklasse, gesagt ist, gilt auch für die gleich alten und gleich großen fremden Panzerschiffe. Andrerseits ist auch in allen andern Marinen sehr viel, gewiß ebensoviel wie bei uns geschehen, um die ältern Schlachtschiffe einigermaßen den neuen Anforderungen an Bewaffnung und Panzerschutz anzupassen. Wie unser König Wilhelm im Laufe der Jahre manche Verstärkungen erhalten hat, so sind auch wohl alle alten fremden Panzerschiffe, die überhaupt noch als Schlachtschiffe geführt werden, öfters umgebaut und verstärkt

7. Moderne geschützte (Panzerdecks-) Kreuzer zweiter Klasse

englische		französische		italienische		nordamerikanische	
Arrogant 96	5750	Jurien de la Gravière i. B.	4065	Fieramosca 88	3745	Olympia 92	5800
Doris 96	5750	Protet i. B.	4113	Stromboli 86	3475	Philadelphia 89	4324
Juno 95	5750	Catinat i. B.	4065	Vesuvio 86	3475	Chicago 85	4500
Venus i. B.	5750	Cassard 96	3952	Etna 85	3475	Newark 90	4083
Isis i. B.	5750	d'Assas 96	3952	Giovanni Bausan 83	3050	San Francisco 89	4083
Dido i. B.	5750	du Chayla 95	3952			Baltimore 88	4600
Diana i. B.	5750	Bugeaud 93	3740			Cincinnati 92	3183
Furious i. B.	5750	Chasseloup-Laubat 93	3758			Raleigh 92	3183
Gladiator i. B.	5750	Friant 93	3739			Charleston 88	4040
Vindictive i. B.	5750	Descartes 94	3988			Atlanta 84	3189
ein noch unben. i. B.	5700	Pascal 95	3988			Boston 85	3189
ein „ „ i. B.	5700	Isly 91	4477	deutsche		spanische	
ein „ „ i. B.	5700	Jean Bart 89	4109	Kaiserin Augusta 92	6052	Alfonso XIII. 91	5000
Eclipse 94	5600	Suchet 93	3334	Ersatz Freya i. B.	5650	Lepanto 92	5000
Minerva 95	5600	Davout 89	3017	K i. B.	5650	Ersatz für Reina Regente i. B.	5000
Talbot 95	5600	Cécille 88	5933	L i. B.	5650	Alfonso XII. 87	3090
Asträa 93	4360	Alger 89	4382	M i. B.	5650	Reina Cristina 87	3090
Bonaventure 92	4360	Sfax 84	4634	N i. B.	5650	Reina Mercedes 87	3090
Cambrian 93	4360	Duquesne¹) 76	5986	Irene 88	4400		
Charybdis 93	4360	Tourville¹) 76	5576	Prinzeß Wilhelm 87	4400	japanische	
Flora 93	4360	sechs neue geplant nach dem neuesten Flottenbauplane von 1896		Gefion²) 93	4109	ein noch unben. i. B.	4870
Forte 93	4360					ein „ „ i. B.	4870
Fox 94	4360					ein „ „ i. B.	4870
Hermione 93	4360	¹) sollen 1894 Panzerdeck erhalten haben, und sollen noch 17 Seemeilen laufen!				ein „ „ i. B.	4870
Amphion 83	4300			²) wird amtlich als Kreuzer dritter Klasse bezeichnet, weil die Hauptgeschütze weniger als 15 Centimeter Kaliber haben.		Matsushima 90	4277
Arethusa 82	4300					Itsukushima 89	4277
Leander 82	4300					Hashidate 91	4277
Phaeton 83	4300					Yoshino 92	4150
Forth 86	4050					Naniwa 85	3700
Mersey 85	4050			österreichisch-ungarische		Takachiho 85	3700
Severn 85	4050	russische		Kaiser Franz Joseph I. 89	4064	Akitsushima 92	3150
Thames 85	4050	Diana i. B.	6630	Kaiserin Elisabeth 90	4064	Idzumi 84	3000
Außerdem noch: zehn der Äolusklasse von 3600 Tonnen, gebaut 90 und 91		Pallada i. B.	6630			ein noch unben. i. B.	3200
elf der Apolloklasse von 3400 Tonnen, gebaut 90 und 91		ein ebensolcher geplant				ein „ „ i. B.	3200
		Admiral Korniloff 87	5000				
		Rynda 85	3000				
		Swetlana i. B.	3828				

worden. Die Tabellen sind für den, der sie aufmerksam betrachtet und jede Seemacht gegen die andre richtig abwägt, sehr lehrreich; zunächst beweisen sie schlagend die Richtigkeit dessen, was im Anfange dieses Abschnitts über den Einfluß von Mahans Werk auf die Schiffbauthätigkeit der Seemächte gesagt worden ist. Seit dem Jahre 1890 haben thatsächlich alle wohlhabenderen Staaten — nicht etwa allein das reiche England — mit geradezu fieberhafter Emsigkeit Kriegsschiffe gebaut; man sehe sich nur die Tabellen daraufhin an und zähle ab, was an mächtigen Schiffen gebaut worden ist. Noch verblüffender werden diese Zahlen, wenn man dabei die Steigerung in den Schiffsgrößen betrachtet und den Tonnengehalt berechnet, um den sich die fremden Kriegsflotten seit 1890 vermehrt haben, und ferner den, um den sie sich noch zu vermehren im Begriffe sind. Von den Dreibundstaaten hat Italien die dritte Stelle in der Reihe der Seemächte, die es

8. Kleinere Kriegsschiffe

Schiffsart		Größe Tonnen	englische	französische	russische	italienische	deutsche	österreich-ungarische	nordamerikanische	spanische	japanische
Moderne geschützte (Panzerdecks-) Kreuzer dritter Klasse	fertig:	2000 bis 3000	24	9	—	8	2[1])	—	3	—	3
	im Bau:		7	5	—	1	—	1	—	—	2
Stationskreuzer vierter Klasse	fertig:	etwa 1500	22	16	17	3	8	—	18	9	9
	im Bau:		—	—	—	—	1	—	6	2	1
Torpedokreuzer (auch) Torpedoavisos oder Torpedokanonenboote gen.)	fertig:	etwa 1000	35	11	3	13	6[2])	6	1	1	1
	im Bau:		—	7	—	2	—	—	1	6	3
Torpedobootszerstörer (auch Torpedobootsjäger und Divisionsboote genannt)	fertig:	etwa 250 bis 400	42	10	7	2	10	6	1	10	—
	im Bau:		48	30	4	2	2	1	—	2	11
Torpedoboote [3]) erster Klasse fertig u. im Bau:		über 100	12	37	36	5	46	—	20	2	24
„ zweiter „ „ „ „		50 bis 100	61	142	43	95	74	24	—	36	90
„ dritter „ „ „ „		unter 50	97	54	98	59	—	38	5	7	50
Hilfskreuzer (Schnelldampfer der Handelsflotte)		verschieden	28	12	42	12	10	—	4	15	—
Panzerkanonenboote für Küstenverteidigung		etwa 1000	—	8	16	—	13	—	8	2	—

1) hierunter sind die Avisos Hela und Greif (der aber kein Panzerdeck hat!) verstanden.
2) hierunter sind die Avisos Comet, Meteor, Jagd, Wacht, Blitz und Pfeil verstanden.
3) die Angaben über Torpedobootszerstörer und -Boote sind unsicher, die Zahlen geben den wahrscheinlichen Bestand an.

noch vor etwa einem Jahrzehnt unbestritten inne hatte, an Rußland abgeben müssen. Deutschland, das vor einem Jahrzehnt noch an vierter Stelle zwischen den Seemächten stand, ist jetzt von der russischen Flotte (auch wenn man die mit * bezeichneten Schiffe der im Schwarzen Meere vorläufig noch abgeschnittenen Flottenabteilung nicht mitzählt) und auch von der nordamerikanischen (wenn man von der kleinen amerikanischen Torpedoflottille absieht, die ja in wenigen Wochen im Kriegsfalle gebaut werden könnte) bedenklich überflügelt worden. Deutschlands Seemacht steht also jetzt um zwei Stufen niedriger als vor etwa zehn Jahren: außerdem hat noch die neue ostasiatische Weltmacht, das japanische Reich, eine Kreuzerflotte, die ganz bedeutend stärker als die deutsche ist, wie die Tabelle sehr deutlich zeigt. Auch die spanische Kreuzerflotte ist wegen ihrer vielen Panzerkreuzer der deutschen gewachsen. Das sind lauter einfache nackte Thatsachen, die jeder sehen kann, der diese Tabellen aufmerksam prüft.

Was diese Tabellen lehren

Daß wir uns also Schlachtschiffe und Panzerkreuzer neben dem kleinen Bedarf bauen müssen — und zwar je eher und je mehr, desto besser —, das muß jeder zugeben, der nicht den Wunsch hegt, daß wir in den nächsten Jahren schon auf eine Stufe mit der spanischen Seemacht zurückgedrängt werden. Jede Unterbrechung im weitern Ausbau unsrer Flotte kann die Zukunft Deutschlands aufs schlimmste gefährden! Um nur die alte Stellung zwischen den Seemächten, den vierten Platz, wieder einnehmen zu können, wird fleißig gearbeitet werden müssen, wird noch manches Schiff vom Stapel laufen müssen; denn inzwischen thun uns die Russen, die Nordamerikaner und die Japaner sicher nicht den Gefallen, mit dem Bauen innezuhalten, selbst wenn alle die guten Friedensfreunde der freisinnigen Partei im Bunde mit der Frau Baronin von Suttner diese Völker darum bitten würden. Nicht Größenwahn, aber helle Verrücktheit gehört dazu — oder böser, vaterlandsverräterischer Wille, der aber doch wohl hier keinen Deutschen vorhanden sein dürfte! —, wenn man angesichts dieser Liste noch in höhnendem Tone von Flottenschwärmerei und Marinesport bei denen reden wollte, die dringend für die Verstärkung der Flotte eintreten. Opposition — wo sie hingehört; sie mag zuweilen am Platze sein und ist ja jedenfalls ein Lebenszeichen der Volkskraft. Inder, Chinesen, Türken u. s. w. machen selten Opposition, sind dafür aber auch minderwertige Völker, denen die eigne Energie fehlt. Großartig entwickelt, freilich auch meist in anständigerer Form als bei uns verlaufend, sind die Kämpfe innerhalb der englischen Parteien; auch die französischen Politiker bekämpfen sich heftig, aber dem Volkscharakter entsprechend oft recht hitzig und unparlamentarisch. Aber beide Völker, das englische wie das französische, haben einen riesigen Vorsprung vor uns: sie sind einig und stehen Mann für Mann zusammen, wenn sie für die Größe, für die Macht und für das allgemeine Wohl ihres Landes arbeiten. Für die Deutschen gilt leider heute noch, was der kluge Äneas Silvius (Papst Pius II.) vor vier Jahrhunderten sagte:

9. Wachstum der deutschen Handelsflotte

Im Jahre	Dampfer Anzahl	Dampfer Nettoraumgehalt in Registertonnen	Segelschiffe Anzahl	Segelschiffe Nettoraumgehalt in Registertonnen	Gesamtzahl der Schiffe	Leistungsfähigkeit der Handelsflotte in Registertonnen
1871	147	81 994	4372	900 361	4519	1 146 400
1881	414	215 758	4246	965 767	4660	1 613 100
1891	896	723 652	2757	709 761	3653	2 880 900
1895	1043	893 046	2622	660 856	3665	3 390 000

10. Deutsche Handelsschiffsreisen zwischen deutschen und ausländischen Häfen

Reiseziel	1873 Mit Ladung Schiffe	1873 Mit Ladung Tonnen netto	1873 In Ballast oder leer Schiffe	1873 In Ballast oder leer Tonnen netto	1893 Mit Ladung Schiffe	1893 Mit Ladung Tonnen netto	1893 In Ballast oder leer Schiffe	1893 In Ballast oder leer Tonnen netto	1894 Mit Ladung Schiffe	1894 Mit Ladung Tonnen netto	1894 In Ballast oder leer Schiffe	1894 In Ballast oder leer Tonnen netto
1. Reisen zwischen deutschen Häfen: Angekommen in deutschen Häfen	15 541	599 763	5 566	241 033	32 838	2 403 286	6 911	424 384	34 518	2 727 147	7 524	481 396
Abgegangen aus deutschen Häfen	15 384	603 585	5 242	214 097	32 792	2 410 071	7 450	440 183	34 414	2 714 969	8 237	486 791
Mittel:	15 463	601 674	5 404	227 565	32 815	2 406 679	7 181	432 284	34 466	2 721 058	7 881	484 094
2. Reisen nach ausländischen Häfen Angekommen in deutschen Häfen	9 009	2 075 156	885	105 943	8 092	4 587 917	524	169 438	8 648	4 832 015	736	192 750
Abgegangen aus deutschen Häfen	6 031	1 648 539	3 687	528 494	6 335	3 793 075	2 391	1 048 738	6 992	3 959 930	2 345	1 106 307
3. Reisen zwischen ausländischen Häfen	6 099	2 472 735	2 333	650 119	14 155	17 815 620	2 758	1 547 280	15 711	20 708 177	3 179	1 817 152
Summe aller Seereisen deutscher Schiffe*)	36 602	6 798 104	12 309	1 512 121	61 397	28 603 291	12 854	3 197 740	65 817	32 221 180	14 141	3 600 303

*) Für die Reisen zwischen deutschen Häfen ist hierbei das Mittel der angekommenen und abgegangenen Schiffe gezählt.

wie furchtbar wären die Deutschen, wenn sie einig wären! Wären die Deutschen jetzt wenigstens in den Reichssachen einig, die die Macht und damit die Sicherheit des Landes stärken sollen, dann würden sie die schlimmste Gefahr, die Verdrängung Deutschlands aus der Reihe der Weltmächte, verhüten können. Aber dazu gehört Einsicht und Verständnis, und die sind leider nicht überall zu finden; treiben doch manche sogar ein frevelhaftes Spiel damit, daß sie die Stärkung der vaterländischen Seemacht von der Befriedigung persönlicher oder parteipolitischer Wünsche abhängig machen möchten. So etwas kann bei Völkern mit echtem, ausgeprägtem Nationalstolz, wie ihn ja leider alle unsre nähern und fernern Nachbarn — bis hinüber übers Meer nach Nordamerika und Japan — in ungleich viel höherm Maße haben als wir, nicht vorkommen. Nun, das kann mit der Zeit besser werden, wenn jeder gute Deutsche sein Teil dazu beiträgt; ein erkannter Fehler ist bei einigem guten Willen bald gar kein Fehler mehr. Also „Trainierung" des guten Willens zur Thatkraft, das ist die ganze Hexerei, die des Vaterlands Zukunft sichern kann. Aber ist denn dazu Seemacht nötig? wird immer noch einer und der andre von den vielen fragen, die sich einbilden, wenn nur das Heer

11. Schutz der Handelsdampfer durch die Kreuzer der Kriegsflotten

Seemacht	Handelsdampfer (1895)		Zahl der Panzerkreuzer und modernen Kreuzer erster bis dritter Klasse (die im Bau begriffenen sind mitgezählt)	Ein moderner Kreuzer schützt also		Bemerkung
	Zahl	Nettoraumgehalt in Registertonnen		Zahl der Handelsdampfer	Nettoraumgehalt von Handelsdampfern	
England	5771	6231319	121	44	51500	
Frankreich	501	461397	66	8	6900	
Rußland	297	151327	18	17	8400	
Italien	207	203435	26	8	7800	
Deutschland	1043	893046	12	87	74400	
Österreich-Ungarn	140	136750	5	28	27300	*) davon sind nur die Hälfte Seedampfer, die übrigen sind Binnendampfer.
Vereinigte Staaten	447*)	485892*)	19	24*)	20200*)	
Spanien	355	305719	16	22	13900	
Japan	242	172977	29	8	6000	

12. Die Kosten der Kriegsflotten

Seemacht	ungefähre Einwohnerzahl des Landes	Ausgabe für die Kriegsflotte im Jahre 1895	Auf jede Tonne Raumgehalt der Handelsflotte also Unkosten der Kriegsflotte	Auf jeden Kopf der Bevölkerung Unkosten der Kriegsflotte
		Mark	Mark	Mark
England	39 Millionen	374000000	28,2	9,59
Frankreich	38 Millionen	222000000	202,7	5,85
Rußland	106 Millionen	102300000	209,6	0,97
Italien	31 Millionen	81700000	105,0	2,64
Deutschland	52 Millionen	86400000	45,8	1,66
Österreich-Ungarn	42 Millionen	21600000	71,0	0,52
Vereinigte Staaten	63 Millionen	126800000	140,9	2,00
Spanien	17 Millionen	19900000	36,0	1,17
Japan	42 Millionen	54800000	260,0	1,30

stark genug wäre, dann könnte uns keiner was anhaben; auf dem Meere hätte Deutschland doch nichts zu suchen, behaupten ja immer noch kurzsichtige Leute.

Gefahren des Seehandels ohne Seemacht

Nun, wer nach Betrachtung dieser Tabelle noch nicht überzeugt sein sollte, daß auch Landmächte, wie doch auch Rußland eine ist, seemächtig sein müssen, um leben zu können, der studiere die Entwicklung des deutschen überseeischen Handels und berechne sich, wenn er etwas von der Sache versteht, wie groß der Schaden für Deutschland in barem Gelde wäre, wenn bei einem Kriege, z. B. mit dem russisch-französischen Zweibunde, die deutschen Seehäfen nur etwa ein halbes Jahr lang (der sehr schnell durchgeführte deutsch-französische Krieg 1870/71 dauerte ungefähr so lange) von feindlichen Flotten blockiert wären, sodaß der Seehandel völlig abgeschnitten wäre. Da würde es sich um viele Milliarden handeln, abgesehen von dem noch schlimmern Schaden, daß in der Zwischenzeit die überseeische Kundschaft zum größten Teile ganz verloren gehen würde: haben doch die paar Wochen der hamburgischen Choleraszeit, die den Seehandel nicht etwa ganz abschnitten, sondern nur empfindlich störten, dieser einen Handelsstadt allein täglich mehrere Millionen Mark Schaden gebracht! Daß man aber bei den andern Seemächten sehr ernsthaft an die Schädigung des feindlichen Seehandels denkt, das beweist folgender Ausspruch des bekannten Abgeordneten und spätern Statthalters von Tonkin, J. L. de Lanessan in seinem Werke: La marine française au printemps de 1890: „In dem Maße, wie die Völker ihre Gewerbethätigkeit entwickelt haben, in demselben Maße haben sie sich Kundschaft außerhalb ihrer Landesgrenzen verschaffen müssen, und der Seehandel ist für die meisten entwickelten Völker eine Notwendigkeit geworden, der sie sich nicht mehr entziehen können. Diesen Handel aufhalten, sich der Postdampfer und der Frachtdampfer des Feindes bemächtigen, oder sie zu zwingen, sich in den Häfen zu verkriechen, indem man die Seewege beherrscht, das wird ohne Zweifel die erste Sorge der Kämpfenden in zukünftigen Kriegen sein. Das Übel, das durch die Vernichtung des Seehandels erzeugt wird, wird um so größer (und empfindlicher!) sein, je mehr das Volk auf den Handel angewiesen ist, und je zahlreicher und je weiter über den ganzen Erdball verbreitet seine Handelsflotte ist."

Um einen scharfen Überblick über die Entwicklung des deutschen Seehandels zu bekommen, genügt es, folgendes zu betrachten. Ungefähr zur Zeit des alten Flottengründungsplans von 1873 (der aber immer noch nicht vollständig durchgeführt ist, wie auf Seite 71 gezeigt worden ist), nämlich im Jahre 1871, war die Leistungsfähigkeit der deutschen Handelsflotte nur ein Drittel von dem, was sie jetzt ist. Da die Dampfer durchschnittlich in der Zeit einer Segelschiffsreise drei gleiche Reisen machen können, so versteht man unter der Leistungsfähigkeit einer Handelsflotte die Zahl von Registertonnen, die man erhält, wenn man zu dem Nettoraumgehalt der Segelschiffe den dreifachen Nettoraumgehalt der Dampfer (beide in Registertonnen ausgedrückt) hinzuzählt. Darnach stellt sich das Wachstum der deutschen Handelsflotte so dar, wie es die Tabelle 9 zeigt. Also die Leistungsfähigkeit ist dreimal größer geworden. Da nun aber, wie alle Seekriege dieses Jahrhunderts gezeigt haben, während eines Krieges überhaupt nur Dampfer Aussichten haben, feindlichen Kreuzern zu entwischen, also dann der ganze deutsche Seehandel sicher nur auf Dampfern stattfinden würde, während die Segelschiffe still liegen müßten, so muß man ganz besonders die Anzahl und auch die Größe (denn mit der Größe hängt der Wert des Schiffs und seiner Ladung zusammen) der Dampfer, die durch die Kreuzer geschützt werden sollen, betrachten. Außerdem wird der schutzbedürftige überseeische Handelsverkehr hauptsächlich von Dampfern ausgeführt; denn unter 2202 beladnen Schiffen, die 1894 zwischen deutschen und überseeischen (nicht europäischen) Häfen verkehrten, und die 3,86 Millionen Registertonnen Nettoraum gehabt hatten, waren nicht weniger als 1588 Dampfer mit 3,32 Millionen Registertonnen Nettoraum. Die große überseeische Segelschiffahrt stirbt also sehr schnell aus, ja man kann sagen, sie liegt schon in den letzten Zügen; in wenigen Jahrzehnten wird sie wahrscheinlich dem Dampferverkehr das Feld schon ganz geräumt haben und wird sich dann wohl nur noch auf die Küstenfahrt beschränken. Schon jetzt nehmen in der Zahl und im Tonnengehalt der scheinbar vielen Segelschiffe der Handelsflotte die Küstenfahrer und die Leichterfahrzeuge den größten Raum ein. Die deutsche Handelsflotte zählte im Jahre 1895 unter 2622 Segelschiffen nur noch 130 Vollschiffe mit Fregattentakelung und außerdem 15 Vier- und Fünfmastschiffe, aber 407 Küstenfahrer, nämlich Schuner, Galeassen und Galioten und 1526 Leichterfahrzeuge. Unter dem bescheidnen Reste von 544 Barken, Dreimastschunern, Briggen und Schunerbriggen macht höchstens die Hälfte überseeische Reisen, während die andre Hälfte aus der Ostsee und Nordsee nicht herauskommt. Die guten Zeiten der Segelschiffahrt sind eben längst vorbei, und sie werden gewiß nie wieder kommen.

Sehr lehrreich ist es, daß in derselben Zeit, wo die deutsche Handelsflotte ihre Leistungsfähigkeit verdreifachte, die französische von 1 488 139 Registertonnen (1871) nur auf 1 874 483 Registertonnen (1895) zugenommen hat. Denn die französische Handelsflotte war stark:

1871: 201 382 Dampfertonnen und 883 993 Segelschiffstonnen Nettoraum
1895: 491 972 „ „ 398 567 „ „

Dementsprechend ist auch der überseeische Handel unter französischer Flagge nur etwa halb so groß wie der deutsche überseeische Handel. Genauere Untersuchungen werden ein noch ungünstigeres Verhältnis geben, weil von der französischen Flotte ein verhältnismäßig größerer Teil in der Küstenfahrt und der Fahrt in europäischen Gewässern beschäftigt ist als von der deutschen Handelsflotte. Logisch würde es also sein, wenn die deutsche Kriegsflotte doppelt so stark wie die französische wäre, und nicht halb so schwach, wie sie es thatsächlich ist; das versagen uns unsre Mittel freilich, aber die Betrachtung dieser sehr nüchternen Thatsachen zeigt zum mindesten, daß wir nicht die Hände in den Schoß legen dürfen, sondern daß wir unsre Flotte von Jahr zu Jahr kräftig ausbauen müssen, um die Zukunft unsers Seehandels zu sichern. Die Tabelle 10 zeigt die starke Zunahme in der Zahl der Reisen deutscher Seeschiffe von 1873 auf 1893 und 1894. Sehr bemerkenswert ist auch das Anwachsen des Schiffsverkehrs in den deutschen Häfen; in Hamburg stieg er von 3,7 Millionen Registertonnen im Jahre 1885 auf 6,3 Millionen Tonnen im Jahre 1895. Sache der Handelsstatistiker ist es, das Wachstum des deutschen Seehandels seit 1871 klar zu beleuchten; auch daraus wird der ungenügende

Entwicklung des Seehandels unter deutscher Flagge

Bestand unsrer Kriegsflotte genau zu erkennen sein. Es wurde schon gesagt, daß in Kriegszeiten der Seeverkehr ganz auf Dampfer beschränkt sein wird. Wie groß das Mißverhältnis des Schutzes unsrer und fremder Handelsdampfer durch Kriegsschiffe ist, zeigt die Tabelle 11. In Frankreich, in Italien und in Japan schützt ein Panzerkreuzer oder moderner Kreuzer erster bis dritter Klasse 8 Handelsdampfer, in Deutschland aber müssen 69 Handelsdampfer, also fast die neunfache Zahl, von einem solchen Kreuzer geschützt werden. Wie der Abschnitt über die Kreuzer gezeigt hat, sind nur die eben genannten Kreuzer geeignet, Handelsdampfer zu schützen; denn dieser Schutz soll ja auf offner See geleistet werden, an den neutralen Küsten ist er nicht nötig, und an den eignen Küsten sorgt die Schlachtflotte für diesen Schutz. Es ist aber nicht richtig, auch die alten Kreuzer und die Stationskreuzer vierter Klasse, sowie die Kanonenboote, die doch nur zum Kolonialschutze bestimmt sind, bei solcher Aufstellung mitzurechnen, obgleich dadurch die Verhältniszahlen (nach Geheimrat Professor Busleys Tabelle im vierzigsten Bande der Zeitschrift des Vereins deutscher Ingenieure, Nr. 32) nur sehr wenig geändert werden; nämlich darnach fallen 75 deutsche Handelsschiffe (Dampfer und Segler) mit 82000 Registertonnen auf ein Stationsschiff (!). Im Kriege sind, wie gesagt, nur Handelsdampfer zu schützen, und diese können nur von schnellen und selbständigen modernen Kreuzern, allenfalls auch von ältern Panzerkreuzern, geschützt werden. Der im übrigen sehr lehrreichen Tabelle desselben Technikers sind die meisten Zahlen der dritten und vierten Spalte in der Tabelle 12 entnommen. Die Tabelle zeigt, daß die Kosten der deutschen Kriegsflotte im Vergleich mit der Größe der Handelsflotte und mit der Einwohnerzahl gegen die bisher betrachteten neun Seemächte ganz unverhältnismäßig gering sind. Man darf dabei nicht vergessen, daß außer England wohl alle genannten größern Staaten verhältnismäßig höhere Militärlasten zu tragen haben als Deutschland.

<small>Nur Weltmächte sind Großmächte</small>

Die gegebnen Zahlen sprechen allein schon eine beredte Sprache für die Notwendigkeit der Verstärkung der deutschen Seemacht, ja sie beweisen schon, daß eine Vernachlässigung des Ausbaus der Flotte Deutschlands Großmachtstellung ernstlich gefährden kann. Heutzutage können nur die Weltmächte als echte Großmächte gerechnet werden; nur die seemächtigen Völker können gestützt auf ihre Kriegsflotten ihren überseeischen Handel gegen Anfeindungen neidischer Wettbewerber sichern und schützen. Ein Volk, das am Welthandel in so großer Ausdehnung wie das deutsche teilnimmt, kann sich nicht mit einer Flotte begnügen, die nur Küstenschutz übernehmen kann; es muß eine selbständige Flotte, eine Angriffsflotte haben, wie außer England sie die Seemächte Frankreich, Italien und Rußland schon haben, und wie sie sich die Seemächte der Vereinigten Staaten und Japan zu bauen im Begriffe sind. Die Ausbreitung unsers Handels ist freilich nicht von der Stärke der Kreuzer, sondern von der Güte der Waren abhängig. Aber der Bestand unsers Welthandels beruht auf der Größe unsrer Kriegsflotte; denn dieser überseeische, durch die deutsche Kauffahrteiflotte vermittelte Handel würde ohne eine starke Kriegsflotte bei der ersten kriegerischen Verwicklung mit einem seemächtigen Gegner zerstört sein. Und auch ohne Krieg, in Friedenszeiten, würde er schwer geschädigt werden können von jeder Weltmacht, die unsre überseeischen Absatzgebiete durch mehr oder weniger gewaltsam erzwungne Zoll- und Handelsverträge oder auf andre Weise an sich risse. Vor solchen Gewaltstreichen andrer Weltmächte soll und muß unser Welthandel geschützt werden. Das kann aber durch nichts andres als durch eine „achtunggebietende" Flotte von Schlachtschiffen und von Kreuzern geschehen. Daß solche Gewaltstreiche andrer Weltmächte nichts ungewöhnliches sind, ja daß sie häufig vorkommen, weiß heute jedes Kind. Seemächtigere Völker als wir werden unsern Welthandel stets schädigen können, wenn sie wollen; daran kann die Güte unsrer Waren gar nichts ändern. Für Deutschlands zukünftiges Gedeihen wird also seine Kriegsflotte noch wichtiger sein als sein starkes Heer. Um mit guten Kreuzergeschwadern in allen Meeren, wo es not thut, zum Schutze unsers Welthandels auftreten zu können, müssen aber auch die Gewässer vor den eignen Küsten von feindlicher Blockade freigehalten werden: dazu muß auch die Schlachtflotte stark sein.

<small>Nur Seemacht erhöht unsre Bündnisfähigkeit</small>

Ferner darf man nicht vergessen, daß unsre Bündnisfähigkeit — gegen wen und mit wem es auch sei — nicht durch die Vergrößerung des Heeres, sondern nur durch die Verstärkung der Flotte vergrößert werden kann. Begehrt wird aber von andern Seemächten, wozu, wie gezeigt wurde, alle Großmächte außer Österreich rechnen, als Bundesgenosse nur die Macht sein, die selbst eine Angriffsflotte besitzt. Denn mit einer Verteidigungsflotte kann man dem Bundesgenossen zur See nicht helfen. Die Italiener, die uns ja durch alte geschichtliche Bande und manche gemeinsame Kämpfe nahe stehen, haben mit großen Opfern eine stattliche Flotte geschaffen; mit Fug und Recht können sie erwarten, daß sich ihre alten Freunde und Bundesgenossen Mühe geben, ihre Seemacht zu stärken, damit bei Angriffen auf den Dreibund der Schwerpunkt des Seekriegs nicht im Mittelmeere liege. England, Rußland und Frankreich, die bei der eigentümlichen, schon seit mehreren Jahren bestehenden politischen Lage für uns je nach den Umständen und besonders wohl auch je nach den jeder vernünftigen Politik spottenden, unberechenbaren Leidenschaftsausbrüchen des englischen oder französischen Volks bei einem europäischen Kriege unsre Gegner oder Bundesgenossen sein können, werden Deutschlands politisches Gewicht im guten wie im schlimmen Sinne — ob für oder wider uns — vor allem nach der Stärke unsrer

Flotte und wohl weniger nach der bekannten und kaum noch steigerungsfähigen Stärke unsers herrlichen Heeres abwägen. Der sichere Bestand des Dreibundes wie zukünftige Freundschaften und Gegnerschaften mit den übrigen europäischen Groß- und Weltmächten, alles das ist zum großen Teil mit von der Stärke der deutschen Seemacht abhängig. Der Staat soll Macht sein und keine große Versicherungsgesellschaft, sagen die Grenzboten in dem trefflichen Aufsatz über die politische Lage in der Nr. 42 von 1896; wegen der unsichern politischen Zustände haben alle fremden Seemächte fieberhaft daran gearbeitet, ihre Flotten auszubauen, wie die Tabellen beweisen; jede dieser Großmächte strebt darnach, soviel Geltung zur See und also Seemacht zu erwerben, als es in ihren Mitteln steht. Nur Deutschland ist darin trotz einer Reihe von Neubauten bedenklich zurückgeblieben, wie die Tabellen klar und deutlich für jedermann zeigen. Fehlen nun Deutschland wirklich die Mittel, seine Seemacht in gleichem Maße wie Italien, wie Rußland, wie die Vereinigten Staaten, wie Japan und Spanien auszubauen?

Deutschland ist kein armes Land mehr, denn es hat recht wohlhabende und auch viele sehr reiche Steuerzahler, das kann jeder aus der Statistik sehen. Deutschland ist kein armes Land, sonst würde es nicht eine so riesig entwickelte Luxusindustrie haben, es würde nicht Bierpaläste, Gasthäuser, Warenhäuser verschiedenster Art mit dem Aufwand von Millionen erbauen und ausstatten, würde nicht in allen Städten die einfachen Häuser wegreißen, um dafür Prunkgebäude aus teuern Baustoffen hinzusetzen. Ein Volk, das in einem Jahre für 95 Millionen Mark Tabak und Cigarren vom Auslande kauft und ungefähr diese ganze Giftmenge in einem Jahre selbst verbraucht, dazu 4 Millionen Mark für ausländischen Kaviar ausgeben kann, das ist nicht arm. Zu Großmutters Zeiten war der Kaffee noch ein Luxusgetränk, den sich nur wenige Wohlhabende gestatteten, während sich die große Menge des Volks mit gesündern Getränken, wie Milch, Dünnbiersuppe oder Roggenmehlsuppe begnügte: im Jahre 1895 wurden für 202,5 Millionen Mark Kaffee ausgegeben, und der Kaffee wird längst schon zu den unentbehrlichen Genußmitteln gerechnet. Aber das sind noch unbedeutende Summen gegen das, was das deutsche Volk heutzutage im Laufe eines Jahres an geistigen Getränken verbraucht. In einem Aufsatze über modernen Luxus hat Professor Dr. Max Haushofer diesen jährlichen Verbrauch auf 2500 Millionen Mark berechnet. Nun, das ist eine Summe, die jeden Temperenzler erschrecken mag, die aber jedem Vaterlandsfreunde Freude und Beruhigung gewährt. Wenn in deutschen Landen jährlich die Hälfte der französischen Kriegsentschädigung in Wein, Bier und Schnaps vertrunken werden kann, so sind die deutschen Steuerzahler ohne Zweifel auch wohlhabend genug, etwa den zwanzigsten Teil dieser Summe jährlich mehr als bisher für die Stärkung der Seemacht des Vaterlandes auszugeben. Bleibt dabei der deutsche Durst ebenso unverwüstlich wie bisher, so braucht eben jeder nur statt jedes zwanzigsten Glases Bier u. s. w. ein Glas gesundes frisches Wasser zu trinken, das er sich mit dem erhebenden Gefühle würzen könnte, daß diese Enthaltsamkeit nicht nur seiner eignen Gesundheit, sondern auch dem Wohle des deutschen Reichs zu statten komme! Geschädigt würde dabei niemand, denn das Geld, das der Wirte weniger verdienten, kommt doch unters Volk, weil die Schiffe auf deutschen Werften von deutschen Arbeitern aus deutschen Stoffen gebaut werden. Steuervorschläge sollen aber hiermit nicht gemacht werden, denn das werden die Finanzleute besser verstehen. Es kommt nur darauf an, zu zeigen, daß die deutschen Steuerzahler wohlhabend genug sind, auch der Flotte allmählich die dringend nötige Offensivkraft zu geben. Ob Tabak oder Wein und Bier besteuert werden, oder ob die direkten Steuern erhöht werden müßten, um die neue Belastung auf solche Schultern zu verteilen, die sie am besten tragen können, das werden die wissen, die dafür zu sorgen haben. Professor Hans Delbrück schreibt in einem sehr klaren Aufsatz über die Flottenfrage im 83. Bande der Preußischen Jahrbücher: Unter den Steuern hätte man nur die Auswahl: Bier, Tabak, Wein, Reichserbschaftsteuer, die man alle ohne jede Schädigung des Wirtschaftslebens einführen könnte. Das Wirtschaftsleben könnte noch sehr erhebliches leisten, aber der Reichstag sei nicht zu Bewilligung zu bringen, denn die Parteien dächten nicht an das Ganze, sondern an ihre Mandate und an die Sparsamkeit der Wähler. — Ein Glück für das Ganze, für das Reich würde es sein, wenn Delbrück darin zu schwarz sähe; darüber kann nur der Erfolg entscheiden. Grober Unfug aber ist es in jedem Falle, sich selbst und andern vorzulügen, das deutsche Reich sei an der Grenze seiner Steuerfähigkeit angelangt. Darüber schreiben die Grenzboten von 1895 (vierter Band, Seite 447): „Wir sollten nur einmal wirklich in Not kommen, unsre Feinde sollten in die Lage kommen, unsre Häfen zu blockieren und unsre zu schwachen Heere in die Grenzen hereinzuwerfen und selbst ins Land zu dringen: dann sollten wir merken, was wir für Heere und Flotten aufzubringen vermöchten, aber nicht für die eignen, sondern für die fremden. Niemand wird jetzt gezwungen, sein Letztes herzugeben für das Vaterland, wie es in den Freiheitskriegen tausende und abertausende haben thun müssen und gern thaten." Heutzutage handelt es sich nur darum, den Überschuß an Mitteln, der an vielen Stellen vorhanden ist (denn was wird z. B. heute schon von den Frauen des Mittelstandes für ein übermäßiger Kleiderluxus getrieben, der doch durchaus kein notwendiges Bedürfnis ist, und der mit dem frühern einfachen Leben gar nicht zu vergleichen ist), für das Wohl der Gesamtheit in zweckmäßiger Weise zu verarbeiten. Das kann doch keiner leugnen, daß es besser ist, unsre Arbeiter und Techniker mit dem Bau von

Warum Deutschland reich genug ist, seine Flotte zu stärken

Kriegsschiffen zu beschäftigen, als sie zu zwingen, in der schon beängstigend großen Luxusindustrie allerlei unnützen Tand und Kram zu schaffen, nur um leben zu können. Der vernünftige Mensch soll sich nicht zum Sklaven seiner eignen Wünsche machen, er soll seinen Willen stählen, wie schon gesagt wurde, um der Gesamtheit seines Volks und dadurch mittelbar auch sich selbst und seinen Nachkommen die Zukunft zu sichern.

Deutsche Politik

Wie steht es nun mit der Zukunft Deutschlands? Darüber soll zunächst die Stimme eines freisinnigen Gelehrten gehört werden. Der Freiburgische Professor von Schulze-Gaevernitz schreibt in der „Nation": „Wir stehen vor der Aufgabe, eine wachsende Bevölkerung auf engem Territorium zu erhalten. Nur die exportierende Großindustrie kann dieser Aufgabe gerecht werden; nur der durch sie erworbne Reichtum setzt uns in die Lage, die wirtschaftliche Weltmachtstellung, die wir erstreben, politisch zu verteidigen. Wird unsre großindustrielle Wirtschaftsentwicklung unterbunden, sei es durch innere Reaktion, sei es durch auswärtige Gegner, so wird Deutschland zwar ein Stillleben sekundärer Bedeutung eine Zeit lang fortführen, aber der Strom der Weltentwicklung läßt es beiseite liegen. Gelingt es dagegen der Industrie und dem Handel, sich voll bei uns zu entfalten, so dürfen wir hoffen, das Bett jenes Stromes zeitweise durch Deutschland hindurch zu leiten, wie es nur einmal in der Vergangenheit einem deutschen Volkssplitter, den Holländern, im sechzehnten (soll heißen siebzehnten) Jahrhundert vergönnt war."

Hier fehlt nur der Nachsatz, daß Deutschland genau wie die Holländer nur solange seines Welthandels sicher sein kann, als seine Kriegsflotte diesen Handel gegen auswärtige Feinde zu schützen vermag. Im übrigen gesteht er klar und deutlich zu, daß sich Deutschland zur Weltmacht entwickeln muß, wenn es nicht verkümmern soll; so weit sehen leider nur wenige seiner Parteigenossen. Energischer als Schulze-Gaevernitz stellt Rudolf Martin den Grundsatz „Mehr Lohn und mehr Geschütze" (ebenfalls im 83. Bande der Preußischen Jahrbücher) auf, der in der That den Kern trifft, also die Losung für Deutschlands Zukunft zeigt. Mehr Lohn für die Arbeiter, damit sie gesünder, kräftiger und tüchtiger werden; dadurch soll Deutschland befähigt werden, auch wirtschaftlich die erste Stelle unter den Nachbarvölkern zu erringen, weil nur die Erhöhung des Reineinkommens des ganzen Volks die Mittel zur Einstellung des letzten wehrfähigen Mannes und zur Vergrößerung unsrer Kriegsflotte geben kann. Dann führt Martin aus: „Warum nun erfordert die Lösung der sozialen Frage ›mehr Geschütze‹? Weil die Lösung der sozialen Frage ohne Kolonialpolitik für die deutsche Nation nicht denkbar ist, und weil mit dem sozialen und wirtschaftlichen Fortschritte in der ganzen Welt die Reibungen zwischen den Nationen zunehmen. Neben ihren Handels- und Plantagenkolonien, denen eine Vermehrung im Interesse der heimischen Wirtschaft nur zu wünschen wäre, braucht die deutsche Nation große, fruchtbare Gebiete für den Überschuß, besonders ihrer ländlichen Bevölkerung. Es war eine Lieblingsidee Friedrich Lists und Wilhelm Roschers (auch des Feldmarschalls Moltke!), daß die Auswanderung sich der europäischen und asiatischen Türkei zuwenden möchte. Auch Rodbertus ›hoffte die Zeit zu erleben, wo die türkische Erbschaft an Deutschland gefallen sein wird, und deutsche Soldaten- oder Arbeiterregimenter am Bosporus stehen.‹ Und wenn Lassalle ›die deutsche Revolution für den naturgemäßen Anwärter der orientalischen Frage‹ hielt, so schwebte ihm der richtige Gedanke vor, daß die Lösung der nationalen, speziell kolonialen Frage mit der Lösung der sozialen Frage zusammenhänge, aber wie fast allen Demokraten fehlte ihm der richtige Instinkt für auswärtige Politik. Dieser Mangel wurzelt in der Unkenntnis des Kriegswesens. So wenig wie eine deutsche Revolution das deutsche Reich begründen konnte, ebensowenig kann sie den Orient erobern. Überhaupt können für viele Jahrhunderte Revolutionäre in Deutschland nur das Gegenteil von Erfolg ernten. Werden sie nicht von den herrschenden Klassen vernichtet, so müssen sie naturnotwendig von den Russen und Franzosen (sagen wir) in die Wurst gehackt werden. Deutsche Größe ist eben ohne Militär nicht denkbar. Die Gesamtheit aller Verhältnisse weist das deutsche Volk auf den Krieg, den großen Vater alles Guten. Ein kriegführendes Volk aber muß monarchistisch sein." Soweit Martin, der nicht etwa ein „rabiater Marinefachmann," sondern Referendar am sächsischen statistischen Amt ist.

Dem Marineschriftsteller, dem man Unkenntnis in wirtschaftlichen Fragen, die die Zukunft Deutschlands betreffen, vorwerfen könnte, sei erlaubt, noch eine dritte soziale Stimme hier sprechen zu lassen. Der preußische Geheime Regierungsrat C. von Massow hat 1895 ein Buch mit dem unheimlichen Titel „Reform oder Revolution!" verfaßt, das wegen seiner großartigen gesunden Gedanken in der Presse aller Parteien, die sich den Blick für das Ganze bewahrt haben, großes Lob erfahren hat. Dieser berühmte „echte Sozialaristokrat," wie ihn die Grenzboten nennen, sagt über die Zukunft unsers Vaterlands: „Wie aus Brandenburg Preußen geworden ist und werden mußte, wie Preußen nicht anders konnte, als Deutschland unter seiner Führung zu vereinigen, wenn es selbst weiter bestehen wollte, so kann Deutschland seine Existenz nur sichern, wenn es sich aus der Groß- zur Weltmacht fortentwickelt. Stillstand heißt hier, wie zumeist, Tod. Entweder vorwärts oder rückwärts. Rußland und Frankreich werden jederzeit jeden geeigneten Augenblick benutzen, um über uns herzufallen; sie davon abzuhalten, vermag nur das einzige Moment, daß wir stärker sind als sie. — Deshalb brauchen wir jeden Jungen und jedes Mädchen, das einmal Frau und Mutter eines Jungen werden kann, deshalb ist unser Schutz die ständige Zunahme unsrer Bevölkerung, deshalb müssen wir aber auch die Ernährung dieser steigenden Bevölkerung in einer fernen Zukunft ins Auge fassen. An unsern Grenzen Eroberungen zu machen, kann uns nichts nützen, denn die Grenzprovinzen unsrer Nachbarn sind bevölkert genug, und diese Bevölkerung könnten wir auch im Siegerfalle nicht vertreiben. Durch die Auswanderung gehen uns unsre Volksgenossen verloren, und außerdem werden die Chancen für die Auswanderer immer ungünstiger. Wir müssen deshalb Kolonien haben, und zwar solche, deren klimatische Verhältnisse die Einwanderung deutscher Kolonisten nicht nur zulassen, sondern begünstigen. Gehen wir nicht diesen Weg, so zehren wir, wie heute schon unsre Kapitalien, weil sie keinen Abfluß haben, das eigne Land aussaugen, uns selbst auf, so haben wir, wenn wir auch nach außen stark genug zur Abwehr blieben, den Bürgerkrieg in Form der Revolution im Innern, die unsern Wohlstand vernichtet und uns schließlich wehr=, faft= und kraftlos dem Ausland vor die Füße wirft. Deshalb müssen wir es uns zum festen Ziel machen, Kolonialbesitz zu erwerben. Das ist nicht leicht. Wir sind in Europa eine Groß= aber keine Weltmacht, dem russischen Zaren und der Kaiserin von Indien gegenüber steht der deutsche Kaiser, was Flächeninhalt und Einwohnerzahl seines Herrschaftsgebietes anbelangt, nicht anders da wie Friedrich II., als ihn seine Feinde den Marquis de Brandebourg nannten. Aber unsre Machtmittel sind doch andre. Unser Heer ist das tüchtigste der Welt, und es liegt nur an uns, unsre Flotte den übrigen ebenbürtig zu machen. Warum schreitet Rußland in Asien immer weiter, warum vergrößert England seinen Kolonialbesitz beständig, warum erobert Frankreich Tonkin, Italien Massanah, und warum legen wir die Hände in den Schoß? Jene Mächte, Italien ausgenommen, haben Kolonialbesitz genug, für unsre Zukunft bedeutet die Kolonialfrage, wie soeben ausgeführt, Sein oder Nichtsein. Wir thun aber der Welt gegenüber, als wäre dem nicht so, als hätten wir bei dem Kampf um den Weltbesitz nicht mitzusprechen. Die bescheidne Rolle, die wir spielen, ist unsrer nicht würdig. Wir sind nicht das Land des Marquis de Brandebourg, ebensowenig wie das Preußen Friedrichs des Großen ein Marquisat war. Wir sind das deutsche Reich!"

Von „Abenteuerpolitik" und „useloser Flottenschwärmerei" kann bei den hier angeführten und gottlob recht vielen ähnlich denkenden ernsten Männern nicht die Rede sein; sie fühlen aber die bittre Notwendigkeit, daß Deutschlands Zukunft von seiner überseeischen Ausbreitung und folglich von seiner Seemacht abhängt. Kurz und bündig faßt Professor Delbrück diese Erkenntnis in die Worte: „Deutschland muß und will eine Weltmacht sein; Deutschland, der bessere und edlere Teil der Nation, das wahre Deutschland muß und will eine achtunggebietende Flotte haben. Hier giebt es kein Ausweichen; wenn irgendwo in der Welt, dann gilt hier der Satz: wo ein Wille ist, da ist auch ein Weg!"

Aber es liegt durchaus kein Grund vor, daß neben diesen ernsten Sozial= und Nationalpolitikern hier nicht auch noch ein warmfühlender Flottenschwärmer zu Worte kommen dürfte, umsomehr, als ja auch die Flottenträume von 1848 erwähnt worden sind. Ein Nachfolger Freiligraths, Fritz Bley, singt in den Alldeutschen Blättern von 1896:

Zu enge längst ward von dem Fels zum Meere	Mein Volk, wenn deine Söhne einig wären
Daheim der Sitz für unsre Wickingsart.	Und ihres stolzen Zieles sich bewußt,
Darum zur See, mein Volk, mit blanker Wehre;	So schmückte mit dem Kranz der höchsten Ehren
Zur See, die dir zum ewgen Erbe ward!	Die Weltgeschichte deine Siegerbrust.
Wild donnert sie an deiner Wasserkante	Dein ist die Welt, du brauchst sie nur zu wollen;
Und lockt hinaus dich in den Völkerstrauß,	Mein Volk, sei stark und einig bis zum Tod!
Der um der Erde Machtbesitz entbrannte;	Frischauf zur See, dich grüßt ihr Donnerrollen
Zur See, mein Volk, zur See, Voll Dampf voraus!	Und deine Heldenflagge schwarz=weiß=rot!

Gott sei Dank, daß es noch begeisterungsfähige Männer in unsrer nüchternen Zeit giebt; die Phantasie, auch wenn sie ungezügelt ist, zeigt doch den warmen Pulsschlag des Lebens und Strebens der Volksseele. Auch andre Zeichen, die zwar den müßigen und billigen Spott des Philister hervorgerufen haben, weil sie in unsre heutige Zeit nicht mehr hineinpassen, deuten darauf, daß auch für Deutschlands Seemacht zur Wahrheit werden könnte, was Alexander von Humboldt in die Worte faßt: „wenn ein Jahrhundert begonnen hat, irgend einer großen Hoffnung Raum zu geben, so ruht es nicht eher, bis sie erfüllt ist!" Der Traum von der Wiedererstehung des deutschen Reichs hat sich erfüllt; warum sollte nicht auch der dringende Wunsch nach einer selbständigen achtunggebietenden deutschen Flotte zu erfüllen sein? Am Volke und an seinen Vertretern liegt es, die Zukunft zu sichern, das Glück des Reichs zu schmieden! Weil alle Großmächte und Weltmächte in Waffen starren und reicher an Schlachtschiffen und Panzerkreuzern als wir sind, weil sie alle see= mächtiger sind als wir, deshalb gilt heute mehr als je das Mahnwort des klugen Äneas Sylvius: Wie furchtbar wären die Deutschen, wenn sie einig wären! Einigkeit wird aber nicht durch Redensarten und Parteigetriebe gefördert;

nur ernste, thatkräftige Arbeit für ein gemeinsames großes Ziel, für das Wohl des gemeinsamen Vaterlands kann die tüchtigen Männer aller Parteien vereinigen. Die gemeinsame Sorge vor den vielen Feinden, von denen unser Land umgeben ist, die gemeinsame Sorge um die Zukunft des Reichs, die gemeinsame Freude an der Macht des Reichs und am steigenden Wohlstande der Landsleute, das sind Dinge, die alle Kräfte zu emsiger gemeinsamer Arbeit anspornen können. Sollen wir, das beste Volk unter der Sonne, wir, die wir die edelsten Fürsten und die kernigsten Bauern, die klügsten Gelehrten und die fleißigsten Arbeiter, die tapfersten Krieger und die kühnsten Seeleute, die tüchtigsten Kaufleute und die sinnigsten Künstler sind — sollen wir uns von andern Völkern, wie Engländern und Franzosen, Nordamerikanern und Italienern, Russen und Japanern beschämen lassen, wenn es gilt, einmütig die Wehrkraft des Vaterlandes zu erhöhen? Das wäre jämmerlich — aber nicht deutsch!

Thatkräftige Völker streben dem Meere zu; wenn Deutschlands Männer Thatkraft entwickeln, so wird das Reich die ihm gebührende Stellung unter den Völkern der Erde wieder erringen und behaupten können. Aber dazu gehört die eine wichtige Erkenntnis, daß heutzutage vor allem die Seemacht über die Geschicke der Völker entscheidet.

„Die alten Zeiten sanken,
Ein neues Reich erstand —"
Du, Seemacht, schaff die Zukunft
Dem deutschen Vaterland!

Inhaltsangabe

		Seite
Erster Abschnitt:	Seemacht entscheidet Völkergeschicke	1—29
Zweiter Abschnitt:	Spuren deutscher Seemacht und deutscher Ohnmacht zur See	30—65
Dritter Abschnitt:	Die Thätigkeit der deutschen Kriegsflotte seit der Wiederherstellung des Reichs	66—94
Vierter Abschnitt:	Die Schlachtflotte	95—115
Fünfter Abschnitt:	Seekrieg und Küstenverteidigung	116—140
Sechster Abschnitt:	Die Kreuzer	141—167
Siebenter Abschnitt:	Friedensdienst der Kriegsflotte	168—186
Achter Abschnitt:	Deutschlands Seemacht — Deutschlands Zukunft	187—202
Bilderverzeichnis		203
Schiffsliste		204—206
Register		207—208

Bilderverzeichnis

	Seite
Wikingerschiff unter Segel	1
Englische und französische Linienschiffe im Kampf (Trafalgar)	29
Hansische Koggen	30
Kurbrandenburgische Fregatten im Kampfe mit spanischen Linienschiffen	65
Die Kaiserstandarte wird gehißt	66
Die deutsche Flagge wird im Togolande gehißt	94
Gefechtsmast eines Schlachtschiffes	95
Friedrich Karl läuft in den Hafen von Malta ein	98
Kronprinz im Sturm	98
Das Panzerschiff zweiter Klasse König Wilhelm	100
Kaiser als Flaggschiff der Kreuzerdivision in Hafen von Amoy	101
Die Panzerfregatte Preußen	102
Das Sachsengeschwader	104
Die Oldenburg bei Arkona	106
Das Schlachtschiff Brandenburg	107
Das Schlachtschiff Kaiser Friedrich III.	111
Decksplan des Kaiser Friedrich III.	113
Auf der Kommandobrücke eines Schlachtschiffes	115
Küstenbeobachtungsstation auf dem Rotesandleuchtturm	116
Der Aviso Grille	121
Blitz als Führerschiff einer Torpedobootsflottille	122
Greif (Aviso)	123
Aviso Wacht als Signalwiederholer hinter der Front	125
Der Aviso Meteor beim Fischereischutz	126
Der Aviso Hela bei Arkona	127
Kaiseradler (Aviso)	128
Die Kaiseryacht Hohenzollern hält Flottenschau ab	129
Torpedodivisionsboot	131
Das Panzerfahrzeug Arminius	132
Das Panzerfahrzeug Prinz Adalbert	133
Panzerkanonenboote der Wespeklasse unter Rügen	134
S. M. S. Brummer	135
Ägir mit andern Panzerschiffen vierter Klasse bei Helgoland	137
Minenschulschiff Rhein und Minenprahm	139

	Seite
Panzerfort in der Wesermündung	140
Dampfaufmachen im Heizraum eines modernen Kreuzers	141
Gefion und Amazone im Geschwader segelnd	142
Elisabeth verläßt Kapstadt	143
Die Kreuzerfregatte Leipzig im Hafen von Corinto (Nicaragua)	144
Stosch in der Straße von Gibraltar	145
Die alte Hansa vor Callao	148
Panzerkreuzer Ersatz-Leipzig	150
Freya im Sturm bei den Kapverdischen Inseln	152
Sophie besucht die Ruinen von Groß-Friedrichsburg	153
Alexandrine und Arkona im Hafen von Rio de Janeiro	154
Der Kreuzer zweiter Klasse Irene bei Dover	155
Kaiserin Augusta verläßt Newyork	157
Der Kreuzer dritter Klasse Gefion wird von einem Handelsschiffe begrüßt	159
Ersatz-Freya	160
Schnelldampfer der Handelsflotte	162
Albatroß in einem Südseehafen	164
Hyäne im Kamerunflusse	165
Seeadler im Hafen von Dar es Salaam	166
Schnellfeuergeschütz auf einem modernen Kreuzer	167
Bootssegeln	168
Schießübungen im Geschwader	172
Das Artillerieschulschiff Mars und sein Tender Hay im Jahdebusen	173
Das Torpedoschulschiff Blücher im Kieler Hafen	175
Torpedoboot schießt aus einem Breitseitrohre mit dem Torpedo	176
Die Segelfregatte Niobe und die Segelbriggs Undine und Musquito	178
Das Schiffsjungenschulschiff Nixe hält im Hafen von Funchal auf Madeira Segelexerzieren ab	181
Pelikan dampft durch den Kaiser Wilhelm-Kanal	184
Schiffe im Bau	186
Stapellauf eines Schlachtschiffes	187
Moderne Seeschlacht	202

26*

Schiffsliste

(Die fetten Zahlen bedeuten den Ort der Schiffsbeschreibung, * bedeutet den Ort des Schiffsbildes, † bedeutet Ort des Bildes eines Schiffs gleicher Bauart)

Adler (bewaffneter Postdampfer) 59
„ (Kanonenboot) 78, 82, 84, 88
Agir (Panzerschiff vierter Klasse) 86, **136—138**, 137*, 172, 190
Akins (Schleppdampfer) 185
Albatroß 71, 73, 74, 75, 82, 84, **164***, 177
Alexandrine 70, 71, 78, 89, 90, 153, **154***
Aller (Hilfskreuzer) **162**†
Amazone (Segelkorvette) 55, 59, 60, 142*, **152**
Ariadne (Glattdeckskorvette) 73, 75, 76, 82, 83, **152**†
Arkona (Gedeckte Korvette) 60, 61, 62, 63, 64, 73, 75, **143**†
„ (Kreuzerkorvette) 70, 71, 78, 90, 93, 153, **154***
Arminius (Panzerfahrzeug) 62, 63, **132***
Augusta (Glattdeckskorvette) 62, 64, 74, 75, 82, 83, **152**†
Augusta Victoria (Hilfskreuzer) **162**†

Baden (Panzerschiff dritter Klasse) 71, 78, **103**, 104†, 189
Barbarossa (Dampfer der achtundvierziger Flotte) 57, 59
Basilisk (Schraubenkanonenboot erster Klasse) 60, 61, 73, **164**
„ (Panzerkanonenboot) 78, **133**, 134†
Bayern (Panzerschiff dritter Klasse) 71, 78, **103**, 104†, 189
Beowulf (Panzerschiff vierter Klasse) 86, **136—138**, 137†, 172, 190
Biene (Panzerkanonenboot) 78, **133**, 134*
Bismarck (Kreuzerfregatte) 78, 82, 83, 84, **145**†, 146
Blitz (Schraubenkanonenboot erster Klasse) 60, 61, 63, 73, **164**
„ (Aviso) 71, 78, 122*, 124
Blücher (Torpedoschulschiff) 78, **145**, 146, 174, **175***
Bonin (Dampfer) 58
Boreas (Schleppdampfer) 185
Brandenburg (Panzerschiff erster Klasse) 71, 86, 91, 97, **106—110**, 107*, 171, 188
Bremen (Dampfer der achtundvierziger Flotte) 57
Bremse (Panzerkanonenboot) 78, **135***
Brummer (Panzerkanonenboot) 78, **135***, 182
Bussard (Kreuzer vierter Klasse) 71, 86, 88, 89, 93, 147, **165**, 166†

Camäleon (Panzerkanonenboot) 78, **133**, 134†
Carola (Kreuzerkorvette) 71, 78, 82, 84, 87, 88, **153**†, 174
Carolus Secundus (brandenburgische Prise) 46
Caurus (Wasserfahrzeug) 185
Charlotte (Kreuzerfregatte) 71, 78, **146**
Churprinz (brandenburgische Fregatte) 47, 48
Columbia (Hilfskreuzer) **162**†
Comet (Schraubenkanonenboot erster Klasse) 73, 75, **164**
„ (Aviso) 71, 78, 86, **126***
Condor (Kreuzer vierter Klasse) 86, 91, 93, **166**†
Cormoran (Kreuzer vierter Klasse) 86, 90, 91, 93, **166**†
Crocodil (Panzerkanonenboot) 78, **133**, 134†, 172
Cyclop (Schraubenkanonenboot erster Klasse) 73, 75, 82, **164**

Danzig (Rudertanonenboot) 54
„ (Raddampfer) **59**, 60
Delphin (Schraubenkanonenboot erster Klasse) 60, 62, 73, 74, **164**
Deutschland (Segelfregatte) 57
„ (Panzerschiff zweiter Klasse) 70, 71, 73, 75, 97, **100**, 101†, 102, 189

Dorothea (brandenburgische Fregatte) 46, 47
Drache (Schraubenkanonenboot erster Klasse) 63, 73, 82, **164**

Eber (Kanonenboot) 88
Eckernförde (Segelfregatte) 58
Eichhorn (brandenburgische Prise) 45, 46
Elbe (Schuner) 58, 60
Elisabeth (bewaffneter Dampfer) 59
„ (gedeckte Korvette) 62, 63, 73, 74, 75, 76, 77, 78, 82, 83, **143***
Ersatz-Freya (Kreuzer zweiter Klasse) 71, 147, **159—162**, 160*, 193
Ersatz-Friedrich der Große (Panzerschiff erster Klasse) 70, 71, **110—115**, 111†, 188
Ersatz-Leipzig (Panzerkreuzer) 147, **149—151**, 150*, 190
Erzherzog Johann (Dampfer der achtundvierziger Flotte) 57

Falke (Aviso) 124
„ (Kreuzer vierter Klasse) 86, 89, 93, **165**, 166†
Frauenlob (Schuner) 60
Freya (Glattdeckskorvette) 70, 71, 73, 75, 77, 82, **152***, 153
Friede (brandenburgische Fleute) 48
Friedrich der Große (Panzerschiff dritter Klasse) 73, 86, 97, **102**†, 189
Friedrich Karl (Panzerfregatte) 62, 63, 74, 75, 86, **98***, 99, 190
Friedrichsort (Schleppdampfer) 185
Friedrich Wilhelm zu Pferde (brandenburgisches Schiff) 46, 47
Frithjof (Panzerschiff vierter Klasse) 86, **136—138**, 137†, 172, 190
Fuchs (brandenburgische Fleute) 46, 47, 48
„ (Schraubenkanonenboot zweiter Klasse) **164**
Fürst Bismarck (Hilfskreuzer) **162***

G (Kreuzer vierter Klasse) 71, **166**†
Gazelle (gedeckte Korvette) 60, 61, 73, 74, 75, **143**†
Gefion (Segelfregatte) 58, 59, 138, 142*, 173
„ (Kreuzer zweiter Klasse) 70, 71, 86, 91, 147, **158**, 159*, 171
Geier (Kreuzer vierter Klasse) 86, **166**†
Gneisenau (Kreuzerfregatte) 71, 78, 79, 82, 83, 93, 145†, **146**, 172, 179, 180
Greif (Aviso) 70, 71, 78, 123*, **125**
Grille (Aviso) 60, 61, 62, 63, 121*, 124
Großer Kurfürst (Panzerfregatte) 73, 76, 86, 97, **102**†

Habicht (bewaffnetes Zollwachtschiff) 52
„ (Schraubenkanonenboot zweiter Klasse) **164**
„ (Kanonenboot) 71, 78, 82, 84, 89, **165**, 166
Hagen (Panzerschiff vierter Klasse) 86, 91, **136—138**, 137†, 172, 190
Hamburg (Dampfer der achtundvierziger Flotte) 57
Hansa (Dampfer der achtundvierziger Flotte) 57
„ (Panzerkorvette) 73, 77, 81, 82, 86, 97, 147, **148***
Havel (Hilfskreuzer) **162**†
Hay (Schraubenkanonenboot zweiter Klasse) **164**
„ (Tender des Artillerieschulschiffs) 78, 173*, **174**
Heimdall (Panzerschiff vierter Klasse) 86, **136—138**, 137†, 172, 190
Hela (Segelbrigg) 60
„ (Aviso) 70, 71, 86, **127***
Heppens (Tonnenleger) 185

Hertha (gedeckte Korvette) 62, 63, 64, 73, 75, 77, 82, **143**†
Hildebrand (Panzerschiff vierter Klasse) 86, **136—138**, 137†, 172, 190
Hohenzollern (Kaiserjacht) 70, 71, 86, **128**, 129*
Hummel (Panzerkanonenboot) 78, **133**, 134†
Hyäne (Kanonenboot) 71, 78, 82, 83, 89, 93, **164**, 165*, 166

Iltis (Kanonenboot) 77, 78, 82, 84, 89, 90, 91, **164**, 165*, 167
Indianer (bewaffnetes Zollwachtschiff) 52
Irene (Kreuzer zweiter Klasse) 70, 71, 85, 90, 93, 147, **155***, **156**, 193

Jade (Wasserfahrzeug) 185
Jagd (Aviso) 71, 85, **125**†, 171
Juno (preußische Galeere) 52
Jupiter (preußische Galleye) 52

K (Kreuzer zweiter Klasse) 71, 147, **159—162**, 160†, 193
Kaiser (Kreuzer zweiter Klasse) 70, 71, 73, 75, 91, 93, 97, 100, **101*** 102, 182, 189
Kaiseradler (Aviso) 70, 71, 73, **127**, **128***
Kaiser Friedrich III. (Panzerschiff erster Klasse) 70, 71, 86, **110—115**, 111*, 188
Kaiserin Augusta (Kreuzer zweiter Klasse) 70, 71, 86, 91, 147, **156**, **157***, **158**, 171, 193
König von Preußen (preußisches Konvagniescyiff) 51
" " " (preußische Galliot) 52
König Wilhelm (Panzerschiff zweiter Klasse) 62, 63, 70, 71, 76, 97, 99, 100*, 171, 189
Kraft (Pumpendampfer) 184
Kronprinz (Panzerfregatte) 62, 63, 74, 75, 86, **98***, 99, 190
Kurfürst Friedrich Wilhelm (Panzerschiff erster Klasse) 71, 86, **106—110**, 107†, 171, 188

L (Kreuzer zweiter Klasse) 71, 147, **159—162**, 160†, 193
Lahn (Hilfskreuzer) **162**†
Leipzig (Kreuzerfregatte) 73, 76, 82, 87, 89, **144***, 145, 147
Leopard (brandenburgische Prise) 45
Littauer Bauer (brandenburgische Schnaue) 48
Löwe (Dampfer) 58
Loreley (Aviso) 60, 61, 71, 73, 92, 93, 124, 183
Lübeck (Dampfer der achtundvierziger Flotte) 57
Luise (Glattdeckskorvette) 73, 75, 82, **152**†

M (Kreuzer zweiter Klasse) 71, 147, **159—162**, 160†, 193
Marie (brandenburgische Galiot) 48
" (Kreuzerkorvette) 70, 71, 78, 82, 90, 91, **153**†
Markgraf von Brandenburg (brandenburgisches Schiff) 46, 47
Mars (preußische Galleye) 52
" (Artillerieschulschiff) 71, 78, 172, **173***, 174
Medusa (Glattdeckskorvette) 62, 63, 64, 73, 75, 76, **152**
Merkur (Schiffsjungenschulschiff) 59, 60
Merkurius (preußische Galleye) 52
Meteor (Schraubenkanonenboot erster Klasse) 63, 64, 73, 74, 75, **164**
" 71, 86, **126***, 171, 182
Möwe (Kanonenboot) 71, 78, 82, 83, 87, 89, 90, 93, **165**, 177
Moltke (Kreuzerfregatte) 71, 78, 79, 82, 92, 93, **145**†, **146**, 172, 179, 180
Morian (brandenburgische Fregatte) 47
Moulau (Schleppdampfer) 185
Mücke (Panzerkanonenboot) 78, **133**, **134**†, 172
Musquito (Segelbrigg) 60, 75, **178***, **180**

N (Kreuzer zweiter Klasse) 71, 147, **159—162**, 160†, 193
Natter (Schraubenkanonenboot zweiter Klasse) **164**
" (Panzerkanonenboot) 78, **133**, 134†, 172
Nautilus (Kanonenboot) 71, 73, 75, 82, 84, **164**, 177
Neptunus (preußische Galleye) 52
Niobe (Kadettenschulschiff) 60, 75, 76, **178***

Nix (Dampfer) 59
Nixe (Schiffsjungenschulschiff) 71, 78, **180**, 181*
Norder (Pumpendampfer) 184
Normannia (Hilfskreuzer) **162**†
Notus (Schleppdampfer) 185
Nymphe (Glattdeckskorvette) 60, 61, 63, 73, 82, **152**

Odin (Panzerschiff vierter Klasse) 86, **136—138**, 137†, 172, 190
Oldenburg (Panzerschiff dritter Klasse) 70, 71, 78, 86, 97, **105**, 106*, 189
Olga (Kreuzerkorvette) 70, 71, 78, 82, 83, 84, 88, **153**†
Otter (Tender) **177**

Pallas (preußische Galeere) 52
Pelikan (Transportdampfer) 86, 172, **183**, 184*
Pfeil (Schraubenkanonenboot zweiter Klasse) 71
" (Aviso) 78, 87, **122**†, **124**
Pluto (preußische Galeere) 52
Pommerania (Aviso) 75, 124
Preußen (Panzerschiff dritter Klasse) 73, 76, 86, 97, 100, **102***, 189
Preußischer Adler (Aviso) 59, 61, 124
Prinz Adalbert (Panzerfahrzeug) 62, 63, 73, **133***
" " (Kreuzerfregatte) 73, 76, 82, 83, **144**†, 145
Prinzeß Marie (brandenburgische Fregatte) 46
Prinzeß Wilhelm (Kreuzer zweiter Klasse) 70, 71, 85, 91, 93, 147, **155**†, **156**, 193
Prinz Heinrich (preußische Galliot) 52
Prinz Philipp (brandenburgischer Boyer) 48
Prinz von Preußen (preußische Galiot) 52
Prinz Wilhelm (preußische Galiot) 52
Proserpina (preußische Galeere) 52

Renown (Artillerieschulschiff) 62, 63, 173
Rhein (Minenschulschiff) 139*, **177**
Rival (Schleppdampfer) 185
Rote Löwe (brandenburgische Fregatte) 46
Rover (Segelbrigg) 60, 75, **180**
Rummelpot (brandenburgische Schnaue) 48

Saale (Hilfskreuzer) **162**†
Sachsen (Panzerschiff dritter Klasse) 71, 73, 78, 97, 100, **103** 104*, 171, 189
Salamander (Dampfer) 59
" (Schraubenkanonenboot zweiter Klasse) 63, **164**
" (Panzerkanonenboot) 78, **133**, 134†
Schillig (Zwischenfahrer) 185
Schwalbe (bewaffnetes Zollwachtschiff) 52
" (Kreuzer vierter Klasse) 85, 87, 88, 90, **165**, 166†
Seeadler (Kreuzer vierter Klasse) 93, **166***
Siegfried (Panzerschiff vierter Klasse) 70, 71, 85, 97, **136—138**, 137†, 172, 190
Skorpion (Schraubenkanonenboot zweiter Klasse) **164**
" (Panzerkanonenboot) 78, **133**, 134†, 172
Sophie (Kreuzerkorvette) 70, 71, 78, 82, 84, 87, 89, **153***, 181
Spekulant (bewaffnetes Zollwachtschiff) 52
Sperber (Schraubenkanonenboot zweiter Klasse) **164**
" (Kreuzer vierter Klasse) 85, 88, 93, **165**, 166†
Spree (Hilfskreuzer) **162**†
Stein (Kreuzerfregatte) 71, 78, 79, 82, 93, **145**†, **146**, 172, 178, 179
Stosch (Kreuzerfregatte) 71, 77, 78, 79, 82, 83, 91, 93, **145***, **146**, 172, 178, 179
St. Pauli (Kanonenboot der achtundvierziger Flotte) 57
Stralsund (Schuner) 53, 54
Strela-Sund (Ruderkanonenschaluppe) 59
Swine (Schleppdampfer) 185

Tann, von der (schleswig-holsteinisches Kanonenboot) 58
Thetis (Segelfregatte) 59, 60, 142, 173
Tiger (Schraubenkanonenboot zweiter Klasse) **164**
Trave (Hilfskreuzer) 162†
Torpedoboote 71, 81, 95, 129, 131, 132, 175, 176*
Torpedodivisionsboote **130**, 131*

Ulan (Torpedofahrzeug) 73, **175**
Undine (Segelbrigg) 73, 75, 178*, **180**
Usedom (Zwischenfahrer) 185

Victoria (Glattdeckskorvette) 62, 75, 77, 82, **152**†
Vineta (gedeckte Korvette) 60, 61, 62, 73, 74, 75, **143**†
Viper (Panzerkanonenboot) 73, **133**, 134 †

Wacht (Aviso) 71, 85, **125***, 171
Wangeroog (Lotsenschuner) 185
Wappen von Brandenburg (brandenburgische Fregatte) 47
Wasserhund (brandenburgische Fregatte) 46
Weißenburg (Panzerschiff erster Klasse) 71, 86, **106—110**, 107†, 171, 188
Wespe (Panzerkanonenboot) 70, 71, 73, **133**, **134***, 172
Wilhelmshaven (Lotsendampfer) 185
Wörth (Panzerschiff erster Klasse) 71, 86, **106—110**, 107†, 171, 188
Wolf (Schraubenkanonenboot zweiter Klasse) **164**, 166
„ (Kanonenboot) 71, 78, 82, 83, 89, 90, **164**, 165†
Württemberg (Panzerschiff dritter Klasse) 71, 78, **103**, 104†, 171, 189

Zephir (Schleppdampfer) 185
Zieten (Aviso) 71, 73

Register

Angriffsflotte 67, 171
Arbeiterfürsorge 184
Armada (spanische) 17
Artillerieschulschiff 173
Aschen (Boote) 32
Aufklärungsgruppen 171
Ausfallkorvetten 103
Außenhautplanken 145
Ausstoßrohre 156
Avisos 70, 71, 123—128

Balanceruder 110
Bank, über B. feuern 103, 107
Barkasse 52
Barktakelung 152
Barkunen 126
Batteriedeck 6
Batterieschiffe 99, 145
Besahn 48
Besatzung 168
Bewachsen des Schiffsbodens 145
Blinde 48, 141
Blockadeflotte 95
Blyden 34
Bombenkanonen 96, 141
Bordbienst 170
Boyer 48
Brander 9, 18
Brassen 3
Breitseitpforten 99, 145
Brenner 46
Brustwehrpanzer 103, 155
Brustwehrturmschiffe 102, 106
Bug 3
Bugspriet 48, 141

Caravelle 12
Chef der Admiralität 72, 79, 85

Dampffregatte 142
Dampfkorvette 142
Dampfweg 115, 149, 158
Davits 126
Deck 6
Deckoffiziere 169, 180, 181
Deckoffizierschule 179, 181
Deckspläne 102, 104, 106, 107, 113, 134, 150, 155, 160
Denkschriften 55, 66, 79
Divisionen 171
Divisionsschulen 181
Docks 185
Doppelboden 107
Doppelschraubenmaschine 105, 110, 156, 158
Drehtürme 102
Dreischraubenmaschinen 114, 149, 157, 160

Einzelkasematte 161
Enterer 142
Enterkampf 8, 120, 142
Farbe der deutschen Kriegsschiffe 131
Fischereischutz 126, 171, 182, 183
Flagge, brandenburgische 45
 „ preußische 51, 53
 „ deutsche von 1848 57
 „ norddeutsche 62
 „ deutsche Reichsflagge 72
Fleute 48
Flottenpläne 41, 52, 54, 66
Fockmast 48
Formationen 122
Fregatte 48, 56, 141
Fregattentakelung 48, 178
Freibeuterei zur See 13
Freibord 104
Friedensthätigkeit der Kriegsflotte 73, 87

Galeasse 8, 11, 26
Galeere 8, 11, 13, 35, 52
Galione 14
Galiote 11, 45, 49, 52
Galleye 52
Gedeckte Korvetten 80, 143—146
Gefechtsmast 95
Gefechtsordnungen 122
Gegentorpedoboote 130
Geschütze Kreuzer 147, 148, 155—159, 192—194
Geschwader 171
Geschwindigkeiten der Kriegsschiffe 157
Glattdeckskorvetten 80, 152
Granaten 96
Gürtelpanzer siehe Panzergürtel

Handelsflotte, deutsche 195, 196, 197
Heck 3
Heringsbüse 19
Heringsfischerei 183
Hilfskreuzer 162
Hochseeschlachtschiffe siehe Schlachtschiffe
Hochseetorpedoboote 128
Hütten 3

Indienststellung 168
Inspektion des Bildungswesens 179
 „ der Marine-Artillerie 174
 „ des Torpedowesens 175
Jacht 128
Jaffelkanonenboote 56

Kadettenschulschiffe 142, 146, 177, 178
Kaiserjacht 128
Kaiserstandarte 66
Kaiser Wilhelm-Kanal 84, 93, 119, 120, 184

Kanonenboote 71, 80, 164, 165
Kanonenjollen 55
Kanonenschaluppen 26, 56
Kaperbrief 37, 45
Kaperei 26, 162
Kaperkreuzer 45, 162
Kasematte 101
Kasemattschiff 100, 105
Klipperschiffe 141
Klüver 141
Kofferdamm 103
Koggen 12, 34, 35
Kohlenplätze 163
Kommandant 168, 169
Kommandierender Admiral 85, 172
Kommandobehörden 183
Kommandoelemente 98
Kommandoturm 102
Korkdamm 97, 103
Korvette 70, 79, 80, 141, 153
Kreuzen 141
Kreuzer 80, 81, 87
 „ erster Klasse 80, 147, 192
 „ zweiter Klasse 80, 147, 154—158, 159—161, 193
 „ dritter Klasse 80, 147, 158—159, 194
 „ vierter Klasse 80, 147, 165—166, 194
Kreuzerdivision 91
Kreuzerfregatten 80, 143—146
Kreuzerkorvetten 70, 80, 153, 154
Kreuzerkrieg 26, 64, 163
Kreuzermangel 89, 90, 91, 92, 167, 194
Kreuzerstützpunkte 118, 163
Kriegsflagge 45, 51, 53, 57, 62, 72, 169
Kriegswerften 184—186
Kriegswimpel 169
Küstenbefestigungen 67, 95, 138, 140
Küstenflottille 59, 79
Küstenpanzerschiffe 97, 115, 132, 194
Küstenschutz 139
Küstenvermessung 89
Kuff 141
Kundschafterdienst 116, 123, 124, 125
Kupferhaut 145
Kuttertakelung 48

Längsschott 104
Linienschiffe 48, 56
Lotsendampfer 185
Lotsenschuner 185
Lotgäste 4

Maat 169, 181
Marine, brandenburgische 47, 48
 „ preußische 53, 59, 60, 61
 „ achtundvierziger Reichsflotte 57

Marine, schleswig holsteinsche 58
„ norddeutsche 62—65
„ deutsche 68
Marineakademie 179
Marineartillerieabteilungen 174
Marineinfanterie 181
Marineminister 72
Marineschule 179
Mars 95, 142
Maschinenbau, deutscher 157, 185
Masten 48
Mastkörbe 142
Matrose 169
Matrosendivisionen 169
Meerdrachen 10, 12
Messe 168
Minenschulschiff 177
Minensperren 138
Monitors 70, 71, 132
Mörserboote 26
Muntmetallboden 145

Nefs 12
Neutralität 25, 26, 27, 62, 64

Oberblinde 48, 141
Oberdeck 6
Oberkommando 72, 85
Offensive zur See 67

Pannfisch 183
Panzerbatterie 96
Panzerdeck 97, 99, 111, 155
Panzerdeckskreuzer siehe geschützte Kreuzer
Panzerfahrzeug 132
Panzerfort 140
Panzerfregatten 70, 71, 97, 142
Panzergürtel 97, 148, 155
Panzerkanonenboote 133, 134, 194
Panzerkasematte 104, 147
Panzerkorvetten 70, 71, 97, 103—106
Panzerkreuzer 79, 81, 142, 144, 147—151, 172, 191, 192
Panzerplatten 96, 97, 101, 103, 106, 111, 112, 136, 147
Panzerschiffe erster Klasse 106—115, 188
„ zweiter Klasse 100—102, 189
„ dritter Klasse 102—106, 189
„ vierter Klasse 135—138, 190
Panzerschiffbau 96, 112
Panzerschott 147
Pentere 7
Privateigentum auf See 162, 163
Pumpendampfer 184

Querschott 104

Raddampfer 57, 59, 60, 124, 127, 128
Rahsegel 3, 141
Rammangriff 120, 121, 122
Rammschiffe 120
Reichskriegshäfen 59, 171
Reichsmarineamt 85
Reservedivisionen 171, 172
Reserveschiffe 168
Riemen 3
Ruderkanonenboote 58
Rundfeuer 151, 161

Schaluppen 45, 52
Scheinwerfer 110, 115, 151
„Schiff" 48
Schiffbau, deutscher 73, 78, 85, 155, 157, 160
Schiffsbesatzung 168, 169
Schiffsjungenabteilung 179, 180
Schiffsjungenschulschiffe 180
Schiffsstab 169
Schlachtschiffe 68, 79, 96, 108, 118, 119
Schleppdampfer 185
Schmack 49
Schnaue 48
Schnelldampfer als Hilfskreuzer 162, 185, 194
Schnellladekanonen 167, 174
Schnigge 36
Schulgeschwader 181
Schulschiffe 79, 146, 180, 181
Schuner 53
Schwalbennester 101, 156
Schwimmdock 185
Seebeuterecht 163
Seefischereischutz 126, 171, 182, 183
Seehandel 41, 68, 163, 195, 196, 197
Seeherrschaft 2, 27, 30, 41, 43, 69, 117
Seekadetten 179
Seekrieg 67, 95, 117, 143, 144, 151, 162
Seekriegsrecht 49
Seemacht 28, 54, 64, 80, 92, 187, 198
Seeminensperren 138
Seeoffiziere 169
Seeoffiziersausbildung 76, 178, 179
Seesoldaten 182
Seestrategie 66, 118, 163
Seetaktik 62, 120
Segel 48
Segelbriggs 178, 180
Segelfregatten 142, 177
Segelkorvetten 152
Semaphor 105
Sicherheitsdienst 171
Signalwiederholer 124
Sporn 3, 107

Sprenggeschosse 96
Staatssekretär des Reichsmarineamts 85, 86, 184
Stabilität 105
Stagsegel 141
Stammschiff 171
Stehlbrief 37
Streuminen 177

Takelung 141
Tarifschiffe 4
Technische Behörden 184
Telegraphenschule 174
Tender 174, 175, 177
Torpedo 81, 109, 121, 122, 176
Torpedoabteilungen 175
Torpedoboote 71, 81, 95, 129, 130, 131, 176, 194
Torpedobootsdivisionen 172
Torpedobootsflottillen 172, 176
Torpedobootsreservedivisionen 175
Torpedobootszerstörer 70, 128, 130, 194
Torpedodivisionsboote 70, 130
Torpedokreuzer 70, 194
Torpedorohre 130, 151, 176
Torpedoschulschiff 174, 175
Torpedoschutznetze 100, 131
Torpedowerkstatt 175, 184
Transportdampfer 183
Trieren 6
Trockendocks 185
Turmschiffe 99, 102

Übungsgeschwader 171
Unteroffiziere 169

Vermessungsschiffe 71, 177
Verwaltungsbehörden 183, 184
Vorsteven 3

Wachtschiffe 171
Walfang 19
Wallgang 104
Wasserrohrkessel 160
Wassersegel 48
Weltmächte 198
Weltmachtpolitik 20, 68, 69, 80
Werftbetrieb 185, 186
Werften 184—186
Werftdivisionen 169
Wikingerboot 10
Wimpel 169

Zellenteilung 101, 107
Zinkbeschlag des Schiffsbodens 145
Zitadellschiffe 103
Zweidecker 48
Zwischendeck 6
Zwischenfahrer 185

Druck von Carl Marquart in Leipzig